德国民法总论

【当代德国法学名著】

当 代 德 国 法 学 名 著
Repräsentative Deutsche Rechtsliteratur der Gegenwart

德国民法总论

Allgemeiner Teil des BGB

[德] 迪特尔·梅迪库斯/著
Dieter Medicus

邵建东/译

法律出版社
—— 北京 ——

Allgemeiner Teil des BGB
Dieter Medicus

著作权合同登记号
图字：01-2000-2651

本书翻译得到德意志学术交流中心
和德国科学基金协会的支持

**Die Übersetzung erfolgte mit
Unterstützung des DAAD und
des Stifterverbandes der Deutschen Wissenschaft**

当代德国法学名著总序

当代德国法学名著译事之缘起，在乎“取法人际，天道归一”之理念。

天地渺渺，众生芸芸；然天地何以长存不灭，众生何以繁衍不息？此中必有亘古于今之一般法则。天地者，自然之谓；众生者，乃自然所赋生灵之长，人也。而人所以居万物之首而为生灵之长，概因其不仅是生于自然，而且还能领悟于自然，进而以理性和智慧的劳动创造受益于自然。由此而论，天地间至真至善至美，莫过于人与自然之和谐融合。正如庄子所说：“知天之所为，知人之所为者，至也。”而中国哲人所言“天人合一”，实际表明着人类的最高智慧和境界。但是，最高的智慧未必是功利的智慧，最高的境界往往不是现实的境界，此乃人类虽为万物灵长，但又归于万物的本性使然。尽管不无缺憾，但却理所当然。纵观古往今来，可知人类始终是在理想与现实、理性与物性的矛盾状态中存在发展。不过，人出于其自然本性但又以其理性确认的社会秩序，又使之在这种永远不会解消的矛盾状态中生存发展成为可能。

自古以来，食色之性、交往之需、名利之求、功德之义，无论国人洋人、权贵庶民，众生莫不有之;惟每人认取之价值,或此或彼因人因地因时而异。但基于人之本性所产生的社会,无论东方西方,必然有其共性。于是有老子的古训:“人法地,地法天,天法道,道法自然。”而希腊的斯多噶哲人也说:“按照自然而生活。”由此可知,同属自然之人类,本有其共同的理念与法则。以法律而言,中国、西方法律虽文化传统各异,然毕竟都是人类社会的法律,必然有其共同的人性内涵。所以,考察法律,应着眼超越地域、国度和民族,甚至超越时空的人际层面,努力发现本来属于整个人类的理念和规范,并在此基础上寻求并促进人与人、民族与民族、国家与国家之间越来越普遍深入的交往。吾人之规可为他人所取,他人之法可为吾人所用,概其皆出乎人之本性。所以“取法人际,天道归一”,当为人类社会法律进步之最高思想境界。以迄今历史度之,人类生存发展的必然趋势是越来越普遍深入地相互结合和依赖,经济的全球化和文化的世界化正在相辅相成地迅速演进。在人类发展进程中,产生于人类本性的共性愈多愈充分地为人所认识,则人与人之间、国家与国家之间的交往就愈可能有效和平地进行。作为人类社会的行为规范,任何国家的法律都是人与人之间实现交往、确定关系及秩序的最重要途径。就此而论,可断言未来人类的发展与和平,很大程度上将取决于全人类在法律法则上的沟通与趋同。

本着取法人际或取法自然的理念,当代德国法学名著译事拟系统全面地翻译当代德国法学具有代表性的学术成果。因为德国法不仅为可取之一方法律,而且还与当代中国法制有着特殊的关联。事实上,当代中国大陆、台湾的法制是基于清末民初之际的法律改制发展而来。当时采纳了欧洲大陆法系法制模式,而其中又以汲取德国法律,特别是民法、刑法居多。不仅如此,20 世纪以来中国法制和法学的发展还颇受德国法制和法学的影响,现今中国法制和法学的不少思路实际都与后者有关联。因而,中国法制建设和法学进步自然更容易从德国法制与法学中获得启发。此外,由于近代德国历史法学派和学说汇纂学派对罗马法和罗马普通法的系统研究与整理,近现代德国法学形成并获得了其本身独有的特色,其丰富成熟的法律理论与教条,恰恰是目前乃至 21 世纪我国法学与法制建设所迫切需要的。

当代德国法学名著的选题范围包括法哲学和法的基本理论、国家法、法律史、民法和商法、经济法、刑法、国际私法等内容。选题标准是:德国乃至欧洲法律界已经普遍公认为经典的名著,或在德国普遍使用的有代表性的教科书。与此同时,亦根据我国的实际需要翻译介绍一些有关法律文化背景方面的工具书和著名法学家的传记。初步选题首先由德国学者提出,然后由编委会综合各方面意见,最后根据我国实际需要确定翻译选题。为保证翻译质量,翻译工作严格采取译、校和三审程序。每部译著由一责任编委审阅或校对。译稿一审通过后,编委会和编辑部就一审提出的问题召开由德国教授和有关译者参加的翻译工作会议;在此基础上,译者还专程前往德国与作者或有关学者探讨翻译的疑难和细节问题。在此方面,德意志学术交流中心(DAAD)提供了有力的支持。在赴德改稿基础上提出的第二稿通过二审后,由译者进一步修改、润色定稿,复经审阅后交付出版社。

系统翻译德国法学名著的想法由来已久,但正式酝酿于 1997 年秋,经过近一年的准备筹划,于 1998 年秋开始实施,拟于 2005 年完成全部选定书目的翻译。应该说,德意志学术交流中心的霍恩贝格尔先生(U. Hornberger)和法律出版社社长贾京平先生对促成此项翻译计划起了重要作用,黄闽总编辑亦助之鼎力。而此项翻译计划能够顺利实施,亦诚有赖编委会和编辑部各位同仁的共同志趣和辛勤工作。六位德国著名学者:考夫曼(A. Kaufmann)、克茨(H. Kötz)、克努特尔(R. Knütel)、何意志(R. Heuser)、孟文理(U. Manthe)和胜雅律(H. von Senger)教授在计划拟定、选题推荐和具体翻译工作中均给了我们以宝贵帮助。德国大使馆柯灵博士（T. Klinner）、李雅思先生（M. Licharz）和毕满天先生（M. Biermann）以多种方式推动此项翻译计划。德意志学术交流中心驻京办事处主任史翰功先生（H. Schmidt）博士、施密特－多尔（T. Schmidt-Dörr）博士和该中心波恩总部的比尔克（Klaus Birk）博士亦对此计划给予了热情和有力的支持。德国跨国基金会（Inter Nationes）对部分书目的出版提供了支持。特别要提及的是，江平、谢怀栻、潘汉典等法学界前辈对于此项工作始终给予着关注和支持，中国政法大学有关部门亦对我们的工作提供了帮助。法律出版社张波、卞学琪先生对出版工作兢兢业业、认真负责。在此，谨对上述所有法律界同仁和有关机构表示由衷的谢意。我之所愿，所有参与此项计划和给予该计划关注和支持的人，都能从此处呈献的工作成果中得到虽非物质的但却真实诚恳并有长久价值的酬劳。因为，倘若这些成果能够在21世纪和中华崛起之际被赋予些微历史和现实意义的话，那么它将胜于所有致谢和嘉言。

米　健

2005年于京城蓟门

作者中译本序

我的教科书能被译成中文,对我来说是一个巨大的荣誉。我感到特别高兴的是,南京大学法学院的邵建东同事承担了此项翻译工作。从他向我提出的问题中,我看到,他理解了原著的所有细微之处,把握了本人的意思。不仅如此,邵先生甚至还向我指出了本书中存在的一些缺漏以及表达不精确的地方。对这些问题,我在下一版德文本中很愿意予以考虑。

希望我这本书的中译本能够为德国法也能在其他地方得到理解作出一个小小的贡献。

迪特尔・梅迪库斯

2000 年 3 月于图青

德文第七版序

新版《德国民法总论》反映了1997年2月底的状况(附有个别补记)。在撰写过程中,我对最新的立法(如《一般交易条件法》第24a条)、司法和学术文献都作了阐述。此外,我力图列举更多的法律适用的实例,并尽量使行文通俗易懂。为了不使该书的篇幅过于膨胀,我删除了一些引注;此外,我还经常想方设法地把意思表达得简洁些。

迪特尔·梅迪库斯

1997年3月于图青

德文第一版序

《德国民法典》第一编的主要内容是从其他各编中提取出来的,作为其公因式的一般规则。不过,总则编的意义却产生于对其他各编特殊的法律问题的适用,即如债法、物权法等诸编规定的问题。也只有从这里所适用的诸项例外中,才能认清一般规则的真正意义。例如,有关性质错误(第 119 条第 2 款)的规定的适用范围,就受到有关买卖物瑕疵担保责任规定(第 459 条及以下条款)的重大限制。

任何一本民法总论教科书,都必须顾及这一层关系,因此必然会“侵夺”民法典其他各编的内容。不过在数量上可以做到详略得当些。由于初学者对民法典其他各编的内容还知之甚少,因此限制此类“侵夺”的范围对初学者来说是有好处的。然而,我在本书中追随的却是另外一种倾向。我强调分析民法总则的一般规则与其他各编诸问题之间的联系。我这样做是为了避免出现这样一种危险:在接受法学教育的过程中,人们仍然不知道上述联系;因此,人们最终没有真正理解总则编(在大学讲授的课程中,这门课上得过早了)的内容。

本书主要旨在满足高年级大学生的需要。

不过我希望,它的绝大部分内容也能为有兴趣的初学者所读懂,这样他就能够较早地接触到民法典其他各编的诸类问题。无论是初学者还是高年级的大学生,我衷心地希望,读者在阅读本书的时候,除了应查阅第一编的法律条款外,还应查阅书中提到的其他各编的法律规定。只有这样,才能使为法律体系所割裂的一般的东西和特殊的东西相逢在记忆中。

要顾及总则编与特殊问题之间的联系,就必然会扩充本书的篇幅。我力图以其他方式来求得一种平衡。我尽力使表述言简意赅。此外我也将引注限制在狭窄的范围内。不过,我所择取的最新引注,依然会将读者引向其他大量文献资料。

本书反映了 1982 年 8 月底的状况。

迪特尔·梅迪库斯

1982 年 9 月于图青

翻译凡例

《当代德国法学名著》丛书的翻译工作依下述规范进行：

一、结构

以原著标题编码为基础，采取国内学术著作与译著通常采用的标题编码顺序，如：编、章、节、一、（一）、1、（1）、a（a）。

二、译名

1. 人名

外国人人名以音译为原则，依次参照商务印书馆的《德语姓名译名手册》、大百科全书出版社的《简明大不列颠百科全书》中文版、上海译文出版社的《德汉词典》所附的人名译名表和《外国人名词典》确定；上述工具书中没有的，参照商务印书馆的《德语姓名译名手册》所附的人名音译表确定译名。但上述工具书所确定的人名译名与学界通行的译法不一致时，以后者为准，如：T. Mommsen——蒙森；Kierkegaarde——克尔凯戈尔；Schopenhauer——叔本华；Justinianus——优士丁尼……按照上述方法仍然难以确定的译名，由"当代德国法学名著"编译委员会和编辑部讨论确定。

2. 地名

外国地名以音译为原则:一律根据中国地名委员会编、商务印书馆出版的《联邦德国地名译名手册》和中国大百科全书出版社出版的《世界地名录》确定译名。

3. 其他译名

书名、学派名、机构和团体名称一律以意译为原则,并且参照《简明不列颠百科全书》中文版和有关工具书确定译名。依照工具书未能确定者,依照通行译名确定。如:Digesten——学说汇纂、usus modernus pandectarum——学说汇纂现代实用、Historische Rechtsschule——历史法学派、Pandenktenwissenschaft——学说汇纂法学……

所有人名、地名、书名、专用术语及机构名称第一次出现时,均在圆括号内注明原文,重复出现时不再标明原文;人名重复出现时,仅取其姓氏中译或附加其名字中译的首字,如:迪·克斯勒(Dirk Käsler)。

三、相关规范

1. 重要概念或原文提示词句

原文正文中采用斜体或其他特殊字体的重要概念或提示文字,译文一律使用楷体,并用圆括号注明原文。原文中说明性文字或阐释性文字一律用小一号宋体排出。

2. 注释

(1)原文注释一律采用脚注,按原著注释顺序编码。一般采用连续编码或以章为单位连续编码的方法。

(2)译者注亦采用脚注,以“*”号标出,如:*、**、……凡译者注均列于原文脚注之后。

3. 补充性或说明性文字

原文中使用不同字体,具有注释、补充或说明性的字句或段落依据原文体例,或采用楷体,或提行采用小一号宋体,以示区别。

4. 争议名词和箴言或谚语

(1)有争议的名词在译文后用圆括号注明原文;

(2)箴言或谚语亦在译文后用圆括号注明原文;

(3)对争议名词、箴言和谚语附加必要的译者注并注明依据或来源。

5. 原文有边码者,译文按照窄著标明边码。

四、标点符号

1. 书名号

著作、论文和期刊的名称均冠以书名号。

法律、法规名称使用全称的,使用书名号;使用简称的,不加书名号。

2. 引号

引号(包括单引号和双引号)的使用与原著一致。

3. 方括号

标明作者国籍,一般采用该国译名的第一个汉字,加方括号。

有必要重复使用括号时,方括号内使用圆括号。

4. 星号

仅在译者说明文字场合使用。

五、缩略语表

原著缩略语表均依原著体例译出以双语列于篇首。

六、索引和附录

1. 原著索引以双语形式保留,先外文后中文,并采用原著使用的顺序;索引文字所在页码以原著为线索,原则上按译文页码注明。

2. 原著的附录一般均作相应的译文附录。

主要期刊的德文缩写与中译名

AcP	Archiv für civilistische Praxis	民法实务档案
BB	Betriebsberater	企业顾问
BGHZ	Entscheidungen des Bundesgerichtshofes in Zivilsachen	联邦最高法院民事裁判集
Betr.	Der Betrieb	企业
FamRZ	Familienrechtszeitschrift	亲属法杂志
GRUR	Gewerblicher Rechtsschutz und Urheberrecht	工业产权与著作权
IherJb	Jherings Jahrbücher der Dogmatik des bürgerlichen Rechts	耶林民法学理论年刊
JA	Juristische Arbeitsblätter	法学工作报
JR	Juristische Rundschau	法学评论
Jura	Jurrstische Ausbildung	法律学习
JurA	Juristische Analysen	法学分析
JuS	Juristische Schulung	法学教育
JZ	Juristenzeitung	法学家报
KritV	Kritische Vierteljahresschrift für Gesetzgebung und Rechtswissenschaft	立法与法学评论季刊
MDR	Monatsschrift für Deutsches Recht	德国法月刊
NJW	Neue Juristische Wochenschrift	新法学周报
NVwZ	Neue Zeitschrift für Verwaltungsrecht	新行政法杂志
NZA	Neue Zeitschrift für Arbeits-und Sozialrecht	新劳动法和社会法杂志
NZV	Neue Zeitschrift für Verkehrsrecht	新交通法杂志
ÖJZ	Österreichische Juristenzeitung	奥地利法学家报

RabelsZ	Zeitschrift für ansländisches und internationales Privatrecht, begründet von Ernst Rabel	拉贝尔外国私法与国际私法杂志
RdA	Recht der Arbeit	劳动法
Recht	Das Recht	法
SavZ Rom. Abtlg	Zeitschrift der Savigny-Stiftung für Rechtsgeschichte, Romanistische Abteilung	萨维尼法律史、罗马法杂志
SchweizJurZ	Schweizerische Juristenzeitung	瑞士法学家报
WM	Wertpapiermitteilungen	有价证券信息
WRP	Wettbewerb in Recht und Praxis	竞争法与实践
WuW	Wirtschaft und Wettbewerb	经济与竞争
ZBB	Zeitschrift für Bankrecht und Bankwirtschaft	银行法与银行经济杂志
ZfA	Zeitschrift für Arbeit	劳动法杂志
ZfRV	Zeitschrift für Rechtsvergleichung	比较法律杂志
ZGR	Zeitschrift für Unternehmens-und Gesellschaftsrecht	公司法杂志
ZHR	Zeitschrift für das gesamte Handelsrecht und Wirtschaftsrecht	商法杂志
ZIP	Zeitschrift für Wirtschaft	经济法杂志
ZStrW	Zeitschrift für die gesamte Strafrechtswissenschaft	刑法学杂志
ZZP	Zeitschrift für Zivilprozeβ	民事诉讼杂志
ZEuP	Zeitschrift für Europäisches Privatrecht	欧洲私法杂志

目　录

第二编　私法的工具

第三编　法律行为

第一部分　总　　论

第二部分　意思表示的成立与内容

第三部分　合同的成立与内容

第五部分　可撤销的法律行为

第六部分　不确定性与计划错误

第七部分　代　　理

第八部分 法律行为与主管权

第四编 权 利 主 体

第一编

导论

第一章　私法在法律制度中的地位

参考文献：有关民法典形成方面的论著有：吕德里茨（Lüderitz）：《1873 至 1977 年间德国民法典的编纂：形成、发展与任务》，载《从帝国司法局到联邦司法部纪念文集》（1977 年），第 213 页以下。有关 1896 年以来的发展的论著有：施默克尔（Schmoeckel）：《民法典百年：遗产与任务》，载《新法学周报》1996 年，第 1697 页以下；施蒂尔纳（Stürner）：《民法典百年诞辰——高龄时的民族立法？》，载《法学家报》，1996 年，第 741 页以下。有关最新发展方面的论著有：桑德罗克（Sandrock）：《20 世纪初期的私法》，载《法学家报》，1996 年，第 1 页以下；扬·施罗德（Jan Schröder）：《自由的法治国家中的法律政策 40 年》，1989 年。

其他基础性的论著有：布劳罗克（Blaurock）：《欧洲私法》，载《法学家报》，1994 年，第 270 页以下；格·伯默尔（G. Böhmer）：《民法制度基础》，第 1 卷，1950 年；富克斯（Fuchs）：《民法与社会福利法》；格茨（Götz）：《我们是在通往欧洲法律统一的道路上吗？》，载《法学家报》，1994 年，第 265 页以下；格罗斯费尔德（GroBfeld）：《民法作为构成性任务》［书评见吕特斯(Rüthers)文,载《民法实务档案》第178卷,第496页以下];格罗斯费尔德(Großfeld):《欧洲法与法律学习》,载《法学教育》,1993年,第710页以下;霍梅尔霍夫(Hommelhoff):《在欧洲法律协调影响下的民法》,载《民法实务档案》第192卷(1992年),第71页以下;屈布勒(Kübler):《论合乎时代精神的私法理论的实际任务》,1975年;路·赖泽尔(L. Raiser):《基本法与私法制度》,载《第46届德国法学家大会辩论集》,1967年,IIB第5页以下;同一作者:《私法的未来》,1971年;里夏迪(Richardi):《劳动法与民法》,载《劳动法杂志》,1974年,第3页以下;里特纳(Rittner):《欧洲共同体私法与欧洲一体化》,载《法学家报》,1995年,第849页以下;于·施密特(J. Schmidt):《私法与社会制度》,载《法学理论》6,1975年,第33页以下;彼·乌尔默(P. Ulmer):《从德国私法至欧洲私法?》,载《法学家报》,1992年,第1页以下;哈·彼·韦斯特曼(H. P. Westermann):《私法中的进步思想》,载《新法学周报》,1997年,第1页以下;措伊纳(Zeuner):《私法制度的基本要素和社会主义法律制度》,1991年;策尔纳(Zölllner):《20世纪末的民法学和民法》,载《民法实务档案》,1988年,第85页以下;同一作者:《私法的政治意义》,载《法学教育》,1988年,第329页以下;同一作者:《法律国家和法官国家中的私法社会》,1996年。有关发展趋势,参见亨克(Henke):《法的社会化》,载《法学家报》,1980年,第369页以下。

1 本书论述的对象是《德国民法典》* 的总则部分。民法典是私

---

* 本书中以下简称民法典。

法的支柱。应当将私法与公法界定开来。

第一节　公法与私法

参考文献：最近的论著有：比洛（Bülow）：《邮政支票与私法》，载《经济法杂志》，1992年，第1612页以下；弗·比德林斯基（F. Bydlinsky）：《区分私法和公法的标准和意义》，载《民法实务档案》，第194卷（1994年），第319页以下；亨克（Henke）：《公法理论的转变》，载《法学家报》，1992年，第541页以下；伊普森－科赫（Ipsen-Koch）：《公法与私法》，载《新法学周报》，1992年，第809页以下；米西希（MuBig）：《邮政服务、邮政银行和电信公司中的民法》，1992年；伦克（Renk）：《论对公司与私法的区分》，载《法学教育》，1986年，第268页以下；德特勒夫·施密特（Detlef Schmidt）：《私法与公法的区分》，1985年［书评见施瓦贝（Schwabe）文，载《法学家报》，1987年，第1073页］。

在德国法中，对整个法律材料所作的一个根本性的划分，是将法分为公法和私法。这种划分源于罗马法，[1]当然二者的意义是有所不同的。

一、刑法

在大学法学教育中，刑法通常是第三大专业。而将法分为公法和私法的二分法，并没有给刑法确立独立的地位。的确，刑法仅仅是公法的一个部分，因为正是在刑法中，科处刑罚的国家以特别

〔1〕《学说汇纂》1，1，1，2，乌尔比安语。

强烈的方式,实施着公权性质的行为。[2] 不过,在公法内部,刑法很早就形成了其独特的规则。例如,在权利保护方面,由于刑法能以特别严厉的方式损及受法律管辖的主体的利益,因此人们很早就认识到了提供有效法律保护的必要性。由此,一直到今天,刑法中仍然适用各类针对科处刑罚的国家的保障(《基本法》第 103 条第 2 款,第 3 款),而刑事诉讼法则是规定了最强程度的法律保障的诉讼法。

二、国家行为的三种形态

2 对公法和私法的界定,可以以是否有公共机构(特别是国家)参与某项法律关系为标准。按照这种观点,只有在无公共机构参与某项法律关系的情况下,才存在私法。不过,这种观点无以说明国家从事行为的各种形态。

(一)国家可以实施其独有的权力措施,即作为公权载体(hoheitlich)从事活动。在刑法中,国家从事此类活动的性质最为明显。在警察法或税法中,国家也明显是以公权载体的身份从事活动的。

(二)国家也可以不实施这些权力措施。例如,国家需要一台打字机时,它并不是非得去没收一台打字机不可,而是也可以像一个私人一样去购买。在正常时期,国家从事的此类行为具有重要的意义,几乎所有的国家采购都是以这种方式实现的。

(三)在上述两类行为之间还存在国家行为的另一种形态,而且这种形态的行为出现得越来越频繁。国家既不实施特别的权力措施,也不像一个私人那样从事行为。国家从事的是具有照顾性质的行为。例如,国家提供社会救济,或提供补贴,或提供各类生活服务设施(如建设和维护交通道路、供应能源和自来水、清运垃圾和污水)。

---

〔2〕 参见下文边码 2(一);边码 9。

三、法律途径之间的差异

根据《法院组织法》第13条规定,“民事法律纠纷”通常由“普通法院”审理。这里的普通法院,主要是指两类不同的审级。一类是由基层法院至地方法院的审级,另一类是由地方法院至州高等法院再至联邦最高法院的审级。在劳动法律纠纷方面,审级的程序则是:由劳动法院至州劳动法院再至联邦劳动法院。根据《行政诉讼法》第40条第1款规定,在通常情况下,即在宪法法院或特别行政法院不享有管辖权的情况下,公法方面的纠纷由普通行政法院审理。由于存在这种因历史原因造成的法律途径的多轨性,因此也有必要对私法(《法院组织法》第13条所称的“民事法律纠纷”指的便是私法)和公法作出区分。 3

法律途径之间差异的历史渊源,体现在某些边缘领域(Grenzüberschreitungen)中。根据《基本法》第14条第3款第4句(征用赔偿金的数额)、第34条第3句(职务侵权)以及《行政诉讼法》第40条第2款,这些在实体上属于公法范畴的诉讼标的,被规定为由普通法院审理。此外,普通法院对刑法具有管辖权的规定(《法院组织法》第13条)也属于此类情形。这些现象都是过去时代的产物。在过去,人们只能期待通过普通法院提供有效的法律保护。只有在有涉君主利益,因而可能出现强制和迫害的情形时,才应当由普通法院来审理案件。

四、实体上的差异

对不同的法律途径所作的区分,并没有得到彻底的贯彻。如果这种区分不符合私法和公法这两个法律领域之间的实体上的差异,那么我们可以将这种区分看作一种有待清除的历史残余。然而,私法与公法之间却的确存在实体上的差异:在私法(Privatrecht)中,占据主导地位的通常是那些自由的(freie)、不需要说明理由的决定;而在公法(öffentliches Recht)中,占据主导地位的则是那些受约束的决定。 4

(一)私法上的决策自由以私法自治(Privatautonomie)和所有权人自由(Freiheit des Eigentümers)为两大支柱。私法自治[3]——在其合法的范围内[4]——保障个人具有根据自己的意志,通过法律行为构筑其法律关系的可能性。所有权人自由,则是指所有权人有权在法律和第三人权利的框架内,任意处分其物,并排除第三人对物的干预(第903条)。在通常情况下,行为人毋需对任何人说明为何这样作出决定的原因。引用肯德根(Köndgen)的话,可以这样来表达上述原理:"私法主体的动机是一种禁忌。对于其行为的后果,主体充其量是对自己承担责任。"[5]也就是说,在通常情形,法律不可能对这些决策是否具有合理的动机进行监控。只有在滥用权利之例外情形,才适用不同的原则。[6]

这些话语,在年轻一代的人听来,或许显得有些刺耳。他们会觉得这是一种时过境迁的、置社会约束于不顾的自由主义论调。不过,如果我们设想对私法适用必须说明理由的原则,那么上述看法的不正确性就显而易见了。如果要求对私法上的行为强制说明理由,那么家庭主妇就必须说明,她为什么在某个特定的面包师那里购买小面包,而不在另一个面包师那里购买;摩托车的所有人必须说明,他为什么非要驾驶摩托车出行不可,而为什么不步行,为什么不搭乘公共交通车辆,或者为什么他非要出行不可;在订立婚约、结婚,或者在非婚姻生活共同体之情形,有关主体必须说明其为何选择了某个特定的伙伴,而可能因此得罪了另一个有兴趣者。为了使提出的理由具有意义,我们还必须给予法院审查这些理由

〔3〕 参见下文边码174以下。
〔4〕 参见下文边码645。
〔5〕 文载《民法实务档案》第184卷,1984年,第600页,第602页。
〔6〕 参见下文边码129以下。

是否正确的可能性。这样,受到冷遇的竞争对手就有权主张,对方对自己置若罔闻是出于不公正的理由。我们只需要设想一下这种无时不在的监视,眼前就会出现一幅可怕的图画。这一画面,显然是与自由发展其人格的基本权利(《基本法》第 2 条第 1 款)大相径庭的。

(二)与此相反,公法的情形就不同了。在公法中,法律对大部分有待作出的决定都已经作了非常详细的规定。比如,就一张纳税通知单或一份社会保险定期金的数额而言,只存在唯一一个正确的金额。在其他领域,虽然存在一定程度上的决策自由即裁量余地,如从美学角度评判一项建筑申请,或决定是否设置一块道路指示牌;但是,这种裁量至少要受到《基本法》第 3 条第 2 款和第 3 款规定的禁止歧视原则和其他各方面规定的制约。此外,对权利的行使必须陈述理由,而且法院可以对是否遵守法律规定进行审查。 5

在公法中,对决策自由进行限制,主要具有以下两方面互为补充的理由。第一,国家因拥有权力工具,因此其实力远在单个的人之上。如果法律制度不对国家的这种超强实力进行限制,那么这种权力就会变得无法忍受("极权国家")。第二,公法不同于私法,公法中一般不存在将法律后果归属于决策者的现象。如果私法上的所有人进行特别奢侈的房屋建筑,就必须自己承担费用;而如果建筑行政机关的公务员对他人计划中的建筑项目提出严格的要求,则是在给他人的钱包增加负担(先是增加业主的费用,然后还可能增加未来的房屋承租人的费用)。

(三)最后谈及的后果归责(责任)[Folgenzurechnung (Verantwortung)]方面的问题同时表明,在某些例外的情况下,除了从滥用权利的视角来看以外,也可以对私法上的决定自由进行限制。这也就是说,当决策的后果在根本上也涉及其他人利益的情形。早在 20 世纪末形成的民法典第 903 条规定,就要求所有权人的处 6

分行为不得损害第三人的“权利”。今天,人们在很多方面甚至超越了该条规定的字面意义。

例如,在劳动法(Arbeitsrecht)中,人们越来越倾向于认为,只要存在第三人(特别是雇员)的利益,不论这些利益是否已固定化为权利,决策自由就应受到限制。在《企业组织法》第 74 条及其相继条款所规定的雇员参与管理权和参与决定权领域,这一点体现得最为明显。在这里,雇主必须与他人商谈他的决定,而且通常还必须陈述如是决定的理由。1980 年加入民法典的第 611a 条和第 611b 条禁止对雇员进行性别歧视。这两条规定也是以类似的方式,对雇主的决策自由进行限制。

《反限制竞争法》第 26 条的禁止歧视原则,以与上述规定略为不同的方式,保护竞争主体的利益,即保护竞争者(Wettbewerber)或其他企业免受对方利用市场优势地位,阻碍竞争行为的损害。

> 帕夫洛夫斯基(Pawlowski)〔7〕认为,应当将私法中决策受到约束的那部分内容,从整个私法中分离出来,并用“社会法”(Sozialrecht)这个术语来称呼。对此,可以提出下列两方面的反驳。〔8〕第一,社会法的概念已经在另外的意义上固定使用,它与《社会法典》的适用范围以及社会法院的管辖范围互相一致。〔9〕第二,使用帕夫洛夫斯基所称意义上的“社会法”概念,大概就难以确定私法中是否存在一些可资明确界定的部分了。因为在私法中,也到处存在对权利滥用行为的监督审查。〔10〕而要在这种监督审查与

---

〔7〕《德国民法总论》,边码 17 以下。

〔8〕拉伦茨(Larenz)也不赞成帕夫洛夫斯基的这一看法。见拉伦茨:《德国民法总论》,§1Ⅱa,第 4 页。

〔9〕参见察赫尔(Zacher)文,载《万纳加特(Wannagat)纪念文集》,1981 年,第 715 页,第 726 页以下。

〔10〕参见下文边码 129 以下。

帕夫洛夫斯基所称的扩大的、制度化的监督审查之间作出区分，几乎是不可能的。因此，这里涉及的差异与其说是质量方面的，还不如说是数量方面的。诚然，我们也必须承认，这方面的法律发展正在使私法与公法之间的界限变得越来越模糊。

第二节　界定私法与公法的各种学说

一、各种学说的现状

界定公法和私法的学说主要有以下几种： 7

（一）利益说（Interessentheorie）。利益说在罗马法中就已有人提及。[11] 根据利益说，判断一项法律关系或一条法律规范是属于公法还是属于私法，应以涉及的是公共利益还是私人利益为准。然而，恰恰在社会福利国家中，公共利益和私人利益往往是不能互相分离的。例如，被归属于私法范畴的婚姻制度和竞争制度，在本质上也是服务于公共利益的。与此相反，在属于公法范畴的社会照顾法或道路建设中，在很大程度上也涉及私人的利益。

（二）隶属说（Subjektionstheorie）。此说在长时间内一直处于主导地位。隶属说认为，公法的根本特征在于调整隶属关系，而私法的根本特征则在于调整平等关系。不过这一点也是不确切的。因为，一方面，隶属关系也出现在私法中（如父母与其未成年子女之间的关系。法律将“亲权”（elterliche Gewalt）改成“双亲的照顾”（elterliche Sorge）并未对此关系作实质上的修改）；另一方面，公法中也存在平等关系（如联邦的州与州之间订立相互承认中学毕业文凭的协议，或者两个地方政府之间订立将某一区域归入某 8

---

〔11〕《学说汇纂》1，1，1，2：乌尔比安说“公法涉及罗马帝国的政体，私法则涉及个人利益。”（Publicum ius est quod ad statum rei Romanae spectat，privatum quod ad singulorum utilitatem）

个地方政府管辖范围的协议[12])。

9 (三)主体说(Subjekttheorie)。今天该说是通说。根据主体说,如果某个公权载体正是以公权载体的身份参与法律关系,则存在公法关系。联邦最高法院[13]的看法与此类似。它认为,具有决定性意义的是,“要看参与人相互之间是否处在一种隶属性质的公权关系之中;并且要看公权载体是应用了归属于它的、公法上的法律规范,还是它应用了对每个人都适用的法律规定”。例如,在联邦最高法院民事裁判集第41卷,第264页中,法院将地方政府举办的教堂落成纪念日年市归属于私法范畴,因此民事法院对于因此受到骚扰的邻居提出的排除妨害请求权具有管辖权。

主体说虽然能够避免遭遇对其他二说提出的批评,但这一点也是有代价的。采主体说,有一个关键的问题依然没有得到回答,那就是:在什么时候,主体行使的是公权,且行使的方式足以表明国家是在上述定义的意义上参与法律关系的?这一点,在国家从事照顾性质的行为时,[14]殊成疑问。例如,国家根据《联邦教育促进法》向一个大学生提供贷款的行为,与该大学生的有钱叔叔向其支付生活费的行为,其实质是无异的。尽管如此,国家的照顾行为毫无疑问地属于公法领域,因为国家在这方面的决策必须受法律的约束,而且还必须说明理由。这方面的有关纠纷受行政法院管辖也是没有争议的。与此相反,有钱叔叔的给付行为性质就不同了。特别是,这位叔叔不需要说明为什么他给这个侄子生活费而不给那个侄子的理由。

二、自己的意见

10 对于上述诸学说的批评,上面已经稍加涉及。对于所有这些

---

〔12〕 参见亨克(Henke)文,载《法学家报》1984年,第441页以下。

〔13〕 《联邦最高法院民事裁判集》第102卷,第280页,第283页。

〔14〕 参见上文边码2(3)。

划分公法与私法界限的公式化的表述的缺陷,除了上文提出的一些具体论据外,还应当列举出一个一般的理由。这个理由就是,将各个具体的法律制度或者法律关系归属于这个法律领域或那个法律领域,主要是受到了历史原因的影响。这一事实导致产生的结果,在今天看来必然是显得不合理的。举一个明显的例子,不久以前我们还在对联邦铁路和联邦邮政作比较,现在二者都成了国有企业。其中联邦铁路被归属于私法,原因是许多铁路作为股份公司产生于自由主义时代。与此相反,邮政产生于专制主义时期,是皇帝以及帝国各阶层享有的经济特权的体现。[15] 因此,邮政的行为长期以来一直被归属于公法的范畴。在联邦铁路和联邦邮政以同样的方式从事行为时,将二者归属于不同的法律领域就特别使人奇怪:红色的联邦铁路公共汽车的法律性质,不同于黄色的联邦邮政汽车!当然,1989 年 7 月 1 日以后,《邮政结构法》给这种无稽之谈画上了一个句号。现在,被一分为三的邮政通常是以私法主体的身份同顾客(以前不叫“顾客”,而是叫“使用人”)打交道的。[16] 关于德意志铁路股份公司今天的法律地位,参见有关学者的著述。[17]

即使到了今天,我依然认为,任何一种旨在用一种空洞的公式来描述公法与私法之间界限的尝试,都是徒劳无益的。毋宁说,还是应当让历史因素来作出决定。自应然法观之(de lege l ata),只有对新产生的法律制度,才能对其合理的归属问题进行考察。在考察时,上文边码 4 中所提出的标准应当具有决定性的意义,亦即

---

〔15〕 参见康拉德(Conrad):《德国法制史》第 2 卷,1966 年,第 140 页以下。

〔16〕 参见沙茨施奈德(Schatzschneider)文,载《新法学周报》1989 年,第 2371 页,第 2373 页;关于责任,见《联邦最高法院民事裁判集》第 111 卷,第 334 页;《卡尔斯鲁厄州高等法院,新法学周报》1994 年,第 1291 页。

〔17〕 霍梅尔霍夫与克劳斯·施密特 = 阿斯曼(Hommelhoff - Claus Schmidt = ABmann)文,载《商法杂志》第 160 卷,1996 年,第 521 页。

公法是指受约束的决策的法,而私法是指自由决策的法。“自由”,是在上文边码 4 的意义上使用的。

11 **三、公法战胜了私法吗?**

无疑,自 1900 年以来,公法取得了巨大的进展。一个极端的例子是,公法领域的建筑法和计划法,与土地所有权人的建筑自由和使用自由相比,发生了剧增。[18] 此外,国家通过税收和社会税捐,将国民收入中越来越大的一部分归由自己支配。在另一方面,正如刚才提到的《邮政结构法》所表示的那样,这方面也存在例外,即私法在扩大其范围。总的来看,私法仍然是不可缺少的。私法不仅给每个人提供了必要的发展其人格的可能性,[19] 而且由私法赋予的决策自由往往对主体而言更为有利。公共机构不断将其重要的活动领域置于商事公司(股份公司、有限责任公司)之中,亦即交由私法管辖,以摆脱财政预算法和薪俸法桎梏的约束,看来并非事出无因。[20]

---

〔18〕 参见弗·鲍尔(F. Baur)和巴杜拉(Badura)文,载《民法实务档案》第 176 卷,1976 年,第 97 页以下,第 119 页以下。

〔19〕 参见上文边码 4。

〔20〕 参见埃勒斯(Ehlers):《以私法形式进行行政》,1984 年;冯·丹维茨(von Danwitz):《对地方政府公共设施的使用——法律形式的选择与司法监督》,载《法学教育》1995 年,第 1 页以下;古西(Gusy):《国家与公民之间的公法合同》,载《德国行政丛刊》1983 年,第 1222 页以下;同一作者:《行政的形式选择与法律约束》,载《法律学习》1985 年,第 578 页以下;里特纳(Rittner):《公共采购业与私法》,载《商法杂志》第 152 卷,1988 年,第 318 页以下。此外也请参见刊登在《公司法杂志》1996 年第 3 期上研究公共企业采用私法上之公司法形式问题的论文。

第二章　私法框架下的民法

第一节　“民法”的语源

“民法”(Bürgerliches Recht)与德国法律用语中的许多其他词语一样,译自拉丁文的“市民法”(ius civile)。在罗马法中,“市民法”这个概念具有多种含义。在中世纪,“市民法”是一个与“教会法”(ius canonicum)相对的概念。[1] 法国大革命以后,“市民”(Bürger)被理解成“公民”(citoyen)。所谓民法,即是适用于全体人的法,是一个无等级社会的法。[2] 12

Zivilrecht 与 bürgerliches Recht 的意义相同。正因为如此,德语国家对民法典的称呼也不同。如德国称其民法典为 Bürgerliches Gesetzbuch(简称“BGB”),奥地利也称 Allgemeines Bürgerliches Gesetzbuch(简称“ABGB”),而瑞士和前德意志民主共和国则称其民法典为 Zivilgesetzbuch(简称为“ZGB”)。各国的名称虽然有异,但实质上并无区别。

---

〔1〕 以前有“两个法之博士”(Doktor beider Rechte; iuris utriusque)之称。

〔2〕 参见维亚克尔(Wieacker):《近代私法史》,1967 年第 2 版,第 461 页。

第二节　民法与特别私法

13　一、假设我们今天仍然将等级法(贵族法、神职人员法等)理解为民法的相对概念,那么自从等级法消亡以后,“民法”与“私法”这两个概念就合二为一了。不过,后来又产生了一个新的、民法的相对概念,即特别私法(Sonderprivatrechte)。所谓特别私法,是指仅仅适用于特定的职业群体或者生活领域的私法。[3] 一般说来,特别私法包括下列领域:[4]

(一)商法(Handelsrecht)。商法是适用于商人的特别私法。[5]

(二)经济法(Wirtschaftsrecht)。经济法是适用于营利经济的特别私法。

(三)劳动法(Arbeitsrecht)。劳动法是适用于非独立劳动的特别私法。[6]

(四)无形财产法(Immaterialgüterrecht)。无形财产法是有关著作权和工业产权(如专利,商标)的法律。

---

〔3〕 参见普赖斯(Preis)文:《商法杂志》1994 年,第 567 页。

〔4〕 参见布罗克斯:《德国民法总论》§1III2。现在主要参见弗·比德林斯基(F. Bydlinski):《私法的体系和原则》,1996 年,第 415 页以下。

〔5〕 参见策尔纳(Zöllner)文,载《公司法杂志》1983 年,第 82 页;卡·施密特(K. Schmidt)文,载《法学教育》1985 年,第 249 页;乌·沃尔特(U. Wolter)文,载《法律学习》1988 年,第 169 页;弗·比德林斯基(Bydlinski):《商法与企业法作为特别私法》,1990 年[对于该书的评论,参见赖施(Raisch)文,载《商法杂志》第 154 卷,第 567 页];辛格(Singer)文,载《经济法杂志》1992 年,第 1058 页;诺伊纳(Neuner)文,载《商法杂志》第 157 卷,1993 年,第 243 页;科尔特(Kort)文,载《民法实务档案》第 193 卷,1993 年,第 453 页;卡·施密特(K. Schmidt)文,载《企业》1994 年,第 515 页。

〔6〕 参见马滕斯(Martens)文,载《法学教育》1987 年,第 337 页;里夏迪(Richardi)文,载《劳动法杂志》1988 年,第 221 页;拉姆拉特和加米尔舍格(Ramrath-Gamillscheg)文,载《企业顾问》1992 年,第 2287 页。

(五)私保险法(Privatversicherungsrecht)。

二、不过,要想在民法和上述特别私法之间划出一条清晰的界 14
限是不可能的,原因如下。

(一) 首先，各特别私法没有自成一体的规则。毋宁说，它们都以民法的存在为前提，本身仅仅规定了一些纯补充性规范(bloB ergänzende Normen)。例如，商法典第 349 条至第 351 条对于作为完全商人商行为的保证行为，仅仅规定了保证人不享有先诉抗辩权（民法典第 771 条至第 773 条），以及保证合同不需要采用书面形式（民法典第 766 条）。可见，商法典只是将民法上保护保证人的某些条款予以排除而已，除此之外则适用民法典的规定。

(二)其次的也是主要的原因是,对于特别私法与民法之间的 15
划界缺少一种必要的、体系上的理由。因为即使是作为“一般私法”的民法,其“一般性”也并非指每一条规范都适用于任何一个人。例如,婚姻法仅仅适用于结过婚的人,民法典第 1601 条及其相继条款有关扶养的规定仅适用于(直系)亲属,而第 836 条的责任仅适用于房屋或其他与土地相连的工作物的自主占有人。人们不禁要问，为什么这些问题却没有成为特别私法的调整对象呢?

对于这个问题,我们也不能以“每一个人都能够结婚”、“每一个人都可能有亲属”或“每一个人都能够成为建筑物的自主占有人”来回答。因为每一个人也都可以成为商人或雇员,因此进入商法或劳动法的适用范围。这说明,特别私法也并非仅仅适用于某个封闭的群体(这是特别私法与等级法之间的区别所在!)。所以,在特别私法与民法的各个部分之间,并不存在原则上的对立。[7]

---

〔7〕 比德林斯基(同前引书,第 420 页)对此表示同意。

既然民法的某些领域作为特别私法从民法中驳离出来并非缘于体系上的原因,那么我们就必须从其他地方来寻找这其中的原因。也许这里的原因主要是由历史造成的。众所周知,学说汇纂立法体系难以容纳民法的特别领域。[8] 此外,在商法领域,对法律的统一要求最为强烈。因此,在制定民法典以前,就已经制定了统一的帝国法律,如1848年的《汇票条例》以及1861年的《德意志普通商法典》。至于劳动法,则是循着民法典以外的一条社会规律而自身发展的。[9] 此外,劳动法、经济法以及私保险法,在很多方面都已经超越了[私法而及于]公法的界限。在民法典中,亲属法中也包含了一些公法的内容。

15a 三、在现代,不断有人要求设立一个适用于消费者的特别法(Sonderrecht für Verbraucher)。在某种意义上,1894年的《分期付款法》就是为了保护消费者的利益。今天,我们也可以将一些特别法[10] 以及民法典里面的一些规定(特别是房屋租金法中的规定)归入消费者保护法的范畴。然而,没有任何法律对应受保护的消费者这个概念进行过正面的定义。这些法律只是部分排除对商人的适用,而在制定这种排除规定时,也存在一些说不清楚的差异。[11] 最近以来,有些法律又强调排除对法人、经营行为以及独立的职业行为的适用。[12] 总体上看,对于形成一个统一的消费者

---

〔8〕 比德林斯基,同前引书,第426页。

〔9〕 参见策尔纳(Zöllner)文,载《新法学周报》1990年,第1页。

〔10〕 如《上门销售行为撤回法》、《投资公司法》、《函授教学法》、《产品质量法》、《消费者信贷法》以及——有限制地——《一般交易条件权利调整法》。

〔11〕 如一方面是《分期付款法》第8条的规定,另一方面是《一般交易条件法》第24条的规定。

〔12〕 参见《消费者信贷法》第1条第1款。

保护法的可能性，似宜持怀疑的态度。[13]

〔13〕 参见哈·彼·韦斯特曼（H. P. Westemann）：《消费者保护》，载《联邦司法部专家鉴定书》第3卷，第1页以下，第119页以下附有其他文献资料［对此的评论，见克拉默（E. A. Kramer）文，载《立法与法学评论季刊》1986年，第270页以下］；比德林斯基，同前引书，第708页；格特纳（Gärtner）文，载《企业顾问》1995年，第1753页；同一作者文，载《法学家报》1996年，第533页；梅迪库斯（Medicus）文，载《法学教育》1996年，第761页；托纳尔（Tonner）文，载《法学家报》1996年，第533页；专著有艾·冯·希波尔（E. von Hippel）：《消费者法》，1986年第3版。现在，德雷埃尔（Dreher）发表在《法学家报》1997年第167页上的文章非常精彩。关于一般交易条件对"消费者合同"的适用，参见下文边码402a。

第三章　德国民法典框架下的总则

参考文献：比尔内(Björne)：《18世纪和19世纪的德意志法律制度》，1984年；黑克(Heck)：《私法总论》，载《民法实务档案》第146卷，1939年，第1页以下；拉伦茨(Larenz)：《私法的重新构造》，载《民法实务档案》第145卷，1938年，第99页以下；安·B. 施瓦茨(A. B. Schwarz)：《论现代潘德克吞体系的形成》，载《萨维尼法律史、罗马法杂志》第42卷，1921年，第558页以下；维亚克尔(Wieacker)：《近代私法史》，1967年第2版，第486页以下；齐特尔曼(Zitelmann)：《民法"总则"之价值》，载《格林胡特(Grünhut)现代公法和私法杂志》第33卷，1906年，第1页以下。

将民法典分为五编，并非遵循了某个统一的原则。之所以采纳五编制的立法体例，主要基于以下三项不同的原则。

第一节　亲属法与继承法

16 最简单的原则适用于民法典的第四编和第五编。立法者在这两编中规定了相互之间具有联系的、类似的生活事实。亲属法主要涉及婚姻和亲属关系，此外还规定了为婚姻作准备的婚约、监护、照顾和保佐。照顾和保佐在某种意义上是对亲属的代替。继承法则关系到一个人的死亡所产生的财产法上的后果，尤其涉及死者生前所具有的权利和义务的重新归属问题。

第二节　债法与物法

决定民法典第二编和第三编内容分配的原则，则具有较高的法律艺术性。这里起决定作用的并不是生活事实的相似性。例如，动产买卖行为产生的义务（第 433 条及以下条款），与对这些义务的履行（第 854 条及以下条款，第 929 条及以下条款），在法典中被规定在完全不同的地方。再如，法典对先买权的规定处在两个不同的地方：第 504 条至第 514 条将先买权作为债务关系予以规定，第 1094 条至第 1104 条则将先买权作为具有对抗第三人效力的土地负担予以规定。 17

上述事实说明，对于第二编和第三编的内容，起关键作用的并不是生活事实的相似性，而是另外一个原则。权利可以分为相对权和绝对权。这里的原则即是法律后果层面上相似性。第二编调整的债务关系存在于两个人即债权人和债务人（第 241 条）之间，具有相对性。而第三编规范的对象是物，物的归属是绝对的，即任何人都必须尊重这种归属。根据第 903 条，物的所有人有权排除任何其他人对物的干涉。[1] 当然，在贯彻这一划分的时候，也还存在很大的困难。对此这里不作进一步探讨。

---

〔1〕 参见下文边码 62。

第三节　总　　则

18 本书讨论的仅仅是第一编。根据民法典制定者的计划,总则应当包括那些适用于民法典以下诸编的规则,亦即总则包含的是在某种程度上被提取和抽象的一般性内容。

这一将一般的内容置于前面的立法技术,在民法典的其他地方还多次重现。比如,第二编的前六章(第 241 条至第 432 条)是一般性的规定,然后是第七章(作为债法分则)"各种债务关系"(第 433 条至第 853 条)。第三编也是先规定一般性的(因为既适用于土地也适用于动产)占有(第 854 条至第 872 条),再规定"土地上权利的通则"(第 873 条至第 902 条);然后才规定各种具体的权利。最后,第四编也是先规定"婚姻的一般效力"(第 1353 条至第 1362 条),然后再规定各种具体的财产制(第 1363 条及以下条款)。甚至其他法律,如《刑法》(第 1 条至第 79b 条)、《刑事诉讼法》(第 1 条至第 252 条)以及最近的《社会法典》,也以总则开
19 始。

从历史的角度看,这样一种立法技术要求立法者对法律材料做非常深入的研究。比如,人们首先必须认识到,买卖、租赁、所有权移转合意、设定质权、婚约、继承合同等行为之间,在何种程度上具有相似性。这些行为的相似之处,便是两个人对特定的内容表示他们的同意。只有认识到了这一点,才能够将所有这些行为(以及其他许多行为)归纳在"合同"之下,并对它们的共同之处进行调整(如第 145 条及以下条款所作的调整那样)。如果能认识到这类合同与单方面行为(如立遗嘱)之间的共同之处,那么就达到了一个更高的抽象程度。这时,我们就可以得出"法律行为"(第 104 条及以下条款)这个上位概念。

为这样一种立法技术所需要的高度抽象性,自然是由法学首

创的。在这一过程中，普通法科学（学说汇纂法学）起了领导性作用，它将优士丁尼学说汇纂（即潘德克吞）之浩如烟海的资料整理成一个系统性的制度。后来为《德国民法典》所采纳的立法体例，第一次出现在格奥尔格·阿诺尔德·海泽（Georg Arnold Heisc）1807年初次出版的《用以讲授学说汇纂课程的普通民法体系大纲》一书中。作者在这本书中设立了“总则”章节。诚然，海泽的这本书中还包括许多民法典所没有的内容，如法律渊源学说以及权利实现学说等。

第四章　总则的内容和法律渊源

第一节　功能与内容

20 总则把被提取和抽象的一般性内容汇总在一起。[1] 总则的这一汇总功能决定了它的内容。总则中的规定必须具有一般性的特征，它们不仅仅适用于民法典第二编至第五编（“分则”）中的其中一编。具体说来，总则编的内容涉及权利主体（下文边码21），法律行为（下文编码24），也部分涉及权利客体（下文边码22以下），还有一些权利行使的问题（下文边码27）。

一、权利主体（第1条至第89条）

21 除了在无主物情形，在通常情况下，每一个权利客体都被归属于一个人所有。物有其所有权人，债权有其债权人和债务人。这个人便是权利载体，即权利主体。因此，人们可以期待总则中有一个“人法”（Personenrecht）。这样规定也符合一项可溯及至罗马法学家盖尤士（Gaius，公元二世纪中叶）的传统。

〔1〕 参见上文边码18。

民法典的第一编第一章,果真是以“人”作为标题的。法律将人分为“自然人”(第 1 条至第 12 条)和法人(第 21 条至第 89 条)。自然人即是生物学意义上的人,而法人则是指特定的组织,它们之所以具有人的性质,是基于实定法的规定。

不过,就自然人而言,民法典并未一开始就对与婚姻或亲属相关的事项作规定。这些内容被规定在亲属法编中。[2] 此外,民法典对人格的一个重要特征,即人格权,也仅作了简单的规定。[3] 在法人方面,民法典没有对在实践中具有重要意义的商事公司,即股份公司、有限责任公司和合作社作出规定。因此,从总体看,第 1 条至第 89 条的规定,对自然人(即生物学意义上的人,第 1 条至第 12 条)仅作了不完整的规定,对法人(社团和财团,第 21 条至第 89 条)也仅作了原则性的规定。[4]

二、权利客体(第 90 条至第 103 条)

22 民法典仅用 14 个条款规定了权利客体。这些规定比有关权利主体的规定更为不完整,更为残缺不全。权利客体可以分成两大类,即有体的物(第 90 条)以及无体的权利。

(一)权利(Rechte)是法律制度本身创造的产物,因此法律必须对权利作出详细的规定。虽然人们承认存在实定法之外的权利,亦即某些权利并不取决于人类的规范活动,但是权利的具体内容却总是由实定法确定的。试想一下有关婚姻的规定(第 1297 条至第 1588 条)或者有关侵害生命行为的法律后果的规定(民法典第 823 条、第 844 条至第 847 条;刑法典第 211 条以下),就足以证实这一点。因此,人们有理由期待总则编中对权利作广泛的规定。然而这里几乎没有这样的规定(只有第 96 条、第 99 条第 2 款和第

〔2〕 参见上文边码 16。

〔3〕 参见下文边码 1076 以下。

〔4〕 有关详细内容,参见下文边码 1036 以下。

3 款、第 100 条至第 103 条是例外)。民法典并没有在总则编中规定各种不同的权利,而是把它们放在以下各编中加以规定,如在债法中规定债权,在物权法中规定物上的绝对权,等等。

23 (二)与权利相反,物(Sachen)是独立于法律制度而存在的。法律的任务,是对物之归属于人的事实进行规定。为此,法律必须摆脱一般日常用语中概念的不精确性,确定法律意义上"物"的含义。比如,农用土地上面的建筑物,是否也属于该土地?牲畜呢?其他附属财产呢?或者,工业用土地是否也包括机器?是否还包括原材料与成品的库存?是否还包括机动车辆?在认为这里存在多数物的前提下,还需要回答一个问题,即能否以其他方式来满足这些物在经济上的一体性要求。民法典第 93 条至第 98 条以"重要成分"和"从物"这两个核心概念对上述问题的有些方面作了规定。此外还有关于收益、获取果实的费用以及负担的规定(第 99 条至第 103 条)。

诚然,这些问题的一般性是毋庸置疑的,因此对这些问题的规定理应放在总则编中。但是在另一方面,这些问题特别是与归属问题(Zuordnungsfragen)紧密地联系在一起,而归属问题在第三编中才有规定。这里涉及的问题,即如土地、土地上的建筑物以及土地上的附属财产能否归属于不同的人所有?土地所有权的移转是否同时使土地上的附属财产所有权也移转?土地上的附属财产是否要对土地上的抵押权承担责任?这些问题,对第 946 条及以下条款规定的加工和混合以及对第 1120 条及以下条款规定的抵押责任,尤其重要。在许多情况下,第 93 条及以下条款的意义,只有在物权法规定的背景下才能显现出来。详细内容见下文边码 1174 以下。由于对物的规定作了这种人为的分离,因此总则编对权利客体的专门规定,可以说是一般化尝试失败的典型。[5]

---

〔5〕 参见下文边码 32。

三、法律行为(第 104 条至第 185 条)

总则编中有关法律行为的规定意义最大。法律行为,是各个人用以依据其愿望改变法律状态的一种手段。[6] 有关法律行为方面的规定之所以具有一般性,是因为法律行为存在于法律的所有领域,特别是出现在民法典的所有诸编中。例如,法律行为包括订立债务合同(第 305 条)、债权让与(第 389 条及以下条款)、物的所有权的移转(第 873 条、第 925 条、第 929 条及以下条款)、订立婚约(第 1297 条及以下条款)和缔结婚姻(《婚姻法》第 1 条及以下条款)、作成遗嘱(第 2229 条及以下条款)等。 24

总则编中规定的这些被称为“法律行为”的现象,可谓形态各异。从中产生一个难题,即总则编的规定要么非常抽象,要么它们并不适用于一切法律行为,亦即这些规定不具有一般性。[7]

四、其他规定(第 186 条至第 240 条)

民法典第一编的其他规定的内容各异。 25

(一)第 186 条至第 193 条对期间和期日(Fristen und Termine)的规定,能够一般性地适用。它们不仅适用于通过法律行为对期间或期日的确定,而且也适用于法律或者法院裁判对期间或期日的确定(第 186 条)。此外,它们还适用于民法之外的法律领域,甚至还适用于私法之外的法律领域。[8] 第 187 条及以下条款只是用于解释通过其他方式确定的期间或期日的解释性规定。

(二)第 194 条至第 225 条规定消灭时效(Verjährung) * 。消灭时效适用于(几乎)所有请求权(第 194 条)。由于民法典各编 26

---

〔6〕 参见上文边码 174,176。

〔7〕 详见下文边码 32 以下。

〔8〕 冯・费尔德曼(von Feldmann):《慕尼黑德国民法典评注》,第 186 条,边码 1。

* Verjährung 一词译成“消灭时效”欠妥,因为在德国法中,请求权罹于时效时,实体权利和诉权都并不消灭,义务人仅获得一项抗辩权而已。为方便读者理解,本书姑且遵循传统习惯用法,译为“消灭时效”。——译者注

中都有请求权的规定,因此消灭时效与民法典各编都有关系。当然,第194条及以下条款的规定也并非完备无缺,因为这里并没有给所有请求权都规定消灭时效期间。相反,法律对(实践中非常重要的)短期消灭时效[9]以及不罹于消灭时效的个别权利,[10]倒是一并作了规定。

27 (三)第226条至第231条涉及权利的行使和权利的实现(Rechtsausübung und-durchsetzung)。这些规定特别不完整。在对行使权利的限制方面,法律仅规定了(几乎不可能出现的)恶意刁难行为(第226条),而没有规定(重要得多的)的失权行为。在权利的实现方面,法律仅规定了只有在例外情况下才合法的自力行为,而没有规定正常情况下的通过法院实现权利。通过法院实现权利,由民法典以外的诉讼法(特别是民事诉讼法)加以规定。对于法律的发现以及法律的适用,民法典未作任何规定。

28 (四)最后,有关提供担保(Sicherheitsleistung)(第232第至第240条)方面的规定,也仅仅是一个框架而已。这些规定仅涉及如何提供担保。至于应否提供担保这一前提性问题,则由一些具体规定(如第273条第3款、第562条)去规范。

五、评价

29 总的说来,对于总则编的内容,不可能作出积极的评价。一方面,总则编没有对一些重要的内容作出调整,特别是有关法人、权利行使、权利实现和法律适用方面的重要问题都付之阙如。另一方面,总则编中的有些规定被人为地从它们所属的特别的联系中割裂开来,最后变成了纯粹的概念解释或立法技术(特别是第90条及以下条款)。在有些地方,总则编不过是“其他”项下的大杂烩而已,汇集了那些在其他地方难以安排的规定(如第226条至

---

〔9〕 如第477条、第638条、第852条规定的消灭时效。参见下文边码114。

〔10〕 如第898条的规定。参见下文边码103。

第240条)。对于这种体例对教学产生的困难,参见下文边码46。

第二节　法律渊源

如第一节所述的构成总则编内容的各部分,主要规定在民法典第1条至第240条之中。民法典第13条至第20条有关失踪的规定,已为1939年7月4日的《失踪法》所取代。该法于1951年1月15日重新公布。在民法典第12条方面,1938年1月5日施行的、主要具有公法性质的《关于更改姓氏和名字的法律》,对姓名作了规定。民法典第128条提及的作成公证书,则由1969年8月28日的《公证法》作详细规定。 30

这些法律都是嗣后对民法典的修订或补充,并不涉及民法典的实质问题。与此相反,1976年12月9日的《一般交易条件法》则具有非常重要的意义。该法调整使用一般交易条件订立合同的行为,因此涉及法律行为学说的一个核心问题。[11] 由于一般交易条件(Allgemeine Geschäftsbedingungen)对债务合同的意义最为重要,该法主要适用于债务合同,因此该法不仅仅属于民法总则编的范畴。《一般交易条件法》的立法目的,明显地反映在该法第10条和第11条所列出的禁止性条款目录中。这些条款绝大多数是债法规范,当事人不得通过一般交易条件约定排除或限制它们的适用。

---

〔11〕 参见下文边码394以下。

第五章　总则编在法律政策方面的问题

对于总则编在法律政策方面产生的问题，上文边码 20 以下在简要论述民法典第一编内容时，已经稍加论及。参见上文边码 3 前面的参考文献。现在对这个问题作深入讨论。

第一节　设总则编的优点

31 设置总则编的优点，主要反映在有关法律行为的规定（第 104 条至第 185 条）方面。将这些规定提取概括，可以取得唯理化效应（Rationalisierungseffekt）。这样，立法者就无需为每一项法律行为都重新规定其生效的要件。黑克（Heck）恰如其分地将总则编的这一功能比喻为“列车时刻表符号说明”（Kursbuchschlüssel）：前面已经说明过的东西，后面就没有必要再作重复了。

如果不设总则编，立法者要达到既全面又不重复的目的，就必须运用参引（Verweisungen）的技术。[1]

〔1〕 参见布德（Budde）：《德国民法典中的参引》，载《法律学习》1984 年，第 578 页以下。

例如,立法者可以对买卖合同的订立作出规定,然后对赠与、使用租赁、收益租赁等行为参引适用有关买卖行为的规定。不过,这样一来参引规定必然太多,使总则编篇幅过大,有失简明扼要。所以,前德意志民主共和国制定的民法典虽然结构与《德国民法典》不同,但是也设有"关于合同的一般规定"(第 43 条至第 93 条,集法律行为学说与债法总则于一身)。

第二节　设总则编的缺点

设置总则编具有上述优点,但至少也具有下列两大缺点。 32

一、抽象与例外

(一)为了使一项规则具有普遍的适用性,该条规则必须以抽象的方式来表述(abstrakt formuliert)。例如,我们不能说"买卖",而必须说"合同",或者更抽象地说成"法律行为"。而法律行为却包含了各类性质迥异的过程,如买卖、赠与、使用租赁、所有权移转、婚姻、继承合同、遗嘱或解约。即使在这些法律行为的每一种行为内部,也还存在本质上的差异。例如,我们可以用 50 芬尼去购买一个小面包,也可以用 100 万马克去购买一块房屋建筑用地。所有权移转方面也存在同样的差异。解约可能是解除一项关乎生计的劳动关系,也可能是解除一项不足挂齿的自行车租赁合同。

要使语言表述适用于所有此类性质迥异的法律行为的法律规则,不可避免地会面临一种两难的局面。要么制定一些非常一般的规则,这样,一般规则的数量势必就很少,总则编为以下诸编减轻负担的效果难以发挥出来。要么承认在一般规则之外,还存在个别的例外。例如,有关意思表示错误的规则,不适用于婚姻或遗嘱。

(二)民法典采纳的是上述第二种方案。在总则编的许多规 33

定中,法律承认规则之外还有一些个别的偏离。对于这些例外,民法典有时以明示的方式加以规定,通常是在规定例外的法律制度之时予以说明。不过,有些规范只有在被视为是一般规则的例外时,才能正确地加以理解。

例如,第 477 条第 1 款第 2 句规定,可以通过合同,延长(verlängern)买卖法上的短期消灭时效。第 638 条第 2 款也对承揽合同作了相应的规定。从该规定中,我们不能得出相反的结论,即:缩短(Verkürzung)消灭时效的期间是违法的。毋宁说,第 477 条第 1 款第 2 句是第 225 条第 1 句规定的例外。根据第 225 条第 1 句,消灭时效不得通过法律行为予以延长。[2] 而根据第 225 条第 2 句,通过法律行为缩短消灭时效期间一般都是合法的。因此,第 477 条的规定并不是对规则的例外。

民法典以明示方式列出不同于总则编规定的特殊的例外性规定为数不多,在其他许多地方,人们必须将这些例外性规定(Abweichungen)认定为未成文法(als ungeschriebenes Recht),或者人们对是否存在这些例外性规定还持有不同看法。

举一个关于条件[3]的例子来说明。条件作为总则编规定的制度,应当适用于所有法律行为。在有些地方,立法者以明示的方式规定条件不适用。这尚属情有可原。如第 925 条第 2 款规定,条件不适用于土地所有权移转合意;《婚姻法》第 13 条第 2 款规定,条件不适用于婚姻。否则,因附有条件而产生的效力未定状态,将会对土地登记簿的证明力产生不利影响,条件产生的不确定性也有悖婚姻对婚姻状况产生的影响力。然而,民法典对形成权之不可附条件性,仅仅在一个地方,即对第 388 条第 2 句的抵销权,作了规定。对于以缔结婚姻为目的的婚约,法律未有条件方面

〔2〕 有关实体问题,参见下文边码 106 以下。

〔3〕 参见下文边码 827 以下。

的任何规定。因而，如果要想使其他形成权不适用条件，就需要一条不成文的法律规则；[4]不过，至于对（在某种程度上与婚姻相似的）婚约能否附条件，学术界存在不同的看法。[5]

在有些情况下，不同的、要求予以一般遵守的规则相互之间的关系，可能会产生混乱。这一点可以举法律行为限制处分权为例说明。根据第137条第1句，以法律行为限制处分权时，此种限制不产生物权上效果，亦即违反约定而为之处分是有效的。[6] 而根据第399条的规定，如通过约定排除了债权让与的可能性，该债权就不得让与，即使让与了也因违反约定而不发生效力。从这两条规定的地位来看，第137条处于总则编中，而第399条处于债法总则中。第137条应当是一条一般性的规则，而第399条只是一条适用于债权的例外规定。然而，第413条规定与此结论相悖。根据该条规定，有关债权让与的规范（亦即也包括第399条），准用于其他权利的转让。这样，例外性规定提出了自己要成为规则的要求。有关实体问题，参见下文边码676。 34

（三）综上所述，总则编中也包含一些适用范围受到限制的一般规则。民法典有时以明确的方式规定了这种限制，而且一般是在后面的地方作这种规定，以此作为前面无限制适用的规则的例外。有时这种限制并没有反映在民法典的条文中。我们必须通过对明示规定的限制作类推适用，或者从规范的宗旨（“目的性”）中推导出存在例外。 35

二、理解上的困难

（一）民法典将一般性的规则提取概括，也增加了对法律规定 36

---

〔4〕 参见下文边码849以下。

〔5〕 参见格恩胡贝尔与克斯特尔－瓦尔清（Gernhuber-Coester = Waltjen）：《亲属法》§ 8II3。

〔6〕 参见下文边码675。

的理解难度。要寻找一个具体问题的法律规定，我们不能仅仅查找一个地方。我们所要寻找的有关规定，往往分处在民法典的若干个不同地方，其中一般性的规定在法典的前面，特殊些的规定则在法典的后面。

由于民法典的各编本身还各有一个类似总则的内容，因此上面谈及的规则分裂状态达到了一个更高的程度。从一般性到特殊性的规范制度，在债法(Schuldrecht)中表现得特别明显。这里先是适用于所有债务关系的规定(第 241 条至第 304 条)，再是适用于所有合同的规定(第 305 条至第 319 条)，然后是适用于双务合同的规定(第 320 条至第 327 条)，最后才出现各种合同类型(第 433 条及以下条款)。不动产物权法(Immobiliensachenrecht)的情形与此相似，“关于土地权利的一般规定”(第 873 条至第 902 条)被规定在各类土地权利之前。可见，要寻找一个具体问题的法律规定，往往要瞻前顾后，同时查阅许多地方。

37 (二)在查阅法典时，要按从后向前(von hinten nach vorn)的顺序进行，因为后面的特殊规定排除全面的一般规定的适用。换言之，只有在后面无法找到特殊规定的情况下，才能适用前面的一般规定。以买卖法所涉问题为例，查阅的顺序如下。

1. 首先要寻找比一般买卖法更为特殊的规定，如消费者信贷法的规定或关于牲畜买卖的规定(第 481 条及以下条款)。

2. 其次适用一般买卖法(第 433 条及以下条款)。

3. 再次适用有关双务合同的规定(第 320 条及以下条款)。

4. 下面一个规则体系是关于债务合同的(第 305 条及以下条款)规定。

5. 下面适用关于债务关系的一般规定，即第 241 条及以下条款。这些规定不仅适用于以合同方式产生的债务关系，而且还适用于依法产生的债务关系。

6. 再下面适用有关合同的一般规定(即不仅仅适用于债务合

同),即第 145 条及以下条款。

7. 最后适用最为一般的规定,即有关法律行为的规定(第 104 条及以下条款)。

(三)上述查阅顺序具体是怎样进行的,现在再用一个实例来 38
说明一下。旧机动车买卖合同的买方,能否因为汽车仪表上显示的公里里程数少于实际所跑的里程数,而要求解除买卖合同?对于旧机动车辆的买卖行为,法律没有特殊的规定。在一般买卖法中,可以考虑适用第 459 条及以下条款。不过,只有在机动车辆的"实际品质"不符合合同约定的"应有品质"的情况下,才可认定该机动车辆具有瑕疵。如果买卖合同中对汽车公里里程数没有作约定,那么买卖法也帮不上什么忙。无论是在第 320 条及以下条款中,或者在第 305 条及以下条款中,抑或在第 241 条及以下条款中,还是在第 145 条及以下条款中,都无法找出一条适当的规定。只有在第 119 条及以下条款和第 123 条及以下条款关于意思表示的一般规定中,才有意思表示错误和恶意欺诈的规定。如果我们一开始就认定物存在瑕疵,这里就会产生一个(民法典没有明确加以规定)问题,即能否在第 459 条及以下条款之外,再因错误或因恶意欺诈而撤销意思表示。[7]

(四)综上所述,无论先一般后特殊的规范原则多么简单明 39
了,民法典对该原则的复杂贯彻增加了该法典在适用上的困难。这样一部在结构安排上颇具匠心的法典,因此难以适合于非专业人士阅读理解,大概也就不言自明了。不过总的来说,"总则"为我们研究法律提供了一种很有价值的、几乎是不可缺少的辅助材料。[8]

---

〔7〕 参见下文边码 775,809。

〔8〕 参见弗·比德林斯基(F. Bydlinski):《私法的体系与原则》,1996 年,第 119 页以下。

第六章 总则的发展与走向

第一节 法律行为

40 一、自民法典施行以来,在总则编的核心部分,即有关法律行为的规定(第104条至第185条)[1]方面,民法典的文句(Wortlaut des BGB)仅仅作了一些微小的修订。如用“照管”(第1896条及其后条款)代替了“宣布禁治产”(旧版本第104条第3项,第114条,第115条);第138条第2款规定的暴利行为的要件有所扩大。

41 二、与此相反,在民法典以外(auBerhalb des BGB-Textes),法律行为学说方面的内容发生了大规模的变化。

(一)首先应提及的是作为单行法的《一般交易条件权利规则法》(1976年12月9日)。该法对行为人通过使用一般交易条件(AGB)排除任意法的适用或达成某些危险的协议的可能性进行了限制。诚然,这部法律主要是以司法机关在此以前根据民法典第157条以及第

[1] 参见上文边码24。

242 条规定作出的判例结果为依据而制定的。[2]

（二）在一般交易条件使用范围以外，法律科学和司法判例也在很多方面对民法典的法律行为学说作了补充，并因此改变了其内容。具体地说，主要有下列几种学说。交易基础（Geschäftsgrundlage）丧失论。依此说，在现实与以法律行为方式所达成的约定之间发生矛盾时，一方有权要求对这种约定进行校正，而且校正的程度远远超出了民法典的设想。[3] 与此相类似，对法律行为的补充性解释（ergänzende Auslegung）也有很大程度上的扩展。[4] 缔约中过失（Verschulden bei Vertragsverhandlungen）[5] 以及容忍代理权和表见代理权（Duldungs-und Anscheinsvollmacht）学说，[6] 则强化了从事法律行为的行为人的责任。根据诚实和信用（Treu und Glauben）的原则，对法律规定产生的严厉后果，特别是消灭时效届满以及违反法定的形式规定所产生的严厉后果，作了弱化。此外，学者们对如何保证合同的公正性这个一般性的问题也作了许多探讨。[7] 42

第二节 人 法

一、立法者在自然人（natürliche Personen）法（第 1 条至第 12 条）中所作的修订，比在法律行为学说方面要重要得多。首先应提及的是立法者在 1974 年将成年人年龄（Volljährigkeitsalter）从 21 周岁降低到 18 周岁（第 2 条）。这样，第 3 条至第 5 条规定的 43

〔2〕 参见下文边码 399。
〔3〕 参见下文边码 823 以下；857 以下。
〔4〕 参见下文边码 340 以下。
〔5〕 参见下文边码 444 以下。
〔6〕 参见下文边码 930 以下；969 以下。
〔7〕 参见下文边码 472 以下。

将未满21周岁的人宣告为成年人的可能性也就不复存在了。民法典原来第13条至第20条关于失踪(Verschollenheit)的规定,则变成了一部独立的专门法律(1939年7月4日的《失踪法》[8])。

一般人格权(allgemeines Persönlichkeitsrecht)是法律科学和司法判例发展形成的新制度。[9] 其基础之一,是《基本法》第1条第2款规定的对人的尊严的尊重。《基本法》强调保护人的尊严,是对国家社会主义统治时期践踏人类尊严行为的回应。

44 二、在法人(juristische Personen)方面(第21条至第89条),特别值得一提的是,废除了针对追求政治、社会政策或宗教目的的社团(Vereine mit politischem, sizialpolitischem oder religiösem Zweck)的特别规定(以前的第43条第3款,第61条第2款)。民法典的制定者对这些社团持有不信任态度,现在它们已获得了宪法上的承认(《基本法》第9条)。与此相联系,立法者在民法典第54条第1句中表现出来的对无权利能力社团(nichtrechtsfähiger Verein)[10]的不信任态度,也让位于一种至少是中立的评价。虽然这一事实并没有导致对法律条文进行修订,但是学说和判例已在很大程度上将无权利能力的社团视同于有权利能力的社团。

第三节　总则的其他内容

45 在总则编的其他内容方面(第90条至第103条,第186条至第240条),立法上几乎没有什么修订。值得一提的是,1965年以后,在第193条规定的期间和期日方面,星期六被等同于星期天和假日,亦即在计算期间或期日时,星期六可以不计入。

---

〔8〕 参见下文边码1053以下。

〔9〕 参见下文边码1076以下。

〔10〕 参见下文边码1141以下。

如何正确地适用消灭时效的规定(第 194 条至第 225 条),依然是一个没有解决的问题。诚然,这个问题的起因是总则编以外的期间规定(如第 477 条,第 638 条[11]),但是人们对这些规定的不满意,对人们理解消灭时效的宗旨产生了不利影响,并且也在其他法律领域产生了不利的后果。所以,弗·彼得斯(F. Peters)和赖·齐默尔曼(R. Zimmermann)在其编撰的《关于修订债法的鉴定和建议》一书中,要求对消灭时效作广泛的改革,即予以简化。[12] 由联邦司法部长设立的委员会建议对现行法规作重大修订。[13]

笔者认为,通过自卫和自助(第 227 条及以下条款)方式来行使权利,也是一个没有解决的问题。前几年曾发生过一些"占领房屋"行为和暴力性游行示威活动。在此过程中,存在产生某种公共舆论的危险。这种公共舆论是被一部分"新闻媒体"误导形成的,它与法律的规定(法不应屈服于非法[14])之间已无丝毫关系。现下,由于刑事犯罪行为不断增加,人们更倾向于主张应扩大自助行为的范围,甚至可以超越法律允许的程度。许多人认为,国家打击犯罪的措施不够有力,这大概也是形成上述看法的原因之一。

---

〔11〕 参见下文边码 105 以下。

〔12〕 参见《联邦司法部鉴定》,第 1 卷,第 77 页以下。

〔13〕 《债法修订委员会最终报告》,1992 年。

〔14〕 参见下文边码 133,156,159。

第七章　总则编的文献资料

第一节　教学法上的困难

46 一、总则是对“放在括弧之前”[1]的内容的汇总。可以想见，这种东西不适合于法律教学，尤其不适合于为初学者讲授的课程。因为，“法律行为”、“合同”等都是一些不形象的、高度抽象的上位概念，我们无法用例子来对此加以说明。的确，自在的法律行为是不存在的，而只有具体的法律行为，如劳动合同的解除、遗嘱的设立或买卖合同的订立。而要解释这些具体的法律行为，我们就必须进入民法典的其他诸编中去。

这里所提示的困难，在为初学者讲授民法典总则编时表现得特别明显。以前，讲授民法总论时总是必须用债法里面的内容作补充。现在，许多大学的法律系进行了改革，其结果也反映在对初学者课程的不同称呼上。这种课程现在不叫“民法总论”，而是叫作“民法基础教程”或类似名称。这样，这些大学的法律系就正式

〔1〕 参见上文边码18。

放弃了按照民法典的结构原则讲授初学者民法学课程的做法。民法典的结构安排原则,对于法学教学而言,几乎没有什么用处。现在教授在讲授民法学课程时,能够而且也应该尽早地介绍债法和动产物权法方面的具体内容。

二、既然如此,我觉得编写民法学教科书(Lehrbücher)也应当 47
遵循这一课程安排方式。事实上,也的确有不少学者在这方面作了一些尝试。特别值得一提的是迪特尔·施瓦布(Dieter Schwab)撰写的《民法导论》(1974 年第 1 版,1995 年第 12 版)。现在这方面的著作还有穆西拉克(Musielak)的《民法基础教程》(1994 年第 4 版),舒尔特(Schulte)的《民法基础教程》(第一卷,1996 年第 5 版),艾克·施密特－布吕格迈尔(Eike Schmidt-Brüggemeier)的《民法基础教程》(1991 年第 4 版)。

不过,大多数民法学教科书仍然是根据民法典各编顺序(Büchereinteilung des BGB)来编撰的。这样做也有几项合理的理由。

对以前的教科书,我们既不应全盘放弃,也不能径自改写成新的体系。这一点具有重要的实际意义。即使新撰写的教科书以补充老教科书的缺漏为己任,它们也必须遵循传统的划分方法。除了学术传统方面的原因以外,另外一个原因是:受过教育的法学工作者在处理问题时,是以法律为指针的,而正在接受教育的学生也应该学会这一方法。要做到这一点,最好的办法可能就是使用那些与法律的结构体系相对应的教科书。我们用一部多卷本的民法学著作作例子,就可以清楚地说明这一点。如果作者根据法律规定的顺序——在某一条条款下——来探讨某一个问题,〔2〕那么读者就能够立即知道他应该查阅哪一卷书。例如,如何计算消灭时效期间的问题,就应到第 198 条及以下条款、第 187 条及以下条

〔2〕　在使用民法典的评注时,只能根据条款次序查阅。

款，亦即应到总则编中去查阅。相反，如果一部多卷本的民法学著作不采用与民法典各编内容相同的结构体系，那么我们首先得弄清到哪里去查找消灭时效及其期间的问题。

因此，无论民法总论方面的课程是怎样讲授的，对于编撰教科书来说，民法典各编的安排顺序，仍然是一个可供参考的结构标准。

第二节　总则编的教科书[3]

48 一、当代有两部大型民法总论教科书（Lehrbücher），第一部是弗卢梅（Flume）著《民法总论》（Allgemeiner Teil des Bürgerlichen Rechts），第二部是拉伦茨（Larenz）著《德国民法总论》（Allgemeiner Teil des deutschen Bürgerlichen Rechts）。弗卢梅的著作分两卷三册。第一卷第一册《合伙》（1977 年版），第一卷第二册《法人》（1983 年），第二卷《法律行为》（1979 年第 3 版，1992 年原版重印）。这部著作一方面论述了合伙，而根据民法典的体系，合伙属于债法范畴（第 705 条及以下条款）；另一方面，作者没有对权利客体以及总则编在第 186 条及以下条款中规定的其他内容加以分析。就弗卢梅本书研究所及的内容而言，我认为这是一部最现代的、同时却是对法学传统最负责任的民法总论著作。

拉伦茨（Larenz）在《德国民法总论》（1989 年第 7 版）中，对总则编内容的论述方式，与其在著名的《债法教程》中的论述方式相似。作者对一切重要的材料都作了广泛的分析，分析的结论能够为实践所用，而且也经常为审判机关用作裁判的依据。

---

〔3〕 参见冯·霍伊宁根－许纳（von Hoyningen-Huene）的总体评论，载《法学教育》1979 年，第 677 页以下。当然，这一评论在一些具体内容方面已经过时了。这篇文章中还有涉及民法典其他部分的内容，还有案例汇总。

二、新近出版的篇幅较小的教科书如下。

布雷姆(Brehm):《德国民法总论》,1991 年。 49

布罗克斯(Brox):《德国民法总论》,1996 年第 20 版。[4]

迪德里希森(Diederichsen):《供初学者使用的德国民法总论》,1984 年第 5 版。

艾森哈特(Eisenhardt):《德国民法总论》,1989 年第 3 版。[5]

埃梅里希等(Emmerich u. a.):《合同法与债法基础》,阿特诺伊姆出版社出版的《民法》第一卷,1972 年。[6]

吉森(Giesen):《德国民法总论:法律行为学说》,学习用书,1991 年。

克利斯托夫·希尔施(Christoph Hirsch):《德国民法总论——以案以图说法》,1986 年。

海因茨·许布纳(Heinz Hübner):《德国民法总论》,1996 年第 2 版。[7]

克勒(Köhler):《德国民法总论》,1994 年第 22 版。

勒维施(Löwisch):《德国民法总论——法律行为学说案例》,1991 年第 5 版。[8]

彼得·马尔布格尔(Peter Marburger):《德国民法总论——最高法院裁判的案例和解答》,1987 年第 6 版。

帕夫洛夫斯基(Pawlowski):《德国民法总论——民法的基本学说》,1993 年第 4 版。[9]

弗兰克·彼得斯(Frank Peters);《德国民法总论》,1984 年;

---

〔4〕 这是一部很好的教学用书,里面有许多例子。

〔5〕 主要供初学者使用。

〔6〕 本书也有债法总则部分的内容,但总则编中只有法律行为学说。

〔7〕 这部著作由莱曼(Lehmann)首创,由现在的作者重新撰写。

〔8〕 为初学者所写,以案例为出发点。

〔9〕 这部著作提出的要求相当高,并尽量使问题严重化。

同一作者:《德国民法总论——85 个案例及其答案》,1985 年。

拉姆(Ramm):《私法导论——德国民法总论》,三卷本,1974/1975 年第 2 版。[10]

吕特斯(Rüthers):《德国民法总论》,1991 年第 8 版。[11]

蒂勒-费策尔(Thiele-Fezer):《德国民法总论——复习和深化教程》,1990 年第 4 版。

沙克(Schack):《德国民法总论——重点》,1995 年第 7 版。[12]

恩斯特·沃尔夫(Ernst Wolf):《德国民法总论》,1991 年第 3
50 版。[13]

三、在以前的教科书(ältere Lehrbücher)中,值得一提的有两部。[14] 一部是埃内克策鲁斯-尼佩尔代(Enneccerus-Nipperdey)著《德国民法总论》(两卷本,1959/1960 年第 15 版)。另一部是安·冯·图尔(A. von Tuhr[15])著《德国民法总论》,3 卷 2 册(第 1 卷 1910 年,第 2 卷第 1 册 1914 年,第 2 卷第 2 册 1918 年;1957 年重印)。我认为在以前的著作中,这部书对民法总则的研究最深。

---

〔10〕 该书对规范的形成和背景介绍颇多,但不易读懂。

〔11〕 主要适合于初学者。

〔12〕 本书以案例为出发点,内容局限于重点,但在重点内容方面的论述特别清晰。

〔13〕 这部著作受作者独特的方法论基本态度影响很深,部分观点与通行的学说差异很大。

〔14〕 在学习时,使用这些著作要有所注意,因为它们的有些内容已经过时了。这些著作的价值在于供学术上深化研究之用。

〔15〕 "Tuhr"经常被误写成"Thur"。

第二编

私法的工具

第八章　概　　述

我在上文边码4中论述的私法上的决定自由,并不意味着这种自由是无规则可循的。实际上,法律有时对这种决定的前提就制定有详尽的规则,而对这种决定的界限及其后果一般也都有详细的规定。

第一节　决定自由的前提

就许多行为而言,每一个人都有权自由地决定(jedermann frei entscheiden)是否去从事。比如,他可以自由地决定是否去散步,或是否戒烟。不过,如要作出具有法律行为性质的决定(如订立一项买卖合同),决定者就必须具备特别的资格,即他必须具有行为能力。[1] 如果决定者不具备这种资格,他还可以通过其法定代理人来作出这种决定。 51

除了这个一般行为自由领域以外,还存在另外一个领域。在这个领域里,只有权利人才能作出具有法律效力的决定(Entscheidungen nur von dem Berechtigten)。例如,就所有权自

〔1〕 参见下文边码535以下。

由而言,根据第903条的规定,通常情况下只有所有权人才能决定其物的命运。相应地,只有债权人才能主张债权,只有权利人才能行使形成权(如撤销权[2])。因此,各种类型的权利构成了私法上的一种重要工具。这些权利授予主体作出特定决定的权限,并同时赋予其价值。[3]

第二节　决定自由的界限

52 根据第903条,所有权人的决定自由以"不损害第三人的权利(Rechter Dritter)"为限。例如,房屋土地所有权人如在其房屋土地上设定了抵押权,就不得径自让人将房屋拆除,因为这样做会损害抵押权人的担保利益。根据第1134条规定,抵押权人对所有权人享有一项不作为请求权。这里,一项权利(抵押权)旨在限制另一项权利(所有权)。

当然,除此之外,这种抵押权主要还具有一项积极的功能,即债权人有权因其享有的金钱债权而从设定负担的土地中获得清偿(第1113条第1款)。与此相反,其他权利则仅仅是为了阻止某项权利的行使。例如,消灭时效抗辩只有一种功能,即阻止消灭时效已经届满的债权的实现(第222第第1款)。这种权利可以称之为抗辩权(Gegenrechte),具体又可分为需要主张的抗辩(Einrede)和无需主张的抗辩(Einwendung)。[4]

---

〔2〕 参见下文边码79以下。

〔3〕 参见下文边码61以下。

〔4〕 参见下文边码91以下。

第三节　自由决定的后果

私法主要也对决定的后果进行规定。例如,实施某项决定(如抢劫银行)可能构成侵权行为,因为行为人不法侵害了他人的权利。这时,第 823 条及以下条款可能给行为人产生损害赔偿的义务。在通过法律行为实施的决定方面,私法规定在具备必要前提的情况下,可以产生行为人打算达到的法律后果。比如,对要约表示承诺,就可使合同成立。 53

侵权行为和债务合同在参与人之间产生一种法律关系(Rechtsverhältnis)。〔5〕 而法律关系又可以产生请求权(Ansprüche,如因侵权行为而要求损害赔偿的权利;因买卖合同要求交付货物及支付价金的权利〔6〕)和形成权(Gestaltungsrechte,如第 326 条规定的解除权〔7〕)。

法律行为上的决定也可能产生其他后果。如行使某项形成权会使权利状态发生变化,例如行使撤销权可以消灭法律行为(第 142 条第 1 款)。处分行为也在另外一种意义上对权利状态产生影响,如通过法律行为移转物的所有权或免除债务。〔8〕

---

〔5〕 参见下文边码 54 以下。

〔6〕 参见下文边码 73 以下。

〔7〕 参见下文边码 79 以下。

〔8〕 参见下文边码 208 以下。

第九章 法律关系

参考文献：阿赫特贝格(Achterberg)：《作为法律关系制度的法律制度》，1982年。也请参见《法律与制度——明斯特纪念赫尔穆特·舍尔斯基(Helmut Schelsky)学术讨论会文集》(1986年)中的多篇文章。关于罗马法与现代法思想之间的差异，见弗卢梅(Flume)：《法律行为与法律关系》，1990年。

第一节 定 义

54 法律关系经常被定义为"由法律规定的生活关系"。这种定义的不足之处是定义的前后两边都出现了"关系"这个词。拉伦茨[1]提出的批评则更触及到其实质。他指出，这样一种定义错误地将事实上的东西("生活")与规范性的东西("法律")混为一谈。比如，在出租人与承租人之间存在"租赁"之法律关系(第535条及以下条款)，这与他们两人之间的生活关系毫不相关。他们之间的生活关系可能是友好

[1] 《德国民法总论》§121，第196页。

的,也可能是冷淡的或紧张的。拉伦茨〔2〕本人将法律关系称为"人与人之间的法律纽带"(rechtliches Band unter Personen)。

这两种定义至少有一点共同之处,即都认为法律关系(理所当然地)应受到法律规定的调整。〔3〕在其他方面,传统学说对法律关系的定义,大概只是想说明法律关系能与现实生活相对应。在另一方面,拉伦茨的定义也有其不足之处。把法律关系称之为"人与人之间的纽带",这只是一种比喻而已,其表现力难以超出古老的"法锁"〔4〕概念。此外,这一比喻也不适用于不受任何人限制的所有权。〔5〕因此,现在拉伦茨将法律关系表述为与所有权相同,都是"法律制度赋予特定的人的一种可能性(Dürfen)……一种自由空间,所有其他人都不得对此加以干涉"。不过这样一来,纽带的比喻就被放弃了。〔6〕这说明,在由少数人(通常仅为二人)参与的债务关系以及具有绝对的、相对于每一个人都产生效力的权利之间,存在广泛和深远的差异。要想把这两种关系置于一个共同的上位概念之下,这个上位概念必然是非常一般的。

我在这里无意给法律关系下一个充分的定义。但我认为,法律关系第二个要素的实质,在于其对一部分现实生活的撷取。〔7〕生活关系是一个连续统一体,而我们正是从这一连续统一体中取出一部分来,对其进行法律观察。

---

〔2〕《德国民法总论》§ 12I,第 196 页。

〔3〕参见下文边码 55。

〔4〕Obligation 源自拉丁文 obligare,该词意为"锁住"、"约束"。

〔5〕对一点,现在拉伦茨也承认了。同上引书,第 195 页。

〔6〕哈丁(Hadding)在其《人与物之间存在法律关系吗?》(刊登在《法学家报》1986 年第 926 页以下)一文中的观点与拉伦茨相似。他认为,如一项法律关系不与另一个人发生关系,那么此项法律关系就是无意义的。因此,应当将物权理解为"一个人相对于其他人的决定权能"。这样表述当然是无可非议的,不过"权能"(Kompetenz)这个词语也不符合"纽带"(对其他人即受权能制约的人而言)这个比喻。

〔7〕参见下文边码 56 以下。

第二节　两 个 要 素

55 一、法律的调整

法律关系总是需要由法律(并不一定是制定法)来加以调整。仅仅由另一个规范性层次(如风俗或道德)上的规范来加以调整是不够的。例如,由民法典第 1353 条及以下条款以及《婚姻法》规定的婚姻(Ehe)是一种法律关系。与此相反,由于至少就目前来说,法律并没有对非婚姻生活共同体(nichteheliche Lebensgemeinschaft)作出调整,因此这种关系本身不是法律关系。当然,这种关系的存在也可能产生一些具有限制性内容的法律关系。如伙伴之间达成有关扶养问题的协议(第 305 条),或约定二人取得的物应归二人共有(第 741 条及以下条款,第 1008 条以及以下条款)。

一般来说,合意之当事人可以就他们是否将其合意置于法律调整之下作出决定。对这个问题,参见下文边码 191 中的"法律拘束意志"。

56 二、现实生活的一部分

(一)将生活关系局限于现实的某些部分,是法律研究技术的必要手段。在实践中,虽然当事人或证人大多认为自己早就在说正经的事情了,法官还是会要求他们"说正经事吧"。这一事实特别清楚地说明了这种限制的必要性。对于法学工作者来说,只有下列问题才属于"正经事":某项适用于该案情的法律规范的构成要件(Tatbestandsmerkmal)是什么?什么东西可以用来证明(Beweis)这一事实?

以拉伦茨所举的出租人与承租人之间的生活关系[8]为例,即意味着:无论两人之间的关系是好还是坏,只有其对解除租赁合同

〔8〕 参见上文边码 54。

的争议以及能否从其关系中依第 554a 条推断出存在解除合同的理由，才属于本案中的“正经事”。

将生活关系限制在现实的某些部分是必要的。否则，法律发现*将依赖于对法与非法的一种非理性的整体印象，因而会完全丧失其可信赖性。因此，要实现一种唯理性的法律发现（rationale Rechtsfindung），就必须撷取有限数量的，实际上甚至是较小数量的重要的情况。〔9〕如果有待认定的情况的范围不够小，那么法律发现的过程就会永无休止。现在，法律规范的数量已经很大；如果使构成要件的数量大量增加，那么法律规范的数量将会变得更加难以掌握。

57 （二）此种限制的一个特别典型的事例是债务关系（Schuldverhältnis）。根据第 241 条规定，债务关系是两个人之间以给付为内容的法律关系。在这个定义中，首先至少将其他人可能对这种两人关系感兴趣的情形排除在外了。〔10〕例如，债权人 G 是否对债务人 S 享有一项债权，以及 G 能否实现此项债权，可能也会涉及第三人 D 的利益。** 因为如果 D 自己又是 G 的债权人，那么 D 就必定希望 G 具有一项数量尽量巨大的、可供执行的财

---

〔9〕肯德根（Köndgen）在其发表在《民法实务档案》（第 184 卷，1984 年，第 600 页，第 602 页）的文章中就此指出，这样不仅忽略了“纯社会的事实”，而且也忽略了具有法律意义的，但不具有裁判意义的事实。不过他的看法与我在上面所论述的内容并不矛盾，在实质上也并无不当。例如，在承租人与出租人之间就解除租赁合同进行的诉讼程序中，出租人是否所有权人的事实忽略不计。这一点虽然在其他方面是具有法律意义的，但在本诉讼中不具有裁判意义，因为在租赁法的有关法律规范中并没有出现“所有权”这个词。

〔10〕但请参见亨克（Henke）：《论债务关系的所谓相对性》，1989 年［对该书的评论，见于・施密特（J. Schmidt）文：载《民法实务档案》第 190 卷，1990 年，第 650 页］。

* Rechtsfindung，又译法律辨认，指人们（通常是法官）对具体案件应适用特定的法律规范的认识过程。法律发现是法律适用的一个重要组成部分。——译者注。

** G 是债权人 Gläubiger 的缩写，S 是债务人 Schuldner 的缩写，D 为第三人 Dritter 的缩写。——译者注

产。除 D 外,那些有权要求 G 支付扶养费的人也具有类似的利益,因为他们的扶养费数额通常以 G 的给付能力为准(第 1603 条)。尽管如此,在判断 G 与 S 之间的债权时,并不考虑这些其他人的利益。就此项债权而言,G 本身是否还有债务,在所不问。因此,在 G 与 S 之间进行的诉讼中,如果 G 指出,他之所以要求 S 支付金钱,是因为他要清偿自身的债务,那么 G 的陈述就不属于"正经事"的范围了。同样地,第三人 D 也不是本案的当事人。

在其他法律关系(andere Rechtsverhältnisse)中,同样存在与债务关系相类似的限制技术。虽然像所有权这样的绝对权并非仅仅针对某个特定的人产生效力,[11]但是一旦有人不法侵害这种绝对权,从中又会形成一种具有两人关系性质的请求权。这种请求权与是否还有第三人也侵害了这种权利、权利人是否也可对这些第三人享有请求权无关。比如,不法地在他人的土地上搭帐篷者(他人可根据第 862 条和第 1004 条规定对其享有请求权),不能主张其他人也在该土地上搭了帐篷。

58 (三)诚然,在民法典中,这种限制技术在某些方面就没有得到全面的贯彻。在最近的法官法中,这种限制技术更是没有被贯彻到底。例如民法典规定,出租人和出借人要求返还标的物的请求权也可以向第三人提出(第 556 条第 3 款,第 604 条第 4 款)。法官法对这个领域作了重大发展,在他人融资的分期付款买卖行为中提出了所谓的"抗辩穿越"说(Einwendungsdurchgriff)。根据此说,买方如使用他人贷款购买标的物,则在特定的条件下,他也有权以买卖合同所生的抗辩,来对抗作为买卖合同第三人的贷款人。比如,买方可主张,由于买卖物有瑕疵,因此他发出了解除合同的表示;这样他就不再负有支付价金的义务,因此也就没有义务偿还贷款了。现在,《消费者信贷法》第 9 条采纳了这种做法。

---

〔11〕 参见下文边码 62。

不过,这种将一项法律关系与另一项法律关系联系起来的情形毕竟是例外。即使存在这种做法,也绝对不会使一切可能的情况都获得漫无边际的重要性。毋宁说,这样做只会将此项法律关系扩及至其他特定的人,或者将另一项法律关系之具有法律意义的情况纳入此项法律关系中来。以上述抗辩穿越为例,只有有效地解除了买卖合同,买方才能对贷款人之偿还贷款请求权提出抗辩。便是这样一种将若干项法律关系联系起来的做法,也只能在相对轻微的程度上扩大"现实生活的一部分"的范围。

第三节 法律关系的内容

一项法律关系的内容,首先是权利(Rechte),〔12〕而且往往同时有若干项权利。以买卖为例,此项法律关系包括第433条所规定的卖方的请求权以及买方的抗辩权,此外还包括双方当事人负有的、几乎难以互相界定清楚的忠实义务和注意义务。〔13〕随着债务关系的发展,这些请求权可能发生变化(如演变成损害赔偿请求权),或者其范围得到扩大(如金钱请求权扩及至支付迟延利息请求权)。 59

拉伦茨〔14〕认为,法律关系可能包括的其他内容还有:取得期待(Erwerbsaussichten,如所有权人对其所有物的孳息,第953条)、法律义务(Rechtspflichten,尤其是作为权利的对立物)以及其他束缚(andere Gebundenheiten,如作为形成权的对立物〔15〕)、负担性义务(Obliegenheiten,不能要求主体履行此种义务,但不履行会给主

〔12〕 有关权利,参见下文边码61以下。

〔13〕 如卖方有义务向买方提供咨询,有义务仔细包装买卖标的物等。

〔14〕 《德国民法总论》§12 II。

〔15〕 参见下文边码79以下。

体产生不利后果,如根据第 254 条减少损害的义务)和主管权(Zuständigkeiten,如受领债务给付的受领主管权[16])。具体内容属于各项具体法律关系特别是债法的研究范围。债法的核心是债务关系,而债务关系可能即是最善于变化的法律关系。

第四节 法律制度

60 “法律制度”(Rechtsinstitut)指由法律加以调整的安排,如买卖、所有权、婚姻或合同自由。在这些制度中,许多制度同时也是法律关系。我们对“法律制度”和“法律关系”的用法并不总是统一的。二者的区别大概在于:“法律制度”总是在抽象的意义上使用的。我们在使用“法律关系”的概念时,往往是指向某项具体的买卖行为或某项具体的所有权等,而在使用“法律制度”的概念时则没有这种具体的指向。因此,有些东西由于其抽象性不能被称为法律关系,但却依然是法律制度,如合同自由或竞争即是。

“法的制度”的含义与“法律制度”还有所差异。[17] 有时,人们赋予法的制度(如婚姻)以一种超越其实定法规定范围的价值。不过我不想在这里就此问题展开一般讨论。[18]

---

〔16〕 参见下文边码 566。

〔17〕 参见路·赖泽尔(L. Raiser):《法律保护与制度保护》,载《极端之法乃极端伤害》(Summum ius summa iniuria),1963 年,第 145 页以下。

〔18〕 参见克拉维茨(Krawietz)文,载《法学家报》1985 年,第 706 页以下。

第十章 权 利

参考文献：艾歇尔(Aicher)：《作为权利的所有权》，1975年[有关评论，参见沙普(Schapp)文，载《民法实务档案》第176卷，第90页以下]；布赫尔(Bucher)：《权利作为制定规范的权限》，1965年；费策(Fezer)：《共有与责任》，1986年[有关评论，参见迈尔-马利(Mayer-Maly)文，载《法学家报》1987年，第343页]；雅尔(Jahr)：《论罗马法中的所有权(权利)概念》，载《孔克尔(Kunkel)纪念文集》，1984年，第69页以下；卡斯帕(Kasper)：《权利——概念的形成及意义的多元性》，1967年；拉伦茨(Larenz)：《论权利的结构》，载《松蒂斯(Sontis)纪念文集》，1977年，第129页以下；路·赖泽尔(L. Raiser)：《德国民法中权利学说的现状》，载《法学家报》1961年，第465页以下；沙普(Schapp)：《法律发现过程中的权利》，1977年；于尔根·施密特(Jürgen Schmidt)：《诉讼权利和财产权利》，1969年；同一作者：《再论权利的形式结构》，载《法学理论》，1979年，第71页以下；格·瓦格纳(G. Wagner)：《鲁道夫·冯·耶林有关权利和有权的反作用理论》，载《民法实务档案》第193卷，1993年，第319页以下；维斯腾贝克

(Wüstenbecker):《诸种私权》,载《法学工作报》,1984年,第227页以下;措伊纳(Zeuner):《营业权、一般人格权和交易安全义务发展概览》,载《卡尔斯鲁厄论坛25周年纪念文集》,1983年,第196页以下。

61 人们在客观意义和主观意义上使用“Recht”这个词。在客观上,“Recht”的意义与“法律制度”(Rechtsordnung)或“法律调整”(rechtliche Regelung)相同,如在民“法”或刑“法”中使用者即是。在主观上,“Recht”意为“有权”(Berechtigung)。下文在第二种意义上使用“Recht”。

第一节　权利的种类

我们可以根据不同标准,对权利作区分。

一、绝对权和相对权

62 (一)一项权利可以相对于每一个人产生效力,即任何一个人都必须尊重此项权利。这种权利便是绝对权(absolutes Recht)。典型的绝对权是所有权以及民法典第三编中规定的其他物权。[1]所有权相对于任何人的效力主要体现在民法典第985条、第1004条以及《民事诉讼法》第771条中,对其他物权的效力适用类似的规定。所有权人有权向任何一个无权占有其所有物的第三人要求返还,所有权人还有权排除第三人对其所有物的任何干扰。民法典第823条第1款、第812条第1款以及第816条第1款也旨在对所有权提供绝对保护。据此法律规定,任何人不法地和有过错地侵害他人的所有权,都必须向所有权人承担损害赔偿的责任。而根据不当得利法,任何人只要不当地侵害他人所有权,无论其是

〔1〕 参见上文边码17。

否具有过错,都有义务赔偿相应的价值。这就是所谓的因侵害行为而产生的不当得利返还(Eingriffskondiktion)。

(二)在另一方面,一项权利也有可能仅仅相对于某个特定的人产生效力。第194条第1款在此意义上将请求权(Anspruch)定义为“要求他人为或不为一定行为的权利”。[2] 第241条以类似的方式,将债务关系(Schuldverhältnis,狭义的债务关系,即债权)描述为债权人要求债务人提供给付的权利。在这种场合,保护当事人免受第三人的侵犯只是作为例外规定的,即如第三人以有效处分的方式剥夺债权人的债权(第816条第1款),或者以受领债务给付的方式剥夺债权人的债权(第816条第2款)时。相反,如果第三人对债务关系的标的进行干预,以此侵害了债权,则债权人原则上不受法律保护(第826条是例外)。 63

案例:K在V*的橱窗中看到一台古老的乡村橱柜。K买下了这台橱柜,但是仍然存放在V处,一直到V更换他的橱窗装饰时再去取。第二天,D的载重卡车冲入橱窗,将这台橱柜压得粉碎。K是否可向D主张权利?关键要看这台橱柜的所有权是否已经(根据第930条)移转给了K。如果所有权已经移转给了K,他就对橱柜享有绝对权,因此有权要求D支付损害赔偿(依据民法典第823条第1款,《道路交通法》第7条)。如果所有权还没有移转给K,K就只能向V主张权利。当然在这种情况下,K有权根据第323条第2款、第281条的规定,要求V将其作为所有权人相对于D的损害赔偿请求权,让与给自己。

(三)在这两类典范性的权利之间,还存在一些混合形式 64

---

〔2〕 详见下文边码74。

* K为买受人Käufer的缩写,V为出卖人Verkäufer的缩写,D为第三人Dritter的缩写。——译者注

(Mischformen)。相对权也可以被赋予个别的对世效力。[3] 例如,预告登记一经完成,要求变更土地法律状态的请求权便具有对抗第三人的效力(第883条第2款、第888条);根据第571条的规定,土地承租人或房屋承租人(第580条)有权以其占有人的地位,对抗后来的土地取得人(这种情形被不确切地表述为"买卖不击破租赁")。

不过这种混合形态只是些例外,绝对权与相对权之间差异的根本意义并不会因此而改变。民法典第二编和第三编的分立,正是以这一差异为基础的。[4]

65 **二、完整权和期待权**

完整权(如所有权),只有在权利取得的一切要件都已具备的情况下才可取得之。即如在动产,通常要求合意和交付,第929条;在土地,要求合意和登记,第873条,第925条。在权利取得的开始及其完成之间,有可能存在较长的时间差。只要取得人的法律地位以特定的方式得到了保障,就可认为其享有期待权。期待权,即是一种受法律保护的、对完整权利取得的期待。

虽然民法典规定,随着权利取得的进展,应对取得人提供更大程度上的保护,但是民法典中本身未出现"期待权"的概念。因此,人们对于这一概念的利弊存在许多争议。对于这些争议,只有在论述完整权时才能加以广泛的介绍。由于期待权大多发生在所有权领域,因此物权法中的介绍最为全面。[5] 总则部分涉及的,

---

〔3〕 对这种"债权物权化"现象,参见杜尔凯特(Dulckeit)1951年的著作;卡纳里斯(Canaris)文,载《弗卢梅(Flume)纪念文集》第1卷,1978年,第371页以下;梅迪库斯(Medicus):《债务关系中的对第三人关系》,载《法学教育》1974年,第613页以下。

〔4〕 参见上文边码17。

〔5〕 参见鲍尔-施蒂尔纳(Baur-Stürner):《物权法》,§59V;韦斯特曼-韦斯特曼(Westermann-Westermann):《物权法》,§5III4。

只是第 161 条之对附条件取得的担保。[6]

三、支配权、先占权与排除权

许多权利的首要功能,在于支配(Beherrschung)某种客体或某种其他的、无体的财产,如所有权旨在支配某物,专利权旨在支配某项发明。在这些情形,权利人可以长久地或暂时地使用其支配的财产。同时,其他人被排除在使用权之外(民法典第 903 条,《专利法》第 9 条第 2 款),以确保第三人无法对权利人的支配可能性造成损害。 66

权利的第二层意义是其排除功能(AusschlieBungsfunktion),但排除功能也可能构成某项权利的基本内容。这一点特别适用于占有(当然尚有人怀疑占有是不是一项真正的权利)。根据第 858 条及以下条款的规定,占有人有权排除他人对其占有的侵犯。相反,从占有本身无法得出使用的权利,只有从与占有联系在一起的占有权中,才可得出使用的权利。 67

先占权(Aneignungsrechte)与上述两种情形不同,其最著名的例子是狩猎权利人或捕鱼权利人的权利。在这些权利中,虽然排除第三人干预的功能也起着重要的作用,即除了权利人以外,任何人都不得行使其保留的权限;设下圈套捕获了一只兔子的偷猎者是无法取得兔子的所有权的,第 958 条第 2 款。但是,先占权还具有一项积极的权限,即像形成权一样,无须第三人参与就可取得所有权,第 958 条第 1 款。 68

除了上述几种类型的权利外,还有其他内容的权利。我将在本书的其他地方论述这些权利:人格权[7]、成员权[8]、形成权[9] 69

〔6〕 参见下文边码 843。
〔7〕 边码 1063 以下。
〔8〕 边码 1116 以下。
〔9〕 边码 79 以下。

和抗辩权[10]。请求权(边码73以下)则很难依据其权利内容加以归类。例如,有权要求对方交付买卖标的物的买受人,对买卖物本身还不享有权利。由于在标的物交付之前,买受人还无权使用该物,因此买受人对该物不具有支配权。此外,由于买受人还无法排除第三人对标的物的干预,因此他不具有排除权。最后,由于买受人要取得所有权还需要出卖人的参与,因此买受人也不具有先占权。同样,请求权也不对债务人的人身产生支配权,而且也不产生其他权利。债务人之所以承担义务,并不是产生于债权人的命令,而是产生于请求权本身。不过请求权在归类方面的这种困难并没有什么实际意义。将请求权视为一种独特类型的权利也许最为恰当。[11]

第二节 权利的作用及其替代物

70 一、在20世纪以及在21世纪的很长时间里,权利是私法的无可争辩的核心概念。安德烈亚斯·冯·图尔(Andreas von Tuhr)[12]于1910年写道:“权利是私法的核心概念,同时也是对法律生活多样性的最后抽象。”

为了适应权利的这一核心意义,人们花费了很多精力去探索一个恰当的权利定义。19世纪形成了两个流派。[13] 冯·萨维尼(von Savigny)、普赫塔(Puchta)和温德沙伊德(Windscheid)强调意思力或意思支配(Willensmacht oder Willensherrschaft),认为权利人可以依据权利自由地发展其意思。而冯·耶林(von Jhering)

---

〔10〕 边码91以下。

〔11〕 参见下文边码73以下。

〔12〕 《德国民法总论》第1卷,53。

〔13〕 参见科英(Coing):《私法制度史》,1962年,第29页以下。

则强调这种权力授予的目的，认为授予权力是为了满足特定的利益。因此，在冯·耶林看来，权利即是受法律保护的利益。后来，有人试图将这两种视角加以调和，称意思支配力（或法律权力）是为了满足利益的需要。[14]

这一争议没有多大意义。其在实践中的最大分歧，主要反映在滥用权利学说上。[15] 如果强调目的，则违反目的地行使权利就显得不合法了。

二、权利在私法中所占的主导性地位，长期以来遮住了传统学说考察其他思路的视线。人们将那些仅仅通过个别的命令或禁令得到保护的法律状态，也视作了权利。这样一种看法，特别是扩大了侵权法上的损害赔偿的范围。在第 826 条框架下（以故意为要件）或第 823 条第 2 款（以违反特定的行为规范为要件）框架下的有限制的侵权保护，被第 823 条第 1 款规定的无限制的保护所补充或代替了。[16] 71

这方面最明显的例子是对营业活动的保护。无疑，法律保护营业活动免受故意的、有悖善良风俗的侵害行为的侵害（第 826 条），保护其免受某些违法的侵害行为如不正当竞争行为的损害。[17] 但是在此之外，人们还将已经设立和经营的营业（der eingerichtete und ausgeübte Gewerbebetrieb）视作第 823 条第 1 款意义上的“其他权利”（即绝对权）。[18]

但这样做实在是有点矫枉过正了。要是坚决贯彻这一权利，

---

〔14〕 有关引文见赖泽尔（Raiser）刊登在《法学家报》（1961 年，第 465 页）上的文章，第 465 页，脚注 2 至 4，脚注 6。

〔15〕 参见下文边码 129 以下。

〔16〕 参见多伊奇（Deutsch）文，载《法学家报》1963 年，第 385 页。

〔17〕 参见《反不正当竞争法》。

〔18〕 默滕斯（Mertens）：《慕尼黑德国民法典评注》，第 823 条，边码 484 前面，列有详尽的参考文献。

那么任何竞争都会因此而被窒息。顾客、销售额,甚至利润,都会成为企业主的财产,他就可以像所有权人保护其物的使用权一样,要求法律保护他的这些东西免受第三人的损害。因此,人们对这样一种所谓的权利,必须作出重大的、有一部分是不明不白的限制。根据司法判例,该项"权利"仅仅构成一项"起码的要件",[19]而且也只应用来防范"直接的"[20]或"与企业相关的"[21]侵害行为。今天,人们常常称此种权利为"框架权利"(Rahmenrecht),意在说明这种权利的效力较弱。[22]

72 三、近现代(in neuerer Zeit)以来,越来越多的学者对权利的核心地位提出了批评。有些人主张应当用法律关系(Rechtsverhältnis)[23]来取代权利,变法律关系为核心概念,因为法律关系之概念也给权利人的义务留下了空间。路·赖泽尔(L. Raiser)认为除了权利保护外,还要顾及制度保护(Institutionenschutz)。[24] 科英(Coing)[25]则强调指出,法律制度的任务,不仅仅是保护个体的权利状态,而且还要保护法律共同体成员为达成共同目的而进行合作的组织。

我同意这些批评意见的一个方面,即私法仅仅依靠权利这一

---

〔19〕《联邦最高法院民事裁判集》第45卷,第296页,第307页。

〔20〕《联邦最高法院民事裁判集》第8卷,第387页,第394页。

〔21〕《联邦最高法院民事裁判集》第29卷,第65页,第72页。

〔22〕例如,这种权利与所有权不同,侵害行为本身尚不表明行为具有违法性,认定行为是否违法必须对权利和利益进行权衡。参见默滕斯,同上引书,第823条,边码484。有关利益衡量,参见拉伦茨:《利益衡量的方法论方面》,载《克林米勒(Klingmüller)纪念文集》,1974年,第235页以下。

〔23〕参见上文边码54以下。

〔24〕《法律保护与制度保护》,载《极端之法乃极端之伤害》(Summum ius summa iniuria),图宾根大学连环讲座,1963年,第145页以下,也参见其刊登在《法学家报》上的文章,1961年,第465页,第472页;《私法的任务》(1971年)一书在更广泛的范围内论述了这个问题。

〔25〕同前引书,第53页。

思维手段是不够的。但权利绝对不是可有可无的思维手段。要使某个人负有的义务在私法上得到实现,最有效的手段就是赋予另一个人享有一项相应的请求权(此即权利)。例如,要使土地所有权人负担容忍他人践踏其土地的义务,最有效的方法是给这些他人以践踏的权利。如果不存在这类请求权,义务在私法上也会变得像"所有权负有义务"〔26〕这样的套话一样内容空洞。许多破坏环境的犯罪行为,恰恰是因为排斥了私法上的停止侵害请求权才得以如此猖獗。〔27〕 人们对权利的侵蚀,已经得到了苦涩的报复。

权利及权利保护,与制度保护也并不是对立的。如对具体的所有权或具体的团体的保护,同时旨在保护作为制度的"所有权"或"结社自由"。相反,如果具体的所有权或具体的团体得不到有效的保护,那么"所有权"或"结社自由"作为制度也就毫无价值可言。《基本法》第 14 条不仅旨在保护权利(即特定的、具体的人的所有权),而且旨在保障"所有权"这一法律制度(即所谓的制度保障),这是有道理的。

---

〔26〕《基本法》第 14 条第 2 款第 1 句。参见下文边码 131。

〔27〕 如针对营业性的公害释放,或针对不必要的飞机飞行后果,都没有规定私法上的停止侵害请求权。

第十一章 请 求 权

参考文献：博尔内曼（Bornemann）：《请求权学说》，1971 年；鲁·布伦斯（R. Bruns）：《实体法上的请求权与民事诉讼》，载《埃克勒夫（Ekelöf）纪念文集》，1971 年，第 161 页以下；布赫纳（Buchner）：《多一些诉讼思维》，载《民法实务档案》第 186 卷，1986 年，第 1 页以下；格奥尔贾德斯（Georgiades）：《民法和民事诉讼法中的请求权竞合》，1967 年；沃·亨克尔（W. Henckel）：《民法中的预防性法律保护》，载《民法实务档案》第 174 卷，1974 年，第 97 页以下；霍·考夫曼（H. Kaufmann）：《论诉讼法思维的历史》，载《法学家报》1964 年，第 482 页以下；克莱因费勒（Kleinfeller）：《论"请求权"的概念》，载《民法实务档案》第 137 卷，1933 年，第 129 页以下；梅迪库斯（Medicus）：《请求权和抗辩权作为民法教学方法的支柱》，载《民法实务档案》第 174 卷，1974 年，第 313 页以下；里默斯帕赫尔（Rimmelspacher）：《民事诉讼中的实体请求权以及诉讼标的问题》，1979 年；沙普（Schapp）：《民法作为请求权体系》，载《法学教育》，1992 年，第 537 页以下；艾克·施密特（Eike Schmidt）：《一般交易条件法的团体诉权与民法学上的请求权思维》,载《经济法杂志》1991 年,第 629 页以下;温德沙伊德(Windscheid):《从今天法的立场看罗马民法中的诉》,1856 年。

请求权是最重要的权利之一,是相对权[1]的典范。

第一节 “请求权”的双重含义

一、“请求权”的第一层含义是旨在获得某种特定的给付的要 73
求。他人可以“请求”这种给付。至于该他人实际上能否获得其希冀的给付,则是另外一回事了。《民事诉讼法》第 253 条第 2 款第 2 项规定,诉状中必须对“所提出的请求权”的理由作出说明。这里的“请求权”,便是在上述意义上使用的。至于有关诉讼在实体法上是否成立,则在所不问。

二、第 194 条第 1 款将请求权定义为“要求他人为或不为一 74
定行为的权利”。这样一种请求权以存在一项有实体法依据的请求权为前提。在另一方面,此项有实体法依据的请求权,不一定非得(通过诉讼或其他方式)已经提出不可。该项请求权的存在,不受是否有人提出主张的影响,也不受债权人是否知悉其请求权的影响。根据第 198 条规定,请求权一旦形成,通常其消灭时效也就开始起算。[2]

这一实体法上的请求权概念,是由温德沙伊德(Windscheid,见参考文献)从罗马法和普通法中的“诉”(actio)的概念中发展出来的。“诉”的概念乃着眼于程序法,而非着眼于实体法。民法典第 12 条第 2 句、第 1004 条第 1 款第 2 句规定,权利人可以“提起

---

〔1〕 参见上文边码 63。
〔2〕 参见下文边码 108。

停止侵害之诉”。从这一表达方式中,我们可以看出上述思维方式的影响。当然,这里所指的不过是一种普通的、实体法上的请求权。第1004条第2款规定的对“该请求权”的排除,也指对提起停止侵害之诉的排除。

第二节　请求权与债权

75 上面边码74分析了第194条第1款对实体法上的请求权所下的定义。这一定义与第241条对债务关系的表述很相似。根据该条规定,债权人有权要求债务人提供某种给付,此种给付也可以是一种不作为。第241条所称的债务关系,指的是狭义的债务关系,即个别的债权;而不是指广义的债务关系,因为广义的债务关系(如买卖)通常包括多项权利。

从上述两条法律规定所下的定义的字面意思中,我们无法得出请求权与债权之间的区别。我们只能根据二者在法律中所处的不同地位去寻找这种区别。请求权的定义在总则编中,而债权的定义在债法编中,因此请求权比债权更具一般性。的确,人们通常是在债法之外才使用“请求权”的。如民法典第三编中的“请求权”,指的是因占有产生的请求权(第861条第2款,第862条第2款,第869条)、一般意义上的返还请求权(第870条,第931条,第934条)、通过预告登记保障的权利(第883条及以下条款)、要求更正土地登记簿内容的请求权(第898条)等。亲属法中也多次出现扶养请求权的概念(如在第1569条,第1615条,第1615b条,第1615e条中及在其他地方)。最后,继承法中也有关于遗产请求权的规定(第2018条及以下条款)。

诚然,民法典并没有将这一法律术语上的区别贯彻始终。如债法编的第477条第1款、第558条、第638条第1款第1句、第651g条、第847条第2款使用的是“请求权”,而亲属法编的第

1378 条、第 1380 条及以下条款使用的是补偿性“债权”，继承法编的第 2176 条也使用了受遗赠人的“债权”。

所以，通说正确地认为，在请求权和债权之间不存在实质上的区别。[3] 有关债权的规定（第 242 条及以下条款），因此可以准用于请求权。否则，我们就无法解释下列事实：民法典并没有专门规定“请求权与债权一样因履行（第 362 条）而消灭”。根据通说，旨在恢复受损害的物权的物上请求权（第 894 条，第 985 条，第 1004 条），是不得以让与的方式与其物上基本权相分离的，亦即第 398 条及以下条款对物上请求权不适用。

第三节　多数请求权

一项事实往往同时具备若干项请求权规范的构成要件。在这 76
种情况下，首先要考察的问题是，这些请求权中的每一项是否都能够独立地予以主张，即债权人是否能够获得多项给付请求权累积（Anspruchskumulation，如买受人有权要求交付标的物和移转所有权）。如果债权人只能够获得一次给付（如损害赔偿），则还要考察下一个问题，即：存在许多项请求权，还是仅存在唯一的一项请求权。前者就是所谓的请求权竞合（Anspruchskonkurrenz），后者即所谓的请求权规范竞合（Anspruchsnormenkonkurrenz）。[4] 在认为存在请求权竞合的情况下，还会出现一个充满着更多疑虑的问题，即一项请求权是否影响到另一项请求权？如果有影响，又是如何影响的？如一项请求权能否以及如何改变另一项请求权的构成要件？能否以及如何缩短另一项请求权的消灭时效？如果认为存

〔3〕 拉伦茨：《德国民法总论》，§ 141，第 243 页；许布纳（Hübner）：《德国民法总论》，边码 420。

〔4〕 参见梅迪库斯：《债法总论》，边码 356 以下。

在请求权规范竞合,这个问题就具体化为该项统一的请求权具有哪些性质这一问题。

显然,对上述两个问题的回答,要取决于请求权规范本身。一项规范的效力是否应强于另一项规范,以至于此项规范能够排斥彼项规范呢?如果承租人有过错地损坏了租赁标的物,那么出租人既有权以违反租赁合同为由要求承租人赔偿损害,也有权(在出租人对租赁物享有所有权的情况下)以侵害所有权为由要求承租人赔偿损害(第823条第1款)。出租人以违反合同为由要求损害赔偿的,请求权的消灭时效依第558条第1款仅为六个月;出租人以侵害所有权为由要求损害赔偿的,请求权的消灭时效依第852条则为三年。二者在时效期间的起算方面也不同。在这里,应优先适用第558条呢,还是应优先适用第852条?或者说每一个时效期间的效力应局限在该时效期间所属的请求权理由范围内?

对这个问题,我无法就全体请求权而言予以一般性的回答,而只能仅从某些具体的请求权之间的相互关系出发来作探讨。法律规定各个时效期间时的目的才具有决定性的意义。因此民法总论中没有篇幅来研究这方面的问题。[5]

第四节　请求权作为案例分析的要素

77 当今流行最广的案例分析方法,是根据请求权(nach Ansprüchen)进行操作的。只要案例中提出的问题指向那些可通过请求权达到的目标,如支付金钱、损害赔偿、返还、停止侵害等,那么在解答案例时,就应当以能够产生这些法律后果的请求权规范作为出发点。如案例中提出的问题是"某当事人是否有权要求另外一个人返还[所有权]",则应考察第985条、第861条、第

---

〔5〕 参见梅迪库斯:《债法总论》, § 32II。

1007 条、第 2018 条的要件是否具备;此外可能还要考察其他规定有相同法律后果的规定,如第 812 条或第 823 条第 1 款及第 249 条第 1 句。这些规范即是**请求权规范或主要规范**(Anspruchsnormen oder Hauptnormen),它们的事实构成决定了考察问题的范围。在这样确定的框架内,考察者一般还会接触到其他规范,即所谓的**辅助性规范**(Hilfsnormen)。辅助性规范规定了主要规范的各项构成要件是否具备。如就第 985 条而言,有关所有权和占有的取得及丧失的规定(即第 929 条及以下条款,第 854 条及以下条款)便是辅助性规范。这些辅助性规范只有在考察某项请求权规范的构成要件时才具有意义。

对于这一程序,我在我所著的《民法》[6]一书中作了详细的说明,并在刊登在《民法实务档案》[7]的文章中作了进一步的分析。对此,有学者批评道,[8]“竭尽全力去构筑一张案例解答的草图”,会使“探索主导性法律思想的意义”黯然失色。然而我认为这一批评是没有道理的。把问题分解为各类法律关系[9],再把法律关系分解为各项请求权,正是为了指明通向那些“主导性法律思想”的道路;而待决案件的处理,则取决于这些主导性的法律思想。我们把考察的范围限制在请求权规范的事实构成,以及由该请求权规范为媒介得出的辅助性规范的事实构成方面,就可以使虽然在案情叙述中出现,但对我们所寻找的答案没有意义的一切情况排除在考察范围之外,因为这些情况不会对是否适用此项请求权规范产生什么影响。所以,只要正确地实施这一排除行为,那么在被排除的东西中,就不可能有对案例分析具有“主导性”意义的法律 78

---

〔6〕 边码 1 以下。

〔7〕 第 174 卷,1974 年,第 313 页以下。

〔8〕 迈尔 - 马利(Mayer-Maly):《法学》,1981 年第 2 版,第 22 页;格罗斯费尔德(GroBfeld)文,载《法学家报》1992 年,第 22 页,第 25 页。

〔9〕 参见上文边码 56 以下。

思想。当然,一个不是训练有素的人有时会过分重视案例分析的结构,因而忽略了对实质问题的分析。如有人可能会对第 985 条与第 1007 条之间的关系苦思冥想,结果却没有时间去考察原告是不是标的物的所有权人这个问题了。不过我觉得,如果在分析案例时不以一项结构原则作指导,那么这种忽略分析实质问题的危险只会更大。恰恰对一个不是训练有素的人而言,期待他能够几乎凭直觉发现"主导性的法律思想",这只能是一种不太可能出现的巧合。

所以,我一如既往地认为,实体法上的请求权〔10〕对未经严格训练的初学者来说,是其分析案例的一种不可缺少的思维辅助手段。用请求权及抗辩权来思维,可以使对法律关系内的问题的分析,集中在一些重要的问题上;解决了这些问题,案例中提出的问题也就迎刃而解了。

〔10〕 还有抗辩权,参见下文边码 91 以下。

第十二章　形　成　权

参考文献：米·贝克尔（M. Becker）：《形成权和形成原因》，载《民法实务档案》第 188 卷，1988 年，第 24 页以下；伯蒂歇尔（Bötticher）：《对形成权及形成之诉权的思考》，载《德勒（Dölle）纪念文集》第一卷，1963 年，第 41 页以下；同一作者：《形成权及私法的适用》，1964 年；雷韦伦茨（Reverenz）：《民法的形成权》，载《法律学习》1996 年，第 1 页以下；拉姆拉特（Ramrath）：《对形成权意思表示无效性的主张》，载《法学评论》，1993 年，第 309 页以下；彼·施洛瑟（P. Schlosser）：《法律保护形式体系中的形成之诉与形成判决》，载《法律学习》，1986 年，第 130 页以下；泽克尔（Seckel）：《民法的形成权》，载《里·科赫（R. Koch）纪念文集》，1903 年，第 205 页以下，1954 年重印；泽尔纳（Söllner）：《劳动关系中的单方面给付确定》，1966 年；施泰因贝克（Steinbeck）：《形成权的可转让性》，1994 年。

第一节　形成权的独特性

虽然债权人可以依据请求权，要求债务人 79

提供某项给付。[1] 但是如果债务人不履行给付,债权人通常就必须通过国家机关的强制执行才能实现其权利。[2] 与请求权相反,在特定情形下,法律允许权利主体对某项法律关系采取单方面的行动。在义务人不履行某项请求权的情况下,必须以强制力来迫使其履行。而在这里则是另外一种情况。权利主体采取行动不需要另外一个人的参与。这种权利便是形成权(Gestaltungsrecht)。

我们可以以租赁合同为例来说明请求权和形成权之间的区别。在具备了必要的前提[3]的情况下,出租人有权行使"终止"之形成权,单方面终止租赁关系。而因租赁关系所产生的要求返还租赁物的请求权(第556条,大多数情况下也适用第985条),出租人只能根据《民事诉讼法》第883条及以下条款的规定予以实现。在执行以前,即使租赁关系因终止而宣告结束,但债务人的利益仍然能够得到保护(《民事诉讼法》第721条,第765a条,第794a条)。

第二节　形成权的合理性

80 享有形成权,意味着法律赋予主体一种单方面的法律之力。对于形成权的合理性,应当区分下列两类情形:

一、在第一类情形,主体行使形成权,并不涉及任何其他人的利益。如某人根据第958条第1款先占一件无主物的行为。这里,要求另外一个人(又能是谁呢?)来参与这种行为,是毫无意义的。因此,从事先占行为,也无需由行为人发出针对另外一个人的意思表示。

---

〔1〕 参见第194条第1款。

〔2〕 关于例外,参见下文边码149以下。

〔3〕 参见下文边码82。

二、在第二类情形，主体行使形成权还涉及其他人。这类情形包括最重要的形成权，如撤销作为合同基础的意思表示（第 119 条及以下条款），（约定的或法定的）解除合同（如第 325 条及以下条款；第 346 条及以下条款），抵销（第 387 条及以下条款），终止（如第 542 条及以下条款，第 553 条及以下条款，第 564 条及以下条款，第 595 条及以下条款，第 605 条，第 609 条，第 620 条及以下条款，第 643 条，第 649 条，第 651e 条及第 651j 条，第 671 条，第 723 条及以下条款）。 81

在所有这些情形，赋予权利人一种单方面的形成权力，意味着对债法上的合同原则（第 305 条）的偏离。因为形成权相对人的法律地位被变更了，虽然他自己并没有通过法律行为参与这种变更行为。形成权人的权力的另一面，是形成权相对人的“受约束”或“受制约”，即形成权相对人必须接受他人作出的决定（Fremdbestimmung）。这一事实必须具有合理性。这种合理性，既可以存在于形成权相对人事先表示的同意（Einverständnis）中（如约定终止合同），也可以由法律本身作出规定。法律作出这样的规定可以出自各种不同的原因。如赋予表意人撤销意思表示的可能性（第 119 条及以下条款），旨在保护表意人的利益，因为他不正确地表达了他的意思；抵销可以避免不必要的给付和对待给付，简化给付过程；第 325 条及以下条款规定的法定解除权，是对因可归责于另一方当事人的事由而造成的给付障碍所作出的反应；法律规定的终止合同的可能性，则使当事人相对容易接受那些无限期的或受到干扰的长期债务关系的约束。

形成权相对人之受形成权约束的事实，与其“社会依赖性”之间没有丝毫关系。如就终止合同权而言，典型的、处于社会弱者地位的当事人（如房屋承租人或雇员）也有权行使这种权利。只是在他人行使终止权时，处于社会弱者地位的当事人会遭受严厉的打击，亦即丧失住房或失去工作岗位。法律通过给终止合同设置许多障碍，顾及了这个事实。这些障碍，即如要求必须具备终止理 82

由(如第564b条),规定比较长的终止期间(如第565条),将形成权改变为形成之诉权。[4]

第三节 形成权的种类

形成权可以分为不同的种类。

一、简单形成权与形成之诉权

83 (一)在通常情况下,形成权以单方需受领的意思表示(einseitige empfangsbedürftige Willenserklärung)方式行使之。这也就是说,实现形成权既不需要进行强制执行,也不需要向法院提出请求。行使形成权之所以不需要法院的裁判,是因为旨在达成的效果"限制在权利世界中的变化"[5]。在这里,我们不必担心会出现(像争夺某物占有时那样的)私人暴力行为。

当然,这一点仅仅适用于行使形成权本身,而不适用于行使形成权行为产生的请求权。[6] 因此,请求权的实现必须通过司法途径。在这一过程中,首先必须对行使形成权行为的有效性进行考察。例如,只有终止租赁关系的表示有效,出租人才能向承租人主张搬出房屋的请求权。换言之,只有认定了终止行为的效力,才能判决承租人搬出去。

84 (二)在例外情况下,形成权只能通过司法途径才能行使(gerichtlich ausgeübt)之。形成权人必须提起诉讼,形成权也只有在判决具有了既判力后才能发生效力。这些形成权叫作形成诉权(Gestaltungsklagerechte),使形成诉权实现的判决叫作形成判决(Gestaltungsurteile)。与给付判决不同,形成判决不需要执行。

---

〔4〕 参见下文边码84以下。

〔5〕 伯蒂歇尔(Bötticher)文,载《多勒纪念文集》第1卷,1963年,第43页。

〔6〕 参见上文边码79。

法律对此类形成之诉权作出规定，是为了对权利行使情况加以控制，也是为了避免在形成行为是否有效方面出现不确定性。特别是在行使形成权必须具备特定的理由的情况下，就会出现这种不确定性。对是否存在这样一种理由的争议，[7]同时会涉及行使形成权行为的效力。而如果在某项判决具有既判力之后，形成行为才能发生效力，那么这种不确定性就可得到避免了。

此类形成之诉权主要出现在*亲属法和公司法*(Familien-und Gesellschaftsrecht)中。因为在这些领域，上述不确定性尤其令人无法忍受。在亲属法上的离婚（第1564条及以下条款）、对子女婚生地位的撤销（第1593条及以下条款）或者父子关系的承认（第1600条及以下条款）等行为中，都涉及某个人的地位，即是否已婚或是否存在亲属关系。在商事公司法领域，形成之诉权则关系到公司的正常运作。因此在商事公司法中，形成权通常也必须通过诉讼方式行使；如无限公司中对事务执行权限（商法典第117条）和代表权限（商法典第127条）的剥夺，公司的解散（商法典第133条），开除股东（商法典第140条），一个股东承受公司营业（商法典第142条）等。根据商法典第161条第2款规定，相应的原则也适用于两合公司。在股份公司，股东大会的决议须通过诉讼才得以撤销（《股份法》第243条及以下条款）。 85

二、形成权与形成抗辩权

在有些情况下，法律赋予形成权的关系人以行使自己的形成权来作出回答的可能性。这种权利相当于针对请求权提出的抗辩权，因此被称为形成抗辩权（Gestaltungsgegenrecht）。与简单形成权一样，形成抗辩权也既可以通过一般的意思表示，也可以通过诉讼方式行使之。在第二种情形，这种权利可以称之为形成抗辩诉权（Gestaltungsgegenklagerecht）。 86

---

[7] 如是否存在解散无限公司的重大事由？商法典第131条第6项，第133条。

根据第556a条,房屋承租人有权对出租人的终止租赁合同的通知提出异议,要求继续他们之间的租赁关系。这就是一个简单形成抗辩权(einfaches Gestaltungsgegenrecht)的例子。出租人终止的通知是行使形成权,承租人提出异议则是行使形成抗辩权。根据第556a条的规定,如果结束租赁关系给承租人及其家庭造成的困难,大大超过了继续租赁关系给出租人造成的困难,那么承租人的要求就是合理的。这样,承租人提出的异议就能够使出租人的终止表示失去效力。诚然,在承租人提出这样的异议时,大多数情况下都要就终止表示的合法性打官司。但打官司并不是终止表示产生效力或者失去效力的必要条件。无论是终止表示的生效,还是其失效,都并非因法院判决而发生。毋宁说,法院的判决只是说出了意思表示早已产生的后果而已。

以前,雇员有权对不具备社会正当性的解雇通知提出异议。这便是通过诉讼行使的形成抗辩权的一个重要例子。现在,《解雇保护法》[8]第1条和第4条虽然采纳了另一种思路,即规定不具备社会正当性的解雇一开始就是无效的。然而,雇员只有在《解雇保护法》第4条规定的三周内提出确认之诉,才能主张这种无效性。

三、消极形成权和积极形成权

87 上面论述的形成权,都是为了消灭形成权相对人的某种权利状态。由于这些权利产生的效果是消极的,因此我们可以称之为消极形成权。积极形成权则与消极形成权相反,旨在创设某种权利状态,如买回权(第497条及以下条款)和先买权(第504条及以下条款)即是。这两种形成权与消极形成权一样,通常也是通过单方需受领的意思表示行使之(第497条第1款,第505条第1款第1句)。

---

〔8〕 舍恩菲尔德(Schönfelder):《德国法律汇编》第84号。

四、规定权

最后,形成权还有一种特殊的类型,这就是所谓的规定权(Regelungsrechte)。在这里,形成权利人有权——通常是在某个特定的范围内——确定某项给付义务的具体内容。这一权利可以长时间地存在,如雇主的指示权即是;也可以多次行使或仅仅一次行使之(在第 315 条及以下条款中,二种情形都是可能的)。在其他情形,当事人也可以对规定权进行约定,如某些考虑到货币贬值因素的适应条款,或重新确定保险金的权限。 88

第四节 形成权的一般规则

大多数形成权的典型特征,是其赋予权利主体以单方面干预他人之法律关系的法律权力。[9] 既然该他人必须接受权利主体行使形成权行为的事实,因此必须保护他免受不公平结果的损害。为了达到这个目的,法律在规定各种具体的形成权的同时,制定了许多不同种类的规定。如第 122 条有关赔偿义务的规定[10],第 315 条第 3 款、第 319 条第 1 款有关法院审查的义务,终止合同要求陈述理由的规定等。 89

各项形成权除了具有这些特殊的限制外,还有两项一般性的限制。一是行使形成权通常不得附有条件和附有期限,二是形成权的行使是不得撤回(unwiderruflich)的。这两项一般性的限制适用于所有涉及他人利益的形成权。对于不得附有条件和附有期限的问题,下文边码 849 以下还将论述。权利行使的不可撤回性与不得附有条件性一样,产生于下列事实:既然形成权相对人必须接受他人行使形成权的事实,那么不应该再让他面临不确定的状 90

---

〔9〕 参见上文边码 81。

〔10〕 参见下文边码 783 以下。

态了。

这一理由同时表明,权利行使的不可撤回性原则不一定要无例外地适用。只要形成权相对人对权利主体行使形成权行为的效力提出异议,权利主体就可以撤回其权利行使。权利行使一经撤回,形成权相对人自己要求出现的状态即告恢复,撤回行为因此不会给他产生其他的不确定性。例如,在雇佣人不遵守解雇期间宣布解雇受雇人的情形,只要受雇人认为不存在重大事由(第626条),对他的解雇因此是无效的,那么雇佣人就应撤回其解雇通知。当然,在劳动法中适用另外的原则,因为雇员根据《解雇保护法》第9条享有的权利是不可剥夺的。〔11〕

〔11〕《联邦劳动法院,新法学周报》,1983年,第1628页。

第十三章　抗　辩　权

参考文献：奠基性的著作是赫·罗特(Herb. Roth)：《民法的抗辩》，1988年［对该书的评论，见克兰佩(Krampe)文，载《民法实务档案》，1991年，第163页以下］。其他著述有：雅尔(Jahr)：《民法的抗辩》，载《法学教育》，1964年，第125页以下；第218页以下，第293页以下；彼·施洛瑟(P. Schlosser)：《德国民法中独立的永久抗辩权及形成权》，载《法学教育》，1966年，第257页以下；同一作者：《永久之抗辩权及"补偿关系"》，载《法学家报》，1966年，第428页以下；泽利希(Seelig)：《对实体法上的抗辩权的程序法处理》，1980年。

第一节　抗辩权的种类

一、历史

有两个术语用以表示抗辩概念，即"Einrede"和"Einwendung"。这两个词语的意义不明，相互之间也有交叉。因此，有必要说明一下历史方面的基础知识。 91

根据罗马法(römisches Recht)，裁判官(大

法官)必须首先给原告授予诉权(actio)。不过在诉讼的第一个阶段(法律审理,in iure),也要听取被告的陈述。如果被告主张抗辩权,则应把这些主张作为诉状中审判条件的例外(抗辩权,exceptiones)附加在起诉程式中。比如,被起诉的物件占有人,对物件所有人要求返还物件的诉讼(物之返还之诉,rei vindicatio,见现今《德国民法典》第985条),可以主张道:原告自己已以买卖的方式将该物件交付给了他。被告的这种主张,即是(以另外的意义反映在《德国民法典》第986条之中的)“已出卖交付物件之抗辩”(exceptio rei venditae et traditae)。如果原告并没有将物件出卖并交付给被告,则应判决被告返还该物件。至于其他抗辩,即使被告并没有提出相关的申请,裁判官也可以将其附加在起诉程式中。另外还有一些抗辩,即使没有被附加在起诉程式中,承审员(iudex)甚至也可以径自予以考虑。例如,恶意抗辩(exceptio doli)是诚信之诉(iudicia bonae fidei)的固有内容。

直到今天,罗马法这种以对抗性的诉讼为出发点并区分控和辩的思维方式还影响着我们的法学方法。对权利和相对权的区分,也正是以这种思维方式为基础的。除此之外,罗马法的其他一些分类也还在产生着影响,不过其实质上的合理性并不总是一目了然。[1]

二、有关术语和分类

92 (一)今天,实体法上最重要的一个问题,是要分清某种辩护手段应自动产生效力,还是仅仅依据被告的相关愿望才产生效力。第一种情况下的辩护手段可称为“无需主张的抗辩”(Einwendung),而第二种情况下的辩护手段可称为“需要主张的抗辩”(Einrede)。在具体情况下指的是哪一种抗辩,一般能够从民法典的表述中看出来。如民法典第222条第1款对消灭时效之抗辩作

---

〔1〕 参见下文边码96以下。

了这样的规定:义务人"有权拒绝给付"。而第 1004 条第 2 款规定,如果所有人负有容忍侵害的义务,那么其排除妨碍的请求权不存在。显然,第 222 条第 1 款中的抗辩是"需要主张的抗辩",而第 1004 条第 2 款中的抗辩是"无需主张的抗辩"。第 986 条的表述则是不成功的。虽然这条规定想表达"需要主张的抗辩"的意思("占有人得……拒绝"),但根据通说的正确看法,其实际所指却与第 1004 条第 2 款无异,即为"无需主张的抗辩"。

除第 222 条第 1 款的消灭时效抗辩外,债法中的最重要的"需要主张的抗辩"(wichtigste Einreden)还包括:第 273 条及以下条款、第 320 条及以下条款、第 478 条、第 639 条及以下条款的拒绝给付权;第 519 条的赠与人紧急需要抗辩权;第 771 条及以下条款的保证人先诉抗辩权;第 853 条的以侵权行为方式取得债权之抗辩权;第 202 条第 1 款中附带提及的延期给付抗辩权。

(二)对于需要主张的抗辩(Einreden),还可根据其效力 93
(Wirkung)进行分类。有些抗辩权仅仅是暂时地阻止其针对的权利的实现,故称延期(dilatorisch)抗辩,如第 273 条及以下条款、第 320 条及以下条款、第 519 条、第 771 条及以下条款的抗辩以及延期给付之抗辩等即是。有些抗辩权则永久性地阻止其他权利的行使,故称永久(peremptorisch)抗辩,如第 222 条第 1 款、第 478 条及第 853 条等即是。

区分延期之抗辩与永久之抗辩的意义主要表现在第 813 条中。根据该条规定,仅在不知道自己享有一项永久之抗辩权因而履行了给付的情况下,才能要求对方返还。相反,如果履行了一项消灭时效已经届满的债务,则不得要求对方返还不当得利(第 813 条第 1 款第 2 句以及第 222 条第 2 款)。[2]

(三)根据上文的分析,之所以将无需主张的抗辩(Einwend- 94

〔2〕 参见下文边码 120 以下。

ungen)作为需要主张的抗辩的对立概念,是因为它是法定的,不需要由被告提出特别的申请。此类抗辩,还可以分为使请求权不发生的抗辩以及使已经产生的请求权消灭的抗辩两类。前者可称为权利阻却(rechtshindernde)之抗辩,如第986条第2款、第1004条第2款即是;后者可称为权利消灭(rechtsvernichtende)之抗辩,如第362条的履行、第387条的抵销即是。

有时也出现"权利延缓之抗辩"(rechtshemmende Einwendungen)的提法。不过这种抗辩指的是需要主张的抗辩(Einreden)了。在这里,Einwendung不再是Einrede的对立概念,而是成了一个包含Einrede的上位概念了。

95 (四)在民事诉讼法(ZivilprozeBrecht)中,Einrede还有其独特的意义。民事诉讼法将被告的辩护分为两类,一类是被告否认原告的事实陈述,另一类是被告另外对原告的诉讼请求提出反驳。这第二类的事实就叫作抗辩(Einreden)。因此,在民事诉讼中,抗辩(Einrede)并不是Einwendung的对立概念,而是"被告否认原告的陈述"的对立概念。[3] 作这种区分的意义体现在举证责任的分担方面。原告对为被告所否认的陈述负举证责任,而被告则对抗辩(Einreden)负举证责任。

举例说:原告因金钱借贷合同起诉被告,要求其偿还贷款。被告声称没有收到过贷款。这就是否认原告的事实陈述。原告必须证明向被告支付了贷款。如果被告声称已经偿还贷款,则情况就不同了。从程序法上来看,被告的这一声称是一种抗辩(Einrede),应由被告来证明该事实的存在。而在实体法意义上,这一声称是一种无需主张的抗辩(Einwendung)。即使仅仅由原告提出了贷款已经偿还的事实,法院也会对该事实加以考虑,即

---

〔3〕 参见尧尔尼希(Jauernig):《民事诉讼法》,§43III,IV;鲍尔(Baur):《民事诉讼法》,边码133以下。

因此驳回原告的给付之诉。

抗辩事实不仅依实体法具有重要性，依诉讼法也具有重要意义，如诉讼系属之"抗辩"（《民事诉讼法》第 261 条）及既判力之"抗辩"即是。

第二节 实体法上的抗辩权的具体问题

一、主张之要件的意义

就某些辩护手段而言，应当由被告来决定其是否提出主张，是 96
容易理解的。消灭时效（Verjährung）的例子能特别清楚地说明这一点。仅仅因为过了一定的时间，就想逃避承担一种确定无疑的存在的义务，这种行为至少在以前的某些交易圈子中被视为不名誉的事情。因此，债务人在这里应当有可能不提出消灭时效之抗辩，而将其辩护的内容限制在其他的论据上，如付款、抵销或者撤销。与此相类似，保证人也应当能够自己作出是否行使先诉抗辩权（Einrede der Vorausklage）的决定。如果行使，债权人就必须对主债务人的财产进行执行（第 771 条及以下条款），虽然保证人可能坚信这种执行尝试不会产生什么积极的后果。根据第 767 条第 2 款，保证人对执行无果的费用也要承担责任；正因为这样，保证人才更有必要获得是否行使先诉抗辩权的决策自由。

在其他许多情形，对需要主张的抗辩和无需主张的抗辩进行 97
区分，* 从法律政策上看是很成问题的。比如，从法律条文的字面来看，第 320 条规定的是一种需要主张的抗辩。难道在双务合同（gegenseitiger Vertrag）中，一方当事人真的有权要求获得对方当事

* 这里原文使用的不是"区分"（Unterscheidung），而是"决定"（Entscheidung），疑为印刷错误。——译者注

人向其负有的给付,而不管他自己是否已经向对方提供了对待给付,也不管他是否至少有能力提供对待给付吗?人们经常说道,由于违反善良风俗的行为不应得到容忍,因此一项违反诚实信用(Treu und Glauben)原则的行为永远构成一种无需主张的抗辩,难道情况真的是这样吗?我们是不是应当让债务人自己来作出决定,决定他是否要主张下列事实:出于其良心方面的原因,或出于重大的困难,他无法履行其给付。为什么将债务未届清偿期(Fehlen der Fälligkeit)的事实作为无需主张的抗辩,而却将延期给付(Stundung)的事实作为需要主张的抗辩来对待呢?

进行上面这些区分的理由显然并非一目了然。今后如果要修订法律,我强烈希望对这些规定进行审核。在审核时应当考虑下列方面。法律规定了需要主张的抗辩,便使法律的适用取决于抗辩权利人的决定。就任意法来说,这一点显然是没有什么问题的。但是在实践中,需要主张的抗辩的独特性主要体现在被告的延误方面(《民事诉讼法》第331条)。被告之所以没有提出抗辩,并不是因为被告不想用这一抗辩来为自己辩护,而是因为他延误提出了该抗辩。所以,我们或许应当对需要主张的抗辩的适用范围作更大程度上的限制,并尽量将此类抗辩认定为无需主张的抗辩。只有在权利人必须在两种风险之间作出选择,或者必须作出某种个人决策的时候,法律规定一项需要主张的抗辩权才是有意义的。前者如保证人是否应提出先诉抗辩权,后者如权利人是否应主张消灭时效已届满或良心方面的事由。当然,在这些情形,我们在法律技术上也完全可以采用(真正的)形成权来替代此类抗辩权。〔4〕此外,在一项债权不应全部消灭,而应保留部分效力的情况下,也可以考虑规定一项需要主张的抗辩权。如此项债权可予以抵销,

---

〔4〕 参见彼·施洛瑟(P. Schlosser)文,载《法学教育》,1966年,第257页,第264页以下。

或担保权利应予以保留等即是。

二、诉讼前主张或诉讼中主张

权利人必须在诉讼过程中主张其抗辩权,或者在诉讼前主张之即可?例如,债务人在债权人第一次提出付款要求时,就以消灭时效已届满为由拒绝付款。对这个问题,法律未作规定,学者之间的意见不一。在我看来,[5]由于需要主张的抗辩主要是为了阻止法院作出判决,因此其主要意义应该体现在诉讼程序之中。所以,应当以抗辩权利人在诉讼中的意思为准。不过,抗辩权利人的这一意思,也可以从其诉讼前的行为中获知。这也就是说,权利人诉讼前的行为作为一种间接证据,对确定权利人在诉讼中的意思具有重要性。如在方才提及的例子中,债务人在对方第一次提出付款要求时,就以消灭时效已届满为由,拒绝付款。在通常情况下,债务人的这个意思,直到诉讼程序开始也不会发生变化。因此,权利人在诉讼前主张其抗辩权就可以了。当然,为了使法院在诉讼中注意到抗辩权的存在,权利人还必须以各种方式将其抗辩权导入到诉讼程序中去。与此相类似,在前一审级已经提出的消灭时效抗辩,不需要在后一审级再次提出。[6] 98

〔5〕 持类似看法者有拉伦茨(《德国民法总论》§14II,第250页以下)和许布纳(《德国民法总论》边码466)。

〔6〕《联邦最高法院,新法学周报》,1990年,第326页。

第十四章　权利的时间限制

参考文献：关于历史，参见翁特霍尔茨纳(Unterholzner)：《德国普通法中整个消灭时效学说的详细发展》，1858年第2版。最新的综合性论述有：弗·彼得斯－赖·齐默尔曼(F. Peters-R. Zimmermann)：《消灭时效期间》，载《联邦司法部专家鉴定书》第一卷，第77页以下[有关评论，见海因里希斯(Heinrichs)文，载《新法学周报》，1982年，第2021页以下]；施皮罗(Spiro)：《消灭时效期间、失权期间和不幸期间对私权利的限制》，二卷本，1975年(瑞士法、德国法和奥地利法)。此外还有迪尔歇尔(H. Dilcher)：《消灭时效法》(1979年至1982年间的发展)，载《法学家报》1983年，第825页以下；德尔纳(Dörner)：《消灭时效》，1962年第2版；格罗斯费尔德－格施(GroBfeld-Gersch)：《私债务合同的时间限制》，载《法学家报》1988年，第937页以下；霍赫(Hoche)：《消灭时效法中的矛盾》，载《海因里希·兰格(Heinrich Lange)纪念文集》，1970年，第241页以下；奥弗曼(Offermann)：《消灭时效》，1967年；拉贝(Rabe)：《消灭时效》，载《新法学周报》1992年，第2395页以下；罗尔(Roll)：《消灭时效法的变化》，载

《有价证券信息》,1977 年,第 1214 页以下;施瓦赫海姆(Schwachheim):《分期付款信贷中分期债权的消灭时效》,载《新法学周报》,1989 年,第 2026 页以下;韦伯(Weber):《劳动法的除斥期间》,1983 年;赖·齐默尔曼(R. Zimmermann):《消灭时效》,载《法学教育》,1984 年,第 409 页以下。

第一节 除斥期间和消灭时效

法律可以规定或当事人可以通过法律行为约定,一项权利仅存在于特定的时间(nur für eine bestimmte Zeit)。例如,地上权的设定通常有特定的时间(往往是 99 年);用益权以权利人的有生之年为限(第 1061 条);债权人仅在被担保之债权的存在时间内享有从属性的质权(第 1163 条第 1 款第 2 句,第 1252 条规定了不同的法律后果)。除了失权外(失权实际上更是一种对滥用权利行为的制裁[1]),对权利还有两项更为一般的限制。 99

一、除斥期间(AusschluBfristen)。除斥期间适用于形成权[2]。行使形成权有时间上的限制,期间一经届满,形成权就告消灭。期间届满以后再行使形成权,其行使行为当然不发生效力,不需要再提出抗辩。例如,因错误撤销意思表示的,撤销行为必须在发现错误后即时(第 121 条第 1 款)为之;不即时为撤销的,便无法再对该意思表示的效力产生影响了。 100

民法典在第 121 条、第 124 条和第 510 条第 2 款(先买权)中规定了这种除斥期间。对于解除权,可以约定一个除斥期间,或者依第 355 条予以确定。此外,法律往往也给终止权规定除斥期间

---

〔1〕 参见下文边码 137 以下。
〔2〕 参见上文边码 79 以下。

(如第 626 条第 2 款)。

101 二、与除斥期间不同,消灭时效(Verjährung)适用于(几乎)所有的请求权。由于消灭时效具有一般性,因此被详细地规定在民法典第 194 条至第 225 条中。此外,在民法典各编中,还有许多短期消灭时效的具体规定。这些短期消灭时效适用于特定的请求权,其中特别重要的是第 477 条、第 558 条、第 638 条、第 852 条规定的消灭时效。消灭时效的一些具体问题,在实践中具有重要的意义。下文将对此加以分析。

当然,民法典并没有将上述除斥期间与消灭时效的区分贯彻到底。如对旅游者因旅游瑕疵而享有的请求权,法律既规定了一个除斥期间(第 651g 条第 1 款),又规定了一个消灭时效期间(第 651g 条第 2 款)。

第二节　消灭时效

一、适用范围

102 (一)消灭时效适用于请求权(Ansprüche,第 194 条第 1 款)。而往往导致请求权产生的母体权利(Mutterrechte)本身,则不会因时效届满而消灭。例如对所有权不适用消灭时效,所有权只会因取得时效届满、他人取得所有权而丧失(第 900 条,第 927 条,第 937 条及以下条款)。抗辩权,无论其是否需要主张(Einreden und Einwendungen),也不会因时效届满而消灭。但如果抗辩权是基于请求权发生的(如第 273 条产生的拒绝给付权),则请求权消灭时效的届满,能够反过来对抗辩权产生作用。比如,如果一项债权的消灭时效已经届满,那么一般就不得再主张第 273 条所生的拒绝给付权。关于形成权,参见上文边码 100。

103 (二)对某些请求权,也例外地不适用消灭时效。根据第 194

条第2款，对亲属法上旨在恢复符合亲属法状态的请求权（如依第1353条提起恢复婚姻状态之诉），不适用消灭时效。这样规定，是为了避免出现这种情形：当事人因错过了消灭时效期间，而“因时效取得”某种违法状态，即如取得与第三人共同生活的权限。在民法典总则编之外，第758条和第2042条第2款规定，对取消共有关系的请求权也不适用消灭时效。因为当事人不应受消灭时效的压力而被迫取消共有关系。此外，对要求更正土地登记簿的请求权、因登记或因提出异议而得到保障的权利所产生的请求权（第898条，第902条），也不适用消灭时效。土地登记簿具有特殊的证明力，它使消灭时效成为多余。最后，对有些相邻法上的请求权（第924条）也不适用消灭时效。这里，部分内容涉及公共利益；另外，人们也认为，请求权可以不断地重新产生。[3]

二、消灭时效的功能

（一）《立法理由书》第1卷第291页[4]写道： 104

> “请求权消灭时效之原因与宗旨，乃使人勿去纠缠于陈年旧帐之请求权。不过有些事实可能已年代久远，一方亦已长期缄口不提；而今一方却以此类事实为据，向对方主张权利，这是民事交往难以容受的。因为时间已使此类事实黯然失色，对方欲举出于己有利之免责事由并获致成功，纵然并非全然不能，亦属难矣。就常规而言，此类要求或自身并不成立，或已具结完案。消灭时效之要旨，并非在于侵夺权利人之权利，而是在于给予义务人一保护手段，使其毋需详察事物即得对抗不成立之请求权。消灭时效乃达到目的之手段，而非目的本身。于具体情形，若消灭时效

---

〔3〕 参见奥古斯丁（Augustin）：《德国民法典评注——特别考虑到帝国法院和联邦最高法院的司法裁判》，1974年以后第12版，对第924条的评注。

〔4〕 即穆格丹（Mugdan）编：《德国民法典资料总汇》，1899年/1900年，第1卷，第512页。

于实体公正有损，即若权利人因消灭时效届满失却其本无瑕疵之请求权，此亦属关系人须向公共利益付出之代价。盖若权利人非于请求权之行使置若罔闻，消灭时效本无发生之由，故权利人于请求权内容之利益，实属微不足道，其因此付出之代价，亦难谓严酷也。”

105 （二）如果在消灭时效届满之前的很长时间里，债权人本来可以行使其请求权却不行使之，则《立法理由书》中的上述理由是能够令人信服的。然而在第477条和第638条规定的两种重要情形中，这一条件并不存在。这里，债权人在发现瑕疵或者至少能够发现瑕疵之前，因瑕疵所产生的请求权可能已经届满。例如，购买灭火器的人，只有在发生火灾时，才会发现灭火器是空的。不过，这个时候距货物交付之日可能已经超过了六个月（第477条第1款）。

（三）因此，这些规定产生了许多争议，也产生了无休止的界定困难。消灭时效本来应该是一种维护法律稳定性的手段，现在却产生了十分令人恼怒的不稳定状态。所以必须对这些规定加以更正。更正的方法有两种。一是在债权人实际能够行使其权利时才让消灭时效开始起算，即如第852条规定的那样。然而，联邦最高法院却认为这种建议与法律规定的文句不符，因此多次表示拒绝采纳。[5] 二是对消灭时效作另一种理解，即消灭时效并不是表示权利人“于请求权内容之利益，实属微不足道”，而是一种风险转移（Risikoverlagerung）。按这种理解，第477条即是将有关风险转嫁给了灭火器的买主。这种风险，就是火灾没有早些发生，因而瑕疵（出卖人恶意隐瞒的瑕疵除外）在六个月以后才显现出来。

---

〔5〕 如《联邦最高法院民事裁判集》第67卷，第1页，第7页；第77卷，第215页，第221页以下；《联邦最高法院，企业顾问》1979年，第757页，第758页；《企业》1982年，第639页，第640页。

不过我们无法直接认识到这样一种风险转移存在的理由。无怪乎学者们对消灭时效法提出了许多精深的改革建议。[6]

三、不得约定排除

上述《立法理由书》赋予消灭时效以一种法律警察性质的宗旨(rechtspolizeiliche Zweck),即要求债权人为公共利益作出牺牲。这说明消灭时效法的一部分具有强行法的性质(zwingender Charakter)。第225条对此作出了相应规定:虽然消灭时效可以减轻,但不得排除或加重之。也就是说,延长消灭时效期间通常是无效的。 106

在例外情况下,可以依据法律的明文规定,允许对一些特别短促的消灭时效期间予以延长。如依第477条第1款第2句、第638条第2款规定可延长时效期间,但不得依第558条为之。即使在这些情形,时效期间也不得超过第195条规定的30年期限。此外,以间接方式加重消灭时效发生条件的行为也是允许的。[7] 这种行为,如延期给付(第202条第1款)、承认(第208条)和更新(Novation)。因更新,一项消灭时效较短的请求权可转变成一项普通消灭时效(第195条)的消费借贷请求权(第607条第2款,即所谓的合意消费借贷)。根据联邦最高法院的判决,[8] 如约定在出租人可以查阅警察调查卷宗之时,其对承租人享有的损害赔偿请求权的消灭时效才开始计算,则此种约定无效。 107

---

〔6〕 参见弗·彼得斯－赖·齐默尔曼(F. Peters-R. Zimmermann):《消灭时效期间》,载《联邦司法部专家鉴定书》第1卷,第77页以下;《债法修订委员会最终报告》,1992年,第42页以下。不过,现在莱嫩(Leenen)提出了不同的看法。参见其1997年出版的著作《民法典第477条:是消灭时效,还是风险转移?》,书中各处,特别是第25页以下,脚注62。

〔7〕 参见冯·费尔德曼(von Feldmann):《慕尼黑德国民法典评注》,第225条,边码4;有关区分,见《联邦最高法院,企业》1984年,第1291页。

〔8〕 《联邦最高法院,新法学周报》1984年,第289页。

四、消灭时效的开始

108 (一)根据第198条规定,消灭时效通常在请求权产生之时开始起算。如请求权是不作为请求权,则消灭时效在实施行为之时起算。《民法典第一草案》第158条第1款规定得更为明了:"消灭时效,于法律上可以要求履行请求权(已届清偿期)之时开始。"虽然这一句话没有成为法律,但由于它的实质内容是正确的,因此被视为现行法的组成部分。这说明,问题的关键不是请求权的产生,而是请求权的已届清偿期(Fälligkeit)。[9] 以消费借贷为例,要求偿还贷款的权利的消灭时效,并不是在发放贷款之时起算,而是在偿还贷款已届清偿期时才开始起算。尽管如此,联邦最高法院[10]还是对请求权的产生(第198条)和请求权的已届清偿期(《保险合同法》第12条第1款)作了区分。

109 (二)如果在实现请求权前必须先为终止或撤销表示,则债权人可以通过怠于采取这些措施,达到推迟消灭时效开始的目的。为了防止出现这种现象,第199条、第200条规定,通常在债权人可以为终止或撤销表示之时,诉讼时效即开始起算。

110 (三)第201条规定,对某些快速结清的行为以及拖欠款(第196条,第197条),适用短期的消灭时效期间。该消灭时效期间以每年的年终(JahresabschluB)为起算时间。也就是说,虽然这些权利可能是在一年的不同时间里产生的,但它们的消灭时效都是在年终届满。法律之所以这样规定,是为了使这类债权的债权人——通常都是商人,一年只需要查看一次账目,以弄清应该对哪些债务人中断消灭时效。[11]

111 (四)最后,民法典其他各编或一些民事单行法的许多规定,

---

〔9〕《联邦最高法院民事裁判集》第55卷,第340页,第341页,一般的学说。

〔10〕《联邦最高法院,新法学周报》1983年,第2882页。

〔11〕参见下文边码114。

在规定较短期间的消灭时效的同时，也规定了消灭时效的起算时间。在大多数情况下，这些时效的起算方式与第198条相同。例如，在买卖合同，买方依第462条及以下条款享有的物之瑕疵担保请求权，根据第477条第1款，其消灭时效自提供货物或交付货物之时起算；在承揽合同（第633条及以下条款），根据第638条第1款第2句，消灭时效自受领之时起算。在通常情况下，这些请求权大概也的确是在交付或受领之时产生的。就此而言，这些关于消灭时效起算的规定都仅仅具有一种澄清作用。但是，在其他规定中，消灭时效的起算时间要早于第198条规定的时间。如根据第638条第1款，定作人要求损害赔偿的请求权，其消灭时效在受领工作物时即开始起算。然而工作物上的损害可能到后来才发生，如埋设的水管虽有瑕疵，但三年以后才破裂。而在其他一些规定中，消灭时效的起算时间又是在请求权产生之后，如《民法典》第852条第1款、《责任法》第11条、《道路交通法》第14条等即是。在这些规定中，为期三年的消灭时效，在债权人知道损害和加害人时才开始起算。换言之，消灭时效在权利人实际上能够实现其请求权时才起算，虽然该请求权可能在此以前就早已产生了。〔12〕

从法律政策上看，最佳的方案或许是规定一项相对短暂的消灭时效期间，不过该期间的起算应该往后推，即在债权人事实上能够利用该期限之时开始起算。这样一种方案，也将使司法判例长期以来使用的一项独特制度退出历史舞台。在委托人对于其律师享有损害赔偿请求权的情况下，此项请求权可因不行使而罹于消灭时效。自帝国法院〔13〕始，司法机关就用此种制度来保护委托人的利益，使委托人不因消灭时效届满而丧失其损害赔偿请求权。

〔12〕 有关后期损害方面的消灭时效，参见《联邦最高法院，新法学周报》1991年，第973页。

〔13〕 《帝国法院民事裁判集》第158卷，第130页。

根据《联邦律师法》第51b条，委托人对其律师的损害赔偿请求权，在权利产生后三年内，最迟在委托合同终止后三年内，因不行使而罹于消灭时效。有时候，由于委托人本身不谙法律，因此在这段时间里，他根本就没有意识到他的律师犯下了错误，自己因而对律师享有损害赔偿的请求权。法院认为，在这种情况下，律师有义务向他的委托人说明事实，即委托人对于律师享有的损害赔偿请求权即将罹于消灭时效。如果律师怠于作此说明，即构成对律师合同的再次违反。律师因此项违约行为，负有一项补充损害赔偿义务，而且消灭时效重新计算。换言之，这时律师并不是因为第一次犯下的错误承担义务，而是因为他没有向其委托人说明消灭时效即将届满的事实而承担义务。联邦最高法院〔14〕认为，补充请求权产生的前提是律师再一次地、有过错地违反其义务；如果律师仅有使初级损害赔偿请求权产生的违反义务行为，则尚不足以使补充请求权产生。律师违反补充义务，也不可能再产生一项“三级请求权”（Tertiäranspruch）。〔15〕根据联邦最高法院的判例〔16〕，补充请求权的消灭时效，在损害产生之时即开始起算。

上述针对律师的损害赔偿请求权的消灭时效规则，也基本上适用于针对税务顾问的损害赔偿请求权，〔17〕但不适用于针对建筑师的损害赔偿请求权。〔18〕总的说来，我认为司法机关作出这样的

---

〔14〕《联邦最高法院民事裁判集》第94卷，第380页，第386页以下。

〔15〕同上注，第391页。参见范·芬罗（vanVenrooy）文，载《企业》1981年，第2364页，第21页以下；赖·齐默尔曼（R. Zimmermann）文，载《新法学周报》1985年，第720页以下；林舍（Rinsche）文，载《保险法》1987年，第239页以下；埃克特（Eckert）文，载《新法学周报》1989年，第2081页以下。

〔16〕《联邦最高法院，新法学周报》1988年，第265页，第266页。

〔17〕《联邦最高法院，企业》1982年，第950页；《联邦最高法院民事裁判集》1996年，第290页；《联邦最高法院，新法学周报》1991年，第2828页，第2830页则有些限制。

〔18〕《联邦最高法院，保险法》1986年，第37页以下。

判决,是一种旨在“弱化”被认为过于短促的消灭时效期间的不得已的做法,因此很难说是成功的。[19]

五、消灭时效期间

112 (一)根据第195条,普通的同时也是最长的消灭时效期间为30年。这一普通消灭时效期间适用于所有情形,除非法律规定了或[当事人]通过法律行为约定了某项比这个期间短促的消灭时效期间。依第225条第2句,法律作出此种规定或者[当事人]通过法律行为作出此种约定,都是合法的。[20] 法律规定短于30年消灭时效期间的情形,是非常普遍的。[21]

113 在实践中,30年普通消灭时效期间对于因缔约上的过失和积极违约所产生的损害赔偿请求权,具有重要的意义。由于人们认为其他请求权规范(如第635条,第638条)的消灭时效期间过短,因此这两项制度往往被用来排除这些过短的消灭时效期间。但是从方法角度看,这种做法是非常不能令人满意的。由于立法者并没有将缔约上的过失和积极违约作为一般的法律制度加以规定,因此他自然也无法为此规定消灭时效期间。而立法者对因缔约过错和积极违约所产生的请求权的消灭时效沉默不语,并不意味着就可以径自援引30年之普通消灭时效期间。毋宁说,这里存在着一个法律漏洞,我们应当参照类似的、法律明文规定的情形,来具体填补这个漏洞。联邦最高法院的一则判例[22]在反驳其先前作出的判决[23]时正是从这个角度来论述的:以缔约上的过失为依据,因在说明书中作出不正确的说明而产生的损害赔偿请求权,

---

〔19〕 参见《联邦最高法院民事裁判集》第94卷,第380页,第385页。

〔20〕 不过应注意《一般交易条件法》第11条第10项e和f的规定。

〔21〕 有关这些规定的简表,见冯·费尔德曼(von Feldmann):《慕尼黑德国民法典评注》,第195条,边码2以下。

〔22〕 《联邦最高法院民事裁判集》第83卷,第222页。

〔23〕 《联邦最高法院民事裁判集》第76卷,第231页。

在一定条件下,应适用与特别法规定的说明书责任请求权一样的(即缩短的)消灭时效期间。

114 (二)法律大多在规定各项具体请求权时,同时对短期消灭时效期间(kürzere Verjährungsfristen)作出规定。因此,这些规定多见于民法典债编(如第 477 条,第 558 条,第 638 条,第 852 条)或民事特别法之中(如《责任法》第 11 条,《道路交通法》第 14 条)。民法典总则篇中的此类规定只有第 196 条和第 197 条两条。第 196 条第 1 款规定的消灭时效期间为两年,第 197 条规定的则为四年。这些非常短促的消灭时效期间适用于大多数日常生活中的行为(第 196 条)以及对拖欠定期给付的请求权(第 197 条,如对租金的请求权)。为了维护债权人的利益,第 201 条对消灭时效期间的起算作了特殊规定。[24]

第 196 条之所以给消灭时效规定了短期时效,是因为日常生活中的行为很容易被人们忘记,而且对这些行为一般都没有书面记载,或者虽然作了记载也难以长期保存这些书面材料。[25] 不过,即使在具体情况下,某项行为涉及的金额较大,并且也有丰富的书面证据,对该行为也适用短促的消灭时效期间。就此而言,法律对此类行为作了统一的规定。

第 196 条第 1 款第 7 项规定的问题(Problem bei § 196INr. 7)在实践中具有意义。联邦最高法院的判例[26] 认为,该项规定中的"提供服务"(Leistung von Diensten),应理解为非技术意义上的"服务",即也应包括依承揽合同(Werkverträge)提供的给付服务。所以,对建筑师因提供服务而要求获得报酬的一切请求权,不论该

---

〔24〕 参见上文边码 110。

〔25〕 《立法理由书》第 1 卷,第 297 页以下,即穆格丹(Mugdan)编:《德国民法典资料总汇》第 1 卷,第 516 页。

〔26〕 《联邦最高法院民事裁判集》第 59 卷,第 163 页。该判决推翻了其先前的判决,参见《联邦最高法院民事裁判集》第 45 卷,第 223 页。

项服务是否涉及工作物的完成(如画制建筑设计图),都适用短期的消灭时效期间。

六、对消灭时效的进程施加影响

尤其在请求权的消灭时效期间非常短促的情况下,债权人必 115
定会产生担忧,担心自己虽然竭尽全力,只要债务人拖延履行给付达到一定时间,消灭时效依然会成就。为了打消债权人的这种担心,另外也出于其他原因,法律必须赋予债权人以对消灭时效的进程施加影响的可能性。法律区分了下列三种影响的情形。

(一)对债权人最为有利的情形是消灭时效的中断(Unterbrechung)。时效中断,是指迄今为止已过去的时间统统不算,中断事由结束后,消灭时效重新开始起算,见第 217 条。对于重新开始的消灭时效,通常适用原来的时效期间。但该原则对所谓"有名义的"请求权(titulierte Ansprüche)不适用,特别是对那些已经发生既判力的请求权不适用。即使这些请求权先前的消灭时效期间比较短促,但对它们仍然适用 30 年普通消灭时效期间(第 218 条,第 219 条,第 220 条第 1 款)。联邦最高法院的一项判决[27]认为,如果[加害人]向受害人承认[债务],以使受害人不[向法院]提起要求确认其未来损害的确认之诉,那么第 218 条也应准用于这种承认行为。但另一方面,联邦最高法院的另一项判决[28]对"承认"作出了狭义的理解:债务人的行为必须使债权人产生了信任,即债权人相信债务人不会主张消灭时效。

第 208 条至第 216 条对消灭时效中断的事由及其具体情况作了规定。在实践中,特别重要的时效中断事由有:承认(第 208 条[29])、起诉(第 209 条第 1 款)和在督促程序中送达支付令(第

---

〔27〕《联邦最高法院,新法学周报》1985 年,第 791 页。

〔28〕《联邦最高法院,新法学周报》1988 年,第 1259 页。

〔29〕这里没有必要依第 781 条作出无因的债务承认。

209 条第 2 款第 1 项)。如这些时效中断事由仅涉及请求权的一部分(比如对一笔金额为 1000 马克的债权,仅就 500 马克作了承认,或提起了诉讼),则请求权剩余部分的消灭时效不因此中断。在非法学专业人士中,有一种流传很广的看法,认为用挂号信向债务人发出催告即可中断消灭时效。实际上,这种方式是不起任何作用的。

请求权适用第 196 条和第 197 条规定的消灭时效期间的,对时效中断后的新消灭时效,不适用第 201 条。由于此项请求因时效中断而失去了日常行为的性质,因此没有必要对此统一规定消灭时效期间(自年底开始)的计算方法。[30]

116 (二)消灭时效的停止进行(Fortlaufshemmung),是指消灭时效在某一段时间内不进行。第 205 条规定,这段时间不计入消灭时效期间。第 202 第至第 204 条规定了时效停止进行的几种情形:延期给付或债务人因其他原因暂时享有抗辩权(第 202 条第 1 款),审判休止或权利实现受到不可抗力的妨害(第 203 条),存在特定的亲属法方面的事由(第 204 条[31])。在债法分则中,第 852 条第 2 款是一项重要的时效停止事由。在对侵权行为产生的损害赔偿事务进行谈判的过程中,损害赔偿请求权的消灭时效在这段时间内停止进行。联邦最高法院的判例[32]将这一原则扩大适用至第 588 条规定的租赁法上的消灭时效。而根据第 639 条第 2 款,第 638 条规定的承揽合同请求权的消灭时效,在双方同意的检查是否存在瑕疵或是否排除瑕疵的时间内,停止进行。

---

〔30〕《帝国法院民事裁判集》第 65 卷,第 268 页;《立法理由书》第 1 卷,第 312 页,即穆格丹(Mugdan)编:《德国民法典资料总汇》第 1 卷,第 523 页。

〔31〕消灭时效期间行将届满,会迫使债权人及时起诉。而家庭的安宁不应受到这一事实的破坏。

〔32〕《联邦最高法院民事裁判集》第 93 卷,第 64 页[有关评论,参见恩·彼得斯(E. Peters)文,载《法学家报》1985 年,第 388 页]。

根据第 202 条第 2 款,某些抗辩权并不能使消灭时效期间中断,如依第 273 条、第 320 条享有的抗辩权即是。法律之所以这样规定,主要是因为债权人不仅可以通过自己的行为消除这些抗辩权,债权人甚至对消除这些抗辩权负有义务。[33] 例如,在第 273 条和第 320 条情形,债权人本身负有提供某项给付的义务,而债务人正是为了获得此项给付才保留权利的。

(三)第 206 条、第 207 条规定的消灭时效的不完成(Ablaufshemmung)与上述消灭时效的停止有区别。在时效的不完成,虽然时效本身可以继续进行,但它不在某个特定的时间之前届满。亦即消灭时效的期间必须延长至该时间到来之时。如在第 206 条第 1 款第 1 句情形,消灭时效延长至债务人* 取得完全行为能力之后六个月。这样,债权人本来因存在消灭时效不完成的障碍而无法起诉,现在就有足够的时间提起诉讼了。 117

七、权利继受时的消灭时效

(一)在债权让与(Abtretung,第 398 条)或债权的法定转移(第 412 条)情形,债务人有权以消灭时效已经过去的、得对抗原债权人的那部分时间,来对抗新债权人。这一点可以从第 404 条(不完整地)规定的原则中得出。根据此项原则,债权让与不得给非让与行为当事人的债务人产生不利后果。与此相同,在约定的债务承担(Schuldübernahme,第 414 条及以下条款)情形,依第 417 条第 1 款第 1 句,新债务人有权就消灭时效在原债务人那里已经过去的那部分时间提出主张。 118

(二)在以要求返还所有物(第 985 条)为典型的物上请求权 119

---

〔33〕《立法理由书》第 1 卷,第 314 页,即穆格丹(Mugdan)编:《德国民法典资料总汇》第 1 卷,第 525 页。

* 原文如此。经译者与本书作者当面商谈,作者承认此处是笔误,“债务人”应为“债权人”。——译者注

(dingliche Ansprüche)的场合,基本情况则有所不同。这里的债务人是物的占有人。如该物为另一个人占有,则债务人也随之变化。根据民法典制定者的设想,占有人的变化,并不表示新的占有人以法定方式承担原来的债务,而是对新占有人得主张新的返还所有物请求权。[34] 亦即对新的占有人来说,本应重新起算消灭时效期间。第221条旨在避免这一结果出现。

当然,这条规定仅仅对占有的"权利继受人"提供优惠,即如从小偷那里受让偷盗物的人。至于对盗窃小偷东西的人,或者对拾得小偷遗失物的人,则重新起算消灭时效期间。

八、消灭时效的效力

120 (一)根据第222条第1款,债务人在消灭时效届满后有权拒绝给付,这是一种技术意义上的抗辩权。债务人是仅仅主张消灭时效,还是想以其他方式为自己辩护,[35] 应当由债务人自己来决定。至于法官是否得向被告指出消灭时效而无需担心有涉偏颇,尚存不同看法。[36]

债务人一旦提出消灭时效届满的抗辩,就永久性地排除了已罹于消灭时效的请求权的行使。根据第813条第1款第1条规定,债务人虽有此项抗辩,但仍为履行的,可以请求返还给付(Rückforderung)。但是第222条第2款、第813条第1款第2句作出了与此相反的规定。据此,即使债务人是在不知道时效已过的情况下,对某项已罹于消灭时效的债务履行了给付,也不得请求返还。如果履行给付以后仍可以请求返还,则消灭时效之维护安全的宗旨势必难以达成。

---

〔34〕 参见《立法理由书》第1卷,第341页,即穆格丹(Mugdan)编:《德国民法典资料总汇》第1卷,第540页。本人著:《德国民法》,边码445。

〔35〕 参见上文边码96。

〔36〕 参见《汉堡州高等法院,新法学周报》1984年,第2710页;赫·罗特(Herb. Roth):《民法的抗辩》,1988年,第279页以下(附有其他说明)。

121 (二)在许多情况下,一项请求权的消灭时效虽然已经届满,但是权利人仍得*以抗辩的方式*主张该项权利。第 478 条、第 490 条第 3 款、第 639 条第 1 款以及第 853 条就明文规定这样做是合法的。此外,如果抵销状态在时效届满之前就已形成,则依第 390 条第 2 句,某项债权虽已罹于时效,但依然可以用于抵销。这是第 389 条规定抵销具有溯及力的必然后果。这一原则也被准用于第 273 条。[37] 如果消灭时效是在留置权产生以后才届满的,则仍然可以将已罹于时效的债权用于留置。

122 (三)根据第 223 条第 1 款,在请求权上设有担保物权,则请求权虽已罹于时效,权利人仍得实现其*担保物权*(Sicherungsrechte)。[38] 本来,抵押债务人得依第 1137 条第 1 款第 1 句,质押债务人得依第 1121 条第 1 款第 1 句,主张从属性之抗辩。[39] 但第 223 条第 1 款的规定放松了这种从属性之抗辩。以抵押为例,这一规定的意义即为:如债权人对债务人即所有权人既提起要求付款之对人诉讼,又提起要求其容忍强制执行设押土地行为的对物诉讼,而被告主张请求权消灭时效已届满的,则对人诉讼因第 222 条第 1 款规定而不成立;相反,债权人得依第 223 条第 1 款规定执行设押土地,此项权利不受时间方面的限制。

123 第 223 条第 2 款将上述原则扩大适用于*为担保某项请求权而转让的权利*(zur Sicherung eines Anspruchs übertragene Rechte)。转让人不得以被担保的请求权已罹于时效因而担保目的已经不存在为由,要求返还其转让的权利。该原则直接适用于担保性债权让与(Sicherungszession)和担保性所有权移转

---

〔37〕《联邦最高法院民事裁判集》第 48 卷,第 116 页;但对此尚有争议。

〔38〕根据第 223 条第 3 款,该原则不适用于对利息或其他定期给付的请求权。参见《联邦最高法院,新法学周报》1993 年,第 3318 页。

〔39〕参见梅迪库斯(Medicus)文,载《法学教育》1971 年,第 497 页,第 500 页以下。

(Sicherungsübereignung)。也就是说，担保债务人想要取回其担保客体，仍然必须履行其虽已罹于时效的债务。

联邦最高法院的一项判例[40]将上述原则准用于所有权保留的买卖行为(Eigentumsvorbehalt)。在这种行为中，只要买卖合同未因解除而消灭，出卖人即所有权人要求买受人返还买卖物的请求权(第985条)就不发生。在买受人支付剩余货款之债务已过消灭时效，因而不会再构成给付迟延的情况下，出卖人也就不得因债务人迟延(第455条，第326条)而宣告解除合同。依此推理，出卖人既无法要求获得剩余的货款，也不能从买受人那里将货物取回。将第223条第1款准用于这一情形，即意味着产生下列结果：即使买受人主张其支付剩余货款的债务已过消灭时效，出卖人仍然有权行使作为担保物权的所有权保留，亦即买卖虽已成立，出卖人仍然有权作为所有权人要求买受人返还买卖物。[41] 当然，在出卖人据此要求返还买卖物时，买受人也应当有权要求对其已支付的各期货款予以扣除。只有在这些货款构成了买受人对买卖物的使用报酬的范围内，出卖人才有权保留之。[42]

九、消灭时效与诚实信用

124 在消灭时效领域，有可能出现两个方面的违反诚实信用行为。

(一)在适用30年普通消灭时效期间的情况下，依诚实信用原则，债权人在时效未届满之前就不得行使其权利了。与消灭时效不同，这里仅有一定时间届满的事实还不足够。除此之外，债权

---

〔40〕《联邦最高法院民事裁判集》第34卷，第191页；第70卷，第96页。

〔41〕现在已成通说。参见德勒德(Derleder)文，载《商法杂志》第139卷，1975年，第20页以下；迪尔歇尔(H. Dilcher)文，载《法学教育》1979年，第331页以下；《施陶丁格德国民法典评注》，第223条，边码12；冯·费尔德曼：《慕尼黑德国民法典评注》，第223条，边码3。这些著述中都附有其他注释。持不同看法者如赫·兰格(Herm. Lange)文，载《法学教育》1971年，第511页以下。

〔42〕参见《消费者信贷法》第13条，第2款。

人后来的债权主张还必然地使其与先前的自身保留行为处于矛盾状态(自相矛盾,venire contra factum proprium)。这就导致失权(Verwirkung)。[43]

125 (二)另一方面,特别是在消灭时效比较短促的情况下,债务人主张时效已届满的行为是否可能违反诚实信用原则。这里也以这种主张是否构成一种不合法的、自相矛盾的行为为准。只有在债务人妨碍了债权人及时采取中断时效的行为的情况下——如债权人根据债务人的行为,能够获得债务人将不提出时效已过之抗辩的印象——[44]债务人主张时效已届满的行为才违反诚实信用原则。司法判例认定债务人有违诚信原则的行为有如:债务人以书面方式请求债权人"再耐心等待一段时间,直到请求权最终确定",[45]尔后却又主张时效已过;双方同意先应等待某个典型案件的审理结果,一方却主张时效已过。[46] 第852条第2款(与第639条第2款相似)明文规定,在双方就侵权损害赔偿进行谈判时,消灭时效停止进行。[47] 而在一次性[损害赔付]补偿合同中,如赔付方表示接受对方对未来损害持保留态度,则[赔付方主张时效已过]尚不足以构成[违反诚实信用原则的行为]。[48]

---

〔43〕 参见下文边码137以下。

〔44〕 《联邦最高法院,新法学周报》1959年,第241页;《保险法》1982年,第365页。

〔45〕 《联邦最高法院民事裁判集》第9卷,第1页,第5页。

〔46〕 《联邦劳动法院,企业》1965年,第332页。

〔47〕 参见上文边码116。

〔48〕 《联邦最高法院,新法学周报》1992年,第2228页。

第十五章　权利的内容限制

参考文献：鲍姆格特尔（Baumgärtel）：《判决程序中的诚实信用、善良风俗和禁止恶意刁难》，载《民事诉讼法杂志》第69卷，1956年，第89页以下；霍曼（Hohmann）：《民法典第242条及联邦最高法院对不法行使权利的判例》，载《法学工作报》，1982年，第112页以下；克格尔（Kegel）：《失权、合同和信赖》，1993年；马德（Mader）：《滥用权利和不法的权利行使》，1994年（主要针对奥地利法而言）；默茨（Merz）：《从禁止恶意刁难到权利滥用》，载《比较法杂志》，1977年，第162页以下；佩斯塔洛察（Pestalozza）：《论"所有权负有义务"》，载《新法学周报》1982年，第2169页以下；施纳普（Schnapp）：《侵犯基本权利行为的适度性》，载《法学教育》1983年，第850页以下；西贝尔（Siber）：《私权的界限》，1926年；西伯特（Siebert）：《失权与行使权利的不合法性》，1934年；同一作者：《论权利滥用的本质》，1935年；辛格（Singer）：《论对自相矛盾行为的禁止》，1993年；施陶德尔（Stauder）：《论民法上权利状态的丧失》，1995年。

第一节 各项权利的界限

第一，没有哪一项权利是没有任何限制的。以债权（Forderung）为例，债权只能针对某一个特定的人即债务人行使，而且只能要求债务人提供某种给付。此外债权的实现还要受到有关不得扣押规定[1]的限制。限制物权（beschränkte Sachenrechte）也仅仅给权利人以一种有限制的法律权力；如动产质权仅赋予权利人一项占有权和一项变卖权（参见第1227条，第1231条），用益权仅包含对物的占有和使用权（第1030条），而且在时间上也有限制（第1061条及以下条款）。 126

所谓框架权（Rahmenrechte）的效力则更弱，如一般人格权[2]、营业权[3]等。只有通过利益权衡，才能认定是否存在侵害这些权利的行为；而在进行利益权衡时，还必须考虑到其他人之与这些权利相冲突的权利。如果新闻媒体对某企业经销的产品提出批评，因此影响到这些产品的销售而使企业面临破产，则媒体的批评并非因此就构成违法行为。在考虑企业主的营业权这一框架权利时，先要考虑到从新闻媒体的报道中获得信息的购买人的“正当利益”（第824条第2款）。 127

第二，第903条规定“所有权人有权任意处分其物，并有权排除他人的任何干涉”。法律为所有权（Eigentum）规定了广泛的权能，因此我们可以认为所有权是一种最不受限制的权利。不过，第903条本身就规定了法律保留和第三人权利保留。第904条及以下条款则对这些保留作了具体规定。此外，有关从非权利人处善 128

---

〔1〕《民事诉讼法》第811条及以下条款，第850条及以下条款。

〔2〕参见下文边码1076以下。

〔3〕参见上文边码71。

意取得所有权的规定(主要是第892条及以下条款,第932条及以下条款)也是对所有权的一种限制。因为为了保护交易的利益,原所有权人的所有权因此被“剥夺”了。最后,尤其是土地所有人,还必须遭受其他法律领域设定的种种限制。如属于公法范畴的建筑法对土地所有人的建筑权作了重大限制;《航空交通法》第1条偏离民法典第905条规定,剥夺了土地所有人对空间的所有权;矿业法在很大程度上剥夺了土地所有人对矿藏资源的所有权;狩猎法限制土地所有人行使狩猎权;《水利法》则剥夺了土地所有人对地下水的所有权,〔4〕等等。

第二节　对权利滥用的限制

129 上面第一节中所称的对各项具体权利的限制,将在论及这些权利时再作分析。也就是说,这些内容不属于民法总论的范围。民法总论要探讨的是对权利的一般性限制(allgemeine Schranken)。权利主体在具体情况下行使任何一项权利,都必须接受这些一般性的限制。这方面存在的难题,在下面一个由荷兰法院审理的案例中表现得特别明显。〔5〕

> 扬和彼得是邻居。扬[在其房子前面]竖起一根柱子,并在柱子上面挂满大幅布条,以遮挡彼得的美好视线。法院判决扬排除妨碍。扬却在同一地方建造了一台风车,内设风力涡轮机,并称是用于灌溉目的。不过风车上没有接上出水管道。法院再次判

---

〔4〕《联邦宪法法院,新法学周报》1982年,第745页[有关评论,见里特施蒂克(Rittstieg)刊登在本期杂志第721页以下、弗·鲍尔(F. Baur)刊登在同期杂志第1734页以下的文章];《联邦最高法院民事裁判集》第84卷,第223页以下,第230页以下。

〔5〕参见《拉贝尔外国私法和国际私法杂志》第10卷,1936年,第403页以下;默茨(Merz)文,载《比较法杂志》1977年,第162页。

> 扬排除妨碍。扬没有拆除风车,却在风车上接上了出水管道。这样,法院便驳回了[原告]要求扬排除妨碍的请求,理由如下:由于现在扬有自身利益,因此其权利行使不再是不合目的的;虽然扬建造风车同时也是为了使其邻居生气,但其行为并不因此即构成滥用权利的行为。然而上诉法院推翻了初审法院的判决,改判如下:扬如在其他地方建造风车,亦可达到同样目的,因此他本来是能够不对邻居的视线加以干扰的。最后,荷兰最高法院(Hooge Raad)认为上诉法院对所有权作出如此广泛的限制是不妥当的。

根据德国民法,处理类似案件可以考虑适用下列法律规定。

一、恶意刁难,第226条

依第226条,如果行使权利仅仅是为了给他人造成损害,则这 130
种行为是不合法的。根据此条规定,如行使权利行为仅仅给他人造成了重大损害,则尚不能据此认定该行为即是不合法的“恶意刁难”行为。即使行使权利正是具有损害他人的意图,也尚不足以据此认定该行为即是“恶意刁难”。只有在损害他人是行使权利的唯一可以想象的目的时,此种行为才构成“恶意刁难”。上述案例中扬建造风车而未接上出水管道的行为,就可认定为是这样一种行为。不过,实践中这类案件是很少发生的。[6] 相应地,第226条的适用范围也是很小的。在法院适用第226条的案例中,该条规定的要件在大多数情况下实际上并不具备,或者它是多余的。

在帝国法院的一项判决[7]中,父亲是一座城堡的所有人,他与他的儿子不和。父亲声称,他见到儿子时就会生气,由于自己患有心脏病,因此他必须避免与儿子见面。为此,父亲禁止儿子来到城堡的公园中为其母亲扫墓。在本案中,由于[父亲]行使权利乃

---

〔6〕 参见《杜塞尔多夫州高等法院,企业》1988年,第284页:给他人账户汇若干芬尼。

〔7〕 《帝国法院民事裁判集》第72卷,第251页。

出于这样一个可以想象的目的,因此第226条实际上是无法适用的。帝国法院为了适用第226条,不得不采用了一个窍门:它判决儿子有权在一年中的四个特定日期去为母亲扫墓,时间只能在11时和12时。如果父亲恰恰在这个时候要在其城堡公园四处漫游,则这种行为倒更像是一种恶意刁难。

在帝国法院的另一项判例[8]中,债务人S为给债权人G提供的贷款提供担保,在其股票上设定质权[并将股票交付给G]。法院判决S偿还贷款,同时G应将股票交还给S。但股票在G处毁于火灾。G愿意向S提供其他同类股票;此外由于这家公司现在已经破产,因此这些股票已如同废纸一堆。S则坚持要求由G归还原来的股票。帝国法院认为,S的这一要求构成恶意刁难。然而帝国法院根本没有必要这样判决。S之所以无权要求归还原来的股票,是因为G已不能归还这些股票了(第275条)。于此情形,仅当G不能证明其对股票的灭失不具有过错时,S才可向G要求损害赔偿(第280条,第282条)。而承担恢复原状之损害赔偿义务者,亦可以恢复经济上等价的状态为之(第249条第1句)。G愿意向S提供同类股票,便是旨在恢复这种等价状态。除此之外,由于股票已如同废纸,因此连损害的存在亦可否认。

二、《基本法》第14条第2款

131 《基本法》第14条第2款规定:"所有权负有义务。行使所有权应同时服务于公共利益。"需要注意的是,《基本法》第14条第1款保障的所有权,其包含的内涵比民法典第903条及以下条款意义上的所有权要广泛得多。《基本法》意义上的所有权,除了指私法上的所有权外,还包括一切其他(合法取得的[9])具有财产价值的私法权利以及一些公法上的状态。因此,《基本法》第14条第2

[8] 《帝国法院民事裁判集》第96卷,第184页。

[9] 《联邦宪法法院,新行政法杂志》1993年,第878页。

款规定的限制也具有同样广泛的适用范围。换言之,《基本法》第14条第2款是一条用以限制权利行使的、高度抽象的规定。

不过,直接从《基本法》第14条第2款规定中推导出这样一种权利限制是很成问题的。首先,第14条第2款的文句十分模糊,其中的第1句既未规定所有权负有什么义务,也没有规定所有权相对于谁负有义务。第2句中的目的要求设定得过高,这样的一个目标必然是不现实的。举例说,抽一支烟或收取一项债权如何才能服务于公共利益?而不管怎么说,抽烟和收取债权毫无疑问都是合法的行为。如果要对"是否有利于公共利益"作完整的审查,一个国家就会变成一个丧失自由发展人格空间的警察国家。我们试着设想一下这样一种情景:在一个周末,警察对所有机动车辆的车主进行审查,看他们行使所有权的行为是否同时有利于公共利益;如果审查结果认为驾车行为不利于公共利益,则属滥用权利行为,因此不得驾车出行。

因此,根据正确的观点,《基本法》第14条第2款的功能范围 132
要狭窄得多。联邦宪法法院[10]是这样来描述该款的功能的:"《基本法》第14条第2款意义上的所有权的社会约束,说明了所有权的义务和限制。立法者根据其依《基本法》第14条第1款第2句取得的委托立法权,以一般的和抽象的方式,对这些义务和限制进行规定。[11]地方乡镇和国家机关都不享有这一权限,它们不得为了维护某个私营经济企业的利益(本案中是一家经营缆车业务的企业),而给某些公民的所有权设定某种社会义务(缆

---

〔10〕《联邦宪法法院,新法学周报》1981年,第1257页。

〔11〕《联邦宪法法院裁判集》第52卷,第1页,第27页以下,附有其他说明;即《新法学周报》1980年,第985页。

车在上面开行)。”[12]

133 需要补充说明的是,各个私人当然更不享有这样一种权限。比如,一个“房屋占领者”不得以《基本法》第14条第2款来为自己的行为辩护。如果闲置的房屋只能为那些在获取信息和实现自我能力方面胜过他人一筹的人所利用,这一结果也是与社会公平原则背道而驰的,因为最需要房屋的人是得不到这些房屋的。[13] 所以,对所有权的限制必须由法律来规定。[14] 这些法律的执行则由主管的行政机关负责。这两个方面是“法治国家”(《基本法》第28条第1款第1句)的题中之义。

三、作为利益保护的权利保护

134 如果我们持冯·耶林(von Jhering)的看法,将权利理解为受法律保护的利益,[15]那么我们就可以把任何不符合这种利益的权利行使行为都视为滥用权利。以这种方法观察问题的前提是,必须对那些有限的、应受权利保护的利益进行准确的界定。在通行权(作为第917条规定的必要通路权,或依第1018条及以下条款设定的地役权),这种利益是容易界定的:通行权旨在进入和退出。如有人在设定了通行权的土地上停车或将该土地用作观察哨,便超越了通行权的范围,所有权人有权根据第1004条要求排除妨碍。不过,如果我们不以权利滥用作论据,也能够从权利内容的有限制性中推导出这一结果。[16] 权利滥用的论据更适合于下

---

〔12〕 对于另一个相类似的问题,参见联邦宪法法院在博克斯贝格(Boxberg)案中的裁判。《新法学周报》1987年,第1251页以下:戴姆勒·奔驰公司股份公司为建造一条试车道而剥夺农场主所有权;参见施密特－阿斯曼文(Schmidt-ABmann),载《新法学周报》,1987年,第1587页;帕皮尔(Papier)文,载《法学家报》1987年,第619页。

〔13〕 参见肖尔茨(Scholz)文,载《新法学周报》1983年,第705页。

〔14〕 1971年11月4日《关于修订租赁法的法律》(载《联邦法律公报》第1卷,第1745页)第6条对租赁房屋非用于居住目的的事实作了规定。

〔15〕 参见上文边码70。

〔16〕 参见上文边码126。

列由联邦最高法院[17]判决的案件：债权人变卖担保物，并不是为了维护自身的利益，而是为了使担保人的另一个债权人获得清偿。

类似的情况也出现在近几年来大家谈论得比较多的一种现象中，即股东对股东大会作出的某项决议提起撤销之诉(《股份法》第246条)。因股东起诉引发的法律纠纷，使公司在很长时间内无法采取必要的经济措施。股东此举的目的，是迫使公司以高出股票价值数倍的价钱来购买股东的股票。[18]

与上述情形相反，对所有权及类似的、范围广泛的权利，要列举出它们应受限制的目的及其权限，则几乎是不可能的。一个画家——即使是一个著名画家亦然——如果不再喜欢他的画，为什么就不能把这些画销毁呢？为什么诗人不能够规定应在他死后烧毁其留下来的作品？即使他知道"后世"对其作品有兴趣，难道他就不能这样做了吗？在这些情况下，仅仅以所有权的限制为理由，是难以论证滥用行为成立的。

一名雇员因罹患疾病几乎没有工作过，但他却要求获得全额休假。这名雇员主张这种请求权是不是滥用权利行为(因为主张权利不合目的)？休假的目的，是为了使雇员"因从事了劳动"而"获得休息"。这一规定对该雇员的请求权将产生什么样的影响？

---

〔17〕《联邦最高法院，新法学周报》1991年，第1946页。

〔18〕参见《联邦最高法院民事裁判集》第107卷，第296页，第308页以下；《联邦最高法院，新法学周报》1989年，第2689页；《经济法杂志》1990年，第168页，第985页；《企业顾问》1992年，第1517页；《法兰克福州高等法院，经济法杂志》1996年，第379页；希尔特－格茨(Hirte-Götz)文，载《企业顾问》1988年，第1469页；《企业》1989年，第261页，第267页；泰希曼(Teichmann)文，载《法学教育》1990年，第269页；埃普勒尔(Eppler)文，载《企业》1991年，第1346页；迪克格雷夫(Diekgräf)文，载《有价证券信息》1991年，第613页；魏登巴赫(Waidenbach)文，载《企业顾问》1991年，第485页；拉杜(Radu)文，载《经济法杂志》1992年，第303页；科尔特(Kort)文，载《企业》1992年，第1765页。

对这个问题,目前还存在不同看法。[19]

由于还存在此类不确定因素,因此要认定是否存在权利滥用行为,还必须借助于其他的、具体化的构成要件。

四、善良风俗与诚实信用

135 (一)违反善良风俗就有可能构成这样一种其他的构成要件。既然违反善良风俗可以使法律行为不生效力(第138条[20]),在行为人具有加害之故意的情况下还会使其承担损害赔偿的义务(第826条),那么以违反善良风俗之方式行使权利也必然是不合法的。然而,这样首先会产生另一个问题,即某项行使权利的行为在什么条件下才违反了善良风俗。

136 (二)可能是由于回答这个问题非常困难,因此滥用权利学说沿着另外一条道路发展。判断行使权利行为是否构成滥用,并不是以是否违反善良风俗为准,而是以是否违反了诚实信用为准。在民法典中,这一标准仅仅适用于合同(第157条)、附条件的法律行为(第162条)和债务关系(第242条,第320条第2款,第815条)。这些规定的共同之处,是当事人之间存在某种特殊联系。在提出权利行使是否合法之问题的情况下,通常也都存在这种特殊联系。如在行使某项请求权时,这种特殊联系就产生于该项请求权本身。在对绝对权先有侵害的情况下,绝对权往往也以请求权的方式行使,如第985条、第1004条产生的请求权即是。如上述(边码129)发生在荷兰的案例所示,当事人之间至少存在着相邻关系,而这种关系就足以使第242条适用了。

诚实信用的标准也还需要具体化,才能作为判断是否构成滥用行为的合适标准。民法典中规定了许多特别的适用情形,如亲

---

〔19〕 参见《联邦劳动法院,企业》1983年,第2522页,第2523页;1986年,第973(持否认态度);策尔纳(Zöllner):《劳动法》,§16 IV 6。

〔20〕 参见下文边码679以下。

属法中的众多公平条款[21]即是。此外还有一些更一般性的、法律规定以外的规则，下面分析的就是这些规则中的一部分。

第三节　禁止滥用权利的具体情形

一、失权

大家承认，在今天，第195条规定的普通消灭时效期间（30年）对大多数实际需要而言显得太长了。[22] 此外，法律对有些形成权和许多抗辩权则根本未规定时间上的限制，因此这里也可能产生一些不公平的后果。如果法官可以在某个他认为是适当的期间届满后即宣布权利消灭，法律交易就会对这些嗣后才确定的期间无所适从。因此我们不能简单地以这种方式来消除时效方面的上述瑕疵。否则，法律对消灭时效的规定便会形同虚设。法律虽然允许法官对法律规定作出校正，但同时为此规定了极其严格的条件，而在消灭时效的通常情况下，这些条件无疑是不具备的。因此，仅仅因为时间届满，还不能构成滥用权利。[23] 反之，仅仅有自相矛盾的行为也还不能构成滥用权利。[24] 除此之外，还必须具备其他要件。 137

1. 权利人的不作为（Untätigkeit des Berechtigten）必须给人产生了“将来也不再行使此项权利”的印象。但仅凭此点，还不足以认定存在违反诚实信用的自相矛盾行为。 138

因为不存在这样一项一般的法律原则：权利主体对其开始坚

---

〔21〕 参见格恩胡贝尔（Gernhuber）：《新编亲属法》，1977年，第103页以下。

〔22〕 参见上文边码112。

〔23〕 如《联邦最高法院，新法学周报，民法判例汇编》，1996年，第949页。

〔24〕 如《联邦最高法院，新法学周报》，1995年，第2921页：孩子母亲的丈夫否认孩子婚生，虽然他先前同意用他人的精子进行人工授精。

持的权利立场,即使后来发现了其中的错误,也必须坚持到底而不得改变初衷。对“自相矛盾的行为不合法”这句话也不能赋予其这么广泛的意义。一定的时间内不行使某项权利,并非就直接意味着权利人在将来也愿接受约束。具体到扶养请求权情况来说,虽然拖延可能导致权利丧失,但基本权在将来是不会丧失的。在这方面,第1611条第1款第2句(适用于亲属)、第1579条(适用于离婚后的配偶)和第1361条第3款(适用于配偶)构成一种封闭性的特殊规定。[25]

139 2. 简单地说,另外一项要件即*对方应受到特别保护*。依诚实信用原则,对对方来说,推迟行使权利是难以承受的。[26] 首先,对方必须已经具体感受到了权利人制造的表象,因为否则的话就没有任何必要保护对方了。其次,应受失权制度保护的对方必须信赖了这一表象,即他必须把这种表象作为了他自身从事行为的出发点。我们可以称这一要件为“*信赖投资*”(Vertrauensinvestition)。[27] 由于对方已经进行了这种信赖投资,因此权利人后来行使权利,会对其产生比早些时候行使权利更为严厉的后果。比如,对方顾及负担可能已经不存在了,因此相应地提高了自己的生活水准;或者他已经消灭了对自己有利的证据。[28]

140 诚然,司法判例并非总是把信赖投资的要件表达得一清二楚。如联邦最高法院的一项判例[29] 是这样定义的:“由于债权人在一定的时间内不行使权利,债务人在客观考察情况后,可以认为债权人将不再行使其权利,并且已经采取了相应的措施,因此债权人延

---

〔25〕《联邦最高法院民事裁判集》,第84卷,第280页,第283页。

〔26〕《联邦最高法院民事裁判集》,第1卷,第31页,第23页。

〔27〕参见卡纳里斯(Canaris):《德国私法中的信赖保护》,1971年,第337页以下,第510页以下。

〔28〕《联邦最高法院,经济法杂志》,1992年,第1402页。

〔29〕《联邦最高法院,新法学周报》,1980年,第880页。

误行使权利违反了诚实信用的原则。于此情形，权利丧失。……这些条件是否具备，应主要根据个案的具体情形认定。”不过从这个定义对“债权人延误行使权利必须违反了诚实信用原则”的要求中，也还可以解读出信赖投资的必要性这一要件。相反，在联邦劳动法院的裁判中，信赖投资这一要件大概就被忽略掉了。而在另一方面，联邦劳动法院[30]又强调指出，丧失权利必须以权利人的知悉为条件（如此一般的要求是值得怀疑的）。

失权以诚实信用为依据，因此是一种一般的法律制度。甚至在公法（öffentliches Recht）中也适用失权制度。例如，虽然房屋建筑业主的邻居明知建筑工作正在进行，但是在数年时间里都对业主的建房行为沉默不语。在这种情况下，邻居要求撤销建筑许可证的权利就可能丧失，因为现在如成功地撤销建筑许可，将会给业主造成过高的损失。[31]

二、禁止过度行使权利

以过度的、与动机极不相称的方式行使权利，也可以构成违反
诚实信用的行为。第 320 条第 2 款是这一规则的法定适用事例： 141
如债务人仅剩下一部分给付未履行，而债权人因此保留全部对待给付而不履行者，属违反诚实信用，因此是不合法的行为。根据第 266 条，债权人本来有权拒绝债务人提供的部分给付。但是，如果债务人提供的给付中仅仅缺少很小的一部分，而且债权人拒绝受领将会给债务人产生过度的负担（即如债务人必须费力将其提供的那部分东西运回去），则债权人拒绝受领就是不合法的。此外，如果约定略微超过一定的期间就应承担严重的法律后果，则这种约定也可能违反诚实信用。然而我们恰恰在这里应当小心谨慎，

---

〔30〕《联邦劳动法院，企业》，1986 年，第 1339 页。

〔31〕《明斯特高等行政法院，新法学周报》，1981 年，第 598 页。

因为期间通常是必须严格遵守的。[32] 有关正当防卫构成滥用权利的特别情况,参见下文边码 157。

至于禁止过度行使权利(可能是作为"适度原则")的原则在何种程度上具有宪法地位(Verfassungsrang),因而也适用于普通立法者,则是另外一个问题了。联邦宪法法院就第 1629 条对这个问题作出了肯定的回答。[33]

三、以有失礼仪的方式取得权利

142 如果权利是以有失礼仪的方式取得的,则行使此项权利可能构成权利滥用行为。第 853 条是这方面的一个法定例子。因实施侵权行为而获得的债权,即使受害人要求废止该债权的请求权已罹时效,该受害人也仍然有权拒绝履行。此外,某人如果无重大过失就必然知道支票出票人以违反义务的方式使用了支票,但尽管如此他仍然凭此支票要求银行付款,[34] 则也属于滥用权利行为。

四、权利人自身违约

143 在合同范围内,通常不因权利人自己有违约行为而使其行使权利行为不合法。正因为如此,对方当事人才有权终止或解除合同,或者有权要求损害赔偿(如依第 286 条,第 325 条,第 326 条之规定)。不过只要不运用这些权利,违约方通常就得以保留其自身的权利状态。这一点对劳动合同或其他雇佣合同中的供给承诺(Versorgungszusagen)具有特殊的意义。以前,雇主作出的这类承

---

〔32〕 参见《联邦最高法院,新法学周报》,1981 年,第 2686 页。

〔33〕 参见下文边码 589。卡纳里斯(文载《法学家报》1987 年,第 993 页)对这个问题予以一般性的肯定(我觉得有些方面存在很大的疑虑)。也请参见卡纳里斯文,载《法学教育》1989 年,第 161 页。关于商法典原第 90a 条,见《联邦宪法法院,法学家报》,1990 年,第 691 页,里面有维德曼(Wiedemann)的评论;梅迪库斯(文载《民法实务档案》第 192 卷,1992 年,第 35 页,特别是第 53 页以下)对此持批评态度。

〔34〕 《联邦最高法院民事裁判集》,第 64 卷,第 79 页,第 83 页以下[有关评论,参见文策尔(Wentzel)文,载《法学教育》,1975 年,第 630 页以下]。

诺一般被认为约束力较弱,因此在雇员严重违约时可以由雇主予以撤回。[1971 年以后,]联邦最高法院[35]不再坚持这一看法,即:雇主通常只能要求雇员赔偿其遭受的损害。而雇员主张获得供给承诺只是在例外的情况下才构成滥用权利,因而不得为之。[36] 例如,雇员的违约行为损及雇主的经济基础;[37]或者雇员在某一段时间里提供的给付对雇主来说毫无价值,但雇员却要求获得这段时间的供给承诺;[38]或者供给承诺所要求的工龄年限,是雇员通过严重违规的隐瞒行为虚报的。[39]

第四节　“得　　权”

既然某项权利可以因失权(Verwirkung)而丧失,[40]那么相反它也可以通过“得权”(Erwirkung)而产生。[41] 这方面的特殊情形是抗辩权的丧失,即如消灭时效抗辩权,[42]或因形式瑕疵而产生的权利。[43] 抗辩权丧失的必然结果,是请求权的产生,或者请求权上的抗辩权消失,因此该请求权得以重新实现。 144

作为失权的对立物,得权也还具有更为一般的适用范围。例如,如果债权人在很长一段时间内过低地计算了他的请求权,而债务人已经信任了这个数额,那么债权人请求权的剩余数额就可能 145

---

〔35〕《联邦最高法院民事裁判集》,第 55 卷,第 274 页,第 278 页以下。

〔36〕《联邦劳动法院,新法学周报》,1984 年,第 141 页,就是这样判的。

〔37〕《联邦最高法院民事裁判集》,第 55 卷,第 280 页。

〔38〕《联邦劳动法院,新法学周报》,1980 年,第 1127 页;1981 年,第 188 页。

〔39〕《联邦劳动法院,新法学周报》,1983 年,第 2048 页。

〔40〕参见上文边码 137 以下。

〔41〕参见卡纳里斯(Canaris):《德国私法中的信赖保护》,1971 年,第 372 页以下,第 530 页以下。

〔42〕参见上文边码 125。

〔43〕参见下文边码 628 以下。

丧失。相反,如果债务人过高地计算他的义务,而债权人已经信任了这一点,那么就可能发生债权人得权现象。此类情形主要发生在劳动法领域:雇主多年来一直向雇员支付高额工资,而雇员已经根据这个数额调整了自己的生活水准。在联邦劳动法院的一则判例[44]中,虽然早在1939年黑森州就不再负有向国家歌剧院的成员们支付"加班补偿费"的义务了,但该州实际支付这笔费用一直到1955年。法院判决黑森州1955年以后还须继续支付该笔费用。然而此处的关键是雇主必须实际上创造了某种信赖事实,以使雇员在将来还能得到保护。例如如果雇主考虑到未来有利的经济形势,给雇员们支付了一笔津贴,那么雇员就不能信赖这种津贴会继续支付下去。因为这里就欠缺上述"创造信赖事实"的要件。诚如联邦劳动法院所说,"雇主的某种纯事实上的行为,虽然可能重复了多次,但还不能产生将来他也将这样做的法律义务"[45]。除此之外,联邦最高法院[46]也正确地强调,即使具备了得权的要件,也不一定非要支付过高计算的定期金不可;相反,只要补偿受领人因信赖计算的正确性而已经遭受和还将遭受的不利能获得救济,那就可以了。

---

〔44〕《联邦劳动法院判例集》第5卷,第44页。

〔45〕《联邦劳动法院,企业》,1980年,第2243页;《联邦劳动法院,企业》1982年,第2521页;1985年,第183页则也比较谨慎。

〔46〕《联邦最高法院,企业》,1986年,第1118页,第1119页。

第十六章　权利的实现

第一节　概　　述

一、规则:以国家之力来实现权利

(一)承认主体享有权利,并不意味着权利人就可以亲自去实现与该权利相适应的状态。在通常情况下,实现这种状态必须请求国家的帮助。只有这样,才能使弱者相对于强者实现其权利;也只有这样,才能够避免私人之间出现武力争斗及与之俱来的可怕现象。 146

(二)国家对权利实现的参与行为可以分为两个阶段。首先,在审判程序(Erkenntnisverfahren)中,由国家来认定原告的主张是否正确以及在何种程度上是正确的。然后,在强制执行程序(Zwangsvollstreckung)中,由国家来强制要求一方履行被认定为正确的判决。在强制执行之前,要经历下列步骤: 147

(1)起诉,《民事诉讼法》第253条及以下条款;

(2)判决,《民事诉讼法》第300条及以下条款;

(3)不服判决的法律救济手段,《民事诉讼法》第 511 条及以下条款；

(4)形式上的既判力(《民事诉讼法》第 705 条)或判决暂时的可执行性(《民事诉讼法》第 708 条及以下条款),《民事诉讼法》第 704 条第 1 款；

(5)向债权人颁发附有执行条款的执行文书,《民事诉讼法》第 724 条及以下条款；

(6)向债务人送达判决或执行文书,《民事诉讼法》第 750 条。

第 4 点至第 6 点,简称"名义——条款——送达",以便于记忆。

148 (三)在有些情况下,属于审判程序(Erkenntnisverfahren)的前三项步骤可以用其他方式来替代(ersetzt)。这些方式是:附执行裁定(《民事诉讼法》第 699 条及以下条款,第 794 条第 1 款第 4 项)的督促裁决(《民事诉讼法》第 688 条及以下条款),[债务人]接受以可执行的文书为强制执行(《民事诉讼法》第 794 条第 1 款第 5 项),私立仲裁庭作出的、通过国家机关的裁定被宣布为可执行的仲裁裁决(《民事诉讼法》第 1025 条及以下条款,第 1042 条及以下条款,第 794 条第 1 款第 4 项 a)。

二、例外:以合法的自力行为来实现权利

149 国家垄断权利实现及其权力的原则也有一些例外。这些例外基于下列两项不同的原因(zwei Gründe):

(一)在一些领域,由私人自己来实现权利是在法的思维世界(Gedankenwelt des Rechts)内发生的,不会在私人之间产生暴力冲突,因此应当允许私人以自力实现权利。大多数形成权[1](如抵销权,第 387 条及以下条款)就属于这个领域,权利主体通过单方面的、需受领的意思表示行使这些权利。不过,如果对形成权或债权抵销的存在发生争议,则这一争议应当根据一般的规则,由国家

[1] 参见上文边码 79 以下。

司法机关来裁判。

(二)在另一方面,之所以允许由私人以自力实现权利,是因 150
为否则的话,至少在一段时间内权利就不可能实现了。出现这种情况时,法律甚至容忍私人采取暴力行为。由于这是一种合法的暴力行为,因此这些事实构成中的一部分也作为合法理由规定在刑法典中。如民法典第 227 条的正当防卫又出现在刑法典第 32 条中,民法典第 228 条和第 904 条的合法紧急避险经变更后又出现在刑法典第 34 条中。只有自助行为仅仅被规定在民法典中(第 229 条至第 231 条),然而自助行为在刑法中也具有阻却违法性的效力。如果有人在具备了民法典第 229 条、第 230 条要件的情况下扣留债务人,行为人也不会依《刑法典》第 239 条因剥夺他人自由而承担刑事责任。在民法中是合法的行为,在刑法中就不可能是被禁止的。我们可以从法律制度的统一性要求中得出这一结论。

下面对第 227 条至第 231 条的内容进行论述,同时也一并看一眼第 904 条。由于刑法中也有相应的规定,而且刑法学对它们的论述更为细致,因此我在这里仅作相对简短的介绍。

第二节　正当防卫

参考文献:近期的著述有:阿多迈特(Adomeit):《维护正当利益与正当防卫权》,载《法学家报》1970 年,第 495 页以下;阿尔瓦尔特(Alwart):《论正当防卫的概念》,载《法学教育》1996 年,第 953 页以下;迪尔歇尔(H. Dilcher):《民法典第 227 条的正当防卫必须遵循适度原则或者必须以过错为要件?》,载《许布纳(Hübner)纪念文集》,1984 年,第 443 页以下;希默尔赖希(Himmelreich):《紧急救助和正当防卫,专论所谓的利益权衡》,载《德国法月刊》1967 年,第 361 页以下;霍耶(Hoyer):《论正当防卫之法律制度》,载《法学教育》1988 年,第 89 页以下;克赖(Krey):《维护物质利益时对正当防卫权的限制》,载《法学家报》1979 年,第 702 页以下;屈尔(Kühl):《对正当防卫的社会伦理限制》,载《法律学习》1993 年,第 57 页以下;孔茨(Kunz):《自动化的防卫措施》,载《戈尔特达默尔刑法学档案》1984 年,第 539 页以下;普里特维茨(Prittwitz):《防卫意思作为正当防卫的主观要件》,载《法律学习》1984 年,第 74 页以下;罗克辛(Roxin):《对正当防卫权的"社会伦理"限制综述》,载《刑法学杂志》第 93 卷,1981 年,第 68 页以下;鲁普雷希特(Rupprecht):《抗拒侵犯致人死亡》,载《法学家报》1973 年,第 263 页以下。——也请参见教科书和评注对刑法典第 32 条的论述。

151 根据民法典第 227 条、刑法典第 32 条第 2 款,正当防卫是指为避免自己或他人受到现时的不法侵害而进行防卫的必要行为。在正当防卫情形,受攻击人的权利没有必要屈服于攻击人的非法行为,即使这种屈服是暂时的(即等到国家机关采取措施)亦然。正当防卫的具体构成要件如下。

一、侵害

152 首先必须有侵害行为。侵害是指对某种既存的状态进行积极的干涉。只是袖手旁观而不采取行动是不够的。因此,对一个不履行其债务的债务人,是不能行使正当防卫的。这里只有可能依第 229 条采取自助行为。而只有在比正当防卫严格得多的要件下,自助行为才是合法的。

侵害行为是针对正当防卫者实施的,还是针对第三人实施的,并不重要。如侵害行为是针对第三人实施的,则防卫行为称"紧急救助”。当然,侵害行为必须是在第三人不同意的情况下发生的,因为否则的话,行为通常就并非违法了。在只有公共秩序遭受侵害,而同时没有任何个人权利遭受侵害的情况下,也不适用正当防卫。〔2〕

二、违法性

侵害行为必须是违法的。〔3〕因此对合法的侵害行为,如对合 153
法的正当防卫或自助行为,不适用正当防卫。在仅仅违反了某项合同义务,或在侵害行为并非由人实施的情况下,也不适用正当防卫。因为依通说,法律制度的命令和禁令都只能对人适用。所以,避免一头突然发起攻击的动物的侵害,或避免某件危险物的侵害(如一棵树将要倒在相邻的土地上),不应适用第 227 条,而应依第 228 条来评判。〔4〕

三、侵害行为的现时性

侵害必须是现时发生的,即侵害行为已经开始,并且正在持 154
续。如果侵害权利的行为即刻就要发生了,即可以认为侵害已经开始。例如,如果有人把手枪拿过来,并且转身面向被侵害人,那么就可以认为侵害行为已经开始。〔5〕否则的话,防卫行为就会因为延误而失去意义。

侵害行为在损害已经最终发生之时结束。在小偷带着盗窃物企图逃跑时,侵害就尚未结束。在这种情形,第 859 条甚至将正当防卫扩大为一种“夺回占有权”。反之,如果小偷逃逸时未带盗窃物,则侵害行为已经彻底结束。这时只能依《刑事诉讼法》第 127 条行使逮捕权。

---

〔2〕《联邦最高法院民事裁判集》第 64 卷,第 178 页:对出售和陈列色情作品的行为,不适用正当防卫。

〔3〕详见费勒(Feller):《正当防卫规定中侵害的违法性》,1979 年。

〔4〕参见下文边码 166 以下。

〔5〕《联邦最高法院,新法学周报》1973 年,第 255 页。

四、防卫的必要性

155 防卫行为必须为避免侵害所必需。防卫行为的必要性应根据客观标准,而不能根据被侵害人的想法来评判。不过,通常不能要求被侵害人“打不还手”。被侵害人通常也可以立即选择彻底有效的防卫手段,而没有必要先行采取那些可以推迟损害发生的手段。〔6〕 诚然,如果存在多种防卫手段,而且它们的效力相同,那么被侵害人必须选择对侵害人损害最小的手段。另一方面,如用于正当防卫的枪械是防卫人非法持有的,正当防卫行为并不因此即为违法。〔7〕

五、正当防卫的适度性

156 正当防卫的真正问题,在于是否需要进行利益权衡。在防卫行为给侵害人产生的后果,可能比侵害行为给被侵害人产生的后果更为严重时,被侵害人能否照样行使正当防卫?〔8〕

(一)民法典第 227 条(以及 1974 年才加入刑法典的第 32 条)对这种适度性要件未作任何规定。特别是司法机关认为,[第 227 条中的]“适当的”这个词(geboten),在这里是作狭义使用的,即仅仅要求防卫行为是必要的。〔9〕 与此相反,第 228 条规定,只有在避险行为造成的损害不逾越所避危险的程度时,避险行为才不违法。〔10〕 这两条规定之间似乎存在一个评价上的矛盾。为什么在处理一件产生损害的物品时要考虑到它[与所避危险之间]的价值关系,而相对于一个正在实施侵害行为的人就不需要作这样的考虑?难道对“偷窃”一根香肠的纯种狗应放它一码,而对作

---

〔6〕 《联邦最高法院,新法学周报》1979 年,第 2053 页。

〔7〕 《联邦最高法院,新法学周报》1986 年,第 2716 页。

〔8〕 参见迪尔歇尔(H. Dilcher)文,载《许布纳(Hübner)纪念文集》,1984 年,第 443 页以下(附有全部说明);也请参见上文边码 141。

〔9〕 参见上文边码 155。

〔10〕 参见下文边码 167。

为人类一分子的小偷则可任意宰割?

尽管如此,我们不能将第 228 条规定的适度原则简单地移植到第 227 条中来,因为两种事实构成之间存在本质性的区别。在正当防卫,合法的防卫行为是针对非法的侵害行为实施的(Bei der Notwehr steht der unrechtmäBige Angriff gegen die rechtmäBige Verteidigung);这种权利实现方式甚至在伦理上也是适当的。[11] 相反,在紧急避险情形下,防卫行为是针对某种并非被视为非法行为的危险而实施的。因此,立法者对这两类情形作出不同的评价,至少是有一定道理的。[12] 此外,"修订刑法特别委员会"在审议刑法典第 32 条时,也拒绝给正当防卫规定一般的利益权衡要件或适当性审查要件。联邦最高法院[13]也明确否定了正当防卫的适度性要件。

(二)禁止滥用权利原则(Verbot des RechtsmiBbrauchs)适用 157
于任何一种权利行使行为,也理应适用于正当防卫。[14] 因此,那些虽为避免侵害所必需,但仅服务于其他宗旨(如报仇)的行为,是被禁止的。[15] 特别是过当的、不适度的防卫行为是被禁止的。[16] 在这个意义上,联邦最高法院[17]称之为"以完全是无度的行为来滥用正当防卫权"。有一个著名的教科书专用案例:一个身体瘫痪的老人坐在他的园子里,邻居家的小孩进入园子偷摘樱

---

〔11〕 默茨(Merz):《〈为权利而斗争〉——耶林以后 100 年》,载《汉斯·胡贝尔(Hans Huber)纪念文集》,1981 年,第 81 页以下。这篇文章的分析给人的印象很深。

〔12〕 《联邦最高法院,新法学周报》1980 年,第 2263 页。这里提到了"正当防卫法的原则"。

〔13〕 《联邦最高法院,新法学周报》1976 年,第 41 页,第 42 页。

〔14〕 参见上文边码 129 以下。

〔15〕 参见《联邦最高法院,戈尔特达默尔刑法学档案》1980 年,第 67 页;《联邦最高法院,新法学周报》1983 年,第 2267 页(关于所谓"故意的挑衅")。

〔16〕 参见上文边码 141。

〔17〕 《联邦最高法院,新法学周报》1976 年,第 41 页,第 42 页。

桃。这位老人当然不能举枪向孩子们射击,而必须牺牲他的樱桃。总体上说,对孩子或其他没有完全责任能力的人以及精神病人实施的侵害行为,应当加以更多的体谅。在这些人实施侵害行为时,侵害行为的非法因素(这是第 227 条有别于第 228 条的本质区别)没有[像在通常情况下]那么严重。[18] 此外,如果行为人是“属于同一生活圈子中的本无敌意的人”[19],则对他的侵害行为也应当多加体谅。这里主要涉及酒店中和家庭内部的争端。有人以违法方式企图留出一个停车空位,如另一个人对此人以压死相威胁,则这种行为也属于过度的违法行为。[20]

158 (三)1950 年 11 月 4 日通过的《欧洲人权公约》(Menschenrechts-Konvention),已由 1952 年 8 月 7 日的法律转化为德国的国内法。根据该《公约》第 2 条第 2 款 a 项,只有在“为了确保某人防卫他人之不法暴力行为时”,才能允许其“故意杀人”。对这条规定的意义,还存在疑问。一种可能性是,将这条规定理解为对正当防卫权的限制,即将正当防卫权限制在抵抗仅针对物实施的侵害行为上。然而通说认为,从这条规定中不能得出类似“所有权人对他人焚烧其房子的行为必须袖手旁观而任其烧毁”的结论。[21] 有人则认为,该条规定仅仅适用于国家与公民之间的关系上,而不适用于私人相互之间的关系上。在我看来,应该强调《公约》德文本中的“故意”(absichtlich)这个词。可能这个词在英文

---

〔18〕 霍耶(Hoyer)的看法则有些夸张,他要求侵害人必须有过错。文载《法学教育》,1988 年,第 89 页。

〔19〕 《联邦最高法院,新法学周报》1975 年,第 62 页[有关评论,参见克拉奇(Kratzsch)文,载《法学教育》1975 年,第 435 页以下]。

〔20〕 《巴伐利亚州最高法院,新法学周报》1995 年,第 2646 页。

〔21〕 冯·费尔德曼(von Feldmann):《慕尼黑德国民法典评注》,第 227 条,边码 1(附有许多说明材料);但迪尔歇尔(H. Dilcher)持不同看法,见《民法典第 227 条的正当防卫必须遵循适度原则或者必须以过错为要件?》,载《许布纳(Hübner)纪念文集》,1984 年,第 443 页以下。

本或法文本中的意义与德文本有出入，德文中的“故意”（absichtlich）旨在说明：防卫人的“宗旨”（Ziel）是不得为杀死侵害人。毋宁说，防卫行为只是为了结束侵害行为。不过在这一范围内，防卫人在必要时也可以杀死侵害人，而防卫仍非属不当。

（四）最后，对于有组织的正当防卫（organisierte Notwehr），特 159
别是营业性保安服务公司（gewerbliche Schutzdienste）的行为，是否应限制正当防卫权的问题，也时有讨论。有人指责说，此类保安公司的出现，使“警察权力转由私人行使”了。[22] 有人担心，民法典第227条以及刑法典第32条规定的限制已不敷使用。我觉得这种担忧是没有必要的。因为只有在对私人权利进行现时侵害的情况下，[23]才有私人防卫组织的用武之地。这类组织与国家警察之间的区别是一目了然的。由于雇佣私人保安服务需要支付高额费用，因此，如果国家能够提供充分的（并且不需要收取额外费用的）保护，那么这种私人保安组织就不会进一步蔓延了。不过这一点有时也不无疑虑。这时才出现真正的难题。私人保安组织只是这一难题的冰山一角而已。[24]

六、正当防卫权的逾越

逾越正当防卫权的行为无论如何都是违法的。此类行为，即 160
如假想防卫（Putativnotwehr）和防卫过当（NotwehrexzeB）。前者指防卫人误以为存在正当防卫的状态；后者指防卫人超越了防卫行为的必要限度。在此类情形，防卫人是否应依第823条第1款承担损害赔偿责任，要取决于他是否具有过错。因为在正当防卫情

---

〔22〕 霍夫曼（Hoffmann）文，载《法律政策杂志》，1977年，第277页。埃贝施泰因（Eberstein）对霍夫曼的观点提出了恰当的反驳，见其刊登在《企业顾问》1980年，第863页上的文章。

〔23〕 参见上文边码152。

〔24〕 参见舒尔茨-莱平（Schultz-Leppin）文，载《法律学习》，1981年，第521页；孔茨（Kunz）文，载《刑法学杂志》第95卷，1983年，第973页。

形,不存在类似于第231条规定的无过错赔偿义务。[25] 在防卫过当情形,也要考虑受损害的侵害人的与有过失(第254条)。

161 对于那些本身没有实施侵害行为,但因防卫行为遭受损害的第三人(Dritte),正当防卫人也有可能承担赔偿责任。在联邦最高法院的一项判例[26]中,饭店老板实施正当防卫,开枪射击,一位与争端无关的客人被流弹击中。法院认为,第227条相对于第三人并不适用,而且饭店老板对侵害行为也具有过错。

第三节　紧急避险

一、区别

162 "紧急避险"的概念包括若干种不同的情形。这些情形产生的法律后果有些差异,因此必须予以明确区分。

(一)第228条规定的是所谓的防御性紧急避险(defensiver Notstand; Verteidigungsnotstand),这是一种合法事由。在这种情形,某人损坏或损毁某件属于他人的、将要产生危险的物,如打退一条咬人的狗;一只喇叭的声音太吵人了,有人去把连接喇叭的电线剪断。对后一种行为,以适用第227条或第229条为宜,[27] 因为这里吵人的实际上不是东西,而是设置这一装置的人。

163 (二)第904条规定的攻击性紧急避险(offensiver Notstand; Angriffsnotstand)也构成一项正当事由。在这种情形下,为了消除某种危险,也允许行为人侵害他人的所有权,而产生危险的并不是这件属于该他人所有的物本身。例如,为了援救落入冰窟窿的人,拆下他人篱笆上的木条做木梯。由于这里的侵害行为涉及一件不

[25] 参见下文边码168。
[26] 《联邦最高法院,新法学周报》1978年,第2078页。
[27] 《卡尔斯鲁厄州高等法院,新法学周报》,1992年,第1329页。

相关的物（更确切些说应当是不相关的物的所有人），因此，对第904条适用比第228条严厉得多的适度性要件。此外，还必须承担无过错的损害赔偿义务。

164 （三）民法典第228条、第904条仅仅规定了侵害物的行为，而刑法典第34条则还规定了侵害其他法益行为的正当性问题（刑法第34条径自使用了“行为”这一概念）。以前，这种情况叫作“超法律的紧急状况”，指在不同种类的法益产生冲突时，应当允许牺牲较低价值的法益来拯救较高价值的法益。刑法典第34条规定了这种情形后，“超法律”的称呼就不正确了。[28]

165 （四）最后，刑法典第35条还规定了一种紧急避险。这种紧急避险行为不是一种合法事由，而只是一种宽宥事由（entschuldigt）。行为人以牺牲他人之同等价值的法益为代价，把自己或其亲友从某种生命危险、人身危险或者失去自由的危险中拯救出来。这方面有一个在古典哲学中就已讨论过的案例，即“卡尼阿德斯*之木板”：两个船客同时罹难落水，相互争夺一块船舱板，而由于这块木板只能承载一个人，因此一人将另一人推入水中。这种以牺牲他人生命为代价拯救自己生命的行为，虽然不为法律所允许，但是在另一方面，要一个人作出合乎规范的牺牲（即为他人而死亡）也实属过于苛求。因此，这种行为是可以受到宽宥的。

二、第228条的具体问题

166 这里只谈一下防御性紧急避险的具体问题。

（一）与第904条不同，第228条仅适用于对危险物本身进行侵害（Eingriff der gefährlichen Sache）的行为。在某种危险属于有关物之典型危险的情况下，是比较容易判断危险是否真正源自该物的，如狗之咬人，树之倒伏于他人土地上。但在某物本身没有危

---

〔28〕 参见贝格曼（Bergmann）文，载《法学教育》1989年，第109页。

* Karneades（公元前214年至公元前129年），古希腊哲学家。——译者注

险,而产生于其他情况的危险与该物有联系时,就可能出现问题。在英占区最高法院判决的一项案例[29]中,K 于 1945 年将大批烟草储藏在下萨克森州的一个地主 B 处。B 曾是当地农户的领袖。在美军进入该地区时,B 觉得自己受到了威胁。因此,B 的女儿就将烟草免费分发给当地居民,以避免人们抢劫其庄园。事后 K 要求 B 赔偿损害。

如果认为抢劫之危险源于烟草,而且 B 对此也没有过错,则 K 的上述请求权就不成立,因为这只是一种第 228 条规定的防御性紧急避险。相反,如果认为 B 分发烟草是攻击性紧急避险,是为了安抚那些出于其他原因可能实施抢劫行为的人们,那么 B 就必须依第 904 条第 2 句承担损害赔偿义务。英占区最高法院认为应适用第 228 条。由于在战争后期,公共秩序已经崩溃,因此本来没有危险性的烟草也具有了危险性。我觉得这一判决的结果是正确的。否则的话,K 就可以通过储藏行为,将在动荡年代显得特别巨大的所有人风险,转嫁给 B 承担了。

167 (二)第 228 条的另一项要件是,因侵害他人之物而造成的损害(angerichtete Schaden),不得“与危险不成比例”。这即是说,法律只要求二者之间存在一种“有合理的价值关系”[30]因此,受侵害的物的价值,也可以(适度地)小于侵害之物的价值(不同于第 904 条!)。这里也要考虑到某些个人爱好利益,如对狗的喜爱。在人的生命或健康遭受严重危险的情况下,实物价值通常应退居其次。

---

〔29〕《英占区最高法院民事裁判集》第 4 卷,第 99 页。

〔30〕施陶丁格－迪尔歇尔(Staudinger-H. Dilcher):《德国民法典评注》,1978 年以后第 12 版,部分内容是 1993 年以后第 13 版,第 228 条,边码 16。

第四节　自助行为

参考文献：许内曼(Schünemann)：《法律制度中的自助行为》，1985 年。

一、一般规定

根据第 229 条、第 230 条第 1 款，在其规定的条件下侵害他人之物并对债务人实施暴力的行为是合法的。这两条规定的目的，是为了阻止那些依靠官署的援助仍无法避免的危害请求权行为的发生，如债务人携带财产远逃他国。然而，这种自助行为并不能使债权得到清偿，而只能暂时保全债权。依据第 230 条第 2 款至第 4 款，债权人采取的措施必须在法院获得确认。 168

此外，根据第 231 条规定，误以为存在自助行为的要件而为自助行为者，即使没有过错，也必须承担损害赔偿责任。这就进一步使一般的自助行为大大地贬值了，因此这种行为在实践中的意义微乎其微。只有在抓捕在酒店白吃白喝而赖账的人时，才可能适用这一规定。不过即使在这种情况下，也还可考虑适用《民事诉讼法》第 127 条的私人逮捕权。依第 229 条，只有在有具体嫌疑时，自助商店检查顾客提包的行为才是合法的。[31]

二、特别的自助权

民法典在其他地方规定了专门的自助权。这些自助权的意义主要体现在其有别于第 231 条的方面：行使这些权利时，不需要承担无过错的赔偿责任。 169

根据第 561 条第 1 款，土地(或房屋，第 580 条)的出租人可以

---

〔31〕《联邦最高法院民事裁判集》第 124 卷，第 39 页[有关评论，参见克里斯滕森(Christensen)文，载《法学教育》1996 年，第 873 页]。

以暴力阻止[他人]取走处于其质权下的、属于承租人的物(第559条),并且占有这些物。这一规定,在某种程度上是对出租人对动产质权不享有占有的一种补偿。用益出租人根据第581条第2款和第592条第4句、旅店主根据第704条,享有与土地出租人相同的权利。

170 根据第859条第2款至第4款、第860条规定,占有人被他人以禁止的擅自行为(第858条)侵夺占有时,有权在一定的时间限度内用暴力取回其占有物。由于在此种情况下,对占有的侵害可能已经结束,因此上述规定是对正当防卫范围的一种扩大。[32] 联邦最高法院认为,对占有的部分侵夺(本案中,有人在广告平面上张贴广告)并非同时构成一种占有妨害;对这种行为进行的防卫,如没有第859条第3款中"立即"的时间限制,则并不是合法的。[33] 哈·韦斯特曼(H. Westermann)支持这种看法,并明确指出,回复占有不应当给"把业已固定的占有状态作再一次变更"的行为提供可乘之机。[34]

第五节 附:担保

171 如果债务人没有能力履行其所负的给付,那么任何一种形式的权利实现都会失败。因此当事人之间往往约定应提供担保。在为此类约定时,通常还同时要对担保的性质(如保证、抵押、担保移转等[35])作出规定。在当事人对担保未作约定以及在法律规定

---

[32] 参见上文边码154。

[33] 《联邦最高法院,新法学周报》1967年,第46页。

[34] 《物权法》,第5版,§232。

[35] 参见梅迪库斯(Medicus):《债法总论》§70。

应提供担保的情况[36]下，第 232 条至第 240 条对担保的种类作了规定。此外，对依诉讼法承担的担保义务，还适用《民事诉讼法》第 108 条至第 113 条的规定。

第 232 条至第 240 条主要是法律技术性质的规定。它们对学习来说没有什么意义，在实践中的意义也微不足道。因此这里就不再赘述了。

〔36〕 如第 52 条第 2 款，第 257 条第 2 句，第 258 条第 2 句，第 562 条，第 775 条第 2 款，第 867 条第 3 句，第 1005 条；参见科布勒（Kobler）文，载《民事诉讼法杂志》第 102 卷，1988 年，第 58 页。

第三编

法律行为

法律行为是每个人形成其法律关系的手段,因此它是私法的一个核心概念,也是民法总则最为重要的调整对象。

第一部分

总论

第十七章　法律行为和私法自治

参考文献:比德林斯基(Bydlinski):《私法自治与负担性法律行为的客观基础》,1967 年[有关评论,参见迈尔 – 马利(Mayer-Maly)文,载《奥地利法学家报》,1969 年,第 414 页以下];迪德里希森(Diederichsen):《法律行为学说的演变》,载《法学分析,民法一》,1969 年,第 3 页以下;法斯特里希(Fastrich):《私法中法官对内容的审查》,1992 年;弗卢梅(Flume):《法律行为与私法自治》,载《德国民法生活一百年——德国法学家大会纪念文集》,1969 年,第一卷,第 135 页以下;同一作者:《对合同自由的法律意义的论述》,见其《德国民法总论》,第二卷,第一章;黑尔姆(Helm):《私法自治与消费者的民法保护》,载迪希特尔(Dichtel)编:《市场经济下的消费者保护》,1975 年,第 61 页以下;雷普廷(Hepting):《表示意思、信赖保护与法律行为的约束》,载《科隆大学法律系纪念文集》,1988 年,第 209 页以下;赫恩(Hönn):《论私法自治的难题》,载《法律学习》,1984 年,第 57 页以下;同一作者:《合同法发展轨迹》,载《法学教育》,1990 年,第 953 页以下;克勒(Köhler):《法律行为学说的最新判例》,载《法学家报》,

1984年,第18页以下;莱斯曼(LeBmann):《民法典中对法律关系的有意识构筑》,载《法学工作报》,1983年,第341页以下,第403页以下;梅迪库斯(Medicus):《债法可以与私法自治告别吗?》,1994年;默茨(Merz):《今日之私法自治:原则与法律现实》,1970年;南茨(Nanz):《16至18世纪合同之一般概念的形成》,1985年;雷贝(Rebe):《私法与经济制度》,1978年[有关评论,参见科彭施泰纳(Koppensteiner)文,载《民法实务档案》第179卷,第595页以下];沙普(Schapp):《法律行为学说的基本问题》,1986年;同一作者:《论法律中的自由》,载《民法实务档案》第192卷,1992年,第355页以下;茨威格特(Zweigert):《"法律行为"与"合同"今日谈》,载《莱茵斯泰因(Rheinstein)纪念文集》,1969年,第二卷,第463页以下。也请参见下文论述中的资料说明以及下文边码472之前有关合同的专门资料。

第一节　行为自由、私法自治和法律行为

一、分配与私法

我们可以设想一种制度,这种制度下把每个人只看作由国家分配的受领人,他们的房屋、食品、衣服及享乐用品都是依据具体行政行为取得。我们可以进一步设想,那些在受领人死亡时还没有消耗掉的东西应当归还给国家。由于不存在遗产,因此也没有通过遗嘱对遗产进行处分的制度。我们还可以设想一种禁令,即禁止人们在活着时对国家分配的东西进行处分,如禁止用西服换取面包。这样,法律行为也失去了适用的余地。换言之,这样一种制度是完全不需要法律行为的。不仅如此,这种制度将同 172

时把每个人的行为自由，限制在是否愿意使用国家分配给他的利益之内。

这么一种极端的国家分配经济制度，在世界任何国家都还未成为现实。要实现这种制度，需要建立一套包罗万象的行政体系。而其缺乏效率的工作方法以及无法估量的巨额成本，会使这一制度无法运作。此外，这种制度也有损人的尊严（《基本法》第 1 条第 1 款）以及自由发展人格的权利（《基本法》第 2 条第 1 款）。因此，法律必须赋予每个人行为自由。

二、行为自由的种类

行为自由有两类：

173 （一）在一般情况下，行为自由可以*以任何方式*行使之。例如，所有权人可以自由决定如何使用他的所有物；主体可以自由选择一项职业；可以自由选择实际居住地。

174 （二）在许多重要情形，行为自由是*通过法律行为*行使的。这就是那部分与法律关系相关的行为自由，如订立合同的自由或设立遗嘱的自由等。我们把行为自由的这部分称为*私法自治*（Privatautonomie）。所谓私法自治，是指"各个主体根据他的意志自主形成法律关系的原则"[1]。另有学者把广义的私法自治定义为"对通过表达意思产生或消灭法律后果这种可能性的法律承认"。[2]

175 私法自治的工具是法律行为。所谓法律行为，是指"私人的、旨在引起某种法律效果的意思表示。此种效果之所以得依法产生，皆因行为人希冀其发生。法律行为之本质，在于旨在引起法律效果之意思的实现，在于法律制度以承认该意思方式而于法律世

[1] 弗卢梅（Flume）：《德国民法总论》，第 2 卷，§1,1，第 2 页。

[2] 比德林斯基（Bydlinski），参考文献所引书，第 127 页。

界中实现行为人欲然的法律判断”[3]。简言之,法律行为即旨在引起法律后果的行为。

至于法律行为和意思表示(Willenserklärung)之间的关系,参见下文边码202以下,242以下。简言之,意思表示是法律行为的工具,而法律行为又是私法自治的工具。

第二节 对私法自治的评价

一、优点

据上述《立法理由书》所言,私法自治之意义,在于法律给个 176
人提供一种法律上的权力手段,并以此实现个人的意思。也就是说,私法自治给个人提供一种受法律保护的自由,使个人获得自主决定(Selbstbestimmung)的可能性。这是私法自治的优越性所在。特别是与上面勾画的由国家决定一切事宜的极端制度[4]相比,这种优越性至为明显。

此外,经济发展的历史告诉我们一个经验法则——在这里我无法对此加以论证——自主决定是调节经济过程的一种高效手段。特别是在一种竞争性经济制度中,自主决定能够将劳动和资本配置到能产生最大效益的地方去。其他的调节手段,如国家的调控措施,往往要复杂得多、缓慢得多、昂贵得多,因此总体上产生的效益也要低得多。

二、批评

对私法自治提出批评的学者,主要是怀疑以私法自治取得的 177
效果是否具有社会公正性(soziale Gerechtigkeit)。例如,有人对私

---

〔3〕《立法理由书》第1卷,第126页,即穆格丹(Mugdan)编:《德国民法典资料总汇》,1899年/1900年,第1卷,第421页。

〔4〕参见上文边码172。

法自治给个人以自由之说提出异议,称一个人的自由意味着另一个人的不自由。以所有权人的一般行为自由为例:在所有权人行使其权利的范围内,他同时排除了他人对其所有物的使用(参见第903条)。这一观点对合同自由提出的异议,下文边码472中还将重新出现。如果一方当事人凭借其比较强劲的地位,能够通过谈判订立有利于自己的合同(如出卖人得到了高价),则对另一方实力较弱的当事人而言,这个合同就是一个不利于自己的合同。这样,给付与对待给付就不可能等价或等值了。

换言之,私法自治作为一种形式上人人平等的自由,没有顾及实际上并非人人平等的事实。人与人之间在财产、体能和精神能力,在市场地位和掌握信息以及在其他许多方面,到处都存在差异。有人批评说,把法律上的手段赋予那些本来已经很强大的人,只会使这些差异长期存在下去。

三、评价

178 上文简要勾画的两种观点,没有一种是完全正确或完全错误的。我们的法律制度也并非仅仅遵循其中的一种观点。毋宁说,法律旨在努力寻求一种平衡,这种平衡也反映在"社会市场经济"这一流行提法中。虽然自由以及私法自治是私法的出发点,但自由的行使在许多方面是受到控制和限制的。当然,我们可以而且必须提出这样一个问题,即现行法是否已经找到了适当的平衡?抑或现行法在这方面还有滞后,而在有些地方却又操之过急?探求这种适用的平衡,恰恰是法学工作者的任务。

第三节 私法自治在当今的意义

经常有人认为,由于对社会性层面不断加以强调,[5]因此私法自治至今已经受到了排挤,而且今后也还将继续受到排挤。不过事情并非如此简单。 179

一、私法自治的限制

自民法典制定以来,私法自治受到了重大的限制。就私法的范围和内容(Umfang und Ausgestaltung des Privatrechts)而言,这些限制如下列。在有些领域,公法对私法(如土地法)的渗透已很深入;其他一些领域变成了私法与公法的混杂物(如劳动法和经济法);在私法,特别是债法中,强行性的或单方面强行性的规范数量越来越大(如在消费信贷、房屋租赁和旅游合同领域);许多需求,如对教育、医疗服务、水和电的需求,通常只能以集体的方式才能满足;[6]一般交易条件的使用人在偏离任意性法律规定时,必须受到许多方面的限制;[7]这些限制的一部分甚至已扩大适用至以个别形式订立的合同,条件是订立这类合同的当事人具有不同的实现能力,亦即他们的实力地位不平等。[8]

此外,当法院觉得法律行为的内容或其无效性是不适当时,其司法判例就会倾向于对其作出校正或挽救。[9] 最后,在没有当事人意思参与的情况下形成的法定法律关系,也得到了很大的扩展,

〔5〕 参见艾希霍费尔(Eichenhofer):《责成私法承担社会政策义务》,载《法学教育》,1996年,第857页。

〔6〕 参见舒尔特(Schulte):《德国民法基础教程》,1988年第3版,第274页以下。

〔7〕 参见下文边码394以下。

〔8〕 详见下文边码472以下。

〔9〕 参见下文边码344以下。

如基于信赖责任形成的法律关系[10]或基于交易安全义务而形成的法律关系。[11]

180 此外,私法自治还受到其他一些因素的损害,它们虽然不属于私法,但对私法却有重大影响。我指的是个人收入必须承担的税收负担和社会保险税捐负担,而且这种负担还呈上涨趋势。诚然,在以税捐方式予以剥夺的个人收入中,至少有一部分是重新为其利益使用的;如社会保险的投保人以后能够获得一笔养老金,修筑道路、建造和维护剧院和学校、设立警察机关等都是为了服务于纳税人。但是,个人因此也就失去了以私法自治方式决定这笔金钱用途的可能性,因为社会保险费以及税款的使用是由议会决定的。所以,即使有人相信,自己花费重金让子女接受教育,使他们今后获得丰厚的收入,再由他们支付赡养费,这样自己就可以安度晚年了,这个人也还是必须支付养老保险费。同样,从来不去戏院看戏或者甚至根本没有这种可能性的人,也得支付建造和维护戏院的费用。

二、私法自治的扩展

181 我们从上面所列的私法自治的限制清单中,也许会获得一种印象,即私法自治行将死亡了。然而,有两方面的发展却是指向相反方向的,它们产生的影响甚至比限制还要巨大。[12]

第一个方面的发展涉及收入结构的变化。1900年,大多数居民的收入非常微薄,仅够维持最必要的日常开支,根本谈不上拥有什么财产。对这些人而言,私法自治只是废纸一张。一无所有的

---

〔10〕 参见卡纳里斯(Canaris)1971年的著作和克劳斯哈尔(Craushaar)1969年的著作。

〔11〕 参见冯·巴尔(von Bar)1980年的著作。对于总体情况,也请参见肯德根(Köndgen):《没有合同时的自我约束》,1981年。

〔12〕 参见比登科普夫(Biedenkopf):《私法的重新发现》,载《科英(Coing)纪念文集》第2卷,1982年,第21页以下。

人,设立遗嘱时能“遗”什么呢？只买得起最便宜的东西的人,自由订立买卖合同的可能性又有何用？居民的实际收入,特别是下层居民的实际收入,有了大大提高以后,私法自治对那些不很富裕的人,也才取得了重要性。现在,他们中间的绝大多数人都拥有超过其支付生活必需品所需的金钱,因此他们对这部分盈余享有真正的决策自由。现在有越来越多的人去旅游,而且旅游的范围越来越大。此外,许多人拥有了自己的财产,因而可以对财产的重新安排和继承作出决策。

第二个方面的发展对第一个方面的发展还有强化作用。1948 182
年以后,商品和服务的供应品种越来越丰富(Angebot immer mannig faltiger),也越来越国际化。如果你手中有 3 万马克,想买一辆小汽车,你的选择余地是非常大的,你也可以买一辆旧车。商品和服务的极大丰富,也额外地、大大地扩充了私法自治的效力范围。

诚然,可能会有人认为我夸大了商品和服务的这种丰富性。 183
如果有人这样想,他也不妨决定少做些工作,过一种朴素些的生活。私法自治原则上也允许他作这样的决定。因此,私法自治绝不是强迫人们追逐潮流(议会的多数票通过制往往是一种强迫),恰恰相反,它给人们选择反潮流的做法提供了一种可能性。

第十八章　法律行为的界定

第一节　概　　述

184 法律行为之所以产生法律后果，是因为[行为人]想引起这种后果，[1]并且把这一意愿表达了出来。以下从两个方面来对法律行为作界定。

（一）有些行为发生在法律层面之外（Geschäfte auBerhalb der Ebene des Rechts），因此它们不能依法产生后果。这类行为没有统一的名称，学者们通常称之为纯粹的“情谊行为”（Gefälligkeiten）或“社会层面上的行为”。[2]

（二）有些行为虽然具有法律意义，特别是能够根据法律产生后果。[3] 但是，这些后果是

---

〔1〕 参见上文边码 174 以下。

〔2〕 参见下文边码 185 以下内容。

〔3〕 就其实质而言，这就是弗卢梅所说的“具有法律意义的行为”（《民法总论》第 2 卷，§ 101）。因此肯德根（文载《民法实务档案》1984 年，第 600 页，第 603 页）说弗卢梅没有谈到这一点，是有失公允的。此外，我关注的问题是——在这方面我同意弗卢梅的看法，不赞成肯德根的主张——不应混淆此类行为与法律行为之间的界限。只有行为人在法律行为中亲自决定了法律后果时，这种法律后果才会通过私法自治取得合法性。参见下文边码 344 有关滥用补充性解释的论述。滥用补充性解释，同时是将私法自治滥用于陈述似是而非的理由。

依法产生的,亦即无论当事人是否愿意都要产生,这些行为主要包括所谓的准法律行为(rechtsgeschäftsähnliche Handlungen)。对这些行为而言,主要问题是:有关法律行为的规定是否适用于它们,或至少是否应准用于它们?[4]

第二节　情谊行为

参考文献:霍夫曼(Hoffmann):《情谊因素对责任程度的影响》,载《民法实务档案》,第167卷,1967年,第394页以下;克吕克曼(Krückmann):《情谊合同》,载《佐伊费特(Seuffert)编巴伐利亚法律适用报》第74卷,1909年,第113页以下;默松(Merson):《情谊搭车的责任》,载《德国汽车法杂志》1993年,第87页以下;帕尔曼(Pallmann):《情谊关系之法律后果》,1971年图宾根大学博士论文;罗伊斯(ReuB):《协议强度的不同等级及君子协定》,载《民法实务档案》第154卷,1955年,第485页以下;汉斯·施托尔(Hans Stoll):《自负责任的行为》,1961年;维洛威特(Willoweit):《非法律行为上的约定的界定及其法律意义》,1969年;同一作者:《债务关系与情谊行为》,载《法学教育》1984年,第909页以下;同一作者:《法院对情谊行为的判例》,载《法学教育》1986年,第96页以下。

一、没有疑问的情谊行为

(一)约束和责任

在日常生活中,人们虽然可以将有些行为当作法律行为(通 185

〔4〕 参见下文边码195以下。

常特别是当作合同)来实施,但是当事人毫无疑问根本没有这个意思。如有人邀请另一人吃晚饭,显然并不想给对方以一项可以诉请的履行请求权。即使被邀请者享有这样一项请求权,也并没有什么意义。因为邀请他人用晚餐旨在社交和娱乐,而社交和娱乐是无法通过法律来强求的,损害赔偿请求权也不可能适用,此类邀请没有财产价值。这一点体现在晚餐结束后双方的财产一般都有所减少上。因此,被邀请者充其量只能享有一项赔偿信赖损害(即消极利益)的请求权,如要求邀请者赔偿购买[作为礼物的]鲜花的费用和乘坐出租车的费用。不过即使是这样一种请求权,也不因邀请行为而发生,因为邀请者与被邀请者恰恰不受法律的约束。所以,只有在一方故意以违反善良风俗的方式损害对方利益时,才能依第826条产生一般的侵权赔偿义务。例如,某人心怀恶意,假意邀请他人,并对他人因此支付费用的行为幸灾乐祸。

(二)侵权责任的减轻

186 由于这里讨论的行为具有情谊行为的性质,因此,对当事人是否应完全适用第823条第1款之过失侵权责任,也殊成疑问。如果女主人在上菜时因轻微过失而将客人的西服弄脏了,难道她真的应当承担侵害他人所有权的责任?反之,如果客人不经意打碎了主人家的一只杯子,难道他真的应承担赔偿损害的义务吗?当然,在发生此类事故时,接受损害赔偿或要求损害赔偿的少,主动提出损害赔偿的多。尽管如此,有时可能还得对是否存在赔偿请求权的问题作出判决。当事人事后可能翻脸不认人了;或者不是由受害人自己主张请求权,而是由保险公司在作出赔偿后再来主张请求权(特别在人身伤害情形)。

在此类情况下,如认为应减轻侵权责任,则存在下列两种可能性。

187 1. 可以考察一下当事人之间是否以可推断之行为(konklu-

dent,“默示地”[5])约定的责任减轻。然而,在情谊行为中恰恰不存在法律行为上的义务,因此当事人之间一般不可能达成某种法律行为上的协议。在通常情形,尤其不存在约定减轻责任的意思。也就是说,[主人和客人]绝不会想到那些导致责任发生的复杂关系,即使有人偶而涉及这些想法,也不会将这些想法告诉对方。请问,有谁会在发出邀请或接受邀请时谈及无意泼出红葡萄酒怎么办之类的问题?因此,当事人之间一般不可能通过可推断的行为对减轻责任作约定。

2. 可以认为有一种法定的责任减轻(gesetzliche Haftungsmild- 188
erung)。诚然,法律对处于法律调整范围之外的情谊行为根本就没有作任何规定。不过,民法典在第 521 条、第 599 条和第 690 条中,对某些无偿的法律关系,规定可以减轻责任,而这些规定也适用于与[合同请求权发生]竞合的侵权请求权。[6] 从中可以得出一个“更有力”的证据(argumentum a fortiori):既然侵权责任在法律关系中都得以减轻,那么在不具有约束力的情谊关系(Gefälligkeitsverhältnis)中就更加应该得以减轻了。

但这一点又会产生另外一个问题。根据民法典规定,并非对 189
任何一个允诺或提供某种无偿给付的人,都可以减轻其责任。在民法典中,减轻责任的规定仅仅适用于赠与人(第 521 条)、使用借贷的出借人(第 599 条)以及无偿的保管人(第 690 条)。相反,民法典就没有对受托人(第 662 条及以下条款)规定可减轻责任;无因管理人也只有在管理事务是为了避免本人之紧迫危险(第 680 条)时,才能承担较轻的责任。所以,我们也应当把法律的这种区别移用于情谊关系,亦即应根据友情提供的给付的种类作出区分。如果真是这样,那么第 521 条就只能适用(准用)于将财产

---

[5] 参见下文边码 334 以下。
[6] 参见梅迪库斯(Medicus):《债法总论》,边码 359。

利益长期给与对方的行为(参见第516条第1款),第599条就只能适用(类推)于暂时将物交给对方使用的行为(参见第598条)。

事实上,这第二种方案仅仅揭示了"情谊关系中的侵权责任应该减轻"之观点的最低值。这种方案的不利之处,在于对唯一一项情谊行为(如邀请)中的若干项损害行为,可能作出不同的处理。如对保管客人大衣[不当而致损害]的行为,只能准用第609条承担责任;而对有瑕疵的服务行为,则应类推适用(这里不作讨论的)委托法中的责任标准。作为解决问题的方法,可以考虑将适用于情谊行为重要部分的责任减轻原则,扩大适用至其他部分。这一方法在个别情况下可能是适当的,尤其是在承担较轻责任的那部分行为占据优势的情况下。不过依据现行法,在通常情况下,我们还是只能适用不同的侵权责任。〔7〕

二、模棱两可的情况

190 一位母亲与她的邻居约定,由邻居来照看她的孩子;〔8〕或者若干位母亲之间约定"互相照看"孩子;有人邀请大家参加由父母亲组织的小孩生日聚会;〔9〕朋友之间约定一起开车出去休假,使用一个人的汽车,其他人可能分担汽油费;同事之间约定组成一个摸彩共同体;〔10〕一个驾车人费力地从一个狭窄的泊位中驶出来,有人以招手方式向他提供帮助;〔11〕有人以做手势方式,要求孩子们越过行车道。〔12〕在所有这些事例中,行为人的行为都是无偿

〔7〕不过,柏林地方法院的一项判决赞成适用"默示地排除责任",见《柏林地方法院,保险法》1991年,第697页。

〔8〕参见《联邦最高法院,新法学周报》1968年,第1874页;《石勒苏益格州高等法院,保险法》1980年,第242页。

〔9〕根据《策勒州高等法院,新法学周报,民法判例汇编》1987年,第1384页,这是以合同方式承担照看孩子义务的行为。

〔10〕参见《联邦最高法院,新法学周报》1974年,第1705页。

〔11〕参见《法兰克福州高等法院,新法学周报》1965年,第1334页,第1336页。

〔12〕《杜塞尔多夫州高等法院,保险法》1986年,第471页。

的，但它们至少对一方当事人来说具有财产价值，或者（如在招手情形）明显能够使其财产遭受危险。在这些情形，能否认为存在一种法律行为上的约束？反之，是否可以减轻责任？

（一）受法律约束的意思

在很多情况下，司法判例在对法律行为和没有法律约束力的情谊行为作区分时，是以当事人的意思为判断标准的。“一项情谊行为，只有在给付者具有法律上受约束的意思时，才具有法律行为的性质。这种意思，表现为给付者有意使他的行为获得法律行为上的效力……亦即他想引起某种法律约束力……而且受领人也是在这个意义上受领这种给付的。如果不存在这种意思，则不得从法律行为的角度来评价这种行为。”〔13〕这一标准叫作受法律约束的意思或法律后果意思。〔14〕 191

当事人自己能够通过其意思，决定其是否接受法律行为上的约束。这一点无疑是正确的。这样一种意思也可以实际表达出来，即如一项协议可以被明确地称之为“君子协定”（gentlemens agreement）。〔15〕在向建筑师发出设计竞赛招标书（悬赏广告）时，我们也可以通过解释确定，招标人有关今后项目［确定给中标的建筑师］的表示仅仅是一种没有约束力的意向表示，还是一种法律行为上的义务。〔16〕在通常情况下，当事人一般不会对法律约束作实际的思考。只有在出现了麻烦，特别是一方当事人不自愿履

〔13〕《联邦最高法院民事裁判集》第21卷，第102页，第196页。

〔14〕这一意思不包括对法律技术上必要手段的想法，《联邦最高法院，经济法杂志》1993年，第1076页，第1077页。

〔15〕参见罗伊斯（ReuB）：《协议强度的不同等级及君子协定》，载《民法实务档案》第154卷，1955年，第485页以下；班切（Bahntje）：《君子协定与协调一致的行为》，1982年柏林大学博士论文［对这篇博士论文的评论，参见埃梅里希（Emmerich）文，载《民法实务档案》第183卷，第807页以下。

〔16〕《联邦最高法院民事裁判集》第88卷，第373页，第382页。

行义务，或者一方当事人受到了损害时，法律约束的问题才具有重要性。不过当事人一般是不会想到今后会出现这些麻烦的。如果他们想到了这一点，那么他们就不会去做这种情谊行为了。例如，要是想到可能出现麻烦，上面招手案中的那个人就不会去帮助进退两难的驾车人了。因此，在许多情况下，认为当事人具有受法律约束的意思，是一种缺乏实际基础的拟制。正因为如此，人们对这种看法提出了正确的批评。[17]

（二）规范性标准

192 联邦最高法院考虑到这些批评意见，在一项判决中指出，“在一般情况下，无法认定当事人具有一项明示的或默示的受法律约束的意思”。[18] 因此，应当“考虑到双方当事人的利益状态，依诚实信用原则，并顾及交易习俗”来对是否存在法律义务作出判决。由于一项约定可能产生多项“义务”，因此这种判决也可能后果不一。

在上述案例[19]中，A、B、C、D 和 E 五人组成一个摸彩共同体。他们约定，每人每周付给 E10 马克，然后 E 用 50 马克总金额购买彩票，并填上事先确定了顺序的数字。有一次 E 没有如约填写彩票。而事先确定应填写的数字却中了一个 1 万马克的奖。A、B 和 C 要求 E 赔偿其应得的份额。在本案中，联邦最高法院认为，在分配实际赢得的奖金或补偿支出的购买彩票垫款方面，当事人是负有法律义务的。而在赔偿可得利润方面，一般认为不发生法律义务。法院认为，由一个人来承担某项可能危及其生存的责任，与摸彩共同体的性质不符。“如果事先对这个问题进行过考虑，并作过明确的讨论，那么大概就不会有人愿意承担这样一种风险，也不

---

〔17〕 如弗卢梅，同前注，§7，5，第 86 页以下。

〔18〕《联邦最高法院，新法学周报》1974 年，第 1705 页，第 1706 页。

〔19〕《联邦最高法院，新法学周报》1974 年，第 1705 页。

会去鼓动其玩友这样做”。

虽然有人对这项判例提出了批评,[20]但我认为,至少联邦最高法院的出发点是正确的。此项出发点即是:在不能认定当事人具有真正的意思的情况下,应当根据客观标准(nach objektiven Kriterien)来判断是否存在受法律约束的义务。客观标准主要涉及两个方面。一个方面是风险,另一个方面是能否苛求[有关当事人]对这种风险承担责任。根据这些标准来评判,上述摸彩案的判决是正确的。一起参加摸彩的人,反正不能期待此次会中奖;而受托人 E 则可能承担一项危及其生存的责任,而且他也并没有因为承担此项责任而获得什么报酬。从这个角度来看问题,也同样会使人得出无偿行为不产生法律约束力的结论。因为这种行为给一方当事人产生很大的负担,另一方当事人对行为具有约束力也没有紧迫的利益。如邻居照看他人孩子的行为,或在车水马龙的街上招手助人的行为,通常情况下都不是法律行为。对后一类行为来说,第 676 条的规定也可以提供佐证:招手的意义在于提供一种建议。在同样的意义上,联邦最高法院的一项判例在引用了许多材料后说道:“因此,在日常生活的所谓情谊行为中,在纯粹的社会交往性质的承诺行为中,或者在与此相类似的其他过程中,一般情况下不认为[行为人]具有一项受法律约束的意思。”[21] 193

与此相反,法院对财产投资咨询行为作出了不同于上述原则的判决。如果有投资兴趣的客户明确表示,他在作出一项特定的投资决策时,“要求得到投资中介人的特别知识和联系渠道,那么这一表示即是旨在订立咨询合同的要约。投资中介人以默示的方式(更确切地应该说:以可推断之行为),即在其开始从事客户所

[20] 科恩布卢姆(Kornblum)文,载《法学家报》1976 年,第 571 页;普兰德尔(Plander)文,载《民法实务档案》第 176 卷,1976 年,第 424 页。

[21] 《联邦最高法院,新法学周报》1992 年,第 498 页。

希求的行为时,对该要约予以承诺”[22]。至于是否对报酬作出约定,则在所不问。以此方式,联邦最高法院就使投资咨询人,包括银行和储蓄所,承担一种合同责任。[23]

联邦最高法院的另一项判决对这个问题的表述更加宽泛(我觉得太宽泛了)。它说道:“在咨询对于受领人而言具有重要意义,受领人欲将咨询意见作为其采取重大决策或措施的基础时,在一般情况下,应认定以默示方式订立了一项咨询合同,因此如咨询人提供了错误的咨询,就必须承担合同上的责任。这已成为司法机关的固定判例。”[24]不过,在另外一项判决中,联邦最高法院又认为,这一原理不适用于“私人”作出的[咨询]表示。[25] 联邦最高法院认为,银行或储蓄所提供的咨询不仅必须具有一般的正确性,而且还必须符合具体投资者的要求。[26]

193a 联邦最高法院的一项判决[27]引起了学术界的广泛讨论。[28]这项判决涉及合同的临界领域。一对男女生活在非婚姻共同体(nichteheliche Lebensgemeinschaft)中。双方约定女方应服用避孕药(empfängnisverhütende Mittel)。但是,女方在没有向男方发出警告的情况下停止了服用,因此生下一个孩子。法院判决男方承担这个孩子的抚养费(第 1601 条,第 1602 条第 2 款,第 1615a 条),

---

[22] 《联邦最高法院民事裁判集》第 100 卷,第 117 页,第 118 页以下[有关评论,见肯德根(Köndgen)文,载《法学家报》1987 年,第 722 页]。

[23] 参见《联邦最高法院,经济法杂志》1989 年,第 1532 页。

[24] 《联邦最高法院,新法学周报》1993 年,第 3073 页,第 3075 页。

[25] 《联邦最高法院,企业顾问》1990 年,第 2291 页。

[26] 《联邦最高法院,新法学周报》1993 年,第 2433 页。

[27] 《联邦最高法院民事裁判集》第 97 卷,第 372 页。

[28] 参见东茨(Dunz)文,载《保险法》1986 年,第 819 页;蒂·拉姆(T. Ramm)文,载《法学家报》1986 年,第 1011 页;同一作者,载《法学家报》1989 年,第 861 页;施伦德(Schlund)文,载《法学评论》1986 年,第 455 页;费恩(Fehn)文,载《法学教育》1988 年,第 602 页。

男方则要求孩子的母亲赔偿损害。

联邦最高法院认为,本案中不存在以任何可设想之法律原因为依据的请求权。法院特别否认了合同上的请求权,因为,非婚姻共同体的伙伴,一般不愿意将其自由的伙伴关系,置于法律规则的管辖之下。[29] 这一点更应适用于个人之间的亲密关系。即便当事人例外地具有受法律约束的意思,他们之间也不成立有效的法律行为。因为,此项意思涉及最为隐秘的个人自由领域,这个领域是不容通过合同予以约束的。[30] 我认为联邦最高法院的这一观点是正确的。除此之外,斯图加特州高等法院对一对分开生活的配偶(getrennt lebende Ehegatten),作出了类似的判决。[31]

(三)侵权责任的减轻

与上文边码186以下涉及的问题相似,有些情况下,在对法律 194
行为与无约束力的情谊行为作界定时,也会出现这样一个问题:[与合同责任相]竞合的侵权责任能否得到减轻?如因照看孩子时不慎疏忽,使孩子受伤;或招手动作被误解,致产生财产损害等。在这些情形,侵权责任能否减轻呢?解答这个问题,也应遵循在从事纯粹的情谊行为时的准则。[32] 如果对某项以法律行为方式提供的给付可适用法定的责任减轻原则,则对从事非法律行为性质的情谊行为产生的侵权责任,也应适用同样的责任减轻原则。至于侵权责任是否应作进一步减轻,则应持谨慎态度。

实践中最为常见的事例,是免费搭乘他人机动车辆的人受到伤害。由于驾车带人是一种事务处理行为,因此要考察委托法对此类情形是否规定了责任减轻。而由于委托法没有明确规定责任

[29] 《联邦最高法院民事裁判集》第97卷,第378页。

[30] 参见下文边码645。

[31] 《斯图加特州高等法院,亲属法杂志》1987年,第700页。

[32] 参见上文边码188。

减轻原则,因此,司法机关[33]通常就判决受到伤害的搭车人有权要求驾车人承担完全的侵权责任(第 823 条第 1 款)。[34] 即使搭车人知道存在一些增加行车危险性的情况,如他明知开车人喝醉了酒或开车人没有驾驶执照,一般也并不意味着搭车人放弃了获得赔偿的权利或同意开车人不对侵害行为承担责任。联邦最高法院的一项基础性判决[35]认为,搭车人的知情应视为具有与有过失,而依第 254 条,与有过失通常仅仅是使损害赔偿请求权相应减少。诚然,联邦最高法院在多项判决中,都认为存在对轻微过失责任的"默示"排除。不过在所有这些案例中,情况——特别是在保险保护的分配方面——都有其特殊性:在第一例[36]中,驾车人与车主一起开车去休假;在第二例[37]中,打算购买汽车的顾客进行试车;在第三例[38]中,车主要求没有什么驾驶实践经验的第三人来驾驶汽车。我认为,在这些案例中,法院采用"默示的"责任约定作为判决的理论依据是不恰当的,采用其他的依据来判决可能要更好些。法兰克福州高等法院在一项判决中认为,只有在驾车人自己享受保险(责任险)保护时,才应要求他对轻微过失负责,这样才"符合双方的利益"。[39] 然而"符合利益"本身还不是引起某项法律后果产生的充分理由。[40]

---

〔33〕 如《联邦最高法院民事裁判集》第 21 卷,第 110 页。

〔34〕 根据《道路交通法》第 8a 条规定,该法第 7 条的车主责任对这种情况不适用。

〔35〕 《联邦最高法院民事裁判集》第 34 卷,第 355 页。

〔36〕 《联邦最高法院,新法学周报》1979 年,第 414 页。

〔37〕 《联邦最高法院,新法学周报》1979 年,第 643 页;1980 年,第 1681 页。

〔38〕 《联邦最高法院,保险法》1980 年,第 384 页。

〔39〕 《法兰克福州高等法院,新法学周报,民法判例汇编》1986 年,第 1350 页。

〔40〕 参见《策勒州高等法院,新交通法杂志》1993 年,第 187 页。

第三节　准法律行为

参考文献：埃尔茨巴赫（Eltzbacher）：《行为能力之一：具有法律效力的行为》，1903年；克莱因（Klein）：《狭义的法律行为》，1912年；科特（Kothe）：《阻却违法性之允许》，载《民法实务档案》第185卷，1985年，第105页以下；马尼克（Manigk）：《意思表示与意思行为》，1907年；同一作者：《最新文献资料中的法律行为体系》，载《耶林民法学理论年刊》第83卷，1933年，第1页以下；同一作者：《具有法律效力之行为》，1939年。

一、意思的不同意义

（一）根据一般的定义，法律行为（Rechtsgeschäft）之所以能够产生法律后果，是因为行为人具有引起法律后果的愿望（并将这种愿望表达了出来）。[41] 这一定义就其主要方面而言是正确的。例如，出卖人之所以负有交付货物的义务，是因为他自己愿意承担这一义务。而买受人支付价金的义务，也符合其表达出来的意思。但是对那些不很典型的合同义务，特别是对保护义务来说，意思与法律后果之间的这种联系就不存在了。例如，即使出卖人不想对出卖物的瑕疵承担担保责任，[42] 仍然必须承担之（第459条及以下条款）。虽然这些义务以某项有效的法律行为为发生条件，但是它们不依赖于行为人的意思，而是由法律直接规定的。 195

（二）除了法律行为外，还存在一些具有法律意义的行为，这些行为的法律后果完全产生于法律，因而与行为人的意思毫无关系。 196

〔41〕 参见上文边码174以下。
〔42〕 参见下文边码759以下。

1. 在这些具有法律意义的行为中，一部分是事实行为(Realakte)。事实行为可以是合法行为，也可以是不法行为。前者如第854条第1款规定的取得占有，后者如第823条及以下条款规定的侵权行为。此类行为大多在表面上就不同于法律行为，因为它们不是通过表示行为——更不是通过意思表示行为——实施的。因此，有关法律行为方面的规定，通常不适用于此类行为。例如，实施侵权行为的人不需要具备行为能力；依第854条第1款取得占有的行为不能由代理人为之，也不能因违反善良风俗或行为人欠缺行为能力而无效。在例外情形下，有关法律行为方面的规定也可类推适用于事实行为(如取得占有行为中的“自然意思”)，对此将在论述这些事实行为时再作讨论。

197 2. 另一类不属于法律行为范畴的行为与法律行为相似，因为这类行为也体现为表示行为。此类行为叫“准法律行为”[(rechts)geschäftsähnliche Handlungen]。与法律行为不同，准法律行为中的表示行为并非旨在引起一种行为人希望产生的法律后果；在大多数情况下，行为人根本就没有意思可供表示。准法律行为的例子如下：

(1)第108条第2款、第177条第2款规定的催告(Aufforderung)，即催告[对方]作出追认表示(Aufforderung, sich über die Genehmigung zu erklären)的行为中，虽然可以看出催告人的意思，但其法律后果只是一个为期两周的期间开始。期间届满后对方仍未作出表示的，视作对方拒绝追认。这一后果的产生，与催告人具有什么样的意思毫无关系；在一般情况下，催告人更希望[对方]作出追认表示。

(2)第149条、第170条、第171条第1款、第409条、第415条第1款第2句规定的通知和告知(Mitteilungen und Anzeigen)。在此类行为中，行为人表示的并不是某项意思，而是一种他知道的情况或一项事实。

（3）商法典第377条、第378条规定的瑕疵告知（Mängelanzeige）。与通知和告知相似，瑕疵告知行为也不是意思表示。提出瑕疵告知，只是使买受人不丧失因货物瑕疵而享有的权利。买受人以后要行使这些权利，还须以意思表示方式为之。

（4）对第326条规定的指定期限（Nachfristsetzung）的归属问题，存在着不同意见。拉伦茨[43]将其归入准法律行为。不过，由于在指定期限的同时还有一项拒绝[受领的]表示，所以债权人实际上还是说出了对方不按时履行给付时的法律后果。由此看来，指定期限与简单的催告不同，我们也可以将它视作法律行为。

二、法律行为的规定是否适用？

由于在准法律行为与法律行为之间不存在一条清晰的界限，198
因此有关法律行为的规定也应该可以类推适用于准法律行为。然而对这个问题是无法作出一般性的断言的。[44] 不仅在各类具体的准法律行为之间，而且在有关法律行为的规定之间，都存在重大的区别。例如，第138条规定的违反善良风俗[的法律行为无效]，就几乎不可能适用于准法律行为。只有在行为给表示人产生不利时（如第170条的告知；但不包括商法典第377条的告知或催告），有关撤销的规定（第119条至第124条）才有可能适用。虽然法律后果是由法律直接规定的，但是行为人通常必须具备行为能力（如行为仅给行为人产生法律上的利益，则至少也得具备限制行为能力，第107条）。因为无论如何，表示人掌握着是否使这些法律后果发生的主动权。至于代理权，除了那些专属人身权行为以外，对于其他准法律行为也许均能适用。第133条、第157

[43] 《德国民法总论》§26,2,第512页。

[44] 拉伦茨，同上引书，§26，第514页；许布纳（Hübner）：《德国民法总论》，边码696。

条的解释性规定也适用于准法律行为。[45] 不过,警告(Abmahnung)无需以单纯到达为生效条件。[46]

三、以允许治疗为例

199 通说认为,以医疗为目的对身体完整性进行侵害,也构成人身伤害(Körperverletzung)的客观事实要件。因此,这种侵害行为必须具备合法的理由。这种理由,除了正当的无因管理(第 683 条)外,还有病人的允许行为。

有一种比较新颖的观点持与通说不同的看法,认为治疗并不是人身伤害行为,而是对人身权的侵害。此种理论与传统理论的主要区别主要存在于对擅自实施的治疗行为的刑事制裁方面,对此这里不作探讨。即使是此种比较新颖的观点也认为,治疗行为必须具备合法的理由,特别是病人的允许。

200 允许他人对自己身体进行侵害之行为,在刑法中也具有意义,[47]但其法律上的归属却是很成问题的。这种允许行为不是民法典第 182 条及以下条款上的法律行为,因为允许本身并不涉及法律行为,而仅仅意味着同意他人在允许人的权利范围内从事某项事实上的行为。但在另一方面,允许行为又是一项能够产生重大后果的意思表示行为。因此,至少在行为能力方面,应将允许行为视同于法律行为。然而在刑法学领域,通说长期以来持相反的看法。在民法领域,联邦最高法院的一项判例[48]也采纳了刑法学界的观点。根据此项判例,"如果根据一名未成年人精神上和道德上的成熟程度,能够衡量侵害行为以及同意侵害的意义和后果",那么由该未成年人表示允许即可。

---

〔45〕《联邦最高法院,新法学周报》1995 年,第 45 页。

〔46〕《联邦劳动法院,法学家报》1985 年,第 148 页。

〔47〕参见刑法典第 226a 条;阿尔茨特(Arzt):《允许行为中的意思瑕疵》,1970 年。

〔48〕《联邦最高法院民事裁判集》第 29 卷,第 33 页,第 36 页。

这一判决意味着:在上述条件下,一名未成年人在没有其法定代理人同意的情况下,能够有效地同意对自己进行一项手术,而该名未成年人却无法对从其财产中支付哪怕是一丁点儿的金额表示同意。这种观点乍看上去是令人惊讶的,但如果细加探究就会发现其言之有理。首先,出于医疗目的所为的侵害行为与交易行为不同,这里可以对行为人是否具备允许的能力作出个别判断,因此不需要以某一固定的年龄界限为判断标准(如民法典第2条为法律行为所为之规定)。其次,这种允许行为也还要受到其他特别规定的制约。即使某项允许行为是由完全行为能力人作出的,该项行为也并非就一定有效。在通常情况下,必须首先就有关此项侵害行为之必要性和危险性向病人作出说明(Aufklärung des Patienten)。[49] 所以,即使病人不具有完全的行为能力,只要他具有相应的认识能力,其作出的允许行为也应当有效。

201 当然,通常情形下,除了未成年人外,其法定代理人也还必须表示同意。不过这一点并非直接产生于第107条及以下条款,而是产生于第1631条规定的亲属照顾权。在通常情况下,父母双方

---

〔49〕 参见《联邦最高法院,新法学周报》1980年,第1903页(允许的解释);1984年,第655页;1985年,第676页;1990年,第2928页;1992年,第743页(输血时对艾滋病和肝炎病传染风险的说明);1994年,第793页(使用表格纸作说明);第799页(对其他可能性的说明);《联邦最高法院,保险法》1984年,第957页;多伊奇(Deutsch)文,载《新法学周报》1980年,第1305页;吉森(Giesen)文,载《法学家报》1982年,第391页;同一作者文,载《法学家报》1987年,第28页;劳夫斯(Laufs)文,载《新法学周报》1974年,第2025页;滕佩尔(Tempel)文,载《新法学周报》1980年,第609页;瓦克斯穆特-施赖伯(Wachsmuth-Schreiber)文,载《新法学周报》1981年,第785页;博赫尼克、格特纳、里希特贝格和施特勒费尔(Bochnik, Gärtner, Richtberg und Ströfer)文,载《保险法》1981年,第793页,第796页。此外,请参见埃勒斯(Ehlers):《医生的说明……》,1987年;有关“说明义务”的保护领域,参见施洛斯豪尔-泽尔巴赫(SchloBhauer-Selbach)文,载《新法学周报》1985年,第660页;有关说明的抛弃,参见罗斯纳(RoBner)文,载《新法学周报》1990年,第2291页。还请参见《联邦最高法院民事裁判集》第107卷,第222页(“治疗学”说明:仅向病人家属作这种说明还不够)。

都必须表示同意。[50] 当然,在无法找到未成年病人的父母亲时,就会出现困难。[51] 在这种情况下,未成年人自己表示同意就可以了。而如果法定代理人明确表示不同意,那么未成年人自己表示同意一般还是不够的。[52]

---

〔50〕《联邦最高法院民事裁判集》第 105 卷,第 45 页[有关评论,参见吉森(Giessen)文,载《法学家报》1989 年,第 95 页]。

〔51〕 如《联邦最高法院民事裁判集》第 29 卷,第 33 页,第 36 页所述情形。

〔52〕 参见弗卢梅(Flume):《德国民法总论》第 2 卷, § 13,11 以下,第 220 页;也请参见贝林(Belling):《对未成年人接受医疗侵害的决策权限》,载《家庭与法律》1990 年,第 68 页;在更大范围讨论该问题的学者有贝 · 吕 · 克恩(B. R. Kern):《允许医疗侵害行为中的非自主决定》,载《新法学周报》1994 年,第 753 页。

第十九章　法律行为的分类

参考文献：克格尔（Kegel）：《负担和处分》，载《曼（Mann）纪念文集》，1977 年，第 57 页以下；冯·图尔（von Tuhr）：《论民法典中处分之概念》，载《民法实务档案》第 117 卷，1919 年，第 193 页以下；威廉（Wilhelm）：《处分的概念和理论》，载科英－威廉（Coing-Wilhelm）编：《19 世纪的私法科学与法典编纂》，第二卷，1977 年，第 213 页以下。

法律行为可以根据不同标准予以分类。

第一节　单方法律行为和多方法律行为；决议

最简单的分类，是依据法律行为成立所必需的意思表示的数量所作的划分。 202

一、单方法律行为（das einseitige Rechtsgeschäft）。单方法律行为只需要一项意思表示就可成立，如悬赏广告（第 657 条）、遗嘱（第 2229 条及以下条款）以及行使形成权的行为[1]。以意思表示是否需要受领[2]为准,还可对此类行为作进一步区分。在需受领的意思表示(以及因该项意思表示而成立的法律行为),意思表示在到达相对人时才生效,而无需受领的意思表示并不以到达为生效要件。

203 二、双方法律行为(das zweiseitige Rechtsgeschäft)。双方法律行为因两项内容一致的意思表示而成立。这种法律行为就是合同(Vertrag,无论属于哪种法律领域的合同)。

因此,任何合同都是一项双方(或多方[3])法律行为。这一点不得与合同是否使双方负有义务的问题相混淆。合同使双方负有义务这一点并不是理所当然的。因为一来有些合同根本就不产生义务(如移转所有权行为即是);二来在(必然产生义务)的债务合同中,有些合同仅仅使一方承担义务(如赠与约定即是)。

204 三、多方法律行为(das mehrseitige Rechtsgeschäft)。多方法律行为需要多项意思表示才能成立。发出意思表示的若干人可以以同样的身份出现,如两个以上的合伙人相互之间订立一项合伙合同(第705条)。不过也可以设想一项一般的双方合同,其一方或双方都有若干个当事人参与,如共同所有人(多数出租人)将其房子出租给一对夫妇(两个承租人)。在这些情形可能出现的问题是,一项意思表示无效是否会影响到其他意思表示的效力,即如妻子没有有效地承担义务,[4]租赁合同是否整个无效。

205 四、决议(BeschluB)。决议一般也是由多项意思表示组成的,它主要出现在社团法中(如第27条第1款、第28条第1款、第32条至第35条)。社团或者由多人组成的董事会[5]通过决议形

---

〔1〕 参见上文边码79以下。
〔2〕 参见下文边码259以下。
〔3〕 参见下文边码204。
〔4〕 参见下文边码502。
〔5〕 参见下文边码1125以下。

成其意思。决议有以下三个方面的特点(drei Besonderheiten):

(一)若干项意思表示不仅内容相互一致,而且其所用的语句也完全一致。例如,在房屋租赁情形,一项意思表示云:“我想出租”,另一项意思表示则云:“我想承租”;而在一个社团选举董事会时,多项意思表示一致称:“我想选举 A 当司库”。

(二)在决议,意思表示并不是针对其他发出表示的成员,而是针对有关意思形成机构(an das Gremium)的(即针对社团或针对董事会)。

(三)决议对那些没有对决议表示同意的人也能够产生约束力。例如,一个社团的成员大会以必要的多数票(第 33 条第 1 款第 1 句)通过的变更章程事项,对于那些没有投票、投反对票或者投弃权票的成员,也具有约束力。

最近,有人将配偶双方依第 1356 条第 1 款第 1 句的同意称为 206
“决议”。[6] 由于配偶的同意必须向对方作出表示,而且也不能够对第三人产生约束力,因此将此称为“决议”,显然不符合决议的上述第二项和第三项特征。

第二节　负担行为和处分行为

根据法律行为的效果,可将其分为负担行为和处分行为。 207

一、负担行为(Verpflichtungsgeschäfte)。负担行为产生一项或多项请求权,或者——在现金交易行为中——至少产生一项能够保留给付的法律原因。[7] 负担行为主要包括债务合同,如买卖、赠与约定、租赁等,也包括第 780 条及以下条款规定的“无因

---

〔6〕 如瓦克(Wacke):《慕尼黑德国民法典评注》,第 1356 条,边码 8。

〔7〕 参见下文边码 217。

的"[8]负担行为。

不过,并不是任何一项在债法中规定的合同都是负担行为。像债务免除(第 397 条)以及债权让与(第 398 条及以下条款)这样的行为都是处分行为。对此接着谈。

208 二、处分行为(Verfügungen)。处分行为与负担行为不同,它并不是以产生请求权的方式,为作用于某项既存的权利作准备,而是直接完成这种作用行为。处分即为权利的转让、权利的消灭,在权利上设定负担或变更权利的内容。处分的例子有:移转物的所有权、让与债权;抛弃所有权或免除债务;设定质权;将土地债务变更为抵押权(第 1198 条)。"处分人"仅仅是指其权利被转让、被设定负担、被消灭或被变更内容的人,而并不是指取得权利、免除负担的人。如在第 816 条第 1 款第 1 句中,只有让与人负有无权处分的返还义务,取得人不负有此项义务。

209 处分行为与负担行为之间存在下列不同之处:

(一)对于处分行为适用*确定原则*(Bestimmtheitsgrundsatz)[9](或特定原则,Spezialitätsgrundsatz)。最迟在处分行为生效之时,处分行为所涉及的具体的客体必须予以确定。否则,由于无法确定处分行为的效果涉及哪一项具体的客体,因此也无法变更哪一项客体的法律状态。与此相反,在种类之债或金钱之债的负担行为,用哪些具体的客体来履行债务的问题可以暂时不予回答。负担行为在债务具体化(集中化)为特定的物件之前就已有效(第 243 条第 2 款)。

---

〔8〕 参见下文边码 215。

〔9〕 这个词语在公司法中也使用。在公司法中,它是指公司章程必须以明确的方式表达出某些危险的内容(类似于民法中的"明示性",参见下文边码 335 以下)。参见屈布勒(Kübler):《公司法》,§7II5,§20III4;马尔布格尔(Marburger)文,载《新法学周报》1984 年,第 2252 页以下;赫尔曼斯(Hermanns)文,载《公司法杂志》第 25 卷,1996 年,第 103 页以下。

(二)处分人具有处分权限(Zuständigkeit des Verfügenden)时，处分行为才能生效。例如，在通常情况下，无(处分)权人从事的移转所有权行为、债权让与行为、债务免除行为或者设定质权行为，都是无效的。[10] 与此相反，任何人都可以从事负担行为。当然，行为人能否以自己的意思表示从事负担行为，要看他是否具有完全的行为能力。根据第 306 条，只有行为人约定的给付客观不能，才会使负担行为无效。 210

(三)对于物权法上的(des Sachenrechts)处分行为(仅仅对于物权法上的处分行为!)，还适用公示原则(Publizitätsprinzip)。在通常情况下，处分行为必须通过某种公示手段(登记或交付)对外表现出来。 211

第三节　有因行为和无因行为

将法律行为分为有因行为和无因行为，与负担行为和处分行为的分类有许多相同之处，但并不完全相同。区分有因行为和无因行为的标准是，法律行为本身是否包含着一项法律原因，或者法律行为还需要具备一项法律原因，否则就会受到不当得利的追究(第 812 条)。 212

一、有因(kausal)行为。绝大多数债务合同都是有因行为。如在买卖合同中，买卖合同订立后，买受人之所以将价金给予出卖人(第 433 条第 2 款)，是因为他想从出卖人那里获得对买卖标的物的对待债权(第 433 条第 1 款)。其他双务性债务合同的情形与买卖合同相似。在无偿性债务合同中，获得对待给付的愿望为提供无偿给付的意思所取代了。此类行为不需要其他的法律原因了。

行为双方当事人通常所追求的其他目的(weitere Ziele)，则不 213

[10] 参见下文边码 1001。

能作为有意义的法律原因。例如,购买汽车的人,是想驾驶汽车;如果他在购买汽车以后,驾驶证就立即被吊销了,那么他驾驶汽车的目的虽然无法达到了,但这一事实对的汽车买卖合同的成立不发生影响。反之,如果出卖人之所以愿意出卖汽车,是因为他急需用钱,并希望用这笔钱去购买彩票以中大奖,那么出卖人的这一愿望也是没有法律意义的。出卖人的这一愿望,同样是一种法律原因之外的其他目的。只有在例外情形下,此类目的才能通过条件或交易基础学说,获得法律上的意义。〔11〕

214 二、无因(abstrakt)行为。绝大多数处分行为都是无因行为。例如,从移转某项物件的所有权行为或某项债权的让与行为中,我们无法看出从事这些行为的目的。因此,从事无因行为时所追求的目的,只能产生于另一项(有因的)行为。例如,移转所有权或让与债权是为了履行买卖合同所生的义务(清偿之因,solvendi causa)。就此而言,负担行为通常是处分行为的法律原因。

215 三、这一规则有下列几项例外(Abweichungen):

(一)负担行为(Verpflichtungsgeschäfte)也可以是无因(abstrakt)的,亦即负担行为本身还需要具备一项法律原因。这一点主要适用于第 780 条、第 781 条的债务约定和债务承认。这两项行为都没有给出它们的目的。因此,如果它们不具有法律原因,就可以以不当得利为由要求返还给付(第 812 条)。此外,无因的负担行为还包括承担票据上义务的行为。因支付价金而交付汇票或支票的,如果买卖之债不成立、已经消灭或有一项永久之抗辩权(第 813 条,如解除合同之抗辩),则可依第 812 条规定要求[受领票据的人]归还该汇票或支票。

216 (二)处分行为的法律原因(Rechtsgrund),除负担行为外,也可以是纯粹的原因约定(reine Kausalabreden)。[一方]不得以这

〔11〕 参见下文边码 827 以下。

种纯粹的原因约定为由诉请[对方]履行。在民法典中,第 516 条第 1 款规定的赠与行为即属于此类原因约定,而第 518 条第 1 款规定的要式赠与约定则不属于此类原因约定。在债法上的合同自由的框架内,当事人还可以约定其他一些原因。例如,一方将汇票作为担保物交付给对方。[12] 在这种情况下,在担保的目的达成之前,一方不得要求对方返还汇票。

现金交易行为(Bargeschäfte)与此类纯粹的原因约定相似。 217
在现金交易行为中,通常不需要当事人从事负担行为,因为在这种负担可能产生的时候,它就已经履行完毕了。不过,在例外情形,即在履行失败的情况下,现金交易行为中也可能产生履行请求权。例如在所供货物与所购货物不符(购买的是香烟,而拿到手的却是用纸作包装的装饰品香烟)或用假币支付价金等情形。

(三)最后,有些处分行为(Verfügungen)既不以某项负担行为 218
为基础,也不基于某项原因约定,也不是现金交易行为,即这些处分行为不需要具备任何法律原因。如抛弃所有权(Dereliktion,第 928 条、第 959 条)和遗嘱行为即是。在此类行为中,也不存在另一方可以与之约定一项原因行为的当事人。

所谓的"取得行为"(Erwerbsgeschäfte)与此类行为相类似。取得行为,如先占无主物的行为(第 927 条、第 958 条);在这里,取得自主占有的行为被称为"意思表示"。虽然取得行为不是技术意义上的处分行为,因为取得人并不是在处分。[13] 但是,取得行为与上述处分一样,也不需要具备原因行为;而由于取得行为具有单方面性,因此它根本就不可能提供[双方]约定这种原因行为的机会。

---

〔12〕 如《联邦最高法院民事裁判集》第 45 卷,第 210 页之案例。

〔13〕 参见上文边码 208。

第四节 其他分类

219 我们还可以以其他方式来划分法律行为。如可以区分有偿行为(entgeltliche)和无偿行为(unentgeltliche Geschäfte)。不过这种划分对于民法总则来说没有什么意义。此外,我们也还可以根据法律行为所属的不同法律领域(Rechtsgebiet)来分类,即将法律行为分为债法上的行为、物权法上的行为、亲属法上的行为和继承法上的行为。不过,对这些法律行为适用这些法律领域的有关特殊规定,因此在讨论这些法律领域时再作探讨才有意义。

第二十章　分离原则和无因原则

参考文献：拜尔勒(Beyerle)：《物权合同》，载《古·伯默尔(G. Boehmer)纪念文集》，1954年，第164页以下；勃兰特(Brandt)：《所有权取得与交易行为》，1940年；冯·克默雷尔(von Caemmerer)：《比较法与动产所有权移转》，载《拉贝尔(Rabel)外国私法与国际私法杂志》第12卷，1938年，第675页以下；费拉里(Ferrari)：《从无因原则和合意原则到交付原则》，载《欧洲私法杂志》1993年，第52页以下；基夫纳、拉尼耶里、卢伊格、米勒－弗赖恩费尔斯(Kiefner, Ranieri, Luig, Müller-Freienfels)文，载科英－威廉(Coing-Wilhelm)编：《19世纪的私法科学与法典编纂》，第二卷，1977年；哈贝迈尔(Habermeier)：《分离之思维》，载《民法实务档案》第195卷，1995年，第283页以下；黑克(Heck)：《无因的物权法律行为》，1937年；雅尔(Jahr)：《论交付之法律原因》，载《萨维尼罗马法杂志》第80卷，1963年，第141页以下。也请参见《民法实务档案》第168卷，1968年，第9页，第14页以下；尧尔尼希(Jauernig)：《分离原则和无因原则》，载《法学教育》1994年，第721页以下；弗·彼得斯(F. Peters)：《买卖和所有权移转——论所谓的无因原则》,载《法律学习》1986年,第449页以下;罗特尔(Rother):《以无因之法律行为为履行》,载《民法实务档案》第169卷,1969年,第1页以下;克·施赖伯-克罗伊茨(K. Schreiber-Kreutz):《无因原则》,载《法律学习》1989年,第617页以下;施塔德勒(Stadler):《形成自由与以无因性确保交易保护》,1995年;哈·彼·韦斯特曼(H. P. Westermann):《论法国和德国民法中的原因》,1967年;也请参见克格尔(Kegel)文,见第19章边码202所列参考资料。

上文分析了负担行为和处分行为、有因行为和无因行为之间的区别。[1] 现在来探讨一下这两类行为之间的关系。

第一节　分离原则

220 在履行负担行为时还需要从事另一项行为——即处分行为——,这个原则绝对不是理所当然的。因为在日常生活用语中,甚至在法律工作者简略式的表达方式中,买卖行为和移转所有权行为二者往往是混杂在一起的。把自己称为某项物件的"买受人"者,一般并非仅指债权行为,而且想说明自己通过买卖行为而成为该买卖物的所有权人。对买卖行为和所有权移转行为的区分源自分离原则。那么,这种区分是否只是一种法学上的咬文嚼字呢?

221 一、首先,我们可以用适用于物权法上的处分行为的公示性原则(Publizitätsprinzip)[2] 来消除这些疑虑。如果买卖合同一经订立(或者更一般地说:所有权移转的负担行为一经成立),而在第

〔1〕 参见上文边码207以下。
〔2〕 参见上文边码211。

三人对此一无所知的情况下，所有权无需登记或无需交付即得以移转于买受人（债权人），那么，公示性原则就无法维护了。

然而，这一论据只有在买卖客体是土地（Gründstücke）时才能够真正令人信服。的确，如果所有权无需登记就能够移转，因而登记只具有一种宣示性效力，那么土地登记簿册的正确性就得不到保障了。与此相反，在动产方面，依第930条、第931条规定，交付本来就可以为看不见摸不着的设定或转移间接占有所代替。因此在这里，公示性原则几乎没有任何价值。在权利买卖，即如在出卖债权的情况下，履行行为大多以简单的让与方式（第398条）为之。这里根本就不适用公示性原则。所以，公示性原则的存在，并不能构成需要设置一种特别的处分行为的重大理由。

二、除了此项源于公示性原则的论据外，还可举出另外一项理 222
由。在债务客体还没有具体加以确定，或者它不在债务人那里的情况下，对负担行为的自动履行就必然会落空。这里所称的第一种情形是种类之债（Gattungsschuld）和金钱之债（Geldschuld），第二种情形是购备之债（Beschaffungsschuld）。在第一种情形，债务人并不是针对特定的客体负有义务，因此也无法径自对特定客体的权利内容进行变更（如移转所有权）。在第二种情形，债务人虽然可以特定的客体承担义务，但是在该客体属于债务人之前，债权人和债务人不得以订立合同的形式，在没有权利人参与的情况下侵夺该权利人的权利。

可见，在种类之债、金钱之债和购备之债，仅仅订立买卖合同还不足以使所有权发生转移。我们还需要从事另外一项行为，才能使处分的效力发生。当然，该项行为并不一定是与债权人订立的合同；债务人对债的具体化行为或购备标的物的行为，也有可能成为这样一项行为。但是订立合同的要求自有其合理的理由。这样，债权人就能够对债务人用以履行的标的物进行检查。所以，德国民法典采纳需订立独立的处分合同的主张，即采纳分离原则，至少是站得住脚的,或许还是应优先加以选择的。

223 三、分离原则的优点是明显的(Vorteile deutlich)。它允许当事人对负担行为的效果以及处分行为的效果规定不同的条件。例如在所有权保留(Eigentumsvorbehalt)买卖行为(第455条)中,双方订立买卖合同时不附有条件,而对所有权移转行为则附有延缓条件,即[买受人]全部支付价金。分离原则使当事人有可能约定这种内容以及作出其他有意义的约定。

第二节　无因原则

无因原则的程度还要超过分离原则。

一、内容

224 对负担行为和处分行为作观念上的分离,并不会改变法律现实,即处分行为通常是对负担行为的履行。因此,在此类情形,我们就容易倾向于把负担行为的有效成立作为处分行为发生效力的前提。据此,如果买卖合同因不合意(第154条)而没有有效成立,那么向买受人交付买卖物的行为,也不能使买受人取得物的所有权。

无因原则[3]的内容则恰恰与上述结论相反。处分行为应当不问其是否基于某项有效的负担行为,而自行发生效力(Verfügungen sollen unabhängig davon wirken, ob ihneneine wirksame Verpflichtung zugrunde liegt)。民法典在有关处分行为的规定(如第398条、第873条、第929条及以下条款)中,没有将负担行为的有效成立作为处分行为的有效要件,以此表明其采纳了无因

〔3〕 绝大多数外国私法中都不存在无因原则。茨威格特-克茨(Zweigert-Kötz)在其《比较法导论》(第1版,第1卷,第15章)中将无因的物权合同称为“德意志法系的典型特征”。

原则。“当事人在订立物权合同时，可能以各类法律原因作为前提，或者当事人以之为前提的法律原因不存在甚或无效，物权合同的生效皆不因这些因素而排除。”〔4〕

无因性有外在的无因性和内在的无因性之分。〔5〕外在的无因性（äuBere Abstraktion），即处分行为的效力不以该行为以外存在的负担行为的效力为前提。内在的无因性，或称内容上的无因性，是指处分行为本身在内容上也是无目的的。这就是说，处分行为的当事人无需就给予财产行为的目的达成一致。例如，如让与人把一笔金钱作为消费借贷交给取得人，而取得人作为赠与予以受领，则金钱上的所有权移转行为仍然是有效的。不过，这种情形在实践中几乎不可能出现。对这个问题，罗马的法学家就有不同的看法了，有关的答案至今依然难以定论。 225

二、原因

无因原则是以这样一种想法为出发点的：只有在权利的让与人是权利人的情况下，权利的继受取得（传来取得）才能肯定成功。这即是说，要想从他人那里取得权利，就必须确认自己的前手享有此项权利。如果该前手本身又是从他人那里继受取得权利的，那么[取得人]还必须对此项取得行为以及再前手是否享有权利进行审查。假设某件物品的最初生产者 A（他是所有权人无疑）将该物转让给 B，B 又转让给 C，现在 C 要把这件物转让给 D。这时，D 就也必须考察 B 和 C 取得权利的情况。权利取得行为可能不发生效力的原因越多，进行这种考察就越难。同时，如权利取得行为的基础原因行为无效，则权利取得行为的无效性概率就越 226

〔4〕《立法理由书》第 1 卷，第 127 页，即穆格丹（Mugdan）编：《德国民法典资料总汇》，1899 年/1900 年，第 1 卷，第 422 页；《德国民法典第一草案》第 829 条就是这样明确规定的。

〔5〕参见博伊廷（Beuthien）：《债务关系中的目的达成与目的障碍》，1969 年，第 286 页以下。

大。因为这样一来,本来仅仅导致原因行为无效的事由,同时也会使取得行为无效。在上面所举的例子,D 也必须考察 A 和 B 之间、B 和 C 之间是否存在有效的原因行为。

无因原则旨在使取得人可以不必对其前手们之间的原因行为进行考察。这些原因行为的无效,不应影响让与人享有权利。民法典旨在通过无因原则,维护法律交往的方便性和安全性。〔6〕

三、意义

227 无因原则的意义,比依上文分析可得出的意义要小得多,可能也比民法典制定者所设想的意义要小得多。

(一)如原因行为有瑕疵,则在原因行为当事人之间的关系上,无因原则并不能产生取得人虽无有效的原因行为也能保留其所取得权利之后果。即使不存在瑕疵同一性情形,〔7〕取得人也必须依第 812 条第 1 款第 1 句第一种情形,将"无法律上的原因"所取得的东西予以返还,亦即将其所取得的东西的所有权,回复移转给提出返还主张的让与人。

在双方都已履行的买卖行为中,无因原则的意义如下:买卖合同虽然无效,出卖人移转买卖物所有权的行为依然有效,买受人移转价金所有权的行为同样有效。在这种情况下,不能适用所有权人要求返还所有物的请求权(第 985 条),因为出卖人既已交出其所有物,就丧失了所有权,因此不能再作为物的所有权人要求返还。这里应适用旨在回复移转所有权或偿还价额(第 818 条第 2 款)的不当得利返还请求权(第 812 条)。如果买受人在得到标的物后宣告破产,出卖人不得将该标的物作为其所有物,从破产财团中予以别除(《破产法》第 43 条)。该标的物属于破产债务人所

---

〔6〕《立法理由书》第 3 卷,第 6 页以下,即穆格丹(Mugdan)编:《德国民法典资料总汇》,1899 年/1900 年,第 3 卷,第 4 页。

〔7〕参见下文边码 231 以下。

有,因此必须作为破产财团(即为全体债权人利益)的一部分予以变卖。出卖人仅仅享有一项用破产份额来履行的金钱请求权。

228 (二)即使在取得人与让与人之前手之间的关系上,无因原则的意义也是微乎其微的。因为取得人不仅仅可以从权利人那里取得权利(特别是依第932条及以下条款、第892条及以下条款、第2366条),而且也能够从非权利人那里善意取得权利。取得人只有明知其前手不具有处分权时才会影响其善意取得(如第892条,第2366条),那么无因原则的作用仅仅在于减少此类无处分权情形的发生。而如果取得人因重大过失而不知道[其前手不具有处分权]即可影响其善意取得(如第932条及以下条款),那么无因原则虽然能够限制取得人对履行行为的考察义务,但是由于法律交易本来就几乎不对处分行为和负担行为作区分,[8]因此这种限制的实际意义也是微乎其微的。

229 在(几乎)不存在从非权利人处善意取得权利的可能性时,亦即在债权让与方面(第398条及以下条款),无因原则似乎才具有意义。不过在普通的债权中,一般不会出现那种对无因原则的基本思想有决定性意义的让与链。[9] 如当事人例外地想采用这种让与链,则一般都开具有价证券,如汇票或无记名债券。债权只有通过有价证券才具有流通性。而一旦出具有价证券,同时也就出现了从非权利人那里取得权利的可能性,因此这里的法律状况相似于上述物之法律状况。

四、法律政策方面的疑虑

230 无因原则经常遭到抨击。[10] 从结果来看,受到批评的主要是上文边码227所论述的出卖人所面临的糟糕局面。在买受人破产

〔8〕 参见上文边码220。

〔9〕 参见上文边码226。

〔10〕 参见弗卢梅(Flume):《德国民法总论》第2卷,§12,脚注32所列文献。

时,以及在买受人的其他债权人对其个别财产进行强制执行时,出卖人丧失了他的物,而只能得到一项以破产份额为限的不当得利请求权。然而这一批评意见往往忽略了买受人这个方面。买受人就其支付的价金而言,通常也会陷入与出卖人同样的困难。而且即使没有无因原则,买受人也会面临这种困难。在通常情况下,买受人支付给出卖人的现金进入出卖人的现金库存中,与其他现金发生混合而无法分辨,所以买受人至少根据第 948 条、第 947 条第 2 款丧失了对其现金的所有权。如果买受人是以非现金方式支付的(如通过银行汇款),那么在出卖人破产时,买受人也不享有优先权。既然买受人仅仅享有一项以破产份额为限的不当得利请求权,那么以相同的方式对待出卖人就并非有失公平了。

这个论据就是“对称说”(Symmetrieargument)。在出卖人以信用交货,亦即在买受人支付价金之前就向其提供货物的情形,对称说似乎就不能令人信服了,因为不利后果是由出卖人单方面承担的。不过在此类情形,出卖人通常都对货物的所有权进行保留,保留行为使出卖人免受损失。

无因原则与可推测的当事人意思是相悖的。因为当事人既然有效地承担了义务,一般也都想有效地把东西交付给对方。虽然这种看法是正确的,但是法律无疑也可以无视可推测的当事人意思(例如在第 538 条中,法律没有问及出租人和承租人是否真正具有[出租人必须]对租赁物自始存在的瑕疵承担无过错责任的意思)。无因原则并不会影响当事人真正的意思。[11]

总体上看,反对无因原则的论据并没有如此重大的份量,以致我们可以将无因原则视为一种明显的失策。[12]

---

〔11〕 参见下文边码 239。

〔12〕 持同样看法者如弗卢梅,同前引书,§12III3,第 177 页;鲍尔-施蒂尔纳(Baur-Stürner):《物权法》,§51VIII1。

五、无因原则的效力限制

（一）瑕疵的同一性

如存在同一个瑕疵，即负担行为和处分行为出于同样一个原因而无效，则无因原则不发生效力。处分也是通过法律行为而实施的，因此处分也可能受到无效因素的影响。无因原则的意义是，处分行为并不仅仅因为负担行为的无效而无效。我们不能误解无因原则的意义，即认为无因原则是为了在任何情况下都保证处分行为有效。 231

在这种瑕疵同一性的成立方面，各类无效原因之间存在着重大的区别。这里列举几项重要的无效原因。

1. 行为能力瑕疵（Mängel der Geschäftsfähigkeit，第 104 条及以下条款）通常对负担行为和处分行为都能产生影响。如果在负担行为和处分行为之间存在时间上的距离，行为能力可能在这段时间中已经发生了变化。例如，行为人已经达到了成年人的年龄，或者对精神活动的暂时干扰已经结束（第 105 条第 2 款）。在这种情况下，已经具有完全行为能力的行为人所作出的处分行为，可以构成一项对起初无效的负担行为的追认（第 108 条第 3 款）或确认（第 141 条）。 232

如果处分行为的取得人一方是一个限制行为能力人（如一个 17 岁的未成年人），就可能产生特殊的问题。由于处分行为仅对未成年人产生法律上的利益（第 107 条[13]），因此处分行为应当是有效的。

2. 错误（Irrtümer，第 119 条及以下条款）在负担行为和处分行为中都可能发生。处分行为中的错误，即如买受人拿错了东西，把一张不想给出的钞票交给了出卖人；或出卖人搞错了纸箱，把买卖标的物以外的其他商品寄给了买受人。然而这种错误不属于瑕疵 233

---

〔13〕 参见下文边码 566。

同一性,因为在负担行为中大多是发生了另外一种错误。只有在例外的情况下,才会在具有法律意义的错误中出现瑕疵同一性。例如,在负担行为以及在履行行为中,行为人对标的物的某项重要性质发生了错误(第 119 条第 2 款)。在一般情况下,内容错误仅限于负担行为;而在履行行为中,往往正是强调行为的正确。[14]

234 3. *恶意欺诈和非法胁迫*(Arglistige Täuschung und widerrechtliche Drohung,第 123 条及以下条款)往往会产生瑕疵同一性。如果因欺诈而产生的错误或因胁迫而出现的窘境,在进行处分行为时依然存在着,那么就永远具备这种瑕疵同一性。然而,瑕疵同一性绝对不是必然存在的。特别是欺诈人或胁迫人自己作出的处分行为,当然是不能根据第 123 条予以撤销的。如果处分前错误已经得以澄清,但却依然要进行处分的,则可以考虑予以确认(第 144 条)。

235 4. *在形式瑕疵*(Formmängel,第 125 条及以下条款)中,关键要看有关形式规定适用于哪一种行为。大多数形式要求或者仅适用于负担行为,或者仅适用于处分行为。如第 313 条仅适用于负担行为,第 925 条仅适用于处分行为。在这种情形就不能适用瑕疵同一性。即使两条形式规定都没有得到遵守,这时存在的也是两种不同的、互不依赖的瑕疵。

236 5. 与形式瑕疵相似,在*违反法律禁令*(Verbotsgesetze,第 134 条)情形,关键要看法律旨在禁止哪些行为类型。如果法律既旨在禁止负担行为,也旨在禁止履行负担行为之处分行为——这种情况是比较常见的——,那么就存在瑕疵同一性。不过在还存在另外一项处分行为的情况下,这里也有可能出现问题。例如,《麻醉品法》禁止人们从事麻醉品交易行为。根据此项禁令,有关麻

---

〔14〕 如下文边码 745 所举的"25 乘 12 打卫生纸"案例:Gros 的意思究竟是什么,在后来交付商品时就清楚了。

醉品买卖的债法上的合同以及有关麻醉品所有权移转的物权法上的合同,无疑都是无效的。但是,此项禁令是否也涉及另一项物权法上的合同呢,即作为价金支付的现金的所有权移转合同?〔15〕 这个问题,与第138条中出现的问题是相同的。〔16〕

6. 在违反善良风俗之法律行为(sittenwidrige Rechtsgeschäfte,第138条)中,瑕疵同一性问题产生的困难最大。例如,合同虽然违反善良风俗,但支付金钱的行为是否也依第138条无效呢?虽然支付金钱行为本身与违反善良风俗是毫无关系的。对这个问题,下文边码712在论及第138条的内容时再作分析。 237

7. 隐藏的不合意(versteckte Dissens,第155条),在通常情况下仅限于负担行为。在这里几乎不可能出现瑕疵同一性的情况。 238

(二)处分行为附有条件

在处分行为可以附有条件的情况下,当事人也可以约定将负担行为的有效性作为[处分行为生效的]条件。这一点对于转让债权以及移转动产所有权来说是没有问题的。但由于有第925条第2款的规定,因此对于不动产所有权之移转合意,不得附有条件。〔17〕 239

如果认为应通过对处分行为作补充性解释(ergänzende Auslegung),才可得出处分行为附有条件的结论,那么就会出现难题了。有些学者认为无因原则在法律政策上是一种失策,〔18〕因而赞成在相当广泛的范围内适用这样一种解释方法。我认为这种观点是值

---

〔15〕《联邦最高法院,新法学周报》1983年,第636页中的刑事裁判对这个问题作出了肯定的回答[有关评论,参见施密德(Schmid)文,载《法学家报》1983年,第432页]。

〔16〕参见下文边码237,712。

〔17〕参见下文边码847。

〔18〕参见上文边码230。

得商榷的。民法典采纳无因原则，是为了维护交易的安全性，[19]即并没有顾及到当事人之可推测的意思。民法典的这一抉择虽然可能并不令人信服，但至少是站得住脚的。[20] 在没有具体的依据可用于认定当事人具有真正的、旨在[为处分]附有条件之意思的情况下，我们不能置民法典的这一抉择于不顾。特别是在当事人对负担行为的有效性没有疑问时，我们更不得通过解释，得出“处分行为以负担行为的有效为条件”的结论。[21]

240 根据上文分析，负担行为的有效性也不能被视作是处分行为的交易基础（Geschäftsgrundlage）。[22] 这种观点是与民法典采纳无因原则的决策相抵触的。

（三）行为的一体性

241 另外一种旨在弱化被认为是不幸的无因原则的方法，采用了第 139 条规定。[23] 在现金交易行为中，负担行为和处分行为在时间上是重合的，因此两种行为构成一个整体，亦即它们是单一的一项法律行为的两个部分。从第 139 条规定中可推知，在发生疑问时，负担行为的无效也使处分行为无效。

然而这种看法也是站不住脚的。它明显违反了分离原则。根据分离原则，负担行为和处分行为恰恰不是单一的一项法律行为，而是两项互不相同的行为。[24] 诚然，当事人在其私法自治范围内，也可以将若干项法律行为结合成一个整体，约定在一项行为无效时其他行为也不发生效力。不过，这样一种对负担行为和处分

---

〔19〕 参见上文边码 226。

〔20〕 参见上文边码 230。

〔21〕 弗卢梅，同上引书，§12II4，第 178 页。参见《联邦最高法院，新法学周报》1990 年，第 1913 页（现金所有权的移转）。

〔22〕 参见下文边码 863。

〔23〕 参见下文边码 504。

〔24〕 参见上文边码 220 以下。

行为的结合，就是上文边码 239 所论及的［将负担行为的有效性作为处分行为发生效力的］有效性条件。因此，在没有具体的依据可用于认定当事人具有这方面意思的情况下，我们同样不能认为当事人作出了这种结合行为。[25]

在货币兑换行为中，或许可以认为当事人作出了这种合二为一的行为。例如，如有人把一张 10 马克的钞票交给对方，要求兑换成两枚 5 马克的硬币，则他只是为了获得硬币才移转钞票所有权的。[26] 不过在这里，一项处分行为也并不是以一项负担行为为前提的，而是以另一项处分行为为前提的。

〔25〕 弗卢梅看法相似，见同上引书，§12，III，4，第 178 页；艾森哈特（Eisenhardt）的观点有异，参见其刊登在《法学家报》1991 年，第 271 页上的文章。

〔26〕 参见弗卢梅，同前引书，第 179 页。

第二部分

意思表示的成立与内容

第二十一章　法律行为与意思表示

参考文献：贝尔-考佩特(Bär-Kaupert)：《社会典型行为所生之债法上的义务》，1970年；贝尔曼(Bärmann)：《关于生活必需品供应的类型化的民法秩序》，1948年；贝蒂(Betti)：《论所谓事实上的债务关系》，载《莱曼(Lehmann)纪念文集》第1卷，1956年，第253页以下；伯尔纳(Börner)：《能源法中的事实合同》，载《尼佩代(Nipperdey)纪念文集》第一卷，1965年，第185页以下；布雷默(Brehmer)：《意思和表示》，1992年；艾森哈特(Eisenhardt)：《论意思表示的主观事实构成》，载《法学家报》1986年，第875页以下；埃塞尔(Esser)：《对事实上债务关系理论的思考》，载《民法实务档案》第157卷，1958/1959年，第86页以下；吉森(Giesen)：《解决有瑕疵法律行为中冲突的原则》，载《法律学习》1989年，第57页以下；豪普特(Haupt)：《论事实上的合同关系》，1941年[也刊登在《西贝尔(Sieber)纪念文集》第二卷，1943年，第1页以下]；赫恩(Hönn)：《论有瑕疵的合同关系问题》，载《劳动法杂志》1987年，第61页以下；海·许布纳(H. Hübner)：《以意思表示的归属代替意思表示的拟制》，载《尼佩代纪念文集》第一卷，1965年，第

373 页以下;卡杜克(Kaduk):《合同与社会典型行为》,载《法学评论》1968 年,第 1 页以下;克尔曼(Kellmann):《社会典型行为所生之债务关系》,载《新法学周报》1971 年,第 1 页以下;肯德根(Köndgen):《没有合同的自我约束》,1981 年[有关评论,参见克拉默(Kramer)文,载《民法实务档案》第 182 卷,第 469 页以下];兰布雷希特(Lambrecht):《事实上的合同关系学说》,1994 年;拉伦茨(Larenz):《通过社会典型行为发生债务关系》,载《新法学周报》1956 年,第 1897 页以下;同一作者:《社会典型行为作为负担原因》,载《德国法官报》1958 年,第 245 页以下;海·莱曼(H. Lehmann):《"事实上的"合同关系》,载《耶林民法学理论年刊》第 90 卷,1942 年/1943 年,第 131 页以下;同一作者:《事实上的合同关系》,载《新法学周报》1958 年,第 1 页以下;尼基施(Nikisch):《论"事实上的合同关系"》,载《德勒(Dölle)纪念文集》第一卷,1963 年,第 79 页以下;尼佩代(Nipperdey):《事实上的合同关系?》,载《德国法月刊》1957 年,第 129 页以下;赫·罗特(Herb. Roth):《事实上的合同》,《法学教育学习材料》,1991 年,第 89 页以下;卡·施密特(K. Schmidt):《"有瑕疵的公司"与一般团体法》,载《民法实务档案》第 186 卷,1986 年,第 421 页以下;克·施赖伯(K. Schreiber):《社会典型行为》,载《法律学习》1988 年,第 219 页以下;西伯特(Siebert):《事实上的合同关系》,1957 年;斯·西米蒂斯(Sp. Simitis):《事实上的合同关系作为私法法律制度社会功能已经发生变化的表达方式》,1957 年[有关评论,参见巴勒施泰特(Ballerstedt)文,载《民法实务档案》第 157 卷,第 117 页以下];辛格(Singer):《有瑕疵的意思表示的生效原因及法律后果》,

载《法学家报》1989 年，第 1030 页以下；塔舍（Tasche）：《订立无效合同以后的合同关系》，载《耶林民法学理论年刊》第 90 卷，1942 年/1943 年，第 101 页以下；维亚克尔（Wieacker）：《意思表示与社会典型行为》，载《策勒州高等法院纪念文集》，1961 年，第 263 页以下。也请参见下文边码 256 之前所列参考文献。

第一节　民法典的表达方式

242 一、民法典总则编第三章（第 104 条及以下条款）的标题是“法律行为”（Rechtsgeschäfte）。但是，法律在第 105 条第 1 款、第 107 条中使用的就不是“法律行为”，而是“意思表示”（Willenserklärungen）了。一方面，第 111 条规定的是“法律行为的无效”。第 116 条至第 124 条使用的又是“意思表示”，而第 125 条、第 134 条、第 138 条及以下条款使用的则是“法律行为”。民法典如此跳跃式地混用这两个概念，说明法律行为和意思表示这两个概念之间的区别微乎其微。这一点在下面的事实中表现得更加清楚：根据第 119 条、第 120 条和第 123 条的规定，某些具有瑕疵的意思表示应当是可以撤销的；而第 142 条规定的则是可撤销的和已经撤销的“法律行为”。[1]

《立法理由书》写道：“就常规言，意思表示与法律行为为同义之表达方式。使用意思表示者，乃侧重于意思表达之本身过程，或者乃由于某项意思表示仅是某项法律行为事实构成之组成部分而已。”[2]

---

〔1〕 参见莱嫩（Leenen）文，载《法律学习》1991 年，第 393 页。

〔2〕 《立法理由书》第 1 卷，第 125 页，即穆格丹（Mugdan）编：《德国民法典资料总汇》第 1 卷，第 421 页。

二、在一项法律行为必须有若干项意思表示才能成立[3]的情况下，即如在合同情形，区分法律行为和意思表示才具有意义。合同的成立，必须具有两项意思表示，即要约和承诺。[4] 不过，如果这两项意思表示中有一项不成立，那么法律行为本身也就不成立。就此而言，第 142 条第 1 款可以说“法律行为”（即合同）被撤销，尽管依据第 119 条、第 120 条和第 123 条，通常只有两项意思表示中的一项（要约或承诺）中才存在撤销的原因。 243

第二节　无需意思表示之法律行为

一、出发点

不言而喻，法律关系是能够在没有意思表示的情况下成立的。 244 这些法律关系，就是所谓的法定法律关系，如无因管理（第 677 条及以下条款）、不当得利（第 812 条及以下条款）以及侵权行为（第 823 条及以下条款）等法定债务关系即是。在此类法律关系中，法律犹如对其自身规定的法律后果的正确性提供了担保，因此不再需要问及当事人意思。相反，在法律行为中，没有意思表示，法律行为似乎就不可能成立。既然法律行为之所以产生后果，是因为行为人希冀这种后果发生，[5]那么就必然存在这样一种意思。此外，这个意思还必须以某种方式表达出来，因为否则该意思是无法引起法律后果的。所以，看来法律行为的必要前提，是至少具有一项意思表示。这一点，无疑也是民法典的出发点。

二、产生于社会典型行为的法律行为

（一）人们经常将某种典型的行为理解为对意思的（可推断的） 245

---

〔3〕 参见上文边码 203 以下。

〔4〕 参见下文边码 356 以下。

〔5〕 参见上文边码 174 以下。

表示。[6] 例如,登上一辆公共汽车,说明行为人愿意订立一项运送合同;将钱币投入一台自动售货机,说明行为人愿意购买其所选商品;等等。但是,如果行为人明确表示不希望其行为的典型意义发生,那么我们就似乎难以将此种行为理解为意思表示了。同样地,如果行为人缺乏必要的行为能力,则从对行为典型意义所作的解释中,似乎也无法得出该行为是一项有效的意思表示的结论。在此类情形,法律行为上的后果(即如合同的成立)是不存在的;因此只有可能产生法定的法律后果。然而学者们对这种主张提出了越来越激烈的批评。

246 (二)不顾[行为人]表达出来的意思而认定存在一项法律行为的典型案例,是《联邦最高法院民事裁判集》第 21 卷,第 319 页上刊登的判决。1953 年,汉堡市宣布将市政厅广场的一部分改为由人看管的收费停车场。一家私人企业接受委托对停车场进行看管。市政厅广场的相关部分用"需缴纳停车费用并由人看管"的字样标明。一名驾车人把他的汽车停放在收费停车场上,但拒绝接受看管服务,也拒绝为此支付报酬。他认为,在广场上停车仍然是一种无偿的公共使用行为。

247 1. 联邦最高法院援引了豪普特(Haupt)[7] 的观点,认为这里的合同成立。联邦最高法院指出,合同只能通过要约和承诺而成立的观点,已经不适应生活现实;除此之外,还存在以某项"社会的给付义务"为基础的"事实上的合同关系"。联邦最高法院得出的结论是:"在看管时间将特别标明的停车场地用于停车者,其停车的行为就可产生一种合同上的法律关系;根据此项法律关系,停车者负有根据停车费收费标准支付报酬的义务。至于停车者内心

---

〔6〕 参见下文边码 334 以下。
〔7〕 参见文献资料所列著述。

有何不同的想法，则在所不问，即使他已将此种想法表达出来亦同。”[8]

在本案中，法院之所以认定产生法律行为上的后果，并不是因为行为人希冀这种后果产生，而是因为法院认为这种法律后果是适当的。对其他一些带有公法性质的给付关系，法院作出了类似的判决。如使用电力[9]，公共汽车业主使用公共汽车站[10]，接受供暖[11]等。甚至在无需形式的确定农地继承人行为中，联邦最高法院也引用了“社会典型行为”。[12]

在这些判决出台之初，人们普遍认为（以及担忧）它们会给法 248
律行为学说产生一种爆炸力。然而，这种爆炸力没有得到进一步发展。联邦最高法院在“航空旅游案判决”[13]中，就拒绝了［原告因对方未购票即登机旅行而］依据合同要求获得报酬的请求权。法院认为，社会典型行为的规则仅仅适用于“现代化的大批量交易”，而不适合于航空交通。这样，前面提到的大部分判决同时也就失去了存在的基础。因为无论是供电企业，还是供暖企业，它们都与航空企业一样，对其顾客予以具名性的确定。只要行为涉及的金额比较高，这一原则大概就适用于所有领域。如果我的观察正确，即使是联邦最高法院最初作出的判决（匿名的停车行为，所

---

〔8〕《联邦最高法院民事裁判集》第21卷，第319页，第334页以下。

〔9〕《联邦最高法院民事裁判集》第23卷，第175页；林登迈尔－默林编（Lindenmaier－Möhring）：《联邦最高法院民事案件工具书》，民法典第145条之前，第7项。

〔10〕《联邦最高法院，新法学周报》1965年，第387页。

〔11〕《法兰克福州高等法院，德国法月刊》1970年，第843页。

〔12〕《联邦最高法院民事裁判集》第23卷，第258页，第261页。

〔13〕《亲属法杂志》1971年，第247页以下。这些内容并没有刊载在《联邦最高法院民事裁判集》第55卷，第128页。

涉金额可忽略不计)，〔14〕现在也已经消声匿迹了。法兰克福州高等法院的一项判决仍认为，从电网中获取电力的行为即可构成一项合同。〔15〕

249 2. 我以前一直认为可以用“相反事实抗议学说”(Lehre von der protestatio facto contraria)来解决此类案件。这一学说的依据是民法典第 242 条。根据该学说，某项现实的作为(如停车)，应当比针对法律后果(支付报酬义务)而未能达成一致的、单纯对法律后果口头上的抗议具有更强的表示意义。然而，首先，这一学说的适用范围并不是那么普遍的。〔16〕否则的话，任何一项在自助商店的盗窃行为，都会导致买卖合同的订立。对于“小偷”来说，可指责的并不是他的盗窃行为，而仅仅是他没有支付价金。其次，在上述汉堡停车场案中，停车场的使用者具有不履行其付款义务的良好理由。他指出，公众对停车场的无偿使用规定并没有有效地废除。这一理由在联邦最高法院的前一审级(汉堡州高等法院)还曾被采纳过。在这些情形下，使用者拒绝订立合同的行为，与违反善良风俗就相距甚远了。

250 今天，我倾向于通过类推适用第 612 条、第 632 条的规定来解

〔14〕《联邦最高法院民事裁判集》第 21 卷，第 319 页。参见迪尔歇尔撰《德国民法典评注》，第 104 条及以下条款之引言，边码 27 以下；许布纳(Hübner)：《德国民法总论》，边码 545，559。弗卢梅(Flume)对此说持特别坚决的拒绝态度，参见其《德国民法总论》第二卷，§ 82，第 97 页以下；拉伦茨(Larenz)的主张则要缓和些，参见其《德国民法总论》§ 28II，第 535 页以下。

〔15〕《法兰克福州高等法院，保险法》1989 年，第 271 页。现在，《联邦最高法院，保险法》1992 年，第 586 页没有回答这个问题；而《联邦最高法院，新法学周报》1996 年，第 3409 页则否认无许可合同使用管线的行为可构成合同。

〔16〕泰希曼(Teichmann)文，载《米夏埃利斯(Michaelis)纪念文集》，1972 年，第 295 页；赫·克勒(H. Köhler)文，载《法学家报》，1981 年，第 464 页。比德林斯基(Bydlinski)也早就提出了相同的看法，参见其著作《私法自治》，1967 年，第 94 页。

决此类在匿名的大众交易中发生的案件。[17] 如果支付报酬的义务是合法存在的，那么利用相关服务的使用人不能（并且也不想）通过单方面的表示，排除这种付款义务。《联邦最高法院民事裁判集》第2卷，第319页中的停车场使用者，也是出于适当的理由认为付款要求不合理，才拒绝付款的。只有在某人明显地置身于法律之外（如盗窃商店物品的小偷）时，才应与合同所产生的利益和负担无涉。不过，他必须承担侵权法上的（和刑法上的！）法律责任。

（三）不来梅地方法院的一项判决[18]认为，即使是未成年人 251
（Minderjähriger），也可因社会典型行为而承担合同义务。在本案中，一名8岁儿童乘坐不来梅市的有轨电车游玩。法院认为，该儿童不仅应当支付票价，而且还应支付一般运输条件中规定的罚款。这一判决理所当然地受到了各界的严厉批评。[19] 因为裁减公共交通工具中的监督人员，不应产生连未成年人都得支付违约金的后果。

诚然，此类运输关系大多是由公法调整的。有关这方面的法 252
律特别规定，无有效车票乘坐交通工具的人，必须支付“数额更高的运输报酬”（或类似词句）。[20] 在《铁路交通条例》第12条、1970年2月27日的《关于有轨电车和公共汽车交通以及机动车定线班车交通的一般运输条件的法规》（《联邦法律公报》第1卷，第230页）第9条、《邮政旅游收费条例》第13条第2款中，都有此类规定。这些规定，可能想达到这样一个目的：不论是否存在有效的运输合同，都可收取罚款。但是，民法典对未成年人的保护制

〔17〕 参见本人著：《德国民法》，边码191。

〔18〕 《新法学周报》1966年，第1360页。

〔19〕 拉伦茨也拒绝这一判决，参见其著作《德国民法总论》，§28II，第535页以下。

〔20〕 参见特里特尔（Trittel）文，载《企业顾问》1980年，第497页以下。

度,并不能因这些规定而被彻底改变。由于有关行为能力的规则原则上也适用于公法,因此如果认为[立法者]授权对未成年人保护制度作如此深入的变革,那么这种授权必须明白无误地表达出来。而依我的看法,在上述那些规定所依据的法律中,并不存在这种授权。〔21〕

253 **三、已经开始履行的长期法律关系**

弗卢梅将上述案类称为“有轨电车乘坐法学”(Jurisprudenz der StraBenbahnfahrt)。与此不同的是另一类案例。此类案例涉及到某些长期债务关系,其中主要是公司关系(Gesellschaftsverhältnisse)*,此外还有(意义较小的)劳动关系(Arbeitsverhältnisse)。这些长期债务关系所依据的合同虽然存在瑕疵,但是仍然得到了履行。在这里,[法律行为]溯及既往的无

〔21〕 尧尔尼希(Jauernig)的看法与本人部分有异,参见其论文《机构使用与未成年人保护》,载《新法学周报》1972 年,第 1 页。反对尧尔尼希的观点者有:弗卢梅:《德国民法总论》第 2 卷,§13 1,第 182 页,脚注 1;温克勒·冯·莫伦费尔斯(Winkler von Mohrenfels)文,载《法学教育》,1987 年,第 692 页(对科隆基层法院和汉堡基层法院判决的评论,文载《新法学周报》1987 年,第 447 页和第 448 页)。此后不同意尧尔尼希观点的判决和学者有:《米尔海姆[鲁尔河畔]基层法院,新法学周报,民事判例汇编》1989 年,第 175 页;《沃尔夫斯堡基层法院,新法学周报,民事判例汇编》1990 年,第 1142 页;《亚琛基层法院,新法学周报,民事判例汇编》1993 年,第 317 页(违反禁止过度规定);哈德(Harder)文,载《新法学周报》1990 年,第 857 页。施塔克(Stack)不同意哈德的看法,参见施塔克文,载《新法学周报》1991 年,第 875 页。《联邦宪法法院,交通法汇编》(第 80 卷,1991 年,第 81 页)并没有对民法实体法问题作出判决。参见下文边码 590a 有关未成年人使用邮政设施的问题。

* 在德国法中,Gesellschaft 的概念既可以表示“合伙”,也可以表示“公司”。相应地,Personengesellschaft(人合公司)既包括民法上的“合伙”,也包括商法上的无限公司和两合公司。Personenhandelsgesellschaft(人合商事公司)则仅指无限公司和两合公司。fehlerhafte Gesellschaft 既可指有瑕疵的合伙,也可指有瑕疵的公司。Gesellschaftsverhältnisse 既可指合伙关系,也可指公司关系。同样,Gesellschafter 既可以是合伙人,也可以是股东。为简便起见,这里只用“公司”、“股东”等概念。——译者注

效性以及撤销之溯及既往的效力（第 142 条第 1 款），在很大程度上被排除了。法律行为的无效性，仅应针对未来主张，特别是通过终止表示来主张之。

联邦最高法院[22]是这样表述“有瑕疵的公司”学说的：“这些理由大致可以……归纳为：民法之无效后果和撤销后果，因具有溯及至法律行为订立之时的效力，因此一般不适用于公司关系。公司是一种以长期存在为目的的效能共同体。如果公司已经实际开始运作，当事各方已经提供了出资、购置了财产、利用了营利机会，特别是共同承担了风险，那么，如果要以溯及既往的效力径自将公司从法律生活中消除，并视公司为从来没有存在过，则必定会产生不可忍受的结果，而且也与有关法律规定之正确理解的宗旨不相符合。因此，如以此种法律关系的典型表现形式作为判断标准，则应认为，为保护股东利益计，在提出撤销原因或无效原因之主张之前，公司是有效存在的，除非出于公共利益方面或特定的、应受到特别保护的人员方面的重大原因，在法律上承认这种当事人意欲达成的，而且实际上也存在的状态是不合理的。在此意义上，适用这样一项原则，即有瑕疵的公司一般并非自始无效，而是在存在无效原因或撤销原因的情况下仅可针对未来而消灭。今天，此项原则业已成为公司法的一个稳定的组成部分。在今天已经达到的法律状态下，不应当也无需再以法律安全性为由，将这些原则的适用取决于个案的具体内容，也无需再审查偏离民法规则的做法是否出于某种紧迫的需要。” 254

然而，有瑕疵的公司绝不是完全没有法律行为基础。相反，首先必须要有某种约定，只是这种约定中的某项无效原因过去并没有完全受到重视。其次，即使某项无效原因并未完全受到重视，也 255

〔22〕《联邦最高法院民事裁判集》第 55 卷，第 5 页，第 8 页以下。

是有其界限的。这个界限就是:“违反重大的公共利益或者特定的、应受到特别保护的人员的利益”[23]。联邦最高法院列举的事例有违反法律(第134条)、特别严重地违反善良风俗(第138条)以及一个股东通过胁迫或欺诈(第123条)取得十分有利的利润份额或清算份额。这个学说的具体内容属于公司法[24]和劳动法[25]的研究范围。

第三节 自动化的意思表示

参考文献:最近的著述有:布雷姆(Brehm):《论自动化的意思表示》,载《尼德伦德(Niederländer)纪念文集》1991年,第233页以下;布尔特曼-拉恩(Bultmann-Rahn):《远程购物(Teleshopping)的法律问题》,载《新法学周报》1988年,第2432页以下;克莱门斯(Clemens):《电子化意思表示》,载《新法学周报》1985年,第1998页以下;道姆克(Daumke):《传真发送中的法律问题》,载《经济法杂志》1995年,第722页以下;埃布内特(Ebneth):《1992年以来传真法的发展》,载《法学家报》1996年,第507页以下;弗里切-马尔策(Fritsche-Malzer):《电子签名之意思表示的若干民法学难题》,载《德国公证人

〔23〕《联邦最高法院民事裁判集》第55卷,第5页,第9页。

〔24〕参见弗卢梅:《德国民法总论》,第1卷,第1册,§2,III,第13页以下;维德曼(Wiedemann):《公司法》,第1卷,§3 I2,第147页以下;屈布勒(Kübler):《公司法》,§25,第333页;格鲁内瓦尔德(Grunewald):《公司法》,1994年,边码148以下。所有这些著述都附有进一步的说明材料。

〔25〕如策尔纳-洛里茨(Zöllner-Loritz):《劳动法》,§11,II1b,第136页以下。也请参见《联邦最高法院,企业》1984年,第2707页;《联邦最高法院,企业》1987年,第1045页。根据前一项判例,在劳动合同中,因欺诈而撤销的行为在某种情况下可以产生溯及既往的效力。

杂志》1995年，第3页以下；吉勒斯(Gilles)：《远程营销(Telemarketing)的法律与实务》，载《新法学周报》1988年，第2423页以下；格罗斯费尔德(Großfeld)：《计算机与法》，载《法学家报》1984年，第696页以下；霍伊恩(Heun)：《电子化的意思表示》，载《计算机与法》1994年，第595页以下；赫·克勒(H. Köhler)：《自动化法律过程尤其是意思表示的问题》，载《民法实务档案》第182卷，1982年，第126页以下；同一作者：《用视屏图文进行法律行为》，载许布纳(Hübner)等编：《视屏图文的法律问题》，1986年，第51页以下；佩夫根(Paefgen)：《论坛：视屏图文——改变传统法律行为学说之挑战?》，载《法学教育》1988年，第592页以下；施米特曼(Schmittmann)：《论业务交易中的传真发送以及操纵的危险》，载《企业》1993年，第2575页以下；瓦尔登贝格尔(Waldenberger)：《在英特网上订立合同时对消费者保护的限制》，载《企业顾问》1996年，第2365页以下。以前的著述有：赖默·施密特(Reimer Schmidt)：《合理化与私法》，载《民法实务档案》1966年，第1页以下[有关评论，参见迪德里希森(Diederichsen)文，载《民法实务档案》1966年，第142页以下]。

在具有决定性意义的表示内容产生于数据处理设备的情况下，法律行为也显得与它的意思基础相割裂。在这里，至少不能直接看出法律行为与某种人类意思之间的联系。公共行政，包括财税管理，也面临着类似的问题。[26] 256

尽管如此，即使是最复杂的数据处理设备，也只能执行输入

〔26〕 参见《行政程序法》第37条第4款；《税捐法》第119条第4款。

进去的程序。由于程序是由人设计的,因此设备表达的内容,最终还是起源于人的意思。这里可能出现的问题是,如果在数据处理设备运作过程中出现了错误,是否可以依据第 119 条、第 120 条规定撤销(Anfechtung)。不过在绝大多数情况下,这种错误与不得行使撤销权的动机错误相同。[27] 这一点尤其适用于使用错误的数据资料或不正确的程序的情形。这些资料或程序与人脑产生动机的意义相同。[28] 相反,如果出现操作错误,有时可根据第 119 条第 1 款第 2 种情形,因表示错误行使撤销权。[29] 如果有个错误不仅仅出现在表示的准备过程中,而且原封不动地进入到了表示中去,而[表意人]"根本无意发出这一内容的意思表示"。[30] 那么,就事情的本质而言,这种错误与使用打字机打字时打错无异。因此,第 119 条以人类脑力活动过程为出发点的各种形式,也适用于自动化的意思表示。这样,有关自动化设备经营者就不能够过分任意地撤销其设备所表达的内容。

在视屏图文(Bildschirmtext, Btx-System)方面,特别是对于用视屏图文系统订立合同的行为,现在还几乎不存在法院判例。这里可能出现的主要是举证问题,如在无权利人或未成年人滥用视屏图文系统时应如何举证。[31]

自动化意思表示方面的另一个问题具有越来越重要的实际意

〔27〕 参见赫·克勒(H. Köhler)文,载《民法实务档案》第 182 卷,第 126 页,第 134 页以下。

〔28〕 参见下文边码 744。

〔29〕 参见下文边码 746。

〔30〕 参见《汉姆州高等法院,新法学周报》1993 年,第 2321 页。

〔31〕 参见博尔苏姆 – 霍夫迈斯特(Borsum-Hoffmeister)文,载《新法学周报》1985 年,第 1205 页;雷德克(Redeker)文,载《新法学周报》1984 年,第 2390 页;同一作者文,载《企业》1986 年,第 1057 页;维·贝格(W. Berg)文,载《法学家报》1985 年,第 401 页,第 402 页;梅卢利斯(Mellulis)文,载《德国法月刊》1994 年,第 109 页。

义。这个问题就是如何确定其对受领人的表示内容（Erklärungswert für den Empfänger）。由于此类意思表示（如电费帐单、纳税通知书）以数码方式作成，因此往往很难读懂。[32]

---

〔32〕 参见下文边码332。

第二十二章　意思表示的发出与到达

参考文献：贝恩(Behn)：《以挂号信之书面方式发出的意思表示的生效：论留下通知单的意义》，载《民法实务档案》，第178卷，1978年，第505页以下；冯·布卢默(von Blume)：《耽误受领意思表示》，载《耶林民法学理论年刊》第51卷，1907年，第1页以下；布劳泽(Brause)：《商事案件中商人信函的到达》，载《新法学周报》1989年，第2520页以下；布林克曼(Brinkmann)：《意思表示的到达》，1984年［有关评论，参见迪尔歇尔(H. Dilcher)文，载《民法实务档案》第186卷，第301页］；布伦(Brun)：《死后意思表示》，载《法律学习》1994年，第291页以下；迪尔歇尔(H. Dilcher)：《意思表示的到达》，载《民法实务档案》第154卷，1955年，第120页以下；海斯克(Heiseke)：《要式意思表示的到达》，载《德国法月刊》1968年，第899页以下；约翰(John)：《关于需受领的意思表示的生效的基本问题》，载《民法实务档案》第184卷，1984年，第385页以下；容(Jung)：《以口头方式向中间人表达的意思表示的生效》，载《民法实务档案》第117卷，1919年，第73页以下；坎托罗维奇(Kantorowicz)：《到达概念之方法论研究》,1917 年;克林米勒(Klingmüller):《意思表示在无人居住房屋中的到达》,载《保险法》1967 年,第 1109 页以下;莫里茨(Moritz):《解雇信函交给雇员房东的效力》,载《企业顾问》1977 年,第 400 页;安·罗特(A. Roth):《意思表示死后到达的问题》,载《新法学周报》1992 年,第 791 页以下;施瓦茨(Schwarz):《受领转达人拒绝受领意思表示时为不到达吗?》,载《新法学周报》1994 年,第 891 页以下;蒂特克(Tiedtke):《作成公证书之追认行为的到达及到达的必要性》,载《企业顾问》1989 年,第 924 页以下。

第一节　概　　述

意思表示的发出和到达的意义,在于意思表示是否生效以及在什么时候生效。

一、法律加以规定和未加规定的内容

民法典第 130 条至第 132 条的规定显然是不完整的。特别是 257
第 130 条第 1 款第 1 句虽然规定了意思表示的发出和到达,但却限于向非对话人发出的意思表示。

(一)法律仅仅规定(geregelt)了下列问题:

1. 发出的效力(Wirkung der Abgabe)。意思表示发出后,其生效不受表意人事后死亡或丧失行为能力的影响,第 130 条第 2 款。

2. 到达的效力(Wirkung des Zugangs)。如意思表示系向非对话人发出,则向他人或向行政机关发出的意思表示一经到达即生效,第 130 条第 1 款第 1 句、第 3 款。

3. 在上述条件下,意思表示的到达同时指明了意思表示可以被撤回(widerrufen)的时间,第 130 条第 1 款第 2 句。

4. 第131条、第132条规定了向不具有完全行为能力的人以及向不认识的人发出意思表示(Erklärung an einen nicht voll Geschäftsfähigen und einen Unbekannten)的特殊规则。

258 (二)法律没有对下列问题加以规定(ungeregelt):

1. 意思表示发出和到达的具体要求(im einzelnen erforderlich)是什么?

2. 向对话人发出(unter Anwesenden)的意思表示如何生效?

3. 不需要向对方发出的(nicht einem anderen gegenüber abzugeben)意思表示如何生效?

二、需要受领作为标准

259 对需受领的意思表示和无需受领的意思表示的区分,是第130条至第132条规定的基本出发点。

(一)在通常情形,意思表示是需要受领(Empfangsbedürftigkeit)的。由于意思表示旨在相互沟通,因此意思表示的相对人至少必须知道意思表示的内容。民法典一般以“相对于”他人发出的意思表示为必要,来表达意思表示的须受领性。例如,第143条对于撤销、第146条对于承诺或拒绝要约、第167条第1款对于授予代理权、第182条第1款对于同意,第388条第1句对于抵销,都是以“相对于”或类似用语来表达有关意思表示必须受领,这方面的规定还有许多。

在其他情形下,意思表示的需要受领产生于事实上的必要性。例如,第145条虽然没有明文规定,要约必须“相对于”意念中的合同对方当事人发出;但是,由于该当事人应当对要约作出反应(承诺或拒绝),因此其受领要约的行为几乎是无法避免的。

260 (二)仅有少数意思表示例外地无需受领(nicht empfangsbedürftig),如悬赏广告(第657条)、动产所有权的抛弃(第959条)和遗嘱(第2229条以下)等。此类意思表示之所以无需受领,是因为这里不存在一个合适的相对人。比如,悬赏广告人根本不知道谁将实施其提供悬赏之行为；所有权被抛弃后，任何人都可以先占方式（第958条第1款）取得抛弃物的所有权，因此抛弃所有权的意思表示并不是特别针对特定人发出的；最后，根据我们的法律传统，遗嘱对于利害相关人——即未得到遗产的法定继承人以及得到遗产的人——应当予以保密，因而以将遗嘱告知其他人作为其生效条件，是没有意义的。

（三）需受领的意思表示的一种特殊情形是那些需由有关机关受领（amtsempfangsbedürftig）的意思表示，法律对此类意思表示的规定在某些方面也有些特殊。有关此类意思表示的法律规定，如第376条第2款第1项和第2项（相对于提存处发出表示），第928条第1款（抛弃土地所有权：相对于土地登记机关发出表示），第1945条第1款、第2081条第1款和第3款（拒绝继承遗产以及撤销遗嘱：相对于遗产法院发出表示）。在所有这些情形，都不存在一个合适的相对人。 261

（四）最后，在上述（一）和（三）之间，还存在一种混合形式（Mischform）。表意人可以根据自己的选择，向一个私人或向某个机关发出意思表示。第875条第1款第2句、第876条第3句、第880条第2款第3句、第1168条第2款、第1180条第2款第1句、第1183条第2句规定，表意人既可向受益人，也可向土地登记机关发出意思表示。此外，其他有关条款中也规定了此类意思表示。 262

第二节 意思表示的发出

一、要件

民法典并没有给“发出”下定义。一般说来，发出的要件是：表意人必须完成了一切为使意思表示生效所必需的行为。这一表述在形式上与第243条第2款规定的种类之债的具体化（集中化）定义相类似。不过二者之间并不存在什么联系，因为规范“发出”的宗 263

旨异于规范种类之债具体化的宗旨。发出旨在使意思表示成立，而“具体化”则是使种类之债局限在由债务人选定的特定物上。

一项意思表示何时为发出，要看此项意思表示是需受领的意思表示，还是无需受领的意思表示。

264 （一）在无需受领的意思表示（nicht empfangsbedürftige Willenserklärungen），只要求表意人完成表示行为。如意思表示采取口头形式，表意人说出意思表示即可；如意思表示采取书面形式，表意人完整作成文书并在文书上签名即可。

265 （二）在需受领的意思表示（empfangsbedürftige Willenserklärungen），意思表示还必须针对受领人发出。在对话人之间的口头意思表示，表意人必须朝向相对人说出表示，并可期待相对人能够知悉表示的内容。在非对话人之间的书面意思表示，表意人必须将表示寄送给相对人。如表意人在谈话中向第三人表达有关内容，第三人又在未受委托的情况下将此内容告知相关人，则不足以认为表意人已发出其意思表示。表意人仅仅写好了一封信而没有正确地把信寄出去，也不能认为表意人已发出意思表示。[1] 在本案中，合同解除权人认为，解除合同的意思表示应当向作成合同公证书的公证人发出，因此将含有解除表示的信件寄给了公证人。公证人将该信件转交给了合同对方当事人，解除合同的表示应该是向该当事人发出的。联邦最高法院认为，只有在寄信人可以期待公证人会将信件转交给合同对方当事人的情况下，解除合同的意思表示才能生效；如果寄信人的本意是希望公证人永久性地保留其信件，则解除合同的意思表示不生效力。

二、发出的表见

266 某项意思表示在没有表意人意志的情况下发出，也就是说，当产生了由表意人完成的纯粹的发出表象时，应当如何进行评判？

---

〔1〕《联邦最高法院，新法学周报》1979 年，第 2032 页以下。

对这个问题存在不同看法。

例如,K接到了V发出的一项要约。现在,K给V写了一封信,表示承诺V的要约。但是,由于K还想再考虑一下这件事情,因此就将信放在自己的写字台上。K的妻子看到写字台上的这封信,以为丈夫忘了将信寄出去,因此就将这封信投入了邮筒。这封信到达V处后,合同是否成立呢?

民法典的立法材料[2]认为合同不成立。意思表示必须"理所当然"地在表意人具有意志的情况下到达受领人,由未经委托的他人来发出信件是不够的。今天依然有许多人坚持这一看法。[3]然而,也有一些学者在探求另一种能够顾及到受领人利益的解决方案,这种探索是正确的。因为在通常情况下,受领人并不知道信件是通过什么方式寄来的,因此受领人可以信赖合同订立的有效性。拉伦茨[4]虽然不主张[表意人]可以撤销意思表示,但认为应当类推适用第122条,即不论信件寄送人是否具有过错,都应当给受领人以请求赔偿其信赖损害的权利。而弗卢梅[5]则认为,如果意思表示可以归责于(表见)发出人,那么应当允许他撤销其意思表示,结果同样适用第122条规定。

我认为,在表意人无意志的情况下发出意思表示,虽然与在无表示意识的情况下发出意思表示不完全相同,因为写信的人是知道其信件的法律意义的;但是,由于写信的人(还)不想使所写的东西产生法律效力,因此可以置两种情形的差异于不顾,而将它们一视同仁。所以,下文边码605以下所论述的内容也适用于这里

---

〔2〕《立法理由书》第1卷,第157页,即穆格丹(Mugdan)编:《德国民法典资料总汇》,1899年/1900年,第1卷,第439页。

〔3〕如《联邦最高法院,新法学周报》1979年,第2032页以下;弗施勒(Förschler):《慕尼黑德国民法典评注》,第130条,边码6。

〔4〕《德国民法总论》§21IIa,第419页。

〔5〕《德国民法总论》第2卷,§23 1,第449页以下。

讲述的情形。

三、因发出意思表示而负担义务吗

267 弗卢梅[6]认为,表意人一旦发出意思表示就负有“不违反通过意思表示意欲达成的法律行为之规定”的义务;这里应适用第160条的法律思想。[7] 例如,如一方向对方发出出卖某物的要约,而又在要约到达之前有过错地毁损该物,则应类推适用第325条规定,要约人应承担不履行[合同]的损害赔偿责任。

我认为,民法典规定的不履行责任是以合同(也可以是附条件的,第160条)的存在为前提的,因此在上述情况下将此种责任前置至合同谈判阶段,是没有依据的。第307条仅仅规定赔偿消极利益,因此这条规定也不完全适用于弗卢梅所举的例子。本案例中的情形与第307条规定的不同,我们无法指责出卖人明明知道给付不能,因为在其发出要约之时,一切情况皆属正常。[出卖人]毁损要约客体的行为,属于缔约上的过失领域,因此种过错,出卖人(仅)应承担赔偿信赖损害的义务。[8]

第三节 到 达

一、向非对话人发出意思表示

268 第130条第1款第1句规定,如意思表示是相对于他人(即需要受领[9])发出的,且相对人为非对话人,则意思表示在到达相对人时生效。

(一)在制定民法典之时,对于意思表示何时生效的问题,至

---

〔6〕《德国民法总论》第2卷,§14,第227页以下。

〔7〕参见下文边码842。

〔8〕参见下文边码454。

〔9〕参见上文边码259。

少存在四种学说(vier Theorien)。

1. 表达说(ÄuBerungstheorie)。根据此说,表意人的意思决定一旦具备外在形态(如信件已经写完),意思表示就应生效。此说的不足之处在于,这样一来,表意人无法再对其意思表示进行控制。表意人可能根本不想使其意思表示产生效力。此外,相对人充其量也只有一种偶然知悉表意人意思表示的可能性。

2. 发出说(EntäuBerungstheorie)。根据此说,意思表示不仅 269
必须已经作成,而且还必须发出(如将信件寄送出去)。此说的不足之处在于,意思表示在运输途中的风险(如信件丢失)由相对人承担。依此说,即使邮寄终止租赁合同的挂号信并未到达,终止表示仍然有效。

3. 受领说(Empfangstheorie)。此说以意思表示到达相对人处 270
为意思表示生效的标准。依此说,表意人承担[意思表示的]运输风险,相对人仅承担意思表示虽已到达但对此一无所知的风险。

4. 了解说(Vernehmenstheorie)。根据此说,相对人必须通过 271
感官了解意思表示,意思表示才能生效。此说要求相对人承担的风险最轻,他只需要承担将正确了解的意思表示作错误理解的风险。

(二)民法典第一草案第72条区分了明示的意思表示和默示 272
的(今天为以可推断之行为发出的意思表示[10])意思表示。根据第一草案第74条,明示的意思表示在受领(Empfang)时生效,默示的意思表示在了解(Vernehmung)时才生效。[11] 但是,民法典第二草案认为,对意思表示作这种区分,是一种“具有教训意味的”和“没有必要的”做法,因此删除了这一分类。与此同时,第一草

〔10〕 参见下文边码333。

〔11〕 参见《立法理由书》第1卷,第156页以下,即穆格丹(Mugdan)编:《德国民法典资料总汇》,1899年/1900年,第1卷,第438页以下。

案第74条的文句与现行法第130条第1款相同,即意思表示的生效,应"一视同仁地"以"到达的时间"为准。[12]

273 (三)根据这一立法历史,第130条第1款第1句规定"到达",说明[民法典]采纳了受领说(Empfangstheorie)。这一选择是合理的,因为受领说能够最为恰当地分配风险。相对人仅承担源于他自己领域的风险,即如他的秘书没有将信件交给他批阅,或者他的子女用火点燃了信箱内的东西。而对意思表示承担主要责任的发出人,则不仅承担他自己领域产生的风险,而且还要承担意思表示在两个领域之间进行运送所产生的风险。

274 (四)今天常见的有关到达的各种表述,在内容上大体相同。根据帝国法院[13]就已使用,后来由联邦最高法院[14]沿用的定义,如果一封信件"以交易中通常之方式,进入相对人或另一个有权代理相对人受领信件的人之实际处分权范围,并且该相对人或另一个人具有知悉的可能性",即为到达。

另外一项更为常见的表述是:意思表示必须进入受领人的控制领域,并在通常情况下可以期待受领人能够知悉意思表示的内容。[15]

约翰(John)[16]用"储存"(Speicherung)一词,形象地将上述定义中出现的"处分权"、"控制领域"等概念作了更为精确的说明。这样,通过电话转达的意思表示(这种意思表示被视为向对话人发出的[17])在相对人那里被记录在磁带上的情形,也可以顺利地

---

〔12〕 穆格丹编,同前引书,第1卷,第685页。

〔13〕 《帝国法院民事裁判集》第50卷,第191页,第194页。

〔14〕 《联邦最高法院,新法学周报》1965年,第965页,第966页。类似的还有《联邦最高法院,新法学周报》1979年,第2032页,第2033页。

〔15〕 如《联邦最高法院民事裁判集》第67卷,第271页,第275页。

〔16〕 文载《民法实务档案》第184卷,1984年,第385页,第403页以下。

〔17〕 参见下文边码288。

包容在这个概念中。储存的本质特征在于，相对人可以重复知悉意思表示的内容。既然这样，相对人就没有必要立即去知悉意思表示的内容。

司法判例认为，在需要作成公证书的意思表示，必须有公证文书的正本到达，而不仅仅是经公证的副本到达。不过，虽然形式规定是强行法，但是受领人可以放弃这一形式要件。[18]

司法判例的上述定义，将已经进入受领人领域（已"储存"在受领人那里）的意思表示的到达，推迟到后来的时间，即可期待受领人知悉意思表示之时。[19] 这一看法是正确的。而少数人[20]则认为（Mindermeinung），这里应作出如下区分：到达应立即发生；后来的、知悉意思表示可能性的时间，只对遵守期间或知情具有意义。根据此说，一封在下班以后投入营业大楼信箱的信件立即到达（亦即不得再予以撤回了[21]）。尽管如此，信中的解约表示迟到了，因为它没有在这一天及时到达。不过我觉得，这一少数人主张的意见不仅复杂（一项意思表示虽然已经到达，但仍然可以迟到），而且从结果上来看也是不合理的，因为这样就在不具备充分理由的情况下过分强调了对受领人的保护。[22] 275

我认为，可能在一个方面应该对通说之表述作修正。如果相对人比在通常情形可期待其知悉的时间更早些知悉了意思表示（如老板下班后仍然留在办公室，并在阅读刚刚投入信箱的信 276

---

〔18〕 如《联邦最高法院民事裁判集》，第130卷，第71页［有关评论，参见安布鲁斯特（Armbruster）文，载《新法学周报》1996年，第438页］。

〔19〕 《联邦劳动法院，新法学周报》1984年，第1651页；《联邦最高法院，保险法》1994年，第586页，也是这样认为的。

〔20〕 如弗卢梅，同前引书，§14，3b，第230页以下。约翰（John），载《民法实务档案》第184期，第385页，第408页，也持这种看法，但稍有变化。

〔21〕 参见下文边码299以下。

〔22〕 迪尔歇尔（H. Dilcher）：《施陶丁格德国民法典评注》，第130条，边码25。

件),那么意思表示应该在相对人[实际]知悉之时到达。因为在一方面,发出人为相对人作出某些应受保护的处分行为创设了基础,发出人不得再以撤回意思表示的方式消除这个基础。而在另一方面,既然受领人已及时知悉意思表示,那么就没有理由再将该意思表示视作迟到。知悉意思表示恰恰是[双方的]理想目标。只是有时通过解释可以得知,意思表示不应该在午夜时发出,而应该在办公室关闭之前发出。据此解释,在上面的例子中,信件是迟到了。[23]

277 (五)受领人推迟或阻挠意思表示的到达(Zugang verzögert oder vereitelt)时,会产生特别的难题。例如,受领人迁往他地下落不明,因此寄给他的邮件被退回来;或者受领人迁至他地时虽留下了新地址,但由于邮件迟到,因此超过了期限;或者信件在转寄途中遗失。在这些情况下,意思表示要么根本没有进入相对人的控制领域,要么虽然进入了相对人的控制领域,但却迟到了。根据上述(边码274以下)定义,在这些情形中,意思表示都没有(及时)到达。然而,由相对人制造的或者至少属于其范围之内的障碍,是否应对发出人产生不利影响?这个问题不无疑问。

相对人(可能因出差在外)不开信箱(Briefkasten nicht leert)的情形,与上面的问题不同。在这里,意思表示已经到达了。相对人不去知悉意思表示的后果,通常[24]由相对人自己承担。

278 1. 处理此类相对人处的到达障碍,原则上存在两种可能性(zwei Möglichkeiten)。一种可能性是,假设障碍不存在,意思表示本应为受领人所知悉;在受领人本应知悉意思表示之时,认定意思

---

〔23〕 持相同看法者有约翰,同前引文,第409页以下;拉伦茨,同前引书,§21, IIb,第423页。

〔24〕 参见下文边码283。

表示到达。另一种可能性是,对意思表示的到达适用通常的规则,只是不让相对人主张由可归责于他自己的障碍所造成的迟到。两种方案之间的差异,体现在表意人变更其意思之情形。依第一种方案,由于最初的意思表示视作已到达,即对表意人产生约束力,因此表意人不得撤回其意思表示。依第二种方案,表意人仍可以另作决定,只要他不继续采取措施使自己的意思表示到达,该意思表示就不产生效力。

今天,学术界倾向于采纳第二种意见。[25] 因为找不到一种有说服力的理由来说明这样一个问题:为什么表意人在其意思表示到达相对人之前,就必须受该意思表示的约束。 279

当然,在具体细节(Einzelheiten)方面,有必要对此作进一步说明。首先,意思表示必须以正确的方式(in ordentlicher Weise)发出,以使受领人无法提出意思表示迟延到达的主张。如果寄来的信件因邮资不足而须交付罚款,那么[受领人]可退回信件,而不会因此受到任何制裁。依通说,如邮递员因找不到挂号信(Einschreiben)的收件人而留下一张通知单,则由于通知单中没有包含应当到达的意思表示,所以挂号信并不因留下通知单而到达。只有在收件人看到通知单后不去取挂号信时,才可因此指责收件人。[26] 280

在到达障碍并非可归责于相对人(Hindernis nicht vom Adres- 281

---

〔25〕 如林登迈尔和默林(Lindenmaier-Möhring)编:《联邦最高法院民事案件审判工具书》,民法典第130条,第1项;弗卢梅,同前引书,§14,3e,第238页以下;拉伦茨,同前引书,§21,IIb,第424页。

〔26〕 《联邦最高法院民事裁判集》第67卷,第277页;《联邦最高法院,新法学周报》1996年,第1967页,第1968页。对后者的批评,参见贝恩(Behn)文(参见文献资料所列)。

saten zu vertreten)之时(如在邮件转寄* 过程中发生了故障),法律状态殊属疑问。如何评判这个问题,看来要取决于论者的视角。拉伦茨认为,相对人因缔约上的过失而承担损害赔偿的义务,因此延迟到达可忽略不计;而弗卢梅认为,这里应适用的规则与过错无关。我个人倾向于同意弗卢梅[27]的观点,但又不主张让相对人全部承担转寄故障的风险。如果这种故障源自相对人控制领域(房屋或土地)以外的事件,相对人就不应因此遭受不利后果。在这种情况下,应当适用表意人也应当承担其意思表示的“运送风险”的规则。[28]

282 第 132 条第 2 款规定,在不知道相对人是谁,或不知道相对人的地址,因而无法使意思表示到达的情况下,可以通过《民事诉讼法》第 203 条至第 207 条规定的公示送达(öffentliche Zustellung)来代替到达。但是,这种送达程序非常复杂,而且会产生费用。所以,我们必须给表意人提供一种更为简便的方法,来同相对人故意阻挠到达发生的行为作斗争。比较合理的方法是类推适用第 162 条第 1 款规定,将到达视作已发生[到达拟制(Zugangsfiktion)]。[29]《联邦最高法院,新法学周报》1983 年,第 929 页刊登的就是这样一个适用到达拟制的案例。在本案中,虽然相对人与发出人之间存在合同关系,在此合同关系框架下,相对人应该期待,他将会收到发出人寄来的具有法律意义的意思表示,但是[相对人]却无端拒绝受领这封信件。法院认为,应当认定相对人在其拒绝受领信件之时,信件视作已经到达。《汉姆州劳动法院·经济法

---

〔27〕 同前引书,第 240 页。

〔28〕 参见上文边码 273。

〔29〕 拉伦茨,同前引书,§21 IIb,第 424 页。

* 所谓邮件转寄,是指因搬迁或暂时变更地址(如外出度假)而要求邮局将寄往原地址的邮件寄往新地址。居民因搬迁可提出为期 6 个月的邮件转寄申请。——译者注

杂志》1993 年第 1109 页刊登的是一个明显以违反诚实信用的方式破坏[意思表示]到达的案例。在该案中,一名雇员将收到一份以传真方式发出的解雇通知。为了阻挠这份通知的到达,这名雇员有意不在其办公室的传真接收机上安装纸张,使传真无法接收。不过联邦最高法院的另一项判例〔30〕认为,仅有到达障碍源自受领人领域的事实(如受领人正在休假),还不足以发生到达拟制,这一看法是正确的。要使到达拟制发生,还必须存在"受领人有意破坏或推迟到达的发生,或者受领人虽然必须期待将收到具有法律意义的意思表示,但是并不采取措施,使自己能够收到它们"的事实。

(六)如上所述,相对人必须对其控制的领域负责,这种责任有利于维护表意人的利益。另外,在特殊情形下,表意人也负有顾及相对人利益(Rücksicht auf den Adressaten)的义务。特别是在劳动法(Arbeitsrecht)中,这一原则得到了肯定。雇主发出解雇的意思表示,会使《解雇保护法》第 4 条规定的为期 3 周的重要期间开始起算。〔31〕因此,雇主在发出解雇的意思表示时,如果知道雇员因外出休假而不在家,则应当顾及到这一事实。〔32〕据此原理,解雇通知的到达,延迟至雇员回到家后实际收到寄给他家中的解雇通知书之时发生。但是,联邦劳动法院后来重又放弃了这一规则。〔33〕我认为这样做是没有道理的。〔34〕当然,如果雇员是擅自外出休假的,那么就绝对不能认为到达延迟发生。面对这种违约 283

---

〔30〕《联邦最高法院,新法学周报》1996 年,第 1967 页,第 1968 页。

〔31〕参见上文边码 86。

〔32〕《联邦劳动法院,新法学周报》1981 年,第 1470 页[有关评论,参见冯·奥尔斯豪森(von Olshausen)文,载《法学家报》1981 年,第 633 页以下]。

〔33〕《新法学周报》1989 年,第 606 页。类似的还有《新法学周报》1989 年,第 2213 页[有关评论,参见波普(Popp)文,载《企业》1989 年,第 1133 页];迪尔歇尔(H. Dilcher)文,载《法学家报》1989 年,第 298 页。

〔34〕参见尼佩(Nippe)文,载《法学教育》1991 年,第 285 页。

行为,我们不能苛求雇主依然必须顾及雇员的利益。

284 （七）上面论述的内容,主要是那些书面形式的或者以其他方式“储存”[35]起来的意思表示的到达问题。而非对话人之间的意思表示,也可以通过口头(mündlich)方式发出,即通过传达人转达。这时应区分下面两种情形。

1. 在通常情况下,传达人是由表意人设置的[表示传达人(Erklärungsbote)]。传达人知悉意思表示,并不意味着意思表示也已到达相对人。只有在传达人实际将意思表示转达给相对人时,意思表示才为到达。可用简图表示如下:

到达

表意人——→表示传达人——→相对人

因此,传达人没有转达意思表示或推迟转达意思表示的风险,由表意人承担。关于传达人变更意思表示内容的风险,参见下文边码 747 以下。

285 2. 表示传达人的对立面是受领传达人(Empfangsbote)。受领传达人被归属于相对人的权力领域。因此,将意思表示告知受领传达人时,意思表示即已到达相对人。

到达

表意人——→受领传达人——→相对人

这即是说,受领传达人没有转达意思表示,或者推迟转达或不正确转达意思表示的风险,由相对人承担。然而,联邦最高法院的一项判例[36]认为,一份交给传达人的书面意思表示,通常要在可期待传达人予以转达之时才为到达至相对人。口头意思表示的到达,也应作相应的推延。

286 不过,绝对不能将相对人权力范围内的任何人都视为受领传

[35] 参见上文边码 274。

[36] 《联邦最高法院,新法学周报,民事判例汇编》1989 年,第 757 页。

达人。这里的情形不同于书面的或被储存的意思表示。在书面的意思表示或被储存的意思表示,只要将文书投入信箱,即可发生到达(在有些情形可能要推迟些),因为文书在信箱中不会再发生什么变化。与此相反,一项通过口头转达的意思表示,永远处于其内容可能被变更的危险之中。意思表示的内容越复杂,传达人的能力越低下,这种危险也就越大。所以,仅仅向相对人权力范围内的任何一个有能力转交书面文件的人口头转达意思表示,还不能使意思表示到达[至相对人]。在通常情况下,相对人必须委任了这个人受领此类意思表示[*受领之授权*,Empfangsermächtigung[37]]。只有日常生活中的简单意思表示,[38]才能向相对人的家庭成员发出。[39] 如果一方配偶正在远航途中,另一方配偶不能径自成为其受领传达人。[40]

(八)第 131 条规定,向不具有完全行为能力的人发出的意思 287
表示,通常必须到达至法定代理人。这一规定的原因是显而易见的。表意人向不具有完全行为能力的相对人发出意思表示(如要约),旨在期待对方作出法律行为方面的反应,而这种反应至少也必须由法定代理人作出。或者,表意人发出的意思表示(如承诺)本身就应产生某种法律后果,这时法定代理人也必须知道这种法律后果。只有在限制行为能力人根据第 107 条及以下条款的规定可以单独实施法律行为时,这一原则才不适用。在此类情形下,第 131 条第 2 款第 2 句规定以到达限制行为能力人为准。

---

〔37〕 女秘书具有这项授权,而清洁女工则没有。

〔38〕 如[取暖用油供应商]根据第 299 条规定,发出什么时候提供取暖用油的通知。

〔39〕 通说要求得并不这么严;也请参见约翰(John)文,载《民法实务档案》第 184 卷,第 385 页,第 396 页以下。

〔40〕《联邦最高法院,新法学周报》1994 年,第 2613 页。

二、向对话人发出意思表示

288 对一项需受领的、向对话人发出的意思表示如何生效的问题，第130条未作规定，法律在其他地方也未作规定。向对话人发出意思表示，也包括通过电话发出意思表示（telephonische Erklärung）这一重要情形。通行的学说[41]以类推适用第147条第1款第2句的方式，来证明电话交谈与面对面交谈的同一性。我觉得，以双方直接发生接触以及缺少储存这两项实体标准来说明二者的同一性，[42]显得更为恰当些。在电话交谈时，双方存在直接接触，相对人可以[向表意人]发出反问。

对于向对话人发出的意思表示的生效，区分如下：

289 （一）在通常情形，对话人之间以口头（mündlich）方式相互沟通。与书面记录下来的文句不同，说出来的话语稍纵即逝，亦即无法予以储存。相对人无法立即理解的东西，以后也不能再予以知悉。因此，通行的学说认为，对口头的（无载体的）意思表示，应适用了解说（Vernehmenstheorie），[43]即在通常情况下，只有在相对人实际听闻到意思表示时，意思表示才生效。[44] 但是我认为对此原则应作些限制。如果相对人有特殊的听觉困难，而表意人对此又无法察觉，则在双方发生言词接触的过程中，相对人也应对谈话过程共同承担一定的责任，以维护交易安全性。[45] 相对人必须指出自己在听觉上有困难，或以其他方式来证实自己的表达究竟有没有为对方所听懂。这一要求，可以适用于听觉困难的人或接听声

---

〔41〕 如《帝国法院民事裁判集》第90卷，第160页。

〔42〕 约翰，同前引文，第390页以下。

〔43〕 参见上文边码271。

〔44〕 如弗卢梅，同前引书，§14，3以下，第241页；拉伦茨，同前引书，§21，IIc，第426。

〔45〕 持类似观点者有拉伦茨，同前引书，第426页以下以及脚注62中的叙述；约翰，同前引文，第394页。

音受到干扰之长途电话的人。

（二）如规定意思表示应采用书面形式（schriftliche Erklärung），向对话人发出的意思表示就必须以书面形式为之。未将文书交付给相对人时，法律状态如何？这个问题不无疑问。在帝国法院的一项判例[46]中，妻子当着她丈夫的债权人的面，在一份放在桌子上的保证书上签名（参见第766条），以为其丈夫充当保证人。就在妻子签名的时候，不幸的男人在隔壁房间开枪自杀。惊慌之中，债权人忘记了将那张文书带走，后来这张文书就不知去向了。此后，债权人提起诉讼，要求妻子承担保证责任。帝国法院正确地驳回了债权人的起诉。其理由是，第130条第1款是一条一般的规则，同样适用于向对话人发出的意思表示；“只要表意人尚有能力自行处分包含有意思表示的文书，表意人就不受其意思表示的约束；反之，相对人一旦取得对文书的处分权，［表意人就受其意思表示的约束］”。法兰克福州高等法院的一项判决[47]因此也认为，用传真方式发送保证书，不符合第766条规定的形式要求，因为债权人并没有收到那份由保证人签名的文书。 290

（三）综上所述，虽然第130条第1款给人的印象是区分了向非对话人发出的意思表示和向对话人发出的意思表示，但是实际上法律并没有作这种区分。需要加以区分的是有载体的（被储存的）意思表示和无载体的（无法储存的）意思表示。有载体的意思表示必须进入受领人的受领范围，而无载体的意思表示通常可以用听觉器官闻知。 291

三、发出与生效之间发生障碍

在向非对话人发出意思表示时，意思表示的发出与意思表示的生效之间可能相隔较长时间。如果在这段时间里表意人方面出 292

〔46〕《帝国法院民事裁判集》第61卷，第414页。

〔47〕《法兰克福州高等法院，新法学周报》1991年，第2154页。

现障碍,意思表示的生效是否会因此受到影响呢?根据第130条第2款,表意人在发出意思表示后死亡或丧失行为能力(或行为能力受到限制)的,意思表示的效力不受影响。换言之,意思表示依然有效,对表意人的继承人或法定代理人具有约束力。有一种通行的学说认为,即使表意人故意将其意思表示的生效推迟至他死亡之后(如向传达人发出相应的指示),上述原则通常也应适用。[48] 在我看来,此说排除了继承法上的形式规定,因此就其结论而言不无疑虑。

相反,第130条第2款不适用于对处分权的限制(Beschränkungen der Verfügungsmacht)。限制处分权,即如对表意人的财产开始进行破产程序(《破产法》第6条)。如果[表意人的]处分行为因意思表示的到达而生效,或在到达之后才生效,那么[表意人]通常依然享有处分权,不过第878条的规定是一个例外。

第四节　无需受领的意思表示

293 一、无需受领的意思表示一经发出即生效,无需到达,[49] 除非法律规定了其他生效要件(如遗嘱之完全生效要到继承开始时才成就)。对此类意思表示的撤回,也不适用第130条第1款第2句,而应根据特殊规则(第658条,第2253条以下)来处理。

294 二、在一项需受领的意思表示转变成为无需受领的意思表示时,可能出现一些难题(Probleme)。如在帝国法院判决的一项案

---

〔48〕 参见安·罗特(A. Roth)文,载《新法学周报》1992年,第791页。本书也谈及继承法和保险法领域的例外。

〔49〕 参见上文边码263以下。

例[50]中,一位迁怒于自己妻子的工厂老板,在遗嘱中不仅剥夺了她的特留份(第2235条以下),而且撤回了对她的赠与(第530条以下)。

在本案中,[工厂老板的]寡妇主张,根据第531条第1款规定,撤回[赠与]是需受领的意思表示;而由于撤回赠与构成了无需受领的遗嘱的一个组成部分,因此此项撤回无效。帝国法院没有同意寡妇的主张。法院认为,遗嘱的内容,不限于第1937条至第1940条规定的范围,因此也可以包括对赠与的撤回。法律制定了有关遗嘱启封和遗嘱公布的规定(第2260条至第2262条),也使遗嘱可以到达。最后,遗嘱人在其死亡以前就已经发出了撤回赠与的意思表示,所以根据第130条第2款的规定,表意人的死亡不影响其意思表示生效。这些看法虽然不无疑虑,但大致可以赞同。

第五节　理解问题能作为到达问题吗

295

如上所述,[51]书面意思表示的到达,以[相对人]依交易惯例可以知悉意思表示之时为准;而口头意思表示的生效,则以[相对人]通过听觉器官闻知意思表示为准。[52]不论如何,相对人是否正确理解意思表示的意义,都是无关紧要的。

在现代社会中,跨境交易越来越频繁,与外籍工人的交往也日益增多。因参与法律行为的各方当事人所操语言不同(Verschiedensprachigkeit),因此[理解方面]出现的问题也越来越多。例如,一个外籍工人签署了一份[一次性]补偿协议,但事后提出

[50]　《帝国法院民事裁判集》第170卷,第380页。

[51]　边码273以下。

[52]　上文边码289。

主张，声称自己没有理解自己因此放弃了哪些权利；[53]或者，一个外国人举借一笔分期付款贷款，但在语言上无法理解那些复杂的信贷条件。这里涉及的是语言风险的分担(Verteilung des Sprachrisikos)问题，即受领人对一种外国语言作出误解的风险。[54]

新近的学说[55]认为，这个问题主要是一个到达问题。在需受领的意思表示，应依据情形，确定“是否可将对语言的理解归责于意思表示的相对人”[56]。如果相对人没有必要接受用对他来说是陌生的语言发出的意思表示，则应认为意思表示并未到达。这样一来，到达问题就超越了对意思表示作纯粹感知的范围，扩及到正确理解的领域中去了。

296 结论(Ergebnis)肯定是正确的。既然不能合理期待受领人懂一种外语，那么受领人自然就不可能理解用这种外语发出的意思表示，因此此项意思表示对受领人而言不生效力。一般说来，可以要求受领人懂得其居留地的语言。不过这一原则存在两个方面的例外(Ausnahmen)。商人在从事国际贸易时也必须懂得外国语言。[57] 相反，对刚从土耳其招来的一名雇员，[德国]雇主当然不能期待他能说德语，因此雇主必须找翻译帮助。这个问题，也可以不作为到达问题来看待。只要要求表意人顾及受领人的理解能

---

〔53〕 参见下文边码323。

〔54〕 参见施勒希特里姆(Schlechtriem)：《“语言风险”——一个新的难题?》，载《魏特瑙尔(Weitnauer)纪念文集》，1980年，第129页以下；约翰(John)文，载《民法实务档案》第184卷，1984年，第385页，第398页以下。

〔55〕 如弗卢梅，同前引书，§15，I5，第249页以下；施勒希特里姆(同前引文，第143页)也同意其观点。

〔56〕 弗卢梅，同前引书，第249页。

〔57〕 但是《汉姆州高等法院，新法学周报，民事判例汇编》1996年，第1271页拒绝承认这样一条规则。

力，并以此为判断的标准，那么这个问题就是一个解释问题。[58]在此之外，受领人也可根据情形负有某些义务，如受领人［在不理解意思表示时］应提出反问或雇用翻译。[59]

〔58〕 参见下文边码 323。

〔59〕《汉姆州高等法院，新法学周报，民事判例汇编》1996 年，第 1271 页。

第二十三章　意思表示的拘束力

297 有时候,表意人一经发出意思表示,就会觉得后悔。例如,出卖人以某个特定的价格发出了买卖要约,但是不久就有一个第三人向他报出一个更高的价格;房屋承租人由于可能租到一套更好的住房,所以终止了租赁合同,但不久这一希望便破灭了。在此类情形,我们要探讨的问题是:表意人能否不受其意思表示的拘束,或者虽受拘束,但能否重新消除这种拘束。

第一节　第130条第1款的撤回

298 一、在需受领的、向非对话人发出的意思表示,表意人可以努力采取措施,阻止意思表示到达(Zugang verhindern)受领人处。根据第130条第1款第1句,意思表示一经到达即告生效。例如,表意人召回其委任的传达人,或者到邮局去请人从邮筒中取回已经投入的信件。至于这些措施能否成功,则往往要看运气好坏了。

299 二、因此,除了上述这种可能性外,第130条第1款第2句提供了另外一种更为可靠的途径。表意人可以发出撤回[其意思表示]的表示(Widerrufserklärung)。如果撤回表示至少与

［被撤回的］意思表示同时到达受领人处，撤回行为就可以阻止前一项意思表示生效。[1] 例如，表意人以信件方式发出了意思表示，随即向相对人发出一封撤回该意思表示的电报；或者，表意人给相对人打电话，以口头方式将撤回事实通知相对人。虽然撤回之意思表示与被撤回之意思表示的外在形式不同，但这并不影响撤回的效力，因为第 130 条第 1 款第 2 句并不要求撤回必须以与前项意思表示相同的方式为之。即使法律规定（如第 313 条）被撤回的意思表示必须具备一定的形式，撤回行为本身也不需要任何形式。

第 130 条第 1 款第 2 句明文规定，*撤回是否及时*，仅以其到达为准，而不问相对人是否已经知悉。据此原则，如果受领人在撤回的意思表示之前已知悉到达，则撤回就已不再及时。甚至在撤回旨在阻止相对人知悉时，撤回也要落空。 300

案例：[2] 出卖人 V 用电报方式向买受人 K 发出订立买卖合同的要约，V 受要约拘束的期限为一天。同日，物价上涨，出卖人的要约已无利可图。因此，V 驾车前往 K 处，但在 K 家只遇见 K 的女管家。V 欺骗了女管家，从其手中收回了那封还没有启封的电报。K 在一个月后偶然知道这件事情。

在此类情形下，首先要考察起初的那项意思表示是否已经到达，因为这里可以期待相对人知悉此项意思表示的内容。[3] 如认为该意思表示已经到达，则事后的撤回（在本案中是通过取回电报的行为间接表达出来的）就不再及时了。有些人认为这一结果是不公平的，理由是：既然相对人对意思表示一无所知，他也就不享有信赖保护；因此，依诚实信用原则，发出人在相对人知悉之前

〔1〕 参见德·施密特（D. Schmit）文，载《法律学习》1993 年，第 345 页。
〔2〕 参见《帝国法院民事裁判集》第 91 卷，第 60 页。
〔3〕 参见上文边码 274。

仍应有权撤回其意思表示。[4] 但是,通说的看法[5]与此有异,而我也认为通说的观点是正确的。法律条文的规定并不是一个决定性的论据;在其他地方,我们也可以用第 242 条规定来突破法律条文的限制。我们并不是非得从信赖保护的思想中去找寻依据不可,我们也可以将[受领人]对已经到达的要约作出决策的可能性视为[受领人的]财产。这一观察角度同样是合乎情理的,也与法律条文的规定相吻合。所以,并不存在拒绝采纳这一观察方法的理由。据此分析,[发出人]不仅负有赔偿信赖损害的义务(在本案中不存在信赖损害),而且应承担不履行合同的损害赔偿义务。

第二节 其他撤回情形

一、向对话人发出的意思表示

301 由于向对话人所为的意思表示一旦发出,即直接为相对人闻知,因此在通常情形,此类意思表示一经发出就立即生效。[6] 所以,对此类意思表示不可能类推适用第 130 条第 1 款第 2 句的规定,即表意人不得撤回其意思表示。当然,每一个表意人都应当享有“说完话”的权利。在他将自己的观点阐述完毕之前,应当允许他更正自己的话语。

二、无需受领的意思表示

302 对于无需受领的意思表示,第 130 条第 1 款根本不适用。因此,法律制定了特殊规定,专门用以规范此类意思表示的撤回,如第

---

〔4〕 许布纳(Hübner):《德国民法总论》,边码 737。

〔5〕 如《帝国法院民事裁判集》第 91 卷,第 60 页,第 63 页;迪尔歇尔(H. Dilcher)撰:《施陶丁格德国民法典评注》,第 130 条,边码 60;弗施勒(Förschler)撰:《慕尼黑版德国民法典评注》,第 130 条,边码 29。

〔6〕 参见上文边码 289。

658 条(悬赏广告)和第 2253 条及以下条款(遗嘱)即是。第 171 条第 2 款规定的代理权授权通知的撤回,与悬赏广告和遗嘱类似。在所有此类情形,撤回并不能阻止法律行为生效,而是使已经生效的法律行为复归无效。

三、意定代理权的撤回

第 168 条第 2 句规定,有效授予的代理权可以撤回之。〔7〕此项撤回代理权的可能性,与代理权的授予方式(是内部代理权还是外部代理权)无关。法律作此规定,旨在使授权人可以不问代理权的基础关系,重又终结[被授权人的]代理权。 303

四、合同的撤回

此外,撤回也是一种终止业已订立的合同的手段。就此而言,合同撤回与合同解除相似。〔8〕 304

(一)民法典规定,赠与人可因[受赠人有]重大忘恩负义行为而撤回[赠与合同](第 530 条及以下条款);委托人可在不说明理由的情况下行使撤回委托的权利(第 671 条第 1 款)。在此两种情形下,法律为无偿行为人额外提供了一种解除合同的可能性。

(二)新近制定的法律中(in neueren Gesetzen),大多规定了一项旨在保护消费者利益的撤回权,〔9〕其中最为重要的是《消费者信贷法》第 7 条规定的撤回权。在消费者信贷行为以及分期买卖行为中,消费者发出的旨在订立合同的意思表示(要约或承诺),只有在消费者不在一周内以书面形式予以撤回时,才发生效力。 305

根据法律规定的文句,买受人不撤回其意思表示之时,其意思表示才生效。不过,这大概是一种引人误解的虚构吧(而立法者恰恰是不应该进行虚构的!)。因为如果这一规定是正确的,那么

〔7〕 参见下文边码 940 以下。

〔8〕 参见梅迪库斯(Medicus)文,载《法学教育》1988 年,第 1 页。

〔9〕 参见梅迪库斯(Medicus):《债法总论》,§ 51,II。

合同也只在消费者不行使撤回权之时才成立。当然，在分期付款买卖行为中，买受人在此以前就享有了（应该是合同上的）占有向他交付的买卖物的权利，并且他对该买卖物也负有（同样是合同上的）注意义务。诚然，联邦最高法院认为，《上门销售行为撤回法》规定的撤回权不是一种形成权，而是一种无需主张的、权利不发生之抗辩。〔10〕 无论如何，《消费者信贷法》（以及类似情形）中的撤回权，与第 130 条第 1 款第 2 句规定的撤回权已毫无关系了。

与《消费者信贷法》中的撤回权相似的，还有《上门销售行为（Haustürgeschäfte）撤回法》及其他类似法律中规定的撤回权。〔11〕这些法律规定［消费者享有］撤回权，旨在弱化那些可能产生意外后果（Überrumpelung）的法律行为的拘束力。在典型的情况下，一方当事人对订立合同毫无准备，例如有人不请自到，到自己家门口来推销东西，或者在“坐车喝咖啡”途中被要求购买物品。根据《上门销售行为撤回法》第 6 条，该法不适用于顾客在从事某种独立的营利行为时所订立的合同，因为在这种情况下，顾客应当有能力对［商家的］突然袭击做法进行抵抗。此外，该法也不适用于保险合同。对于保险合同，现在适用《保险合同法》第 8 条第 3 款和第 4 款的规定。

306 （三）最后，法律有时规定［意思表示］只有在具备特定的要件时才产生拘束力。这实际上就给表意人以一种“隐藏的”撤回权（“versteckte” Widerrufsrechte）。换言之，在法律规定的要件还未具备的情况下，表意人可以撤回其意思表示。这种情形，主要是指

〔10〕 参见戈特瓦尔特-哈诺尔德（Gottwald-Hanold）文，载《法学家报》1996 年，第 577 页。

〔11〕 参见勒韦（Löwe）文，载《企业》1986 年，第 821 页；吉勒斯（Gilles）文，载《新法学周报》1986 年，第 1131 页；特斯克（Teske）文，载《新法学周报》1987 年，第 1186 页；施劳斯（Schlaus）文，载《商法杂志》，第 151 卷，1987 年，第 180 页；米夏尔斯基（Michalski）文，载《法律学习》1996 年，第 169 页。

第 873 条第 2 款中规定的有关不动产物权法中合意的拘束力。不过在动产物权法中,也有一项相应的规定,即第 929 条第 1 句。此句规定要求在交付动产之时必须存在合意。通说认为,在当事人实际交付之前,可以撤回其合意。[12]

〔12〕 参见鲍尔-施蒂尔纳(Baur-Stürner):《物权法》, § 5,III1b。

第二十四章　意思表示的解释

参考文献:详见吕德里茨(Lüderitz):《法律行为的解释》,1966 年;阿纳尼亚迪斯(Ananiadis):《劳资协定的解释——合同和法律的解释类型学》,1974 年[有关评论,参见莱波尔德(Leipold)文,载《民法实务档案》第 176 卷,第 561 页以下];贝蒂(Betti):《普通解释学作为人文科学的方法论》,1967 年;比克尔(Bickel):《论法律行为上的意思表示的解释方法》,1976 年;布罗克斯(Brox):《联邦最高法院与暗示说》,载《法学工作报》1984 年,第 549 页以下;卡纳里斯(Canaris):《汇票法中一般解释标准和法律发展标准的意义》,载《法学家报》1987 年,第 543 页以下;科英(Coing):《法学解释方法与普通诠释学说》,1959 年;埃塞尔(Esser):《私法中法官发展法律的原则与规范》,1974 年第 3 版;格鲁内瓦尔德(Grunewald):《合伙合同与章程的解释》,载《公司法杂志》1995 年,第 68 页以下;雅尔(Jahr):《以所欲求之东西与以非所欲求之东西为准——论需受领的意思表示的基本问题》,载《法学教育》1989 年,第 249 页以下;卡普(Kapp):《遗嘱的解释》,载《企业顾问》1984 年,第 2077 页以下;克茨(Kötz):《合同的解释——一项比较法研究》,载《措伊纳(Zeuner)纪念文集》1994年,第219页以下;克兰佩(Krampe):《不明确性之规则》,1983年;拉伦茨(Larenz):《法律行为解释的方法》,1930年,1966年重印(附有后记);莱波尔德(Leipold):《意思、表示和形式,特别是在解释遗嘱时》,载《米勒-弗赖恩费尔斯(Müller-Freienfels)纪念文集》,1986年,第421页以下;莱昂哈德(Leonhard):《法律行为的解释》,载《民法实务档案》第120卷,1922年,第14页以下;卢特尔(Lutter):《协调法的解释》,载《法学家报》1992年,第593页以下;马尼克(Manigk):《错误与解释》,1918年;迈尔-马利(Mayer-Maly):《论法律解释与法律行为解释之间的关系》,载《规范的理论——魏因贝格尔(Weinberger)纪念文集》,1984年,第583页以下;彼·迈尔(P. Meyer):《欧洲共同体法中的解释原则》,载《法律学习》1994年,第455页以下;厄尔曼(Oertmann):《法律制度与交易习俗》,1914年;里特纳(Rittner):《理解和解释作为法学上的难题》,载《理解与解释——弗赖堡大学日》第14卷,1968年,第43页以下;鲁梅尔(Rummel):《根据交易习俗解释合同》,1972年;舍雷尔(Scherer):《帝国法院和联邦最高法院判例中的暗示用语与错误表示(falsademontratio)》,1987年;同一作者:《对"用语明白无误"的意思表示的解释》,载《法律学习》1988年,第302页以下;许斯勒(Schüssler):《国际商业条款——解释商业中惯用的合同条款的国际规则》,载《企业》1986年,第1161页以下;斯密德(Smid):《遗嘱解释中的难题》,载《法学教育》1987年,第283页以下;松嫩贝格尔(Sonnenberger):《债务合同中的交易习俗》,1970年;斯塔托波洛斯(Stathopoulos):《论意思表示解释的方法》,载《第一部拉伦茨(Larenz)纪念文集》,1973年,第357页以下;特鲁普(Trupp):《民法典第133条对意思表示解释的意义》,载《新法学周报》1990年,第1346页以下;瓦格纳(Wagner):《文学和法学中的解释》,载《民法实务档案》第165卷,1965年,第520页以下;哈·韦斯特曼(H. Westermann):《论解释方法与待解释的意思行为的特性相适应》,载《卡·阿诺尔德(K. Arnold)纪念文集》,1955年,第281页以下;维亚克尔(Wieacker):《法律行为解释的方法》,载《法学家报》1967年,第385页以下;维德曼(Wiedemann):《章程和合伙合同的解释》,载《德国公证人杂志》1977年,第99页以下;维泽尔(Wieser):《表示内容的可归责性?》,载《民法实务档案》第184卷,1984年,第40页以下;同一作者:《经验解释和规范解释》,载《法学家报》1985年,第407页以下。

解释是法学工作者最重要的任务之一。"解释"就是"理解意义"的意思。而理解意义是作出判断的前提。

第一节　作为解释客体的法律和意思表示

307 一、法学工作者解释的对象主要是法律和意思表示(Gesetze und Willenserklärungen)。虽然两种解释都是为了正确理解客体,但二者之间还是存在着本质上的区别。[1]

(一)首先,法律和意思表示的相对人不同。抽象的法律是针对(大多是不特定的)多数人的,而意思表示通常仅仅针对某一个

---

〔1〕 参见吕德里茨(Lüderitz),文献资料所列文章,第20页以下;弗卢梅(Flume):《德国民法总论》第2卷,§16,1c,第293页以下。

特定的人发出。因此,在解释意思表示时,通常[2]可以顾及到受领人独特的理解能力。[3] 与此相反,在解释法律时,不允许进行类似的顾及,因为否则的话,就可能依据不同的人的理解可能性而赋予法律不同的意义。

(二)现代法律通常都旨在达到某一个目的(Zweck,源于希腊文 τελοζ)。这个法律目的(ratio legis)是最重要的解释标准(Auslegungskriterium)[目的解释(teleologische Auslegung)]。而在多方法律行为中,将目的作为解释标准时必须十分谨慎。由于一方所追求的目的,并非也是另一方所追求的目的,所以目的并不能直接决定法律行为的内容。 308

(三)法律是整个法律制度的组成部分。从法律与法律制度的其他组成部分的关系中,也可以产生重要的解释标准[系统解释(systematische Auslegung)]。与法律相反,意思表示往往并不处在更为广泛的关系之中,至少不处在另一方当事人可资识别的某种关系中。因此,我们无法从系统的角度出发来解释意思表示。例如,出卖人 V 与买受人 K 之间订立买卖合同;在理解该项买卖合同时,买受人日常持家是否节俭,通常并无多大意义。当然,某条具体的合同条款,可能只有在合同的整体关系中才具有其意义。 309

(四)由于法律调整的是多数事例,因此在法律为无效(unwirksam)时,法律和平大多会遭到严重破坏。相反,法律行为往往仅局限在两个人范围内,而且只关系到某个特定的客体,因此法律行为的无效并非不可承受。由于二者之间存在这种差异,因此对法律解释适用的一些规则,在解释法律行为时并不适用,或者不明显适用。在这些特殊规则中,最突出的是法律的合宪解释(verfas- 310

---

〔2〕 不过请参见彼·施洛瑟(P. Schlosser)撰:《施陶丁格德国民法典评注》,《一般交易条件法》第5条,边码18以下关于一般交易条件的论述。

〔3〕 参见上文边码323。

sungskonforme Gesetzesauslegung)。在对法律可以作出多种解释的情况下,应优先采用符合宪法精神的那种解释结果,即使这种解释结果与法律制定者的意思相违背亦然。相反,在解释法律行为时,符合法律的解释原则或符合善良风俗的解释原则至少并不是以[与合宪解释]相同的确定性适用的。诚然,对于某种类型的法律行为,即已经履行的长期债务关系,人们也竭尽全力要避免无效后果的发生。[4]

311 二、下文的论述,限于意思表示的解释(Auslegung von Willenserklärungen)。德国民法典与瑞士民法典不同,在其总则中没有制定有关法律解释的规定。[在德国,]法律解释大多是法学方法论研究的对象。[5]

第二节　意思表示解释的地位

312 如上文边码 307 之前所述,解释具有中心意义。因此,在进行一切法学思考时,解释都处在很前的位置。几乎没有哪一个方面明显处于解释之前,许多方面都处在解释之后。下面就以例子来说明几个特别重要的问题。

313 一、意思表示的发出与到达(Abgabe und Zugang,第 130 条至第 132 条)问题,可能最容易被视为处于解释之前的问题,因为只有已经到达相对人那里(并且没有及时被撤回)的东西,才能被人解释。然而,即使在这里,也有一些具体问题应作先行解释。比如,有时必须先查明有关意思表示是不是一项需要到达的意思表示,而要查明这一点就必须进行解释,第 151 条的规定就是这样一

---

〔4〕 参见上文边码 253 以下。

〔5〕 参见拉伦茨(Larenz):《法学方法论》,1991 年第 6 版,第 312 页以下;该书的学习版,即拉伦茨－卡纳里斯(Larenz-Canaris)所著,1995 年第 3 版,第 133 页以下。

种情况。据此，如果要约人不要求[承诺]到达，承诺就无须到达；至于要约人是否不要求到达，通常就是一个解释的问题了。[6]

二、行为能力(Geschäftsfähigkeit，第104条及以下条款)一般是解释之前的一个问题。由于行为人在欠缺必要的行为能力的情况下表达的东西不生效力，因此这种东西也无需解释。不过，即使在这里也有可能立即产生解释问题。例如，有关行为是否仅仅给未成年人产生法律上的利益(第107条[7])？未成年人从事的行为是否在其法定代理人的允许范围之内(第107条[8])？在后一个问题中，甚至需要进行双重解释，即既要解释法律行为，又要解释允许行为。 314

三、法律行为的形式问题(Formfragen，第125条)与行为能力问题相似。一方面，欠缺形式的行为无效，因此对这种行为无需再作解释。另一方面，有时只能通过解释才可得知，某项行为需要具备形式要件(如保证，第766条)，还是不需要具备形式要件(如共同的债务承担或信贷合同，第778页)。[9] 315

四、违反法律或违反善良风俗(Gesetzes-oder Sittenwidrigkeit)的问题(第134条，第138条)往往也与解释问题联系在一起。虽然违反法律禁令或善良风俗的行为不需要再作解释，但是往往首先要通过解释，才能查知行为的关键内容。只有在查知行为的关键内容后，才能适用法律或善良风俗的标准进行评判。 316

五、与可撤销(Anfechtbarkeit)，特别是因错误(第119条、第120条)而撤销的法律行为相比，解释明显处于优先地位。通过解释才可得知，意思表示是否真的没有表达出[表意人的]内心所欲，或者通过 317

---

〔6〕 参见下文边码392以下。

〔7〕 参见下文边码560以下。

〔8〕 参见下文边码576以下。

〔9〕 参见《联邦最高法院，新法学周报》1995年，第1886页。

解释即可使[表意人的]意思产生效力。不合意(Dissens)的情形与此相似。[10]

318 六、最后,有关欠缺或丧失交易基础(Geschäftsgrundlage)的问题,更是与解释不可分离。下文边码 864 以下将会谈及这个问题。

第三节　解释的一般规则

一、民法典第 133 条和第 157 条

319 (一)民法典中有两条一般的解释规则。根据第 133 条,在解释意思表示(Willenserklärungen)时,应当探求[表意人]的真实意思(wirklicher Wille),而不得拘泥于意思表示的字面意义。根据第 157 条,解释合同(Verträge)时应遵循诚实信用(Treu und Glauben)原则,并考虑到交易习俗。从这两条法律规定来看,似乎在意思表示的解释与合同的解释之间存在着重大差异。特别是可以据此认为,在解释意思表示时,比在解释合同时更应注重表意人的真实意思。然而,这种看法是不正确的,因为合同通常即是由两项意思表示组成的。[11] 既然如此,合同的解释,如何又能迥异于作为合同构成要素的意思表示的解释呢?

320 (二)事实上,意思表示的解释与合同的解释之间并不存在这样的差异。所以,今天学者们大多将第 133 条和第 157 条放在一起加以评注。[12] 这说明,法律所作的区分是不成功的。而两条法律规定的具体行文,也是不成功者甚于成功者。

1. 第 133 条过于单方面强调表意人的意思(Willen)。这一点

---

〔10〕 参见下文边码 437。

〔11〕 参见上文边码 203 以下。

〔12〕 如迪尔歇尔(H. Dilcher)撰:《施陶丁格德国民法典评注》.

应从历史的角度来理解。罗马人主要以遗赠(Legaten)为出发点,发展形成了罗马法中的解释学说。[13] 罗马法中的遗赠是一种无偿的死因赠与,因此几乎不需要对受益人的信赖提供保护。这样,在对遗赠人的意思(voluntas)以及遗赠的文句(verba)进行解释时,就应以前者为优先的对象。《德国民法典》第133条正是说明了这一原则。但是立法者没有认识到,这是一条一般性的规定,也应适用于解释生者发出的意思表示;而就数量而言,意思表示主要是生者发出的意思表示。但是,在解释生者发出的意思表示时,就有必要保护[相对人的]信赖了。

2. 第157条涉及这种信赖保护。该条规定中所称的交易惯例 321
(Verkehrssitte),对意思表示的受领人来说,通常也是知道的。而依据"诚实信用"(Treu und Glauben),也可在其他方面顾及受领人的理解能力。但是,考虑受领人理解能力,不是仅仅局限于合同,即与第157条的文意及其在法律体系中的地位相悖。况且,该条规定对"诚实信用"的援引没有什么特别的,只是很一般的暗示。

二、正确的区分

今天,通行的学说并不遵循法律在意思表示和合同之间所作 322
的不恰当的区分,而是以待解释的意思表示是否需要受领(Empfangsbedürftigkeit)作为解释意思表示的标准。[14]

(一)无需受领的意思表示(nicht empfangsbedürftige Willenserklärungen),如要实际产生法律效力,也必须为他人所知悉。例如,虽然遗嘱在被他人发现以后才会受到注意,但是,由于遗嘱人的意思表示不必针对受益人发出,因此法律对受益人的利益考虑甚少。而且,事后还有可能再发现另一份后来订立的、撤回

---

〔13〕 德国民法中的遗赠(Vermächtnisse)起源于罗马法中的遗赠。今天,德国民法典第2147条至2191条对遗赠作了过分详细的规定。

〔14〕 参见上文边码259以下。

前一份遗嘱的遗嘱(第 2254 条),对此受益人是无能为力的。出于诸如此类的原因,撤销遗嘱(第 2078 条以及以下条款[15])以后,不发生相当于第 122 条规定的要求赔偿信赖损害的请求权。由此,在解释遗嘱时,不需要考虑受益人的信赖利益。根据表意人的意思进行解释,适用于无需受领的意思表示。这即是说,第 133 条的表述适合于解释无需受领的意思表示(但并非一般性地适用于法律行为)。[16]

由于解释遗嘱要考虑遗嘱人的意思,因此可能出现遗嘱内容与其形式之间的矛盾。如果必须用遗嘱以外的其他事由来解释遗嘱,那么,通过解释得知的[遗嘱人的]意思,是否还得以符合遗嘱的形式发出的呢?[17]

323 (二)在通常情形,*意思表示都是需受领的*(Willenserklärungen empfangsbedürftig)。特别是旨在使生者之间相互沟通的意思表示,都是需受领的意思表示。

1. 法律要求意思表示必须到达,说明法律以受领人知悉意思表示的可能性为准。[18] 受领人一旦可以知悉意思表示,表意人就不得再行撤回其意思表示,亦即表意人受其意思表示的拘束,相对人对意思表示已经发生的信赖受到保护。[19] 因此,同样也应当保护相对人的利益,使意思表示在相对人所理解的意义上发生效力。换言之,需受领的意思表示的内容,应当从受领人在意思表示到达之时所具备的理解可能性这个角度[即*受领人角度*(Empfängerhorizont)]来予以确定。当然,在受领人方面,他也必

---

〔15〕 参见下文边码 779。
〔16〕 参见上文边码 320。
〔17〕 参见下文边码 328 以下。
〔18〕 参见上文边码 274。
〔19〕 参见上文边码 298 以下。

须作出努力，去识别表意人意思表示的意义。[20]

例如，如果受领人知道表意人是一个外国人，则在存在相应迹象时，受领人也必须将翻译错误的风险考虑进去（如是否混淆了“10 亿”和“万亿”）。或者，雇主在给雇员出具补偿收据时（雇员在退出公司时获得一笔补偿费用，同时放弃所有请求权），必须预料到，雇员是不可能将其续付工资请求权一并考虑进去的。[21] 或者，在委托银行汇款时，如填写的收款人与帐号不相符合，银行通常会以收款人名称为准。[22]

总而言之，在需受领的意思表示，解释的目的并不是要确定表意人的真实意思。毋宁说，解释旨在查知相对人可以被理解为[表意人]意思的东西。我们可以把这个东西称作“规范性的意思”（“normativen Willen”）。这个意思，即是应依法视为表意人所欲求之意思。[23] 如果依此种方式查知的[事实]，与表意人的真实意思相违背，则表意人可根据第 119 条第 1 款规定，撤销该项意思表示。[24] 即使表意人对发生错误没有过错，也必须受其意思表示的拘束，而且该意思表示是在通过解释查知的意义上对表意人发生拘束力。这说明表意人对其意思表示承担一种无过错的责任。表意人撤销其意思表示后，这一责任还继续存在，只不过是以弱化的方式出现而已：表意人必须根据第 122 条规定承担损害赔偿义务。[25]

2. 诚然，上文所言可能会产生一些困难（Schwierigkeiten）。 324
下面一个为人们不断反复引用的、其本源可以追溯到冯·耶林

〔20〕 拉伦茨（Larenz）：《德国民法总论》§ 19IIa，第 339 页（附有其他说明材料）。

〔21〕《联邦劳动法院，新法学周报》1981 年，第 1285 页。

〔22〕《法兰克福州高等法院，新法学周报》1983 年，第 1681 页。

〔23〕 弗卢梅，同前引书，§ 16，3b，第 310 页。

〔24〕 参见下文边码 745。

〔25〕 参见下文边码 783。

(von Jhering)[26]的案例,可以用来说明这里的难题。一名法学专业的大学生在一家大学生餐馆用餐时,偷走了一份装饰考究的菜单。10 年以后,这名大学生已成为一名检察官。受良心的噬咬,他不声不响地将这份菜单放了回去。一名食客以为这是份现行的菜单,因为对便宜的价格感到很高兴,所以为自己点了一份丰盛的套餐。结帐时才发现,客人所点菜肴的价格,比菜单上标明的价格,已翻了不只一番。

在本案中,必须通过解释,来确定客人和店主之间是否成立合同,合同的内容又是什么。合同的成立要求双方之间存在合意,即两项互相一致的意思表示。[27] 本案中,客人发出了要约。公开放置菜单的行为只是一项要约邀请,因为店主通常想为自己保留拒绝接待客人的权利:"本店客满,恕不接待"。[28] 以店主对要约的理解为标准来对要约进行解释,则可得出下列结论:如果店主对失而复归的旧菜单一无所知,也无从所知,那么他的理解角度受到他仅知的新菜单的影响。在这种情况下,客人的点菜行为,对店主来说,即是一项以现在的、较高的价格为内容的要约。相反,从客人的理解角度来看,店主承诺其要约的行为意味着:既然客人可以认为放在他面前的菜单是现行的、有效的菜单,那么在他的眼中,这只能说明店主同意以过去的、较低的价格[出售其饭菜]。由此可见,在本案中,由于双方理解的角度迥异,因此合同无法成立。如果是这样,双方的关系就必须依据不当得利法的规则(第 812 条第 1 款,第 818 条第 2 款和第 3 款)加以处理了。而拉伦茨(Larenz)也的确是这样认为的。[29] 他认为,如果店主对失而复归的菜

〔26〕《民法未决案件》第 49 号 II。

〔27〕参见下文边码 430 以下。

〔28〕参见下文边码 358 以下。

〔29〕同前引书, § 19IIa,第 342 页。

单无从知晓，就应根据不当得利规则予以返还。

3. 在菜单案中，如以意思表示受领人的理解角度为准，意思表示会产生一种表意人根据自己的理解角度不可能欲求的意义。根据对方的理解角度进行解释，会产生一种对表意人不利的后果。因此，在本案中，合同是否真的无法成立，是一个值得怀疑的问题。如果在对意思表示进行解释后，可以认为客人甚至愿意支付较高的价格，反之，店主也愿意以较低的价格供应饭菜，那么，难道就不能认为二者之间存在合意吗？ 325

然而，这里的问题具有更深层的意义。上面介绍的纯粹以受领人角度（Empfängerhorizont）为标准的看法，或许还需要校正（Korrektur）一下。因为，对意思表示的理解障碍源自那张不合时宜的菜单，而菜单的事理应属于店主的领域。假设饭店的一名服务员不慎将旧菜单放上了餐桌，那么店主至少应根据第 278 条规定对此承担责任，我们也就可以认为[客人]享有一项因缔约过错而产生的损害赔偿请求权，以求得某种补偿。[30] 然而，店主对那位悄然将菜单物归原主的客人，并不能依据第 278 条承担责任（这里不存在“委派”的事实[31]）。如果认为店主应负有一种合同前的组织义务，要求他不断追缴重新出现的老菜单，则不免过分提高了对店主应负的注意义务的要求。所以，上文边码 324 介绍的菜单案，是无法通过缔约过错制度来解决的。

考虑到诸如此类的案件，学术界也有人认为，应当对受领人角度之学说作些校正，主张规范解释必须同时顾及到表意人。弗卢梅（Flume）指出：“意思表示的意义……作为表意人意思表示的意 326

〔30〕 参见下文边码 444。

〔31〕 参见梅迪库斯（Medicus）：《债法总论》，边码 325 以下。

义，必须是可归责于表意人的。”〔32〕卡纳里斯(Canaris)〔33〕也认为，对于“表示受领人所顾及的情形，表意人并不能察知”的案件，应当予以特别对待。我同意这些学者的看法。在解释意思表示时，为维护表意人的利益，那些表意人绝对无法知道的，并且更应归入受领人领域的情形(尽管受领人无需根据第276条及以下条款的规定对这些情形承担责任)，至少不应加以考虑。在菜单案中，店主在未言及价格的情况下，对客人的订餐要约作出了承诺。这种承诺，是一项本身没有实体内容的、纯粹表示同意的意思表示。如果要从意思表示所依据的要约的意义中，确定这种纯粹表示同意的意思表示的意义，也同样应适用上面的原则。〔34〕值得怀疑的问题是，过去的菜单作为要约(或者作为邀请要约〔35〕)究竟能否归责于店主。维泽尔(Wieser)对这个问题持怀疑态度。〔36〕

在菜单案中，如认为旧菜单可归责于店主，则可认为店主与客人之间订立了一项以较低价格为内容的合同。因此，客人订餐行为的意义，就只能以他对放在桌上的菜单的理解为准。所以，以较低价格为内容的合同成立。虽然店主可以根据第119条第1款，因错误撤销其意思表示，以此使合同消灭，但是由于撤销人必须根据第122条规定承担损害赔偿义务，因此店主是否会行使撤销权，不无疑问。〔37〕

我在这里再次强调，对受领人角度说的这一校正，只适用于极其罕见的例外情形。

---

〔32〕同前引书，§16,3c，第311页。

〔33〕卡纳里斯(Canaris)：《德国私法中的信赖责任》，1971年，第344页，脚注43。

〔34〕如弗卢梅，同前引书，§34,3，第620页；维泽尔(Wieser)文，载《民法实务档案》第184卷，第40页，第44页。

〔35〕参见下文边码358以下。

〔36〕同前引文，第43页。

〔37〕参见下文边码783。

第四节 解释的几个具体问题

一、错误的表示(falsa demontratio)

有时,当事人之间的意思相符,但他们没有将这一点正确地表达出来。这方面最为典型的案例源自《帝国法院民事裁判集》第99卷,第147页。[38] 出卖人V向买受人K出售了214桶"Haakjöringsköd",货物装载在耶西卡(Jessica)货轮上。在挪威语中,"Haakjöingsköd"是"鲨鱼肉"的意思,桶内所装货物也的确是鲨鱼肉。但是,V与K两人一致以为,Haakjöringsköd是"鲸鱼肉"的意思,他们想买卖的也正是鲸鱼肉。V提供的货物是鲨鱼肉,K要求V赔偿损害。帝国法院认为,鲸鱼肉的买卖合同订立有效,K有权请求损害赔偿。法院认为,应当假设当事人使用了正确的词语,并应当以此来评判买卖合同。此类案件也出现在不动产买卖行为中:当事人对买卖的那块土地是存在合意的,但在称呼时使用了不正确的地块号码。[39] 327

在此类情形,法律行为在当事人一致所欲求的内容上发生效力,亦即错误的表示不影响法律行为的效力。这一规则符合古老的法律传统:[40] 错误的表示无害(falsa demontratio non nocet[41])。此项规则的确有其合理的理由。如果双方当事人一致认为意思表示应具有另一种意义,那么就没有必要违反当事人的意志,坚持要

---

〔38〕 对这个判例的最新评论,参见科德斯(Cordes)文,载《法律学习》1991年,第352页。

〔39〕 但请参见下文边码328以下有关对第313条的分析。

〔40〕 泽默尔迈尔(Semmelmayer)文,载《法学教育——学习卡片》1996年,第9页。但维林(Wieling)对此持批评态度,文载《民法实务档案》第172卷,1972年,第297页以下;《法律学习》1979年,第524页以下。

〔41〕 这一法条起初的意义要狭窄些。

他们赋予其意思表示以通常的意义。“在发出一项需受领的意思表示时，如表意人的真实意思得到了证明，或者甚至得到了承认，而另一方当事人也同样是在这个意义上理解此项意思表示的，则表意人的该项意思即可决定法律行为的内容，除此之外无需再去考察其他情形。因为，既然全体当事人都一致在与表意人的意思相同的意义上理解意思表示，那么表意人的真实意思就不仅优先于[意思表示的]文句，而且也优先于任何其他形式的解释。”〔42〕虽然当事人表达出来的是另外的内容，但是他们欲求的行为还是应该发生效力。这一点也为第 117 条第 2 款对故意没有表示出来的行为的处理原则所证实。〔43〕

二、解释和形式

328 在需要具备形式的意思表示(formbedürftige Erklärungen)，表意人仅将自己欲求的东西表示出来还不够，他还必须以一定的形式将其意思表达出来。否则，根据第 125 条的规定，意思表示无效。有人主张，这里应适用在法律解释中也适用的所谓“暗示说”(Andeutungstheorie)。〔44〕 根据此说，只有那些在要式的意思表示中至少有所暗示的东西，才能[在解释时]加以考虑。这一规则往往也被描述为：解释意思表示，不得违反其明白无误的文意。这就是所谓的“明白无误规则”(Eindeutigkeitsregel)。〔45〕

329 (一)《联邦最高法院民事裁判集》第 80 卷中刊载了两个非常典型的案例(Beispiele)。〔46〕 两个案例都涉及遗嘱的解释问题。

---

〔42〕《联邦最高法院，新法学周报》1984 年，第 721 页[有关评论，参见舒伯特(Schubert)文，载《法学评论》1984 年，第 194 页]。

〔43〕 参见下文边码 594。

〔44〕 参见格哈茨(Gerhards)文，载《法学教育》1994 年，第 642 页。

〔45〕 源自《学说汇纂》(Paulus Digesten)32，25，1：“文意不存在歧义时，不得问及意思”(Cum verbis nulla ambiguitas est，non debet admitti voluntatis quaestio)。

〔46〕 分别刊登在第 242 页和第 246 页。

解释遗嘱时无需顾及受领人角度。[47] 在第一例案件中,夫妻两人订立了一份共同自书遗嘱(第2267页),立他们的子女为继承人。但是,妻子死亡以后,丈夫[向法院]提出申请,要求作为单独继承人取得继承证书。丈夫在申请时指出,他与他的妻子订立的是“柏林式遗嘱”(第2269条),即互立对方为自己的继承人,子女只是最后死亡的那个人的继承人。他说,自己在誊抄遗嘱时,因不慎,忘记了将此条互立对方为自己继承人的条款写进遗嘱中去。在第二例案件中,被继承人在遗嘱中规定的是“法定继承”。被继承人死亡以后,他的母亲和他的非婚生女儿为争夺遗产而发生了纠纷。根据法律规定(第1924条、第1930条),女儿是单独继承人。但母亲声称,她的儿子只是想立自己为继承人,而且他生前也已把这一点告诉过公证人。公证人称此种情形为“法定继承”,因为公证人根本不知道被继承人还有一个非婚生女儿。

在上述两案中,法兰克福州高等法院没有采纳帝国法院和联邦最高法院的固定判例,没有采纳暗示说,而是以[行为人]内心所欲求的内容为准。该法院的做法可以在一些重要的学术著作中找到依据。[48] 然而,联邦最高法院坚持了其一贯的主张,亦即它作出了不利于申请人(第一例中的丈夫,第二例中的母亲)的裁判。联邦最高法院认为,法律规定遗嘱必须以书面形式作成,是为了“促使人们有责任地订立遗嘱,并阻止那些提出继承要求的人

---

〔47〕 参见上文边码322。

〔48〕 如弗卢梅,同前引书,§16,2,第306页以下;§16,5,第333页以下;迈尔-马利(Mayer-Maly)撰:《慕尼黑版德国民法典评注》,第133条,边码49;吕德里茨(Lüderitz),参考文献所列文章,第179页以下。其他资料参见《联邦最高法院民事裁判集》第80卷,第242页,第245页。

对死因处分的内容发生争执"[49];在本案中,遗嘱中甚至没有对立继承人事宜有所暗示,因此此种立继承人的做法不符合法律规定的遗嘱形式。诚然,法院同时也认为,那些不符合形式要求的说明,至少可以用作解释的辅助手段。[50]

330 (二)正确的做法应该是,先把解释问题和形式问题区分开来(这一点并非总能做到)。在对意思表示进行解释时,当然也可以利用[意思表示]文书以外的其他情况作参考。这样,解释得出的结果,可能与文书的文意并不符合。[51] 在这种情况下出现的下一个问题是:以解释的结果为内容的协议,是否因不符合第125条规定的形式要求而无效(formnichtig)呢?

学者们普遍认为,如行为人故意怠于将其意思表示作成文书(Beurkundung absichtlich unterblieben),则以解释结果为内容的协议因欠缺形式要件而无效。这种看法是正确的。这方面的例子,如当事人之间从事非法买卖行为,但[私下另行]约定了真实的价金;[52] 在这种情况下,以私下另行约定的价金为内容的合同,必须在符合第117条第2款、第313条第2句规定的条件时才能生效。在《联邦最高法院民事裁判集》第74卷,第116页刊载的案例中,双方当事人在作成公证书的合同中,将整块土地称作买卖标的物,虽然他们实际买卖的只是其中的一部分面积。联邦最高法院认

[49] 《联邦最高法院民事裁判集》第80卷,第242页,第246页,第251页[有关评论,参见弗卢梅(Flume)文,载《新法学周报》1983年,第2007页];曼·沃尔夫-甘格尔(M. Wolf-Gangel)文,载《法学教育》1983年,第663页。也请参见维泽尔(Wieser)文,载《法学家报》1985年,第407页。维泽尔认为,夫妻二人互为对方为自己继承人的事实,根本没有在遗嘱中表示出来。但是布罗克斯(Brox)却认为该条款有效,参见其文,载《法学工作报》1984年,第549页。

[50] 《联邦最高法院,经济法杂志》1995年,第37页。

[51] 如《联邦最高法院,新法学周报》1994年,第850页。也请参见《联邦最高法院民事裁判集》第124卷,第64页,第68页。

[52] 参见下文边码595。

为,本案中当事人并没有发生错误,而是没有以足够明确的方式指称买卖标的物。法院认为,这种做法也属于一种故意怠于[将真实的意思表示]作成文书的行为。我认为联邦最高法院的这种看法是可以赞同的。

“虽然双方当事人努力用法律规定的形式来表示其意思,但他们无意中发生了混淆,而这种混淆是在任何时候都可能出现的”,这种无意的错误指称(irrtümliche Falschbezeichnung),是否可视作符合法律规定的形式呢?联邦最高法院的一项判例[53]并没有对这个问题作出回答。而前述联邦最高法院的两项判例[54]则认为,当事人在无意间发生错误指称时,其意思表示因不符合法律规定的形式而无效。 331

联邦最高法院作出这样的裁判主要在于:学术界许多人要求放弃任何形式方面的暗示,这样,看上去明白无误的文书,也有可能受到质疑。联邦最高法院的前述两项有关遗嘱的判例,就可以说明这一点。诚然,联邦最高法院如是裁判也有其不足之处。首先,坚持暗示说,会产生一些牵强附会的解释手段,使用这些手段,总是可以得出对所欲求的东西存在某种暗示的结论。其次,形式宗旨(Formzwecke)往往不能令人信服地排除非形式暗示的考虑。至少在私人的、自书的意思表示中,只要当事人[双方]意在正确地表达自己的意思,那么防止操之过急的目的就达到了。在公开认证的形式中,如公证人无法知悉[当事人]所欲求的东西,那么虽然这种专业咨询变得不确定了,但这一点往往不具有关键性意义:即使是存在暗示的情况下,也并不是以公证人是否理解了这种暗示为标准的;此外,在第 313 条第 2 句、第 518 条第 2 款规定的补正[形式瑕疵]情形,法律本身甚至抛弃了咨询的可能性。最

〔53〕《联邦最高法院民事裁判集》第 74 卷,第 116 页,第 120 页以下。

〔54〕《联邦最高法院民事裁判集》第 80 卷,第 242 页和第 246 页。

后，第三人的利益同样也不需要[对遗嘱作]暗示。若意思表示是向第三人发出的，则依一般解释规则，意思表示的意义本来就以第三人的理解可能性为准。而如意思表示无需到达第三人（如遗嘱），则第三人的理解可能性是无关紧要的。

后来，联邦最高法院又重新抛弃了暗示说。例如，《联邦最高法院民事裁判集》第87卷（第150页）明确指出，对无意间发生的错误指称（在作成公证书的合同中，对一块一并出售的地块未加提及），应坚持用过去的学说来解释；〔55〕不论当事人内心所欲求的东西是否反映在合同文书中，都应以当事人一致欲求的内容为准。〔56〕《联邦最高法院民事裁判集》第86卷（第41页，第46页以下）对遗嘱解释也作出了类似的说明：即使在——较为少见的——遗嘱文意"清清楚楚、明白无误"之情形，该文意也不应给解释设置界限。诚然，此项判例〔57〕同时又认为，只有在"以这种方式查知的被继承人的意志，在遗嘱本身中能找到充分的依据"时，形式才符合法律规定。〔58〕然而，法律规定遗嘱必须具备形式，是否旨在要求遗嘱中必须有这种依据呢？〔59〕这是大可怀疑的。联邦最高法院现在〔60〕认为，如果保证文书中没有把"确定保证义务主要内容的重要组成部分，至少是以足够清晰的轮廓"予以表达出来，那么保证形式的保护宗旨（第766条）就没有达到。

---

〔55〕法院在这里尤其反对维林（Wieling）的意见。

〔56〕参见科伯尔（Köbl）文，载《德国公证人报》1983年，第598页；维林（Wieling）文，载《法学家报》1983年，第760页；克勒（Köhler）文，载《法学评论》1984年第14页。

〔57〕类似裁判还有《联邦最高法院民事裁判集》第121卷，第357页，第363页。

〔58〕有关评论，参见弗卢梅（Flume）文，载《新法学周报》1983年，第2007页；莱波尔德（Leipold）文，载《法学家报》1983年，第711页。

〔59〕《联邦最高法院民事裁判集》第87卷，第150页，第153页以下就第313条研究了这个问题，并且作出了否定的回答。

〔60〕《联邦最高法院，新法学周报》1989年，第1484页，第1486页。

联邦最高法院最近一项判例[61]认为,对土地登记簿中标注的地块号码是无法进行解释的。这个问题与前面所探讨的问题无关。因为,第一,标注地块号码不是一种私人的意思表示,而是国家的公权行为;第二,以受领人角度为准的做法也并不适合于本案:土地登记簿中的内容是供不特定的多数人查阅的,因此不能依某一个人的理解可能性来作理解。

三、自动化意思表示的解释

今天,越来越多的意思表示不是由人类,而是由自动化的机器 332
发出的,如银行对帐单、水电费帐单等即是。尽管此类意思表示也可归结于人类的意志,即可归结于输入自动化机器的程序,[62]然而它们那些很难为人们所理解的内容却可能产生许多问题。自动化机器往往使用一些需要特别解读才能理解的符号;或者机器使用一些“全能型”表格,希望能满足一切可以想像的情形的需要,但实际上很难适用于具体事例。[63]

在自动化的意思表示中,私法(公法亦然[64])没有理由降低对意思表示之可理解性程度的一般要求。用以确定意思表示之可理解性的标准,不应该是自动化机器工作能力的(所谓)界限;恰恰相反,自动化机器必须符合法律所规定的要求。如果自动化机器不能达到这一要求,或者无法以一定的经济效益达到这种要求,那么我们只得弃机器而不用。否则,就可能导致以他人为负担的不能允许的合理化。

因此,自动化的意思表示也必须考虑到受领人的理解可能性。如果此类意思表示不考虑受领人的理解可能性,它们就不产生效

---

〔61〕《联邦最高法院民事裁判集》第123卷,第297页。

〔62〕参见上文边码256。

〔63〕参见克勒(Köhler)文,载《民法实务档案》第182卷,1982年,第126页,第141页以下;布格哈特(Burghard)文,载《民法实务档案》第195卷,1995年,第74页。

〔64〕参见《行政程序法》第37条第4款。

力。那么,受领人在解读此类意思表示时应遵循什么努力标准呢?虽然这方面还缺乏公认的理论,但无论如何不应将这种标准定得很高。《一般交易条件法》第 2 条第 1 款第 2 项的规定,可以用来作参照。[65]

---

〔65〕 参见下文边码 412 以及克勒前引文。

第二十五章　可推断的意思表示和默示的意思表示;沉默

参考文献:卡纳里斯(Canaris):《法律交易中的沉默作为负担原因》,载《威尔博格(Wilburg)纪念文集》,1975年,第77页以下;加西斯(Gasis):《具有法律效果之不为表示》,载《泽波斯(Zepos)纪念文集》第二卷,1973年,第179页以下;格茨(Götz):《论法律交易中的沉默》,1968年;哈瑙(Hanau):《意思表示事实构成中的客观要素——评"默示的意思和可推断之意思表示"》,载《民法实务档案》第165卷,1965年,第220页以下;沃·亨克尔(W. Henckel):《合同的补充解释》,载《民法实务档案》第159卷,1960年/1961年,第106页以下;克拉默(Kramer):《沉默作为对合同的承诺》,载《法律学习》1984年,第235页以下;赫·克劳泽(H. Krause):《法律交易中的沉默》,1933年;拉伦茨(Larenz):《合同的补充解释与任意法》,载《新法学周报》1963年,第737页以下;迈尔-马利(Mayer-Maly):《当事人真实意思对其可推测之意思的意义》,载《弗卢梅(Flume)纪念文集》第一卷,1978年,第629页以下;

彼·施韦尔特纳(P. Schwerdtner):《法律交易中的沉默》,载《法律学习》1988年,第443页以下。

第一节 概 述

333 经常有人说,某人"默示地"表示了什么东西。说这句话的时候,可能指下列三种性质迥异的情形。

第一,在大多数情况下,指的是所谓的"可推断的意思表示"(konkludente Willenserklärung),更确切些应表达为"通过可推断的行为表示的意思表示"。这里,意思表示不是用话语表达的,而是用能够说明内心所欲求的表示符号表达出来的。[1]

第二,是指通过补充解释(ergänzende Auslegung)添加进某项意思表示中去的那部分东西。意思表示经过补充解释后变得完整,其意义也有可能得到改变。[2]

第三,是指真正的沉默(wirkliches Schweigen)。这里,虽然不存在任何表示符号,但可例外地认定沉默具有意思表示的意义。[3]

第二节 可推断的意思表示

334 表意人在为意思表示时,经常不使用话语(说出的话语或写下的文字),而使用其他某种具有特定的、法律行为意义上的符号。这种意义,可以产生于约定(Vereinbarung,如密码符号),或者更经常地产生于交易惯例(Verkehrssitte)。如根据交易惯例,点头

〔1〕 参见下文边码334。
〔2〕 参见下文边码338以下。
〔3〕 参见下文边码345以下。

或摇头意为回答某个问题;将一枚硬币投入自动售货机;登上一辆收费乘坐的公共汽车;将定日扔弃的丢弃物品放在门口等待运走等[4]。

这样一种可推断的意思表示,通常与通过话语表达的意思表示具有相同的效果。如果表意人对他所使用的符号发生了错误,他也有权(并且必须)根据第119条规定撤销其意思表示。当然,如果法律规定意思表示必须以"明示的"("ausdrücklich")方式发出,那么仅为可推断的意思表示通常还是不够的。如民法典第244条第1款、第700条第2款、第1059a条第1项以及《民事诉讼法》第38条第3款、第1027条第1款第1句,就要求表意人必须发出明示的意思表示。这些意思表示,大都涉及一些不平常的或者危险的约定。法律规定意思表示必须以明示的方式发出,不仅旨在澄清事实,通常还具有警示作用。既然如此,意思表示必须"明示"的要求,就并非旨在排除可推断的意思表示,而是要强调:意思表示必须特别清晰明了,亦即可以"使法律状态完全明白无误"[5]。 335

联邦最高法院有时扩大了上述明示原则的适用范围,要求对其他不平常的约定,"通常"也必须以明示方式为之。例如,《联邦最高法院·新法学周报》1974年,第2123页刊登的案例就是这样裁判的:在本案中,法院认为[当事人]在约定(物权法上的)地役 336

〔4〕 此为抛弃所有权的行为,第959条。但是有些地方规定,他人可以依法先占这些丢弃物。参见《斯图加特州高等法院,法学家报》1978年,第691页,附有乌·韦伯(U. Weber)的评论。这是一些很有意思的判例,还请参见《拉芬斯堡地方法院,新法学周报》1987年,第3142页。

〔5〕 《联邦最高法院,新法学周报》1982年,第431页,第432页(对——现在已经被废除的——第247条第2款第2句所言)。

权之外,还约定了一项(债法上的)用益租赁。[6]

337 在可推断的意思表示为要式(Formbedürftigkeit)时,如何予以认定?这里会产生一些难题。不过意思表示本身应该是有效存在的,只是该意思表示欠缺形式,因而依第125条为无效而已。这里面的区别,体现在形式瑕疵可因履行行为而得到补正(如第766条第2句)。在形式瑕疵得到补正的情况下,可推断的意思表示也成为有效的意思表示。

第三节 补充解释

338 在补充解释的适用范围,表意人往往是通过话语来表达其意思表示的。这一点不同于以可推断之行为发出的意思表示。但是,这些话语至少并不是直接针对某种法律后果的。这种法律后果必须通过解释才能得知。这也就是说,解释在这里起着补充的作用:或者是在表意人内心所真正欲求的意义上补充其表示出来的内容,[7]或者是对隐藏于意思表示背后的意思本身进行补充。[8]

一、对表示的补充

339 在许多情况下,表意人虽然没有专门将某项事实表示出来,但是他内心是这样欲求的,通过解释也可以看出他具有这个意思。例如,客人在酒店里要了“一杯啤酒”,即同时表达出了其(实际存在的)支付价金的意思;同样,如客人登上一辆出租车,并且仅仅

---

〔6〕 另一个例子是《联邦最高法院,新法学周报》1977年,第1292页。也请参见上文边码209关于公司法“特定原则”的注释以及《联邦最高法院,新法学周报》1983年,第164页。如果违反第707条规定,要求某个合伙人承担补偿损失的义务,则应以明白无误的方式对此点加以约定。

〔7〕 参见下文边码339。

〔8〕 参见下文边码340以下。

告知司机目的地,也同样表达出了其支付价金的意思。或者,如[雇主]要求受聘者出具一份“手写的”履历表,则应认为受聘者应亲笔(eigenhändig)书写其履历表。[9]

这种补充性解释与可推断的行为之间的界限往往并不清晰。由于法律后果无异,因此也无需对二者作区分。在法律规定意思表示必须以明示方式发出的情况下,一项经过补充解释才成立的意思表示通常也是不符合该项要求的。[10] 在对要式的意思表示进行补充解释方面,许多具体问题还有争议。[11]

二、对意思的补充

如补充解释并非旨在补充某项有缺漏的表示,以补足表意人 340
内心所欲求的那部分内容,而是要补充表意人的意思本身,那么情况就要复杂得多了。

(一)与任意法之间的界定

合同如不附有一般交易条件,往往都是用很少几句简短的话语或者仅仅通过可推断之行为订立的。从这些表示中,我们无法得知当事人在发生复杂情况时(如给付不能,债权人或债务人迟延,一方当事人生病或者死亡)将会有什么样的想法。对这些可能出现的复杂情形,当事人一般不会去考虑,因此也不会就此形成什么意思。由于法律的规定可以补充法律行为的不足,因此当事人通常也无需作这方面的考虑。例如,对给付不能和给付迟延时产生的法律后果,法律都作了规定;对一方当事人死亡时,其权利义务是否可以被继承的问题,法律也作了规定。任意性法律规定的功能,就在于减轻当事人必须考虑类似复杂情形的负担。

如果当事人考虑到了某一个问题,他们可能就会作出某种约

---

[9] 《联邦劳动法院,新法学周报》1984 年,第 446 页。

[10] 参见上文边码 335。

[11] 参见上文边码 328 以下。

定。在有些情况下,任意性法律规范是否正好与当事人可能作出的这种约定相符合呢?这个问题涉及任意法与当事人之未经表达的或者甚至仅为可推测的意思之间的关系。探讨这个尚存争议的问题,应当作如下区分:

341 1. 有些规范(manche Normen)本身就暗示自己到最后(erst in letzter Linie)才能适用。法律常常通过使用"发生疑问时"的表达方式来表明这一点(如第 125 条第 2 句、第 154 条第 2 款、第 262 条)。有时,法律规定得较为详细:只有在当事人既没有作出相反的约定,也无法从其他情形中推知存在相反的规定时,才应适用某项规范(如第 269 条第 1 款、第 271 条第 1 款)。

此类"具有高度从属性的"规范不具有公平内涵。这些规范就其本质而言,只是要阻止法律行为因不完整、即因当事人未作任何约定而无效。在此类情况下,解释者应当先根据相关情形来补充当事人的意思。如在一项买卖合同中,如果出卖人自己得先去购进买卖标的物,那么他的意思就是不想立即承担向买受人交货的义务。第 271 条第 1 款的规定因此应不予适用。出卖人履行债务的时间,应当视出卖人购进货物通常所需的时间而定。对这一点,当事人可能没有实际进行过考虑;但是,根据相关情形,这一点是显而易见的,至少是符合当事人的可推测的意思的。

342 2. 其他任意性规范(andere dispositive Normen)的从属性程度比较低(weniger subsidiär)。这些规定不仅仅想做一个"拾遗补缺者",而是要达到维护公平的目标。虽然如此,此类规范也可能并不"适合于"具体情形中的某一特定的案件。由于当事人没有考虑到有关事实,因而当事人的意思不可能是实际的意思;那么,当事人的这种意思能否排斥此类规范呢?

这里可以用联邦最高法院的一项判例[12]为例来说明上述问

〔12〕《联邦最高法院,新法学周报》1975 年,第 1116 页。

题。A 与 B 约定，B 应在荷兰销售由 A 制造的机动车辆。B 为履行此项义务，投入了巨额资本。因此［双方当事人］设想的合同是一项长期合同，但是当事人对合同的期限以及终止未作任何约定。A 在半年以后就提出终止合同。根据《德国商法典》第 89 条，终止合同的期间为每一个日历季度末之前的 6 个星期。这一规定对本案应该是可以适用的，因此 A 应该有权发出终止合同的表示。然而，A 终止合同的行为使已投入巨额资本的 B 无法受到适当保护。商法典第 89 条规定是否因此而不适用呢？

在当事人故意未就某个问题作约定的情况下，对合同作补充性解释是否合法？司法判例对这个问题没有形成统一的意见，因此联邦最高法院首先对这个问题发表了看法。联邦最高法院认为，不仅在当事人因不慎而未对某个问题作出约定的情况下，可以作出这种能排斥任意法适用的［补充性］解释；而且，只要可以期待当事人将会作出约定，那么也可以作出这种解释。联邦最高法院指出，对合同的解释，应当以“当事人着眼于他们在订立合同时所追求的宗旨，依据诚实信用原则，考虑到交易惯例，在订立合同的时候本应作出的约定”为标准。在法院的其他众多裁判中，对旨在补充当事人意思的合同解释，也有相同的或类似的表述。

（二）可推测的当事人意思

刚才提及的关于补充解释的标准，可称之为“可推测的当事 343
人意思”。在探查可推测的当事人意思时，不应以当事人在考虑到有关问题的情况下可能会作出的约定为唯一标准。这样一种假设的约定，往往也是无法加以准确的确定的。因为既然当事人之间存在着争议，所以对于其中一方对争执焦点具有什么想法的问题，每一方大多也会提出各自的、与对方相反的主张。联邦最高法院在一项判例[13]中指出，可推测的当事人意思“与当事人自治之

〔13〕《联邦最高法院民事裁判集》第 96 卷，第 313 页，第 320 页以下。

间不存在直接的联系”;因为,可推测的当事人意思“并不是由合同双方当事人的主观想法(所决定的),而是由法院在依据客观情形作利益权衡的基础上得出的”[14]。

所以,补充解释还涉及其他两个要素。这两个要素,既可以导源于第 157 条,也可以导源于第 242 条,因为它们的文意是相同的。其一,经由“交易惯例”(或商事惯例,商法典第 346 条),通常的内容获得其重要性。例如,一家旅行社向一家大饭店要求取消预订的房间,原因是一个原定从东欧来的旅行团取消了行程。[15] 判断旅行社能否在约定的日期之前很长一段时间取消客房预订,而无需承担损害赔偿义务,就要看通常的惯例是怎么样的。其二,经由“诚实信用”,衡平的内容(die Billigkeit)获得其重要性。人们往往也使用诸如“应以当事人的诚实行为为准”等语句,来表达衡平的意义。[16] 在上述旅行社案中,考察当事人的行为是否诚实,即要分析问题的两个方面:在旅行社方面,拒绝其行使解除权是否会使它承担一种过于苛刻的风险;在饭店方面,它能否自行将因旅行社取消预订而空出的房间出租出去。

(三)补充解释的危险性

344 以上分析说明,在进行补充解释时,至少要在三个层面上说明理由,即可推测的当事人意思、通常的意义以及衡平的意义。在这三者之间,并不存在(并且也不可能存在)某种清晰的阶位关系。因此,论证的结果往往是难以预测的。这会引起法律的不稳定性(Rechtsunsicherheit)。所以,法官就很容易成为有关法律关系的主人,因为只有法官才能对当事人究竟是如何构建其法律行为这个问题作出最后裁判。法官在考察这个问题的过程中,完全可能

---

〔14〕 这一看法不无疑虑。

〔15〕 《联邦最高法院,法学家报》1977 年,第 179 页。

〔16〕 迈尔-马利(Mayer-Maly):《慕尼黑德国民法典评注》,第 157 条,边码 42。

以诚实信用或诚实行为为依据，认定某项行为的存在，而实际上，此项行为与当事人之真实的或可推测的意思早已风马牛不相及。结果是，私法自治演变成了法官的束缚(richterliche Gängelung)。

这方面一个至为显著的例子，是刊登在《新法学周报》1974 年第 1823 页上的案例。〔17〕 在一家商店的分店店堂，张贴着一张大型告示，上面写道：进入本店的顾客，如有盗窃行为，即允诺支付违约金。舍内贝格(Schöneberg)基层法院遂判令一位实施了盗窃行为的顾客根据第 339 条规定支付此种违约金。法院认为："可以期待一名守法的顾客同意[商店的]这一规定。"然而，以这种方式来进行论证肯定是不正确的，因为一名守法的顾客，是没有理由允诺支付违约金的，通常也是不会这么做的。而一名不守法的顾客，则会谨防自己不作出这样的允诺。在法律规定必须通过合同才能发生法律后果的情况下，店主不能够通过其张贴告示的行为，单方面地确定这种法律后果。我们也不能够通过补充解释，将那些并不是由顾客遗忘的，而是整个儿违反顾客意志的东西，强加于顾客。〔18〕

在通过补充解释可以认定犯罪行为成立(Vorliegen einer Straftat)的情况下，补充解释产生的危险性就更大了。在一则案例中，一位司机在加油站加过油后，没付油费就将车开走了。〔19〕 在本案中，司机未实施诈骗行为，因为他起初是想付款的；而一般认为司机也未实施盗窃行为，因为他并没有违背权利人的意思拿走燃料(而加过油以后，司机自己就对燃料享有支配权了)。因此，司机的行为只可能构成侵占罪。而侵占罪的构成要件是，司机还

---

〔17〕《舍纳贝格基层法院，新法学周报》1974 年，第 1823 页。对这个案件的评论，参见鲍恩(Baun)文，载《德国法月刊》1975 年，第 629 页以下。

〔18〕参见《联邦最高法院，新法学周报》1995 年，第 1212 页。

〔19〕参见《汉姆州高等法院，新刑法杂志》1983 年，第 266 页。

没有成为汽油的所有权人。有人主张,通过补充解释,即解释存在所有权保留约定,可以认定司机犯有侵占罪。[20]

由此可见,对意思的补充解释(willensergänzende Auslegung),必须控制在非常狭窄的范围内。在通常情形,应当从任意性法律规定出发,来对当事人之间的不完整的约定作出补充。[21] 在有关任意法规定例外地不适用时,必须用法律解释的方法说明其中的理由,亦即必须说明:由于有关具体法律行为具有特殊性,因此法律规定对此项行为不适用。即使在不存在补充性的、任意性的法律规定时,如果只能以违背[当事人]意思为代价才能填补合同缺漏,那么一般宁可接受合同具有缺漏的事实。所以,联邦最高法院的下列看法是正确的:对一项与仲裁员订立的合同,不得作出这样的补充性解释,即仲裁员必须接受精神病方面的检查。

只有在具备上述各项限制性要件的情况下,才能够对[意思]作补充性解释。法官在进行补充性解释时,应谨防只从自身立场出发并且在事后(ex post)作出判断。法官应当设身处地,尽可能置身于当事人在从事法律行为时的角色中去,从当事人实际所欲求的角度出发,将当事人的想法一以贯终地思考下去。对这个问题,下文在谈到交易基础瑕疵的时候还将论及。[22]

第四节　沉　　默

345 这里所指的沉默,有别于通过可推断之行为所为的表示,也有别于通过解释而被补充的表示,而仅仅是指表意人没有发出任何

---

〔20〕 赫茨贝格(Herzberg)对此提出了正确的批判,文载《新法学周报》1984 年,第 896 页以下。

〔21〕 《联邦最高法院民事裁判集》第 90 卷,第 69 页,第 75 页。

〔22〕 边码 878 以下。

表示符号的情形。在通常情况下，这种沉默是没有任何法律意义的。[23] 即使沉默者过去曾经具有法律行为上的意思，这一原则也依然适用。仅仅具有意思，而没有以某种方式表达出来，总归是不够的。不过这一原则也有一些例外。

一、沉默具有表示的意义

（一）首先，［当事人］可以约定（vereinbaren）沉默具有表示的 346
意义。例如，一方未在某个特定的期限内发出拒绝的表示，就视为承诺了要约或表达了追认。但这里必须要有事先的约定，一方当事人不得单方面决定沉默具有这种效力。因此，若在要约中加上一句旨在单方面赋予沉默法律效力的句子，如“如果您不在两周内拒绝，我就认为您同意了”，这句话也是没有任何意义的。

在通过一般交易条件约定沉默具有表示的意义时，还存在着一定的限制。《一般交易条件法》第 10 条第 5 项规定，不仅对方当事人应当有适当的期间提出异议（这一点大概是不言而喻的）；而且，一般交易条件的使用人必须承担义务，在期间开始起算时再一次向对方特别指出沉默应具有的意义。换言之，［一般交易条件的使用人］应当再一次向对方当事人发出警示。虽然对此项指示义务作了规定，但如没有实际所为，则沉默［仍然］不具有意义。[24]

（二）在其他情况下，法律（das Gesetz）［明文］规定沉默具有 347
接受要约（Annahme eines Antrags）的意义，如民法典第 516 条第 2 款、商法典第 362 条第 1 款以及民法典以外的一些其他规定。[25] 有人认为民法典第 151 条也属于这种规定，但这种看法还有争

〔23〕 有关沉默的法律历史，参见瓦克（Wacke）文，载《法学工作报》1982 年，第 184 页以下。

〔24〕 彼·施洛瑟（Schlosser）：《施陶丁格德国民法典评注》，《一般交易条件法》第 10 条第 5 项，边码 14。

〔25〕 参见下文边码 389。

议。[26] 此外,法院在若干个“同情判决”(Mitleidsentscheidungen)中,也将沉默认定为承诺。[27]

348 (三)民法典第416条第1款第2句、商法典第75h条和第91a条并不涉及对要约的承诺。在这些规定中,沉默导致对另一项合同的追认(Genehmigung),沉默者因此受该另一项合同的约束。根据第496条第2句,在试验买卖(Kauf auf Probe)中,买受人的沉默可视为认可(Billigung)。第568条也可算作此类规定的范畴。据此,如[承租人]在实际上继续执行租赁合同,则视为[出租人]默示同意延长(Verlängerung)租赁合同;这条规定是很危险的。[28]

二、沉默具有其他意义

349 (一)沉默可能构成违约行为,特别是构成缔约上的过错(Verschulden bei Vertragsverhandlungen)。法律明文规定的情形如第663条[29]和第149条第2句,其中第149条第2句规定了独特的法律后果。[30] 此外,在一方负有说明义务的情况下,他的沉默也可构成缔约过错。[31] 明知自己负有说明义务而故意沉默的,甚至可能构成恶意欺诈行为。[32]

350 (二)根据有些规定,沉默在持续一定时间后,即使某种效力未定状态结束(beendet einen Schwebezustand),沉默者因此而丧失某种选择可能性。如依第108条第2款第2句,法定代理人必须在一定期间内为追认表示;依第177条第2款第2句,被代理人必

〔26〕 参见下文边码382。

〔27〕 参见下文边码392。

〔28〕 参见梅迪库斯(Medicus):《债法分论》,边码215。

〔29〕 参见下文边码444。

〔30〕 参见下文边码373。

〔31〕 参见下文边码449。

〔32〕 参见下文边码795以下。

须在一定期间内为追认表示;依第 415 条第 2 款第 2 句,债权人必须在一定期间内对债务承担表示追认。

351 (三)对商人确认书的沉默(Schweigen auf ein kaufmännisches Bestätigungsschreiben),是商法上的一个特殊事例。由于商人证明书通常旨在确定合同上合意的内容,因此下文在论述合意时再详细讨论。[33]

三、对沉默的法律判断

352 对沉默的法律判断,应严格依沉默的不同意义作出区分。

(一)如果沉默具有意思表示(eine Willenserklärung)的意义,[34]则有关意思表示的规则就适用。例如,无行为能力人的沉默没有[法律]意义;限制行为能力人的沉默,如非仅产生法律上的利益,则需经法定代理人同意后才能生效。在通常情况下,[行为人]也可以根据第 119 条及以下条款撤销其意思表示;第 1956 条甚至明文规定,耽误拒绝遗产期间的,可以撤销。不过,因沉默行使撤销权有两项例外。其一,沉默人不得以自己不知道法律规定的沉默的意义为由主张撤销。由于法律对沉默意义的规定代替了行为人的意思,因此行为人不得以自己欠缺意思为由主张撤销。其二,根据商法典第 75h 条、第 91a 条和第 362 条的规定,商人必须"即时"(unverzüglich)作出答复,否则其沉默即视为积极的表示。因此,商人不得以自己因过失而发生错误为由主张撤销,因为这种撤销已不可能是一种"无过错性迟延(第 121 条第 1 款第 1 句)的"答复。[35]

353 (二)如果沉默被视为违反义务(Pflichtverletzung)的行为,[36]

---

〔33〕 参见下文边码 440 以下。

〔34〕 参见上文边码 346 至 348。

〔35〕 参见梅迪库斯(Medicus):《民法》,边码 56 以下。

〔36〕 参见上文边码 349。

则行为人是否具有行为能力就没有任何意义，这里的关键要看沉默者是否具有归责能力（第276条第1款第3句、第827条、第828条）。沉默者不得主张撤销，但错误可以排除过错。

354 （三）在沉默者丧失选择可能性（Wahlmöglichkeit verlieren）时，[37]他的行为能力仅具有间接（通过第131条规定）意义。[法律规定的]期间届满以后，行为人因沉默而丧失其选择可能性；这个期间，在催告表示到达时才开始起算。而根据第131条规定，如果沉默者欠缺行为能力，催告表示必须到达[沉默者的]法定代理人[才为到达]。

355 （四）对商人确认书（kaufmännisches Bestätigungsschreiben）的沉默具有什么法律意义？这个问题，留待下文详述。[38]

---

〔37〕 参见上文边码350。

〔38〕 边码442以下。

第三部分

合同的成立与内容

在法律行为中，最重要的是双方法律行为，即合同。[1] 第 145 条至第 157 条对合同有一些重要的特殊规定。

〔1〕 参见上文边码 203。

第二十六章　要约和承诺

参考文献：布雷默（Brehmer）：《民法典第151条的承诺》，载《法学教育》1994年，第386页以下；彼·比德林斯基（P. Bydlinski）：《无承诺表示而订立合同的难题》，载《法学教育》1988年，第36页以下；埃克特（Eckert）：《远程购物——新型营销理念的合同法视角》，载《企业》1994年，第717页以下；诺·希尔格（N. Hilger）：《迟延的承诺》，载《民法实务档案》第185卷，1985年，第559页以下；海·洪泽尔－霍尔茨＝达伦施泰特（H. Honsel-Holz = Dahrenstedt）：《合同订立的基础问题》，载《法学教育》1986年，第969页以下；莱嫩（Leenen）：《合同的订立、成立和生效》，载《民法实务档案》第188卷，1988年，第381页以下；迈尔－舍尔（Maier-Scherl）：《"无拘束力的"合同要约》，载《法学教育》1996年，第1页以下；斯塔托波洛斯（Stathopoulos）：《对合同拘束与合同解除的比较法研究》，载《民法实务档案》第194卷，1994年，第543页以下。

第一节　基　　础

356　一、每一个合同都至少涉及两个人(mindestens zwei Pereonen)。因债法上的负担合同,至少一个人成为债权人,另一个人成为债务人。在大多数合同中,双方当事人同时既是债权人,又是债务人。合同上的处分行为主要发生在物权法中(如所有权移转);因处分行为,一个人丧失某项权利,另一个人取得该项权利。亲属法上的合同,如婚姻合同(第1408条及以下条款),调整配偶双方的财产关系。最后,继承合同(第2274条及以下条款)涉及到被继承人以及接受遗产利益的当事人的法律地位。

在语言上,"合同"(Vertrag)一词与"互相忍受"(sich vertragen)相关。至少必须有两个人,才能够互相忍受。

357　二、既然合同涉及到若干个人,这些人就必须根据私法自治[2]的原则,通过意思表示(Willenserklärungen),参与合同的订立。在订立合同时,时间上处于前面的那个意思表示叫作"要约"(Antrag),另一方当事人对要约作出反应的、时间上处于后面的那个意思表示叫作"承诺"(Annahme)(第145条及以下条款)。

民法典用"Antrag"来表示"要约"。但人们通常不使用"Antrag"这个词,而是使用"Angebot"。但是在民法典中,"Angebot"这个概念不是指使合同成立的意思表示,而是指因债务关系而必须履行的给付。如第293条及以下条款规定,债权人不受领向其提供的给付(die ihm angebotene Leistung)者,为受领迟延。在下文中,我只使用法律规定的术语。

---

〔2〕 参见上文边码174。

第二节　要　　约

一、要约与预备性表示 358

假设对要约一经承诺，合同即可成立，这时的要约才真正成立。由此，应区分要约和邀请要约（Aufforderung, Anträge zu machen; invitatio ad offerendum）。邀请要约对发出邀请的人还不产生拘束力。如他人接受邀请要约，并向邀请人发出要约，邀请人依然可以自由地拒绝该要约。某项意思表示已构成要约，或者仅仅是预备行为？这个问题应通过解释来作判断。解释所依据的标准，即产生于邀请要约与要约之间的差异。

如果一项意思表示显然尚不完整（ersichtlich unvollständig）， 359
即如还没有全部包括合同所需的一切必要内容，则该项意思表示就仅仅是一项预备行为。比如，有人出售汽车，但没有标明价格。这里，只有在标明价格以后，要约才成立。意思表示即使已具有完整的内容，也并不一定使要约成立，即如那些向不特定的多数人发出的（an einen unbesimmten Kreis von Personen gerichtet）意思表示。此类意思表示还不是要约，因为表意人不可能任意多次地履行其描述的给付。因此，虽然报纸上的广告对给付内容作了详细说明，并且标明了价格，但还不是要约。任何具有正常理智的人，都不愿意承受卷入自己无法履行的合同中去的风险。所以，旅行社的广告或说明书、邮购商店的价目表等还不是要约。

肯德根（Köndgen）[3]就此批评说，将市场的需求方转变成要约人，是“对经济现实的全盘颠倒”。但是，在供应和需求领域，存在的就是这种现实。要约和承诺，并不是一定要与供应和需求相符合。需求者也能够发出要约，并且在实际上也经常是这么做的。

---

〔3〕 最近的一篇文章刊登在《民法实务档案》第184卷，第600页，第604页。

此外,对合同法具有决定性意义的现实是[当事人的]意思,而不是经济;当然,发事人的意思也可能受到经济因素的影响。虽然出卖人起初发出的只是邀请要约,但如果他没有及时地(即在合同订立前)对其同时发出的、具体的广告内容作出订正,这些内容也可以成为以后订立的合同的组成部分。[4] 此类广告内容,也可以决定“合同约定的使用[性能]”,因此可以产生第459条第1款第1句、第462条规定的瑕疵担保责任。就此而言,这种仅为承诺和要约作准备的行为,也具有重要的法律意义。

360 将商品陈列于橱窗(Schaufensterauslagen)的行为,通常也只是一种邀请要约。[5] 如果认为陈列商品就已构成要约,那么至少那些雇用多名营业员的商店,就会面临将同一样物品买卖数次的危险。经常有人讲述这样一个故事:商店橱窗中陈列着一件裘皮大衣,上面标示的价格有误;* 顾客[看到了实际标示的价格,]可以以较低的价格购买这件大衣。从法律上讲,这个故事是不能成立的。由于商店老板没有就“不正确的”价格发出要约,因此顾客是无法单方面使合同成立的。可见,[商店老板]甚至不需要因发生错误而行使撤销权,即可阻止此种合同成立。

诚然,商店老板陈列的商品,如根本未打算出售,或者不想以所标示的价格出售,则其行为可能构成不正当竞争,因此违反《反不正当竞争法》的规定。不过这一事实对判断是否成立要约的问题并不重要。这里应区分两个问题。一个是民法上的问题,即要约是否成立;一个是公法上的问题,即标示价格的义务。商店老

〔4〕《科隆州高等法院,新法学周报》1972年,第162页;《保险法》1990年,第279页。

〔5〕《联邦最高法院,新法学周报》1980年,第1388页。肯德根(Köndgen)对此持不同的看法,参见其著作《没有合同时的自我拘束》,1981年,第291页以下。

* 如原来想卖980马克的,但实际标示的价格是890马克。——译者注

板在公法上负有的明码标价的义务，也可能对邀请要约行为适用。

361 第156条对拍卖（Versteigerung）作了明文规定：合同在拍定（Zuschlag）时才成立。这即是说，拍定是承诺，应价仅为要约，而要求应价的行为只是一种预备行为。关系人委托拍卖人竞买某物，该委托还不构成买卖合同的要约，而只是委托［拍卖人］在拍卖过程中为关系人进行应价。[6]

362 设置自动售货机（Aufstellung eines Automaten）的行为大多被视为要约，顾客将硬币投入机器并进行选择的行为是承诺。不过，这种要约应以自动售货机里面的内容为限。如机器已空空如也，买卖合同自无法成立。在我看来，如装满货物的自动售货机无法工作，也必须否认合同成立，自动售货机安装公司因此无需承担不履行合同的损害赔偿义务。如同意我的这一看法，那么只有在自动售货机正常工作时，才可订立合同。所以，要约只能由顾客发出，设置自动售货机只是一种预备行为。

363 在自助商店（Selbstbedienungsladen）放置商品待购的行为具有什么法律意义？这个问题也尚无定论。[7] 有些学者认为，这种行为已经构成要约，顾客在付款处出示商品的行为是承诺；在此之前，反正还未成立合同，顾客可以将商品放回原处。其他学者则认为，顾客在付款处出示商品的行为才构成要约。这些学者旨在给商店老板保留拒绝订立合同的可能性。［在我看来，］只有在商店老板具有给自己保留此种权利的意思时（如标明“特价商品，限量

---

〔6〕《联邦最高法院，新法学周报》1983年，第1168页，附有克尔温－约赫（Kelwing-Joch）的评论。

〔7〕《联邦最高法院民事裁判集》第66卷，第51页，第55页以下没有对这个问题作正面回答。有关讨论的现状，参见克拉默（Kramer）：《慕尼黑德国民法典评注》，第145条，边码8。

供应”),他才应享有这一权利。在[商店老板不具有这种意思的]一般情况下,应当认为,自助商店放置的商品可以向任何人出售,顾客在存货充足的情况下也可购买任意数量。因此,放置商品待购的行为已经构成要约。

二、要约的拘束力

364 (一)根据第145条,要约人通常在一定时间内[8]受其要约的拘束。[9] 在这一段时间内,要约人不得撤回其要约,受要约人有权单方面决定是否使合同成立。[10] 这对受要约人来说是一种利益。

365 (二)根据第145条,要约人也可以排除其要约的拘束力。要约人通常使用“不受拘束”、“不负义务”、“保留中途售出之权利”、“保留自用之权利”等附加字样,来表达自己不受要约拘束。不过这些附加字样可能具有以下各种意义。[11]

1. 它们旨在说明要约还未成立,行为人发出的只是一项邀请要约。司法判例认为,“不受拘束”的要约即是邀请要约。[12]

366 2. 在一般情况下,这些附加字样的意义是:[要约人]撤回保留(Widerrufsvorbehalt)要约的权利。接下来的另一个问题是,要约人最迟在什么时候可撤回其要约。要约人应在[对方]承诺之意思表示到达之前撤回自己的要约吗?或者,要约人在承诺表示到达之后仍可即时撤回其要约吗?弗卢梅[13]认为,在发生疑问

---

〔8〕 关于这段时间的长短,参见下文边码370以下。

〔9〕 从历史的和比较法的角度来看,这一点并不是理所当然的。参见弗卢梅(Flume):《德国民法总论》第2卷,§35,I,3a。

〔10〕 参见下文边码368。

〔11〕 参见林达赫尔(Lindacher)文,载《企业》1992年,第1813页。

〔12〕 《帝国法院民事裁判集》第103卷,第8页,第12页;《联邦最高法院,新法学周报》1996年,第919页。

〔13〕 同前引书,§35,I,3c。

时,要约人在承诺表示到达之后仍可即时撤回其要约。弗卢梅的观点也许是正确的。要约人通常是因存在某种不确定性(如对市场形势的发展不确定)才排除要约的拘束力的,而这种不确定性一般要延续到承诺表示到达之时。

3. 最后,上述条款并非旨在限制要约的拘束力,而是也能够影响到因承诺而成立的合同的内容。尤其是诸如“保留不供货的可能性”之类的条款,往往就具有这种意义。要约人如附加此类条款,就可排除第279条的基本思想,限制要约人的购货义务。换言之,如果要约人无法购买到有关货物,他就不必依据第280条、第325条规定承担不履行合同的损害赔偿责任。不过,联邦最高法院的一项判例[14]认为,货物涨价原则上并不能使要约人解除购货义务;只有依诚实信用原则,无法合理期待要约人以提高后的价格购买货物时,才可解除要约人的购货义务。至于保留自用条款,法院认为其与《一般交易条件法》第9条并不矛盾。[15] 367

(三)在要约人受其要约拘束的时间内,受要约人可以以要约人的利益为代价进行投机(spekulieren)。[16] 例如,要约人向对方发出一项要约,内容是提供一笔贷款,利率为10%,要约的拘束期为6个月。受要约人是否受领该要约,可以根据下面6个月中的利率走势来决定。如果利率将低于10%,受要约人就会到其他地方去筹款;如果利率将高于10%,受要约人就会接受要约。对要约的这一效果,要约人通常是可以预知的,因此对要约人来说并非不公平。 368

---

〔14〕《联邦最高法院,新法学周报》1958年,第1628页。

〔15〕《联邦最高法院民事裁判集》第92卷,第296页,第398页;《联邦最高法院,经济法杂志》1994年,第461页,第464页。关于保留自用条款的效力,参见《联邦最高法院,企业顾问》1995年,第1158页。

〔16〕这一点,《立法理由书》就已指出过。参见《立法理由书》第一卷,第166页,即穆格丹(Mugdan)编:《德国民法典资料总汇》,第一卷,第443页。

369 如果情形发生了要约人不可预见的变化,情况就不同了。弗卢梅[17]主张,应当免除要约人承担这方面的风险,而且,免责的程度应大于一方当事人在订立合同后根据交易基础丧失说免除自己责任的程度。他认为,如果受要约人清楚地知道,情况发生了不利于要约人的重大变化,受要约人“就不得主张合同之承诺“。在我看来,要约人受要约拘束,与合同当事人受已经成立的合同的拘束,二者之间不存在本质的区别,因此要约人的免责程度与交易基础丧失说无异。[18] 杜塞尔多夫州高等法院[19]与我的看法相似,认为长期要约的要约人可以因重大事由提出终止表示,并以此方式消灭该长期要约。[20]

此外,对于要约,往往也可以像对待合同那样,通过解释来解决问题。[21] 如通过解释可以得知,要约的拘束力因出现特定情况(如货物被没收,因此无法供货了)而归于消灭。

三、拘束力的期间

370 (一)要约拘束力的期间,主要由*要约人决定*。要约人可以以明示方式决定其要约的拘束力的期间(第148条)。没有明示决定的,应通过解释,从相关情形中确定要约人的意思。解释时应当注意,如果要约的拘束力有利于受要约人,则可能给要约人产生重大的不利后果。要约人受要约拘束,在通常情况下(选择性合同除外)也并不因此获得什么对待给付。因此,通过解释,很难得出要约人具有长时间受其要约拘束的意思——这段时间超过了受要约人根据要约人知悉的情况为作出其决定所需要的时间。根据《一般交易条件法》第10条第1项,一般交易条件的使用人不得为自己

---

〔17〕 同前引书,§35,I3d,第644页。

〔18〕 参见下文边码857以下。

〔19〕 《杜塞尔多夫州高等法院,新法学周报,民事判例汇编》1991年,第311页。

〔20〕 参见下文边码874。

〔21〕 参见下文边码875。

对要约的决定保留不合理长久的期间或者不够确定的期间。[22]

（二）第 147 条规定的要约拘束力的期间相应较短。第 147 条是一条辅助性规定，亦即在既无要约人作出了明示规定，又不能通过解释查明要约人意思的情况下，才应适用。根据该条第 1 款第 1 句规定，向对话人发出的要约，只能立即予以承诺。依第 2 句，“一方通过电话向对方发出的要约”，也只能立即予以承诺。所谓“一方向对方”（von Person zu Person）意为：受话者必须是有权（作为合同当事人或者其代理人）决定是否承诺的人。如果要约人同另一方当事人的传达人或者其他无订约权的人通话，则在法律上属于向非对话人发出要约。这时，要约人不能期待受话者立即作出承诺与否的决定。 371

通说认为，如果电话交谈在［受要约人］对要约作出决定之前中断，要约的拘束力即归于消灭。因此，受要约人承担电话在技术上不能正常运作的风险，亦即他丧失了承诺的可能性。当然，要约人自己使电话交谈中断的，事情就另当别论了。在这种情况下，［受要约人］以其他途径即时传送过去的承诺表示，仍然为及时到达。[23]

根据第 147 条第 2 款，如要约向非对话人发出（包括通过传真发出），要约的拘束期间以要约人在通常情况下可以期待答复到达的时间为准。这个时间，一般相当于上文边码 370 所称的受要约人为决定［承诺与否］所需的时间。

四、要约的消灭

（一）假设法律对要约的消灭没有特别的规定，那么在要约的拘束力停止之后，要约人就仅仅享有一项撤回其要约的权利。但 372

〔22〕 有关评论，参见瓦尔希斯霍费尔（Walchshöfer）文，载《有价证券信息》1986年，第 1041 条。

〔23〕 克拉默（Kramer）：《慕尼黑德国民法典评注》，第 147 页，边码 3。

是,第146条规定,要约未被及时承诺的,即归于消灭。这说明,要约人不需要再去撤回其要约了。所以,迟到的承诺也不能使合同成立;根据第150条第1款,迟到的承诺只能视为新的要约(这时是另一方当事人发出的要约)。

373 在由非对话人之间进行的谈判中,受要约人除了及时寄发承诺表示外,往往难有其他作为。但是,合同能否成立,要取决于[24]承诺表示是否及时到达要约人那里。如果受要约人的承诺表示在寄送途中有延误,就可能出现这样的危险:受要约人以为合同已经有效订立,而实际上合同并没有成立。第149条旨在解决这个难题。根据该条规定,由于要约人能够知道[受要约人]寄发承诺表示是否及时,因此,[如承诺表示迟到了]要约人应即时将承诺表示迟到的事实告诉受要约人。我们可以将要约人的此项义务,理解为进入合同谈判阶段后产生的一项法定义务。[25] 但是,要约人如违反第149条规定的该项义务,则不仅应承担赔偿消极利益的义务,而且[受要约人的]承诺表示视为未迟到。换言之,承诺表示虽然迟到,但合同仍得以成立,要约人负有履行合同的义务。

374 如受要约人将装有承诺表示的信件交给他的一个熟人,请其尽快投入信箱,而该熟人忘了及时投寄,这时应如何评判?第149条不能直接适用,因为受要约人将信件交给其熟人,并没有使意思表示离开表意人的控制领域,因此该行为不构成“寄发”。[26] 第149条也不能类推适用。如果说,受要约人无法控制邮件的投递过程,那么他对此类源于其自身领域的风险是可以控制的。因此,这里不存在相似性,无法进行类推适用。

---

〔24〕 第151条规定的情形除外,参见下文边码382以下。

〔25〕 参见下文边码454。

〔26〕 参见上文边码263。

（二）根据第 146 条，要约除因不及时承诺而消灭外，还因向要约人拒绝（Ablehnung）要约而消灭。拒绝要约与要约一样，也是一项需受领的意思表示。受要约人拒绝要约的，要约在拘束期间届满前即归消灭。不过，如受要约人只是向第三人说“我要拒绝要约”，则还不构成第 146 条意义上的拒绝要约。 375

（三）第 130 条第 2 款规定，要约人在发出意思表示之后死亡或丧失行为能力的，作为意思表示的要约并不因此消灭。 376

1. 第 153 条对上述原则作了补充，规定合同的成立一般也不受要约人死亡或丧失行为能力的影响。民法典之所以作此补充规定，是因为普通法学对这个问题有不同看法。[27] 这即是说，［即使要约人在发出要约后死亡或丧失行为能力，］要约仍然可以被承诺。当然，承诺表示现在必须向已经死亡的要约人的继承人发出，或者使承诺表示到达已经丧失行为能力的要约人的法定代理人处（第 131 条）。

2. 根据第 153 条末段规定，在可以认为要约人具有其他意思的情况下，合同例外地不应成立。许多学者认为，这是一条法定的解释规则。他们指出，由于要约人大多对自己的死亡或者丧失行为能力不可能形成真实的意思，因此应当探求要约人之可推测的意思。至于受要约人是否可知要约人的这个意思，则在所不问。受要约人因信赖要约继续有效而支出了费用的，应类推适用第 122 条[28] 规定，赋予其请求赔偿消极利益的权利，以资补偿。[29] 例如，如受要约人因要约人订购货物而无端支出了运输费，即可要求赔偿。 377

---

〔27〕 参见弗卢梅，同前引书，§35，I，4。

〔28〕 参见下文边码 783。

〔29〕 如海因里希斯（Heinrichs）：《帕兰特德国民法典评注》，1997 年第 56 版，第 153 条，边码 2。

弗卢梅的看法与此不同。〔30〕他认为,第153条的限制性规定,仅仅指受要约人知道要约局限于[自己]与要约人本人订立合同的情形。因此,合同因要约人死亡而无法订立,是受要约人必须承受的一种风险,受要约人不得据此主张损害赔偿。我觉得弗卢梅的观点更值得赞同。因为,并不存在充分的理由,可以使我们违反一般的解释理论〔31〕,认为在解释第153条的规定时,可以放弃意思表示受领人“可以知道[自己与要约人订立合同]”这一要件。如对“要约可以予以承诺”原则的例外作出如此狭窄的理解,则此种例外主要是指所订购的物品显然是为订购人自己使用的情形,〔32〕即如衣服。

378 (四)民法典对*受要约人死亡*的情形未作规定。那么,受要约人的继承人能否承诺要约呢?起初,[立法者]打算对这个问题作出与要约人死亡相同的规定,即受要约人的继承人一般可以承诺要约。但是,[立法者]后来放弃了这一打算,这一做法是正确的。诚然,在受要约人死亡以后,也应当对要约作出解释,以便确定该要约仅仅是针对受要约人本人发出的,还是也可以针对受要约人的继承人发生效力。但是,第153条规定的规则与例外关系,对这个问题并不适用。〔33〕换言之,我们不能认为,要约人通常也愿意相对于受要约人的继承人维持要约的效力。如在要约人向对方提供信贷的一切行为中,要约人就不可能有这种意思。因此,在发生疑问时,应当认为,受要约人死亡时,要约消灭。

---

〔30〕 弗卢梅,同前引书,§35,I,4。现在,对弗卢梅的看法表示同意的有:克拉默(Kramer)撰:《慕尼黑德国民法典评注》,第153条,边码4;狄尔希尔撰:《施陶丁格德国民法典评注》,第153条,边码9。

〔31〕 参见上文边码323。

〔32〕 《立法理由书》也是这样说的。参见《立法理由书》第一卷,第176页,即穆格丹(Mugdan)编:《德国民法典资料总汇》,第一卷,第449页。

〔33〕 弗卢梅,同前引书,§35,I,4。

上面分析的问题,经常以“要约的可继承性”为标题出现。这种提法不完全准确。只有在受要约人生前到达至[受要约人]本人那里的要约(或者更确切些说:承诺该要约的权利),才能够被继承。不过这里涉及的问题,与受要约人在要约到达之前死亡,因此要约只能到达受要约人的继承人的情形是完全一样的。

五、要约的可让与性 379

受要约人能否将其因要约而取得的法律地位,通过法律行为(第413条,第398条及以下条款)转让给第三人?在对这个问题作肯定回答的时候,必须十分谨慎。如同意受要约人转让,则意味着第三人可以通过承诺而成为合同当事人。在要约人(也)想通过合同使对方当事人负担义务的情况下,第三人无论如何不能有效受让要约。要约不得在没有要约人同意的情况下予以转让,就像一项义务不得在没有债权人参与的情况下予以转让一样(第414条及以下条款)。只有在仅由要约人承担义务的合同中,才可类推适用第399条规定,认定要约可以予以转让。

第三节　承　　诺

一、通常的情形

(一)在通常情形,承诺以需受领的意思表示为之。这是第149条的一项前提。订立合同的正常顺序应为:要约(发出和到达)——承诺(发出和到达)。承诺是否及时,以承诺何时到达为准。[34] 380

第152条规定了一项例外。要约和承诺需分别作成公证书时,一旦承诺作成了公证书,合同(即)成立,而不是在该承诺表示到达要约人那里时合同才成立。

---

〔34〕 参见上文边码373。

381 (二)承诺之意思表示必须与要约相符合,才能使合同成立。这是第150条第2款的一项前提。据此款规定,如承诺与要约不相符合,视为拒绝要约,同时又提出一项新的要约。要约以某项可分之给付为内容的,应先对该要约作出解释。要约人发出的要约可能是可分的,因此受要约人也只能对该要约作部分承诺。例如,如出卖人V向买受人K发出出售1000吨取暖油的要约,V的意思可能是指“可供1000吨”,因此K也可以只承诺500吨。不过,我们不应[对当事人的意思]进行推测,因为货物的价格往往与购买数量有关。在这种情况下,对“部分承诺”就应适用第150条第2款。

二、第151条规定的承诺

382 (一)根据第151条第1句,在特定的、下文边码383以下所称的条件下,“承诺无需向要约人表示之”,合同亦因承诺成立。对于此项例外的意义,学者们看法不一。弗卢梅[35]认为,受要约人只要作出承诺要约的决定(Entschluβ)即可,而无需将此决定表达出来。我们虽然应当承认,既然承诺表示无需到达要约人那里,因此该项承诺表示对要约人来说不可能有什么重要意义。然而,这并不能成为使要约人依第151条本已不佳的处境进一步恶化的充分理由。此外,弗卢梅的看法也不符合法律规定的文意:有关法律规定并没有说完全不需要将承诺表示出来。所以,我赞同通说[36]的观点。通说认为,在第151条中,承诺的意思必须通过某种方式表达出来,亦即必须使该意思显示于外部,但[受要约人]无需针对要约人表达或显示其承诺意思,承诺意思也无需到达要约人那里。[受要约人]可以用多种方式实现其承诺意思。例如,客人在

---

〔35〕 同前引书,§35,II,3。

〔36〕 如《联邦最高法院民事裁判集》第111卷,第97页,第101页;拉伦茨(Larenz):《德国民法总论》,§28,I。

用电报预订旅店房间后,[旅店老板]将客人的姓名登记入预订客房名单;[出卖人]将[订购人]订购的商品寄出(依第477条规定,这些商品的运输风险由订购人承担);实际使用[他人]寄来供察看的物品。

(二)根据第151条第1句,如依交易惯例(Verkehrssitte),不可期待向要约人发出承诺表示,或者要约人事先声明无需承诺,则仅有实现承诺意思的事实,合同也可成立。在交易惯例和要约人事先声明这两者之间,并不存在清晰的界线。要约人是否以可推断之行为,声明其要约无需承诺?对这个问题,恰恰应通过解释,并顾及交易惯例,来作判断(第157条)。 383

解释除应顾及交易惯例,还应遵循诚实信用(Treu und Glauben)原则。依据诚实信用原则,应当考虑到要约人依第151条规定所处的特别不利的境况。因为要约人根本不知道合同是否已经成立。以预订客房为例,如客人预订了一间房间,并声明[旅店的]承诺表示无需到达,那么,客人实际上还得预订一间房间,因为他对第一次订房是否成功没有把握。而如果他真的再订一间房间,却又会面临支付两间客房房费的风险,因为第一次订房可能已使合同成立。所以,如果要约人没有以明示方式声明承诺表示无需到达,那么,只有在例外的情况下,才能够认定要约人通过可推断之行为表达了承诺表示无需到达的意思。此类例外情况,主要应指[受要约人]由于要约人自身的原因,而无法向他发出承诺表示。例如,客人在用电报预订客房时,没有留下发送人的地址;或者,客人在预订房间时说明,自己在原有地址下已无法联系到。 384

相反,邮购商店(Versandhäuser)不得以第151条为由,为自己免除及时发出承诺表示的负担。在邮购情形,顾客订购货物为要约,邮购商可以通过寄送货物的行为为承诺,也可以专门发出承诺要约的意思表示。如不发生特殊情况,邮购商不在要约拘束期内通过寄送货物或通过专门的意思表示承诺要约的,顾客的要约即 385

归消灭。如果邮购商在此以后再将货物寄送给顾客,则依第150条第2款规定,其行为只构成一项新的要约;对此项要约,顾客可以自由决定是否承诺,即如决定是否支付帐单(尚有争议)。

386 下面一个案例[37]可以用来说明第151条在适用过程中可能产生的不明确性。G长期以来一直在S那里购买彩票。一次,G的一张彩票中了24马克。S将此事告诉G,并附寄上一张新彩票,请求G:在受领彩票的当天,将承诺新彩票的回执寄给S;如G不想购买新彩票,则应将该彩票寄回给S。G既未把回执寄给S,也未把新彩票退回给S。[1954年]7月19日,这张新彩票中了40000多马克的奖。[38] 同一天,S写信给G,要他将未予承诺的新彩票寄回给自己。而G则在7月20日给S寄出了一封信。G声称,自己在7月16日就已写好了这封信,并且在信中承诺了这张新彩票。

在本案中,S给G写的第一封信包含了一项就那张新彩票订立摸彩合同(第763条)的要约。依摸彩合同的宗旨,此项要约只能在7月19日开奖前被对方承诺。因此,G在7月20日给S写的信,作为一项需要到达的承诺意思,无论如何已经迟到了。由于不存在承诺表示无需到达的交易惯例,因此只有认定S依第151条作出了“承诺表示无需到达”的声明,才能认为摸彩合同成立。而由于S曾要求G立即将承诺新彩票的回执寄回,因此S显然没有作出“承诺表示无需到达”的声明。初审级法院以此为由,驳回了G要求获得奖金的诉讼。

但是在另一方面,S在信中也曾说道,如果G不要这张彩票,就应当将彩票寄回给S。事实上,G同样也没有将彩票寄回给S。除此之外,G还声称,在以前的一些场合,S曾将顾客的不作为视

---

〔37〕《联邦最高法院,新法学周报》1957年,第1105页。

〔38〕在1954年,40000马克是一笔巨款!

为对其订立摸彩合同要约的承诺。联邦最高法院认为，这一点说明S可能依第151条规定作出了“承诺表示无需到达”的声明，因此裁定将案件发回前审法院重新审理(《民事诉讼法》第565条)。

三、通过不作为为承诺

在第151条中，受要约人至少必须有实现其承诺意思的行为，或者如弗卢梅所主张的那样，受要约人至少要作出某种承诺的决定。〔39〕下面讨论的情形与第151条不同。在这里，受要约人纯粹的不作为就可使合同成立，而不管受要约人是否具有承诺的意思。 387

(一)第516条第2款第2句是民法典中唯一一条调整此种情形的法律规定。据此，如赠与人向受赠人规定了一个表示是否承诺赠与的期间，则在受赠人沉默不语时，该期间一旦届满，赠与视作承诺。此条规定的原因是“仅在例外情形才会拒绝接受赠与”的经验规则。〔40〕由于对赠与要约不适用第146条至第149条的规定，亦即在受赠人作出承诺的决定之前，赠与要约一直有效；因此，第516条第2款第2句的规定，也可看作[对赠与要约长期有效的]一种补偿。〔41〕

商法典第362条第1款调整的也是此种情形。依据该款规定，在特定条件下，商人对到达他那里的要约不作即时拒绝的，视为承诺。〔42〕适用商法典第362条第1款的条件是：其一，行为主体必须是“处理事务的商人”〔43〕；该商人必须收到一项处理其所经 388

〔39〕参见上文边码382。

〔40〕《立法记录》第二卷，第8页，即穆格丹(Mugdan)编：《德国民法典资料总汇》，第二卷，第739页。

〔41〕科尔霍塞尔(Kollhosser)：《慕尼黑德国民法典评注》，第516条，边码38以下。

〔42〕如该商人立即对要约作出回答，但这种回答旨在拖延，则也不得视为其承诺。《联邦最高法院，新法学周报》1984年，第866页。

〔43〕参见卡·施密特(K. Schmidt)：《商法》，§19，II，2，d，cc。

营的业务的要约;该商人与要约人之间存在长期业务关系(第362条第1款第1句)。其二,行为主体可以是任何形式的商人;该商人收到一项处理事务的要约;该商人主动向要约人提出处理此类事务。

因此,商法典第362条第1款仅仅适用于处理事务(Besorgung von Geschäften),亦即仅适用于提供服务的行为。这些行为,即如商法典第1条第2款第2项、第4项至第9项规定的行为。此类行为既可以是法律行为上的行为,也可以是事实上的行为。[44] 提供商品的行为不属于商法典第362条的适用范围。法律之所以作出这一限制,是因为在立法者看来,商品的存货是有限的,而提供服务的能力却原则上是无限的。不言而喻,至少就今天来说,这一看法已经不对了。

389 在其他一些单行法(Sondergesetze)中,也有关于对要约沉默即为承诺的规定,如《义务保险法》第5条第3款第1句即是。根据该句规定,在订立机动车辆责任保险合同时,如[被保险人]向保险人发出订立此项合同的要约,而保险人不在两周内以书面形式对该要约提出异议的,要约视为承诺。之所以制定这一规定,是因为法律(《义务保险法》第5条第2款)规定责任险的保险人负有强制缔约的义务;而保险人之所以负有强制缔约义务,又是因为机动车辆持有人负有保险的义务(《义务保险法》第1条)。

390 相反,民法典和商法典中的其他一些规定就不属于这里讨论的范围了。在这些规定中,沉默具有某种积极的意思表示的意义。如在民法典第416条第1款第2句、商法典第75h条和第91a条中,沉默的意义并非在于承诺要约,而在于追认另外一项合同。在民法典第496条第2句中,买受人的沉默,说明他对试验买卖(Kaufauf Probe)的标的物表示认可;已经订立的买卖合同所附的延缓

---

〔44〕《联邦最高法院民事裁判》第46卷,第43页,第47页。

条件（第495条第1款第2句）因此而成就。[45]

民法典第663条也不属于这里所讨论的范围。这条规定在实践中几乎没有什么意义。[46] 通过第675条的参引，第663条也可能适用于有偿行为，并且也主要适用于有偿行为。在第663条中，合同不因沉默而成立。这里只对行为人负有的一项前合同义务作了规定。行为人拒绝接受委托的，必须即时将拒绝事实告知对方或另行作出答复。[47] 行为人因过错违反此项义务的，仅依缔约过错原则承担赔偿信赖损害的义务。

（二）根据商事习惯法，*对商人确认书的沉默*（Schweigen auf ein kaufmännisches Bestätigungsschreiben）可以使合同成立，除非商人证明书所证实的合同实际已经成立了。不过，商人证明书的主要意义，不在于消除合同是否成立的疑问，而主要在于消除合同具有什么内容之疑问。因此，有关商人证明书，等到下文边码440以下再详加分析。 391

（三）除了上面分析的这些情形以外，*法官法*（Richterrecht）（有时以某项交易惯例或商事习惯为依据）也曾多次将对要约的沉默认定为承诺。上文提及，商品供应合同被排除在商法典第362条第1款的适用范围之外，而这种排除适用又没有充分的理由。[48] 因此，此类商品供应合同成了法官法认定沉默具有承诺意义的主要对象。[49] 在民法中，*弗卢梅*[50] 认为，在第150条第1款中，如要约人对迟延到达［他自己那里］的承诺沉默不语，则可以认为要约人承诺受要约人通过迟到的承诺发出的新要约。在我看来， 392

---

〔45〕 但请参见梅迪库斯（Medicus）：《债法分论》，边码167。

〔46〕 参见卡·施米特（K. Schmidt），同前引书，§19，II，2，b。

〔47〕 《联邦最高法院，新法学周报》1984年，第866页。

〔48〕 参见上文边码388。

〔49〕 参见卡·施米特（K. Schmidt），同前引书，§19，II，1，b。

〔50〕 同前引书，§35，I，2。

这一点大概不能在如此一般的意义上适用。司法判例在某些案件中认定沉默具有积极的意思表示的意义,[与其说是一种通常的做法,]还不如说是个案性质的"同情判决"。[51] 对这方面的许多具体问题,还存在着不同的看法。特别是对第 242 条的援引具有很强的不确定性。如有人指出,需要考察的关键问题是,依诚实信用原则,承诺之意思表示的发出者,能否期待[对方向自己]作出说明。对第 149 条规定作扩大适用,可能是不恰当的。[52]

联邦最高法院在一则判例[53]中所作的论述,对我们不能提供什么帮助。联邦最高法院认为,在商事交易中,必须将沉默视为同意(亦即视为承诺之意思表示),"如果依诚实信用原则,受要约人必须提出异议。如果当事人之间先前已存在业务关系,如果当事人之间还存在一项尚未解除的合同,就应当要求[一方当事人向对方]提出异议;如果写信的人对对方及时答复具有利益,而且对方也明知这一事实,那么[对方]就更应提出异议了。"联邦最高法院的这一表述过于宽泛了。[54] 如果赞同这种看法,"现行法中合同订立的规则将会全部倾覆"[55]。如果适用联邦最高法院的这种观点,几乎每一个商人都可以置商法典第 362 条第 1 款的一切限制以及商人证明书的规则于不顾,强迫任何其他商人对满天飞舞的同意拟制不断提出新的抗辩。

393 对于沉默的法律意义,或许只能作出下列一般性的表述(allgemeinere Formulierung):当事人在就合同进行谈判的过程中,完全可以作出沉默应具有某种特定的意思表示意义的约定。例

---

〔51〕 拉伦茨,同前引书,§27,II,1。

〔52〕 参见卡纳里斯(Canaris):《德国私法中的信赖保护》,1971 年,第 328 页以下。

〔53〕 《联邦最高法院民事裁判集》第 1 卷,第 353 页,第 355 页。

〔54〕 卡·施米特对这种观点也持拒绝态度,同前引书,§19,II,1,a。

〔55〕 弗卢梅正确地如是说,同前引书,§35,II,4。

如,当事人可以约定(但不得由要约人单方面决定),沉默应当具有承诺的意义。这种约定也可以通过可推断之行为达成,特别是也可以产生于当事人之间的习惯做法。不过,必须提供具体的证据,来证明当事人之间存在这种习惯做法。仅仅援引一方当事人的利益[来提出主张]是不够的。即使以诚实信用为由,也不可能得到想得到的所有东西。现在,联邦最高法院的判例[56]对这个问题表达出了相应的谨慎性。联邦最高法院认为,如当事人在先期谈判过程中已就合同的所有重要内容达成一致,则要约必须与先期谈判的结果相符。

(四)下面用一个案例,来说明上面所分析的内容。这个案例刊登在《联邦最高法院民事裁判集》第 111 卷,第 97 页上。[57] G 声称,S 欠他 27000 马克未还。在 27000 马克债务中,15000 马克是有据可查的。S 以书面形式向 G 表示,自己愿意支付 8000 马克,其他债务应一笔勾销。S 将一张金额为 2000 马克的转帐支票寄给 G,作为偿债的第一笔款项。S 对 G 说,"我以后不想再烦这件事了",因此声明 G 无需再作回答了。G 兑现了这张支票,同时写信给 S,称自己无法接受 S 的建议。S 则认为,G 既然已兑现了支票,[一次性]补偿和解合同就已成立。 393a

联邦最高法院正确地否定了 S 的主张。法院认为,在本案中,G 根本没有向 S 发出承诺表示,G 也没有通过可推断之行为发出这种表示。G 兑现支票的行为,"既不适合于为 S 所知悉,也不是为了让 S 知悉"。本案中也不存在依第 151 条规定发生效力的承诺,因为 G 并未将其承诺意思充分表现出来。相反,从 G 的行为

〔56〕《联邦最高法院,新法学周报》1995 年,第 1281 页;1996 年,第 919 页。对于前一项判例的评论,参见舍费尔(Scheffer)文,载《新法学周报》1995 年,第 3166 页。

〔57〕有关评论,参见冯·兰多(von Randow)文,载《经济法杂志》1995 年,第 445 页;弗林斯(Frings)文,载《企业顾问》1996 年,第 809 页;埃克哈特(Eckhardt)文,载《企业顾问》1996 年,第 1945 页。

以及利益态势中,只能得出 G 并未承诺这一结论。除此之外,S 根本没有理由认为 G 会接受对其十分不利的建议。因此,这里也就不得适用第 151 条规定,将这种拟制的意思强加在 G 的头上。这同时也表明,不得以 G 兑现了支票为由,武断地认为他以可推断之行为表达了相关的承诺意思。联邦最高法院认为,G 兑现支票的行为不适合于为 S 所知悉,这种看法是不能令人信服的。无论如何,S 可以在其帐户上查知银行借记的记录。因此,联邦最高法院的这一看法是没有意义的。

第二十七章　一般交易条件

参考文献：以前的著述由于1976年12月9日《一般交易条件法》的通过而大多过时了。但下列著述仍然具有基础性意义：路·赖泽尔（L. Raiser）：《一般交易条件法》，1935年，1961年重印。有关具体问题，现在见于下列作者对《一般交易条件法》的评注：迪特莱因－雷布曼（Dietlein-Rebmann），1976年；迪特曼－施塔尔（Dittmann-Stahl）（适用于商业、工业、手工业和服务业的评注），1977年；科赫－施蒂宾（Koch-Stübing），1977年；勒韦－格拉夫·冯·威斯特法伦－特林克尔（Löwe-Graf von Westphalen-Trincker），1977年，第2卷和第3卷1983年/1985年第2版；彼·施洛瑟－克斯特尔＝瓦尔清－格拉贝（P. Schlosser-Coester = Waltjen-Graba），1977年；施林德（Schlünder）：《一般交易条件法指导原则》，1992年第2版；施密特＝扎尔策（Schmidt = Salzer），1977年第2版；施泰因（Stein），1977年；彼·乌尔默－布兰德纳－亨森（P. Ulmer-Brandner-Hensen），1993年第7版；曼·沃尔夫－霍恩－林德克（M. Wolf-Horn-Lindecker），1994年第3版。除此之外，下列民法典评注中也对《一般交易条件法》作了重要的评

注:科茨-巴泽多-格尔拉赫(Kotz-Basedow-Gerlach)撰:《慕尼黑德国民法典评注》,第一卷,第240条之后,1993年第3版;海因里希斯(Heinrichs)和黑尔德里希(Heldrich)撰:《帕兰特德国民法典评注》,1997年第56版;彼·施洛瑟(P. Schlosser)撰:《施陶丁格德国民法典评注》,第二卷,第241条及以下条款引论之前,1980年,也有单独印刷本出版。有关司法判例的概况,参见赫布·罗特(Herb. Roth)文,载《企业顾问》1992年,第6卷,附刊4;海因里希斯(Heinrichs)文,载《新法学周报》1994年,第1380页(对1993年的判例);1995年,第1395页(对1994年的判例);1996年,第1381页(对1995年的判例)。——除此之外,还请特别参见下列著述:亚当斯(Adams):《一般交易条件法的经济学依据》,载《企业顾问》1989年,第781页以下;巴尔奇(Bartsch):《一般交易条件"提出"之概念》,载《新法学周报》1986年,第28页以下;鲍登巴赫尔(Baudenbacher):《瑞士需要一部一般交易条件法吗?》,载《伯尔尼法学家协会杂志》第123卷,1987年,第505页以下;霍·鲍曼(H. Baumann):《论对一般交易条件和一般保险条件中产品规定的内容控制》,载《保险法》1991年,第490页以下;博勒-米克利茨(Bohle-Micklitz):《一般交易条件法在非商人领域的经验》,载《企业顾问附刊》,11/83,对第28期的附刊;邦特(Bunte):《一般交易条件法的经验》,载《民法实务档案》第181卷,1981年,第31页以下;同一作者:《一般交易条件法的发展》,载《企业》,1982年第23期的附刊;同一作者:《一般交易条件手册》,1982年;同一作者:《一般交易条件法判例汇编》,不间断出版;同一作者:《一般交易条件法十周年》,载《新法学周报》1987年,第921页以

下;德雷埃尔(Dreher):《一般交易条件中法律概念的解释》,载《民法实务档案》第189卷,1989年,第342页以下;费尔(Fell):《先后加入进去的一般交易条件》,载《经济法杂志》1987年,第690页以下;格鲁内瓦尔德(Grunewald):《一般交易条件法对有关合同订立的规定的适用》,载《经济法杂志》1987年,第353页以下;海因里希斯－勒韦－彼·乌尔默(Heinrichs-Löwe-P. Ulmer)编:《一般交易条件法十周年》,1987年;冯·希佩尔(von Hippel):《论对一般交易条件的控制》,载《企业顾问》1985年,第1629页以下;冯·霍伊宁根＝许纳(von Hoyningen = Huene):《依一般交易条件法第9条进行的内容控制》(勒韦等撰评注之一部分,1991年第2版);耶格尔(Jaeger):《司法判例对一般交易条件发展的影响——以免责条款为例》,载《保险法》1990年,第455页以下;恩斯特·A.克拉默(Ernst A. Kramer):《非经谈判的个别合同、作成公证书的合同以及一般交易条件》,载《商法杂志》第146卷,1982年,第105页以下;洛赫尔(Locher):《一般交易条件法》,1990年第2版;默茨(Merz):《合同与合同的订立》,1988年[对该书的评论,参见克勒(Köhler)文,载《法学家报》1988年,第383页];诺伊曼(Neumann):《对一般交易条件进行维持效力的限缩及补充性解释》,1988年[对该书的评论,见格伦斯基(Grunsky)文,载《民法实务档案》第189卷,第479页以下];奥伦多夫－冯·赫特尔(Ohlendorff-von Hertel):《对商业交易中一般交易条件的控制》,1988年;波尔豪斯(Pohlhaus):《论19世纪的一般交易条件法》,1978年;尼布林(Niebling):《对一般交易条件应作孤立的考察还是应对整个合同进行评价?》,载《企业顾问》

1992 年,第 717 页以下;尼登菲尔(Niedenführ):《一般交易条件法之信息命令》,1986 年;普卢格(Plug):《一般交易条件法中的合同与地位》,1986 年;埃·雷宾德(E. Rehbinder):《德国经济中一般交易条件中的买卖法》,1979 年第 2 版;里格尔 – 弗里德里希(Rieger-Friedrich):《经济法律实践中一般交易条件的提出》,载《法学教育》1986 年,第 787 页,第 976 页;1987 年,第 118 页;赫布·罗特(Herb. Roth):《私法中维持效力之限缩》,载《法学家报》1989 年,第 411 页以下;鲁素斯(Roussos):《内容控制的适用界限以及一般交易条件法第 9 条的解释》,载《法学家报》1988 年,第 997 页;吕斯曼(Rüβmann):《对一般交易条件的"补充性解释"》,载《企业顾问》1987 年,第 843 页以下;施拉赫特尔(Schlachter):《一般交易条件的无效对剩余合同的后果》,载《法学教育》1989 年,第 811 页以下;艾克·施密特(Eike Schmidt):《一般交易条件法与民法典之债务合同法》,载《经济法杂志》1987 年,第 1505 页以下;同一作者:《根据一般交易条件法对一般交易条件进行个案控制的基础与要旨》,载《法学教育》1987 年,第 929 页以下;彼·施洛瑟(P. Schlosser):《一般交易条件法中的发展趋势》,载《经济法杂志》1985 年,第 449 页以下;同一作者:《一般交易条件法十周年》,载《法学评论》1988 年,第 1 页以下;迪尔克·施罗德(Dirk Schroeder):《依一般交易条件法将一般交易条件纳入合同以及法律行为学说》,1983 年;彼·施韦尔特纳(P. Schwerdtner):《一般交易条件法中的发展趋势》,载《经济法杂志》1985 年,第 449 页以下;赛博尔德(Seybold):《保险条件中的维持效力之限缩、部分无效及补充性合同解释》,载《保险法》1989 年,第 788 页以下;塔姆－德策尔(Thamm-Detzer):《一般交易条件的印刷字体规格及其他形式上的结构》,载《企业顾问》1989年,第1133页以下;滕尼斯(Tönnies):《一般交易条件法的内容控制与法官法》,载《保险法》1989年,第1923页以下;蒂尔曼(Tillmann):《一般交易条件法与私法的统一性——兼评对一般交易条件法所出版的注释著作》,载《商法杂志》第142卷,1978年,第52页以下;彼·乌尔默(P. Ulmer):《一般交易条件法的经验》,载《企业顾问》1982年,第584页以下;韦贝尔(Werber):《一般交易条件法对保险经济的意义》,载《保险法》1986年,第1页以下;格拉夫·冯·威斯特法伦(Graf von Westphalen):《法官对公众两合公司及招股说明书责任中标准条款的内容控制》,载《企业》1983年,第2745页以下;同一作者等:《合同法与一般交易条件的条款》,1996年;曼·沃尔夫－普法伊费尔(M. Wolf-Pfeiffer):《一般交易条件法司法判例要览》,载《法学家报》1988年,第388页以下,第440页以下;沃尔夫－翁格霍伊尔(Wolf-Ungeheuer):《一般交易条件法》,载《法学家报》1995年,第77页以下,第176页以下。其他有关专门问题的文献参见下文。

第一节 合同订立的类型

一、订立技术的多样性

前面在第26章中介绍了通过要约和承诺来订立合同。这种 394
想法是非常抽象和无色的:它包括了各种迥异的过程,既包括从自动售货机中进行的“无言”买卖,也包括经数周的谈判才达成的合同,最后还包括需作成公证书而且篇幅厚达整册本子的合伙合同或卡特尔合同。不过,这些差异并不是法律本质上的差异,合同永远是通过两项相互一致的意思表示而成立的。诚然,如果合同是通过双方反复的谈判才成立的,那么往往就很难说出要约是由哪一方当事人发出,承诺又是由哪一方当事人发出的。不过,一旦合同的订立已经确定,由哪一方发出要约或承诺也就无关紧要了。

莱嫩(Leenen)〔1〕正确地指出,合同除了通过要约和承诺而订立以外,还存在另外一种可能性,即双方当事人(如两家由其董事会代表的大企业)对一份经其法律部门谈判而成的合同草案表示同意。在这种情形,甚至可以设想[要约和承诺]完全是在同时发生的。莱嫩认为,对于这种方式的合同订立,不应适用第145条至第153条的规定,而仅应适用第154条和第155条的规定。但是,这一结论大概会产生太大的法律漏洞。

二、使用一般交易条件

395 在实践中,通过要约和承诺订立合同经常以一种变态的方式出现,亦即使用一般交易条件或类似的表格。对于这种变态方式,适用特殊的法律规定。

(一)合同订立的这种方式,应当在下列背景(Hintergrund)下加以认识:虽然债法分则(第433条至第853条)提供了20多种合同类型,但是法律对这些合同依然只能作出相当一般的规定。例如,物的买卖法(第433条及以下条款)原则上不依买卖物的不同种类而作区分(仅仅对土地买卖和牲畜买卖适用一些特殊规定)。所以,无论是新鲜的色拉菜还是古玩,无论是裤子钮扣还是火车头,都是依据相同的法律规定进行买卖的。这即是说,适当的或者甚至是必要的特殊规定,必须由当事人自己作出,而且也是通过合同来作出。如果当事人计划实施的行为无法明白无误地归属于哪一种法律规定的类型(非典型的合同以及混合合同,如融资租赁),当事人进行这种自助行为就更显必要了。

---

〔1〕 文载《民法实务档案》第188卷,1988年,第381页以下。

在每一种情况下都要重新作出这样的规定，是一件十分麻烦的事情。因此，对那些以签订某类合同为职业的人来说，就很想将一经形成的适当的规定作反复使用。只要将这种规定以印刷品的方式书写下来，实现上述想法就至为简便了。当然，以这种方式产生的“通用的”交易条件，还必须成为嗣后订立的各个合同的组成部分。

（二）如果真的仅仅对任意性法律规定作出适当的不同约定 396
（sachgerechte Abweichungen），那么此类一般交易条件的使用是符合双方当事人的利益的。然而，便是对何为适当这个问题，人们就多会发生争议了：例如，新鲜色拉菜适当的瑕疵担保期间应该为多长？谁应对古玩的真实性承担风险？如有人承担，时间上应如何限制？即使是诚实的商人，也难以抵挡为了自己的利益而利用此间产生的判断余地的诱惑。而不太诚实的人则更不会坐失良机了，即使具体的行为类型在有关法律规定方面不具有什么特殊性，他们也会为了实现自己的利益，约定不适用这些法律规定。例如，出售色拉菜的人不仅缩短了瑕疵担保的期间，而且同时排除了他对任何形式疏忽大意的责任。

由于债法规范在很大程度上都是任意性规定，因此在以前，通过这种方式，法律的规定可以被整个儿颠倒过来。一般交易条件的使用者可以给自己约定利益，而这些利益并不能在具体合同的特殊性中找到依据，而且这些利益在总体上来说也是不公平的。

（三）诚然，订立合同是两厢情愿的事。合同的另一方当事人 397
（如买受人）可以拒绝接受此类不公平的一般交易条件，并且在必要时去寻找那些提出无可指责的一般交易条件的合同伙伴。这也是符合私法自治原则的。然而，出于下列两方面的原因，这一原则不能发挥作用：

第一，合同另一方当事人只有在认识到不公平性以后，才能作出上述反应。而要认清是否存在不公平性，就必须知道法律赋予了自己哪些权利。但是,在许多情况下,人们并不具备这种知识。此外,人们也必须知道,一般交易条件在哪些地方偏离了这种法律状态。由于一般交易条件的篇幅巨大,而且人们在订立合同时匆匆行事,因此往往无法认清这种偏离的情由:出卖人经常是坐在买受人的旁边,催促买受人尽快签字,而那些字体印刷得很小的一般交易条件覆盖了表格的整个背面。

第二,合同另一方当事人只有具备了可合理期待的规避可能性(zumutbare Ausweichmöglichkeit),亦即他能够以更佳的条件从其他合同当事人那里获得给付,才有可能拒绝接受不公平的一般交易条件。然而,这一要件往往也是不存在的。一般交易条件大多是由协会推荐的,因此它们到处都以相同的形式适用。即使没有协会的推荐适用,不公平的一般交易条件也具有一种扩大适用的趋势。谁只要适用了不公平的一般交易条件,就可降低成本,因此可以相对于其竞争对手获得一种优势。这样,这些竞争对手要么向其顾客说明白“更好的条件需要更高的价格”的道理(这种做法一般很难成功),要么必须去适应其竞争者的一般交易条件。

不过,我们不能从上述理由中得出这样的结论:〔2〕一般交易条件的使用处于合同自由之外,因为合同自由所必需的谈判不再存在。因为,个别合同往往也是以事先给定的条件订立的,而且对给付和对待给付,大多也同样不进行谈判。就此而言,当事人除了拒绝订立合同外,别无选择。因此,一方当事人不坚持实现其对合同内容的愿望,并不与合同自由或私法自治相矛盾。卡纳里斯(Canaris)〔3〕正确地指出,合同必须经过完整的谈判才能成立之想法,是一头“可笑的狮头羊身蛇尾怪物”;这种想法适合于在东方

〔2〕 同艾克·施密特(Eike Schmidt)的观点,参见其文,载《德国法官报》1991年,第81页;《经济法杂志》1987年,第1505页,第1509页。

〔3〕 文载《施泰因多夫(Steindorff)纪念文集》1990年,第519页,第548页。

集市上进行的买卖,但不适合于现代市场经济和竞争经济体制。毋宁说,每一方当事人都可以随其所愿,宣布某些条件为不可放弃,并将对方置于或者接受这些条件或者不订立合同的选择之中。[4]

第二节　调整一般交易条件问题诸途径

由于上述原因,一般交易条件的适用范围非常广泛。特别是在占有较强市场势力的当事人与占有较弱市场势力的当事人之间的关系上,一般交易条件将任意法远远地排挤掉了。这一事实最终导致了1976年12月9日《一般交易条件法》的制定。当然,在该法制定之前,司法判例已经在很大程度上做好了事先的准备工作。 398

一、司法判例

在《一般交易条件法》制定之前,司法判例(在此仅作简要介绍)为了保护合同当事人免受不公平的一般交易条件的损害,主要采取了下列两种途径: 399

(一)第一,司法判例增加了将不公平的一般交易条件引入各个具体合同中去的困难。法院特别适用了这样一条原则,即:如无明确援引,一般交易条件使用人的顾客只需要期待普通的条件。这样,尤其是那些在令人意外的地方(如在有关支付条件的上下文中)包含免责条款的一般交易条件,得以被制止。另外,对不明确的条款应作出不利于使用者的解释之规则,也是服务于同一宗旨的。

(二)但是,后来司法判例就越来越频繁地将某些条款(Klauseln)——即使表述得明白无误,而且也是以明确的方式引 400

[4] 但是,请参见下文边码706d和e联邦宪法法院的最新表述。

入合同的——直接宣布为无效(für unzulässig erklären)。例如,偏离第276条第2款、第278条第2句规定,排除一般交易条件使用人对其自身的重大过失的责任,以及排除其担任领导职务的职员对故意和重大过失的责任,是不合法的。联邦最高法院1956年10月29日作出一项判决[5]以后,在将新出厂的物品出卖给最终消费者时,只有在购买者获得有效的售后服务保障的情况下,排除[消费者]解除合同和降低价金权利的条款才是合法的。最后,法院宣布,因不履行某些"基本义务"(Kardinalpflichten)而产生的责任,是不能通过约定予以排除的。

401 **二、《一般交易条件法》**

《一般交易条件法》在很大程度上接受了上述司法判例,并将这些司法判例作了细致化规定。[6] 除此之外,该法还设立了一项新的制度(Neuerung),而通过法院对法律的发展是无法实现此项制度的。根据《一般交易条件法》第13条至第22条规定,不仅在一般交易条件的某个使用人与某个顾客就某项合同或某条具体条款发生争执时,可以就一般交易条件的有效性进行诉讼;而且,《一般交易条件法》还规定了一种抽象的监控程序(abstraktes Kontroll verfahren),即某些协会也享有诉权。《一般交易条件法》第13条第2款规定,某些消费者协会和经济协会,以及工业、商业和手工业公会,享有这种协会诉权(Verbandsklage)。根据《一般交易条件法》第13条第1款,该诉讼旨在要求停止使用一般交易条件,或者撤回对使用一般交易条件的建议。依据《一般交易条件法》第21条规定,在法院作出了支持这种协会诉讼的判决以后,如果一般交易条件的使用人[仍然]相对于某些顾客主张已被宣布为无效的一般交易条件,则顾客可以以法院判决为由,为自己获取利益。

---

〔5〕《联邦最高法院民事裁判集》第22卷,第90页,第94页以下。

〔6〕参见下文边码403以下,421以下。

（一）这一规定基于这样一个思想，即一般交易条件是否合法往往是很有疑问的。单个的顾客或者竞争者要么没有注意到这些疑虑，要么虽然注意到了，但往往对诉讼所产生的劳累和费用感到畏惧。另外，使用人也可能在某个具体事例中主动作出让步，以避免与某个“令人不舒服的”顾客进行诉讼。赋予协会以诉权，旨在阻止一般交易条件虽然不合法，但是相对于那些无经验的人仍然得以实施的现象发生。〔7〕

（二）相反，立法者没有采纳（verworfen）下列建议：使用一般 402
交易条件时应当征得有关主管部门的批准（behördliche Erlaubnis），并通过对一般交易条件进行这种预防性控制（präventive Kontrolle），实现对私法自治作进一步限制的目的。立法者的这一做法是正确的。如果采纳上述建议，则由于实际使用的一般交易条件数量巨大，因此需要设立一个相当庞大的机关。如果将这一机关的设置，视为可以代替决定某些具体条款是否合法的法律规定，以至于这一机关将享有一种广泛的裁量余地，那么，私法自治制度将会受到特别严重的侵害。

诚然，通过某个机关来对一般交易条件进行审查的思想，也还是在《一般交易条件法》中留下了一些痕迹。依据第 23 条第 2 款和第 3 款，本法的一些规定不适用于某些领域，这一事实大部分就是因为在这些领域适用主管部门批准的一般交易条件（例如一般保险条件）所造成的。与此处于类似层面的是，《一般交易条件

---

〔7〕 有关《一般交易条件法》第 13 条及以下条款，参见林达赫尔（Lindacher）文，载《德国法官学院纪念文集》，1984 年，第 209 页；艾克·施密特（Eike Schmidt）文，载《新法学周报》1989 年，第 1192 页。有关法院裁判实践的概述，参见享宁－雅尔（Henning-Jarre）文，载《企业顾问》1981 年，第 1161 页；塞弗特（Seifert）文，载《企业顾问》1982 年，第 464 页；同一作者文，载《企业顾问》1984 年，第 880 页；勒韦（Löwe）文，载海因里希斯－勒韦－彼·乌尔默（Heinrichs-Löwe-P. Ulmer）撰：《一般交易条件法十周年》，1987 年，第 99 页。

法》第27条授权[联邦经济部长]制定供水和远程供暖方面的一般条件。

402a (三)1996年7月1日,欧洲共同体《关于消费者合同中滥用性条款的指令》(EG-Richtlinie)[8]被转换成为德国法律。[9] 这种转换主要是通过在《一般交易条件法》中增加入第24a条来实现的。据此,在发生疑问时,消费者合同中的一般交易条件视为由消费者提出;[10]此外,在根据《一般交易条件法》第9条对适当性进行判断时,[11]应当考虑到合同订立的各种情形;最后,即使事先拟定的合同条件仅仅使用一次,《一般交易条件法》第5条、第6条、第8条至第12条规定也应适用于这些合同条件。最后这一点,是与《一般交易条件法》第1条第1款第1句("众多合同"[12])的规定相矛盾的。这样,只要合同是《一般交易条件法》第24a条意义上的消费者合同,那么《一般交易条件法》的部分内容现在也适用于不附一般交易条件的合同了。这一情况会产生什么样的后果,现在还难以作出判断。

第三节　订立合同时的一般交易条件

一、概念的确定

403 根据《一般交易条件法》第1条,一般交易条件是指为众多合同事先拟定的,由使用人在订立合同时向对方当事人提出的合同

---

[8] 全文参见《新法学周报》1993年,第1838页。

[9] 对此,参见埃克特(Eckert)文,载《经济法杂志》1996年,第1238页;海因里希斯(Heinrichs)文,载《新法学周报》1996年,第2190页;格拉夫·冯·威斯特法伦(Graf von Westphalen)文,载《企业顾问》1996年,第2101页。

[10] 参见下文边码405。

[11] 参见下文边码429d。

[12] 参见下文边码404。

条件。一般交易条件的对立物,是双方当事人经过协商谈判达成的个别协议。

(一)《一般交易条件法》第1条对“一般交易条件”的概念理解得极其宽泛。即是说,这一概念不仅包括那些篇幅巨大的条款作品(早期的司法判例大概便是将一般交易条件局限于这些条款作品的);[13]而且还包括:一张附有预先印刷好的文句的普通收据;存放衣帽处张贴的“概不负责”的告示;或者,机动车司机要求搭乘者在表格上签字,以排除责任。

这些事例同时表明,一般交易条件与当事人具体约定之间的联结的方式也是无关紧要的。《一般交易条件法》第1条不仅包括某项书面合同背面的“小字”,也包括可将各类个别约定包容进来的表格(如表格式的租赁合同),还包括援引口头订立的合同的告示。甚至将只有一次用作草案的文本,在签订每一个单独合同时再重新抄写一遍,都足以构成一般交易条件。

(二)根据《一般交易条件法》第1条第1款,一般交易条件必须为众多的单独合同所预先拟定。“众多”(Vielzahl)必须是三个以上合同(如果只有两个合同,那么只能说“复数”),除此之外,“众多”这个概念就难以加以更精确的确定了。然而,[有时]只有三个合同仍然是不够的。[14] 另外,只要交易条件应当适用于不特定数量的情形就可以了。[15] 404

但是,并不是非得由将一般交易条件引入具体合同的当事人来确定相关的目的不可。一般认为,一般交易条件制定者所追求的宗旨才具有决定性意义。例如,即使一名卡车司机只是要一次

---

〔13〕 参见《联邦最高法院民事裁判集》第61卷,第17页,第21页。

〔14〕 参见彼·施洛瑟(P. Schlosser):《施陶丁格德国民法典评注》,《一般交易条件法》,第1条,边码16;参见《联邦最高法院,新法学周报》1997年,第135页。

〔15〕 彼·乌尔默-布兰德纳-亨森(P. Ulmer-Brandner-Hensen):《一般交易条件法》,第1条,边码24。

性地使用德国汽车俱乐部(ADAC)为诸多合同拟定的有关放弃责任的表格,也存在一般交易条件。

405 (三)一般交易条件必须由一方当事人向另一主当事人提出。所谓“提出”,并不是指“列举出”(即表述出)一般交易条件,而是指一方当事人具有单方面将一般交易条件引入合同的意图。这即是说,一般交易条件也可以产生于第三人——如上述德国汽车俱乐部例所示——,这种产生于第三人的一般交易条件是很普遍的。诚然,在这种情况下,会出现一些疑问,即是谁将一般交易条件引入了合同?亦即谁是一般交易条件的使用人?《一般交易条件法》因此究竟是针对谁的?这里可以举对 VOB/B〔16〕的使用为例加以说明。如工程业主将关于建筑合同的条件作为其招标的基础,则工程业主便是使用人。〔17〕相反,如果工程业主在招标时未援引《建筑工程承包条例》,是建筑承揽人将《建筑工程承包条例》放到其要约中去,那么建筑承揽人是使用人。在这两种情况之间,也可以想见双方当事人从一开始就想使用《建筑工程承包条例》的情形。在此类情形中,根本就不存在使用人;《建筑工程承包条例》不是被“提出的”,因此《一般交易条件法》不适用。〔18〕

406 如果像经常出现的那样,公证人(Notar)将某些预先拟定的条款纳入到合同中去(如在进行土地买卖时,将排除责任的条款纳入合同),则在确定谁是使用人时也会出现困难。联邦最高法院〔19〕认为,该条条款出自公证人之手[的事实]是没有任何意义的;谁单方面利用了该条款所包含的免责事项,就应视同于谁是使用了这种[免责]表格的人。虽然联邦最高法院[后来]对此作了

〔16〕 即《建筑工程承包条例》B 部分《关于建筑合同的条件》。

〔17〕 参见《联邦最高法院民事裁判集》第 99 卷,第 160 页。

〔18〕 与《一般交易条件法》第 24a 条第 1 项适用于消费者合同有异。

〔19〕 《联邦最高法院民事裁判集》第 74 卷,第 204 页,第 211 页。

进一步说明,[20] 但是上述句子大概不能算是一种很成功的表述。[21] 因为,只有使某一条款偏离制定法的规定并从中获得利益的人,才能"单方面利用"该条款。但由于这类条款仅仅对这种情况才具有意义,故《一般交易条件法》也将对许多公证合同适用。然而[正确的看法应当是],只有无论以何种方式建议(angeregt)将有关条款加入(Einfügung)合同中去的人,才应当被视为某条由公证人加进合同的、预先拟定的条款的使用人。联邦最高法院现在表述得谨慎些了。[22] 它指出,在一方当事人单方面利用某项公证合同示范文本中包含的免责事项之情形,《一般交易条件法》是否适用于该合同示范文本,这个问题可以在所不问。无论如何,在一份有关新建房屋的合同中,必须依据第 242 条的原则,对责任的排除先行作出详细的说明和特别的约定。后来,联邦最高法院进一步说明,责任排除是否有效,应不管《一般交易条件法》,而依第 242 条来进行评判。[23]

406a 现在,联邦最高法院第七民事审判庭已将上述判例扩展成了法院对公证合同的内容控制。[24] 联邦最高法院认为,公证人不得不经常使用同类条款;于是乎,通过某个"先定格式的旋涡",便产

---

〔20〕《联邦最高法院,新法学周报》1982 年,第 2243 页,第 2244 页。

〔21〕参见彼·乌尔默(P. Ulmer)文,载《德国公证人杂志》1981 年,第 84 页。也请参见《德国公证人杂志》1982 年,第 587 页;里德(Rieder)文,载《德国公证人杂志》1984 年,第 226 页。

〔22〕《联邦最高法院,新法学周报》1984 年,第 2094 页[对此评论,参见邦特(Bunte)文,载《经济法杂志》1984 年,第 1313 页;施蒂尔纳(Stürner)文,载《德国公证人杂志》1984 年,第 763 页]。

〔23〕《联邦最高法院民事裁判集》第 101 卷,第 350 页;赫·罗特(H. Roth)对此持批评态度,见其文,载《企业顾问》1987 年,第 977 页。

〔24〕最新的判决见《联邦最高法院民事裁判集》第 108 卷,第 164 页;《柏林高等法院,经济法杂志》1989 年,第 924 页。参见威尔坎普(Wellkamp)文,载《企业》1995 年,第 813 页。

生了某种“合法性、完整性和均衡性的表象”;对此,应通过一种“讨论和说明”的做法予以反击;不然,这种合同就应在除去那条不予认可的条款后发生效力。

这一判决违反了《德国公证人条例》第 19 条的规定。根据此条规定,公证人如犯有错误,仅需承担损害赔偿的义务。此外,这一判决也没有正确地认识到,公证人在相同的利益态势下定会使用相同的(“预先拟定的”)条款,他这样做是合理的,不会丝毫违背规定的公平性。[25] 最后,这一判决也有害于法律的稳定性和私法自治,因为它会导致产生不可预见的裁判以及内容与当事人愿望不相符合的合同。所以,不应当采纳这一判决。[26]

407 (四)根据《一般交易条件法》第 1 条第 2 款,一般交易条件不适用于“经过谈判商议的”个别约定(Individualvereinbarungen)。将对一般交易条件与此类个别约定作界定(Abgrenzung),也有可能产生困难。[27] 以前,联邦最高法院[28] 就此曾这样说过:为了认定存在一项个别约定,对预先拟定的合同文本不需要作表面上看得出的变更或补充;使用人只要愿意变更合同文本,并且合同对方当事人知悉使用人的这一意愿即可。

对此,不断有人提出异议:这样一来,要排除《一般交易条件法》的适用就太容易了。[29] 的确,如果合同一方当事人带来了一

---

〔25〕《联邦最高法院,新法学周报》1991 年,第 843 页。

〔26〕持相同观点者有凯姆(Keim):《公证人的公证程序》,1990 年;梅迪库斯(Medicus):《论法院对公证合同的内容控制》,1989 年;利布(Lieb)文,载《德国公证人杂志》1989 年,第 274 页;坎茨莱特尔(Kanzleiter)文,载《德国公证人杂志》1989 年,第 301 页。也请参见莱韦伦茨(Leverenz)文,载《法律学习》1993 年,第 266 页;以及现在的《一般交易条件法》第 24a 条对“消费者合同”的限制。

〔27〕参见加尔恩(Garn)文,载《法学家报》1978 年,第 302 页以下。

〔28〕《联邦最高法院,新法学周报》1977 年,第 624 页。

〔29〕参见彼·施洛瑟(P. Schlosser):《施陶丁格德国民法典评注》,载《一般交易条件法》,第 1 条,边码 32,附有许多说明材料。

份预先拟定好的合同文本,那么在认定是否存在个别约定时必须谨慎行事。一方当事人仅仅表示愿意谈判商议,尚不足以据此认定存在个别约定,因为相对人对这种表示往往难有所为。[30] 毋宁说,相对人必须具有对合同条件施加影响的具体可能性,而且也可以合理期待他对合同条件施加影响。只有那些在经济方面和知识方面能够与使用人作一定抗衡的人,才具备这种能力。联邦最高法院[31]要求,“使用人首先应将其一般交易条件中所包含的‘异于法律的核心内容……严肃地交由谈判对方商讨,并且给予其旨在维护自己利益的形成自由,使谈判对方至少具有形成合同条件内容的现实可能性”。相反,[双方当事人]实际偏离一般交易条件并不是必要要件;但是在另一方面,如果偏离了一般交易条件,则可以意味着双方之间进行了协商谈判。[32]

此外,只有那些使用人表示愿意进行谈判并且相对人具有影响可能性的条款,才是个别约定,其他条款则仍然是一般交易条件。[33] 个别约定也并不因[相对人]可以在事先拟定的若干种可能性中进行选择而产生(例如,[汽车出租人]向承租人提出:要么承担普通的责任;要么免除责任,但必须支付高额租金)。合同表格的文本中要求[相对人]删除不愿意接受的内容的,也不足以构成个别约定。[34] 依《一般交易条件法》第 11 条第 15 项 b 则,合同表格本身所包含的对协商谈判的确认是无效的。[35] 与此相反,如

---

〔30〕《联邦最高法院民事裁判集》第 98 卷,第 24 页,第 28 页。

〔31〕《联邦最高法院,经济法杂志》1986 年,第 1466 页,第 1467 页;《新法学周报》1992 年,第 2759 页。

〔32〕《联邦最高法院,新法学周报》1992 年,第 2283 页。

〔33〕《联邦最高法院民事裁判集》第 84 卷,第 109 页,第 112 页。

〔34〕《联邦最高法院,新法学周报》1987 年,第 2011 页。

〔35〕《联邦最高法院民事裁判集》第 99 卷,第 374 页[有关评论,参见曼·沃尔夫(M. Wolf)文,载《法学家报》1987 年,第 727 页]。

果合同表格中留有空白之处，顾客可以独立地、不依事先拟定的建议进行填写，则《一般交易条件法》尚不能适用。[36]

408 **二、指示和知悉的可能性**

如是定义的一般交易条件要成为某项具体的、单独的合同的内容，根据《一般交易条件法》，必须具备以下三项要件：

（一）说明可以适用一般交易条件法的使用人；

（二）给他方当事人提供条件，使之可能以合理的方式知悉一般交易条件内容；

（三）对方当事人表示同意。

这样，在《一般交易条件法》施行之前间或有人主张的一种看法，便未被法律所采纳。这种看法认为，一般交易条件作为"经济的自我创制法"或作为"业已齐备的法律制度"，直接成为合同的内容，或者至少在他方当事人仅仅能了解使用人使用一般交易条件意图时即可成为合同的内容。

在此之外，［相对人］表示同意（Erklärung des Einverständnisses）却并不具有独立的意义。如果使用人向相对人指示了一般交易条件，并且使相对人能够知悉之，则使用人想以这些一般交易条件订立合同，即属确定无疑。在此情形，另一方当事人订立合同的行为，客观上总是意味着其对一般交易条件的同意。[37] 这即是说，我们仅需注意另外两项构成要件即可。

409 （一）根据《一般交易条件法》第2条第1款第1项，对一般交易条件的指示（Hinweis auf die AGB）通常必须"明示"进行。因此，如上文边码335所述，该指示既不得以可推断之意思表示为之，也不得通过补充性解释得出。特别是在另一方当事人能够知道［使用人］使用一般交易条件的意图的情况下，指示还不能成

---

〔36〕《联邦最高法院，新法学周报》1996年，第1208页。

〔37〕有关因错误而撤销的问题，参见下文边码418以下。

立。当然,人们对此提出的要求也许不应过分严厉。只要使用人从事了某项表示行为,而该项行为与明确的指示相比并非不明确,即可构成明确的指示了。这种情形,即如使用人向对方寄送一般交易条件,里面附有要约或承诺表示。

指示必须发生在订立合同之时(beim Vertragsabschluβ)。因此,对在订立合同之后寄送的文书(如账单、供货单)进行的指示是无效的。收到这些文书时,合同已经以法律规定的条件成立。这时候的问题仅仅是,受领迟到的指示的当事人是否对变更合同表示同意(但一般是不存在表示同意的理由的)。 410

《一般交易条件法》第2条第1款第1项例外地不要求对一般交易条件作明确的指示,条件是“依订立合同的性质,明确指示具有巨大的困难”。在这种情形下,使用人在“合同订立的地方以明了易见的告示形式(deutlich sichtbarer Aushang)指示”一般交易条件即可。这些情形包括运送合同和看管合同,以及使用停车屋、行李自锁保管柜或衣服自锁保管箱等行为。这也就是说,这些情形涉及到“无声的”订立合同技术,由于行为具有匆忙性,因此对某种印刷好的指示也无法知悉。这样就往往会产生一种危险,即法律规定的作为替代品的“明了易见的告示”也无法被阅读到(如在开车进入自动洗车装置之时)。因此,在这里,仅仅有一张无法阅读到的(而仅仅是能“看见的”)“明了易见的告示”还是不够的。既然选择了这种订立合同的技术,就必须以法定的缔约条件与他人订立合同。 411

(二)根据《一般交易条件法》第2条第1款第2项,使用人还必须给对方当事人提供“以可合理期待的方式知悉”一般交易条件内容的可能性。据此,使用人不仅应向对方当事人提供一般交易条件的文本,而且对方当事人在作出了可合理期待的努力后必须能够理解(而不仅仅是感知)一般交易条件的内容。一般交易条件的内容必须符合哪些要求,取决于顾客的性质以及订立合同 412

的重要性。顾客以25000马克购买一辆汽车,可合理期待该顾客为理解一般交易条件所付出的努力,要甚于其以10马克接受一次洗车服务时为理解一般交易条件所付出的努力。所以,有关提供较低价格服务的合同的一般交易条件,其内容一般必须相对简单,否则,就不可合理期待顾客知悉这些条件。

413 (三)根据《一般交易条件法》第2条第2款,也可以事先约定对某种类型的法律行为适用一般交易条件。这主要涉及对长期业务关系的调整(当然,这些长期业务关系大多存在于商人之间[38])。在这种情形,只要通过指示和提供,对一般交易条件的使用作了一次约定,并附有"重复使用的协议"即可。但是,如果一般交易条件有变更,则必须对一般交易条件进行重新指示和提供;通常相对人也必须对变更的一般交易条件表示同意,即如相对人继续维持与使用人的业务关系。如果双方仅仅作出了"一般交易条件应以其各自适用的版本成为合同内容"的约定,则还是不够的。

三、例外

414 根据《一般交易条件法》第24条,上面分析的《一般交易条件法》第2条规定,不适用于相对于商人以及相对于公共机构的某些团体使用一般交易条件的行为。[39] 根据《一般交易条件法》第23条第2款第1项,《一般交易条件法》第2条也不适用于交通领域中的某些一般交易条件。最后,《一般交易条件法》第23条第3款规定,《一般交易条件法》第2条第1款第1项和第2项的要件不适用于某些建筑储蓄合同、保险合同以及投资合同。

---

〔38〕 参见下文边码414。

〔39〕 参见阿利施(Alisch)文,载《法学家报》1982年,第706页;亨森(Hensen)文,载《新法学周报》1987年,第1986页;拉贝(Rabe)文,载《新法学周报》1987年,第1978页;塔姆(Thamm)文,载《企业顾问》1986年,第81页;米勒-格拉夫(Müller-Graff)文,载《普莱尔(Pleyer)纪念文集》,1986年,第401页。

尽管如此,在上述法律关系中,一般交易条件绝非直接产生效力。在这些领域中,使用人也不享有单方面的法律规制权限。不仅如此,根据《一般交易条件法》第23条第2款第1项和第3款以及第24条的规定,那些纯粹是加重[一般交易条件适用]困难的规定,即第2条相对于一般性解释规则作出的规定,亦不予适用。就是说,在上述这些领域,特别是不需要作出明确的说明或告示;使用人只要在订立单个合同时,将一般交易条件引入该合同的意图,以任何一种足够明确的方式表达了出来,一般交易条件即可适用。[40] 此外,在这些领域,另一方当事人也必须能够知悉一般交易条件的内容(Inhalt erkennbar)。当然,对于知悉的可合理期待性,或许应当作出比较和缓的评价。例如,不同于前文边码413所论述的内容,经主管机关批准的定期交通运送条件(《一般交易条件法》第23条第2款第1项)可以具有更大的篇幅,虽然这些行为涉及的金额较小,并且使用交通设施的人往往不具备具体知悉这些条件的可能性(职业交通!)

四、令人意外的条款

《一般交易条件法》继承了以前法院对一般交易条件进行内容控制的判例[41],同时还包含了针对令人意外条款的规定。根据《一般交易条件法》第3条,“如果这些规定依情形,尤其是依合同的外部现象极为特殊,以至于使用人的合同对方当事人毋须对此加以考虑”,则它们不构成合同的组成部分。立法者在制定这一规定时考虑到了两个方面。第一,使用人根据《一般交易条件法》第2条第1款第2项要求提出的一般交易条件,实际往往不被他 415

〔40〕 例如对于未来的合同,可在账单上作出指示,《联邦最高法院,新法学周报,民法判例汇编》1991年,第570页。但《联邦最高法院,经济法杂志》1992年,第404页对此有所限制。

〔41〕 参见上文边码399。

方当事人所阅读。这种不阅读应该就那些顾客可作为普通的东西予以期待的条件而言,才产生不利于顾客的后果。第二,《一般交易条件法》第 3 条对《一般交易条件法》第 2 条不适用的领域具有重要性,亦即相对于商人具有意义。[42]

416 某项条款之令人意外的性质,首先可以一般性地产生于相关行为的情形:该条款所包含的东西,是顾客在从事此种行为时不需要加以考虑的。以对管辖法院的约定为例可资说明。根据《民事诉讼法》第 38 条第 1 款,相对于完全商人,约定管辖法院是合法的。往往约定一般交易条件使用人所在地的法院享有管辖权。对这一点,一个商人是必须加以考虑的。相反,如果选择一个既与使用人毫无关系,又与合同标的物风马牛不相及的地方的法院享有管辖权,这种选择就是令人意外的。[43] 令人意外条款的另一个例子是:合同对方当事人保证自己是完全商人。[44] 在合同订立之前,亦即在清偿期届至之前,开始承担计算利息的义务,也是令人意外的。[45] 最后需要提及的案例是:因[银行]提供一笔贷款而为[银行]设立的保证,其范围被扩大至主债务人的一切现存的和将来的债务。[46]

417 其次,根据《一般交易条件法》第 3 条,某项条款也可以"依合同的外部表现形式"而令人感到意外。这特别是指某项本来并非不常见的条款"隐藏于"一般交易条件中的情形:该条款可能处在某个不符合该条款应属的体系的地方,可能处在某条引人误解的标题之下。另外,如果某项条款与使用人在其广告中给人得出的

---

〔42〕 参见上文边码 414。

〔43〕 参见彼·施洛瑟(P. Schlosser):《施陶丁格德国民法典评注》,《一般交易条件法》,第 3 条,边码 11。

〔44〕 《联邦最高法院民事裁判集》第 84 卷,第 109 页,第 112 页以下。

〔45〕 《联邦最高法院,新法学周报》1986 年,第 1805 页。

〔46〕 《联邦最高法院,新法学周报》1994 年,第 2145 页。

印象相悖，则该条款也可能是令人意外的。联邦最高法院的一项判例[47]是这方面的一个典型事例：一家旅行社承担了为一名顾客在挪威找到一幢度假屋的义务。但该幢房子的所有权人已对其房子另有所用，因此顾客要求旅行社赔偿损害。旅行社辩称，根据其一般交易条件，自己仅仅是中介人；因此，顾客的合同当事人是房屋所有权人。联邦最高法院认为中介人条款无效，因为在旅行社提供的价目表中，旅行社是作为组织者（亦即如同出租人）出现的。现在，诸如此类的事例，部分已由民法典第651a条第2款作出了调整。

然而，《一般交易条件法》第3条与《一般交易条件法》第9条[48]之间的界限并不是分明的。令人意外的东西通常同时作为不公平的损害行为出现。例如，联邦最高法院对下列案件[49]适用了《一般交易条件法》第9条：在一项建筑合同中，除规定一个总价格外，在“各项费用”的标题下还为建筑劳务规定了其他报酬。在本案中，《一般交易条件法》第3条也可以适用，因为[合同对方当事人]对总价格约定之外还需支付其他报酬是毋须加以考虑的。在另一个案件[50]中，联邦最高法院认为，如果[地上权人与土地所有权人]约定，地上权人在[合同订立]满十年后，应土地所有权人的要求，负有随时购买该土地的义务，则此项约定是不公平的。因为地上权人可能没有支付能力（如果他具有支付能力，就可能购买一块土地了！），而他如果承担了上述义务，就必须随时作好支付的准备。

---

〔47〕《联邦最高法院民事裁判集》第61卷，第275页，第279页以下。

〔48〕参见下文边码429a。

〔49〕《联邦最高法院，新法学周报》1984年，第171页。

〔50〕《联邦最高法院民事裁判集》第114卷，第338页。

五、因错误而撤销

参考文献:勒文海姆(Loewenheim):《一般交易条件中的错误撤销》,载《民法实务档案》第 180 卷,1980 年,第 433 页以下;洛赫尔(Locher):《因对一般交易条件的纳入要件及对个别条款的内容发生错误而撤销》,载《企业顾问》1981 年,第 818 页以下。有关第 123 条,也请参见拉斯(Lass):《恶意使用无效的一般交易条件时的解除权》,载《法学家报》1997 年,第 67 页以下。

418 对于以一般交易条件为基础实施的法律行为的内容,可能出现两个方向的错误。第一,顾客可能对一般交易条件的使用或一般交易条件的内容发生错误。[51] 第二,一般交易条件的使用人可能对一般交易条件的效力以及对由其实施的法律行为的内容发生错误。[52]

419 (一)虽然《一般交易条件法》第 2 条第 1 款通常能够确保使用人对一般交易条件作出指示,并且相对人具有知悉一般交易条件的可能性;[53] 而且《一般交易条件法》第 3 条还保护[相对人]免受令人意外的条款的损害。[54] 但是尽管如此,一个不够仔细的顾客仍然可能没有注意到其实施的行为是以一般交易条件为基础的,或者他对一般交易条件的内容具有不正确的想法。这样,在订立合同之时,顾客即对其设立合同的意思表示的意义发生了错误。根据第 119 条第 1 款第 1 种情形,表意人发生了这样一种内容错

〔51〕 参见下文边码 419。
〔52〕 参见下文边码 420。
〔53〕 参见上文边码 408 以下。
〔54〕 参见上文边码 415 以下。

误,应有权撤销其意思表示。[55] 但是在适用一般交易条件之特殊情形,我们可以提出这样的问题:《一般交易条件法》是否已给顾客提供了充分的保护?

我们不能用这种考虑来否定意思表示撤销制度的意义。仅仅由于有关法律行为的内容适当,而违背行为人的意思,强行要求其接受该法律行为的约束,通常是为私法自治原则所不容许的。意思表示的可撤销性仅仅受到第 119 条第 1 款所要求的"对事情作合理的评价"的限制,[56] 而这一限制为行为人拒绝接受即使是内容适当的条款也留下了很大的空间。即使顾客对其发生错误具有(甚至是重大的)过失,也同样不影响其依据第 119 条规定撤销[其意思表示]。不过,顾客发生错误以及可以撤销意思表示,以其对合同内容具有特定的想法为前提。如果顾客对一般交易条件未作思考,则不得因该一般交易条件而行使撤销权。[57]

(二)一般交易条件使用人发生的错误,可以想见的主要有两 420
种情形。第一,使用人以为已将一般交易条件有效地纳入了合同,但实际上他没有成功地这样做。如使用人可能忘记了将一般交易条件一并寄出;或者根据《一般交易条件法》第 2 条第 1 款第 1 项规定,仅贴出告示尚属不够;或者该告示不能足够明了地被人看见。第二,使用人以为其一般交易条件在总体上都是有效的,但是实际上有些具体条款无效(如作为令人意外的条款或者依据《一般交易条件法》第 9 条及以下条款为无效)。

根据《一般交易条件法》第 6 条,在此两类情形,合同以法律规定的条件发生效力。这即是说,使用人获得的合同,具有与其所

---

〔55〕 参见下文边码 745。

〔56〕 参见下文边码 773。

〔57〕 勒文海姆(Loewenheim)的观点与此相似,参见参考文献所列文章第 440 页以下,第 449 页以下。

希望订立的合同不同的内容。尽管如此,在这种情况下,并不总是存在依第 119 条第 1 款可以使行为人享有撤销权的内容错误。毋宁说,只有在[使用人]因疏忽大意而未将一般交易条件附加进合同,或者没有对一般交易条件作出指示时,才可以认为存在这样一种内容错误。在这种情况下,使用人发出的表示与其所欲求的内容不相一致。与此相反,在其他情况下,大概应认为仅仅存在一种对法律状态的错误。这是一种动机错误,行为人不得因此主张撤销。〔58〕其撤销权至少也应为《一般交易条件法》第 6 条规定的意义所排除。〔59〕根据该条规定的意义,使用人的相对人通常应当获得一项有效的合同,而不问使用人的意思为何。《一般交易条件法》第 6 条第 3 款的规定才构成了这方面的界限。

〔58〕 参见下文边码 744 以及勒文海姆(Loewenheim),同前引文,第 446 页以下。
〔59〕 参见下文边码 513。

第二十八章　一般交易条件的其他特殊规则

参考文献:参见上文第27章前所列的参考文献;特别说明参见下文。

《一般交易条件法》除在第2条、第3条中对将一般交易条件纳入个别合同[1]作了规定外,还包括其他一些涉及到法律行为学说的规定。其中,《一般交易条件法》第6条作为不同于民法典第139条的规则,将在下文边码513以下中作分析。《一般交易条件法》第7条规定的规避禁止的意义不是很大,将在下文边码661中作介绍。因此,这里要谈的,只剩下《一般交易条件法》第4条和第5条。有关《一般交易条件法》第8条至第11条,参见下文边码429a以下。

第一节　个别约定的优先性

一、根据《一般交易条件法》第4条,个别 421
约定(也包括通过可推断之行为作出的个别约

〔1〕 参见上文边码395以下。

定[2])具有优先于一般交易条件的地位。[3] 这一规则起源于《一般交易条件法》施行以前的司法判例。[4] 例如,联邦最高法院在以前的一项判决[5]中认为,在以格式合同对某个中介商予以独家委托时,以手书方式添加的,赋予委托人也有权进行无中介人的买卖行为条款,具有优先地位。在另一项判决[6]中,联邦最高法院认为,一般交易条件中包含的免责条款,不适用于那些由于某种粘合剂欠缺个别担保用途而产生的损害。

从实体上看,《一般交易条件法》第4条与《一般交易条件法》第3条规定的令人意外的条款无效的规定,在很大程度上是重叠的。[7] 因为只要一般交易条件的条款有违个别约定,信赖这种个别约定的顾客通常也会对一般交易条件感到意外。但是,《一般交易条件法》第4条的意义还不止于此。即使顾客清楚地知道一般交易条件中有不同的规定,因此实际上不会对这种偏离的规定感到意外,个别约定依然是有效的。就此而言,透过《一般交易条件法》第4条,可以看到这样一条规则:"一般的"交易条件处在"特殊的"个别约定之后,具有从属性(subsidiär)。与此相适应,如果排除一般交易条件适用的个别约定事后消失了,则一般交易条件事后也可发生效力。

422 二、《一般交易条件法》第4条中最重要的具体问题(wichtigste Einzelfrage),涉及一般交易条件中经常出现的确认保留(Bestätigungsvorbehalte):只有在使用人对一般交易条件表示确认时,使用人的辅助人员与顾客达成的约定才发生效力。这一点往

---

〔2〕《联邦最高法院,新法学周报》1986年,第1807页。

〔3〕参见措勒(Zoller)文,载《法学家报》1991年,第850页。

〔4〕参见上文边码399以下。

〔5〕《联邦最高法院民事裁判集》第49卷,第84页,第87页。

〔6〕《联邦最高法院民事裁判集》第50卷,第200页,第206页以下。

〔7〕参见上文边码415以下。

往也与某项书面形式条款联系在一起(如“附带约定必须具备书面形式”等[8])。对于这个问题的解答(对有关细节问题尚存有争议),应作出如下区分:[9]

1. 根据通说,即使在个别协商的合同中约定了纯粹书面形式条款(Bloβe Schriftformklauseln),它们通常也不影响当事人事后在不遵守约定的形式的情况下对合同进行变更。[10] 如果一般交易条件中包含了一项书面形式条款,则上述结论还可以《一般交易条件法》第4条为依据:如果双方希望某项个别约定可以不遵守形式要件而发生效力,那么,一般交易条件中与此相违背的约定便退居其次。[11] 423

2. 与此相反,使用人为自己保留对其辅助人员的意思表示作出(口头的或书面的)确认的条款,意味着对这些辅助人员的代理权进行限制。他们不应当具有订立合同的代理权,或者其代理权应当受到限制。对这种情形,《一般交易条件法》第4条并不直接适用,因为该条规定调整的仅仅是一般交易条件与某项有效的个别约定之间的矛盾;而欠缺代理权则恰恰影响到辅助人的允诺行为针对使用人的效力。具体来说,这里应再作如下区分: 424

(1)如对从事行为的辅助人的代理权不得予以限制,确认条款仅此一点即为无效。例如,使用人的经理人(Prokurist)[12] 作出的允诺,即使没有得到使用人的确认,也总是对使用人产生约束

---

〔8〕 参见下文边码637。

〔9〕 参见林达赫尔(Lindacher)文,载《法学评论》1982年,第1页以下。也请参见特斯克(Teske):《一般交易条件中的书面形式条款》,1990年;舒尔茨(Schulz)文,载《法律学习》1995年,第71页。

〔10〕 参见下文边码641。

〔11〕 参见《联邦最高法院,企业顾问》1981年,第266页;拉伦茨(Larenz):《德国民法总论》,§29,aII,第560页。

〔12〕 参见商法典第50条。

力。同样的原则大概也应适用于所谓的全权代办人(Generalbevollmächtigter)。[13]

425 (2)如果使用人可自由决定其辅助人员的代理权范围,则一般交易条件中规定的确认,原则上具有对这一决定作出告知的意义。这即是说,对这一告知,不需要具备合意。不过,如果在一般交易条件之外存在一些事由,据此可以认为行为人从一开始就具有代理权,则可能得出不同的结论。在这种情况下,使用人就失去了事后作出决定的可能性。因此,有人正确地认为,如果被代理人自己依据第 171 条和第 172 条规定对[其辅助人员具有]代理权[的事实]作了告知,[14]或者存在容忍代理权情形,[15]那么,确认条款就是无效的。[16] 林达赫尔(Lindacher)[17]还将此种情形等同于商法典第 54 条第 1 款规定的代办权(Handlungsvollmacht)。而联邦最高法院认为,如果企业是"被作为一人企业经营的"(因此在这里没有代理的必要性),则确认条款无效。[18]

在所有这些情形,本质上都涉及这样一个问题:一般交易条件中规定了确认条款后,顾客是否必须知道行为人代理权受到限制之事实?[19] 对这个问题应作出否定的回答。不过,这一否定性的回答并非产生于《一般交易条件法》第 4 条,而是产生于(下文边码 426 以下马上将会论及的)《一般交易条件法》第 5 条所规定的疑义规则:如果可以依据其他情形对一般交易条件的确认条款提出质疑,使用人就必须承认对他不利的那种可能性,在这里即必须

---

〔13〕 参见乌·许布纳(U. Hübner)文,载《商法杂志》第 143 卷,1979 年,第 1 页。

〔14〕 参见下文边码 927,3。

〔15〕 参见下文边码 930。

〔16〕 如拉伦茨,同前引书,§29aII,第 551 页以下。

〔17〕 林达赫尔(Lindacher)文,载《法学评论》1982 年,第 3 页以下。

〔18〕 《联邦最高法院,新法学周报》1983 年,第 1853 页。

〔19〕 参见民法典第 173 条、商法典第 54 条第 3 款。

承认存在代理权。此外，如使用人欲为自己保留决定是否承认相关行为对自己有效的权利，也可能构成《一般交易条件法》第9条规定的不合法的损害行为。[20] 联邦最高法院[21]认为，如果书面形式条款也适用于由使用人的代理人和顾客在合同订立之后(nach)达成的协议，则该条款无论如何都是无效的。相反，“没有订立口头形式的附带协议”的条款是有效的。[22] 这一点，只是符合一般的对文书完整性的推定而已，当事人仍然可以提出相反证据。特斯克(Teske)则主张整个儿不应当承认一般条件中确认保留的效力。[23]

第二节　疑义规则

《一般交易条件法》第5条规定，在解释一般交易条件时产生的疑义，由使用人承担责任。[24] 这条规则的渊源，远在有关一般交易条件的司法判例之前。[25] 早在古典罗马法中就存在“发生歧义者由要约者承担不利后果”(ambiguitas contra stipulatorem)的原则。在进行要式口约(stipulatio)时，由于债权人(要约者，stipulator)如是表述其允诺，以致债务人仅需作出肯定的回答，因此债权人需承担歧义(ambiguitas)产生的后果。因为要式口约的债权人(亦即一般交易条件的使用人)本来是应该避免疑义发生的。 426

---

〔20〕 参见《科隆州高等法院，德国法月刊》1983年，第1025页。

〔21〕 《联邦最高法院，新法学周报》1986年，第1809页，第1810页以下；《联邦最高法院，企业顾问》1991年，第1591页以下。

〔22〕 《联邦最高法院，新法学周报》1985年，第2329页。

〔23〕 特斯克(Teske)，《一般交易条件中的书面形式条款》，1990年。

〔24〕 参见特·洪泽尔(T. Honsel)文，载《法学工作报》1985年，第260页；海·洪泽尔(H. Honsel)文，载《卡泽尔(Kaser)80华诞纪念文集》，1986年，第74页；赫·罗特(H. Roth)文，载《有价证券信息》1991年，第2085页，第2125页。

〔25〕 参见上文边码399以下。

427 一、适用上述规则，必须以对几种可以想见的解释结果中的哪一种可能性应产生效力〔26〕能够发生理智的怀疑（vernünftige Zweifel）〔27〕为前提。例如，在汽车销售商的一般交易条件与汽车制造商的担保条件并存，而二者又不一致的情况下，即可以产生这样一种怀疑：这时应对顾客适用对他更为有利的那种可能性。〔28〕不过，疑义往往仅存在于某一项条款的内部。例如，在与消费者订立的合同中，将“净价＋增值税”的价格标示理解为“包括增值税在内”。〔29〕

428 疑义规则最为常见的适用范围，是针对使用人提出的免责事由。适用疑义规则，大多意味着对责任排除作出符合文句的狭义解释，即便使用人意欲达到某种广义的解释者亦然。例如，[使用人]排除劝导和建议的责任，并不包括也排除了对违反义务未作劝告所产生的损害的责任。〔30〕大甩卖时的“概不退换”条款，并不包括因商品有瑕疵而要求解除合同（第459条，第462条）的情形。即使对一个地方政府制定的下水道管理章程，联邦最高法院也作出了这样的解释：对因壅水倒流产生的损害不承担赔偿责任的约定，并不包括由于对管道作有过错的错误铺设或有瑕疵的维护而造成的壅水倒流所产生的损害。〔31〕这一判例同时说明，疑义规则作为一般的解释原则，在一般交易条件以外的其他领域也可以适用。

429 二、《一般交易条件法》的一个专门问题是“以法律允许者为限”条款。这样一种“救助式”条款，主要被附加在一般交易条件的

〔26〕《联邦最高法院，新法学周报》1985年，第53页，第56页。

〔27〕《联邦最高法院，新法学周报》1985年，第56页。

〔28〕《法兰克福州高等法院，企业》1981年，第637页。

〔29〕《慕尼黑州高等法院，新法学周报》1970年，第661页。

〔30〕《联邦最高法院，新法学周报》1964年，第2058页，第2059页。

〔31〕《联邦最高法院民事裁判集》第54卷，第299页，第305页。

免责条款中。使用人加入这一条款，旨在避免其表述得过于广泛的免责条款全部无效，因而根据《一般交易条件法》第6条第2款发生完全的法定责任。对于这一条款的效力，还存在不同的看法。[32]

依我之见，不应当允许一般交易条件的使用人将对《一般交易条件法》的解释风险转嫁给顾客。因为就其本质而言，上述条款是想达到将《一般交易条件法》变成一般交易条件组成部分的目的。但是，仅仅因为《一般交易条件法》第2条第1款第2项，这一点通常就不能做到，因为[使用人]没有为对方当事人提供知悉一般交易条件的可能性。特别是对于顾客来说，要他对本法之不无疑义的解释进行研究分析，大概无法与《一般交易条件法》第2条第1款第2项意义上的"可合理期待性"相符。此外，作广义理解的救助式条款也违反了《一般交易条件法》第5条所依据的清晰原则。因此，对"法律允许者"作救助式援引的条款，只有在例外情况下才应被视为有效，即该条款仅仅涉及一些罕见的例外情形（例如为数不多的，即使是轻微过失也不能排除其责任的情况）：在这里，对《一般交易条件法》的参引，会使一般交易条件更加明晰。

第三节　内容控制

一、在《一般交易条件法》诸规定中，还未作分析的是第8条至第11条。这些规定涉及对那些已有效地纳入个别合同中去的 429a
交易条件（或对《一般交易条件法》第13条及以下条款而言：将来将被纳入合同中去的交易条件）进行内容控制。就实体方面而

〔32〕 参见蒂默尔－奥尔登堡（Thümmel-Oldenberg）文，载《企业顾问》1979年，第1967页；维伦布鲁赫（Willenbruch）文，载《企业顾问》1981年，第1976页；彼·乌尔默－布兰德纳－亨森（P. Ulmer-Brandner-Hensen）：《一般交易条件法》，第2条，边码53。

言,制定这些规定,就使民法典的一些重要规定成为不受一般交易条件侵蚀的内容。这也就是说,民法典的这些规定只能通过个别约定予以排除或变更,或者只能以不利于一般交易条件使用人而不得以有利于他的方式予以排除或变更。根据《一般交易条件法》第 24 条第 1 项,考虑到维护商人的利益,民法典的一些重要规定不受一般交易条件侵蚀的烙印显得并不那么鲜明(这里仅仅适用《一般交易条件法》第 9 条[33]);然而,为了维护其他人的利益,这一原则不受侵蚀却可完全发生效力(这里也还适用《一般交易条件法》第 10 条和第 11 条)。

以此种方式不受一般交易条件侵蚀的各项规定,一律属于债法范畴(例如物的瑕疵担保责任,对损害赔偿的责任,抵销的可能性)。仅因这一事实,就应将它们放在债法中作探讨。只有在债法中,才能够对这些经《一般交易条件法》保障的规定对于合同当事人之间适当的法律状态的重要性作出分析。

429b 二、因此,下面仅介绍一个概况

(一)《一般交易条件法》第 8 条将内容控制限定在那些偏离法律规定或者对法律规定进行补充的规定之范围内。对一般交易条件仅仅应当以法律(特别是民法典)为标准进行考察,而不应当考察其是否符合进一步的公正理念。这样,通常就没有必要对给付与对待给付之间是否等价作考察,[34]因为民法典也没有制定有关价格的规定。与此相反,有关价格的附带约定(如“驾车时间视为工作时间”)必须接受内容控制。[35] 保险合同中有关合同期间

---

〔33〕 参见卢茨(Lutz):《商业交易中对一般交易条件的控制》,1991 年。

〔34〕 参见约斯特(Joost)文,载《经济法杂志》1996 年,第 1685 页。

〔35〕 《联邦最高法院民事裁判集》第 91 卷,第 316 页。但《联邦最高法院,新法学周报》1992 年,第 688 页对此有限制。

的规定也应当受到审查。〔36〕 联邦最高法院的另一项判例〔37〕则更向前走了一步：银行要求顾客在银行窗口支取现金或者存入现金时支付报酬，违反了《一般交易条件法》第9条第2款第2项规定。在价格（如医生提供医疗服务的价格）是由法律规定的情况下，价格本身也应当接受审查。〔38〕 除此之外，联邦最高法院特别是对于银行信贷行为中的价格构成提出了一项所谓的“透明性要求”（Transparenzgebot）。据此，这种价格构成必须具有明确的可识别性，否则就会因违反《一般交易条件法》第9条规定而无效。〔39〕 此外，如果对任意性法律规定的援引具有设权性效力，则由于依据合同的其他内容，该项法律规定应当视为已被排除，因此对于此种对任意性法律规定的援引，也应当予以控制。〔40〕

（二）《一般交易条件法》第10条和第11条禁止某些不公平 429c
条款（miβbilligte Klauseln）。在第10条中，这些条款受到指责的原因产生于下列事实：使用人实现其利益的方式被评价为不适当。例如，使用人在合同的订立、合同的内容或合同的履行方面，为自己保留有不适当的自由，或者他将其他不适当的规定引入到合同中去。

与此相反，立法者在《一般交易条件法》第11条中即确定地

〔36〕 《联邦最高法院民事裁判集》第127卷，第35页。

〔37〕 《联邦最高法院民事裁判集》第124卷，第254页。

〔38〕 《联邦最高法院，法学家报》1992年，第373页；附有劳夫斯－赖林（Laufs－Reiling）的评论。

〔39〕 参见肯德根（Köndgen）文，载《新法学周报》1989年，第943页；科勒（Koller）文和哈·彼·韦斯特曼（H. P. Westermann）文，载《施泰因多夫（Steindorff）纪念文集》，1990年，第667页和第817页；汉森（Hansen）文，载《有价证券信息》1990年，第1521页；本罗伊特（Bernreuter）文，载《企业顾问》1993年，第1823页；黑贝施特赖特（Hebestreit）文，载《企业顾问》1994年，第281页；同一作者：《一般交易条件法中的透明度》，1995年；也请参见约·舍费尔（J. Schäfer）：《一般交易条件中的透明度要求》，1992年。

〔40〕 《联邦最高法院民事裁判集》第91卷，第55页（对第367条）。

描述了不公平条款。这也就是说,在第11条中,民法典的规定是如此不受一般交易条件的侵蚀,以致既不需要对具体情况作另外的评价,也根本不存在这种可能性。例如,对于民法典第320条规定的双务合同所特有的拒绝给付权,既不得予以排除,也不得予以限制(《一般交易条件法》第11条第2项a则)。与此相应,为任何从属的辅助人排除故意和重大过失的责任也是绝不可能的(《一般交易条件法》第11条第7项)。

429d (三)最后,在这些特殊的禁止性条款之后,是《一般交易条件法》第9条的规定。据此,那些"违反诚实信用原则,不适当地损害"使用人之合同当事人利益的规定无效。这一点特别应适用于下列两类情形:

第一,一般交易条件不符合"法律规定的本质性的基本思想",《一般交易条件法》第9条第2款第1项。据此,以正义原则(而并非仅仅以合目的性考虑)为基础的法律规定,相对于一般交易条件,应当起到一种指导性作用(Leitbildfunktion)(例如,有关意思瑕疵的规定〔41〕)。

第二,通过对"产生于合同之本质的重大权利或义务"进行限制,危及合同目的[达成]的行为,构成不适当的损害[相对人利益的]行为,《一般交易条件法》第9条第2款第2项。这一规定起源于所谓的"基本义务"(Kardinalpflichten)。例如,在一项冷藏肉类的合同中,遵循必要的低温规定即属于基本义务。如果违反了基本义务,那么即使相对于商人(对于商人,不适用《一般交易条件法》第11条第7项的规定),也不可能排除普通辅助人的故意或者重大过失。〔42〕 今天,《一般交易条件法》第9条第2款第2项的"掏空禁止"所包括的、合同本质性的权利和义务,被扩大至"基

〔41〕《联邦最高法院,新法学周报》1983年,第1671页。

〔42〕《联邦最高法院民事裁判集》第89卷,第363页。

本义务”以外的内容（如扩大到提供咨询的义务[43]）。不过，第 2 项规定的适用范围，取决于人们是否将第 1 项规定也适用于非典型合同。[44]

〔43〕《联邦最高法院，新法学周报》1993 年，第 335 页。

〔44〕 参见（彼·乌尔默）－布兰德纳（－亨森）（P. Ulmer-Brandner-Hensen）：《一般交易条件法》，第 9 条，边码 130 以下。

第二十九章　合意和不合意

参考文献：拜拉斯(Bailas)：《合同订立的难题以及创设合同的行为》，1962年；迪德利希森(Diederichsen)：《逻辑不合意》，载《柏林法学会纪念文集》，1984年，第81页以下；同一作者：《解释不合意》，载《许布纳(Hübner)纪念文集》，1984年，第421页以下；格劳厄(Graue)：《因合意订立合同吗?》，载《法律效力与合意》，1976年，第105页以下；克拉默(Kramer)：《合同合意的基本问题》，1972年；莱嫩(Leenen)：《合同的订立、成立与生效——兼论不合意说》，载《民法实务档案》第188卷，1988年，第381页以下；马尼克(Manigk)：《新近司法判例中合同订立的本质——论合意和不合意说》，载《耶林民法学理论年刊》第75卷，1925年，第127页以下；迈尔-马利(Mayer = Maly)：《合同与合意》，载《尼佩代(Nipperdey)纪念文集》，1965年，第一卷，第509页以下；同一作者：《从私法律行为角度看合意的意义》，载《法律效力与合意》，1976年，第91页以下；同一作者：《作为合同基础的合意》，载《赛德尔(Seidl)纪念文集》，1975年，第118页以下；罗尔夫·赖泽尔(Rolf Raiser)：《存在隐藏的不合意时的损害责任》，载《民法实务档案》第127卷，1927

年，第1页以下；蒂策(Titze)：《论误解》，1910年。

第一节　合意的必要性

由于合同至少涉及两个人，因此两个人都必须参与合同的订立。否则，就会出现一种不符合私法自治原则的他人决定。[1]对合同订立的参与是通过意思表示实现的，[2]一般即通过要约和承诺。对合同订立的这一机制，在上文边码356以下已作了介绍。 430

在此过程中，应将承诺与要约作比较。依据第150条第2款规定，只有在承诺未对要约的内容作出扩大、限制或者其他变更时，承诺才能使合同成立。[3] 只有在这种情况下，双方当事人才存在一种为合同所必需的合意。这种合意(Einigung)，也称Konsens(源于拉丁文consentire = 合意)。

第二节　合意必要性的范围

当事人对哪些事项必须达成合意，产生于合同的类型(Art des Vertrages)以及当事人的意思。 431

一、以法律为各类具体合同作出了不同规定为限，合同的类型[对合意的范围]具有重要性。尽管法律在许多地方制定的规定非常详尽，如法律对债务合同中的给付障碍作了详细的规定；在此范围内，当事人就没有必要再行作出自己的约定了。这种对订立合同过程负担的减轻，恰恰是法律的目的之一。不过，对于有些事项，法律不可能作出一般性的规定。这即是说，在这些事项，当

〔1〕 参见上文边码176。
〔2〕 参见上文边码242以下。
〔3〕 参见上文边码381。

事人必须自行达成合意。这些事项,就是所谓的行为要素(essentialia negotii)。如在买卖合同中,买卖标的物和价格(第433条)是行为的要素;在合伙合同中,合伙的目的以及促进目的的方式(第705条)是行为的要素;在处分行为中,处分的方式(例如是移转还是设质)以及处分所涉及的客体是行为的要素。此外,当事人之间还必须对哪些人是合同当事人以及他们充当何种角色(例如作为买受人还是作为出卖人)自行达成合意。不过,在欠缺代理的要件时,适用第164条第2款规定。[4]

当然,即使就这些事项而言,在订立合同的时候,当事人也不
432 需要已对它们作出了最终的决定。毋宁说,对于尚待确定的问题(如价金的高低),也可以赋予一方当事人或者某个第三人以决定权(Bestimmungsrecht)。民法典第315条至第319条对这种决定权作了规定,但有关论述属于债法的内容了。[5]

二、虽然法律制定了某项规定,当事人(die Parteien)也可以
433 另行作出决定。只要这种决定仅仅偏离任意法的规定,这种决定便是有效的。不过,即使当事人约定偏离强行法的规定时,也并非不产生法律后果。在这种情况下,当事人对有关事项的约定就是无效的,并且,依据第139条规定,在发生疑义时,整个合同也因此无效。[6] 当然,在《一般交易条件法》第6条以及其他一些情形[7],这一原则并不适用。在这些例外情形,法律的规定取代当事人希望达成的、与法律不一致的规定而适用,亦即合同以法律的规定为内容产生效力。

〔4〕 参见下文边码919。

〔5〕 如拉伦茨(Larenz):《债法总论》,§6II,第80页以下;梅迪库斯(Medicus):《债法总论》§21。

〔6〕 参见上文边码501以下。

〔7〕 参见上文边码513以下。

第三节 不 合 意

当事人对合意事项发生的瑕疵,称之为不合意(Dissens,源于拉丁文 dissentire = 意见不同)。 434

一、法律的规定(民法典第 154 条,第 155 条)

(一)根据第 154 条第 1 款,只要当事人还未就所有事项达成合意,而依据一方当事人的意思表示应就这些事项作出约定,那么在发生疑问时,合同尚未订立。第 154 条第 1 款第 2 句规定,即使已经以书面形式对合同的具体事项作了记载(已订立所谓的草约,Punktation),在发生疑问时,就这些具体事项达成的合意也不具有约束力。这一原则的适用,与法律是否对尚待达成合意的事项制定了规定无关;[8]法律的规定并不能取代当事人意欲达成的合意。

但是,部分合意不具有约束力的原则仅仅适用于发生疑问之时。如果当事人虽然认识到合同的不完整性,但是仍然一致同意开始履行合同,则不适用上述原则。[9] 在这种情况下,如果当事人并不一致同意去填补合同漏洞,就可以通过补充性解释消除这一漏洞。[10] 或者应由一方当事人来作出决定。对该当事人作出的决定,应根据第 315 条第 3 款进行审查。

在实践中,虽然认识到合意的不完整性但仍然执行合同,其常见的适用事例是,当事人对其一般交易条件是否适用存在着尚未 435

〔8〕 参见下文边码 438。

〔9〕 弗卢梅(Flume):《德国民法总论》,第二卷,§34,6e,第 629 页以下;《联邦最高法院,新法学周报》1983 年,第 1727 页,第 1728 页。

〔10〕 参见上文边码 340 以下,特别是边码 341 中的《联邦最高法院,新法学周报》1975 年,第 1116 页上刊登的案例。

澄清的争议。[11] 例如,出卖人的要约中援引了他的供货条件,而买受人则以其(不同于供货条件的)购买条件承诺要约。如果不顾这一事实依然开始履行合同,则表明在当事人看来,合同比实现其一般交易条件更为重要。在双方一般交易条件不一致的范围内,根据《一般交易条件法》第6条第2款的思想,合同通常应当在法律规定的内容上发生效力。[12] 不过,如果一般交易条件对另一方当事人而言比法律的规定更为有利(如出卖人给对方提供现金支付折扣),则该交易条件应当有效。另外,所有权保留的约定也是有效的,[13] 因为所有权保留并不涉及(已经履行的)债务合同,而是涉及物权合意。[14]

436 (二)在第154条中,当事人明确知道其合意具有漏洞(因此也称为"公开的"不合意),而第155条则涉及另外一种情形:当事人认为合同已经订立,但是实际上并没有达成完整的合意["隐藏的不合意",versteckter Dissens[15]]。第155条考虑的只是那些可以不达成合意的事项(大多是因为法律已制定了有关规定)。第155条规定的法律后果归类说明:如果认为即使没有对有疑问的事项进行规范的规则,合同仍会订立,那么使以约定的内容为准。这一规则只有在合同没有此类规定仍有意义的情况下才是可以想象的。尤其是在双方就一般交易条件存在着矛盾而又没有被认识

〔11〕 参见施勒希特里姆(Schlechtriem)文,载《瓦尔(Wahl)纪念文集》,1973年,第67页。

〔12〕 《联邦最高法院民事裁判集》第61卷,第282页;弗卢梅,同前引书,§37,3,第676页。

〔13〕 《联邦最高法院,企业顾问》,1982年,第636页。

〔14〕 参见格拉夫·冯·威斯特法伦(Graf von Westphalen)文,载《经济法杂志》1987年,第1361页;格拉夫·冯·兰布斯多夫(Graf von Lambsdorff)文,载《经济法杂志》1987年,第1370页。

〔15〕 但莱嫩(Leenen)的看法与此有异,参见其文,载《民法实务档案》第188卷,第381页,第411页以下。

到时,更可适用上述原则。相反,如果当事人在未有相关事项调整规则的情况下就不可能达成合意时,则不存在有效的合同订立行为。

仅为一方当事人所未认识到的不合意,应根据第 154 条来处理,而不应根据第 155 条来处理。[16] 因为在这种情况下,无论是发生错误的当事人的利益,还是知道情况的当事人的利益,都不能构成第 155 条所倾向于认为的合同有效性发生的合理理由。

(三)无论如何,相对于认定公开的或者隐藏的不合意而言,解释永远具有优先性(Auslegung hat Vorrang)。[17] 通过解释应当查明,合意是否真的是不完整的,或者当事人的表示是否互相符合。如果仅仅是一方当事人之未经表示出来的意思旨在达成一项特别的约定,或者此项意思与另一方当事人(经过解释)的表示不相符合,则并不构成不合意。毋宁说,在这种情况下,合同已经成立,但可能要依据第 119 条第 1 款规定,因发生错误而撤销那项与意思不符的表示。有关例子,参见下文边码 438。 437

二、法律未加调整的问题

(一)法律未加调整的情形,首先是当事人对属于行为要素的事项没有达成合意。[18] 对这种情形,克拉默(Kramer)[19] 用"完全不合意"(Totaldissens)来表达,而迪德里希森(Diederichsen)[20] 使用的则是"逻辑不合意"(意为因这种不合意,合同无法订立,这是一种逻辑必然)。对这种情况,法律也没有必要加以调整,因为法律后果是明白无疑的:合同不能成立。对这样一种不合意,也必须 438

---

〔16〕 迪德里希森(Diederichsen)正确地如是认为,参见其文,载《许布纳(Hübner)纪念文集》第 421 页,第 440 页。对这个问题尚存在争议。

〔17〕 参见上文边码 317。

〔18〕 参见上文边码 431。

〔19〕 克拉默(Kramer):《慕尼黑德国民法典评注》,第 155 条,边码 6。

〔20〕 Diederichsen,参见文献资料所列著述。

通过对双方当事人意思表示的解释,予以认定。[21] 这方面的典型案例如:在既可以指瑞士法郎,也可以指法国法郎的情况下,约定以"法郎"来支付价金。这时,首先必须查明意思表示的规范性意义。[22] 诸如缔约双方当事人的国籍或住所地、合同订立的地点、货币支付的地点以及其他情形,可以提供有关的线索。只有在通过这种解释得出的意思表示的意义互不相符时,才存在逻辑不合意:当事人未就价金达成合意,而这一合意也不能为任意性法律规定所代替;没有就价金达成合意(即使在第315条至第317条意义上)而为之买卖行为是不可能存在的。

有关不合意的事例,在实际中并不是很常见的。从上述解释的角度来看,帝国法院对下面一个案件的判决[23]或许难谓正确。在该案中,V向K"寄发了一份有关由其经营的商品的要约,要约不具有拘束力"。这些商品中包括酒石酸(Weinsteinsäure)。K向V发出一份电报,称"祈请壹佰公斤酒石酸灰色无铅"。V回复道:"酒石酸灰色无铅每公斤128马克净价此地取货"。最后,K[向V]发出电报,称:"壹佰公斤酒石酸灰色无铅已备,信件确认已发"。这封确认的信件表明,K和V两人都想出售酒石酸。帝国法院认为,本案中存在不合意,因为"从当事人互通的电报中,丝毫看不清谁想购买以及谁想出售东西"。但是,只有将视角局限于电报文句,这一结论才是正确的。相反,从前后关系中可以看出V想出售东西,因为她向K寄发了要约清单。所以,V有理由将其在发出要约后收到的K的电报,理解成K购买酒石酸的尝试。这即是说,正确的结论应该是:K有效地订立了买卖合同,因而必须根据第119条第1款规定撤销其[意思表示],第122条的

---

〔21〕 参见上文边码437。

〔22〕 参见上文边码323。

〔23〕《帝国法院民事裁判集》第104卷,第265页。

后果发生。

（二）法律也没有对出现不合意时的损害赔偿义务（Schadensersatzpflicht bei Dissens）问题进行调整。帝国法院的一项判决[24]认为应类推适用第122条，即一方当事人应承担损害赔偿义务，但同时并未对该项请求权是否与过错无关的问题作出确定的回答。[25] 今天，主要存在两种不同的看法。一种意见完全拒绝承认某种赔偿义务，因为每个人都必须自行对其意思表示的内容承担风险。[26] 另一种意见则认为，可以考虑适用因缔约过错所产生的损害义务（这种义务可以依据第254条规定予以减少）。[27] 承担这种损害赔偿义务的原因，虽然不可能是“对助成合同订立之义务的违反”[28]；因为没有人会因为参加合同谈判而负有订立合同的义务。[29] 但是，或许可以认为一方当事人负有使用明白无误的表达方式，以避免使谈判对方当事人产生误解的义务；如果他有过错地违反了此项义务，就应承担损害赔偿的责任。 439

第四节 商人确认书

参考文献：卡·施米特（K. Schmidt）著《商法》第19章第3节，第571页以下，对参考资料作了详细的列举。专门的著述有：巴奇（Batsch）：《同所谓的商人确认书告

---

〔24〕《帝国法院民事裁判集》第104卷，第265页。

〔25〕同上，第268页。

〔26〕弗卢梅，同前引书，§34，5，第626页。克拉默（Kramer）的观点与此相似，《慕尼黑德国民法典评注》，第155条，边码13。

〔27〕迪尔歇尔（H. Dilcher）：《施陶丁格德国民法典评注》，第155条，边码16以下。这是通说。

〔28〕但迪尔歇尔（H. Dilcher）如是认为，同前引书。

〔29〕参见下文边码452。

别吗?》,载《新法学周报》1980年,第1731页以下;比德林斯基(Bydlinski):《奥地利法中对"商人确认书"的非神秘化》,载《弗卢梅(Flume)纪念文集》第一卷,1978年,第335页以下;克斯特尔(Coester):《商人确认书及一般交易条件:一般交易条件法第4条规定的个别约定的优先性》,载《企业》1982年,第1551页以下;迪德里希森(Diederichsen):《通过商人确认书"订立合同"》,载《法学教育》1966年,第129页以下;冯·迪克(von Dücker):《商人确认书》,载《企业顾问》1996年,第3页以下;格茨=胡恩(Götz = Huhn):《商人确认书》,1969年;哈伯科恩(Haberkorn):《对商人确认书的沉默》,载《德国法月刊》1968年,第108页以下;黑普(Hepp):《论商人确认书》,载《企业顾问》1964年,第371页以下;库兴克(Kuchinke):《论确认书的理论》,载《法学家报》1965年,第167页以下;林达赫尔(Lindacher):《通过商人确认书将一般交易条件纳入合同》,载《有价证券信息》1981年,第702页以下;莫里茨(Moritz):《通过商人确认书固定合同内容》,载《企业顾问》1995年,第420页以下;施密特=扎尔策(Schmidt = Salzer):《订单确认、确认书及冲突的一般交易条件》,载《企业顾问》1971年,第591页以下;施米特曼(Schmittmann):《通过传真收发的商人确认书》,载《企业》1997年,第213页以下;瓦尔希斯赫费尔(Walchshöfer):《内容有出入的商人确认书》,载《企业顾问》1975年,第719页以下;聪夫特(Zunft):《对商人确认书的沉默之可撤销性》,载《新法学周报》1959年,第276页以下。

一、功能

在以口头形式(也包括以电话形式)进行谈判以后,对于合同是否成立以及合同具有什么内容,很容易产生争议。因此,长久以来,在商人之间就流行一种习惯,即由一方当事人以书面形式,简短地向对方当事人证实合同的订立以及合同的内容。这样做旨在避免将来出现纠纷。这一宗旨是由一项虽然未被编入民法典,但今天我们可以将它称为习惯法(Gewohnheitsrecht)的法律原则实现的,即:受领信件的人如未即时对该信件提出异议,合同就以该信件以诚实的方式所包含的内容成立。[30] 这样,信件发出人的信赖就受到了保护;该发出人有理由认为,其发出的信件正确地复述了合同的内容,并且寄发信件后[对方]也没有提出异议。 440

二、适用范围

"商人"确认书这一普通的称呼,说明这种确认书起源于商法。人们对商法典第1条及其以下条款划定的商法的界限,表示出越来越大的不满(我认为这种不满是有理由的)。这种不满也对商人确认书的适用范围产生着影响。法律政策要求将特别私法的适用与企业的概念(Unternehmensbegriff)相联结;与此要求相适应,有关商人确认书的习惯法已不再严格局限于商人。[31] 例如,建筑师也被认为是[商人确认书的]合格的受领人(Empfänger)。[32] 在发出人(Absender)的资格方面,则可以放得更为宽大些,因为不要求发出人承担特别的义务。如联邦最高法院的一项判例[33]认为,发出人可以是任何类似于商人参与商业生 441

〔30〕 参见《联邦最高法院,经济法杂志》1994年,第618页,第619页。

〔31〕 参见卡·施米特(K. Schmidt):《商法》,§19 III 2a,第575页以下。

〔32〕 《州高等法院民事裁判集》1974年,第8页。也参见《联邦最高法院民事裁判集》第11卷,第1页。

〔33〕 《联邦最高法院民事裁判集》第40卷,第42页。

活的人。弗卢梅(Flume)[34]甚至认为,发出人可以是任何一个人。

尽管如此,有关确认书的规则毫无疑问不应一般性地适用于私人之间的法律交往,而是属于特别私法的一个组成部分。[35] 因此,下面仅分析一个与一般私法相关联的基础性问题。

三、沉默的意义

442 (一)对确认书保持沉默具有什么"法律性质"("Rechtsnatur" des Schweigens)? 对这个问题,学者们各持己见,莫衷一是。有人认为沉默是意思表示(即对信件中包含的要约的承诺);有人认为其至少是这样一种意思表示的拟制;也有人认为因沉默违反了答复的义务;还有人持其他的看法。[36] 与这个问题相联系的往往还有另外一个问题,即以确认书所列之东西为内容的合同何时成立以及如何成立。不过这一个问题并没有多大意义,因为一旦确认书产生效力,则根据有关确认书的法律原则的宗旨,对确认书与合同的一致性是毋庸置疑的。[37] 这样,就不得再对合同的原始内容及其事后的变更提出问题了。

上述第一个问题,即沉默的"法律性质",其意义也应局限在其产生的实际后果方面。这些实际后果主要涉及有关意思瑕疵(Willensmängel)的规定是否适用。在这方面,我觉得以下三点具有重要性。第一,不得对原始合同的瑕疵再行提出主张,因为否则的话,沉默之证实性作用会受到破坏。第二,沉默不可能比某项证实性的意思表示具有更强的效力,因此对沉默的瑕疵通常也能够提出主张,如同对明示的证实行为的瑕疵也可以提出主张一样。例如,沉默者如对确认书作出了错误的理解,因而没有正确认识到

---

〔34〕 同前引书,§36,2,第663页。

〔35〕 弗卢梅,同前引书,第662页。

〔36〕 参见卡·施密特,同前引书,§19 III 1 d,第574页以下。

〔37〕《联邦最高法院民事裁判集》第40卷,第42页,第46页;卡·施米特,同前引书,6a,第596页以下。

其沉默的意义，他可以主张撤销。当然，如果对沉默之证实性意义发生了错误，则不得主张撤销：这一意义基于上文边码440所称之习惯法原则，与［行为人的］意思无关；即是说，对这一意义发生的错误是一个无关紧要的法律后果错误。[38] 第三，本来为合法的撤销权不得因沉默者的过错而予以延迟。因为，如果嗣后主张意思瑕疵，即不再属于"即时"提出异议了。因此，如果沉默者有过错地误解了确认书，就不得再主张撤销。[39]

443 （二）上面所说的内容，只直接适用于旨在对已经订立的合同进行纯粹的确认的信件［所谓的宣示性确认书（deklaratorisches Bestätigungsschreiben）或者确认性确认书］。不过，司法判例认为，故意使用确认书，以对原始合同进行变更或者补充的行为，也是合法的。如通过使用确认书，将一般交易条件事后纳入合同中去［所谓的设权性确认书（konstitutives Bestätigungsschreiben）[40]］。依我之见，这样的变更已不符合"确认"书的内涵：就此而言，不存在消除某种不确定状态的需求。因此，在这种情况下，应当适用有关对合同作事后变更的一般规定。这就是说，只有在例外情况下，沉默具有对确认书所包含的、旨在订立变更合同的要约作出承诺的意义时，才能将沉默视为对合同变更的同意。

〔38〕 参见下文边码750以下。

〔39〕 参见上文边码352。卡·施米特的观点与本书相同，参见前引书，6c，第599页以下。

〔40〕 参见卡·施米特，同前引书，3，第579页以下。

第三十章 缔约过程中的义务

参考文献:奠基性的著作是鲁·冯·耶林(R. von Jhering):《缔约过错》,载《耶林民法学理论年刊》第4卷,1861年,第1页以下[1969年重印,附有艾克·施密特(Eike Schmidt)的后记]。对耶林著作的评论,见尚策(Schanze):《耶林的缔约过错说》,载《马克斯·普朗克欧洲法制史研究所出版物》第7卷,1978年,第326页以下。从比较法角度作研究的著述有尼尔克(Nirk):《缔约中过错责任的比较法研究》,载《拉贝尔(Rabel)比较法杂志》第18卷,1953年,第310页以下。——对现行法进行综述的最佳著作是:泽格尔-维德曼(Soergel-Wiedemann)撰:《德国民法典评注》,1990年第12版,第275条之前,边码101以下;也请参见格恩胡贝尔(Gernhuber):《债务关系》,1989年,第8章。有关具体问题,见亚当斯(Adams):《合同法的错误及公开义务》,载《民法实务档案》第186卷,1986年,第453页以下;巴勒施泰特(Ballerstedt):《通过代理人订立合同时的缔约过错责任》,载《民法实务档案》第151卷,1950/51年,第501页以下;冯·巴尔(von Bar):《无合同情形之合同上的损害赔偿请求权》,载《法学教育》,1982年,第637页以下;博雷尔(Bohrer):《处分担保人的责任》,1980年;布赖登巴赫(Breidenbach):《合同订立过程中信息义务的前提》,1989年;卡纳里斯(Canaris):《保护性法律——交易义务——保护性义务》,载《第二部拉伦茨纪念文集》,1983年,第27页,第85页以下;同一作者:《缔约过错中的行为人和参与人》,载《吉格尔(Giger)纪念文集》,1989年,第91页以下;埃默利希(Emmerich):《论缔约过错理论的研究现状》,载《法律学习》1987年,第561页以下;弗罗斯特(Frost):《"前合同"义务与"合同"义务》,1981年;弗罗茨(Frotz):《缔约过错责任的法理归属》,载《克施尼策尔(Gschnitzer)纪念文集》,1969年,第163页以下;戈特瓦尔德(Gottwald):《缔约过错责任》,载《法学教育》1982年,第877页以下;格罗特(Grote):《第三人自己承担责任作为缔约过错的适用事例》,1984年;霍恩(Horn):《缔约过错》,载《法学教育》1995年,第378页以下;肯德根(Köndgen):《没有合同时的自我约束》,1981年;拉伦茨(Larenz):《对"缔约过错"责任的几点说明》,载《巴勒施泰特(Ballerstedt)纪念文集》,1975年,第397页以下;莱曼(Lehmann):《通过广告开始合同谈判》,1981年[有关评论,见赖希(Reich)文,载《民法实务档案》第181卷,第548页以下;施托尔(Stoll)文,载《新法学周报》1982年,第152页以下];同一作者:《对广告内容的民法责任》,载《新法学周报》1981年,第1233页以下;利布(Lieb):《废除合同还是赔偿金钱?》,载《科隆大学法律系纪念文集》,1988年,第251页以下;梅迪库斯(Medicus):《缔约过错责任的界限》,载《法学教育》1965年,第209页以下;同一作者:《论缔约过错的发现史》,载《卡泽尔(Kaser)80华诞纪念文集》,1986

年,第 169 页以下;同一作者:《处于合同和侵权之间的缔约过错》,载《凯勒(Keller)纪念文集》,1989 年,第 205 页以下;同一作者:《有限责任公司事务执行人因缔约过错之自我责任》,载《施泰因多夫(Steindorff)纪念文集》,1990 年,第 725 页以下;同一作者:《因缔约过错可请求履行利益吗?》,载《赫尔曼·朗格(Hermann Lange)纪念文集》,1992 年,第 539 页以下;梅塞尔(Messer):《因缔约过错所生的损害赔偿请求权……》,载《施泰因多夫(Steindorff)纪念文集》,1990 年,第 743 页以下;米哈尔斯基(Michalski):《"缔约过错"法律制度》,载《法律学习》1993 年,第 22 页以下;尼尔克(Nirk):《缔约过错——联邦最高法院司法判例对法律的一项发展》,载《第一部默林(Möhring)纪念文集》,1965 年,第 385 页以下;同一作者:《缔约过错——法院对法律的一项成功发展——应维持现状吗?》,载《第二部默林纪念文集》,1975 年,第 71 页以下;皮克尔(Picker):《积极违约与缔约过错——论"处于合同和侵权之间"的责任的问题》,载《民法实务档案》第 183 卷,1983 年,第 369 页以下;普利亚迪斯(Pouliadis):《缔约过错与对第三人的保护》,1982 年[有关评论,见霍洛赫(Hohloch)文,载《民法实务档案》第 184 卷,第 511 页以下];舒伯特(Schubert):《第三人在订立合同过程中的不诚实行为》,载《民法实务档案》第 168 卷,1968 年,第 470 页以下;舒马赫尔(Schumacher):《因无经验的合同当事人的过失性误导而废除合同》,1979 年;施托尔(Stoll):《缔约过错的事实构成与功能》,载《冯·克默雷尔(von Caemmerer)纪念文集》,1978 年,第 435 页以下;同一作者:《单方面约定提供给付时的信赖保护》,载《弗卢梅(Flume)纪念文集》,第一卷,1978 年,第 741 页以下;同一作者:《订立合同过程中对有瑕疵的意思表示的责任后果》,载《里森费尔德(Riesenfeld)纪念文集》,1983 年,第 275 页以下;泰希曼(Teichmann):《因诚实信用所生的附随义务。第一部分:前合同的信息义务》,载《法学工作报》1984 年,第 545 页以下;维德曼 - 施米茨(Wiedemann-Schmits):《信息不正确或不完整时对投资者的保护》,载《公司法杂志》1980 年,第 129 页以下。

第一节 缔约过程中的过错

对缔约过错学说(culpa in contrahendo),一般都作为债法的一部分作介绍。[1] 依据这一学说,一旦对合同开始——对此应作广义的理解[2]——进行谈判,就在当事人之间产生某种特别的义务关系(besonderes Pflichtverhältnis)(一种特殊联系)。有过错地违反了这些义务,就应当承担损害赔偿责任;对辅助人,应当根据第 278 条规定负责。此说的一些具体形态——当然部分已作过变更——,体现在民法典第 122 条[3]、第 149 条[4]、第 179 条[5]以及第 307 条、第 309 条、第 663 条[6]中。在《一般交易条件法》第 11 条第 7 项中,"对因违反缔约过程中的义务所产生的损害"承担赔偿义务,是一种前提条件;就此而言,缔约过错这一迄今为止属 444

---

〔1〕 如拉伦茨(Larenz):《债法总论》§9;埃塞尔 - 艾克·施密特(Esser-Eike Schmidt):《债法总论》,§29II;菲肯切尔(Fikentscher):《债法》,§20;梅迪库斯(Medicus):《债法总论》,§14。

〔2〕 《联邦最高法院民事裁判集》第 66 卷,第 51 页,第 55 页。

〔3〕 参见下文边码 783 以下。

〔4〕 参见上文边码 373。

〔5〕 参见下文边码 985 以下。

〔6〕 参见上文边码 349。

于习惯法范畴的学说,现在也为制定法所承认了。

445 本书也赞成将缔约过错放到债法中去作探讨的做法。因此,我在这里只是想简要地揭示出[该项制度]与一般合同法之间的关系(Zusammenhang zum allgemeinen Vertragsrecht):缔约过程中的任何一种“过错”,都以存在义务为前提;而违反了这些义务,才会使人提出[行为人]是否有过错的问题。这些义务规定了人们在缔约过程中必须为哪些行为以及不为哪些行为。至少在大多数情况下,一方违反了这些义务,另一方不能诉请其履行;因为这些义务大多旨在使谈判当事人的信赖不致受到辜负,即如一方必须及时和完整地提供有关信息。所以,典型的事例是没有向当事人作出说明的情形。该当事人之所以不能诉请履行,是因为他根本不知道他需要有关信息。

虽然这些初始义务通常是不能诉求的(只有在有过错地违反了这些义务时,才能诉请损害赔偿),但这些义务在总体上如同一本[指导人们在]缔约过程中正确从事行为的法典。

第二节 各种义务

一、顾及合同当事人的身体和所有权

446 许多判例涉及这样的情形:在缔约过程中,在合同一方当事人的领域里(如在其商店里),合同另一方当事人的身体或者所有权遭受到损害。例如,由于顾客踩着了地上的菜叶子而滑倒在地,导致一条腿折断;或者顾客在不干净的售货柜台边弄脏了大衣。在这些情形下,要想使店主承担责任,就必须认定他负有一项义务,即确保谈判对方在其业务活动区域不会发生危险。此类义务类似于侵权法中的交易安全义务(Verkehrssicherungspflichten);这里也涉及第823条第1款规定的保护法益。之所以要在此类情况下认定存在一种特殊联系,主要是为了避免侵权法的某些不足之处,特

别是第831条第1款第2句的免责可能性。[7] 如果侵权法的这些不足之处被消除了,缔约过错在很大范围内也就没有适用的必要了;这一点,司法判例部分已经做到。

二、保护当事人免受“不当”合同的损害

(一)众多其他判例的内容是,一方谈判当事人负有向对方当事人就合同标的物或者合同所产生的特别风险作出说明(aufklären)的义务。一方提供这方面的信息,旨在保护对方当事人,使其免受订立一项对自己来说毫无用处的或者损害自己利益的合同的损害。这些情形,一般是指通过不真实的或其他形式的不正当的广告来进入合同谈判阶段的行为,即涉及到“消费者保护”的领域。一方当事人违反提供信息义务的行为,特别是在销售投资或媒介投资活动以及在旧机动车辆交易中特别常见。根据通说,在这些情况下,因一方有过错地违反义务所产生的损害赔偿请求权,主要应以解除合同(假设一方以适当方式向对方提供了信息,合同就不可能订立)以及赔偿业已履行的给付(第249条第1句[8])为内容。司法判例[9]认为,对方也可以选择行使要求降低价金的请求权;这类似于买卖合同及类似的交换合同中的降价。在其他情况下,缔约过错可以使某个仅仅作为代理人出现的行为人承担个人责任(persönliche Haftung)。例如,一家有限责任公司的股东兼事务执行人,虽经供货商以明示方式提出有关质问,仍对其隐瞒本公司在经济上所处的窘境,使该供货商因该有限责任公司的破产而受到损害。[10] 447

(二)此类缔约过错情形,主要具有下列三个难题(drei Prob- 448

[7] 参见梅迪库斯(Medicus):《债法总论》,边码104。

[8] 利布(Lieb)持不同看法,参见参考文献所列文章。

[9] 如《联邦最高法院民事裁判集》第111卷,第75页,第82页以下。

[10] 《联邦最高法院,企业顾问》1983年,第981页;《联邦最高法院,经济法杂志》1988年,第505页。

leme)。

1. 第一个难题涉及提供不正确信息与瑕疵担保责任法(主要是第459条及以下条款)之间的关系。以出卖人向买受人夸耀买卖标的物具有实际上并不存在的优良品质为例,我们并不是非得认为出卖人的违法行为乃提供了虚假信息不可;我们也可以让这一[虚假]信息成为合同内容的一部分。这样来看,并不是出卖人提供的信息是有瑕疵的,而是其提供的给付是有瑕疵的,因为此项给付与[出卖人]在合同中承担的给付义务不相符合。这样,出卖人的这种行为,就与缔约过程中的具体行为没有关系了,而是产生了某种(应在债法中作探讨的)给付障碍。

449 2. 在瑕疵责任不具有优先适用地位的范围内,另一个问题也不无疑问,即在何种前提下(unter welchen Voraussetzungen),才能够认定存在提供信息义务(Informationspflichten)? 在这方面,司法判例往往引用下列深受巴勒施泰特(Ballerstedt)[11]影响的表述:要求信赖并得到信赖之处,应负提供信息之义务。联邦最高法院相应地表述为:"缔约过错责任的基础是被辜负的信赖"。[12] 但是,人们对这些表述提出了异议。这种异议是有道理的。有人指出,信息义务不应当取决于具体情况下的可信赖性。事实上,认定适用缔约过错的事例,往往是一些与其说充满了信任还不如说充满了不信任的领域(投资和旧机动车辆交易)。因此,正确的做法是通过规范性的方式来设立信息义务:法律必须对一方当事人在什么时候以及在何种程度上必须向对方当事人提供信息作出规定。

此类义务,在有些地方得到了明示规定(ausdrücklich geregelt),如《消费者信贷法》第4条规定了提供有关现金价格和分期

---

〔11〕 巴勒施泰特(Ballerstedt)文,载《民法实务档案》第151卷,第501页,第507页以下。

〔12〕 《新法学周报》1966年,第498页,第499页及其他许多地方。

付款价格的信息的义务。不过在绝大多数情况下,这些义务必须通过利益权衡(Interessenabwägung)予以确定。在进行利益权衡时,首先要看哪一方当事人享有着必要的信息或者他能够(更容易地)获取之。例如,对一辆旧车的历史(已驶里程,车祸记录),只有前任车主最为清楚。其次要考察有关信息对另一方当事人具有何等的重要性。车子擦破了一点漆,不可能同刹车系统中的缺陷同样重要。最后可合理期待性的问题也具有意义。虽然与顾客自行对商品价格进行比较相比,小店店主更容易获取其经营的商品在附近超级市场中的销售价格的信息,然而,肯定不会有人认为,小店店主负有将其竞争对手的价格告知其顾客的义务。在这里,我不可能对这个问题作出详尽的讨论。[13]

3. 第三个难题与[民法]总论部分的关系最为密切。如果认 450
定一方当事人负有提供信息的义务,那么,一方过失违反此项义务,另一方就有权要求解除合同作为损害赔偿,并且根据通说,这项请求权的消灭时效期间为 30 年。根据第 123 条、第 124 条,撤销法律行为必须以存在恶意欺诈(arglistige Täuschung)行为(亦即是故意)为前提,而在发现错误以后,撤销该项法律行为的除斥期间仅为一年。[14] 这两者如何相互一致?

司法判例不顾上面论及的这种疑虑,无限制地赋予[对方当事人]因过失欺诈而要求解除合同的请求权。[15] 我一如既往[16]地认为,只有在严格的条件下可以认为一方当事人具有特殊的提

〔13〕 作为入门,参见洛格斯(Loges):《新的说明义务的设立与信赖保护的思想》,1991 年。本书中论及了这个问题。

〔14〕 参见下文边码 811。

〔15〕 如《联邦最高法院,新法学周报》1962 年,第 1196 页;1968 年,第 986 页;1984 年,第 2014 页,第 2015 页。有关胁迫,参见《联邦最高法院,新法学周报》1979 年,第 1983 页。

〔16〕 参见《民法》,边码 150。

供信息义务时，亦即要求义务人充当某种担保人角色时，司法判例的结论才是可接受的。特别是在认为一方当事人负有不告而宣的说明义务时，应当持非常谨慎的态度：这种情形，主要出现在义务人自己通过其行为导致产生某种错误的印象之时。[17]

三、缔约失败时的保护

451 第三类事例，涉及合同谈判当事人因其欲订立的合同没有（有效）成立而遭受的损害。作为缔约过程中的具体行为的问题，即意味着：开始进入合同谈判阶段以后，当事人负有哪些助成合同有效订立或者至少避免引起不正确的表象的义务？

（一）民法典规定的因缔约过程中的某种行为产生赔偿义务的情形，[18]即属于此类事例。无论在何种情形下，都不存在一项必须订立有效合同的义务。即使因发生错误而订立了合同的人，也还可以撤销其意思表示，因而使合同复归于消灭（第 119 条）。或者，如某项承诺表示迟延到达，受领该项表示的人可以向发出人告知这一迟延到达的事实，因而使合同不成立，第 149 条第 2 句。或者，对于公开表示愿意从事的行为，也还可以即时予以拒绝，第 663 条。

452 （二）这一原则可以加以一般化：开始进行缔约谈判，并不产生促成合同订立的义务。因此，无论谈判进展得如何深入，任何一方缔约当事人都可以在不具备充分理由的情况下中断谈判。[19]同样，通常也不存在为遵守形式规定而采取措施的义务。[20] 只有在合同已经附条件地订立时，一方当事人才不得有违诚信地对条

---

〔17〕 参见下文边码 796。

〔18〕 参见上文边码 444。

〔19〕 详见梅迪库斯：《债法总论》，边码 106 以下。《联邦最高法院，经济法杂志》1988 年，第 89 页，第 90 页的观点可能与此不同。《联邦最高法院，新法学周报》1996 年，第 1884 页则要求有“重大的违反义务行为”。

〔20〕 参见下文边码 634。

件的成就或不成就施加影响。[21]

（三）因此，开始进行缔约谈判，通常只能产生下列义务：不得以使谈判对方当事人产生没有根据的信赖的方式损害其利益。[22] 在法律加以规范的诸情形，情况便是这样的。[23] 例如，一方当事人不得错误地造成某一意思表示生效的假象；不得声称［具备实际上并］不存在的代理权；不得谎称能够提供某项实际上不可能提供的给付。这一点可以予以一般化。例如，一方当事人也应当指出其他妨碍法律行为生效的因素，如当事人是外国人，因此合同必须得到有关部门的批准。[24] 或者，一方当事人不得就他方当事人辅助人员的代理权范围，受到欺诈（表见代理权[25]）。如果［谈判当事人的］辅助人员自己使人产生了这样一种错误的印象，该谈判当事人也可能依据第 278 条承担责任。[26] 453

当事人有过失地违反这些义务所产生的法律后果，也以类推适用上述法律规定的方式予以确定。根据这些法律规定中的大多数规定，一方负有的赔偿义务是消极利益，并以积极利益的数额为限。第 149 条第 2 句、第 179 条第 1 款例外地赋予［对方当事人］请求履行［合同］或者因不履行而要求赔偿损害的权利。不过这些法律规定的构成要件有其特殊性：这里，义务人已经发出了一项（至少开始时是）有效的意思表示，并受该意思表示的拘束。因此，根据正确的观点，[27] 在仅存在过错违反义务行为的情况下，通 454

［21］ 第 162 条，参见下文边码 833 以下。

［22］ 参见艾森哈特（Eisenhardt）文，载《北川善太郎（Zentaro Kitagawa）纪念文集》，1992 年，第 297 页。

［23］ 参见上文边码 444。

［24］ 《联邦最高法院民事裁判集》第 18 卷，第 248 页。

［25］ 参见下文边码 969 以下。

［26］ 参见下文边码 973 以下。

［27］ 弗卢梅，同前引书，§15III4cdd，第 282 页以下。拉伦茨赞同他的观点，参见其文，载《巴勒施泰特（Ballerstedt）纪念文集》，第 397 页，第 405 页。

常不得要求赔偿积极利益。即使可以认为,履行了义务就可有效地订立合同,这一原则依然适用。[28] 只有恶意破坏形式的行为才可构成例外。[29]

455 (四)在引起无合理理由的信赖方面,意向书也具有一定的重要性。这种制度起源于美国法,在我国的经济生活中似乎得到了越来越普遍的使用。这是指在缔约谈判过程中向对方发出的、旨在订立某项合同的意向表示。[30] 意向书可能是一项意思表示,即要约,或附条件的要约,也可能仅仅是一项旨在订立某项预约的意思表示。在不可能对意向书作出这种法律行为上的解释的情况下,还可能适用因缔约过错而产生的信赖责任,条件是表示的发出引起[对方产生]了没有根据的信赖。

四、义务人

456 因开始进入缔约谈判阶段而承担义务的人,通常是应成为合同当事人的人。在例外的情况下,第三人也有可能承担责任。联邦最高法院[31]认为,如果第三人因具有特殊的专业知识、个人方面的可信度以及独特的影响合同履行的能力,而显得特别令人信赖,则第三人就应当承担责任。关于因从事不正确的投资广告而承担责任的人的范围,参见《联邦最高法院,企业顾问》1982 年,第 889 页所列概况。不过,在认定第三人应承担责任时应当谨慎从事;可以优先考虑适用其他请求权依据(咨询合同、侵权责任承担类推适用交易所法上的说明书责任[32])。

---

〔28〕 对此还有不同看法。

〔29〕 参见下文边码 631。

〔30〕 参见卢特尔(Lutter):《意向书》,1982 年[对此书的评论,见布劳罗克(Blaurock)文,载《商法杂志》,第 147 卷,第 334 页以下]。

〔31〕 《联邦最高法院民事裁判集》第 56 卷,第 81 页,第 85 页。

〔32〕 参见梅迪库斯:《债法总论》,边码 110 以下。

第三十一章　合同的架构

参考文献:埃·雷宾德(E. Rehbinder):《合同的架构》,1982年,该书对此作了广泛的研究[对此书的评论,见肯德根(Köndgen)文,载《民法实务档案》第183卷,第311页以下]。在此之前,埃·雷宾德已有文章研究这个问题:《合同的架构在民法教学体系中的地位》,载《民法实务档案》第174卷,1974年,第265页以下。此外请参见:布兰布林(Brambring):《合同的架构导论》,载《法学教育》1985年,第380页以下;克雷策柳斯(Crezelius):《论税法专家的职业》,载《法学家报》1990年,第985页以下;吉特(Gitter):《社会法对合同架构的影响》,载《德国公证人杂志》1984年,第595页以下;哈夫特(Haft):《谈判、法律纠纷的替代物》,1992年;哈费卡特(Havekate):《着眼于律师职业的法学教育》,载《法学家报》1996年,第478页以下;霍默尔霍夫-吉勒斯(Hommelhoff-Gilles):《论定型化合同架构的工作方法》,载《法律学习》1983年,第592页以下,第647页以下;朗根费尔德(Langenfeld):《合同的架构》,1991年;同一作者:《财产继承的变化——论实务和教育中合同架构的任务》,载《新法学周报》1996年,第

2601 页以下;马丁(Martin):《在民法和税法作用力之间的法律行为》,载《企业顾问》1984 年,第 1629 页以下;诺·迈尔(N. Mayer):《正确架构遗嘱》,载《法学工作报》1995 年,第 789 页以下;迈因克(Meincke):《民法与税法》,载《法学教育》1976 年,第 693 页以下;奥斯特洛(Osterloh):《税法与私法》,载《法学教育》1994 年,第 993 页以下;普里斯特(Priester):《合同的架构:私的配偶遗嘱》,载《法学教育》1987 年,第 384 页以下;雷德克(Redeker):《律师和法学》,载《新法学周报》1989 年,第 1141 页以下;朔伦(Schollen):《论社会现实对公证人架构合同的意义》,载《德国公证人杂志》1976 年,第 297 页以下;同一作者:《定型化合同实践与法学教育》,载《德国公证人杂志》,1977 年公证人大会特刊,第 28 页以下;同一作者:《合同的架构:不忠实的记帐人》,载《法学教育》1985 年,第 534 页以下;施瓦茨曼(Schwarzmann):《法学练习中的法律草案和合同草案》,载《法学教育》1972 年,第 79 页以下;滕格尔曼(Tengelmann):《谈判的艺术》,1973 年第 3 版;克 – R. 瓦格纳(K. -R. Wagner):《避免纠纷的另一种可能性:作成公证书、咨询和调解》,载《企业顾问》1997 年,第 53 页以下;哈·韦伯(H. Weber):《儿子加入家庭有限责任公司》,载《法学教育》1986 年,第 296 页以下;同一作者:《与有限责任公司之一名事务执行人订立的聘用合同》,载《法学教育》1987 年,第 559 页以下;同一作者:《法律架构方法论》,载《法学教育》1989 年,第 636 页以下;第 818 页以下;哈·彼·韦斯特曼(H. P. Westermann):《合同架构导论:一项收入来源的转让》,载《法律学习》1983 年,第 309 页以下;察瓦尔(Zawar):《合同架构方法论的最新发展》,载

《法学教育》1992 年,第 134 页以下。

第一节　通过法律行为避免纠纷

一、诉讼可能历经数年。诉讼持续的时间有多长,对诉讼结果的不确定状态也同样有多长。此外,诉讼还会产生往往数倍于实际诉讼值的费用。最后,诉讼往往还会引起情绪起伏,或者甚至引发敌意,使友谊或业务关系破裂。诉讼完毕后,胜诉的一方甚至常常也无利可言,而败诉的一方则更是丧失了数倍于他在最理想状态下才可能得到的东西。所以,避免诉讼(die Streitvermeidung)具有大大优越于裁判诉讼的好处。 457

当然,有时进行诉讼也是为了避免(将来的)诉讼,如由最高法院来对某一个经常出现的问题作出裁判,以面对未来地澄清这个问题。此类典型诉讼(Musterprozesse)往往是由集体进行和资助的,如雇员协会以及工会,或责任险保险公司以及汽车俱乐部。在有些情况下,人们甚至人为地提高诉讼值,以达到由联邦最高法院裁判的目的。[1] 在这些典型诉讼中,作为原告和被告出现的人往往仅仅是形式上的当事人。此类典型诉讼有其合理的意义,因此,上面针对诉讼之缺点所提出的保留意见对它们并不适用。 458

二、在法律行为以外的领域,如侵权行为(如道路交通事故),纠纷的产生几乎是无法完全避免的。即使某个当事人毫无异议地承认其负有赔偿义务,往往也还会对需要赔偿的损害数额发生争执。不过在这里,双方可以作出相互的让步(gegenseitiges Nachgeben)[和解,参见第 779 条],以缩短诉讼的过程。与侵权相反,在法律行为领域,常常可以完全避免纠纷的产生:只要双方当事人对 459

---

〔1〕 例如商店盗窃案件,该案最后由《联邦最高法院民事裁判集》第 75 卷,第 230 页终结。

法律行为，特别是合同，进行如此广泛的、明确的规定，以致对法律状态不可能产生合理的疑虑。作出此类旨在避免纠纷的规定，是法学工作者最重要的实际任务之一。在这里，法学工作者所进行的活动的益处，同时也表现得特别明显。

第二节　在法学教育中未受到重视

460 一、在大学法学教育中，对法律行为进行架构的工作意义甚微。这一事实与这种工作的上述意义是不相符合的。大学法学教育中要求学生解答的"案例"，通常都是已经拟定完备的合同、遗嘱或者其他法律行为，当事人只是对这些行为的解释或执行发生纠纷而已。我很少见到另外一种类型的考试作业。在这种类型的作业中，案情事实叙述的，比如是一个企业家的财产关系和家庭关系，然后给出这个人处理其遗产的愿望。在此基础上，要求学生拟定出这个企业家的遗嘱——也许是与他的配偶一起立下共同遗嘱。类似的作业也可以是拟定一份合伙合同，或者拟订一份[父母向其一名子女]移转土地的协议（同时向受让人的兄弟姐妹支付补偿金）。为一家清洁公司起草一般交易条件也可以作为考试题目。

461 二、此类作业之所以这么少见，除了传统力量的影响外，还具有下列实体方面的原因（mehrere sachliche Gründe）。

（一）我认为，最重要的原因是，在第一次国家考试以及在整个大学法学教育中忽视了税法（Vernachlässigung des Steuerrechts）。我们必须看到，现下个人所得税的最高税率达到了53%。[2] 加上教会税和两德统一附加费，税率已超过60%。而根据拟议中的新税率，遗产税的税率最高可达到50%。面对这些数字，税法对某项行

〔2〕《个人所得税法》第32条a第1款第5项。

为的影响往往是决定性的。[3] 许多重要的行为之所以存在,主要归功于税法方面的原因,如父母将某些东西赠与他们的子女[4]以及所谓的“建筑业主模式”(Bauherrenmodelle)[5]。* 在此类合同以及在“折旧公司”(Abschreibungsgesellschaften)中,行为人往往单方面专注于税收上的优惠,以致把任何民法上应有的谨慎都抛诸脑后了。因此,经常会产生严重的责任后果。

除此之外,有时税法要求此类行为还必须符合特殊的、没有民 462
法依据的要件(besondere Voraussetzungen)。[6] 例如,为了获得税法上的承认,有时行为人要求采用书面形式,或者甚至要求加入特定的实体内容,而根据民法则根本不需要具有这些要件。[7] 要求法律行为符合此类特殊要件的内在原因是,合同的通常的监控机制已不能发挥正常作用。[8] 双方达成合意时为第三人(国库)设

---

〔3〕 参见格罗(Groh)文,载《企业顾问》1984年,第304页;瓦尔茨(Walz)文,载《商法杂志》第147卷,1983年,第281页;伯恩斯坦(Bernstein)文,载《德国汽车杂志》1984年,第355页;施特雷克(Streck)文,载《新法学周报》1985年,第2454页。

〔4〕 参见下文边码587。

〔5〕 参见梅迪库斯(Medicus):《债法分论》,边码911;克雷策柳斯(Crezelius)文,载《法学教育》1981年,第494页。

〔6〕 有关其宪法上的合法性,参见施坦因贝格(Steinberg)文,载《企业》1988年,第72页。

〔7〕 这方面的案例有:《联邦审计署,企业》1975年,第382页;第429页;1979年,第1964页;第1394页;《联邦审计署,企业顾问》1976年,第587页[有关评论,参见弗卢梅(Flume)文,载《博施(Bosch)纪念文集》,1976年,第191页;克拉姆罗特(Klamroth)文,载《企业顾问》1975年,第525页。

〔8〕 参见下文边码472。

* 所谓建筑业主模式,是房屋建筑的一种特殊合同形态。准备建造房屋的人,一方面不愿意作为真正的建筑业主出现,因为否则他就必须去购买土地、请人建造房屋以及举借贷款(而这一过程中充满了各类麻烦和风险,而且需时甚久)。另一方面,这个人又不愿意作为单纯的房屋购买人出现,而是愿意以建筑业主的身份出现。作为建筑业主,他就可以将与房屋建造相关的各项开支(如土地购置费、房屋建造费、贷款费和其他各种开支)予以扣除,而免缴税款。——译者注。

定负担,要比双方合意时为合同当事人设定负担容易得多。至于税务方面的特殊要求是否合法,当然又是另外一个问题了。

无论如何,在不具备税法知识以及不考虑税法的情况下,去为具有重要税法意义的法律行为拟定草案,是一件荒唐无比的事。

463 (二)忽视此类架构性作业的另一个原因,可能是处理这种作业比解答案例往往需要花费更多的时间。因为架构一种行为往往存在多种可能性。例如,可以将共同的子女立为在活着的配偶一方[死亡]之后的最终继承人(所谓的柏林遗嘱,第 2269 条),但也可以将其立为后位继承人(第 2100 条及以下条款);或者,以遗嘱方式向某人赠与某件物品,既可以以遗赠的方式为之(第 2147 条及以下条款),也可以指定某人为相应部分财产的继承人,同时对分割作出指示(第 2048 条)。如买受人受到了欺骗,他解除买卖合同具有几下多种可能性:根据第 123 条进行撤销;根据第 459 条、第 462 条、第 467 条解除买卖合同;根据缔约过错原则要求损害赔偿;根据《反不正当竞争法》第 13a 条解除合同;如行为是消费者信贷或上门售卖行为,则在一定情况下还可以予以撤回。在案例型作业中,通常有依据说明行为人选择了这些可能性中的哪种可能性,在此基础上要求[考生]作出裁判。而在架构型作业中,[考生]必须首先作出这种选择。在作出这种选择时,首先要对各类可能性的利弊进行评判权衡;要作出选择,必须知道选择权人的喜好。由于国家考试中的闭卷考试时间较短,因此对这些问题作出论述是很难的。

464 (三)此外,合同的订立(bei Verträgen)必须具备合意(Einigung)。而在当事人开始就合同进行谈判之时,他们通常并非在任何方面都已经达成了合意。毋宁说,这种合意要在双方的说服以及互相的让步这一动态的过程中,才能逐步形成。在一道考试作业题中,这一过程的各种条件很难予以比较精确的描述。因此,从考试者的角度看存在这样的危险:应考者利用这种无可避免的回旋余地，来回避实体方面的难题。例如，如根据《货币法》第3条第2句规定，对某项金钱定期金的购买力能否通过有关条款进行保值的问题存在着疑问，[9]应考者就可能选择一种没有疑问的，但却不利于债权人的条款；或者，他甚至可能会认为，债务人说服了债权人完全放弃订立这种保值条款。

第三节　合同架构要点

尽管架构型作业很少出现在国家考试中，下面至少提供一些 465
简单的要点。

（一）应当以当事人想达到何种经济成果这一问题作为出发点。之后应介绍为实现这种经济成果所具备的法律手段。接着应探讨这些法律手段的利弊得失。这时特别应当注意的是：

1. 最后提出的架构建议无论如何必须符合善良风俗（guteSitten，第138条[10]）。

2. 建议必须符合强行法（zwingen des Recht）规定（第134 466
条[11]）。不过在这里，往往存在各种合法的回避可能性；作业的宗旨，大多是要找出这些回避的可能性。例如，在《货币法》第3条第2句情形，可以不采用无法获得批准的保值条款，而采用能够获得批准的保值条款，或者可以考虑采用一条不必征得批准的保值条款。[12]

3. 在拟定一般交易条件时，除此之外还应注意《一般交易条 467
件法》的特殊规则。[13]

---

〔9〕 参见梅迪库斯：《债法总论》，边码168以下。

〔10〕 参见下文边码679以下。

〔11〕 参见下文边码644以下。

〔12〕 梅迪库斯，同上引书。

〔13〕 参见上文边码394以下。

468 4. 如果适用形式规定(Formvorschriften),应注意予以遵守(和125条[14])。即使从实体法上看,是否需要形式是有疑虑的,为谨慎起见,也应当建议遵循形式要求。如在对土地合同作某些变更时(第313条)[15],就应对形式要件加以注意。另外,也应考虑到作成公证书的费用。这里可能在安全性和节省费用之间出现矛盾。在这种矛盾不可避免的情况下,通常应当选择能够提供更大安全性的途径。

469 5. 接着应注意对因开始进行缔约谈判而负有的义务的履行,以避免承担缔约过错责任。[16]

470 (二) 架构者第二步应对任意法(dispositives Recht)作分析。首先应找出本来应当适用的那些规范。对合同适用哪些规范,以合同的类型为准。如果合同是混合型合同,这里就可能产生重大疑问。为了避免将来发生纠纷,应在合同中提出某种澄清性的建议来消除这些疑问。

在找出本来应当适用的任意法规范之后,再来考察这些规范是否适合于打算订立的合同。必要时应建议[当事人]作出变更[这些规范的]约定。例如,在一台结构复杂的机器的买卖合同中,规定买方因机器有瑕疵即可立即解除合同或者降低价金可能是不合适的,应当建议出卖人享有一项修补机器的权利(参见第476a条)。或者,在损害难以实际计算或者属于非财产性质(如定作人自己将入住的房屋没有按期完工)的情况下,法定的损害赔偿请求权就于事无补了。这里就应当对损害规定一个总额,或者规定违约金。

不过,只有在架构者预见到了这些待决冲突时,才会建议[当事人]作出此类个别规定。而只有具备了某种法学家所特有的幻

---

〔14〕 参见下文边码609以下。

〔15〕 参见梅迪库斯,同前引书,边码101。

〔16〕 参见上文边码445以下。

想,才能预见到这些冲突。因此,在进行合同架构时,这种幻想是最有用的东西之一。〔17〕越来越成为难题的交易基础欠缺或丧失事例,〔18〕归根结底就是由于缺乏这种前瞻性幻想而造成的。

(三) 最后,架构建议还必须用尽量精确的文句表达出来。在这 471
方面,实践中常用的下列示范文本(Formularbücher)可以提供帮助:

阿尔布雷希特(Albrecht)等:《法律示范文本》,1989 年第 12 版;

霍夫曼 = 贝金以及席佩尔(Hoffmann = Becking und Schippel)编:《贝克版民法、商法、经济法示范文本》,1995 年第 6 版;

布拉姆布林 - 叶尔施克(Brambring-Jerschke)编:《贝克版公证人手册》,1996 年第 2 版;

黑罗尔德 - 罗曼诺夫斯基(Herold-Romanovszky):《有益的合同架构》,1992 年第 9 版;

《慕尼黑合同手册》,第一卷《公司法》,1996 年第 4 版;第二卷《商法与经济法》,1996 年第 4 版;第三卷《经济法》,两分册,1996 年第 4 版;第四卷《民法》,两分册,1997 年第 4 版。

纳特 - 席林 - 芬格胡特(Nath-Schilling-Fingerhut):《法律行为示范文本:合同和意思表示,特别适用于商人领域》,1988 年第 7 版。

赖特曼 - 勒尔 - 格塞勒(Reithmann-Röhl-Geβele):《公证人架构合同手段》,1991 年第 6 版。

在这些书中,往往提出了范围非常广泛的表述建议。〔19〕不过,这些表述往往已经具有很强的概括性,因此必须对它们是否适合于具体合同进行考察,就像必须对任意性法律规定是否适合于具体合同进行考察一样。

---

〔17〕 参见坎茨赖特(Kanzleiter)文,载《新法学周报》1995 年,第 905 页。

〔18〕 参见下文边码 857 以下。

〔19〕 参见下文边码 510 所述旨在排除适用第 139 条规定的“救助式条款”。

第三十二章　合同的公正性保障:问题及答案

参考文献:有关法律史,参见毕尔格(Bürge):《萨维尼罗马法杂志》第 97 卷,1980 年,第 105 页以下。——有关理论,参见上文边码 172 以及下文边码 707(对于第 138 条第 2 款规定)前面所列的文献资料。此外请参见巴托洛迈奇克(Bartholomeyczik):《现代法律发展中的等值原则、力量均衡以及均势原则》,载《民法实务档案》第 166 卷,1966 年,第 33 页以下;卡纳里斯(Canaris):《法院适用私法和发展私法过程中基本权利的影响和适度原则》,载《法学教育》1989 年,第 161 页以下;科斯特尔 = 瓦尔清(Coester = Waltjen):《在一般交易条件法之外对合同进行内容控制》,载《民法实务档案》第 190 卷,1990 年,第 1 页以下;同一作者:《消费者保护与内容控制》,载《法律学习》1995 年,第 26 页以下;达姆(Damm):《通过确定法律后果对合同的公正性进行控制》,载《法学家报》1986 年,第 913 页以下;德勒德(Derleder):《私法自治、经济理论与法律行为之伦理》,载《瓦塞尔曼(Wassermann)纪念文集》,1985 年,第 643 页以下;法斯特里希(Fastrich):《法官对私法中内容的控制》,1992 年;玛·盖斯勒(M. Geiβler):

《在社会正义影响力下的私法自治》，载《法学教育》1991年，第617页以下；哈伯扎克（Habersack）：《合同自由与第三人利益》，1992年；黑克申（Heckschen）：《在外国作成公证书及其正确性保障》，载《企业》1990年，第161页以下；希尔格鲁贝尔（Hillgruber）：《与私法自治告别吗？》，载《法律政策杂志》1995年，第6页以下；赫恩（Hönn）：《被扰乱的合同平等性的补偿》，1982年；同一作者：《有效性控制作为一般私法克服不平等形态的工具》，载《法学家报》1983年，第677页以下；乌·许布纳（U. Hübner）：《"公平的价格"——社会市场经济中的价格自由和价格控制的法律手段》，载《施泰因多夫（Steindorff）纪念文集》，1990年，第589页以下；基利安（Kilian）：《合同订立的法社会学和法理学方面》，载《瓦塞尔曼（Wassermann）纪念文集》，1985年，第715页以下；克拉默（Kramer）：《自由的合同思想的"危机"》，1974年；利布（Lieb）：《对不平等形态应适用特别私法吗？》，载《民法实务档案》第178卷，1978年，第196页以下；林巴赫（Limbach）：《专题讲坛：合同学说中的法》，载《法学教育》1985年，第10页以下；同一作者：《不平等形态的补偿》，载《立法与法学评论季刊》1986年，第165页以下；迈尔=马利（Mayer=Maly）：《公平价格》，载《德梅柳斯（Demelius）纪念文集》，1973年，第139页以下；梅迪库斯（Medicus）：《论法院对公证合同的内容控制》，1989年；同一作者：《应与债法中的私法自治告别吗？》，1994年；奥克斯勒（Oechsler）：《现代双务合同中的公平性》，1977年；路·赖泽尔（L. Raiser）：《今日之合同自由》，载《法学家报》1958年，第1页以下；同一作者：《合同的功能与合同自由》，载《德国法律生活100周年——德意志法学家大会纪念文集》，1960年，第一卷，第101页以下；

赖因哈德(Reihhardt):《主体的形成力量与客体的形成力量在合同中的统一》,载《施密特=林普勒(Schmidt=Rimpler)纪念文集》,1975年,第115页以下;里特纳(Rittner):《合同平等性的受干扰与联邦宪法法院》,载《新法学周报》1994年,第3330页以下;罗舍尔(Roscher):《合同自由作为宪法问题》,1974年[有关评论,见迪·洛伦茨(D. Lorenz)文,载《商法杂志》第139卷,第397页以下];赫·罗特(H. Roth):《对私法体系中非经谈判的个别合同的内容控制》,载《企业顾问》1987年,第977页以下;瓦·施密特(W. Schmidt):《论合同的社会现实》,1983年[有关评论,见克拉默(Kramer)文,载《民法实务档案》第185卷,第607页];施密特=林普勒(Schmidt=Rimpler):《合同法更新的基本问题》,载《民法实务档案》第147卷,1941年,第130页以下;同一作者:《论合同问题》,载《赖泽尔(Raiser)纪念文集》,1974年,第3页以下;施皮斯(Spieβ):《对合同的内容控制——以私法自治方式架构合同的终结?》,载《德国行政法期刊》1994年,第1222页以下;魏特瑙尔(Weitnauer):《民法对弱者的保护》,1975年;哈·彼·韦斯特曼(H. P. Westermann):《特别私法的社会模式与普通私法》,载《民法实务档案》第178卷,1978年,第150页以下;同一作者:《消费者信贷法中私法自治的意义》,载《赫尔曼·朗格(Hermann Lange)纪念文集》,1992年,第995页以下;曼·沃尔夫(M. Wolf):《法律行为上的决策自由与合同上的利益平衡》,1970年;策尔纳(Zöllner):《私法自治与劳动关系》,载《民法实务档案》第176卷,1976年,第221页以下。

第一节　问　　题

私法自治,应当是指个人享有在法律行为上进行自主决定的自由。[1] 这一点,在合同中产生的问题特别明显。因为订立合同还需要有另一个人,主体必须同该另一个人达成合意才行。如有人想在某个地方租住一间特定面积的住房,而准备支付的房租又不能超过特定的最高数额,那么他必须找到一个愿意接受这些条件的出租人才行。如果他找不到这样一个出租人,那么——我们可以这样认为——,私法自治对这个租房者来说只是一纸空文而已。另一方面,租赁合同对出租人来说也应当具有法律上的约束力。因此,从私法自治的角度出发,出租人对合同的自由参与是不可或缺的。 472

由此看来,在这里,一方当事人的私法自治,似乎构成了对另一方当事人私法自治的障碍。因此,恰恰是在合同领域,有人给私法自治赠送了苦涩的言辞。[2] 不过从本质上来说,上述对立状态仅仅反映了一项经济学上的浅显道理,即获得紧缺资源(如住房)的愿望是不可能无限制满足的。所以,每一个人都必须接受妥协,也正因如此,才有必要通过合同达成合意。

第二节　对合同均衡性施加影响的可能性

在各种力量的自由游戏中,合同中诸方相互对立的利益之间的妥协,是通过当事人地位的强弱决定的。在这一过程中,一方面市 473

〔1〕 参见上文边码174;176。

〔2〕 如茨威格特(Zweigert)文,载《赖因斯坦因(Rheinstein)纪念文集》第2卷,1969年,第493页,第503页。但拉伦茨对茨威格特的观点提出了恰当的反驳,参见《德国民法总论》,1983年第6版,第504页,脚注3。

场关系起着作用,比如在某个特定地区住房状况是紧张还是过剩。此外,其他许多具体情况也具有意义,诸如当事人的给付能力、了解信息的程度以及各自的技巧。对于法律制度来说,关键的问题是:它能够在多大程度上承认在各种力量的自由游戏中产生的结果,或者它是否必须进行干预,以对这种结果进行校正。

474 一、在现代化社会[福利]国家中,此类校正大多发生在私法领域之外,因此它们就形式来说并不构成对合同自由的干预。各类名目繁多的个人所得转移(Einkommensübertragungen)即是一例:国家向高收入者征收税款,然后向穷人提供社会救济。此外,国家对市场关系也进行干预:如通过对住宅建筑提供补贴(特别是以税收优惠的方式),来扩大房屋市场上的供应量。或者,国家自己也作为房屋建筑业主和房屋供应人出现。

475 二、旨在提高市场弱者地位,增强其实现自己意思能力的做法,则更接近于私法的本质。这样做仿佛是要创设一种相对的力量(Gegengewicht)。最为典型的事例是雇员组织成工会;相对于雇主或雇主协会而言,工会就具有了大致相等的谈判力量。当然,在另一方面,这种集体化行为也会导致私法自治的丧失。如果在劳资协定的谈判过程中,工会舍弃提高整体工资而要求缩短劳动时间,那么有些雇员即使具有相反的愿望也无法实现了。

476 类似的集体(Ähnliche Kollektive)也存在于房屋市场(承租人协会和出租人协会)以及消费者保护领域。当然,这些组织的主要宗旨并非在于对集体合同的订立产生作用,而是在于对立法者施加影响,如敦促立法者制定有关调整房屋租金的法律。

三、与此正好相反,立法者也可以通过阻止形成市场权力集中(Machtzusammenballungen)或对这种权力集中进行监控的方式,力求达到一种市场均势状态。这一点是《反限制竞争法》的基本思想。该法确立了禁止卡特尔(《反限制竞争法》第1条及以下条款)原则,并制定了有关支配市场地位企业的规定(《反限制竞争法》第22条及以下条款)。在这里,订立某些限制竞争的合同为法律所禁止,或者这些合同必须征得主管机关的批准;就某种意义而言,这也是以牺牲其他当事人的私法自治为代价,来保护一些当事人的私法自治。

四、对合同自由的干预(Eingriffe in die Vertragsfreiheit),是私法所受到的直接影响。[3] 这种干预可能涉及订立自由(Abschluβfreiheit),即法律对强制缔约作出规定;[4] 也可能涉及内容架构自由(Freiheit der inhaltlichen Gestaltung),特别是法律规定必须适用强行法。[5] 最后,这两类干预也可以结合起来进行。例如,强迫房屋所有人必须以特定的条件向特定的人出租房屋,同时限制其行使终止合同权。 477

诚然,对合同自由进行如此大规模的干预,至少就长期而言,往往会产生一些与其所追求达成的宗旨背道而驰的副作用(Nebenwirkungen)。以上述出租房屋为例,虽然立法者通过采取这些措施,可以强迫出租人以远远低于市场价的价格将房屋出租给他人,但在此种情况下,私人资本会撤出房屋建筑领域,以致就长远的观点来看,房屋将会变得更加紧缺。这时,为了激活房屋建筑市场,国家又必须进行新的干预。[6] 结果,房屋承租人从市场价格的房租中节省下来的钱,实际上是由纳税人承担的。以此方式,这种貌似"社会"的租赁法,会产生这样一种结果,即用工人的"税收一角钱"* 来对高收入者[作为房屋承租人]提供租金补贴。而这种结果就社会公平而言是荒谬无比的。此外,从租金中节省下来的钱,就可游离于房屋建筑市场之外,而投入到了不及房屋重

〔3〕 合同自由之最为重要的债法上的形态,参见梅迪库斯:《债法总论》§10。

〔4〕 参见梅迪库斯,同前引书,§11。

〔5〕 参见梅迪库斯,同前引书,§12。

〔6〕 参见上文边码474。

* 工人的税收一角钱,比喻某种神圣的、不得侵犯的东西。——译者注。

要的其他物品中去(如购买高档汽车)。就整体经济而言,这一结果也并不是受人欢迎的。

第三节 传统的合同公正性原则

478 一、比德林斯基[7]认为,私法的传统规范具有下列四项原则:[8]

(一) 私法自治;作为私法自治特殊形式的合同自由,对双方当事人互相对立的意思进行均衡;

(二) 交易安全;作为保护交易参与人对对方意思表示的信赖;当事人在作出仔细的考察以后,可以信赖对方当事人表示出来的意思,或者信赖该意思可以归属于对方当事人;

(三) 等价性(Äquivalenz)的思想;要求给付与对待给付具有同等价值,当事人之间的法律地位平等;

(四) 信守合同(Vertragstreue);即接受自己表达出来的话语的拘束。

479 二、虽然将这些原则结合(Kombination dieser Prinzipien)起来,还不能给我们解决具体的实体问题提供什么明确的结果。[9]但是,它们可以很好地帮助我们理解各类法律规定。例如,在赠与行为中,不存在上述(第三点)意义上的任何对待给付;为了平衡这一点,接受自己表达出来的话语的约束(第四点),就通过形式

---

〔7〕 比德林斯基(Bydlinski):《私法自治与负担性行为的客观基础》,1967 年。也请参见其文,载《民法实务档案》第 180 卷,1980 年,第 1 页,第 8 页。

〔8〕 肯德根(Köndgen)文载《民法实务档案》第 184 卷,第 600 页,第 605 页)似乎认为,这些原则不应当处于同一个层次上。毋宁说,由于这些原则以我即刻将要说明的方式相互发生着影响,因此它们才构成一个整体。

〔9〕 迈尔 - 马利(Mayer = Maly),文载《奥地利法学家报》1969 年,第 414 页以下)的观点是正确的。

强制(第518条第1款)以及简化解除合同(第519条,第528条,第530条及以下条款)予以弱化了。死因处分行为也是无偿的,因此在对这些行为进行解释时,不保护遗产受领人的信赖(第二点);[10]而且,被继承人只要发生动机错误就有权撤销其意思表示(第2078条第2款,第2079条)。或者市场的不均衡性危及到等价性(第三点);因此必须通过强行法,有时甚至可能以设定强制缔约制度的形式,对私法自治进行干预(第一点)。

〔10〕 参见上文边码322。

第四部分

法律行为的有效要件与效力障碍

第三十三章　概　　述

第一节　私法自治的界限

480 一个法律制度不可能规定,只要完成了外部的意思表示的事实构成——通常是意思表示的发出以及有些情况下的到达[1]——,法律行为就可以有效地成立。[2] 相反,一系列的限制是必要的或合目的的。

481 一、任何一个法律制度都只能在其政治制度的框架内(im Rahmen ihrer politischen Ordnung)提供通过法律行为实施的私法自治。私法上的法律行为也不得逾越这一框架的范围。例如,武器买卖行为是被禁止的,或者在商店里的买卖行为应限定在特定的时间里进行。一个社会福利国家特别还要给社会弱者提供保护。违反此类规定,可能产生无效的后果(第134条[3])。此外,规避法律的问题[4]以及违反让

[1] 参见上文边码257以下。
[2] 参见上文边码177以下;472以下。
[3] 参见下文边码644以下。
[4] 参见下文边码660以下。

与禁令的问题(第 135 条至第 137 条[5]),也属于这里要探讨的范围。

二、除此之外,法律制度也可能与道德制度(Sittenordnung)发生联系。特别是宪法的基本价值(Grundwerte der Verfassung)也可以包容在这条一般条款之中。这样,违反善良风俗的行为即为无效(第 138 条[6])。 482

三、上述这些限制都涉及法律行为的合法内容,而法律制度也有可能以形式(Form)为标准来判断行为是否合法。法律可能规定某些行为——通常旨在保护当事人免受操之过急之害——必须在纯粹的表示之外具备某种形式。违反这一要件的,作为制裁,行为无效(第 125 条[7])。 483

四、即使某项意思表示的内容和形式都是无可指责的,也还不能从此事实中直接得出它就是有效行为的结论。毋宁说,还要考虑到该法律行为的目的,亦即使各个主体可以自主地形成其法律关系。[8] 为了实现这一宗旨,表示后面的意思(Wille)才具有本质性意义。意思表示的效力可能由于意思的原因而具有下列两个方面的疑虑: 484

第一,可能要求从事法律行为的人具备某种合理地形成其意思的能力。这就是行为能力(第 104 条至第 115 条[9])。

第二,即使具有行为能力,具体的意思表示中也还可能发生其他的意思瑕疵。特别是,某种行为虽然引起了意思表示的外部表象,但是行为人根本就没有法律行为上的意思。这种情形,依据第 485

[5] 参见下文边码 663 以下。
[6] 参见下文边码 679 以下。
[7] 参见下文边码 626 以下。
[8] 参见上文边码 174 以下。
[9] 参见下文边码 535 以下。

116 条第 2 句至第 118 条规定,导致行为无效。[10] 或者,虽然行为人具有法律行为上的意思,但是该意思与表示之可识别的意义背道而驰,或者意思具有其他的瑕疵。这里涉及的是错误、恶意欺诈和非法胁迫。对于这些情形,第 119 条、第 120 条和第 123 条没有规定表示无效的后果,而是规定表意人可以在有效和无效之间进行选择(可撤销性[11])。

第二节 边缘性问题

486 除了上述私法自治的界限外,本部分还将论述几个边缘性问题。首先要介绍无效性的几种类型。[12] 然后要考虑到内容的瑕疵往往仅仅涉及法律行为的一个部分。例如,在一份篇幅巨大的合伙合同中,只有唯一的一条条款违反了法律的禁止性规定。这里产生的问题是,行为一部分无效(Unwirksamkeit des einen Teils)是否会使那些就其本身而言是无可指责的部分也变成无效(第 139 条[13])。

另外,超越私法自治的界限,并不一定非引起无效的后果不可。毋宁说,首先应当试图通过某种善意的解释或者转换(Umdeutung)来挽救这种行为的有效性(第 140 条[14])。

最后,行为人如实施了有瑕疵的法律行为,还可以通过确认(Bestätigung,第 141 条,第 144 条)来对瑕疵作出补正。这里要澄清的问题是,确认是否产生效力以及从什么时候起产生效力。[15]

---

〔10〕 参见下文边码 591 以下。

〔11〕 参见下文边码 714—822。

〔12〕 参见下文边码 487 以下。

〔13〕 参见下文边码 497 以下。

〔14〕 参见下文边码 516 以下。

〔15〕 参见下文边码 529 以下。

第三十四章　无效性的类型

参考文献:巴尔特(Barth):《从税法角度看民法上无效的法律行为》,载《企业顾问》1987年,第1397页以下;贝尔(Beer):《相对无效》,1975年;卡恩(Cahn):《论民法中无效性的概念》,载《法学家报》1997年,第8页以下;克斯特尔=瓦尔清(Coester=Waltjen):《有瑕疵的意思表示》,载《法律学习》1990年,第362页以下;吉森(Giesen):《解决有瑕疵之法律行为中冲突的原则》,载《法律学习》1980年,第23页以下;1981年,第505页以下,第561页以下;1984年,第505页以下;1985年,第1页以下;第57页以下;1989年,第57页以下;1990年,第169页以下;哈德(Harder):《意思表示可撤销性的历史发展》,载《民法实务档案》第173卷,1973年,第209页以下;海·许布纳(H. Hübner):《论无效性规定的裁减》,载《维亚克尔(Wieacker)纪念文集》,1978年,第399页以下;乌·许布纳(U. Hübner):《依规范的保护目的对法律行为的无效性作属人方面的相对化》,载《亨·许布纳(H. Hübner)纪念文集》,1984年,第487页以下;帕夫洛夫斯基(Pawlowski):《无效意思表示在法律行为上的后果》,1966年;施特罗哈尔

(Strohal):《论相对无效性》,1911 年。

民法典为法律行为准备了多种类型的无效性。法律具体规定的是哪一种类型,取决于法律行为所具有的瑕疵的独特性。

第一节　无效性和可撤销性

487 一、民法典没有对无效性(Nichtigkeit)进行定义。无效性使法律行为不能有效成立,亦即法律行为自始无效,并且一般是相对于任何人都不生效力。因此,无效性是不生效力(Unwirksamkeit)的最强程度。即使人们认为无效的行为也会产生具体的、与当事人意思相适应的法律后果——这一点无疑是正确的——上述判断也依然是正确的。[1]

与无效性相反,可撤销性(Anfechtbarkeit)并不影响法律行为的有效成立。可撤销性只是允许[撤销权人]嗣后消灭法律行为——当然,撤销在这种情况下具有溯及既往的效力,第 142 条第 1 款。[2]

488 二、这即是说,无效性是指一种与当事人意思无关的不生效力,而可撤销性则让撤销权人决定法律行为是否应发生效力。

(一) 规定法律行为无效性的原因各异。

在违反法律和违反善良风俗(Gesetzes-und Sittenverstoβ,第 134 条,第 138 条)情形,即使当事人希望法律行为产生效力,法律行为也由于其内容不当而不能产生效力。当然,法律仅仅规定此类法律行为无效,而这并不妨碍当事人将该法律行为当作有效行为来对待(例如,履行毒品交易或武器交易行为,就像这些行为是

---

〔1〕 参见卡恩(Cahn)和帕夫洛夫斯基(Pawlowski)参考文献中所列的著述。

〔2〕 有关具体情况,参见下文边码 726 以下。

有效的一样)。但是,无论如何,不得以法律的强制力来实现这些行为。至于对这些行为可以采取的其他措施(如刑罚),则是民法以外的其他法律领域的问题了。

在对方知悉的心意保留(Mentalvorbehalt)以及在虚假行为和戏谑行为(Schein-und Scherzgeschäft,第116条第2句至第118条)中,表意人已经对其意思表示不应发生效力作出了决定。如果赋予表意人通过不行使撤销权而使此类行为依然生效的权利,则与表意人的上述决定不符。

一个无行为能力人(Geschäftsunfähige)的意思表示之所以无效(第105条),是因为他缺乏理智地形成其意思的能力。

最后,形式瑕疵(Formmangel,第125条)也必须产生法律行为无效的后果。其原因是,如果仅仅规定具有形式瑕疵的行为是可以撤销的,那么形式规定的保护宗旨就无法达到。例如,谁要是轻率地发出了一项口头的赠与允诺(第518条),同样也可以轻率地耽误撤销。如果形式规定旨在使法律关系清晰(保全证据),则对未遵守形式要件发出的不撤销同样不能代替形式。恰恰相反,从是否有效撤销了行为这个问题中,往往可能产生其他的不明确性。

(二)在可撤销性(Anfechtbarkeit)之情形(第119条,第120 489
条,第123条),情况就不同了。受错误、恶意欺诈或胁迫影响的法律行为,其内容不一定是不当的,只不过表意人未能无错误地以及不受胁迫地决定有关行为是否应当发生效力而已。除此之外,在这里,也没有其他因素影响表意人事后作出有关行为是否应生效的决定。

第二节 未决的无效或有效

一、在许多重要情形下,民法典将某项两个人之间订立的法 490

律行为是否发生效力的问题,交由某个第三人来决定。此类行为中最重要的情形,是限制行为能力人从事行为时其法定代理人的同意(第 107 条及以下条款)、无代理权人从事代理行为时被代理人的同意(第 177 条及以下条款)、无权利人处分时权利人的同意(第 185 条)以及监护法院对父母(第 1643 条及以下条款)、监护人(第 1819 条及以下条款)或照管人(第 1908i 条第 1 款)从事某些行为的同意。在这些行为中,同意的权利,要么起源于行为涉及到决定权人自己的利益这一事实(第 177 条及以下条款,第 185 条),要么产生于法律赋予决定权人的某种监督职能(在其他情况下)。

如果法律行为在同意之前就能够产生效力,就有违于上述同意权限的两方面原因。而在另一方面,如规定此类行为一劳永逸地无效,则也不符合规范的宗旨,因为这种规定会抢在权利人作出决定之前适用。所以,民法典在这里使用了所谓的“未定的不生效力性”(schwebende Unwirksamkeit)。即是说,在未征得事先允许(第 183 条)的情况下从事的行为,开始是不生效力的,但可以通过事后的追认(第 184 条)变成有效。反之,效力未定状态也可能通过拒绝追认而产生相反的结果,即行为最终不生效力(=无效)。

491 二、效力未定状态既可以由法律规定,也可以通过当事人的意思(Parteiwillen)创设。创设这种状态的手段是条件:〔3〕在对条件的成就或不成就作出决定后,效力未定状态才告结束。

492 三、在解除条件,〔4〕行为开始是有效的,但以后可能变成无效。因此,这种情况可以叫作“效力未定”(schwebende Wirksamkeit)。这种类型的有效性,本来也可以是由法律规定的,但是民法典对此未作规定。

---

〔3〕 参见下文边码 827 以下。

〔4〕 参见下文边码 827。

不得把这种有效性未定的行为与可撤销的(anfechtbare)行为[5]相混淆。虽然在这两类有瑕疵的行为中,有效性都可能转化为无效性,但是,在可撤销的行为中,决定行为是否无效的人是有瑕疵的意思表示的发出人,而在未定的有效性中,这种决定权通常来自外部。

第三节　相对无效

一项效力仅局限在两个人之间的行为,只能要么是有效的,要么是无效的。相反,在那些效力相对于所有人(Wirkung im Verhältnis zu jedermann)的行为中,还可能出现另外一种可能性:这项行为可能仅仅相对于某个特定的人才不生效力,相对于其他一切人则是发生效力的。这种情形,人们称之为相对的不生效力(relative Unwirksamkeit,与绝对的不生效力相对[6])。在仅仅应当保护某个人免受行为后果损害时,这种相对的不生效力就是一种特别适当的制度。其最重要的适用事例是物权法中规定的违反预告登记的处分(第883条第2款,第888条)。在总则中值得一提的是第135条和第136条。[7] 通说认为,第161条规定的是绝对的不生效力。[8] 493

不过,根据通说,[9]相对的不生效力并不意味着对权利主管

---

〔5〕 参见上文边码489。

〔6〕 参见乌·许布纳(U. Hübner)文,载《海·许布纳(H. Hübner)纪念文集》,1984年,第487页。

〔7〕 参见下文边码663以下。

〔8〕 参见哈·彼·韦斯特曼(H. P. Westermann):《慕尼黑德国民法典评注》,第161条,边码7。

〔9〕 参见古尔斯基(Gursky)文,载《法学评论》1984年,第3页,第4页;弗卢梅(Flume):《德国民法总论》第2卷,§17,6d;拉伦茨(Larenz):《德国民法总论》§23IV,第474页。

权的分裂或者重叠:并不能作出这样的理解,即违反禁令的处分人相对于受保护人(如第 883 条第 2 款中的预告登记权利人)依然是有权的,而第三(取得)人则相对于一切其他人变成了有(处分)权的。毋宁说,第三(取得)人相对于受保护人也应负有同意[让保护人作为所有人登记在土地登记簿中]的义务。* 但让与人相对于受保护人应该保留那项为其向受保护人履行所必须的权利。* *

第四节　解除、终止、撤回

除上述制度外,出于种种原因,对下列几种法律制度不作探讨:

494 一、解除(Rücktritt)。虽然解除同样可以使某种法律关系终结,但是解除主要出现在债务关系之中,[10] 因此由民法典第二编调整(第 346 条及以下条款)。此外,解除与撤销不同,通常并不是对设立法律关系之时发生的瑕疵作出的反应,而是对履行法律

---

〔10〕 只有婚约(第 1298 条及以下条款)以及继承合同(第 2293 条及以下条款)是例外。

* 这句话的译文与原文的表述不一致。在译者向本书作者当面请教时(2000 年 2 月 14 日于德国弗赖堡大学),作者承认其原文表述不甚清楚,遂口头授权译者加以更正。——译者注。

* * 兹举例说明原文作者表达的思想。假设土地所有人 E 出售土地于 K,并达成移转所有权的合意,但尚未为登记。在 K 作为所有人登记入土地登记簿之前,E 又将同一块土地出售给第三人 D,且立即为移转之合意,并立即在土地登记簿中作了登记。这样,D 成为该土地的所有权人,而 A 因没有登记而无法成为该土地的所有人。为了避免这一结果的发生,K 可以以登记预告的方式,保全自己要求移转土地所有权的权利。E 将土地所有权移转于 D 的行为,因违反了预告,损害了 K 的权利,因此该处分行为相对于 K 无效(相对无效性)。本书作者指出,根据通说,相对的不生效力并不意味着一人享有多项权利或者无人享有权利。在上述情形下,并非 E 相对于 K 依然有处分权,而同时 D 相对于 K 以外的全体人变得有处分权,而是 D 相对于 K 负有同意 K 作为所有权人登记入土地登记簿的义务,E 相对于 K 则仍然享有处分权。——译者注

关系过程中发生的瑕疵所作的反应。

二、终止(Kündigung)。终止也主要出现在债务关系之中(尤其是租赁合同和雇佣合同)。此外还出现在那种类似于债务关系、主要在两个当事人之间产生作用的法律关系中。因此一般在债法中对终止制度进行讨论。此外,终止在使法律关系终结时不产生任何溯及既往的效力,这即是说,终止实际上并不是一种无效原因。 495

三、撤回(Widerruf)。"撤回"这一称呼包含了多个具有不同效力的表示。例如,在第 530 条及以下条款(赠与)以及第 671 条(委托)中,撤回是一种类似于解除或终止的、使债务关系终结的表示。《消费者信贷法》第 7 条规定的撤回,是为了阻止信贷行为生效;相应的原则也适用于上门销售行为及类似的行为(《上门销售行为撤回法》第 1 条)。最后,遗嘱的撤回(第 2253 条及以下条款)使遗嘱在继承发生时不发生效力。对所有这些撤回情形,一般都是在论及撤回所指向的法律制度时才作分析,亦即在总论之外作探讨。总论中论及的只有四种情形,即第 109 条[11]、第 130 条第 1 款第 2 句[12]、第 178 条[13]以及第 183 条[14]。 496

---

〔11〕 参见下文边码 573。

〔12〕 参见上文边码 298。

〔13〕 参见下文边码 940 以下。

〔14〕 参见下文边码 1019。

第三十五章　部分无效

参考文献:安德烈(André):《简单的、合成的、联合的法律行为》,载《马尔堡纪念埃内克策鲁斯(Enneccerus)论文集》,1913 年;毕尔格(Bürge):《法律教条和经济——法官的主持权法律比较……》,1987 年;卡纳里斯(Canaris):《法律行为规定的全部无效与部分有效》,载《施坦因多夫(Steindorff)纪念文集》,1990 年,第 519 页以下;克斯特尔 = 瓦尔清(Coester = Waltjen):《一般交易条件的内容控制——维护效力的限缩——补充性合同解释》,载《法律学习》1988 年,第 113 页以下;多伊布纳(Deubner):《论民法典第 139 条的错误适用和正确适用》,载《法学教育》1996 年,第 106 页以下;约·哈格尔(J. Hager):《对法律行为的合法性和合善良风俗解释及维持》,1983 年[有关评论,见海·洪塞尔(H. Honsell)文,载《商法杂志》第 148 卷,第 298 页以下;齐默尔曼(Zimmermann)文,载《民法实务档案》第 184 卷,第 505 页以下];同一作者:《对过分的合同义务的合法律维持——联邦最高法院民事裁判集第 89 卷,第 316 页以及第 90 卷,第 69 页》,载《法学教育》1985 年,第 264 页以下;克兰佩

(Krampe):《合同及合同条款的维持》,载《民法实务档案》第194卷,1994年,第1页以下;拉梅尔(Lammel):《合同自由或者经济自由》,载《民法实务档案》第189卷,1989年,第244页以下;克茨(Kötz):《免责条款的有效性》,载《新法学周报》1984年,第2447页以下;迈尔=马利(Mayer=Maly):《论部分无效性》,载《格施尼策尔(Gschnitzer)纪念文集》,1969年,第265页以下;同一作者:《当事人真实意思对其可推测意思的意义》,载《弗卢梅(Flume)纪念文集》第一卷,1978年,第621页以下;梅迪库斯(Medicus):《一般交易条件无效时对合同产生的法律后果》,载海因里希斯(Heinrichs)等编:《一般交易条件法十周年》,1987年,第83页以下;迈利克-魏德(Meilicke-Weyde):《合同的部分无效性已无法在合同中作出规定了吗?》,载《企业》1994年,第821页以下;米夏尔斯基-罗默尔曼(Michalski-Römermann):《救助式条款的效力》,载《新法学周报》1994年,第886页以下;诺伊曼(Neumann):《维持效力的限缩以及一般交易条件的补充性解释》,1988年[有关评论,见格伦斯基(Grunsky)文,载《民法实务档案》第189卷,第579页以下];厄尔特曼(Oertmann):《主观上的部分无效性》,载《商法杂志》第101卷,1935年,第119页以下;帕夫洛夫斯基(Pawlowski):《无效意思表示在法律行为上的后果》,1966年;皮勒·冯·埃施(Pierer von Esch):《部分无效的法律行为》,1968年;赫·罗特(Herb. Roth):《私法中维持效力之限缩》,载《法学家报》1989年,第411页以下;同一作者:《使用一般交易条件失败时的合同变更》,1994年;桑德罗克(Sandrock):《法律行为部分无效时主观的和客观的形成力量》,载《民法实务档案》第159卷,

1960/ 1961 年，第 481 页以下；施拉赫特尔(Schlachter)：《一般交易条件无效对剩余合同的后果》，载《法学教育》1989 年，第 811 页；哈·施密特(H. Schmidt)：《一般交易条件未纳入以及无效的合同后果》，1986 年；汉·赫·赛勒(H. H. Seiler)：《有效的东西不因无效的东西而有瑕疵》(utile per inutile non vitiatur)，载《卡泽尔(Kaser)纪念文集》，1976 年，第 127 页以下(论及发展)；施坦因多夫(Steindorff)：《联邦最高法院裁判中有关违反卡特尔法的约定的部分无效性》，载《黑费梅尔(Hefermehl)纪念文集》，1971 年，第 177 页以下；彼·乌尔默(P. Ulmer)：《民法典第 139 条之尚未解决的诸问题——利益规则以及“法律的政策”》，载《施坦因多夫(Steindorff)纪念文集》，1990 年，第 799 页以下；威尔尼克(Wernicke)：《论联邦最高法院裁判中对时间过长的竞业禁止的回复》，载《企业顾问》1990 年，第 2209 页以下；哈·彼·韦斯特曼(H. P. Westermann)：《公司法内容控制体系中的维持效力之限缩》，载《施丁佩尔(Stimpel)纪念文集》，1985 年，第 69 页以下；赖·齐默尔曼(R. Zimmermann)：《法官的主持权或部分无效》，1979 年[有关评论，见京·哈格尔(G. Hager)文，载《民法实务档案》第 181 卷，第 447 页以下]。

第一节　问　　题

497 一项无效原因，往往仅仅涉及一项法律行为的某一个部分。例如，一份篇幅很大的信贷担保合同在其他方面都没有问题，但包含了一条依据第 138 条第 1 款是无效的条款，因为该条款构成了对债务人的非法束缚;[1]一份私人书写的砾石开采合同,在末尾处包含了一项属于第313条适用范围的土地所有权移转义务;[2]某个可使人享有撤销权的错误,仅仅存在于一个合伙合同许多事项中的某一个事项中;在一份合同中,违反了第276条第2款规定,也排除了对故意的责任。[3] 在所有这些情况中,合同——必要时在撤销之后——从无效原因所涉及的事项来看不可能发生效力。但是在该事项以外的事项方面,则存在着三种可能性:

(一)该合同部分的无效可能导致合同其余部分也无效。根 498
据第139条,在发生疑问时,应以此为准。[4]

(二)反之,在发生疑问时,合同其余部分应舍弃无效部分而 499
发生效力。继承法从有利于遗嘱*的思想出发,在第2085条、第2195条、第2279条第1款中采纳了这一原则:在通常情况下,遗嘱的部分无效在被继承人死亡之后才能被发现,这时被继承人已无法对此作出反应并作出新的规定。

(三)继续维持行为的效力,亦即也维持受到无效原因影响的 500
那部分行为的效力。在无效原因影响所及的部分,即是用另外一种有效的规定,来取代原先(无效)约定的规定,亦即对行为的内容进行变更(Geschäftsinhaltändern)。从实体上看,这种做法已是一种向第140条意义上的转换的过渡。[5] 根据《一般交易条件法》第6条第2款,这种内容变更通常发生在一般交易条件未成为合同组成部分的情形。在这种情况下,任意性法律规定取代一般

---

〔1〕 参见下文边码698。

〔2〕 参见《联邦最高法院民事裁判集》第45卷,第376页刊登的案例。

〔3〕 参见下文边码645。

〔4〕 参见下文边码501以下。

〔5〕 参见下文边码516以下。

* favor testamenti 在罗马法中,如果对遗嘱的解释存在多种可能性,则应作出最有利于遗嘱人[意思]的解释。——译者注。

交易条件适用。例如,如果一般交易条件中规定的免责根据《一般交易条件法》第 11 条第 7 项规定而未能成为合同的组成部分,那么一般交易条件使用者应根据民法典第 276 条第 1 款第 1 句的规定,对任何一种过失都承担责任。〔6〕

第二节　第 139 条的规定

一、行为的一体性

501 (一) 第 139 条的第一项要件是,涉及的必须是单一的一项法律行为。这一要件的外部表现是行为成立的一体性(Einheit des Zustandekommens)。如果某项行为是统一以口头方式达成的,或者是统一以某种文书的形式约定的,则通常存在唯一的一项法律行为。〔7〕 如在一次行为中出售若干种标的物,则在发生疑问时,应认为仅存在唯一的一项买卖合同。合同类型的不同性也不影响行为的一体性。〔8〕 相反,如果相同的当事人在不同的时候或在若干份文书中达成了不同的协议,则通常涉及多项合同。

502 不过,行为成立的一体性不过是一种间接证据而已。这种间接证据随时都可以被当事人偏离的意思(abweichenden Parteiwillen)所推翻。如当事人通过其意思,可以将在不同时间里从事的诸项行为归入一体化,即如根据当事人意思,若干项协议"应当一荣俱荣,一损俱损"〔9〕。同样,从若干项行为的客观意义中,也

---

〔6〕 参见下文边码 514。

〔7〕 《联邦最高法院民事裁判集》第 54 卷,第 71 页,第 72 页。

〔8〕 如《联邦最高法院,新法学周报》1976 年,第 1931 页认为,土地买卖合同和建筑服务合同是一项行为。

〔9〕 《联邦最高法院,企业顾问》1990 年,第 733 页,第 734 页。

可以得出它们构成一个整体的结论。[10] 尚有争议的问题是，不同当事人之间从事的诸项行为能否构成第139条意义上的一体性行为，即如K向V购买货物，为了支付货款而向B举借贷款。联邦最高法院认为，[11] 这种情况下也可能存在行为的一体性，而弗卢梅则对此持否定态度。[12] 我不认为在这里可适用第139条规定，而认为应适用下文边码503所述的联系可能性；对消费者信贷而言，《消费者信贷法》第9条是一项特殊规定。相反，如果在某项行为中有多人同属于一方当事人，如配偶双方承租房屋，则第139条规定也可适用：一个人的意思表示无效的，其他诸人的意思表示的效力以第139条为准。[13]

（二）除了这种应根据第139条进行处理的行为一体性之外， 503
还存在着其他类型的合同联系。[14] 例如，可以把一项行为的生效，规定为另一项行为的条件或者规定为另一项行为的交易基础。

（三）在基础行为与履行行为，亦即通常情况下的负担行为和 504
处分行为的关系上，适用一条特殊规则：由于适用无因原则，因此通常不能认为二者是一体化的行为，也不能认为二者之间存在某种联系。[15]

二、行为的可分性

第139条适用的另一项要件是行为的可分性。这就是说，将 505
无效部分分离出来，还能够使一项可以想象为有效的行为继续存

---

〔10〕 弗卢梅，同前引书，§32，2a，第571页；拉伦茨，同前引书，§23IIa，第458页。

〔11〕 《联邦最高法院，新法学周报》1976年，第1831页；《联邦最高法院，企业顾问》1990年，第733页，第734页。

〔12〕 同前引书，第572页。

〔13〕 弗卢梅，同前引书，§32，2b，第573页。

〔14〕 参见格恩胡贝尔（Gernhuber）文，载《第一部拉伦茨纪念文集》，1973年，第455页以下；同一作者：《债务关系》，1989年，第31章。

〔15〕 参见上文边码241。

在,而且这项行为也不得与当事人的愿望相违背。[16] 根据此项原则,如果一项合同的要约无效,或者在一项双务合同中对对待给付的规定无效,那么第139条就不适用。因为在这种情况下,根本就不可能提出是否还能使一部分行为有效的问题。在通常情形下,[17] 只要涉及某项给付的范围或者排除责任的范围,就不能认为存在可分性,因为对过高的给付或过度的排除责任进行“维持效力的限缩”,不会使合同部分有效,而是要对合同作全部变更。例如,租赁合同中约定的租金属暴利性质:能否用适当的租金来进行代替,并因此维持租赁合同的效力,这不是第139条的问题了。[18] 在这个意义上,联邦最高法院正确地指出:“法官没有这样的任务:为当事人找到一种符合双方利益并避免违反善良风俗后果的合同架构,以替代违反善良风俗的法律行为……。不过在第139条意义上的可分的法律行为中,情形与此有异……”。[19] 然而,罗特(Roth)对这个问题持有不同意见。[20]

506 如果法律行为的各个部分也可以单独方式被人实施,该法律行为即具有可分性(Teilbarkeit)。例如,出卖土地时并不同时订立建筑服务合同,反之亦然。与此相似,还有一种量的可分性:在可替代物,通常也可以以半价出售一半东西。此外,在合同一方有若干个人参与的情况下,也存在可分性。在这种情况下,每一个人都可以单独从事行为。除此之外,司法判例认为,在长期债务关系中,存在一种时间上的可分性(zeitliche Teilbarkeit)。帝国法院就已根据第139条,对一项用益租赁合同作出了评判。此项合同由

---

〔16〕 参见《联邦最高法院,新法学周报》1996年,第773页,第774页。

〔17〕 但参见下文边码511以下。

〔18〕 参见赖·齐默尔曼(R. Zimmermann)以及约·哈格尔(J. Hager)在参考文献中所列的著述;参见下文边码709。

〔19〕 《联邦最高法院民事裁判集》第107卷,第351页,第358页。

〔20〕 文载《商法杂志》第153卷,1989年,第423页。

于期限很长，因此根据第1822条第5项、第1643条第1款规定，需要征得监护法院的同意。帝国法院认为，如果监护法院没有表示同意，则应当在最长合法的、毋需征得同意的期限内维持合同的效力。[21] 联邦最高法院对一项啤酒供应合同也作出了类似的判决。[22] 此项合同规定的约束期限过长，有违善良风俗，联邦最高法院判定该合同在符合善良风俗的最长期限内(20年)有效。[23] 联邦最高法院的另一项判例[24]对一项完全违反善良风俗的债务约定进行了[维持效力的]限缩。[25]

三、全部无效或部分无效

依据第139条的文意，全部无效应该是规则，而部分无效则是 507
例外。[26] 只有在可以认为，即使在去除无效的那部分行为后，行为人也将从事剩余部分行为的情况下，才应发生部分无效。由于从事法律行为是一方表意人或若干方表意人的事情，因此这里首先指向当事人的意思(Parteiwillen)。

(一) 这样一种意思可以是现实存在(real vorhanden)的。例如，当事人在订立合同之时就已经认识到其约定的一部分无效，或者他们至少对这部分约定的有效性表示怀疑。司法判例[27]认为，在当事人知道部分无效的情况下，整个儿就不应当适用第139条规定：当事人知道其无效的那个部分(由于缺乏法律拘束意

[21] 《帝国法院民事裁判集》第82卷，第124页。

[22] 《联邦最高法院，新法学周报》1972年，第1459页；1992年，第2145页。(反对《帝国法院民事裁判集》第76卷，第78页)。

[23] 参见毕尔格(Bürge)在参考文献中所列著作。

[24] 《联邦最高法院，经济法杂志》1987年，第519页。

[25] 对此持批评意见者有蒂特克(Tiedtke)文，载《经济法杂志》1987年，第1083页。

[26] 参见《联邦最高法院民事裁判集》第128卷，第156页，第165页以下。

[27] 参见《联邦最高法院民事裁判集》第45卷，第376页，第379页。

思[28])根本就不构成法律行为;因此,法律行为仅仅由其他的(有效的)约定组成。这个判例的正确之处在于:如果当事人明知无效而将无效的东西放在合同中,那么他们肯定是想使无效部分以外的其他部分发生效力。当然,我们可以提出这样一个问题,即对无效部分的履行,是不是其他本来就有效的约定发生效力的条件呢?不过这已不是第139条的问题了。

508 (二)然而在通常情况下,表意人对于部分无效是没有真实的意思的。在这种情况下,我们需要采用另外一项标准(与第140条情形相似[29])。这项标准,往往被称为"可推测的当事人意思"[30]。弗卢梅(Flume)认为这里是一个"评价"的问题。[31] 拉伦茨(Larenz)[32]在相同的意义上指出,[这里]涉及的"既不是对合同的解释,也不是对某项心理事实的认定,而是对当事人之具有决定性意义的利益的查明及权衡性评价"。这种观点是正确的。需要说明的是,在进行评价或者评判时,主要应当以当事人立场为准,而不应以某个"理智的第三人"或者审理案件的法官的立场为准。[33] 如果不是每一方当事人都认为剩余部分行为的有效性是符合自己的利益的,那么就不应当将这种有效性强加于任何一方当事人的头上。在评价的过程中,仅仅是单方面的、并且没有成为合同内容的利益,也应当予以考虑。这一点不同于合同解释。[34]

---

〔28〕 参见上文边码191。

〔29〕 参见下文边码520以下。

〔30〕 也请参见上文边码343以下。

〔31〕 弗卢梅:《德国民法总论》第二卷,§32,5,第580页。

〔32〕 拉伦茨:《德国民法总论》§23II,c,第462页以下。

〔33〕 参见迈尔=马利(Mayer=Maly)文,载《弗卢梅纪念文集》第一卷,第621页,第622页以下。

〔34〕 弗卢梅,同前引书。

例如,建筑工程承揽人出卖土地的条件是,[买主]必须委托他实施该土地上的待建工程。这里,应尊重当事人的这种搭售意思。不论买主是否只想购买这块土地,也不管这种搭售从经济上看是否合理,都应当尊重当事人的这一意思。

另一方面(andererseits),在数人共同承担共同保证的情况下,如果贷款已经支付,则在一个保证人的义务无效时,债权人可以主张其他人的意思表示有效。债权人一定是一个“理智的人”,“他在不能够获得更多的东西时,就拿下较少的东西”。[35] 弗卢梅[36]甚至认为,由于保证行为具有特殊的分担风险性,因此在上述情况下,不必考虑那些必须承担责任的共同保证人的利益;这些共同保证人在其他任何保证人的共同责任消失时,可能会失去一个追偿债务人(第427条,第769条,第426条)。[我觉得这种看法]是有疑问[的]。 509

特别是在公证人作成的合同中,往往都订有一条所谓的“救助式条款”,[37]这种条款的文句如下列:[38] 510

“如本合同的规定或者某条今后加入本合同的规定全部或者部分无效,或者不能执行,或者今后丧失其有效性或者可执行性,则本合同其他规定的效力不因此受到影响。该原则同样适用于合同显示出某个规定漏洞的情形。应当以某项适当的规定来代替无效的或者不可执行的规定,或者用以填补漏洞。该条适当的规定应当在法律上可能的范围内,最为接近于合伙人的[真实]意

〔35〕 帝国法院,瓦尔纳耶尔(Warneyer):《帝国法院的判例》,1908年,第352期;《联邦最高法院,经济法杂志》1983年,第276页在结果上相同。

〔36〕 同前引书,§32,2a,第572页。

〔37〕 参见哈·韦斯特曼(H. Westermann)文,载《默林(Möhring)75华诞纪念文集》,1975年,第135页。

〔38〕 参见贝克版《合同示范文本》VIIIB2 §12。

愿,或者其可能具有的意愿,亦即合伙人在订立该合同时或者在事后将某一规定加入合同中去的时候,如考虑到这一事项,将会根据合同的内容和目的所可能具有的意愿。该原则也适用于某项规定的无效性乃基于合同中规定的给付标准或者时间(期间或期日)标准的情形;在此种情形下,应当视为当事人约定了某种与其意愿最为接近的、合法的给付标准或时间标准(期间或期日)。[39]

通过这样一种条款——这里感兴趣的只是这一点——[40]在行为部分无效时,明确规定行为的其余部分仍然有效。经常使用此类条款的事实说明,第139条之赞成全部无效的推测往往是不符合实际的。[41] 另一方面,在使用此类救助式条款时要做到小心谨慎。如果合同的某个重要部分无效,特别是在给付和对待给付之间的关系因此而受到破坏时,虽然约定了合同剩余部分依然有效,但是合同至少对将来而言应当可以予以终止。[42] 联邦最高法院的一则判例[43]正确地作出了这样的表述:关键是要考察,虽然存在救助式条款,但维持法律行为的效力是否还符合当事人的意思;救助式条款只是将第139条的推定予以推翻而已。

---

〔39〕 这里之所以将该条款全文转载,因为它清晰地说明了两点:第一,公证人通常都奉行的谨慎;第二,合同示范文本的独特性,即(尤其是在那些一般为长期有效的合伙合同)要考虑到任何一种可以想见的情形。因此,这些条款给人的印象是比法律的行文还要迂腐。

〔40〕 也请参见下文边码512;520。

〔41〕 汉·赫·赛勒(H. H. Seiler)对此也持怀疑态度,文载《卡泽尔(Kaser)纪念文集》第127页,第147页。

〔42〕 参见《联邦最高法院,企业》1976年,第2106页;迈尔-马利(Mayer = Maly),同前引文,第623页。

〔43〕 《联邦最高法院,新法学周报》1996年,第773页,第774页。

第三节　其他解决方案

上文边码497以下就已指出,除了第139条规定的解决方案以外,对于部分无效问题还存在其他的解决方案。在这里,我们毋需进一步对上文边码499所提及的、主要出现在继承法中的、逆第139条的推定方向而行的做法作探讨,因为这一规定的意义与第139条本身的倾向一样微不足道。[44] 这里或许应当介绍一下上文边码500中提到的那种方案,即尽可能维持法律行为的效力——虽然要对行为进行变更。 511

一、约定

首先,这样一种对部分无效之法律行为的"修理",即可产生于上文边码510中所介绍的合同条款。在该条款中,当事人约定,应当用"某项适当的规定"来代替无效的或不可执行的规定,这项适当的规定应尽可能接近于当事人真实的或可推测的意思。据此,合同就不仅仅是部分有效,而是以另外的、合法的内容全部有效。 512

二、《一般交易条件法》第6条

(一)《一般交易条件法》第6条第2款中包含了一条类似的规则,它规定以(任意性)法律规定[(dispositives) Gesetzesrecht]代替未经有效约定的一般交易条件。作这样的规定,主要是为了防止出现根据第139条可能出现的后果,即一般交易条件使用人的相对人根本就没有合同,因此也不能够要求使用人承担合同责任。假设没有《一般交易条件法》第6条第2款,那么《一般交易条件法》原本对相对人提供保护的宗旨,反而会对使用人的相对人产生不利后果。 513

然而,一般交易条件的使用人既然不愿意接受某项合同,也不

[44] 参见上文边码510。

应当在任何情况下把这项合同强加给他。《一般交易条件法》第6条第3款规定：如果对一方当事人来说——通常是对一般交易条件的使用人来说——合同的变更使其无法接受合同，那么合同就应当无效。这方面可以设想的例子是：一般交易条件的使用人信任其范围广泛的免责条款是有效的，因此向相对人索要的价格远远低于通常情况下的价格。

此外，在《一般交易条件法》第6条的范围内，也可以根据可推测的当事人意思（vermutlichen Parteiwillen）来补充合同，条件是没有任意性法律规定可供使用（如合同是一个非典型合同，或者在出现某个法律未加规范的问题时）。《联邦最高法院民事裁判集》第90卷，第69页上刊登的案例是这方面一个重要的适用事例。在有关新机动车辆买卖的交易条件中，通常都使用所谓的"当日价格条款"（Tagespreisklausel）。据此条款，如汽车的供货时间超过4个月，买方就必须支付实际交货之时适用的报价单价格。[45] 联邦最高法院的另一项判例[46]认为，该条款违反了《一般交易条件法》第9条规定，因此是无效的。《联邦最高法院民事裁判集》第90卷，第69页则并不认为，合同应当以订立合同之时适用的报价单价格为内容而发生效力，而是通过对合同的补充性解释，仅仅赋予买受人一项解除合同的权利，条件是汽车价格的提高明显地超过了一般生活维持费用的增涨程度。[47]

514 （二）《一般交易条件法》第6条能否以及在何种程度上为不合法的交易条件之维持效力的限缩（geltungserhaltende Reduktion）

---

〔45〕 参见梅迪库斯：《债法分论》，边码84。

〔46〕 《联邦最高法院民事裁判集》第82卷，第21页。

〔47〕 参见（部分地对此判例持批评意见）彼·施洛瑟（P. Schlosser）文，载《法律学习》1984年，第637页以下；特林克纳－勒韦（Trinkner-Löwe）文，载《企业顾问》1984年，第490页，第492页；邦特（Bunte）文，载《新法学周报》1984年，第1145页；约·哈格尔（J. Hager）文，载《法学教育》1985年，第264页。

提供可能性,是很有疑问的。例如,一项免责的约定,如果超越了《一般交易条件法》第11条第7项许可的程度,那么,能否将该项免责约定限缩至该法规定的程度(对轻微过失不负责任)上,或者在此类情形,《一般交易条件法》第6条第2款使民法典第276条第1款第1句的法定的正常责任发生呢?第一种观点对一般交易条件的使用人较为有利,因为它对合同的干预限制在最低的程度,因此最为接近当事人的意思。但是在另一方面,这种观点也会促使一般交易条件的使用人对《一般交易条件法》中设定的界限漠不关心:即使在最糟糕的情况下,他也只需要准备接受《一般交易条件法》依然允许他作出的规定。而在比较有利的情况下,他就可以希望他的(大多对法律一无所知的)相对人接受他提出的交易条件,因而不至于引发诉讼。

基于这些理由,因此即使是那些赞成维持效力之限缩的学者〔48〕,也认为,不能让任何一个一般交易条件的使用人都从维持效力之限缩中获益。毋宁说,如果存在明显的疑虑,说明使用人知道有关条款是不合法的,或者他故意不去获知这一信息,那么就应当适用(不太有利的)任意性法律规定。然而,使用人是否明知或是否故意不去知道,是很难认定的。我们可以认为,《一般交易条件法》的宗旨之一,在于敦促使用人努力使用那些法律上无可指责的交易条件。所以,通说是以相反的立场为出发点的:一般交易条件无效时,适用任意性法律规定,而不适用根据《一般交易条件法》依然有效的规定。特别是联邦最高法院通常就是这样认为的。〔49〕

---

〔48〕 主要是克茨(Kötz),文载《新法学周报》1979年,第785页以下以及《慕尼黑德国民法典评注》,《一般交易条件法》第6条,边码8以下;约·哈格尔(J. Hager)文,载《法学家报》1996年,第175页;赫·罗特(H. Roth):《使用一般交易条件失败时对合同的变更》,1994年;也请参见《慕尼黑州高等法院,企业顾问》1981年,第1851页以下。

〔49〕 如《联邦最高法院民事裁判集》第107卷,第273页,第274页。

联邦最高法院在一则判例[50]中以及在其他许多地方(不无夸张地)论及"禁止对一般交易条件作维持效力之限缩"[51]。当然,在适用任意性法律规定将会使法律行为因《一般交易条件法》第6条第3款而无效,而维持效力之限缩又可避免这种无效后果时,应当允许对法律行为作维持效力之限缩。在类似的意义上,联邦最高法院曾多次[52]通过善意的解释,认定某项不合法的条款为有效。[53] 此外,[联邦最高法院]对为了适用任意性法律规定而应当予以删除的(一般交易条件的)"规定",往往都作狭义的理解。例如,联邦最高法院的一项判例[54]从一项有问题的不可撤回的汇款委托中,只删除了"不可撤回的"这个词,而并没有认为整个委托书全部无效。另一项判例[55]则一般性地指出,一般交易条件中一条规定的部分无效,并不直接意味着该条规定中包含的另一条规定也无效。类似的表述还见于其他一些判例。[56] 在这里,有关维持效力之限缩的界限变得模糊不清了。

三、其他情形

515 在民法典领域,也可以想象这样一类情形:在这里,无论是完全无效还是部分无效,都不符合那条规定无效性的规范的意义。

---

〔50〕 第107卷,第273页,第274页。

〔51〕 《联邦最高法院,经济法杂志》1994年,第309页,第311页的表述要软化一些:限缩只是"一般地"不合法。

〔52〕 如《联邦最高法院民事裁判集》第97卷,第212页;《联邦最高法院,新法学周报》1982年,第2316页;1985年,第849页。

〔53〕 参见林达赫尔(Lindacher)文,载《企业顾问》1983年,第154页以下。

〔54〕 《联邦最高法院,新法学周报》1984年,第2816页,第2817页。

〔55〕 《联邦最高法院民事裁判集》第107卷,第185页,第190页。

〔56〕 《联邦最高法院民事裁判集》第106卷,第19页,第25页;第129卷,第323页;第131卷,第356页;《联邦最高法院,经济法杂志》1992年,第233页,第234页。

拉伦茨(Larenz)[57]列举的联邦最高法院的一则案例[58],是一个给人产生深刻印象的例子。在本案中,一位律师[与其当事人]约定了非法的成功酬金。联邦最高法院认为,这一点并不损害律师合同的有效性,因此,律师可以根据第612条第2款规定,获得通常的报酬。不过,这一通常的报酬数额超过了(无效)约定的报酬。所以,联邦最高法院认为,若律师要求获得的报酬高出约定的报酬,或者要求在不胜诉的情况下也可获得报酬,则违反了诚实信用原则。在此类情形,就实质而言,虽然合同的一部分无效,但该无效的合同部分仍然单方面产生有利于一方当事人的效力。这个当事人,就是无效性规范旨在保护的人,或者不需要知道存在这种无效性规范的人。

与此相似,联邦劳动法院[59]从一项劳动合同中删除了一项违反法律规定的扣减工资约定(雇员生病时应扣减工资),并承认该合同在其余部分均为有效。联邦劳动法院认为,禁止性规范旨在保护雇员,因此该规范不得损害雇员的利益。联邦最高法院的一则判例[60]认为,在约定的终止合同条款无效时,至少应当适用对另一方比较有利的程序。有关租赁暴利行为,参见下文边码709。

---

〔57〕 拉伦茨:《德国民法总论》§23IIe,第466页。

〔58〕《联邦最高法院民事裁判集》第18卷,第340页。类似的案例还有《联邦最高法院,新法学周报》1980年,第2407页。

〔59〕《联邦劳动法院,新法学周报》1979年,第2119页。

〔60〕《联邦最高法院,新法学周报》1987年,第2506页,第2507页。

第三十六章　转　　换

参考文献:具有基础性意义的著述有克兰佩(Krampe):《法律行为的转换》,1980 年,以及甘多尔菲(Gandolfi):《无效行为的转换》(La conversione dell´atto invalido),第一卷 1984 年,第二卷 1988 年(本书也对德国法作了研究)。其他的著述有:比尔克(Bürck):《合同条件不成就时合同的转换》,载《法学教育》1971 年,第 571 页以下;同一作者:《论民法典第 140 条规定的法律行为的转换》,载《石勒苏益格 - 荷尔施坦因公报》1973 年,第 37 页以下;莫尔肯布尔 - 克拉斯赫费尔 = 皮德(Molkenbuhr-Kraβhöfer = Pidde):《论劳动法中的转换》,载《劳动之法》1989 年,第 337 页以下;米尔汉斯(Mühlhans):《民法典第 116 条、第 117 条对民法典第 140 条的转换之(未正确认识的?)影响》,载《新法学周报》1994 年,第 1094 页以下;西勒尔(Siller):《转换(民法典第 140 条)》,载《民法实务档案》第 138 卷,1934 年,第 144 页以下;维亚克尔(Wieacker):《论对无效法律行为进行转换的理论》,载《赫尔曼·朗格(Hermann Lange)纪念文集》,1992 年,第 1017 页以下。

第一节　宗　旨

上文在论及部分无效(第139条)时就已经出现了以变更的内容维持法律行为效力的事例。[1] 相应的原则也适用于当事人所选择的法律行为在总体上遇到了不发生效力的障碍的情形。当事人可能选择了某项与物权法上的类型强制原则不相符合的行为(如转移用益权,参见第1059条第1句),或者一方当事人发出的不附有期限的终止表示缺少重要事由。在此类情况下,我们要考虑到,通常当事人[主要]着眼于其行为的经济效果,而对其为达到这一效果所使用的手段的兴趣则是次要的。因此,第140条允许在特定的条件下对无效的法律行为进行转换:当事人所选择的不适当的手段为另一种适当的手段所取代。 516

第二节　要　件

一、无效的法律行为 517

首先,已经表示出来的法律行为必须是无效的。法律行为是否无效,往往要先通过解释才能加以认定(例如,当事人是否真的想转移用益权,或者仅仅是想把用益权转交给对方行使)。这种解释应先于转换进行。由于在德国法中不存在一般性的维持效力之解释的原则,[2]因此适用转换具有充分的空间。当然,在解释与转换之间并不存在精确的界限。

只要一项法律行为的无效性仍然可能被消除,即如通过履行 518
(如根据第313条第2句)或追认(如根据第108条)予以消除,第

[1] 参见上文边码511以下。
[2] 参见上文边码310。

140 条就不适用。在此类情形下，应当等待静观，察看该行为是否会变得有效。只有在无效性已经确定无疑后，才可以进行转换。[3] 如果无效性是在撤销后才发生的，则第 140 条大概就无法适用了。因为被撤销的意思表示已经被完全消除，以致无法再成为某项替代行为的基础了。[4]

二、替代行为

519 根据第 140 条规定，经过转换予以查知的替代行为必须具备两项条件：替代行为的要件必须符合无效的法律行为（下面马上就加以论述）；必须可以认为，［当事人］如果知道行为无效将会从事该替代行为。[5]

（一） 弗卢梅（Flume）[6]对第一项要件作了这样的说明：替代行为必须“包含在”（enthalten sein）实际从事的法律行为中；应当予以认定的是，“在无效法律行为的内容中，什么东西可以作为特别的法律行为存在”。这种看法虽然符合立法材料[7]中的一项表述，但［我认为］仍然过于狭窄。[8] 首先，这种看法必然要面临下列问题：在存在第 139 条的情况下，第 140 条还具有何种意义？依据弗卢梅的观点，转换就仅仅是部分无效时使剩余行为发生效力的一种特殊情况了。其次，这种看法忽略了一点，即对替代行为不存在这样一项要件：它并不是真正［为当事人所］欲求的。因为，谁在不知道无效性（第 1059 条第 1 句）的情况下约定了用益权的

[3] 《联邦最高法院民事裁判集》第 40 卷，第 218 页，第 222 页。

[4] 弗卢梅：《德国民法总论》第二卷，§32，9c，第 592 页以下。有争议。

[5] 参见下文边码 520 以下。

[6] 同前引书，§32，9c，第 592 页以下。

[7] 《立法理由书》第一卷，第 218 页，即穆格丹（Mugdan）编：《德国民法典资料总汇》，1899 年/1900 年，第一卷，第 473 页。

[8] 持类似观点者有拉伦茨：《德国民法总论》§23III，第 470 页。也参见克兰佩（Krampe）：《转换》，第 135 页以下。

转移,他也没有理由再去想把用益权转交给对方行使(第 1059 条第 2 句)。

正确的只能是下面两点。第一,除了[当事人的]意愿之外,替代行为的其他各项要件都必须具备,如行为能力、形式要求、符合法律和善良风俗。第二,替代行为在其效力方面不得超越[当事人]真正想达成的行为。[9] 所以,举例说,如设定动产质权的行为因缺少交付而无效(第 1205 条及以下条款),则不能将该行为转换为根据第 930 条所为的担保性所有权移转:即使是纯粹信托性质的所有权移转行为,也大于设定质权行为。

(二) 就第二项要件而言,必须可以认为,如果[当事人]知道其从事的行为的无效性,将愿意从事该替代行为(das Ersatzgeschäft würde gewollt sein)。根据尚有争议的、但却是正确的学说,这指的即是可推测的意思(hypothetischer Wille)。[10] 520

由于当事人一般不会考虑到行为的无效性,因此他们对其欲然行为的无效通常也不会具有真正的意思。否则的话,他们大多会立即选择从事替代行为的(只有在全面的救助式条款中的情形有异[11])。这种可推测的意思相当于具有理智的人在当事人位置上可能具有的意思。

当然,以此方式查知的可推测的意思,不能够与一方当事人的真实意思相抵触。[12] 这一原则也适用于当事人的真实意思可能是非理智的情形:转换“不得引致与私法自治背道而驰的对当事 521

---

〔9〕 如《联邦最高法院民事裁判集》第 125 卷,第 355 页,第 366 页。

〔10〕《联邦最高法院民事裁判集》第 19 卷,第 269 页,第 273 页;第 125 卷,第 355 页,第 363 页以下。

〔11〕 参见上文边码 510。

〔12〕 参见迈尔 - 马利(Mayer = Maly)文,载《弗卢梅纪念文集》第 1 卷,1978 年,第 621 页,第 623 页以下。

人的保护。"〔13〕

诚然,联邦最高法院的一项判例〔14〕自己是否遵循了这一限制,尚属不明。在本案中,当事人为了扩建和共同使用一栋商业用房,而设立了一家无限公司,但登记法院拒绝将公司登记入商业登记簿,理由是公司并不是以经营商营业为宗旨的(商法典第105条第1款)。于是,原告想通过把无限公司转换为民法合伙(民法典第705条及以下条款)的方式来挽救合同的效力。但是被告辩称,他从一开始就反对设立民法合伙,因为他父亲在民法合伙方面曾经有过不愉快的经历。但是,联邦最高法院认为被告的这一真实意思并不重要,因为这个意思是以[行为人]对各种公司形式的选择可能性持有错误的看法为基础的。〔15〕这样一来,法院就没有回答下列问题:被告对民法合伙的(真实的)反感是否如此强烈,以致他在知道了法律状况以后,可能根本就不想订立合伙合同了。

不过在解答这个问题之前,首先还必须回答另外一个问题,即在本案中究竟还需要不需要进行转换?或者,由于法律制度才有权决定有关合同的法律性质,因此当事人对该合同的不正确定性就是无关紧要的了吗?弗卢梅主张后一种观点。〔16〕这样,他得出的结论是,本案中存在一个有效的民法合伙,被告充其量只能出于重大事由终止该合伙合同。在我看来,民法合伙与无限公司之间存在着如此重大的差异,以致这里涉及的不仅仅是对[当事人所]欲求的东西的法律定性问题。因此,我只能在结果上同意弗卢梅的看法,但以合伙的实际履行不再使其无效性发生为限。

三、规范宗旨对转换的限制

522 最后,无效性规范的宗旨(Zweck der Nichtigkeitsnorm)也可能

〔13〕《联邦最高法院民事裁判集》第19卷,第269页,第273页。

〔14〕《联邦最高法院民事裁判集》第19卷,第269页。

〔15〕同上,第275页。

〔16〕弗卢梅:《德国民法总论》第1卷第1册,§13II,第200页。

对转换构成障碍。例如，一项因不符合形式要件而无效的保证表示（第766条第1句），不能被转换为一项毋需具备形式要件的债务承担行为，因为否则的话，第766条保护行为人免受操之过急之害的目的就会形同虚设。只有在具备债务承担的实体要件，即承担人具有自身的、直接的经济利益时，才应认为存在债务承担行为（而不论当事人所选择的称呼是什么）。[17]

通行的学说不承认可以通过将违反善良风俗的行为转换为符合善良风俗的行为，以达到“挽救”违反善良风俗行为的效力的目的。[18] 这也是与规范宗旨相联系的。如在一则判例中，[19] 业主对其经理产生了怀疑，怀疑后者对自己不忠诚。经理在这种怀疑的压力下，允诺提供范围广泛的给付，这些给付在总额上远远超过了他可能负有的损害赔偿义务。这种过度的允诺是违反善良风俗的。[20] 但是，前一审法院[21] 想通过转换，部分维持该允诺的效力：经理只需要支付4万马克，而且可以从其赔偿义务中扣除。联邦最高法院正确地拒绝了这一判决：如果违反善良风俗的行为人可以期待，他在最糟糕的情况下也可以得到尚且符合善良风俗的东西，那么，“对他而言，违反善良风俗的法律行为就失去了法律规定无效性后果时加诸的风险”[22]。这一看法，也适合于通常应 523

〔17〕 参见梅迪库斯：《债法总论》，边码814。

〔18〕 参见拉伦茨：《德国民法总论》，§23II，第469页。

〔19〕 《联邦最高法院民事裁判集》第68卷，第204页。参见林达赫尔（Lindacher）文，载《法学评论》1977年，第412页。

〔20〕 但是，在和解（第779条）中，决定是否构成违反善良风俗的标准不是实际造成的损害，而是其可能的数额，参见《联邦劳动法院，企业顾问》1985年，第802页。

〔21〕 《斯图加特州高等法院，法学家报》1975年，第572页，附有克兰佩（Krampe）的否定性评论。

〔22〕 《联邦最高法院民事裁判集》第68卷，第207页。不过《联邦最高法院，经济法杂志》1987年，第519页——参见上文边码506——在结果上与此有异。

在第139条情形[23]以及在《一般交易条件法》第6条情形[24]拒绝作维持效力之限缩[的结论]。

第三节 适用事例

下面介绍一下第140条方面几个特别重要的适用事例。

一、终止

524 尤其在劳动法中,经常会出现下列情形:雇主发现了某个雇员的失误,因此在不遵守一定期限的情况下(即非正常地,也就是说出于重大事由)终止与该雇员的劳动关系。但是在有关这一终止表示是否有效的争执中,发现雇员的失误并没有雇主所认为的那样严重。因此,雇主只能在遵守一定期间的情况下(或许只能为正常的终止)终止劳动关系。问题是,能够从无期限终止表示中得出这样一种限期终止的表示吗?这种做法在原则上是可以的。[25]不过在劳动法中,根据《企业组织法》第102条规定,提出任何形式的终止表示,都必须听取企业委员会的意见。[26]联邦劳动法院的一项判例[27]因而要求雇主一般必须向企业委员会明确指出,非正常的终止表示也应具有作为正常的终止表示发生效力的辅助性功能,这里,法律要求企业委员会介入,就使在替代行为的要件方面,例外地要求[雇主]必须具备真实的意思,而且必须

---

〔23〕 参见上文边码505。

〔24〕 参见上文边码514。

〔25〕 如《联邦最高法院,新法学周报》1981年,第976页,第977页(用益租赁,但条件是终止相对人能够知道合同无论如何应当终结)。策尔纳-洛里茨(Zöllner-Loritz):《劳动法》§22III3b(劳动关系);约·哈格尔(J. Hager)文,载《企业顾问》1989年,第693页(专门论述劳动关系);哈·施密特(H. Schmidt)文,载《新劳动法和社会法杂志》1989年,第661页。

〔26〕 参见埃伯特(Ebert)文,载《企业顾问》1976年,第1132页。

〔27〕 《联邦劳动法院,新法学周报》1979年,第76页。

将该意思表示出来。[28] 实际上我们在这里不需要适用第 140 条了。相反可以这样认为：雇主辅助性地发出了一项有期限的终止表示，但附有一项法律条件[29]，即第一次发出的未有期限的终止表示没有发生效力。

相反，根据联邦劳动法院的另一项判例[30]，如果在发出非正 525
常的终止表示时没有听取企业委员会的意见，则不得将非正常的终止表示转换为正常的终止表示：仅仅听取了企业委员会对没有真正发出的正常的终止表示的意见是不够的。在租赁法中，联邦最高法院的一项判例[31]认为，虽然原则上可以将一项非正常的终止表示转换为一项旨在订立消灭协议的要约，但是在这里应当确立严格的标准，因为否则就会对终止相对人产生不明确的关系，而在行使形成权时正是应当避免这种不明确性的。[32]

二、担保权利

在动产上设定质权时，往往未为交付（第 1205 条及以下条 526
款）；在债权人设定质权时，往往未向债务人为通知（第 1280 条）。根据上文边码 519 所述原则，这里不能将此类行为转换为信托性的完全权利的转移（担保性所有权移转或担保性债权让与），因为这些替代行为产生的效果，远远超过了无效行为的效果。与此相反，[司法判例]正确地将此类行为转换为授予留置权行为，即在偿还贷款之前[债权人]对[债务人]提供的客体享有留置权。[33] 在此情形下，此项留置权的成立，与是否存在第 273 条第 1 款规定的“联系性”（“源于相同的法律关系”）无关。

---

〔28〕 参见上文边码 520。

〔29〕 参见下文边码 832。

〔30〕 《联邦劳动法院，新法学周报》1976 年，第 2366 页，第 2368 页。

〔31〕 《联邦最高法院，新法学周报》1981 年，第 43 页，第 44 页。

〔32〕 参见下文边码 849。

〔33〕 参见《帝国法院民事裁判集》第 66 卷，第 24 页，第 28 页。

三、保值条款

527 旨在保护金钱债权免受货币贬值后果损害的法律状况，显得特别不明朗。一方面，《货币法》第 3 条第 2 句宣布工资[按生活费用上涨情况进行]调整条款是可以获得批准的，而实际上不作出这种批准。另一方面，司法判例对批准的要件作出了狭窄的解释，并且开启了多种旁门左道。[34] 这样，当事人在没有专家指导的情况下很容易约定某种非法的条款，虽然存在一条可以获得批准的、几乎[与其约定]具有同样效果的条款可供他们采纳。在这里，司法判例也经常提供帮助。令人称奇的是，法院在这里大多不以第 140 条作为论证的依据，而是认为当事人负有义务，对"将约定的条款变更为一项具有能够批准的或毋需批准的内容的条款表示同意"[35]。实际上，这样一种重新谈判的义务（Neuverhandlungspflicht）[36] 非常接近于转换。

四、死因行为及生前行为

528 在继承法中，特别是由于适用形式强制原则，[37] 因此无效行为更为常见。而由于行为的瑕疵通常是在被继承人死亡之后才能发现，因此这里通常也不可能重新实施行为以避免瑕疵。在这种情况下，有时甚至可能出现将死因行为转换为生前法律行为的情形。

联邦最高法院的一则判例[38] 并不涉及形式瑕疵。在本案中，

---

〔34〕 参见梅迪库斯：《债法总论》边码 169 以下。

〔35〕 《联邦最高法院，新法学周报》1975 年，第 44 页，第 45 页，附有进一步的说明材料。也请参见《联邦最高法院，企业》1979 年，第 1790 页，第 1791 页。

〔36〕 参见霍恩（Horn）文，载《民法实务档案》第 181 卷，1981 年，第 255 页。某些方面见约·弗·鲍尔（J. F. Baur）文，载《施坦因多夫（Steindorff）纪念文集》，1990 年，第 509 页；施坦因多夫（Steindorff）文，载《普法伊费尔（Pfeiffer）纪念文集》，1989 年，第 797 页。

〔37〕 参见下文边码 610。

〔38〕 《联邦最高法院，新法学周报》1978 年，第 423 页。

一名订立了共同遗嘱，并依据第 2271 条第 2 款受其儿子利益约束的寡妇，不顾这种约束，在一份继承合同中免除了某个第三人的债务。联邦最高法院将此项无效的遗赠转换为一项（根据第 2286 条为合法的）以寡妇的死亡为期限的、生前的债务免除合同（第 397 条第 1 款）。对此，蒂特克（Tiedtke）〔39〕提出了不同看法，主要理由是：联邦最高法院所认定的已经完成的赠与行为，在其效果方面超过了一项（今后才应履行的）债务免除遗赠行为。〔40〕这一看法虽然是正确的，但是这里的“出超”微乎其微，可以忽略不计：继承一开始，债务免除遗赠就会直接产生一种针对免除债权的抗辩权，而该抗辩权的效果与已经完成的免除行为十分接近。

---

〔39〕《新法学周报》1978 年，第 2572 页以下。

〔40〕参见上文边码 519。

第三十七章　确　　认

参考文献：格拉巴（Graba）：《法律行为的确认与追认》，慕尼黑大学博士论文，1967年；马·米勒（M. Müller）：《无效法律行为的确认》，1989年。

第一节　概　　述

529 一、某人使某项并不是由他自己从事的法律行为产生效力的行为，叫作“准许”（Genehmigung），如法定代理人对限制行为能力人从事的行为表示追认（第108条），或被代理人对代理人无代理权时从事的行为表示追认（第177条）。除此之外，也有可能出现某人使某项由其自己从事的法律行为产生效力的情况，这种情况叫作“确认”（Bestätigung）（当然第108条第3款与此有异）。只有在行为起初不（完全）有效，亦即行为无效（第141条）或者可撤销（第144条）时，确认才有意义。

530 二、确认是一种行为，从该行为中可以看出行为人的意思，即虽然行为存在着瑕疵，或者至少对行为的有效性存在着疑虑，行为人仍然想使该行为有效。表达这个意思，除了可以采用明示的意思表示外，通常从事可推断之行为（konkludentes Verhalten）也够了，即如继续支付分期付款或者出让已经取得的物。与此相反，仅仅对通过无效行为取得的物继续进行使用，还不一定意味着确认，因为取得人可能必须使用该物（如为了去上班必须驾驶汽车），一直到他取回因无效行为所支付的价金为止。

人们经常认为，确认以行为人具有确认的意思（Bestätigungswillen）为必要，因此，至少要对被确认行为的有效性抱有怀疑。〔1〕不过，依据正确的观点，这并不是要求行为人必须具有某种特别强烈的表示意识。〔2〕毋宁说，确认行为之外部的表示事实构成中，就已包括了“虽然认识到有效性方面存在疑问，行为仍应发生效力”的意义。如果［确认］表示不能表明应当消除这些疑问，那么，在表意人不想为确认时，他也不需要撤销［该确认表示］：在这种情况下即没有表示出确认。例如，买受人在知道买卖行为是可以撤销的情况下，要求出卖人承担瑕疵担保责任（第459条及以下条款）的，并不意味着他表示出了确认的意思。〔3〕 531

第二节　对无效行为的确认（第141条）

一、根据第141条第1款规定，对无效行为的确认应“视为重新实施行为（erneute Vornahme）”。据此，确认并不直接使行为有效，因为待确认的行为也必须符合一般的有效要件。例如，先前没有遵守的形式（第125条），现在必须加以遵守；先前违反了法律禁令（第134条），现在必须加以消除；违反善良风俗的规定（第 532

〔1〕参见迈尔－马利（Mayer = Maly）：《慕尼黑德国民法典评注》第141条，边码12，附有进一步的说明材料。如《联邦最高法院，经济法杂志》1990年，第314页。

〔2〕参见下文边码605。

〔3〕《联邦最高法院民事裁判集》第110卷，第220页。

138 条)，必须通过确认加以避免。

但是，另一方面必须注意，第 141 条第 1 款并不要求完全重新实施行为。“无效的(因而起初是不成功的)行为，可以重新实施”的句子，实在是过于不言而喻了。因此，第 141 条第 1 款之表述大概只能具有下列意义：(有效的)确认具有重新实施行为的后果。[4] ——司法判例的表述也具有这方面的倾向性。如联邦最高法院称，待确认的行为“不需要在所有的细节方面都重新表示出来”；只要当事人现在“立足于原有行为的基础上”就够了。[5] 而在另一方面，司法判例[6]又从第 141 条第 1 款的文意中推断出下列结论：即使待确认的行为遵守了有关形式规定，因而该行为的无效性是基于其他原因发生的，确认也还必须符合形式要件。[7] 根据上述原理，这一结论难谓合乎逻辑。

533 二、第 141 条第 2 款对合同的确认(Bestäti gung eines Vertrages)未规定真正的溯及力(对单方法律行为的确认反正不可能产生溯及力)。不过，应推测当事人的相应意思，在发生疑问时，当事人应当负有调适自己的义务，使自己处于合同自始就有效的状态。例如，虽然买卖合同起初无效，后来通过确认才产生效力，但是买受人自交付之时起(第 446 条第 1 款第 2 句)就可以保留买卖物的收益。相应地，出卖人对确认前业已收到的价金，也不需要根据第 818 条第 1 款的规定附加利息。

---

〔4〕 马・米勒(M. Müller)参考文献所列著述，有争议。

〔5〕 《联邦最高法院，企业》1968 年，第 479 页。

〔6〕 如《帝国法院民事裁判集》第 146 卷，第 234 页，第 238 页；《联邦最高法院，新法学周报》1985 年，第 2580 页。

〔7〕 参见迪尔歇尔(H. Dilcher)：《施陶丁格德国民法典评注》，第 141 页，边码 5；弗卢梅也赞成必须符合形式要件，《德国民法总论》第二卷，§30,6，第 551 页以下。

第三节 对可撤销行为的确认(第 144 条)

对于可撤销的但尚未撤销的行为的确认(在撤销以后,由于第 142 条第 1 款规定[行为视为自始无效],因此确认只能根据第 141 条进行),第 144 条规定得并不复杂:行为不需要在消除撤销事由的情况下重新实施之,毋宁说,只要撤销权人作出不行使其撤销权的决定即可。弗卢梅(Flume)[8]主张应分别对待这种情况和撤销权的抛弃(Verzicht auf das Anfechtungsrecht),不过我觉得二者之间不存在实质上的区别。 534

第 144 条第 2 款明确规定,确认不需要具备任何形式。此外,通说认为确认表示甚至无需到达。不过我同意拉伦茨[9]的观点,不赞成该通说。撤销权人的相对人必须知道自己处于什么样的位置;反之,如果撤销权人不是向撤销相对人发出确认表示的,那么撤销权人也就毋须受其确认表示的拘束了。

---

〔8〕 同前引书, § 31,7,第 568 页以下。

〔9〕 《德国民法总论》, § 23,Vb,第 480 页,那里附有进一步的说明材料。

第三十八章　意思形成的能力(行为能力)

参考文献:拜茨克(Beitzke):《成年与未成年人保护》,载《民法实务档案》第 172 卷,1972 年,第 240 页以下;宾德尔(Binder):《法律中的精神病》,1952 年;布赖特(Breit):《行为能力》,1903 年;布罗克斯(Brox):《法律行为中的未成年人保护》,载《法学工作报》1989 年,第 441 页以下;卡纳里斯(Canaris):《缔约过错责任、危险责任以及贡献责任中的行为能力与责任能力》,载《新法学周报》1964 年,第 1987 页以下;克斯特尔 = 瓦尔清(Coester = Waltjen):《行为能力问题概况》,载《法律学习》1994 年,第 331 页以下;格鲍尔(Gebauer):《部分无行为能力学说及其后果》,载《民法实务档案》第 153 卷,1954 年,第 332 页以下;格斯特贝格尔(Gerstberger):《对与未被宣布为禁治产人而外界无法识别的精神病人进行交易的善意第三人的保护》,载《格鲁霍特(Gruchot)创办德国法释解文集》第 71 卷,1931 年,第 1 页以下;霍姆(Hohm):《基本权利主体资格与"基本权利能力"——以公共收养院教育为例》,载《新法学周报》1986 年,第 3107 页以下[对此,马滕斯(Martens)和许茨(Schütz)提出了正确的批评,文章分别刊载在

《新法学周报》1987 年,第 2561 页至第 2563 页上];霍梅斯(Hommers):《侵权能力与行为能力的发展心理学》,1983 年;克诺特(Knothe):《未成年人行为能力的历史发展》,1983 年;克布勒(Käbler):《未成年人法》,载《法学教育》1979 年,第 789 页以下;莫里茨(Moritz):《未成年人和青少年的(民事)法律地位……》,1989 年[有关评论,见施文策尔(Schwenzer)文,载《民法实务档案》第 189 卷,第 584 页以下];冯·穆蒂乌斯(von Mutius):《基本权利权力》,载《法律学习》1987 年,第 272 页以下;尼奇克(Nitschke):《法律表见事实构成在给无行为能力人以及限制行为能力人设定负担时的效力》,载《法学教育》1968 年,第 541 页以下;罗伯尔斯(Robbers):《未成年人在公法中的部分行为能力》,载《德国行政报》1987 年,第 709 页以下;吕梅林(Rümelin):《法律交易中的精神病人》,1912 年;卡·施密特(K. Schmidt):《商法和公司法中未成年人保护的界限》,载《法学教育》1990 年,第 517 页以下;克·施赖伯(K. Schreiber):《行为能力》,载《法律学习》1990 年,第 24 页以下;迪·施瓦布(D. Schwab):《成年和未成年人保护》,载《民法实务档案》第 172 卷,1972 年,第 266 页以下;施维曼(Schwimann):《法律行为制度》,1965 年。

法律制度要承认表意人表示出来的意思,就必须设定表意人具有理智地形成意思的能力这一前提。孩子或精神病人表示出来的东西不应当具有决定性意义,他们的法定代理人(父母、监护人、照管人)应当代替他们从事行为。理智地形成意思的能力,在民法典中称为行为能力。自然人具备了行为能力,即可通过自己的意思表示(而不仅仅通过代理人的意思表示)构建其法律关系。 535

第一节　行为能力的欠缺

536 根据民法典的规定,具有行为能力是规则,欠缺行为能力则是特别规定的例外。将行为能力的欠缺等同于具体的、理智地形成意思能力的欠缺,本来倒是一种合乎逻辑的做法。然而这种做法却与法律交往要求的简便性和安全性格格不入。一个人在从事每一项法律行为之前,不可能对行为相对人或行为对方进行某种形式的"成熟测试"。因此,民法典对行为能力受到限制的情形主要进行了类型化(überwiegend typisierend)。[1] 只有在例外情况下,才真正地以从事法律行为的行为人的具体判断能力作为考察标准。[2]

一、年龄阶段

537 划分行为能力的最主要的标准是年龄(Lebensalter)。[自然人]在年满7周岁之前不具有行为能力(第104条第1项),自7周岁至18周岁的人为限制行为能力人(第2条,第106条)。在这里,行为人在达到这一年龄阶段之前是否就已经具备了从事有关行为所必需的判断能力,或者行为人在达到这一年龄阶段之后是否依然欠缺这种判断能力,一概在所不问。

538 1974年12月31日之前,完全行为能力的年龄界限(成年人)还是被定在21周岁。显然,对许多行为来说,这一年龄定得太高了。不过,明理的父母可以以授予概括准许[3]的方式,个别降低这一界限。反之,[现在,]18周岁对某些行为来说,或许是一个过低的标准(如高额保证行为;以承担为期多年的分期付款义务为

---

〔1〕 参见下文边码537;539。

〔2〕 参见下文边码546。

〔3〕 参见下文边码578,583。

代价购买昂贵的非耐用消费品)。现在,父母已经没有法律上的可能性,对法律无限制赋予[其子女]的自由加以理性的管制。[4]

二、精神耗弱

(一)理智地形成意思的能力,既可以因年龄幼小受到限制, 539
也可以因其他情况受到限制,如精神疾病或精神耗弱。1991 年 12 月 31 日之前,民法典规定在此类情况下,可通过一种特别的法院程序宣告某人为禁治产人(Entmündigung)。这种宣告使被宣告人丧失行为能力(旧版第 104 条第 3 项)或者仅仅具有限制行为能力(旧版第 114 条)。由法院任命的监护人来代理该被宣告为禁治产的人(旧版第 1896 条及以下条款)。

但是人们从法律政策上对这一规定提出了越来越激烈的批判。宣告某人为禁治产人的做法具有歧视性的效果;而且完全丧失行为能力也超过了目的所需的程度,因为被宣告为禁治产的人通常完全能够自行从事一些日常生活行为或者法律上并非不利的行为。[5] 其他的疑虑来自设定监护人的弊端。

(二)因此,1992 年 1 月 1 日起,《关于修订监护法和保佐法的 540
法律》(《照管法》,Betreuungsgesetz)对民法典的上述规定作了根本性修订。民法典旧版第 104 条第 3 项、第 114 条规定被废除;宣告某人为禁治产人的制度已不复存在(es gibt keine Entmündigung mehr)。在第 1896 条及以下条款中,修订后的规定用照管人(Be-

---

〔4〕 参见拜茨克(Beitzke)和迪·施瓦布(D. Schwab)的文章,载《民法实务档案》第 172 卷,1972 年,第 240 页和第 266 页,附有进一步的说明材料,也有比较法方面的文献。此外参见博施(Bosch)文,载《席德迈尔(Schiedermaier)纪念文集》,1976 年,第 51 页。

〔5〕 参见卡纳里斯(Canaris)文,载《法学家报》1987 年,第 993 页。

treuer)代替了监护人。〔6〕

541 （三）当然，即使是修订后的法律也是为了实现下列宗旨：限制行为能力（就像对未成年人的行为能力进行限制一样），是为了保护有关人员免遭其从事的行为所产生后果的损害。因此，修订后的法律也不可能无限制地承认那些欠缺理智地形成意思能力的人所从事的行为的效力。现在，行为的*无效性*（Unwirksamkeit）产生于下列规定：

542 1. 根据第104条第2项，处于并非暂时性的、不能自由决定意志的精神错乱状态的人，不具有行为能力。这种不能自由决定其意志的状态的前提是，相关人没有能力对他的决策进行理智的权衡。联邦最高法院在一项判例〔7〕中说道，相关人必须欠缺自由地以及不受精神错乱影响地形成其意志的能力，并且不能根据正确获得的认识从事行为。这种状态也可以限制在某种特定的行为范围（部分无行为能力）。〔8〕

这里可以以联邦最高法院的一项判例〔9〕为例作说明。一名年届77岁、没有投保责任险的律师，因眼力受损而看错了判决送达的日期，因此耽误了提起上诉的期限。当他认识到这一情况时，他"羞于其职业上的失误以及害怕产生经济上的毁灭而度过了多个不眠之夜"。由于他因此遭受了"心理上的休克"，因此又耽误了提出恢复原状的申请。

---

〔6〕 参见陶皮茨（Taupitz）文，载《法学教育》1992年，第9页；齐默尔曼－达姆劳（W. Zimmermann-Damrau）文，载《新法学周报》1991年，第538页；西皮奥卡（Cypioka）文，载《新法学周报》1992年，第207页；劳施－劳施（Rausch-Rausch）文，载《新法学周报》1992年，第274页。

〔7〕《联邦最高法院，新法学周报》1996年，第918页。

〔8〕 有关认定问题，参见《巴伐利亚州高等法院，新法学周报》1992年，第2100页。

〔9〕《联邦最高法院民事裁判集》第30卷，第112页。

联邦最高法院认为,本案中的律师就此类事务而言具有限制行为能力。第一次耽误期限引起的情绪变化,导致他丧失了“处理法律纠纷时必须具备最低标准的集中力和决定力”的能力。既然该律师不具有行为能力,那么他也不具有诉讼能力,参见《民事诉讼法》第52条。根据通说,律师丧失诉讼能力,即失去了代理其当事人的能力。因此,根据《民事诉讼法》第244条第1款规定,该诉讼程序被中断,这样期限也告届至(《民事诉讼法》第249条)。所以,耽误提出的恢复原状申请可以补提,以致于律师也没有造成应由他赔偿的损害。从结果上来看,联邦最高法院提出的部分无行为能力的理论,对那些无法驾驭某种事态的人来说,是一种民法上的恩惠。对此,我们似应予以赞同。[10] 当然,对于那些强词夺理的人(Querulanten),认定他们部分无行为能力,则并不意味着是一种恩惠。在此种情形下,这样做是为了抵御这些强词夺理的人:他们虽然大多遭受到了某种不法侵害(米夏埃尔·科尔哈斯![*]),但是他们对此作出无节制的反应,并且向法院提出一大堆权利保护请求。

无论如何,在清醒的时候(lucida intervalla)发出的意思表示, 543
都是有效的。所谓清醒的时候,是指精神活动并不错乱的时间。

2. 第104条第2项规定不适用于依其性质仅为暂时性的 544
(nur vorübergehende)精神错乱。对暂时性的精神错乱适用第105

---

〔10〕 表示同意的如弗卢梅:《德国民法总论》第二卷,§13,4,第186页。持类似看法的有《法兰克福州高等法院,新法学周报,民事判例汇编》1992年,第763页。

* Michael Kohlhaas,系德国小说家海因里希·冯·克莱斯特[Heinrich von Kleist(1777—1811)]创作的中篇小说《马贩子米夏埃尔·科尔哈斯》中的主人公。米夏埃尔·科尔哈斯以贩马为生,一次,他驱赶一群马去市场出售,路过一容克地主领地时,地主的奴仆以没有通行证为由,将马扣下。由于科尔哈斯的财产遭受重大损失,因而他向法院起诉,要求赔偿损失。起诉被驳回后,科尔哈斯愤而起义,率众攻打地主领地。——译者注。

条第 2 款规定。虽然法律规定行为人并不丧失行为能力，但是规定"在无意识或暂时性的精神错乱状态下发出的"意思表示无效。这里所称的"无意识"并不是指昏厥或睡眠，因为在这种状态下发出来的东西因欠缺行为意思而无效。[11] "无意识"包括深度酒醉、强剂量吸食毒品、因发烧引起谵妄或癫痫病发作等表意人对其所表达的内容没有明确认识的状态。这种状态与"暂时的精神错乱"之间的界限并不是非常明确的。由于二者的法律后果相似，因此对二者进行界定也没有什么意义。不过，在第 105 条第 2 款中，精神错乱与在第 104 条第 2 项中一样，必须产生不能自由决定其意志的后果。这一点，虽然第 105 条第 2 款没有说，但是一般的看法都是这么认为的。

545 第 105 条第 2 款没有像第 104 条那样规定［主体］无行为能力，而只是规定在错乱状态下发出的意思表示无效。这一点主要对意思表示的到达（Zugang）具有意义。在欠缺行为能力的情形下，适用第 131 条，而在精神暂时错乱状态，书面的意思表示可以到达［至主体］（相反，精神错乱者不能了解非书面的意思表示[12]）。

546 3. 某种精神能力耗弱的状态是否达到了第 104 条第 2 项、第 105 条第 2 款所要求的程度（nötigen Grad），往往不无疑问。这些疑问不仅仅会损及法律交往，而且还会损害相关的当事人的利益。从事法律行为以后过去的时间越久，证明精神耗弱往往就越难。

547 第 1903 条第 1 款第 1 句规定，对于此类"危及人身或者财产"的情形，监护法院可以作出允许保留（Einwilligungsvorbehalt）的规定（这种规定在内容上类似于过去的禁治产宣告）。依第 1903 条第 1 款第 2 句，有关限制行为能力的未成年人的法律规定应当准用于此。这即是说，在此项允许保留的有效期内以及在其所涉及

---

〔11〕 参见下文边码 606。

〔12〕 参见上文边码 289。

的领域中,相关人通常只有征得其照管人的允许才能有效发出意思表示。这种允许是一种事前的同意(第 183 条第 1 句);事后的追认依据第 1903 条第 1 款第 2 句、第 108 条规定产生效力。在未征得事前允许或者事后追认的情况下,只有那些仅仅给相关人产生法律上利益的意思表示或者涉及“日常生活中的小事情”的意思表示,才能发生效力。然而,监护法院也可以将那些不仅仅产生利益的日常生活行为排除在外,亦即将这些行为纳入同意保留的范围中去。此类行为,如酗酒者购买酒精饮料的行为。

三、照管

(一)根据第 1896 条第 1 款规定,因“心理上的疾病或身体的、精神上或心灵上的残疾而全部或部分不能处理其事务”者,可获得一名照管人(Betreuer)。照管人的设置由监护法院为之,监护法院应被照管人的申请或依职设置照管人。在通常情况下,只有身体残疾的人,才需要提出申请(第 1896 条第 1 款第 3 句)。对一个精神上健康的人,不应当强求他接受照管。照管人的任务应限制在必要的范围内(第 1896 条第 2 款)。在选择照管人时,被照管人具有参与决定权(第 1897 条第 4 款)。也可以设置多个照管人(第 1899 条)。 548

(二)照管人在其所承担的任务范围内是被照管人的法定代理人(gesetzlicher Vertreter,第 1902 条)。在内部关系上,照管人必须考虑到被照管人的利益和愿望(第 1901 条)。在从事特别重大的行为时,照管人必须征得监护法院的同意(第 1904 条及以下条款以及第 1908i 条第 1 款和第 1821 条至第 1925 条;第 1822 条的一些数字除外)。照管人在执行事务过程中犯有过错性的错误的,照管人必须根据第 1908i 条第 1 款、第 1833 条规定,向被照管人承担损害赔偿责任。 549

(三)根据第 1896 条第 1 款第 1 句规定,即使被照管人在有些时候具有行为能力,也可以设置照管人。这一点主要适用于仅仅 550

有身体上残疾的情形(这种照管取代了旧版第1910条规定的残疾看管)。此外,在第104条第2项,清醒的时候[13]也可以设置照管人。这样,在第1903条规定的允许保留不适用的情况下,照管人与被照管人可能从事互相矛盾的法律行为(Möglichkeit einander widersprechender Rechtsgeschäfte)。这个问题,在以前的法律状态下也可能出现,只不过在原来的法律状态下要件更为狭窄而已。[14] 对这个问题的答复应如既往,即:若干项负担行为(Verpflichtungsgeschäfte)都是有效的;能够履行的只有一项负担行为,被照管人可根据第275条相对于其他债权人免除自己的责任。在若干项处分行为(Verfügungen)中,只有时间在先的那项处分行为才是权利人的处分行为;而时间在后的处分行为只有在具备善意取得要件(如第932条及以下条款)的情况下才能生效。

第二节 法律后果

一、法律行为不生效力

551 7周岁至18周岁之间的未成年人具有限制行为能力(beschränkte Geschäftsfähigkeit);限制行为能力也因允许保留(第1903条)而发生。[15] 在其他情况下(第105条第2款除外[16])则为无行为能力(Geschäftsunfähigkeit)。无行为能力人的意思表示本身就是无效的(第105条1款);第三人向无行为能力人发出的意思表示必须到达至法定代理人(第131条第1款)。这说明,无行为能力人虽然仍然是权利主体,亦即他保留

〔13〕 参见上文边码543。
〔14〕 参见本书第4版,边码544以下。
〔15〕 参见下文边码556以下。
〔16〕 参见上文边码548。

有权利能力,[17]但是他不能自己实施行为来充当法律行为的参与人,亦即他不能自己发出意思表示或者受领意思表示,而必须由他人来代理。

二、风险分担

(一)无行为能力及其原因毋需具有可识别性。因此,他方当 552
事人完全可能在没有任何过失的情况下信赖某项行为的有效性,而该项行为实际上因[行为人]没有行为能力而无效。我们的法律制度从来不是因为对交易能力的诚信导致交易效力而保护这种信赖:法律之所以规定了[无行为能力人从事的行为的]无效性,恰恰是为了保护无行为能力人。这种保护应当与对方当事人的善意或者恶意无关。

(二)当然,也可以考虑采用一种“折衷的方案”,就像民法典 553
第 118 条、第 122 条为虚假行为所规定的那样。[18] 虽然规定无行为能力人从事的行为无效,即[相对人]不得要求无行为能力人履行该行为,但是如果相对人并无过错,则至少应赋予其要求赔偿信赖损害的权利。然而,法律并没有规定无行为能力人要承担这种赔偿义务。这也就是说,在通常情况下,每一个人都应当自行承担碰见无行为能力人并因此遭受信赖损害的风险。

诚然,法律未特别规定某种赔偿义务,并不意味着无行为能力 554
人也不需要承担因更为一般的责任事由而产生的赔偿义务。此类更为一般的责任事由(allgemeinere Haftungsgründe),如侵权行为(如诈骗行为及民法典第 823 条第 2 款)或缔约过错[19]即是。不过要承担侵权责任,行为人必须具备侵权能力(在刑事犯罪行为方面,甚至还必须根据刑法典第 19 条及以下条款具备犯罪能

[17] 参见下文边码 1039。
[18] 参见上文边码 594。
[19] 参见上文边码 444。

力);而根据民法典第828条第1款和第827条,无行为能力的孩子和精神病人不具备侵权能力。在例外情况下,无行为能力人也可能具备侵权能力,如因酗酒或服用毒品而处于迷醉状态的人(第827条第2句)。在这里,无行为能力人也可能承担损害赔偿责任。

555 (三)过去,银行和储蓄所的一般交易条件(Allgemeine Geschäftsbedingungen)违反上述原则,规定顾客对[银行]因信赖其有行为能力而造成的损害,应承担赔偿责任。如果顾客在与银行建立信用关系时就已经是无行为能力人,那么这条规定肯定是没有任何用处的,因为根本就没有有效约定交易条件。[20] 如果顾客事后才丧失行为能力,亦即他已有效地将交易条件纳入到合同中去,那么情况就有所不同了。在一则案例中,联邦最高法院宣布这种条款是有效的。[21] 当然这时《一般交易条件法》尚未施行。[22] 联邦最高法院认为,既然人们能够通过合同约定为偶然发生的事件承担责任,人们也能够为自己的精神病所产生的损害承担责任。《一般交易条件法》施行以后,人们对该条款是否与《一般交易条件法》第9条相符合的问题持有不同意见。现在,联邦最高法院的判例[23]认为该条款与《一般交易条件法》第9条规定不相符合,理由在于《一般交易条件法》第9条第2款第1项的规定。法院认为,该条款违背了法律规定的风险分担[原则];由于该条款规定顾客即使没有过错也应承担丧失其行为能力的后果,因此它违反了法律规定的有过错才应赔偿损害的风险分担原则。此外,第104条及以下条款的价值取向也未得到重视,这些规定对无完

---

[20] 参见上文边码408。

[21] 《联邦最高法院民事裁判集》第52卷,第61页。

[22] 参见上文边码401。

[23] 《联邦最高法院民事裁判集》第115卷,第38页,第42页以下。

全行为能力人的保护优先于对交易利益的保护。这项判决理所当然地引起许多人的重大疑虑。[24]

〔24〕 参见多纳特(Donath)文,载《企业顾问》1991 年,第 1881 页;吕特尔斯 – 弗兰克(Rüthers – Franke)文,载《企业》1991 年,第 1010 页。也参见德雷埃尔(Dreher)文,载《法学家报》1991 年,第 413 页。

第三十九章　限制行为能力的问题

参考文献：比德曼(Biddermann)：《未成年的股东》，1961 年；布劳恩(Braun)：《未成年人参与作出社团的决议》，载《新法学周报》1962 年，第 92 页以下；克斯特尔 = 瓦尔清(Coester = Waltjen)：《限制行为能力之未成年人的需要征得同意的法律行为》，载《法律学习》1994 年，第 668 页以下；吉勒斯-威斯特法尔(Gilles-Westphal)：《一项有问题的加入工会行为》，载《法学教育》1981 年，第 899 页以下；哈格迈斯特(Hagemeister)：《与未成年人进行的银行行为基本案例》，载《法学教育》1992 年，第 839 页以下；第 924 页以下；哈梅尔贝克(Hamelbeck)：《未成年人参与作出社团的决议》，载《新法学周报》1962 年，第 722 页；欣茨(Hinz)：《什么是民法典第 107 条意义上的"纯为法律上利益"》，1986 年；尧尔尼希(Jauernig)：《机构使用与未成年人法》，载《新法学周报》1972 年，第 1 页以下；同一作者：《未成年人与邮政使用》，载《亲属法杂志》1974 年，第 631 页以下；克拉姆罗特(Klamroth)：《对父母与未成年子女之间订立的合同的承认》，载《企业顾问》1975 年，第 525 页以下；克勒(Köhler)：《向未成年人发行支票簿和支票卡的问题》，载《企业》1971 年，第 1341 页以下；同一作者：《向未成年人赠与土地——一种“纯粹法律上的利益”？》，载《法学家报》1983 年，第 225 页以下；科勒（Kohler）：《法律适用中的忠实于法律和对法律的校正；对民法典第 108 条第 2 款矛盾性的研究》，载《法律学习》1984 年，第 349 页以下；海·朗格（Heinr. Lange）：《向限制行为能力人为赠与》，载《新法学周报》1955 年，第 1339 页以下；同一作者：《要约、承诺和拒绝的法律性质——对限制行为能力人订立的合同所作的考察》，载《赖因哈德（Reinhardt）纪念文集》，1972 年，第 95 页以下；林达赫尔（Lindacher）：《对民法典第 110 条的思考》，载《博施（Bosch）纪念文集》，1976 年，第 533 页以下；冯·吕布托（von Lübtow）：《父母向其未成年女子所为之赠与以及物权之保留》，1949 年；尼威特贝格（Niewetberg）：《未成年人法体系中的“零用钱条款”（民法典第 110 条）》，载《法律学习》1984 年，第 127 页以下；罗泽瑙（Rosenau）：《无偿向未成年人移转财产》，1974 年第 3 版；舍雷尔（Scheerer）：《未成年人的银行行为》，载《企业顾问》1971 年，第 981 页以下；舍纳（Scherner）：《未成年人法中的概括允许以及代理紧急状态》，载《亲属法杂志》1976 年，第 673 页以下；克·施赖伯（K. Schreiber）：《未成年人的中性行为（民法典第 107 条）》，载《法律学习》1987 年，第 221 页以下；舒尔茨（Schulz）：《未成年人法中存在一种概括合意吗？》，载《企业》1963 年，第 407 页以下；施蒂尔纳（Stürner）：《纯粹法律上的利益》，载《民法实务档案》第 173 卷，第 402 页以下；策特尔（Zettel）：《监护法院的同意》，载《法学教育》1982 年，第 751 页以下。也请参考上文边码 535 之前所列拜茨克（Beitzke）、布罗克斯（Brox）和迪·施瓦布(D. Schwab)的文章。

第一节 概　　况

556 限制行为能力人,即7周岁与18周岁之间的未成年人以及适用允许保留(第1903条)的人,在从事法律行为上的行为时,有两种可能性:

一、限制行为能力人的法定代理人(sein gesetzlicher Vertreter)为其从事行为(例外:专属人身权行为,即在不得进行代理的情形)。在这种情况下,被代理人自己的限制行为能力并无用武之地;法律行为的实施与无行为能力人实施行为无异。[1]

557 二、不过,限制行为能力人也可以自己从事行为(selbst handeln)。这时应进一步区分下列几种情况。

(一)限制行为能力人可以单独地、有效地(wirksam allein)从事某些没有什么危险的法律行为。这也就是说,他从其意思表示中仅仅获得某种法律上的利益(第107条、第1903条第3款第1句)。[2]

558 (二)对于其他一切法律行为,限制行为能力人都必须由其法定代理人参与(Mitwirkung seines gesetzlichen Vertreters)才能实施(例外:第1903条第3款第2句)。这种参与行为又可以下列两种形式为之。

1. 先由限制行为能力人单独从事法律行为,然后由他的法定代理人事后进行追认(nachträglich genehmigen)。这种情况由第108条至第111条规范。

559 2. 法定代理人事先就对未成年人从事行为表示允许(vorher

[1] 参见上文边码535以下。
[2] 参见下文边码560以下。

seine Einwilligung 第 107 条)。这种允许可以涉及某项特定的行为,也可以包括整个类别的行为。这种概括授权的两种特别重要的类型,由第 112 条、第 113 条调整。[3]

第二节　无法律上不利益的行为

根据第 107 条,限制行为能力人不能够单独从事那些“他因此并非仅仅获得法律上利益”的行为。由此可反推出这样的结论,即未成年人能够单独从事其他的行为。现在,第 1903 条第 3 款第 1 句对此作了正面的规定。 560

一、法律上的利益

(一)第 107 条以法律上的(rechtlich)利益为考察标准,是为了强调不对法律行为作经济上的(wirtschaftlich)评价,以维护法律的稳定性。这即是说,具有决定性意义的,并不是此项法律行为在结果上是否给未成年人带来了利润,即如未成年人以低于再销售价格的价款购买了一物。毋宁说,具有决定性意义的是,此项法律行为是否给未成年人产生了法律上的负担。这种负担,可以是一项义务(如支付价金的义务),也可以是丧失一项权利(如将属于其自己的物的所有权转移给他人)。即使从总体的经济上来看,此类负担性法律行为对限制行为能力人来说是有利的,也必须由法定代理人来决定此类行为是否生效。如果法定代理人认为该项行为在经济上对限制行为能力人有利,他就会表示追认,以致于限制行为能力人不会遭受什么损害。由于双务合同(gegenseitiger Vertrag)要求限制行为能力人承担对待给付义务,因此双务合同在法律上[对限制行为能力人而言]永远是不利的。

(二)在其他行为中,法律状态显得不无疑虑。这些行为对限 561

〔3〕 参见下文边码 576 以下。

制行为能力人产生的不利,仅仅是作为该项行为的间接后果(Nachteil nur als mittelbare Folge)出现的,或者仅仅是在特殊的情况下出现的,或者只是在该限制行为能力人取得[利益]的范围内产生的。难道一个限制行为能力人仅仅因为必须承担缴纳土地取得税和赠与税的义务,并且在取得土地后必须负担交易安全义务,而不得接受土地赠与吗?[4] 难道限制行为能力人仅仅因为可能必须先行支付垫款或者补偿费用(第669条及以下条款),而不得作为委托人出现吗?难道限制行为能力人仅仅因为作为借用人负有返还义务(第604条),而不能有效地借用某物吗?

在此类行为发生在一个孩子及其双亲之间(Geschäfte zwischen einem Kind und seinen Eltern),或者发生在一个孩子及其父母一方之间时,这些问题就显得特别紧迫。因为在这些情形下,父母通常(即在并非仅履行抚养义务时)因第181条的规定,而不能在经济上作出合理的追认;同样的原则也适用于依第1795条第1款第1句、第1629条第2款第1句并没有亲自参与行为的父母一方。因此,必须根据第1909条的规定,首先设定一名补充性保佐人。不过这种设定往往都不发生。因此,如果严格适用第107条,那么此类行为就都无效。

562 (三)上述问题往往通过对直接法律后果与间接法律后果作出区分(Unterscheidung zwischen unmittelbaren und mittelbaren Geschäftsfolgen)得到解决。只有那些直接产生于法律行为的不利后果才是重要的,而那些间接的不利后果则并不重要。例如,人们认为纳税义务的产生以及交易安全义务的承担就是不重要的;而委托人的义务以及借用人的返还义务则被认为是直接的不利后果。

---

〔4〕 参见克勒(Köhler)文,载《法学家报》1983年,第225页。

但是这种区分是不很清晰的。[5] 所以，正确的做法应当是以保护未成年人的宗旨(Zweck des Minderjährigenschutzes)为考察标准。据此，委托人的义务肯定是一种法律上的不利益，因为这种义务甚至可能大大超过委托人从执行行为中所获得的利益。相反，对借用人问题的回答则不能这样有把握了，因为即使合同无效，[借用人]也负有返还[借用物]的义务(依据是第 812 条第 1 款第 1 句)。因此，认为[限制行为能力人]因借用行为承受了法律上的不利益，只能从下列角度来加以说明：借用人可能比不当得利义务人承担更为严格的损害赔偿责任。不过，另一方面也必须考虑到，不当得利义务人也负有返还收益的义务(第 818 条第 1 款)，而借用人则可以保留收益。

法律为法律行为规定的不利益，也可以作为上述意义上的直接的法律后果。因此，如果赠与人所赠与的东西(几乎)构成了其全部财产，那么限制行为能力人就不能够单独接受这种赠与，因为受领人必须根据第 419 条承担责任。[6] 当然，也应当考虑到另外一个事实，即根据第 419 条第 2 款第 1 句的规定，受领人承担的责任以其受领的财产为限。如果某项负担充其量冲销了取得的利益，但不会产生更大的损失，那么这种负担一般不认为是不利的。因此，只有财产受领人以他的其他财产为可能产生的诉讼费用承担责任时，第 419 条的规定才是合理的。 563

设定一项以赠与物为限的负担(auf das Geschenk beschränkte Belastung)，不会使赠与行为变得[对限制行为能力人]不利。这一点体现在赠与人在被赠与的土地上为自己保留用益权或者居住 564

---

〔5〕 有关一般性论述，参见魏尔斯(Weyers)文，载《法学家报》1991 年，第 999 页。

〔6〕 《联邦最高法院民事裁判集》第 53 卷，第 174 页，第 178 页。

权的情形。[7] 将一块设定了抵押权的土地赠与[给限制行为能力人],同样并不产生不利后果,只要受赠人并不为个人债权承担责任。[8] 相反,受赠人根据第571条、第580条、第581条第2款之法律规定,加入业已存在的使用租赁合同以及用益租赁合同的行为,应该是具有不利后果的。[9] 克勒(Köhler)的看法[10]则更进一步,他认为,任何一项行为,只要"它依据其产生的不利益的方式和范围,必须得到法定代理人的监督",则都必须征得[法定代理人的]同意。

565 (四)向限制行为能力人赠与住房所有权(Schenkung von Wohnungseigentum)的行为是很有疑问的。根据《住房所有权法》第10条及以下条款的规定,受赠人成为住房所有权人共同体的成员。对于从中依法产生的义务是否构成一种法律上的不利益的问题,联邦最高法院的判例[11]没有作出回答。联邦最高法院认为,无论如何,如果在原有的住房所有权人之间约定的(因此对未成年人也适用的)共同管理规则明显超出了法定义务的范围,那么就存在这样一种不利益。这种看法应是值得赞成的。

联邦最高法院的这个判例[12]在评价父亲向其未成年的儿子赠与住房所有权的行为时,还处理了另外一个难题:法律上的不利益并非产生于(债法上的)赠与约定,而是产生于(物权法上的)土

---

〔7〕《巴伐利亚州高等法院,新法学周报》1967年,第1912页。《联邦最高法院民事裁判集》第107卷,第156页则更前进了一步。

〔8〕《巴伐利亚州高等法院民事裁判集》1979年,第49页,第53页。

〔9〕耶施克(Jerschke)持有不同看法,文载《德国公证人杂志》1982年,第459页。无论如何,第1822条第5项和第10项的追认规定是不适用的。《联邦最高法院,新法学周报》1983年,第1780页。

〔10〕《法学家报》1983年,第225页以下。

〔11〕《联邦最高法院民事裁判集》第78卷,第28页,第32页(里面给出了争议的现状)。

〔12〕《联邦最高法院民事裁判集》第78卷,第28页,第34页以下。

地所有权移转。如果对这两种行为进行严格的分离,那么赠与约定就不需要征得同意了。而在物权法上的土地所有权移转行为,虽有第181条规定,父亲仍然可以代理其儿子,因为移转土地所有权只是为了履行赠与约定所产生的义务。联邦最高法院没有采纳这样一种看法,而是提出了"综合考察债权合同和物权合同"(Gesamtbetrachtung des schuldrechtlichen und des dinglichen Vertrages)的观点。[13] 这就是说,在评价赠与约定时,就应当考虑到履行该约定时才会产生的法律上的不利益。不过,联邦最高法院并不认为这是以纯粹经济的观察方法代替了法律的观察方法。[14] 而尧尔尼希(Jauernig)[15]则主张应当通过对第181条末段作目的性限缩来处理这个案件。他认为,如果履行行为对未成年人而言具有不利益,那么第181条规定的例外[16]不应适用。[在我看来,]这么一般性的看法大概是不能言之成理的。

(五)最后,对限制行为能力人受领[他人]应当履行的给付 566
(Annahme der geschuldeten Leistung)之归属问题,长期以来一直存在着不同看法。[17] 在这种情况下,[限制行为能力人]取得给付客体(如对方应当履行的金钱的所有权)的行为就自身而言,给受领人仅仅产生了法律上的利益。不过在另一方面,被履行的债权似乎又因履行(第362条第1款)而消灭了,而这种丧失则是一种法律上的不利益。

最近以来,许多人认为,在这里也应当对此作综合性考察

---

〔13〕 吉特-施密特(Gitter-Schmitt)对此表示同意,文载《法学教育》1982年,第253页以下。

〔14〕 施蒂尔纳(Stürner)的看法在思路上部分有异,文载《民法实务档案》第173卷,第402页。

〔15〕 文载《法学教育》1982年,第576页。

〔16〕 参见下文边码958。

〔17〕 参见克·施赖伯(K. Schreiber)文,载《法律学习》1993年,第666页。

(Gesamtbetrachtung)。他们认为,从总体上说,履行给限制行为能力人产生了利益,因为占有给付客体要比仅仅享有一项债权更为有利。[18] 但是,这一观点忽视了一个事实,即因履行,给付客体在法定代理人不知道的情况下到了限制行为能力人的手中,并且限制行为能力人可能消耗该客体。如果给付客体是金钱,那么这种危险就特别明显。

因此,我一如既往地[19]赞同通行的学说[20],认为,对相对于无完全行为能力人所负担的给付来说,其受领权限(Empfangszuständigkeit)[21]只归无完全行为能力人的法定代理人所享有。所以,只有在给付客体到达法定代理人手中,或者法定代理人对给付表示追认的情况下,才能发生履行的效果。以此原则为基础,根据无因原则,[22]不存在否定限制行为能力人取得所有权的理由。

二、中性行为

567 有些行为看上去是与行为人的财产毫无关系的,即它们既不给行为人产生法律上的利益,也不产生不利益。第165条允许限制行为能力人实施这样一种"中性的"行为:限制行为能力人可以作为代理人,使他人享有权利和承担义务。[23]

人们往往从中得出结论,认为限制行为能力人可以一般性地

---

〔18〕 哈尔德(Harder)就是这样认为的,文载《法学教育》1977年,第149页;1978年,第84页。持相似观点的有范·芬罗伊(van Venrooy),文载《企业顾问》1980年,第1017页。持不同看法者有瓦克(Wacke),文载《法学教育》1978年,第80页。

〔19〕 《民法》边码171。

〔20〕 拉伦茨的观点与我一致,《德国民法总论》§6,III,a1,第108页。

〔21〕 关于广泛意义的受领主管权,参见米勒-劳贝(Müller-Laube):《民法中的受领主管权》,1978年[有关该书的评论,见约翰(John)文,载《民法实务档案》第182卷,第284页]。

〔22〕 参见上文边码226。

〔23〕 参见下文边码886。

实施中性行为(allgemein neutrale Geschäfte vornehmen)。此类行为,即如限制行为能力人处分一种不属于其自己所有的客体。[24]只要处分行为是征得了权利人的同意的,[25]上述看法是没有疑虑的。这种情形有时本来就很难与代理行为加以区分,因为以自己的名义从事行为以及以他人的名义从事行为可以相互交融在一起。

相反,在限制行为能力人为无权处分的情况下,我一如既往 568
地[26]对允许[他人]善意取得[权利](如依据第932条及以下条款)存有疑虑(Bedenken)(当然这个问题属于物权法的讨论范畴了)。因为,如果被让与的客体真的像善意取得人所认为的那样属于限制行为能力人所有,那么不论取得人是否具有善意,仅仅由于让与人欠缺行为能力,取得人就无法取得权利了。在我看来,善意取得法律规定的宗旨,仅仅在于使取得人处于这样一种地位:他所认为之让与人享有处分权的看法是正确的。而在这里,即使让与人享有处分权,取得人也无法取得权利,那么在让与人不享有处分权的情况下,取得人就更不能取得权利了。[27]

这里所探讨的情形,在法律政策上与第165条所规定的情形也有不同。第165条规定限制行为能力人可以具有(合法的)代理权,并不意味着同时必须授予限制行为能力人从事非法的(因此可能要导致承担损害赔偿义务的)、处分他人权利的行为。

---

〔24〕 如弗卢梅(Flume):《德国民法总论》,第二卷,§13,7b,第196页;拉伦茨,同前引书,第109页以下;克·施赖伯(K. Schreiber)文,载《法律学习》1987年,第221页。

〔25〕 第185条,参见下文边码1030。

〔26〕 参见《民法》,边码540。

〔27〕 有关一般性论述,现在可参见冯·奥尔斯豪森(von Olshausen)文,载《民法实务档案》第189卷,1989年,第223页。约·布劳恩(J. Braun)的看法在结果上与这里相同,文载《法律学习》1993年,第459页。

第三节 征得法定代理人追认的行为

一、出发点

569 如上文边码560以下所述，在一项法律行为给限制行为能力人产生法律上的不利益的情况下，如果限制行为能力人未征得其法定代理人的允许而实施了此项行为，那么只有法定代理人对此表示追认，该行为才会有效。这即是说，在法定代理人表示追认或表示拒绝之前，该项行为处于效力未定状态。而由于在该行为处于效力未定状态的时候，[相对人]不能要求履行，因此这种情形被称为未定的不生效力（schwebende Unwirksamkeit）。[28]

570 在限制行为能力人实施单方法律行为（einseitige Geschäfte，如终止）的情况下，法律为了维护行为相对人的利益，规定不发生效力未定状态。由于行为相对人无法避开单方行为（这一点与订立合同有异），因此不应当让他处于对[这种行为]是否将得到追认的不确定状态之中。所以，第111条第1句规定，限制行为能力人在未得到必要的允许的情况下实施的单方行为无效。诚然，如果法定代理人依然向行为相对人表示“追认”，那么可以根据第140条规定，将这种“追认”转释为法定代理人事后自己实施此项法律行为。向未成年人授予的代理权，也可能与该未成年人在取得代理权之后订立的合同构成一个整体，因此[授予]代理权与[订立]合同一样是可以获得追认的。[29]

二、合同的追认

571 在双方法律行为（合同），法定代理人应当就是否对限制行为能力人实施的行为事后表示同意作出决定。在通常情形，肯定的

〔28〕 参见上文边码490。
〔29〕 《联邦最高法院民事裁判集》第110卷，第363页。

决定(追认)既可以向限制行为能力人表示之(内部追认),也可以向合同相对人表示之(第 182 条第 1 款)。追认使法律行为自始有效(第 184 条)。[30] 不过第 108 条、第 109 条中规定了一些例外规则,主要是为了减少合同相对人的不确定性:只要合同相对人仍然有理由期待[限制行为能力人的法定代理人]可能对合同表示追认,那么他就不能另行同他人订立合同。

(一)根据第 108 条第 2 款,合同相对人可以向法定代理人发 572
出催告,要求他就是否追认作出表示(zur Erklärung über die Genehmigung auffordern)。在此情形下,第 182 条第 1 款规定不适用,即追认表示必须向合同相对人发出;即使法定代理人事先已经向限制行为能力人发出了追认表示,这种表示也是无效的(第 108 条第 2 款第 1 句末尾)。根据第 108 条第 2 款第 2 句规定,如果追认表示是在催告到达两周后才发出的,该表示视作拒绝追认。这即是说,合同相对人最迟在这个时候能够明确知道合同是否有效。不过,第 108 条第 2 款有两点内容比较奇特。第一,根据文意和通说,该条规定不适用于法定代理人(事先)允许的情形;第二,根据第 108 条第 2 款第 1 句末尾的规定,法定代理人[先前]已向未成年人发出表示的,因合同相对人的催告而取得了重新作出决定的自由。[31]

(二)根据第 109 条,合同相对人可以更快地澄清合同是否有 573
效的疑问。如果合同相对人不知道[对方]是限制行为能力人,或者他有理由认为对方取得了有效的允许,那么他就可以通过撤回(Widerruf),使自己摆脱效力未定的合同的约束。[32] 特别是在有关行为对合同相对人不利,因而[限制行为能力人的]法定代理人

---

〔30〕 参见下文边码 1025。

〔31〕 有关这两点内容,参见科勒(Kohler),文载《法律学习》1984 年,第 349 页。

〔32〕 参见凯泽(Kaiser)文,载《法律学习》1982 年,第 77 页。

可能表示追认的情况下,合同相对人行使这一撤回权是很有意义的。

574 (三)最后,第 108 条第 3 款规定了限制行为能力人在效力未定期间成为完全行为能力人(voll geschäftsfähig geworden)的情形。在这种情况下,应当由他单独作出是否表示追认的决定。[33]

三、追认时的错误

575 法定代理人在表示追认时,往往对有待追认的合同的具体情况发生错误。例如,未成年的儿子购买了一台唱机,但父母得知的唱机价格[比实际价格要]低。如果这一虚假信息来自限制行为能力人的合同相对人(在案例中即为唱机的出卖人),那么通过适用一般的解释规则(allgemeine Auslegungsregeln)就可以解决问题了。因为在这种情况下,出卖人知道,父母只可能对(实际上不存在的)较低价格的买卖行为表示追认,即真正的、高价格的买卖行为是不可能得到追认的。相反,在这一虚假的信息来自限制行为能力人时,就不能用解释规则来解决问题了。在这种情况下,应当研究什么样的风险分配才是正确的(richtige Risikoverteilung)。合同相对人可以相信限制行为能力人已向其法定代理人提供了正确的信息吗?弗卢梅(Flume)认为,合同相对人不可以相信这一点。[34] 他的观点也许是正确的。既然如此,在此类情形中,追认表示因与待追认的行为不相一致而无效;应当由合同相对人向法定代理人本人提供信息才是。

所以,只有在[合同相对人]虽然提供了正确的信息,但法定代理人仍然对合同内容发生误解的情况下,法定代理人才有撤销[追认表示]的必要。在这种情况下,法定代理人对其涉及真实行为的追认表示的意义发生了错误,因此可以根据第 119 条第 1 款

---

〔33〕 参见上文边码 529 以下。

〔34〕 《德国民法总论》第二卷, § 13,7d bb,第 201 页。

第一种情形进行撤销。[35] 虽然有第 143 条第 3 款第 1 句、第 182 条第 1 款的规定，但这种撤销应当仅仅向合同相对人发出才是合法的，因为合同相对人才应当获得必要的信息，而限制行为能力人迟早总会知道其法定代理人的撤销行为的。

第四节　征得法定代理人允许的行为

一、一般规则

法定代理人可以事后追认限制行为能力人的行为，也可以事先允许这种行为。对此，先是适用第 182 条、第 183 条的一般规定。这即是说，允许与追认一样，可以在内部向限制行为能力人为之，也可以在外部向未来的合同相对人为之。同样，在实施被允许的行为之前，可以在内部或者外部撤回允许。 576

根据法律的文意，这里可能产生一种奇特的现象（merkwürdige Situation）。例如，父母对一个经销自行车的商人说，他们的儿子可以用自己的积蓄在他那里买一辆自行车。后来，儿子使父母生了气，所以父母对儿子说，我们不让你去买车子了。如果儿子[不听话]仍然去买了自行车，那么对父母的第二次表示一无所知的商人该如何受到保护呢？

在本案中，由于父母在外部发出的允许被及时地，因而是有效地撤回了，因此自行车商人对儿子的合同请求权可能无法成立。根据法律规定的文意，这一撤回表示仅仅是向内部发出的这一事实是无关紧要的。不过，这里应类推适用第 170 条、第 173 条的规定；这两条有关代理权的规定调整的是一种类似的情形。[36]

---

〔35〕 参见下文边码 745。

〔36〕 参见卡纳里斯（Canaris）：《德国私法中的信赖责任》，1971 年，第 70 页以下；下文边码 941。

如对本案稍作改变，则上述法律规定甚至可以直接适用。父母打算将自行车赠与给儿子，因此告诉商人说，他们的儿子可以以他们的——父母的——费用，在他那里购买一辆自行车。这一行为说明父母向儿子授予了一项外部代理权，儿子因此可以给父母设定义务，而这一外部代理权仅依第 170 条、第 173 条的规定始告消灭。

下面根据允许的范围进行分类。

二、个别允许

577 个别允许通常仅仅涉及某项特定的行为，如购买一辆自行车或租住一套住房。个别允许是否以及在何种程度上例外地也涉及一些辅助行为和后续行为（如解除自行车买卖合同或终止租赁合同）的问题，应通过解释予以解答。如果后续行为[对限制行为能力人]产生了根本的、其他的义务，则应认为个别允许并不扩及至此类行为。例如，允许[限制行为能力人]取得驾驶执照，并不包括也允许他事后租赁机动车辆。〔37〕

578 用第一行为所取得的东西再去从事其他行为，是否为允许所涵盖呢？我认为，只有在[限制行为能力人]本来也可以同样从事其他行为时，它们才为允许涵盖。〔38〕 例如，允许[限制行为能力人]购买唱片，通常也包括允许他与朋友交换唱片。相反，允许[限制行为能力人]购买彩票，并不意味着限制行为能力人事后可以自由处分其远远超出彩票面额的中奖所得。〔39〕

三、概括允许

概括允许是指关系到一系列行为的同意，如同意[限制行为

---

〔37〕《联邦最高法院，新法学周报》1973 年，第 1790 页以下。

〔38〕 参见《民法》，边码 174。

〔39〕《帝国法院民事裁判集》第 74 卷，第 234 页（1910 年）：一个未成年人用 3 马克购买了一张彩票，中彩得了 4000 马克，并用这笔钱买了一辆汽车。

能力人］从事与一次旅行或一次国外逗留相关的行为。第 112 条、第 113 条对两种特别广泛的概括允许形式作了特别调整。[40] 不过在讨论这两种形式之前，先分析一下第 110 条规定的允许，这种形式在实践中最为重要。

四、以给钱方式允许

迄今为止，我们都是以未成年的孩子承担法律行为上的义务作为分析问题的出发点。不过［在实际生活中，父母］往往不让其子女承担这种义务。更常见的事例是，［子女］应当通过支付现金，立即完成（durch Barzahlung erledigen）父母所允许的行为：孩子得到一笔金额，作为每个月的零花钱（Taschengeld），作为圣诞礼物或者用于支付旅行费用。父母往往也以让其孩子保留其一定部分劳动所得的方式给其孩子金钱。在所有此类情形中，由孩子从事的行为，依其意义，应局限在用父母给予的金钱可以支付的行为范围内。将第 110 条称为"零用钱条款"太过狭窄了。不过该条规定还包含着另外一项限制，即只有在限制行为能力人已用交给他的钱财实际履行了其应履行的给付时，由限制行为能力人订立的合同（才）视为自始有效。这即是说，在这里，通过给予钱财表达出来的允许，比前面所论及的允许范围更窄，因为这种允许不允许限制行为能力人欠下什么债务。 579

我们可以从下列例子中看出这种特殊性。如果限制行为能力人丢失了交给他的钱财，或者将该笔钱财用在了其他地方，那么本来应当用这笔钱来订立的合同就是无效的。当然，在给予钱财时，也可能存在一项超出第 110 条范围的允许，此项允许能够涵盖［限制行为能力人所承担的］义务。不过，考虑到第 110 条［的立法宗旨］，只有在具备特别的理由时，才能例外地认为存在这样一种允许。

---

〔40〕 参见下文边码 583 以下。

580 在有关行为要求限制行为能力人提供多项给付(mehrere Leistungen)的情况下,应对第110条的适用作出下列区分。在不可分行为,限制行为能力人支付最后一笔款项时,行为才生效。这一点特别适用于分期付款买卖行为。这即是说,在限制行为能力人支付最后一笔款项之前,买卖合同处于效力未定状态。相反,在租赁合同,只要限制行为能力人在一定期间内支付了租金,这个期间的租赁合同就是有效的。

581 适用第110条,也意味着限制行为能力人只有在其法定代理人享有代理权的范围内,才能实施赠与行为(Schenkungen)。因此应当注意第1641条、第1804条规定,它们只允许[限制行为能力人从事]负担赠与和礼仪赠与行为。第1908条i第2款第1句对照管人的规定则要慷慨些。

582 根据第110条规定,第三人给予(durch einen Dritten)限制行为能力人钱财,以授予其从事法律行为的权力的,必须征得法定代理人的同意。第三人不应有能力排除法定代理人的决定权。举例说,一个12岁的小男孩从他叔叔那里得到了100马克作为生日礼物,如果孩子在其父母不知情的情况下用这笔钱去购买了一把汽枪,那么这项买卖是无效的。

五、第112条、第113条的概括授权

583 (一)第112条、第113条对两类涉及重要的行为领域的允许(法律规定中称为"授权")作了调整。这两条法律规定与普通的概括允许[41]相比,包含了一项重要的例外。在普通的概括允许,限制行为能力人对其获得允许的行为具有主管权,同时其法定代理人也还具有主管权,亦即二者可以同时从事行为。举例说,即使父母已经允许其未成年的儿子去旅行,他们仍然可以为儿子订购车票或预订客房,这些行为对儿子直接产生效力。与此相比较,第

〔41〕 参见上文边码578。

112 条、第 113 条的授权则导致被授权人自身享有行为能力，只不过这种行为能力在实体方面受到一定的限制（sachlich begrenzte Geschäftsfähigkeit）。[42] 在限制行为能力人自身享有行为能力的范围内，这种行为能力排斥了法定代理权。这即是说，在这里，只有被授权人（nur der Ermächtigte）才能从事行为。

当然，在第 113 条情形，[限制行为能力人的]这种单独主管权的实际意义并不很大。因为只要法定代理人想自己实施行为，就可以直接撤回这种概括允许（第 113 条第 2 款），恢复他自己的主管权。而在第 112 条情形，法定代理人想撤回其允许的，必须征得监护法院的同意（第 112 条第 2 款）；换言之，在这里，法定代理人不能够直接取回其业已丧失的主管权。

（二）对第 112 条、第 113 条，还有下列各点需要说明。 584

1. 第 112 条涉及[未成年人]独立经营某项营业活动。营业活动（Erwerbsgeschäft）的概念比商行为（Handelsgeschäft）的概念更为广泛，特别是也包括艺术类职业。不过，根据第 112 条第 1 款第 2 句规定，那些法定代理人需要征得监护法院同意后才可有效从事的行为，被授权人不得单独实施之。这类行为，对监护人来说，主要是第 1821 条及以下条款规定的行为；对父母来说，主要是第 1643 条及以下条款所称的行为。举例说，被授权人不得签署汇票（第 1643 条第 1 款，第 1822 条第 9 项），不得任命经理人（第 1643 条第 1 款，第 1822 条第 11 项）。父母授予的法律权力，比监护人授予的法律权力的范围要广泛一些：第 1643 条第 1 款没有列举第 1822 条的所有行为类型。

2. 第 113 条涉及的是[未成年人建立]雇佣关系或劳动关系。 585
学徒合同不属于这条规定的范畴，因为在学徒合同中，培训的目的

---

〔42〕 第 112 条第 1 款第 1 句、第 113 条第 1 款第 1 句：“……则未成年人对此类行为具有无限制的行为能力，……”。

占据着主导地位。[43]

第 113 条的重点在于对授权的范围作了广泛(weite Ermächtigung)的表述。被授权人不仅有权建立某项雇佣关系或劳动关系,而且也有权自行终止这种关系,在发生疑问时甚至还有权建立一种新的关系(第 113 条第 4 款)。此外,授权涵盖整个合同的履行,特别是受领对待给付。今天,由于工资大多不以现金方式支付,因此未成年人设立工资帐户(Einrichtung eines Gehaltskontos)并从该账户上提取款项的行为,也仍应属于第 113 条的范畴。相反,从该账户中汇出款项的行为已构成了使用工资的行为,因此不再被第 113 条所涵盖。不过在这里可以适用第 110 条的规定。[44]

由于第 113 条的表述很宽泛,因此有理由认为,授权也包括未成年人加入工会(Beitritt einer Gewerkschaft)的行为。[45]

586 最后,根据第 113 条第 3 款规定,被监护人也可以违背监护人的意思(gegen den Willen des Vormunds),通过监护法院取得授权。与此相反,只有在具备了第 1631a 条第 2 款规定的严格得多的要件的情况下,亦即在父母明显地对其子女不闻不问,使子女的发展遭受重大的不利影响时,未成年人才可以违背父母的意思取得授权。

第五节　人合公司中的限制行为能力人

587 限制行为能力人参与商法上的人合公司的问题,主要出现在

---

〔43〕 海因里希斯(Palandt - Heinrichs)撰:《帕兰特德国民法典评注》,第 113 条,边码 2。但对此尚存争议。

〔44〕 参见上文边码 579。

〔45〕 参见吉勒斯 - 威斯特法尔(Gilles-Westphal)前面参考文献所列文章。

家庭公司(Familiengesellschaften)中。在许多情况下,父母要求其尚未达到成年年龄的子女出任负无限责任的股东或者(大多是)负有限责任的两合公司股东。这种做法的原因不一而足。[46] 有时是为了为企业的承继作准备;有时是为了通过部分财产的先行继承节省遗产税;有时是为了将收入分配给若干个人而减少个人所得税的累进比例。

从私法上看,主要有三个问题。下面对此作一简要介绍。 588

一、在订立公司合同时,父母能否代理(vertreten)其子女?在父母自己已经是股东或者将成为股东的情况下,这样做似乎违反了第181条的规定;对没有参与公司的一方父母来说,这样做也似乎违反了第1795条第1款第1句、第1629条第2款第1句的规定。不过根据新近的司法判例,如果以赠与方式接纳未成年子女加入公司仅仅给他产生法律上的利益,那么这些法律障碍就可忽略不计。[47] 在这种情况下,也可根据第107条规定,由限制行为能力的子女自己来从事行为。不过这种情况只可能出现在未成年子女作为两合公司的有限责任股东加入公司之时,而且条件必须是父母将待缴纳之出资(商法典第171条,第172条)全额赠与给子女。否则的话,个人责任(也包括商法典第128条的法定责任)构成一项法律上的不利益。[48]

二、根据第1822条第3项、第1643条第1款,"为了经营某项营业活动而订立的"公司合同,必须征得监护法院的同意(vormundschaftliche Genehmigung)。这一点对于两合公司的有限责任股东来说是有疑问的,因为他本身被排除在事务执行和代表权之 589

---

〔46〕 参见赖施(Raisch):《企业法》第一卷,1973年,第149页以下;第152页以下。

〔47〕 参见下文边码961。

〔48〕 格恩胡贝尔-克斯特尔=瓦尔清(Gernhuber-Coester = Waltjen):《亲属法》,§61 III8,第995页。

外（商法典第 164 条、第 170 条[49]）。尽管如此，联邦最高法院的一项判例[50]认为，[未成年人]订立公司合同必须征得监护法院的同意。[51] 司法判例和学术界通常认为，事后对公司合同的变更，则不需要征得监护法院的同意。[52] 某个由未成年的共同继承人参与的、未经分割的继承人共同体继续经营商行为的，也不需要依据第 1822 条、第 1643 条征得[监护法院的]同意。[53] 不过这一判决被联邦宪法法院的一项判决[54]废除了。在本案中，父亲死亡后，母亲与其两个未成年的女儿以未经分割的继承人共同体形式，将其继承的营业继续经营下去，并在经营过程中欠下了 80 万马克的债务。[债权人]要求两个女儿支付欠款，联邦最高法院也判令两个女儿承担债务。而联邦宪法法院指出：父母不得依据其代理权（第 1629 条）而为其未成年子女设定无限制的义务。对于已经成年的子女，必须给他们留有余地，让他们自主地决定其今后的生活，并在不承担不可合理期待的、其不负有责任的各类负担的情况下，构建其今后的生活。这是由未成年子女的一般人格权提出的要求（《基本法》第 2 条第 1 款结合第 1 条第 1 款）。因此，立法者必须制定相应的规定，使未成年人继续经营商营业的行为要么不

[49] 取得有限责任公司的股份通常也不需要征得监护法院的同意：《联邦最高法院民事裁判集》第 107 卷，第 23 页。

[50] 《联邦最高法院民事裁判集》第 17 卷，第 160 页。

[51] 持相同观点者如格恩胡贝尔－克斯特尔＝瓦尔清，同前引书，§60 IV6，第 972 页。

[52] 如《联邦最高法院民事裁判集》第 38 卷，第 26 页；《联邦最高法院，新法学周报》1961 年，第 724 页；格恩胡贝尔－克斯特尔＝瓦尔清，同前引书，第 973 页。

[53] 《联邦最高法院民事裁判集》第 92 卷，第 259 页。克·施密特对此判例提出的批评见《新法学周报》1985 年，第 138 页。

[54] 《联邦宪法法院，新法学周报》1986 年，第 1859 页。

会产生超出其继承份额的责任,要么需要征得监护法院的同意。[55] 现在,(1997 年年初,亦即在联邦宪法法院作出上述裁判后十多年)才制定出了一份法律草案,以满足联邦宪法法院提出的要求。[56]

三、子女为行使其在公司中的权利,即如其[参与作出]公司 590
决议的权利,是否要求设置一名长期保佐人(Dauerpfleger),因为父母行使代理权会违反第 181 条的规定?联邦最高法院的一项判决[57]认为,在通常情况下不需要这样做。这一判决是正确的,[58]因为在日常的事务执行方面,父母和子女的利益通常是一致的,因此第 181 条所担心的利益冲突并不存在。

第六节 未成年人与联邦邮政

根据原《邮政法》[59]第 8 条第 1 款,任何人都有权使用邮政设 590a
施,使用人"不具有权利能力或者不具有完全行为能力的亦然"。根据原《邮政法》第 7 条规定,因此类使用行为产生的法律关系,由该法及各种使用条例调整。一种通行的学说从这一事实中推导

[55] 参见卡·施密特(K. Schmidt)文,载《企业顾问》1986 年,第 1238 页;费纳曼(Fehnemann)文,载《法学家报》1986 年,第 632 页;许费(Hüffer)文,载《公司法杂志》1986 年,第 603 页。卡纳里斯(Canaris)的看法则更进一步,载《法学家报》1987 年,第 993 页。

[56] 这份草案刊登在《经济法杂志》1996 年,第 935 页上。对该草案的评论,参见道纳－利布(Dauner－Lieb)文,载《经济法杂志》1996 年,第 1818 页。

[57] 《联邦最高法院民事裁判集》第 65 卷,第 93 页。

[58] 持相同观点的学者有格恩胡贝尔－克斯特尔＝瓦尔清,同前引书,第 994 页。

[59] 1969 年 7 月 28 日的《邮政事业法》,载萨托里乌斯(Sartorius)编:《德国宪法与行政法汇编》第 910 号。

出，未成年人使用邮政设施的，与完全行为能力人一样承担义务。[60] 联邦行政法院曾判决在承担义务之时尚未成年的邮政支票帐户的所有人支付35150马克及利息。[61] 联邦行政法院认为，完全行为能力并不是依《邮政支票条例》设立邮政支票关系时必须具备的条件。在这里，联邦行政法院是以“明白无误的法律文意”以及“立法者确定无疑地表达出来的意思”为依据的。

对这一结论，本书作者在本书的第4版中就作过反驳。从上述规定中，人们根本不能“明白无误地”得出下列结论：未成年人可以在没有其法定代理人参与的情况下，向联邦邮政承担任意金额的义务。现在对《邮政法》作了修订，新《邮政法》第8条第1款中删去了有关不需要具有权利能力或行为能力的规定，而第7条则将邮政与其顾客之间的关系置于私法的管辖之下（只有一个微不足道的例外，即送达，《邮政法》第16条）。私法当然也包括民法典第104条及以下条款。《邮政法》第8条第1款依然规定邮政负有强制缔约的义务，这一规定同样丝毫不能改变第104条及以下条款的适用。此类强制以及特定的资费标准（参见《邮政法》第9条）也适用于联邦铁路，而在这方面却没有哪个人会想到要排除第104条及以下条款的适用。因此，至少在修订的法律生效之后，邮政不得相对于未成年人享有特权了。

---

〔60〕 如尧尔尼希（Jauernig）文，载《新法学周报》1972年，第1页，第4页以下；第1311页；《亲属法杂志》1974年，第631页。

〔61〕 《新法学周报》1984年，第2304页。埃勒斯（Ehlers）对此判决表示反对，文载《法学家报》1985年，第675页。

第四十章 意思保留与表示意识

参考文献：贝尔(A. Bär)：《虚假行为》，1931年；霍尔茨豪尔(Holzhauer)：《心意保留的理论与法律史》，载《格缪尔(Gmür)纪念文集》，1983年，第119页以下；卡利莫波洛斯(Kallimopoulos)：《民法中的伪装》，1966年；克拉默(Kramer)：《间接代理人的虚假行为——〈联邦最高法院，新法学周报〉1982年，第569页》，载《法学教育》1983年，第423页以下；克罗普夫(Kropff)：《论具有决算政策方面动机的行为的效力》，载《公司法杂志》第22卷，1993年，第41页以下；米夏埃利斯(Michaelis)：《法律和法律实务中的虚假行为、隐藏行为和伪装行为》，载《维亚克尔(Wieacker)纪念文集》1978年，第444页以下；厄尔特曼(Oertmann)：《虚假行为与恶意串通》，载《法》1923年，第74页以下；卡·沃尔夫(K. Wolff)：《心意保留》，载《耶林民法学理论年刊》第81卷，1931年，第53页以下；武斯特(Wurster)：《基本案情中的虚假行为》，载《企业》1983年，第2057页以下。也请参见下文边码605所列参考文献。

第一节 意思保留的类型

一、概述

591 “意思保留”这一名称，泛指第116条至第118条所规定的几种情形。它们具有下列两点共同之处。

（一）表意人发出了某项意思表示。表意人知道，根据一般的理解，其表示出来的内容在法律交易中是具有法律意义的。与边码605以下所论述的情形不同，在这里，表意人具有所谓的*表示意识*（Erklärungsbewuβtsein）。

（二）尽管如此，*表意人不想*（der Erklärende will nicht）使其表示出来的内容产生法律效力。表意人内心的意思与其表示出来的内容相反，是不想使后者产生效力（因此称之为“意思保留”）。

二、区别

592 第116条至第118条诸事实构成的不同之处，在于意思保留是以不同的形式向外表现出来的。

（一）心意保留（第116条）

在第116条之情形，表意人将其“秘密”作出的保留隐藏起来。这样一种保留在通常情况下应该是*无效*（regelmäβig unwirksam）的，亦即这种保留不能影响到表意人表示出来的内容（第116条第1句）。这一点“具有理所当然的正确性”[1]。其实，运用一般的解释规则，[2]也可以得出这一结论：谁知道并且愿意其意思表示应被他人作无保留的理解，谁就必须承认其意思表示对自己产生效力。

第116条第1句也适用于*有意识的模棱两可*（bewuβte Un-

〔1〕 弗卢梅（Flume）：《德国民法总论》第二卷，§20，1，第402页。

〔2〕 参见上文边码323。

deutlichkeit)情形:[根据表意人的意思,]受领人不应认识到这种模棱两可性。[3] 在帝国法院的一项判决中,[4]出卖人 V 向买受人 K 发出了一项书面的买卖要约。K 以他人几乎无法觉察的方式,将一项条款括入括弧内,然后在要约书上签了字。V 在没有觉察到括弧——正如 K 所希望的那样——的情况下,也签了字。事后,K 欲不承认被括弧括在里面的内容的效力。帝国法院根据第 157 条(诚实信用),判定 V 胜诉。如果这一判决以第 116 条第 1 句为依据,那就更为精确了。

根据第 116 条第 2 句,如果一项需受领的意思表示的受领人 593
出人意料地认识到了[表意人的]保留,那么[表意人的]意思表示就例外地无效(Erklärung ausnahmsweise nichtig)。这一规定,特别是遭到了拉伦茨(Larenz)的批评。[5] 他认为,心意保留是一种欺骗相对人的尝试。因此,这种情况与[相对人]发现[表意人发生了]错误不同。法律应当规定,相对人在认识到了对方的心意保留时,行为应对相对人发生效力。* 然而,[在我看来]既不能确定[表意人]的保留是恶意的,[6]也不能确定第 116 条第 2 句规定的无效后果是有害于相对人的。即使这种无效性符合表意人的秘密意思,它也可能产生不利于表意人的后果。所以,第 116 条第 2 句的规定总的说来应该是清楚的。当然,我们应当对这条规定作限缩解释,即即使意思表示的受领人认识到了表意人的保留,只要该

---

〔3〕 弗卢梅,同前引书,第 403 页。

〔4〕 《帝国法院民事裁判集》第 100 卷,第 134 页。

〔5〕 最近的观点见《德国民法总论》,§20Ia,第 364 页。

〔6〕 参见下文边码 597。

* 这句话的原文为:"因此,这种情况与[相对人]发现[表意人发生了]错误不同。法律规定相对人在认识到了对方的心意保留时应对相对人发生效力,是不恰当的。"经与原书作者当面讨论,原书作者认为原文表述有误,因此口头同意进行更正。——译者注。

意思表示还针对其他的、不知道该保留的人发出,那么该意思表示仍应有效。〔7〕

(二)虚假行为(第 117 条)

594 在虚假行为,表意人仅仅是虚假地发出了一项需受领的意思表示,而受领人对此是同意的。在这里,[双方]往往不仅对这种保留心照不宣,而且还着意加以约定:[表示出来的内容]不应产生法律效力成了法律行为的内容(Nichtgeltung wird zum Geschäftsinhalt)。第 117 条第 1 款规定,在此种保留下发出的意思表示无效。这一点实际上同样是不言而喻的。例如,如果借贷双方约定贷款人给付的金钱不必偿还,则并不存在一项有效的借贷合同。〔8〕 这方面的难题是,是否应当以及如何才能保护因虚假行为而受到欺诈的第三人的利益。〔9〕 无论如何,对一项行为只能作出统一的评价。人们不能认为,行为人在税法上具有实施某项行为的意思,而在民法上却不具有这种意思。〔10〕

在无效的虚假行为之外,往往还存在另一项被此项虚假行为所掩盖的、双方当事人真的意欲达成的行为。我们称前一项行为为伪装行为,而称后项行为为隐藏行为(dissimuliertes Geschäft)。根据第 117 条第 2 款,对于隐藏行为,应“适用对于隐藏行为适用的规定”。这即是说,此项行为并不会因为其没有被表达出来(亦即它处于隐藏状态)而无效。不过,在另一方面,此项行为也不应(理所当然地)径自有效,而是应当根据适用于此类行为的规定的标准来评判。

595 第 117 条两款规定之间相互作用的关系,明显地反映在所谓

〔7〕 参见弗卢梅,同前引书,第 403 页以下。

〔8〕 《联邦最高法院,经济法杂志》1996 年,第 2159 页。

〔9〕 参见下文边码 598 以下。

〔10〕 《联邦最高法院,新法学周报》1993 年,第 2609 页。

的私下买卖行为(Schwarzkauf)中。在买卖行为,特别是土地买卖行为中,买卖双方约定了一个数额更高的价格,但在作成公证书的买卖合同中给出的却是一个数额较低的价格。[11] 在此种情形,作成公证书的买卖行为给出的较低价格并不符合买卖双方的意思。根据第117条第1款,这一行为是无效的。依据第117条第2款规定,对于符合买卖双方[真实]意思的、以较高价格为内容的行为,应适用第313条、第125条的规定。这样,此项行为同样也是无效的,不过其无效的依据不是第117条第1款,而是第125条第1句。揭示这一区别不无意义,因为根据第313条第2句规定,买卖合同虽然不符合形式要件,但在买卖双方就土地所有权移转达成合意并将取得人登记入土地登记簿册后,买卖合同即告生效。类似的情况也可能发生在出售有限责任公司股份的行为中。根据《有限责任公司法》第15条第4款规定,出售有限责任公司股份的行为必须作成公证书。出于税收方面的原因,买卖双方约定将价款的一部分作为“咨询费”来支付。[12]

诚然,在有关行为还必须具备其他生效要件,而这些要件又不具备的情况下,此项行为并不生效。以国家批准的必要性为例加以说明:如果此类批准是给予公证合同的,则它并不能涵盖未遵守形式要件而约定的合同。该合同因欠缺必要的国家批准仍然不能生效。

(三)戏谑行为(第118条)

从某种程度上来说,“戏谑行为”(这一表述过于狭窄,足以引人产生误解)处于心意保留和虚假行为之间。在这里,表意人既 596

---

〔11〕 这样做大多是为了少缴税、费。在通常情况下,合同并不仅仅因为这一事实而无效,参见《汉姆州高等法院,企业顾问》1989年,第651页。另一个原因是,在国家管制价格的时代,这样做是为了取得必要的批准。

〔12〕 《联邦最高法院,新法学周报》1983年,第1843页。

没有私下隐藏其保留（如在第116条中），[相对人]也并没有对保留表示同意（如在第117条中）。相反，表意人期待着其“并非出于真意的事实不会被他人所误解”。这即是说，表意人至少是想以下列方式使相对人认识到自己的真意保留：在起初的惊谔以后，能够理解表意人的真实意思。当然，如果相对人出乎表意人的意料，没有理解表意人的保留，这时的法律状况就可能产生问题了。〔13〕第118条规定戏谑行为无效。但是，根据第122条规定，表意人应向信赖其意思表示为有效的相对人赔偿消极利益，赔偿的数额以积极利益为限。这一规定，与因错误撤销意思表示（其意义当然要大得多了）的后果一样。因此，本书在下文边码783以下[再来一并]探讨第122条。

当然，“戏谑行为”是非常罕见（nur sehr selten）的。有时举出的例子，如舞台上的意思表示或课堂上的意思表示（“用一匹马换一个王国”；“我向您购买……”），实际上并不属于戏谑表示，因为在此类表示中，一开始就没有人相信它们会产生法律效力。〔14〕在另一方面，[表意人]不一定非得真正具有“戏谑”的意图不可。表意人自吹自擂的表示或夸张的吆喝广告（这种广告因此不具有第463条第1句的担保作用），也可构成此类行为。切尔温卡（Tscherwinka）〔15〕主张将第116条*的适用范围扩及至“在受挑衅或受污辱以及遭受压力的状态下发出的”意思表示（“痛苦表示”）。这种看法不应予以赞同，因为这种情况属于第123条的适用范围了。

〔13〕这种情形与第116条第2句的情形正好相反，参见上文边码593。

〔14〕参见拉伦茨，同前引书，§20Ib，第365页。

〔15〕切尔温卡（Tscherwinka），文载《新法学周报》1995年，第308页。

* 原文如此。正确的表达应是“第118条”。——译者注。

第二节 意思保留的具体问题

第116条至第118条的规定在实践中没有太大的意义。下面再简要提一下几个具体问题。

一、善意的心意保留

假设债权人G对罹患重病、即将死亡的债务人S表示免除其 597
债务,以减轻S的死亡痛苦。有人认为,由于G是善意的,因此应适用第118条(后果是免除债务的行为无效),而不应适用第116条。但是,法律并没有将第116条规定的适用局限在表意人具有恶意的范围内。因此,依然必须适用第116条的规定,因为G已无法向S说明其内心的保留了。这也就是说,在通常情况下,债务免除行为是有效的。

二、虚假行为中对第三人的保护

第117条第1款遵循当事人意思,规定其虚假所为的法律行 598
为无效。不过,在通常情况下,双方当事人这样做是为了欺骗某个第三人。法律作出这种尊重当事人意思的规定,会不会不适当地损及该第三人的利益呢?

(一)在这里,首先应当加以考虑的是,虚假行为的生效往往不会对第三人产生什么利益(Wirksamkeit dem Dritten nichts nutzen)。例如,在私下买卖土地交易中,合同中给出较低的价格,是为了偷逃本应缴纳给公证人和国库的费和税。只有发现了符合买卖双方真实意愿的、较高的价格,公证人和国库的利益才能受到保护。坚持让虚假行为对当事人产生效力,充其量可出于威慑(Abschreckung)方面的考虑:既然出卖人必须担心,自己可能以接受不符合买卖双方真实意愿的、较低价格的对待给付来承担义务,他就不会再去实施此类虚假行为了。然而,这一制裁后果所产生的利益,只有在例外情形,才能对另一方行为当事人合理成立。因此,只有在个别的价格法律中,才规定了双方当事人必须接受虚假行为的约束,但是这一原则不足以作为一般法律后果适用。

599 (二)有时,虚假行为的无效性也会对第三人产生损害。在这种情况下,可以考虑适用下列规则:双方当事人之间旨在达成虚假行为的保留,相对于第三人而言,仅仅是一种心意保留,因而对第三人不具有意义(gegenüber dem Dritten als bloβe Mentalreservation unbeachtlich)。在债权让与法中,对第405条、第409条就可作出这样的解释。如根据第405条第一种情形,债务证书的虚假性质对善意的新债权人(债权受让人)不发生作用。这一规则,还可以超越这两条法律规定的范围,扩及至其他领域。[16] 例如,代理人与另外一个人实施的虚假行为,如被代理人对这一保留不知情,则该行为相对于被代理人就是有效的。

600 (三)如果通过上述两种途径仍然不能维护第三人的利益,可以考虑第826条规定的损害赔偿请求权。

601 **三、信托、间接代理和虚假行为**

应将第117条第1款规定为无效的虚假行为,与信托行为、间接代理行为界定开来。

(一)信托

信托(Treuhand, das fiduziarische Geschäft)[17] 以多种形式(in vielen Formen)出现,尤其常见于信贷担保。在信贷担保行为中,受托人(即被担保人,担保债权之债权人)在外部关系上取得的权利,大于其相对于信托人(担保人,担保债权的债务人)有权行使的权利。例如,在担保性所有权移转行为和担保性债权让与行为

---

〔16〕 参见《帝国法院民事裁判集》第134卷,第33页,第37页以下;弗卢梅,同前引书,§20,2c,第411页以下。

〔17〕 基础性的论著见科英(Coing):《依私法上的法律行为成立的信托》,1973年;格伦特曼(Grundmann):《德国民法体系中的信托合同》,1995年;亨斯勒(Hensler)文,载《民法实务档案》第196卷,1996年,第37页。

中,虽然受托人仅应享有类似于质权人的权利,但是受托人成为了所有权人或债权人。

在信托行为中,双方当事人希望使行为产生法律效力,这一点与第117条第1款的规定不同。信托行为双方当事人的保留,并非旨在否认行为产生法律效力,而仅仅在于阻止受托人完全行使[信托人]授予他的权力。因为只有在信托行为有效的情况下,受托人才能阻止其债务人的其他债权人对担保物采取强制措施,以保护自己的债权免遭其他债权人的损害。下列行为可能构成虚假行为:土地所有权人与第三人通谋,在土地上为该第三人的利益设定了高额负担,以使这一高额负担的假象阻止其他债权人采取强制执行措施。不过,即使在这种情形下,也只有在双方约定第三人不得[实际]行使其担保权益时,虚假行为才能成立。[18]

(二)间接代理行为 602

在1980年修订《有限责任公司法》以前,间接代理行为(Strohmanngeschäft)*的适用范围是一人有限责任公司(Einmann-GmbH)的设立。由于法律规定设立有限责任公司必须订立公司合同,因此除了未来的单独股东外,还必须有另一个人的存在。如果这个人在公司设立后立即退出公司,而且在设立公司之时也仅仅以维护未来的单独股东的利益为宗旨从事行为,这个人就是间接代理人。1980年《有限责任公司法》修订以后,删除了订立合同的要件。[19]

间接代理行为也出现在其他领域(in anderen Zusammenhängen),而且至今仍时有所闻。特别是在对某项行为 603

〔18〕 参见梅迪库斯:《民法》,边码127。

〔19〕 《有限责任公司法》第1条:一个人就可以设立有限责任公司。有关这方面的新问题,参见许费尔(Hüffer)文,载《商法杂志》第145卷,1981年,第521页。持批评意见者如弗卢梅(Flume)文,载《商法杂志》第146卷,1982年,第205页。

* Strohmann本意为"稻草人"。——译者注。

真正感兴趣的人因某种原因(如因有犯罪前科或有其他瑕疵),不能够亲自实施该行为的时候(如他无法取得许可证,或者不具备在交易所从事期货行为的资格[20]),他往往就会把某个间接代理人推向前台。在这些情况下,即使行为相对人知道行为人是[后台老板的]间接代理人,设置间接代理人的行为也仍然是有效的。[21] 因此,是间接代理人(而不是其后台老板)对行为相对人承担责任,同时也向行为相对人享有权利。只有在间接代理人与第三人之间约定间接代理人不得享有权利,也不得对间接代理人主张权利时,才构成虚假行为(Scheingeschäft)。[22]

一般说来,只有在例外地约定了间接代理人不享有权利也不负有责任的情况下,才能考虑适用第 117 条规定。[23] 在这种情况下,第三人与间接代理人之间的行为就是一种无效的虚假行为。不过,这种虚假行为的后面可能隐藏着一项第三人与后台老板之间的行为。对该项行为,应根据第 117 条第 2 款进行评价。

四、表意人知道对方严肃对待自己的戏谑

604 G 是一个懒惰的人。假设 S 开玩笑对 G 说,你不要工作了,你可以免费住到我的周末度假屋去。[24] 如果 S 在说这些话的时候,希冀 G 会认识到,自己的这一要约只是开开玩笑而已,则 S 的表示依第 118 条规定无效。不过,如果 S 看到,G 对这一建议“当了真”,并且答应了这一建议,即如 S 准备终止其房屋租赁合同和

---

〔20〕《联邦最高法院,新法学周报》1995 年,第 727 页。

〔21〕如《联邦最高法院,新法学周报》1982 年,第 569 页[有关评论,参见克拉默(Kramer)文,载《法学教育》1983 年,第 423 页];《科隆州高等法院,新法学周报》1993 年,第 2623 页。

〔22〕前引联邦最高法院判例,《新法学周报》1982 年,第 569 页。也许《联邦劳动法院,新法学周报》1993 年,第 2767 页也是这样认为的。

〔23〕前引联邦最高法院判例,《新法学周报》1982 年,第 569 页。

〔24〕这是一种借用行为,而不是依第 518 条需要符合形式要件的赠与约定,《联邦最高法院民事裁判集》第 82 卷,第 354 页。尚有争议。

劳动关系，这时该怎么办呢？S必须向G说明真实情况吗？如果S没有说明真实情况，他要承担责任吗？如果要承担责任，是根据第122条、第118条赔偿消极利益，还是必须在消极利益之外承担履行利益呢？

有人认为G可以请求S履行合同。这种看法是正确的。我更倾向于赞同弗卢梅(Flume)陈述的理由：[25]只要表意人有意促成了意思表示受领人对意思表示严肃性的信赖，就应将意思保留当成并不重要的心意保留(第116条第1句)。

第三节　表示意识

参考文献：比德林斯基(Bydlinski)：《表示意识与虚假行为》，载《法学家报》1975年，第1页以下；卡纳里斯(Canaris)：《德国私法中的信赖责任》，1971年，第427页以下，第548页以下；古迪安(Gudian)：《欠缺表示意识》，载《民法实务档案》第169卷，1969年，第232页以下。

一、欠缺表示意识的案例

在上述诸种意思保留情形，表意人知道其意思表示可能被他人理解为具有法律意义的表示。与此不同的是另外一些情形。在此类情形，表意人并没有意识到这一点，亦即他以为他发出的表示不具有什么法律意义。这方面有一个典型的教科书案例，即“特里尔葡萄酒拍卖案”(Trierer Weinversteigerung)。在特里尔举行的葡萄酒拍卖会上，有人举起手来向一个朋友致意，而根据当地的习 605

〔25〕 弗卢梅，同前引书，§20，3，第414页。持相同观点者有克拉默(Kramer)撰：《慕尼黑版德国民法典评注》，第118条，边码7。拉伦茨的观点与此仅有些许差异，参见《德国民法总论》，§20Ⅰb，第366页。

惯,举手意味着发出一个更高的报价。类似的事例还有:被请求签名的演员,在一无所知的情况下,签署了一张汇票;有人以为自己是在祝贺名单上签字,而实际上这是一份捐赠者名单;因疏忽而发出了一封具有法律内容的信件[26]。许多人也经常举出下列例子加以说明:某项行为应理解为同意或者确认,但行为人在不知该行为必须征得同意或者必须得到确认的情况下,从事了该行为。例如,未成年人作为限制行为能力人,用他的零用钱订立了一项分期付款买卖合同;该项合同起初是无效的(第 110 条[27]),但未成年人错误地以为该行为对自己有拘束力。其间,行为人已经成年,他继续支付该项分期付款合同的款项(第 108 条第 3 款)。

606 与此不同的还有另一类非常罕见的情形。在这里,承载着表示行为的意思[所谓的*行为意思*(Handlungswille)]即已欠缺,如在睡着的时候或在催眠状态下说话,或某种神经质的、看上去像发出意思表示样的颤动。此类表面上像意思表示的现象,根据或者准用第 105 条第 2 款规定为无效。这一点是明确无疑的。[28]

二、法律上的处理方法

607 欠缺表示意识的有关案例,并没有太大的实际意义。而人们对此种情形所产生的法律后果的争议,则大大超出了这些案例的实际意义。

(一)*以前有一种观点*(ältere Ansicht)认为,行为人在不具备表示意识的情况下发出的意思表示无效。此说的理由是:根据第 118 条中,即使表意人认识到其表示的法律意义,而只是期待受领人会意识到自己表示的不严肃性,意思表示便已无效。行为人在不知道其发出的东西具有法律意义的情况下所发出的意思表示,

[26] 参见上文边码 266。
[27] 参见上文边码 580。
[28] 参见上文边码 544。

那就更应无效了。

一种日益占据主导地位的观点（vordringende Ansicht）则对上述论据提出了有理的反驳。在第 118 条中，表意人的意图是不想让其意思表示发生法律效力，法律考虑了表意人的这一意思。相反，在欠缺表示意识之情形，从事表示行为的行为人，对［其表示］是否应发生法律效力还没有形成自己的意思。因此，与第 118 条之情形不同，在这里，赋予行为人事后就此形成自己意思的可能性是有意义的。〔29〕 实现这种可能性的法律技术上的手段，是认定［表意人］享有撤销权（Anfechtbarkeit）。如果赞同比德林斯基（Bydlinski）的意见，〔30〕将欠缺表示意识的表示视为表示错误的一种情形，也可以得出相同的结论。这样就可以直接适用第 119 条第 1 款、第 121 条的规定了。

对于上述观点，不能够用下列论据予以反驳：不想表示出具有法律意义之东西的人，也不需要享有选择权，举例说，认为那个在葡萄酒拍卖会上向朋友招手致意的人具有购买一大桶葡萄酒的意思，是有悖常理的。我之所以认为不能以此论据来反驳，理由有两点。其一，既然去到葡萄酒拍卖会现场，就不能排除具有购买葡萄酒意思的可能性。其二，在其他情形——如在因疏忽将信件投寄——表意人想让其表示发生法律效力的可能性更要大得多。

（二）从行为人必须根据第 121 条或者类推适用第 121 条规 608
定撤销其表示这一要件中，我们还不能够直接推导出下列结论：撤销人也必须根据第 122 条或者类推适用第 122 的规定，向表示受领人承担无过错的赔偿消极利益（das negative Interesse）的义务。

---

〔29〕 特别是弗卢梅，同前引书，§20，3，第 414 页以下；§23，1，第 449 页以下。最近的表述见勒德尔（Röder）文，载《法学教育》1982 年，第 125 页，第 126 页，附有进一步的说明材料。但卡纳里斯（Canaris）对此持不同看法，文载《新法学周报》1984 年，第 2281 页。

〔30〕 比德林斯基（Bydlinski）文，载《法学家报》1975 年，第 1 页，第 5 页。

学者们大多对这一结论进行多方面的限制。弗卢梅(Flume)〔31〕认为,“如果[行为人的]行为不能被评价为直接的表示行为,而只能从该行为中间接地推断出行为人具有法律行为上的意思”,那么就不成立信赖保护,亦即[相对人]对可推断之行为的信赖不能受到同样的保护。与弗卢梅不同,拉伦茨(Larenz)〔32〕和比德林斯基(Bydlinski)〔33〕则以表示是否可归责于表意人为准来判断这个问题。他们认为,如果表意人在尽了必要的注意的情况下,能够意识到其行为具有法律意义的事实,那么应当认为该表示是可归责于表意人的。

不过,弗卢梅所作的区分并不能令我信服。一项可推断的行为,可能比一项明示的意思表示产生更强的信赖效力。而拉伦茨与比德林斯基所主张的以意思表示的可归责性作为区分标准的观点,实质上是要求行为人具有过错。如果认为应将过错要件作为校正手段加以规定(这样认为具有多方面的合理理由),那么就应直接将缔约过错(Verschulden bei Vertragsverhandlungen)作为行为人承担责任的依据。〔34〕 由于第122条第1款不以行为人的过错为要件,因此它不适合成为请求权的依据。诚然,行为人在不具备表示意识的情况下发出了表示,是否也恶化了某个第三人的状况,这方面还存在着疑惑。联邦最高法院的一项判例否认了这一点,〔35〕理由是这里只涉及保护意思表示受领人的利益。〔36〕

---

〔31〕 同前引书,第450页。

〔32〕 同前引书,§19III,第356页。

〔33〕 同前引文,第5页以下,附有进一步的说明材料。

〔34〕 参见上文边码444以下。

〔35〕 《联邦最高法院,新法学周报》1995年,第953页。

〔36〕 对此持批评意见者如:哈贝扎克(Habersack)文,载《法学教育》1996年,第985页。

（三）对于表示意识这个问题，联邦最高法院的一项判决〔37〕很富有启发意义。在本案中，原告向其顾客提供信用，因此要求顾客提供保证。* 此后不久，作为被告的储蓄所写信给原告，称储蓄所已为该顾客承担了 15 万马克的保证义务。后来储蓄所才说明，自己并没有承担保证义务。尽管如此，原告仍然要求被告承担保证义务。原告的请求得到了法院的支持。 608a

诚然，在本案中，是否在客观上存在一项承担保证义务的意思表示？这个问题就不无疑问。被告并没有写信说自己愿意承担保证义务，而仅仅是通知对方自己承担了保证债务。由于本案涉及的金额数量巨大，而储蓄所在选择表达方式时一般都是非常谨慎的，因此原告本来不能够直接将储蓄所的上述表示看成是一项承担保证义务的意思表示。〔38〕 尽管如此，联邦最高法院并没有因此而改变对原告的支持。联邦最高法院认为，被告理应认识到，自己所表达的东西可能被他人理解为意思表示。因此，被告虽然不具有表示意识，也必须在第 121 条规定的期限内撤销其意思表示。由此可见，联邦最高法院拒绝了那种从第 118 条规定中推导出意思表示为无效的意见。〔39〕 而由于联邦最高法院认为，被告的撤销表示不符合要求，〔40〕因此法院宣布原告的请求成立。

---

〔37〕《联邦最高法院民事裁判集》第 91 卷，第 324 页［对该判决的评论，见卡纳里斯（Canaris）文，载《新法学周报》1984 年，第 2281 页；阿伦斯（Ahrens）文，载《法学家报》1984 年，第 986 页；舒伯特（Schubert）文，载《法学评论》1985 年，第 15 页；布雷默（Brehmer）文，载《法学教育》1986 年，第 440 页］。

〔38〕 持同样看法者如卡纳里斯，同前引文，第 2281 页。

〔39〕 同样的判决还有《联邦最高法院，新法学周报》1990 年，第 454 页。卡纳里斯的看法与此不同，参见前引文。

〔40〕 参见下文边码 717。卡纳里斯对此有不同看法，同前引文，第 2282 页。

* 本案的原告是一家制造商，顾客是一家有限责任公司。原告向顾客供应货物，并要求顾客为所供货物产生的债务提供担保。——译者注。

第四十一章　违反法定的形式规定

参考文献：巴特斯(Battes)：《虽然双方知道形式瑕疵仍然享有履行请求权吗?》，载《法学家报》1969，第683页以下；贝尔纳德(Bernard)：《需要具备形式的法律行为》，1979年；卡纳里斯(Canaris)：《德国私法中的信赖责任》，1971年，第465页以下及其他许多地方；埃伯纳特(Ebnet)：《使用传真过程中的法律问题》，载《新法学周报》1992年，第2985页以下；格恩胡贝尔(Gernhuber)：《形式无效性与诚实信用》，载《施密特=林普勒(Schmidt = Rimpler)纪念文集》，1957年，第151页以下；黑泽迈尔(Häsemeyer)：《法律行为的法定形式》，1971年；同一作者：《形式在私法中的意义》，载《法学教育》1980年，第1页以下；卡·黑尔德里希(K. Heldrich)：《合同的形式》，载《民法实务档案》第147卷，1941年，第89页以下；弗·冯·希佩尔(F. v. Hippel)：《形式主义与法学教条》，1935年；霍尔茨豪尔(Holzhauer)：《亲笔签名》，1973年；科伯尔(Köbl)：《今日法中形式的意义》，载《德国公证人杂志》1983年，第207页；凯姆(Keim)：《公证人作成公证书程序》，1990年；海·雷曼(H. Lehmann)：《书面意思表示之事实构成中的签名》,1904 年;维·洛伦茨(W. Lorenz):《形式无效之债务合同的维持问题》,载《民法实务档案》第 156 卷,1957 年,第 381 页以下;同一作者:《形式无效的债务合同的法律后果》,载《法学教育》1966 年,第 429 页以下;路德维希(Ludwig):《作成公证书法方面的发展趋势》,载《民法实务档案》第 180 卷,1980 年,第 373 页以下;迪·赖尼克(D. Reinicke):《违反形式要求订立的合同的法律后果》,1969 年;朔伊勒(Scheuerle):《形式主义论据》,载《民法实务档案》第 172 卷,1972 年,第 396 页以下;辛格(Singer):《形式无效与诚实信用。论形式无效的土地买卖合同的不当得利返还》,载《有价证券信息》1983 年,第 254 页以下;福尔科默(Vollkommer):《形式严厉与程序公平》,1973 年[有关评论,见赫·施奈德(H. Schneider)文,载《民法实务档案》第 175 卷,第 368 页以下];韦斯特霍夫(Westerhoff):《我们如何来论证形式无效性?》,载《民法实务档案》第 184 卷,1984 年,第 341 页以下;策勒尔(Zoller):《民事诉讼中的缩微本、复印本和传真本》,载《新法学周报》1993 年,第 429 页。

第一节　法定的形式规定

私法中适用形式自由的规则(Regel der Formfreiheit)。无论 609
以何种方式,只要将意思宣示于外部,意思表示即可有效成立。发出意思表示既可用口头的话语,也可用书面的文字,还可使用电子脉冲或灯光脉冲及其他信号,只要它们具备可资识别的意义即可。

一、位置及出现频率

形式自由的规则具有众多例外(zahlreiche Ausnahmen)。规 610
定此类例外的法律规定,分别处在必须符合形式要件的法律制度之中。例如,第 313 条处于有关土地让与的合同之中;第 518 条处于赠与行为之中;第 566 条处于土地租赁行为之中;第 766 条处于保证行为之中;第 925 条处于土地所有权取得行为之中;等等。

形式规定的出现频率,因不同的法律领域而各异(Häufigkeit nach Rechtsgebieten verschieden)。在债法和动产物权法(im Schuldrecht und im Mobiliarsachenrecht)中,此类规定很少见(在动产物权法中,处分行为通常需要有交付行为,但交付不是形式,而是合意之外的另一项生效要件)。

在不动产物权法(Immobiliarsachenrecht)中,虽然根据第 873 条规定,毋需形式的合意同样是规则;只有第 925 条对不动产所有权移转合意(以及,第 1154 条对某种特定类型的抵押权让与)规定了例外(在这里,登记同样也不是形式)。但是,根据《土地登记簿条例》第 29 条规定,同意登记以及其他为登记所必需的意思表示,都应当以特定的形式作成。所以,在不动产物权法领域,法律交易受到形式要件的支配。即使是设定土地质权的行为,也需要到公证人那里去[实施]。

最后,在亲属法和继承法(das Familien-und Erbrecht)领域,也存在着普遍的形式强制。之所以这样,是因为亲属法上的法律行为对人的地位具有重要意义,而在继承法中,证据方面的困难特别明显。在通常情况下,都是被继承人死亡之后,亦即他已无法证明其意思之时,才会对他的“最后意思”发生争执。

611 相反,在民法典的总则编(Allgemeiner Teil)中,不存在此类形式要求。不存在一项具有如此一般性的形式强制,以致它能够成为总则编中的法律制度。在总则编中,只有一些对形式强制进行限制的规定(如第 144 条第 2 款,第 167 条第 2 款,第 182 条第 2 款)、有关违反形式规定的规定(第 125 条[1])以及关于遵守形式

〔1〕 参见下文边码 627。

要件的一些具体规定(第126条至第129条[2])。

二、形式的宗旨

(一)在民法典的立法理由书[3]中,对法律应当规定形式强制的范围,作出了下列考虑。规定形式强制的理由(für einen Formzwang)有: 612

"遵循某种形式之必要性,可给当事人产生某种交易性之气氛,可唤醒其法律意识,促使其三思,并确保其作出之决定之严肃性。此外,遵守形式可明确行为之法律性质,仿佛硬币上之印纹,将完整的法律意思刻印在行为上面,并使法律行为之完成确定无疑。最后,遵守形式还可永久性保全法律行为存在及内容之证据;并且亦可减少或者缩短、简化诉讼程序。"

对于形式强制的——通常被认为比较重要的——弊端(Nachteile des Formzwangs),一般认为主要具有以下几个方面。对于不熟悉有关业务的人来说,形式强制可能成为一个陷阱。因为这些人大多"以诚实信用的态度"签下了自己的名字,因此完全听凭比其精明得多的对方当事人左右摆布。强行规定的书面性,因而成了诉讼的丰富源泉,并对恶意刁难行为起到推波助澜的作用。尤其是形式强制增加了交易困难。因为交易往往置形式于不顾。这样,形式强制旨在达到的法律安全性就适得其反,"善意的和守信的人,面对背信弃义者滥用其信赖的行为的损害,束手无策"。 613

(二)总体上说(im ganzen),形式宗旨可以分为下列几个方面。 614

1. 形式有利于维护法律行为当事人(Parteien des Rechtsgeschäfts)的利益:

(1)避免因操之过急而遭受损害(Übereilungsschutz),并且保

---

〔2〕 参见下文边码616以下。

〔3〕《立法理由书》第1卷,第179页以下,即穆格丹(Mugdan)编:《德国民法典资料总汇》,1899年/1900年,第1卷,第451页以下。

证当事人能够获得专业咨询(公证人!);

(2)为合同的订立(有别于纯粹的、合同前的谈判)和合同的内容提供证据(Erleichterung des Beweises)。

2. 形式有利于维护个别的第三人(einzelne Dritte)的利益。这些第三人虽然不是有关法律行为的当事人,但这些行为对他们产生效力(例如,土地取得人通过第566条规定了解到,存在着依据第571条对他产生效力的租赁合同)。

3. 形式有利于维护公共利益(öffentliche Interessen),如有利于档案管理或审批程序的监控,有利于征收税金。

615 (三)某种特定的形式(bestimmte einzelne Form)究竟应达到何种目的,应从规定该形式的法律规定中(作为该规定的法律意义)予以查明。在从事这一工作的时候,也会遇到一些与法律解释相关的困难。[4] 不过,绝不能将具体情况下可能具有意义的一切宗旨,都视为具有决定性意义。举例说,第518条第1款规定赠与约定需要符合形式要件。可以设想,这样规定也是为了简化征收赠与税手续(赠与税是一种提前收取的遗产税,因为赠与往往是一种提前进行的遗产分配)。然而,第518条第2款的规定却不符合这一宗旨。根据此款规定,赠与约定的履行可使形式瑕疵得到补正。所以,第518条第1款仅仅旨在保护赠与人。

第二节 形式的类型

一、总则编中的形式

616 在民法典总则编中,规定了三种法定形式(如果考虑到第

---

〔4〕 参见拉伦茨(Larenz):《法学方法论》,1991年第6版,第312页以下;拉伦茨-卡纳里斯(Larenz-Canaris):《法学方法论》,学院版,1995年第3版,第149页以下。上文边码307以下已述及此问题。

127a 条,则也可认为是四种形式)。

(一)书面形式(第 126 条)

1. 书面形式是“最弱的”法定形式(“schwächste” gesetzliche Form)。因为满足书面形式要求最为容易,因此这种形式提供的避免操之过急的保护也最为微弱。第 126 条第 1 款规定,行为人只要亲笔签署姓名即可,而不需要亲笔书写有关文件。这样,书面形式的要求就更松了。这样也在很大程度上提高了伪造签名的危险,因为伪造一个具体的签名比伪造一篇较长篇幅的文件更加容易做到。此外,书面形式也无法保障当事人接受到专业咨询。在一份篇幅较长的、行为人并不知悉其内容的书面文件(一般交易条件)上签字,往往比口头约定更为危险。

在规定书面形式的情形下,签署的姓名必须处于文件的下方 617
(unter dem Text),并且覆盖整个文件。事后对文件所作的补充,通常必须重新签字,除非这些补充的东西——如因处于文件的两侧——看上去仍然属于已经签字的文件的组成部分。

近来,在银行和储蓄所的汇款单上,委托人的“签名”被印制在表格的前面,其中的原因不得而知。这种做法,消除了《民法诉讼法》第 440 条第 2 款规定的真实性推定。[5] 在文件旁边签署的姓名(“旁名”),也不是有效的签名。[6]

亲笔(Eigenhändigkeit)签名,是指文件的制作人必须亲自签署 618
姓名(在签名时有他人帮助并无影响)。摹真的签名不符合亲笔签名的要求,即使制作人亲自盖章的也不符合。不过,对某些意思表示,法律例外地规定用摹真签名就可以了。例如,第 793 条第 2

---

[5] 《联邦最高法院民事裁判集》第 113 卷,第 48 页[有关评论,见拉·韦伯(R. Weber)文,载《法学教育》1991 年,第 543 页];克勒(Köhler)文,载《法学家报》1991 年,第 408 页。此前的论述见萨利耶(Salje)文,载《企业》1990 年,第 309 页。

[6] 《联邦最高法院,新法学周报》1991 年,第 829 页。

款第 2 句规定，无记名债券的发票人可使用摹真签名；《租金调整法》第 8 条规定，房屋出租人要求提高租金的意思表示也可使用摹真签名。[7] 至于通过传真(Telefax)传送亲笔签名是否符合亲笔签名的要求，应根据具体的形式规定的宗旨予以评价。[8]

619 行为人用于签字的姓名(Name)，通常是姓。在姓之外添加一个名，虽然是没有必要的，但往往是值得推荐的。商人也可以用他的商号签字(商法典第 17 条)。通说认为，即使签署的是一个假名，只要这个假名能够指明文件的制作人，这种签名也符合要求。[9] 仅仅用某种亲属称呼("你的父亲")、某种职称或职位("业务执行人")签字，则还是不够的，因为这些东西都不是姓名。签署的姓名不一定非得具有可读性不可，但应当具有个性化特征，能够指称文件的制作人。司法判例有时指出：知道签字人姓名的第三人，应当能够从其签字中读出这个姓名。[10] 不过，实践中人们对此提出的要求往往要宽松得多。例如，联邦最高法院的一则判例[11]是这样要求的："至少有几个字母大致能够看得出，并且——大多由某种纯粹的画押组成的——字迹具有某种个性化的特征，能够确保其相对于其他签名的区别可能性，并至少增加了第三人进行模仿的难度。"不过，另一项判例[12]则认为，当事人之间

---

〔7〕 显然，对依据以前的"新家乡"(Neue Heimat)形式组织经营的大型住宅公司的[特殊]考虑，对这一法律规定产生了影响。

〔8〕《联邦最高法院民事裁判集》第 121 卷，第 224 页，第 229 页。法院在本案中否认[传真的签名符合]保证表示[的形式要求]。有关评论，参见科德斯(Cordes)文，载《新法学周报》1993 年，第 2427 页；福尔科默 – 格洛伊斯纳(Vollkommer-Gleuβner)，载《法学家报》1993 年，第 1007 页。

〔9〕 弗施勒(Förschler)撰：《慕尼黑版德国民法典评注》，第 126 条，边码 25。

〔10〕《联邦社会法院，新法学周报》1975 年，第 1799 页。

〔11〕《联邦最高法院，保险法》1985 年，第 59 页，第 60 页。类似的判例为《联邦最高法院，新法学周报》1985 年，第 1227 页，第 1333 页。

〔12〕《联邦最高法院，新法学周报》1978 年，第 1255 页。

有关将签名视为纯粹的画押的约定,并不能对法官产生约束力。近期的一项判例则[13]认为,[签名的]外部表现形式具有决定性意义。

2. 对于合同(Verträge),第126条第2款规定的规则是,双方当事人必须在同一文件上(auf ders elben Urkunde)签名。如果同一合同作成了同样内容的数份文件,则每一方当事人只需在应由对方接受的文件上签字即可。相反,在具有不同内容的文件(即如要约和承诺)上签字,并作相互交换,是不符合签字要求的。对口头约定作书面确认,也不符合书面形式的要求。 620

不过,第126条第2款不适用于仅有一方当事人的意思表示必须符合形式要件(如保证人的意思表示,第766条第1句)的合同。

(二)公开认证(第129条) 621

根据《公证法》第39条及以下条款规定,公开认证由公证人为之。公证人的行为(与作成公证证书行为不同[14])并不涉及文件的内容(对于文件的内容,仅仅适用《公证法》第40条第2款),而仅仅涉及签名。这即是说,公开认证的[对象]仅仅是某个人的签名,这个人证明自己是这个姓名的载体。因此,与简单的书面形式相比,公开认证可给行为人提供更强的保护,保护其免受操之过急之害(行为人必须到公证人那里去并支付公证费用)及伪造之害。相反,公开认证无法保障文件具有适当的内容。

(三)作成公证证书(第128条) 622

在民法典规定的各类形式中,作成公证证书是最强的形式,因此它也可以替代其他形式(第126条第3款,第129条第2款)。在这里,公证人不仅应审核签名,而且还应审核文件的内容。在一

---

〔13〕《联邦最高法院,新法学周报》1994年,第55页。

〔14〕参见下文边码622。

般情况下,文件的内容甚至都是由公证人拟定的。有关作成公证证书的具体问题,属于非讼事件的范围,因此在这里不作探讨。《公证法》第6条至第35条对作成公证证书作了规定。这里只提出一个问题。《公证法》第17条至第21条规定了公证人的审核义务和告知义务。在具体情况下,这些义务可能产生许多疑虑,诸如公证人在何种程度上有义务向当事人指出价格更便宜、更符合目的或更稳妥的其他途径?公证人在何种程度上应当向"较弱的"那方当事人提供帮助?他必须向当事人指出其可能承受的税法上的不利后果吗?[15] 无论如何,公证人将一项未经约定的条款添加进合同,而没有特别指出这一点的,可能构成违反义务的行为。[16]

在实体法上,民法典第128条只是对订约程序作了简化:订立合同时,先后分别就要约和承诺作成公证书的即可。这就是说,双方当事人没有必要同时到公证人那里去[将合同作成公证书]。

(四)法院和解(第127a条)

623 1969年的《公证法》,删除了在此以前法律在作成公证证书之外规定的、可供行为人选择的法院证书("公证证书或者法院证书")。因此,第127a条旨在明确,在法院和解中作成的证书,今后可继续替代公证证书形式(因而依第126条第3款、第129条第2款也可代替任何其他形式)。当然,如公证人向当事人提供的咨询不当,当事人可向公证人主张赔偿;同样,如法院在这方面发生了错误,当事人也得向法院主张赔偿。前者可能优于后者。

---

〔15〕 参见上文边码406a以及马斯(Maass):《公证人责任法》,1994年;豪格(Haug)文,载《德国公证人杂志》1972年,第388页,第453页;施蒂尔纳(Stürner)文,载《法学家报》1974年,第154页;希尔(Hill)文,载《有价证券信息》1982年,第890页;舒克(Schuck)文,载《企业顾问》1996年,第232页;《联邦最高法院,企业顾问》1982年,第334页;1989年,第24页;《联邦最高法院,保险法》1981年,第1029页;1983年,第181页;《联邦最高法院,新法学周报》1989年,第102页,第586页。

〔16〕 《汉姆州高等法院,保险法》1992年,第1483页。

二、总则编之外的规定

民法典其他各编中的有关规定,对上述总则编中的规定作了进一步的具体化。其中的具体规定结构各异。例如,根据第 2247 条第 1 款,对遗嘱而言,自书之要件也涉及到遗嘱的内容(Text);另一方面,第 2247 条第 3 款第 2 句又简化了签名的要件。第 925 条第 1 款第 1 句与第 128 条不同,规定双方当事人在就不动产所有权移转达成合意时必须同时到场(gleichzeitige Anwesenheit)。[17] 有些意思表示必须包含在一项特别的文件(in einer besonderen Urkunde)中,否则的话,它们作为一份篇幅较长的文件的组成部分,在阅读时很容易被忽略掉。此类意思表示,如仲裁合同(《民事诉讼法》第 1027 条第 1 条第 1 款)、[授予]行使表决权之代理权(《股份法》第 135 条第 2 条第 3 句)。《汇票法》第 1 条第 1 项、《支票法》第 1 条第 1 款规定,必须使用特定的警示性文句(Gebrauch bestimmter warnender Ausdrücke)。《婚姻法》第 11 条第 1 款、第 13 条第 1 款甚至规定,结婚必须具备某种独特的形式。 624

在一般情况下,我们只能着眼于具体的形式规定,对一些特殊问题(Spezialfragen)作出回答。对这些问题中的许多问题,法律都没有作出明文的规定,因此只有根据上文边码 615 所论述的原则,以法律规定有关形式所追求的宗旨为标准,来解答这些问题。这些问题,诸如形式要件在何种程度上应扩及至补充性约定、辅助性行为、变更、前合同或者废除行为?在仅有合同一方当事人的意思表示必须符合形式要件的情况下,此项意思表示必须包括哪些内容?例如,第 766 条第 2 句规定的保证人的意思表示,必须记载债权人、债务人和保证人吗?必须明确地记载被担保的主债务及其数额吗?[18] 625

---

〔17〕 有关明示性之要件,参见上文边码 335。

〔18〕 也请参见上文边码 328 以下有关必须符合形式要求的意思表示的解释。

第三节　形式瑕疵的后果

一、特别规定

626 在适用第125条第1句之一般规定之前,应当考察一下有无特别规定可供适用。如第566条第2句就是这样一条特别规定(合同在未定期间内有效)。此外,还应当考虑到,根据另外一些规定,形式上具有瑕疵的行为因履行行为而成为有效(如第313条第2句,第518条第2款,第766条第2句)。《消费信贷法》第6条第2款和第3款规定了一种特殊类型的生效。据此,即使欠缺某些法律规定的、形式上的事项,信贷合同也可因履行而生效,但是该合同的内容与[双方当事人]约定的内容有异。特别是在没有记载实际年利息的情况下,[借款人]应当仅承担支付法定利息的义务。这样规定是为了保护借款人的利益。借款人不应当因为没有遵守某种法律规定的、旨在保护其利益的形式规定,而失去贷款。

在终止房屋租赁合同方面,适用特殊规定。根据第564a条第1款第1句规定,终止房屋租赁合同的意思表示必须采用书面形式,而且还"应当"说明终止的理由(第564a条第1款第2句)。在这里,法律使用的是"应当"(soll)这个词,说明终止表示不因欠缺终止理由而无效(既不依第125条第1句,也不依第134条)。不过,如果不遵守此项义务,法律(第556a条第1款第3句,第564b条第3款)规定了其他制裁措施,而且仅仅是针对出租人而言(承租人遵期终止租赁合同的,不需要说明理由)。

二、一般为无效

627 在不存在特别规定的情况下,第125条第1句规定,欠缺法律规定的形式的法律行为无效。不过,在认定这种无效性的同时,对形式规定所产生的影响的疑虑有时就显得非常明显。对这些疑虑,民法典的制定者就已经预见到了,作者在上文边码 613 中也已论及。

三、公平性校正 628

由于存在这些疑虑,人们对无效之后果作出了一些公平性质的校正。第 125 条第 1 句的难题就在这里。

(一)司法判例的发展

司法判例的发展,[19]大致经历了下列几个阶段。

1902 年,帝国法院在一则判决[20]中依然简明扼要地说道,对于形式规定,不得援用诚实信用的原则,因为否则的话,形式规定就会变得毫无意义。这一原则,对于自相矛盾之指责而言,无疑是正确的:假设任何当事人都不得对其自身的、不符合形式要求的允诺提出异议,那么不符合形式要求的合同结果就有效了。然而这一原则并不能解决下列问题,即在特殊情况下,以形式瑕疵为由拒绝提供给付,是否可能构成一项可指责的行为?

1907 年,帝国法院在一则判例[21]中认为,如果拒绝提供给付的那方当事人自己对形式瑕疵的产生具有过错(Formmangel selbst verschuldet),即构成这样一种特殊情况。既然这样,根据第 826 条、第 249 条的规定,[具有过错的一方应]负有恢复形式得到遵守时(即合同有效时)应该存在的状态的义务。1936 年,帝国法院的一则判例[22]以是否符合"人民大众一般的情感"作为判断问题的标准,这一点立即[23]就被用来指向诚实信用(Treu und Glauben)。法院认为,形式瑕疵的产生不再以过错为必要条件。

---

〔19〕 如黑泽迈尔(Häsemeyer)所论述的那样,参见《法律行为的法定形式》,1971 年,第 36 页以下。

〔20〕 《帝国法院民事裁判集》第 52 卷,第 1 页,第 5 页。

〔21〕 《帝国法院,格鲁胡特(Gruchot)主编释解德国法论集》第 52 卷,第 1044 页。

〔22〕 《帝国法院民事裁判集》第 153 卷,第 59 页。

〔23〕 《帝国法院,法学周报》1938 年,第 1923 页。

629 第二次世界大战以后(nach dem 2. Weltkrieg),司法判例起初忠实于法律的文意,认为第125条规定的无效后果更为重要。1948年,英占区最高法院[24]提出了一条至今依然适用的规则,即虽然存在因无效性而产生的各种请求权(因第812条、第826条以及因缔约过错所产生的请求权),但仍然可能发生某种"简直难以承受的结果"("schlechthin untragbares Ergebnis"),只有在这种情况下,不遵守第125条的规定才是合法的。对这种情况,联邦最高法院的一项判例[25]列举了两类:一方当事人的生存遭受危险;另一方当事人违反忠实义务,情节特别严重。不过在另一方面,联邦最高法院很早[26]就将第242条规定适用于处分行为,因而使不适用无效后果的行为范围有了实质性的扩大。联邦最高法院认为,根据第242条规定,即使双方当事人明知农地继承人规定(Hoferbenbestimmung)必须符合形式要件,但此项规定不符合该要件时也可能生效。

(二)我的看法

630 学术界对司法判例的上述论证方法大多持批评态度。[27] 特别是有人正确地指出,"简直难以承受的结果"这一套语根本不具有任何论证价值,只会产生任意的、无法预料的后果。

早在我所著的《民法》(边码181以下)一书中,我就以类似的方式详细阐述了我的批判性立场,因此我在这里只作简要说明。在我看来,简单地用结果之或强或弱的可承受性来论证观点,是不恰当的。毋宁说,应当用法律的评价(gesetzliche Wertungen)来衡

---

〔24〕《英占区最高法院民事裁判集》第1卷,第217页。

〔25〕《联邦最高法院民事裁判集》第85卷,第315页,第319页。

〔26〕自1954年,《联邦最高法院民事裁判集》第12卷,第286页。

〔27〕如黑泽迈尔(Häsemeyer),同前引书,第287页以下;维·洛伦茨(W. Lorenz)和赖尼克(Reinicke)的著述,参见文献资料所列;弗卢梅(Flume):《德国民法总论》第二卷,§15 III4,第270页以下;拉伦茨(Larenz):《债法总论》,§10 III,第145页以下。

量有关结果。在法律的评价方面,主要应当考察形式瑕疵产生的环境。这样,我们就可以区分三类案件:

1. 在第一类案件中,一方当事人就形式要件对对方当事人进行了恶意欺诈,以达到不承担有效义务的目的。在这里,虽然被欺诈人可以根据缔约过错[28]以及第 826 条主张损害赔偿请求权,在有些情况下也还可以根据民法典第 823 条第 2 款以及刑法典第 263 条主张损害赔偿请求权。但是,这些请求权都建立在行为人具有欺诈行为的基础之上。所以,主张这些请求权欲达到的损害赔偿,只是意味着恢复在未发生欺诈行为时应当存在的那种状态(第 249 条第 1 句)。这种状态,就是不存在合同时的状态,而欺诈人也恰恰不愿意订立合同。结果是欺诈人只需要赔偿信赖利益,即主要是赔偿受欺诈人因受欺诈而支出的有关费用。相反,如受欺诈人要求对方履行形式瑕疵的合同,则无法以上述法律规定作为依据。 631

这样,欺诈人最终还是能够达到他的目的,即不承担合同上的义务。通行的学说正确地认为,民法典第 242 条规定对这一结果进行了校正:虽然合同不应当完全有效,即欺诈人也有权要求履行合同;但是,被欺诈人应当有权在合同无效和有效之间作出选择。被欺诈人选择合同无效的,他只享有赔偿消极利益的请求权;只有在被欺诈人选择合同有效的情况下,欺诈人才负有提供约定的对待给付的义务。[29]

2. 在第二类案件中,情形有点不同,因为双方当事人都知道形式要件的存在(beide Parteien kennen das Formerfordernis)。之所以依然未遵循形式要件,要么是由于双方当事人本来就相互信 632

---

〔28〕 参见上文边码 444 以下。

〔29〕 如弗卢梅,同前引书,§15III4ccc,第 280 页以下;拉伦茨:《债法总论》,§10III,第 147 页。

任,要么是由于一方当事人未能成功地说服另一方遵守形式规定。在帝国法院的一项判例[30]中,由于土地所有权人表示,他的“大丈夫所言”(“Edelmannswort”)驷马难追,因此没有就土地买卖合同作成公证证书(第313条)。帝国法院否认[对方当事人]享有要求履行合同的权利。在联邦最高法院的一项判例[31]中,双方当事人一致同意不遵守形式规定。联邦最高法院也以类似的方式,否定了某项“法律行为上的意思表示”的存在。与此相反,在另一则判例[32]中,联邦最高法院以允诺人之“商人的正直性”为由,判决[相对人]可因允诺人发出的某项允诺而要求履行。在学术界,人们对这类案件的看法迥异。[33]

我认为,既然双方当事人明知必须遵循一定的形式,如果他们故意不遵守该形式,那么其从事的法律行为就应无例外地无效(ausnahmslos nichtig)。这一原则,也应适用于一方当事人利用某种优势地位不遵守形式要求的情形。[34] 我认为,在这种情况下,另一方当事人就没有真正成功地订立合同;而在另一方当事人对合同订立不享有权利——亦即[对方当事人]不存在强制缔约义务——的情况下,我们只能接受这一事实。

633 3. 第三类案件处于上述第一类和第二类案件之间:双方约定遵守形式(Form),但由于疏忽大意而没有遵循(unterbleibt aus Unachtsamkeit)。此类案件如:一家房屋建筑企业与一位顾客就购买一块住宅用地或一套住房达成了合意(《住房所有权法》第4条),

---

〔30〕《帝国法院民事裁判集》第117卷,第121页。

〔31〕《联邦最高法院民事裁判集》第45卷,第375页,第379页。

〔32〕《联邦最高法院民事裁判集》第48卷,第396页。

〔33〕认为不符合形式要求的允诺不应生效的如弗卢梅,同前引书,§15III4cbb,第279页以下;迪·赖尼克(D. Reinicke)文,载《新法学周报》1968年,第39页以下。认为应允许有例外存在的有拉伦茨:《债法总论》,§10III,第148页以下。

〔34〕这一点不同于拉伦茨的观点,同前引书。

规定合同应作成公证证书,但由于有更紧迫的事情要做,因此没有如约作成。后来,双方对建筑物发生争执,即如购买人要求对方进行大范围的修补,或者因建筑物有瑕疵而要求对方返还一部分价金。在本案中,一方当事人——大多数情况下是出卖人——主张合同的形式无效性。司法判例主要在此类案件中,使用了"简直难以承受的结果"[35]这一套语。

在诸如上述的案例中,通常情况下,大概应当是由出卖人承担了作成公证证书的义务,因为房屋建筑企业往往与特定的公证人进行合作,并且希望使用他们自己的合同范本。在这种情况下,如果出卖人没有及时去作成公证证书,通常就意味着他具有缔约过错(Verschulden bei Vertragsverhandlungen),买受人可因此享有损害赔偿请求权。人们可以以"如出卖人遵守了义务,即及时遵循了形式要求,买卖行为就是有效的"为理由,将买受人的此项损害赔偿请求权解释为要求履行合同的权利。不过,根据正确的观点,[36]一般不得以缔约过错为由主张履行合同的权利(或主张因不履行而赔偿损害,即主张积极利益)。否认了合同的有效性,也就既排除了履行请求权,也排除了与履行请求权等值的因不履行合同而要求损害赔偿的请求权。[37] 因此,一方只能要求对方赔偿信赖损害(消极利益)(Ersatz des Vertrauensschadens)。

信赖损害或消极利益涉及的金额也可能很高。在上面列举的 634
案例中,买受人不仅可以要求出卖人赔偿其花费在(他现在必须放弃的)土地上的费用,包括价金、建筑费用、合同费用、搬迁费用等。而且,信赖损害还包括买受人因无法及时买到另一块土地(或以后虽能买到,但得支付更高的价格)而遭受的损失。有鉴于

〔35〕 参见上文边码 629。

〔36〕 如弗卢梅,同前引书,§15III4cdd,第 283 页;参见上文边码 454。

〔37〕 《联邦最高法院,经济法杂志》1988 年,第 90 页。

此,出卖人必须三思而后行:自己究竟是应该坚持合同无效,还是愿意遵守形式要件。

由于这种消极利益的范围往往非常广泛,因此人们绝不能径自为一方当事人设定某种为维护另一方当事人利益而遵守形式要求的义务。毋宁说,既然每一方当事人对合同都有自己的利益,那么,在一般情况下,每一方都必须出于自身的利益,亲自去从事遵守形式要求的行为。[38] 例如,[保证人的]保证表示因不符合形式要求而无效,但因此却促使债权人将贷款支付给了主债务人,这时债权人一般不能向保证人主张损害赔偿权利。[39] 只有在一方当事人负有照顾另一方当事人利益之义务的情况下(如房屋建筑企业自己[主动]提出来愿意解决作成公证证书事宜),才能适用例外。

635 我认为,只有在某些例外情况下,即形式规定的目的不起作用时,虽未遵循法定形式但依然提起履行合同的要求(Erfüllungsansprüche)才是合理的。此外,如果合同已经(完全或者部分)履行,也可以谨慎地对某些规定作类推适用;根据这些规定,履行具有补正形式瑕疵的功能,如第 313 条第 2 句,第 518 条第 2 款,第 766 条第 2 句。[40] 不过,这已不是总则编中的问题了,只能在分析具体的形式规定时再作探讨。

---

〔38〕 现在,《联邦最高法院,有价证券信息》1992 年,第 664 页也是这样认为的。

〔39〕 参见梅迪库斯(Medicus)文,载《法学教育》1965 年,第 209 页,第 214 页以下。

〔40〕 这方面的一个例子是《联邦最高法院民事裁判集》第 85 卷,第 245 页,第 250 页以下。

第四十二章　违反约定的形式要求

参考文献：伯姆（Böhm）：《意定的形式要求之式微》，载《民法实务档案》第179卷，1979年，第425页以下；伯尔根（Boergen）：《合同中书面形式条款的实际效力》，载《企业顾问》1971年，第202页以下；艾斯纳（Eisner）：《实践中的书面形式条款》，载《新法学周报》1969年，第118页以下；克利姆特（Klimt）：《虽有书面形式的约定仍以口头作出终止表示对方在受领时又无异议，这一终止表示有效吗？》，载《企业》1993年，第1874页以下；施密特＝扎尔策（Schmidt = Salzer）：《书面形式条款的法律问题》，载《新法学周报》1968年，第1257页以下；特斯克（Teske）：《一般交易条款中的书面形式条款》，1990年；蒂特克（Tiedtke）：《抛弃主张口头变更合同行为的意义》，载《德国法月刊》1976年，第367页以下。

第一节　形式要求的约定

一、出现的频率

由于民法典对法定形式要求的规定很有节 636

制,特别是在债法中更是采取了形式自由的原则,[1]因此在具有比较重要的经济意义的合同中,当事人往往约定需要遵守形式要求。这就是所谓的书面形式条款:当事人约定,对合同的变更、补充或合同的终止,都必须采用书面形式才能生效。在通常情况下,此类约定都是合法的。当事人也可以选择采用民法典中未加规定的形式(如终止表示只能用挂号信发出)。《一般交易条件法》第11条第16项只是规定,不得通过一般交易条件作出下列规定:向一般交易条件的使用人或者某个第三人发出的通知或者意思表示,必须具备比书面形式更为严格的形式。[2] 这里所说的通知或意思表示,诸如终止合同、规定期限、解除买卖合同、降低买卖合同价金、解除合同或瑕疵通知。一般交易条件的使用人的相对人在发出此类通知或表示时,不应面临过度的困难。根据正确的观点,[一般交易条件的使用人]要求[其相对人]使用特殊的格式(Verwendung besonderer Formulare,这种情况非常常见[3])或寄挂号信(Einschreiben)的行为,也属于此类非法强化形式要求的行为。[4]

637 合同中关于与代理人达成的约定必须经被代理人书面确认(schriftliche Bestätigung)之规定,并不是纯粹的书面形式条款。这种情形——在要求被代理人作出确认的情况下——,是对代理权的一种限制。这种限制不需要任何约定,[行为人]单方面就可以作出这种限制;不遵守此项限制的,适用第177条至第179条规定。只有在要求确认行为必须以书面形式为之时,才存在一项

[1] 参见上文边码610。

[2] 参见迪尔(Dürr)文,载《企业顾问》1978年,第1546页。

[3] 参见亨森等(Ulmer-Brandner-)Hensen撰:《一般交易条件法》,1990年第6版,第11条第16项,边码5;沃尔夫等(Wolf-Horn-Lindacher)撰:《一般交易条件法》,1994年第3版,第11条第16项,边码7。

[4] 沃尔夫等,同前引书。

(需要加以约定的)形式条款。[5]

二、约定的书面形式

与第126规定的法定形式[6]相比,第127条第2句规定的约定的书面形式在两方面得到了简化。第一,虽然电报在到达相对人手中时上面没有表意人的亲笔签名,但只要用电报方式传达(telegraphische Übermittlung)意思表示,便符合了形式要求。通行的学说甚至认为,通过电话拍发的电报也符合形式要求,所以表意人可能根本就没有作出任何书面的表示。[7] 第二,用交换书信(Briefwechsel)的方式,即可订立合同。与第126条第2款第2句规定不同,这里不需要作成数份同样内容的文件。交换电报或传真的方式,与交换信件相同。 638

根据第127条第2句末尾的规定,即使当事人选择了这种简化的书面形式,事后仍可请求遵循第126条规定的书面形式。

第二节　形式瑕疵的后果

在形式瑕疵的后果方面,意定的形式要求与法定的形式要求之间存在重大区别。[8] 由于意定的形式要求只是当事人的创造物而已,因此他们掌握着决定[违反形式要求之]法律后果的权力。 639

一、订立合同未完成及无效性

(一)根据第154条第2款,如果双方约定合同应作成公证证书,则在发生疑问时,在作成公证证书之前,应认为合同未订立。

---

〔5〕 有关一般交易条件中的相关条款,参见上文边码422以下。

〔6〕 参见上文边码616以下。

〔7〕 弗施勒(Förschler):《慕尼黑德国民法典评注》,第127条,边码10。

〔8〕 参见上文边码627以下。

可见,法律推定当事人的意思为:有待作成的合同文件并不是一项旨在证明已经订立的合同的证据,而是文件的作成才导致合同订立完毕。不过,当事人完全可以约定一种不同于第 154 条第 2 款的规定。既然法律没有将某种形式作为法律行为生效的要件,当事人当然也没有必要这样做。

640 (二)第 125 条第 2 句规定也反映了类似的任意性。只有"在发生疑问时",不遵守意定的形式才会使行为无效。这就是说,当事人在此也掌握着确认另外一种法律后果的主动力,如有权要求嗣后完备形式。

在其他方面,第 154 条第 2 款与第 125 条第 2 句之间的关系是不明朗的。什么时候应认为合同未订立?什么时候应认为合同无效?不过这个问题并没有什么实际意义。[9] 最为适当的解释或许应该是:第 154 条第 2 款是一项优先于第 125 条第 2 句适用的推定,即根据当事人意思推定合同应成立的时间。

二、形式约定之废除

641 尽管当事人起初约定,违反意定的形式要求者,法律行为无效,但是,当事人事后仍然能够避免这一无效后果的发生。他们可以将自己设置的形式要求予以废除,规定此项要求不适用于某些约定或长期不适用。司法判例明显简化了当事人废除形式约定的做法。

(一)由于形式要求不是以法律为依据的,因而其存续的期间取决于当事人的意思,所以在通常情况下,*废除形式要求的约定本身不需要采用形式*(Aufhebungsvereinbarung bedarf keiner Form)了。联邦最高法院的一则判例[10]认为,只有在商人之间在经个别谈判订立的合同中约定"只能用书面的意思表示放弃书面形式之

〔9〕 参见克拉默(Kramer):《慕尼黑德国民法典评注》,第 154 条,边码 16。
〔10〕《联邦最高法院民事裁判集》第 66 卷,第 378 页。

要求"的情况下,这一原则才可有例外。商人们之所以接受这样一种约束,是为了加强其相互之间的法律交易的安全性,因此"恰恰着眼于私法自治[原则],这种约束必须得到严格的遵守"。[11]不过,我觉得,是否可以将这种对私法自治的尊重限制在商人之间,是不无疑问的。联邦最高法院之所以作出这一限制,其理由是商法典第350条。但是,这条规定只是将商人豁免适用某些法定的形式要求,因此其追求的毋宁说是一种与形式严厉性反其道而行之的宗旨。

642 (二)即使不存在明示的废除[形式要求的]约定(Fehlen einer ausdrücklichen Aufhebungsvereinbarung),也可认为[当事人]接受其在未遵守形式要求的情况下约定的内容的约束。只要当事人就此达成合意,"对于他们之间合同上的关系而言,在合同文件的内容之外,某项特定的、口头的约定也具有决定性意义"[12],他们也受此种约定的约束。联邦最高法院的一则判例[13]以类似的方式指出,双方当事人只需要"一致地希望口头的约定具有决定性意义"(不过这一点对每一项合同来说都是必要的)。即使他们根本没有想到形式条款,也是无关紧要的。[14]

643 (三)显然,这些判例严重地贬低了形式条款的价值(die Frormklauseln entwerten)。诚然,对于采用某种形式约定的内容,可推定其具有完整性;因此,当事人主张其在未遵守形式的情况下

[11] 《联邦最高法院民事裁判集》第66卷,第382页。

[12] 《帝国法院民事裁判集》第95卷,第175页而如是说。《联邦最高法院民事裁判集》第66卷,第378页,第381页对此作了证实。

[13] 《联邦最高法院,新法学周报》1962年,第1908页。同样的判例还有《联邦最高法院,新法学周报》1975年,第1653页;《联邦劳动法院,新法学周报》1989年,第2149页。

[14] 《联邦最高法院,新法学周报》1965年,第293页。联邦最高法院现在的观点与此有异,见《联邦最高法院,新法学周报,民法判例汇编》1991年,第1289页。

对行为作了变更或者补充的,必须证明这一事实。尽管形式条款的意义正是为了排除争议,但这样一来争议还是随时都可能发生。所以,学术界对上述司法判例的看法迥异,即有人赞成,[15]有人持批评态度。[16] 在我看来,应该一般性地[17]允许当事人将其废除形式要求的约定置于形式强制的原则之下。这样做并不是对私法自治的限制,恰恰相反,这正是对私法自治的不折不扣的承认。

---

〔15〕 弗卢梅,同前引书,§15III2,第264页以下。

〔16〕 拉伦茨:《德国民法总论》,§21Ic,第415页以下;克茨(Kötz)文,载《法学家报》1967年,第288页以下;伯姆(Böhm),参考文献所列著述。

〔17〕 而不是象《联邦最高法院民事裁判集》第66卷,第378页(参见上文边码641)那样仅限于商人。

第四十三章　违反法律禁令

参考文献:有关法律史方面的著述,参见卡泽(Kaser):《论罗马法中的法律禁令及违反禁令的行为》,1977 年。有关现行法方面的基础性的著述,见卡纳里斯(Canaris):《法律禁令与法律行为》,1983 年。其他著述有吉格尔(Giger):《违反规范和善良风俗的合同的法律后果》,1989 年(主要研究瑞士法);黑尔夫(Helf):《违反禁止黑工法的民法后果》,1986 年;克勒(Köhler):《黑工合同》,载《法学家报》1990 年,第 466 页以下;兰根(Langen):《民法典第 134 条之'法律禁令'今天具有什么意义?》,载《依赛(Isay)纪念文集》,1956 年,第 321 页以下;迈耶尔 – 马利(Mayer = Maly):《商法中的禁令》,载《赫费尔梅尔(Hefermehl)纪念文集》,1976 年,第 103 页以下;帕夫洛夫斯基(Pawlowski):《论违反'公法上的禁令'(《关于劳动中介和失业保险的法律》第 35 条、第 210 条)所产生的无效性的范围》,载《法学家报》1966 年,第 696 页以下;普罗斯特(Prost):《金融事业法所禁止的行为以及应承担刑事责任的行为》,载《新法学周报》1977 年,第 227 页以下;萨克(Sack):《违法的劳动合同》,载《劳动法》1975年,第171页以下;索嫩沙伊恩(Sonnenschein):《黑工》,载《法学家报》1976年,第497页以下;施达赫(Stach):《以国立养老机构工作人员为受益人的遗嘱处分无效吗?》,载《新法学周报》1988年,第943页以下;施托贝尔(Stober):《论经济行政法禁令的民法后果》,载《营业档案》1981年,第313页以下;陶皮茨(Taupitz):《职业协会的章程作为民法典第134条意义上的法律禁令》,载《法学家报》1994年,第221页以下。

第一节 第134条的适用范围与作用

644 一、法律禁令可以当然地表明:违反法律禁令的法律行为应为无效。如《反限制竞争法》第1条规定,限制竞争的合同和决议无效;第15条规定,有关价格构成或交易条件的合同无效。现在,《社会法典》在总则第32条中也以类似的方式规定,私法上的约定,如以不利于社会福利权利人利益的方式偏离《社会法典》的规定,则无效。

这些法律规定在无效性之后果方面,也属于完善法(leges perfectae)。这里不需要适用民法典第134条规定。

645 二、民法典在许多地方对私法自治作了限制,如在物权法、继承法和亲属法的部分领域中规定了类型强制。这方面的例子,如《联邦最高法院民事裁判集》第97卷,第372页上刊登的案例,[1]或对离婚权的抛弃。[2]

应当加以关注的是另外一类事例,即越来越频繁地出现的(大多是适用于一方当事人的)强行法规定,以达到保护弱者利益

---

〔1〕 参见上文边码193a:承担避孕的义务。

〔2〕 《最高法院民事裁判集》第97卷,第304页。

的目的,如房屋租赁合同或旅游合同[中的强行法规定]。最后,还有一些具体的强制性规定,如第 276 条第 2 款。根据此款规定,不得在事先免除债务人因故意所产生的责任。在这些领域中,有关违法行为的无效性也并不是以第 134 条规定为依据的。毋宁说,法律自始就没有给此类行为留有余地。[3]

三、因此,第 134 条的真正意义,看来是针对不属于民法领域的、并且仅仅规定了民法以外的制裁措施(如刑法上的可罚性或行政法上的许可的可撤回性)的法律禁令。这些法律规定,对那些违反了自身规定的、民法上的行为之是否有效,本身未作直接的规定。这些法律规定最需要第 134 条。看来,第 134 条的规定才使这些法律禁令变成了民法上的完善法律(leges perfectae)。 646

然而即便如此,第 134 条的意义还是被作了过高的估计。因为第 134 条并不是径自规定违反法律禁令的行为无效,而只是规定,行为在"法律没有相反规定的情况下"才是无效的。这即是说,我们不能从第 134 条规定本身推导出无效的后果,而只有通过对有关法律禁令的解释,才能得出这种无效性。那么,第 134 条是否至少可产生某种推定,即在发生疑问时应认为行为无效呢?对这个问题还存在争议。[4]

第二节　法律禁令的解释

一、法律制度的无矛盾性

如上所述,确定违反法律禁令的法律行为是否无效,关键要对 647

---

〔3〕 弗卢梅(Flume):《德国民法总论》第 2 卷,§17,2,第 342 页以下;拉伦茨(Larenz):《德国民法总论》,§22I,II,第 428 页以下。

〔4〕 弗卢梅持否定态度,见同前引书,§17,1,第 341 页。卡纳里斯(Canaris)持肯定态度,参见《法律禁令与法律行为》,1983 年,第 14 页以下。我觉得后者列举的理由更为恰当。

法律禁令进行解释。在解释时,应当以下列原则作为出发点:法律制度必须是没有矛盾的。因此,如果法律禁止人们从事某项行为,那么,就不可能通过法律行为为人们设定从事该项行为的义务。例如,根据第 134 条规定,使一方当事人负有实施某项刑事犯罪行为的合同是无效的。如果一项行为既为法律所禁止,同时却又可以成为合同约定的要求,那么这就会使法律制度变得自相矛盾,令人难以承受。在我看来,此类情形下也不得以主观要素(如当事人是否知悉禁令的存在)作为判断的标准。[5]

从这一基本立场出发可知,只要法律行为的实施不可避免地与法律禁令发生冲突,那么就应该适用第 134 条的规定。

二、因法律行为实施而产生的法律状态

648 (一)根据上述原则,对于一项违反《商店关门法》规定的买卖行为,至少必须在以下意义上阻止其发生效力:在商店关门以后,一方不得请求另一方执行该项合同。《商店关门法》中的这些规定,主要是为了保障商店营业员能够按时结束其工作。如果允许执行买卖行为,就会延长工作时间,这与立法的宗旨相悖。这里也可以考虑适用第 309 条、第 308 条的规定。

合同一旦执行完毕,情况就发生了变化。既然合同已经执行完毕,说明法律禁令并未能够有效地制止执行合同的行为。因此,这时只能考虑另外一个问题,即坚持合同继续无效能否在其他方面促进立法目的的达成(Gesetzeszweck in anderer Hinsicht fördern)。这一点可以通过相互返还达到。不过在违反《商店关门法》规定的案例中,在商店关门之后将已经获得的给付予以相互返还,恰恰有违立法的宗旨。这样一来,营业员还得在店堂工作更

---

〔5〕 但司法判例的看法不同,参见下文边码 655。弗卢梅的看法似乎也与我不同,《德国民法总论》第 2 卷, § 17,3,第 345 页。不过卡纳里斯的看法与我相同,同前引书,第 21 页。也请参见《联邦最高法院民事裁判集》第 94 卷,第 268 页,第 272 页。

长时间。法律的宗旨也并非一定要求双方当事人在正常的营业时间内进行相互返还。毋宁说,这里可以提出两种观点。其一,可以认为法律禁令一旦被违反,禁令的无效性后果也就不复存在;即是说,法律在这里没有达到其设定的目的,也无法通过规定无效性来达到这一目的,因此只能考虑适用其他制裁手段(如刑罚)。其二,可以认为法律规定的民法上的无效性,属于法律旨在确保禁令得到遵守的制裁手段。后一种看法强调预防性。根据这一观察方法,即使在具体情况下,[法律规定了]无效性无助于达成禁令的目的,但有关行为依然必须是无效的。否则,既然在已遂的违反禁令行为中,人们仍可不遵守无效性规定,那么[法律规定了]无效性[之事实]便普遍没有发生效力。

(二)第二种观点的说服力,显然取决于另外一个问题,即法 649
律规定的民法上的无效性,能够在何种程度上确保人们遵守禁令,亦即能够在何种程度上产生预防性作用(präventiv wirken)?对这个问题不能作出概括性的回答,而只能因不同的禁令分别回答。兹列举四例加以说明。

1. 在《商店关门法》(Ladenschlußgesetz)中,法律规定的预防 650
性的无效性后果,大概是完全不起作用的。因为在通常情况下,双方当事人是将买卖合同作为即时结清的现金交易行为履行的,任何一方当事人都不希望相互返还。因此,即使民法典规定了买卖合同无效,这种相互返还行为也是不会发生的。即使一方当事人在例外情况下没有立即履行合同,他也不会以合同无效为由,拒绝向对方提供给付:法律禁止(在商店关门之后)订立合同的事由,并不会使任何一方当事人觉得此项合同行为是有违其心愿的。

2. 法律禁止的打黑工(Schwarzarbeit)[6]的情形与商店关门 651

---

〔6〕 1957 年的《制止黑工法》,最新的是 1974 年 5 月 31 日的版本,载《联邦法律公报》第 1 卷,第 1252 页。参见克勒(Köhler)文,载《法学家报》1990 年,第 466 页。

法有所不同。在这里,虽然双方当事人通常对于黑工的履行及报酬的支付事宜达成了合意。但是,工作的履行(如在建筑行业)大多持续较长时间;双方往往约定固定的价格;事后也可能出现瑕疵。因此,与商店关门后从事即时结清的现金买卖行为不同,法律规定[打黑工在]民法上无效,能够产生威慑的作用。既然打黑工是无效的,打黑工者就知道他不能诉求其报酬,反过来说委托人也必然会担心他不能实现价格担保权利或瑕疵举报权。通说认为,一般情形下,黑工合同始终都是无效的,我赞成这种看法。联邦最高法院认为,在双方当事人都违反本法的情况下,应坚持此项原则。〔7〕 相反,司法判例正确地认为,在只有承揽人违反该法的情况下,合同应为有效。对这样一种合同,恰恰是不能够通过黑工予以履行的,而是应以合法方式履行。〔8〕

尽管如此,联邦最高法院的一项判例认为,在一项双方当事人都违法的、已经履行的黑工合同中,价格担保(Preisgarantie)的约定是有效的。〔9〕 策勒州高等法院的一项判例也以类似的方式,判令一方可以主张因不履行合同所产生的损害赔偿请求权。〔10〕 联邦最高法院是以第 242 条作为论证依据的。联邦最高法院认为,根据这条规定,因提出价格担保而受到约束的承揽人"不得主张无效性",因为否则的话,他就可以单方面地将其承担的价格风险转嫁给定作人了。不过,我认为,这一理由并不能令人信服,因为无效性的预防性作用,恰恰体现在人们不能够主张被禁止的约定这一事实上。因此,联邦最高法院的此项判例理所当然地遭到了

〔7〕《联邦最高法院民事裁判集》第 85 卷,第 39 页;第 111 卷,第 308 页,第 311 页。也请参见《联邦最高法院,新法学周报》1996 年,第 1812 页,第 1813 页。

〔8〕《联邦最高法院民事裁判集》第 89 卷,第 369 页,第 374 页。也请参见《联邦最高法院,新法学周报》1985 年,第 2043 页(附有卡纳里斯的评论)。

〔9〕《联邦最高法院民事裁判集》第 85 卷,第 39 页,第 47 页以下。

〔10〕《策勒州高等法院,法学家报》1973 年,第 246 页。

学术界的拒绝。[11] 其中,克勒(Köhler)认为,应当部分承认联邦最高法院的结果,方法是赋予一方当事人以缔约过错为由主张赔偿的权利(我认为这一看法是不无疑虑的)。联邦最高法院的另一项判例[12]则在一定条件下赋予先行给付的黑工以要求赔偿价值的请求权(第812条第1款,第818条第2款;这一点因第817条第2句而不无疑虑)。

3. 在《联邦最高法院民事裁判集》第53卷,第152页刊登的案例中,涉及一项由非专业人员经营药物广告(Werbung für Heilmittel)的合同的效力。1941年9月29日的《警察条例》("药物广告条例")[13]禁止人们从事此种广告行为。在本案中,联邦最高法院原则上也认为,一方不得因其业已提供的广告服务而请求报酬。联邦最高法院认为,这一广告禁令,旨在保护人们免受因不符合专业水平的药物广告而产生健康危险的损害;这一保护宗旨便是不向[行为人]提供法律保护的理由。[14] 652

当然,联邦最高法院接着还是允许从事广告行为的代理商向他的委托人要求支付报酬,条件是代理商并不知道从事此种广告行为必须承担刑事责任这一事实。[15] 联邦最高法院通过援引"公平地权衡各方利益,并且符合诚实信用的需要",来论证它的这一观点。从[本书作者]在这里所持的立场出发,用下列论据来支持限制适用第134条规定的看法,可能更加适当:民法上规定的无效

---

[11] 芬恩(Fenn)文,载《经济法杂志》1983年,第466页;克勒(Köhler)文,载《法学工作报》1983年,第106页;蒂特克(Tiedtke)文,载《新法学周报》1983年,第713页。

[12] 《联邦最高法院民事裁判集》第111卷,第308页,第312页以下[有关评论,见蒂特克(Tiedtke)文,载《企业》1990年,第2307页;克尔恩(Kern)文,载《法学教育》1993年,第193页]。

[13] 载《帝国法律公报》第1卷,第587页。

[14] 《联邦最高法院民事裁判集》第53卷,第157页。

[15] 《联邦最高法院民事裁判集》第53卷,第158页。

性,相对于某个不知道此项禁令的人来说,不应当产生效力。

652a 4. 与上述判例相反,联邦最高法院的另外两项判例[16]则完全以禁令的预防性宗旨为准。据此,医生或牙医将其获得报酬的债权转让给营业性结算机构的行为违反了医生负有的缄默义务(刑法典第203条第1款第1项),因此是无效的。联邦最高法院认为,那些"往往记录了病人最隐秘的事情的结算资料"(这些资料要交给结算机构),应当受到特别有效的保护。同样的原则也适用于有关转让医疗诊所的约定,双方约定应将诊断资料转交给受让人。[17] 联邦最高法院的另外两项判例,对律师让与其报酬债权的行为,[18]以及对律师承担将档案转让给事务所受让人之义务的行为,也作出了相同的判决。[19]

三、解释法律禁令时的其他考虑

653 除了上文边码648以下探讨的有关执行违反法律禁令的行为所产生的结果这一问题之外,在解释禁止性规范的时候,还可能出现一些其他的典型问题。在回答这些问题时,新近的司法判例更倾向于认定行为有效。

(一)在《联邦最高法院,新法学周报》1981年,第2640页上刊登的案例中,一个外国制造人向一个德国进口商出售了一批电热辐射器。这批电热辐射器的品质可能具有危险性(Beschaffenheit gefährlich),因此违反了1968年6月24日的《技术工具法》[20]第3

---

〔16〕《联邦最高法院民事裁判集》第115卷,第123页;第116卷,第268页。

〔17〕《联邦最高法院民事裁判集》第116卷,第268页[有关评论,参见坎普斯(Kamps)文,载《新法学周报》1992年,第1545页;贝格尔(Berger)文,载《新法学周报》1995年,第1584页。

〔18〕《联邦最高法院民事裁判集》第122卷,第115页。

〔19〕《联邦最高法院,新法学周报》1995年,第2026页[有关评论,参见米夏尔斯基-罗默尔曼(Michaski-Römermann)文,载《新法学周报》1996年,第1305页]。

〔20〕即《技术器具安全法》,载《联邦法律公报》第1卷,第717页。

条第1款的规定。联邦最高法院认为买卖行为是有效的：法律只是禁止在国内将危险的器具投入交易；因此，这一禁令仅仅涉及进口商与国内零售商或消费者之间的买卖合同，而并不涉及[外国制造人]向进口商供货的合同；这种供货合同只是为法律所禁止的投入交易行为做了准备。

（二）在《联邦最高法院，新法学周报》1981年，第1438页上刊 654
登的案例中，涉及一项色情电影（pornographischer Film）租借合同。从刑法典第184条第1款第7项规定的反证中，可以得出一项独特的规定，而根据联邦宪法法院的判决，[21]这条规定是符合宪法的。根据此项规定，在特定的情形下，可以播放此类黄色电影，行为人不需要承担刑事责任。由于存在这种可能性，因此联邦最高法院不认为该项租借合同因违反法律而无效。[22]

（三）在《联邦最高法院民事裁判集》第78卷，第269页上刊 655
登的案例中，一个不动产中介人虽然不具备《营业条例》第34c条规定必须具备的营业许可证，但是仍然要求对方为其居间促成行为支付佣金。以前，联邦最高法院在类似的非法从事职业活动的案件中，如非法提供法律咨询[23]和非法提供劳动中介服务[24]等，认定合同无效。相反，在本案中，联邦最高法院认为中介合同有效。联邦最高法院认为，《营业条例》第34c条的规定，并不妨碍中介活动在私法上产生效力，并在经济上产生效果，它只是为了制裁违反社会秩序的行为。根据联邦最高法院的另外一项判例，[25]如果一个建筑手工业者违反手工业条例的规定，没有在手工业簿

〔21〕《联邦宪法法院裁判集》第47卷，第109页，第111页。

〔22〕有关因违反善良风俗而无效，参见下文边码701。

〔23〕《联邦最高法院民事裁判集》第37卷，第258页。

〔24〕《联邦最高法院，有价证券信息》1978年，第949页。

〔25〕《联邦最高法院民事裁判集》第88卷，第240页[有关评论，参见克勒（Köhler）文，载《法学工作报》1984年，第324页以下]。

卷中登记,则与其订立的合同,并非仅因其没有登记而无效。

联邦最高法院在另外一个案件中作出的判决〔26〕与此非常相似。联邦最高法院认为,如果一名税务顾问以营业性中介人的身份从事活动,那么,他所订立的中介合同并不因《税务咨询法》第57条第4款禁止税务顾问从事任何形式的营业性活动而无效。因为,这一禁令仅仅是针对税务顾问的,而并非也针对其合同对方当事人。这样一种仅针对一方当事人的法律禁令,只有在"容受通过法律行为所作出的法律上的规定并且使该规定存续下去,将与法律禁令的意义和宗旨相违背"时,才会使行为无效。〔27〕联邦最高法院认为,在《税务咨询法》第57条第4款中,并不存在这一情况;这条规定只是为了"提高税务顾问的职业[地位]",并避免使税务顾问卷入某些冲突中去。

最后,刊登在《联邦最高法院,企业》1994年,第726页上的案例也属于上述范畴。联邦最高法院认为,违反《折扣法》(Verstoβ gegen das Rabattgesetz)(或《附赠条例》)规定的行为,并不会产生第134条规定的无效性,因为该禁令仅仅是针对出卖人的,而并非也针对买受人。不过,法院同时认为,如要求[出卖人]给予[自己]为法律所禁止的折扣,则这种行为可能构成滥用权利行为(最后这一点几乎是不正确的)。

解释法律禁令时出现的困难,也体现在刊登在《联邦最高法院,新法学周报》1985年,第1020页上的案例中。本案涉及的是旅游行业从事贷款中介的行为,这种行为违反了《营业条例》第56条第1款第6项的规定。〔28〕[在此之前,]联邦最高法院的一项判

〔26〕《联邦最高法院民事裁判集》第78卷,第263页。

〔27〕《联邦最高法院民事裁判集》第78卷,第265页。

〔28〕参见哈丁-霍伊泽尔(Hadding-Häuser)文,载《有价证券信息》1984年,第1413页;霍普特(Hopt)文,载《新法学周报》1985年,第1665页。

例[29]认为,由于《营业条例》第56条第1款第6项具有保护消费者的宗旨,因此此类贷款行为无效。但是,本案中,联邦最高法院认为这一原则不包括下列贷款:[借款人]用这种贷款来支付加入不动产折旧公司的费用。联邦最高法院认为,在这种情况下,不存在充分的理由需要对借款人提供保护。然而[在我看来],这种以具体是否需要法律保护作为判断标准的做法,是一条可能产生危险的不安全性的道路。[30]

从以上多项判决以及从其他一些判决中,可以看到一种倾向, 656
即在违反那些不具备强烈的伦理基础(starkes ethisches Fundament fehlt)的规范时,应避免产生无效后果。然而,民法上的无效性(如在第125条情形也是无效)并非以任何伦理上的可非难性为前提。产生这种倾向,还可能出于另外一种思想,即合同当事人不应由于存在一部并非旨在保护其免予承担此类请求权的法律,而得以逃避支付报酬的义务。但是这一思想忽略了一个事实,即不承认对待给付请求权,恰恰能够对非法的经济行为构成一种有意义的制裁。

(四)总而言之(insgesamt),大致可以这么说:许多法律禁令, 657
给判定[有关法律行为是否]无效的问题,提供了几乎无法把握的依据。[31] 法院只能以创造法律的方式来裁判这个问题。因此,在此类案例中往往很难见到令人信服的论证,也就不足为奇了。

四、外国的法律禁令

只有在有关法律行为根据国际私法的原则接受外国法律管辖 658

---

〔29〕《联邦最高法院民事裁判集》第71卷,第358页。

〔30〕对此项判决,请参见道纳 = 利布(Dauner = Lieb)文,载《企业》1985年,第1062页;特斯克(Teske)文,载《经济法杂志》1985年,第649页;韦斯特法尔(Westphal)文,载《企业顾问》1985年,第752页。

〔31〕卡纳里斯(Canaris)在这方面作出了系统化的尝试,参见《法律禁令与法律行为》,1983年。

的情况下,该外国的法律禁令才能作为第 134 条的无效性原因适用。因此,举例说,一项根据德国法评判的合同,虽然违反了法国的货币法,仍然是有效的。[32] 但是,这样一种外国的法律在有些情况下也可能间接产生作用,亦即它对判断有关法律行为是否违反善良风俗这一问题具有重要性。[33] 另一方面,这里也应当考虑到外国的风俗习惯。例如,如果给对方支付贿赂金就能缩短在阿巴丹(伊朗)港的停泊时间,那么承担支付贿赂金义务的行为就可能是有效的。[34]

第三节　不当得利法上的问题

659　违反法律禁令的债务合同无效的,已经交换的给付应当根据第 812 条第 1 款第 1 句第一种情形的规定(错债清偿之请求返还,condictio indebiti),予以返还;这时可能适用第 819 条第 2 款规定的加重责任。在给付受领人违反法律规定的受领禁止的情况下,[35] 还可能发生第 817 条第 1 句所产生的请求权(不法原因之请求返还,condictio ob iniustam causam)。但是在另一方面,请求返还的权利可能因第 817 条第 2 句而被排除。这条规定很难理解,我在论述第 138 条时,即在本书下文边码 713 再对它进行研究。

---

〔32〕《联邦最高法院,新法学周报》1971 年,第 983 页,第 984 页。

〔33〕如《联邦最高法院民事裁判集》第 59 卷,第 82 页,第 85 页:某个非洲国家禁止输出的艺术品,就其订立的运输保险合同无效。

〔34〕《联邦最高法院,保险法》1982 年,第 92 页,第 93 页。对行贿要严厉些,《联邦最高法院民事裁判集》第 94 卷,第 268 页,第 272 页。

〔35〕这方面的例子,参见梅迪库斯(Medicus):《债法分论》,边码 645。

第四十四章　规避法律的问题

参考文献：贝伦茨（Behrends）：《规避法律（Die fraus legis）。罗马法律解释中文意与意义的对立》，1982年；比克尔（Bickel）：《联邦劳动法院的'客观规避法律'》，载《法学教育》1987年，第861页以下；海·洪泽尔（H. Honsell）：《为规避法律而行为（In fraudem legis agere）》，载《卡泽尔（Kaser）纪念文集》，1976年，第111页以下；扬·施罗德（Jan Schröder）：《法律解释与法律规避》（1985年，研究近代法律史）；泰希曼（Teichmann）：《规避法律》，1962年；武斯特（Wurster）：《税收规避中的滥用概念》，载《企业顾问》，1983年，第570页以下。

第一节　规避法律与法律解释

罗马法学家在将规避法律与违反法律作界 660
定时，就对规避法律下了定义："为法律所禁止之行为者，即违反法律；未违反法律之文意而避开法律之意义者，即规避法律"（Contra legem facit, qui id facit quod lex prohibet; in faudem

vero, qui salvis verbis legis sententiam eius circumvenit)。[1]

这一概念界定是以某种[学术]观点为基础的。这种观点认为,在解释法律(Gesetzesauslegung)时应严格以法律的文意为准(eng am Wortlaut)。如赞同这一看法,则有必要通过[禁止]规避法律[这一制度],来维护法律的意义。相反,如果人们在解释法律时就使法律的意义发挥出来,那么违反行为就是一种违反经过正确解释的法律的行为了,人们也就不需要规避法律[这一制度]了。

今天,我们在根据意义解释民事法律(zivilrechtliche Gesetze)时,手脚放得很开。那些我们理解为是法律的意义的东西,我们也就通过解释把它们置入法律中去。因此,就民法而言,应赞成弗卢梅(Flume)的看法。[2] 他认为,"……根本不可能存在一种独立的规避法律的学说(es kann überhaupt keine selbständige Lehre der Gesetzesumgehung geben),毋宁说,规避法律问题是一个法律解释问题……"。[3] 下文边码 851 所论及的某些对劳动合同不法附有期限的行为,是规避法律的一个重要适用事例。例如,联邦劳动法院的判例,间或还肯定这种规避法律行为的存在。[4]

在其他法律领域(andere Rechtsgebiete)中,解释没有走得这么远。例如,在刑法中,由于《基本法》第 103 条第 2 款的规定,超越[法律的]文意作出不利于行为人的解释是违法的。但是,显而易见,这些限制也不得通过规避法律的学说予以消除(要这样做就是一种违法行为了)。谁只要根据刑法规范的文意没有构成犯

---

〔1〕《学说汇纂》1,3,29,见保罗语;《学说汇纂法学阶梯》1,3,30 乌尔比安的表述与此类似。

〔2〕弗卢梅(Flume):《德国民法总论》第 2 卷,§17,5,第 350 页。

〔3〕《联邦最高法院民事裁判集》第 110 卷,第 47 页,第 64 页,作出了类似的表述。

〔4〕《联邦劳动法院,经济法杂志》1988 年,第 120 页(对于民法典第 613a 条第 4 款)。

罪,谁也就不能因规避该条规范而承担刑事责任。

第二节　法律对规避法律的规定

一、民法

一些民事单行法律明确规定了规避法律的行为。[5] 这一事实似乎是与上述原则相矛盾的。这些规范有时被理解为对法律的扩张或说明。例如,《消费者信贷法》第 18 条第 2 句规定,本法也适用于通过“规定其他内容”规避法律的情形。不过在我看来,这并不能构成一种超越法律解释之外的适用范围(与以前的《分期付款法》第 6 条不同)。《一般交易条件法》第 7 条也不具有明确的扩张性意义。毋宁说,这条规定纯粹是“一种有点夸张的胆怯行为的产物,而且会产生一种危险:在法律解释和类推适用法律规定时,不求方法上的精益求精”;即使在这里,“一切问题也都可以用传统的法律解释方法以及法律类推得到解决”。[6] 同样的原则也适用于《上门销售行为撤回法》第 5 条第 1 款。 661

二、税法

规避法律学说的一个重点在税法中。《税收法》第 42 条规定:“不得通过滥用法律的形成可能性来规避税法。如有滥用行为,则征税权利产生,其内容与有关经济事实的适当内容相同。” 662

实际上,这里涉及的行为也不是规避法律。对此,弗卢梅作了

---

〔5〕 民法典则正确地未对规避法律行为作调整,参见《立法记录》第 1 卷,第 257 页,即穆格丹(Mugdan)编:《德国民法典资料总汇》,1899 年/1900 年,第 1 卷,第 725 页。

〔6〕 施陶丁格 - 彼 · 施洛瑟(Staudinger-P. Schlosser):《一般交易条件法》,第 7 条的附释。

令人信服的论述。[7] 因为在这里,同样也必须首先通过解释税法,查明对某种事实是否需要征税。[8] 如果否定这一点,那么当事人就具有避税(Steuervermeidung)的可能性;就此而言,不可能出现规避法律的行为。相反,如果肯定当事人负有缴税义务,那么这种义务是不可"规避"的。当事人充其量只能掩盖有关要件的存在。这种行为可能构成偷漏税行为,但是它不是规避法律的行为。

〔7〕 弗卢梅,同前引书,§20,2bcc,第408页以下。持不同看法者有科特克(Kottke),文载《企业顾问》1983年,第1146页。也请参见《企业》1995年,第1836页。

〔8〕 对税法,适用"对于特定的、概括描述的事实是否应当征税,由立法者作出第一性的决策"的观念(《联邦宪法法院裁判集》第13卷,第318页,第328页。与此相比,《联邦审计署,新法学周报》1984年,第1920页的表述不无疑虑)。这即是说,司法判例不得创设新的税种。

第四十五章　违反禁止处分的规定

参考文献:贝尔(Beer):《相对无效性》,1975年;阿·布洛迈尔(A. Blomeyer):《论对债权处分的相对禁止》,载《希尔施(Hirsch)纪念文集》,1968年,第25页以下;比洛(Bülow):《处分禁止的基本问题》,载《法学教育》,1994年,第1页以下;卡纳里斯(Canaris):《法律行为上的让与禁止的法律后果》,载《泽里克(Serick)纪念文集》,1992年,第9页以下;多伊布勒(Däubler):《通过法律行为可以排除权利的让与性吗?》,载《新法学周报》1968年,第1117页以下;法兰(Fahland):《民法典第135条、第136条的处分禁止的强制执行及其与其他扣押后果的关系》,1976年;弗尔斯特(Foerste):《不动产法中实现处分限制与取得禁止的界限》,1986年;富尔特纳(Furtner):《法律行为上的处分限制及其保障》,载《新法学周报》1966年,第182页以下;科尔霍塞尔(Kollhosser):《不得处分帐户下的处分权限》,载《经济法杂志》1984年,第389页以下;吕·利布斯(R. Liebs):《不可限制的处分权限》,载《民法实务档案》第175卷,1975年,第1页以下;皮卡洛(Pikalo):《法律生活实践中的民法典第137条》,载《德国公证人杂志》1972 年,第 644 页以下;戈·保卢斯(G. Paulus):《相对无效情形债权人保护的限制》,载《尼佩代(Nipperdey)纪念文集》第一卷,1965 年,第 909 页以下;拉佩(Raape):《民法典的法定让与禁止》,1908 年;赖布勒(Raible):《通过合同对权利转移进行限制》,1969 年;鲁韦德尔(Ruhwedel):《所谓的相对处分禁止的基础和法律后果》,载《法学教育》1980 年,第 161 页以下;汉·施洛瑟(H. Schlosser):《意定信托行为中禁止处分约定的对外效力》,载《新法学周报》1970 年,第 681 页以下;埃·瓦格纳(E. Wagner):《民法处分障碍体系中的以合同方式约定禁止让与》,1994 年;同一作者:《合同上的让与禁止应具有与违禁处分的绝对无效性相同的绝对效力吗?》,载《法学家报》1994 年,第 227 页以下;魏特瑙尔(Weitnauer):《不可抛弃之行为自由》,载《弗·韦伯(Friedrich Weber)纪念文集》,1975 年,第 429 页以下;维林(Wieling):《通过临时处分产生的对物权》,载《法学家报》1982 年,第 839 页以下[克勒(Köhler)对维林的观点持不同看法,参见《处分禁止依然适用》,载《法学家报》1983 年,第 586 页以下。]

第一节　民法典第 135 条至第 137 条的问题

663 第一眼望去,第 135 条至第 137 条的规定可以与第 134 条规定顺利衔接。第 134 条规定违反法律禁令的行为无效,这当然也意味着违反法律规定的处分行为无效。然而,如果法律禁令仅仅旨在保护特定人的利益,那么就应当使无效性仅仅相对于这些特定的人发生作用(作为“相对的无效性”[1])。这就是第135条第1款第1句的内容。第135条第2款则规定了一个容易理解的结论:在此类情形,善意取得人应当享有一定程度的保护。第136条、第137条规定了并非以法律为依据作出的让与禁止。第136条规定官署作出的让与禁令与法律规定的让与禁令相同。第137条规定,虽然通过法律行为约定的让与禁止不具有物权上的效力,但具有债权上的效力。

但事情远非如此简单。由于第135条对法定的让与禁令与其他的、不属于第135条范畴的处分限制作了区分,因此在第135条的适用方面存在着重大的困难(第135条几乎没有什么适用余地了[2])。而在第137条中,人们对该条法律规定的宗旨(这一宗旨对解释该条规定具有重要性)究竟是什么,还存在许多争议。

第二节 法律和官署规定的让与禁令

一、处分禁止与取得禁止

(一)首先,大家一致认为,第135条第1款第1句、第136条规定所使用的文意是不精确的。一会儿说的是让与禁止(*Veräußerungs* verbote),一会儿调整的是处分行为的有效性。然而,让与和处分这两个概念是不同的,让与仅仅是处分的一种形式;处分除了包括让与外,还包括设定负担等行为。在这里,人们对第135条、第136条是作广义解释的,这两条规定指的是一切处分禁止。 664

(二)此外,第135条、第136条甚至被准用于(法院的)取得 665

[1] 参见上文边码493。
[2] 参见下文边码671。

禁止(Erwerbsverbote)(尽管取得不是处分[3])。帝国法院的一则判例,[4]对这一做法的实施起了推动作用。本案涉及一项土地转让行为,双方当事人在作成公证书的买卖合同中给出了一个较低的价格("私下买卖行为"[5])。根据第117条第2款、第313条第2句的规定,此项合同本来应该因双方有关土地所有权移转的合意以及取得人[在土地登记簿中]的登记,而以双方约定的价格发生效力。而由于出卖人也已经发出了移转土地所有权的合意,因此也可以期待合同生效。然而,由于在此期间通货膨胀不断恶化,出卖人根本不同意实施此项行为了,即使买受人支付他们口头约定的、较高的价格,出卖人也不同意出卖了。帝国法院认为,虽然出卖人可以在买卖合同生效之前,根据第812条的规定,要求返还其土地所有权移转的合意,[6]但是,出卖人承担着下列风险:买卖行为一旦生效,他的不当得利返还就像是"被追补上了"。这样一来,起初不存在的法律原因就产生了,因此要求返还不当得利的权利也就不成立了。在这种情况下,帝国法院认为,法院以临时处分(《民事诉讼法》第935条)方式针对买受人颁布的取得禁令是合法的。如果事后违反此项禁令,将买受人登记[在土地登记簿中],那么应准用第136条、第135条第1款第1句规定,认定此项登记相对于出卖人是无效的,因此此项登记也不产生第313条第2句规定的补正买卖合同效力的后果。

帝国法院的此项判例[7]以"法律交易之要求"来说明将第136条、第135条扩大适用至取得禁令的理由。然而,那个从事私

[3] 参见上文边码208。

[4] 《帝国法院民事裁判集》第117卷,第287页。

[5] 参见上文边码595。

[6] 《帝国法院民事裁判集》第117卷,第287页,第291页。当然,这一返还因第814条而不无疑虑。

[7] 《帝国法院民事裁判集》第117卷,第287页,第291页。

下买卖土地行为、后来又改变了主意的出卖人的愿望,很难成为这方面一项令人信服的论据。[8] 当然,在其他情况下是否需要相对的取得禁令这个问题,依然没有得到解答。[9] 如果认为需要这样一项相对的取得禁令,首先必须消除弗卢梅和拉伦茨提出的一项异议:并不存在与处分权限相应的、因此可通过一项类似的禁令予以限制的、特殊的取得权限(Erwerbsbefugnis)。[10]

二、相对的处分禁令之界定

(一)在处分禁令并非旨在保护特定的个别人,而是旨在保护 666
不特定的多数人或者公众的情况下,第 135 条、第 136 条毫无疑问地不适用。既然这样,这两条规定的法律后果,即无效性仅仅相对于特定人发生作用,也是不合适的。此类绝对的处分禁令(absolute Verfügungsverbote),如适用于具有危险性的食品或药品。[11]

(二)在旨在保护处分人自己(如第 310 条)的情况下,第 135 667
条、第 136 条也不适用。

(三)此外,在处分行为的效力需取决于官署同意的情况下, 668
第 135 条、第 136 条也不适用。第 135 条、第 136 条规定也不因该同意要件旨在保护特定人利益而适用。

(四)最后,第 135 条、第 136 条也不适用于处分权受到限制 669
的情形。在权利人从一开始就不能够处分其权利的情况下,即可认定处分权受到了限制。在这种情况下,就不必再为维护某个人

---

〔8〕 弗卢梅,同前引书,§17,6e,第 362 页。拉伦茨对弗卢梅的看法表示赞同,见《德国民法总论》,§23IV,第 475 页以下。

〔9〕 迈尔-马利(Mayer = Maly)或许对这个问题作肯定回答,见其撰《慕尼黑德国民法典评注》,第 136 条,边码 9。

〔10〕 关于土地登记簿法上的问题,参见哈布沙伊德(Habscheid)文,载《席德迈尔(Schiedermair)纪念文集》,1976 年第 245 页。

〔11〕 迪尔歇尔(Staudinger-H. Dilcher):《施陶丁格德国民法典评注》,第 135 条边码 7,附有其他例子。

的利益而去禁止这种处分行为。在此类情形,某人根据法律"不得为处分"。联邦最高法院正确地认为,在第719条的共同共有约束情形,合伙人的处分权受到限制,因为合伙份额的让与意味着对其他合伙人法律地位的侵害。所以,根据一般的原则,让与合伙份额就必须征得其他合伙人的同意。第719条明确了这一原则,而没有对法律上的处分能力作出进一步限制。[12]

670 (五)总而言之,几乎所有法定的处分禁令,都可以被相当确定地被纳入上文边码666至669所称的案例类型中去,或者法律制定有独特的规定。[13] 有关规范属于这些案例类型中的哪一种具体类型,对于第135条的适用是无关紧要的。以第1365条、第1369条规定的夫妻财产制方面的限制为例。通说认为,这种限制是绝对的处分禁止。[14] 而格恩胡贝尔(Gernhuber)[15]则认为,这是一种"对法律上的能力(rechtliches Können)的限制"。[16] 他指出,一种绝对的让与禁令,只能被理解为旨在保护家庭和维护公共利益的措施;而这一规范在法律中的地位(尤其是将此种限制归属于法定财产制,而未归属于一般的婚姻法之中)与此宗旨不符。我认为应采纳后者的看法。无论如何,虽有第1365条及以下条款的规定,仍然为善意取得的,对此不适用第135条第2款。

671 因此,根据正确的、通行的学说,[17]第135条规定会产生一种令人意外的结果:这条规定根本不具有直接的适用范围,或者仅仅

[12] 《联邦最高法院民事裁判集》第13卷,第179页,第184页(帝国法院的看法与此不同,《帝国法院民事裁判集》第92卷,第398页,第401页)。

[13] 有关概述见迈尔=马利(Mayer = Maly):《慕尼黑德国民法典评注》,第135条,边码12以下。

[14] 依边码666,《联邦最高法院民事裁判集》第40卷,第218页。

[15] 格恩胡贝尔-(科斯特=瓦尔清):《亲属法》,§35I4,第505页以下。

[16] 上文边边码669意义之上。

[17] 如弗卢梅,同前引书,§17,6c,第355页;拉伦茨,同前引书,§23IV,第472页;吉森(Giesen)文,载《法律学习》1990年,第169页,第171页。

具有一个非常狭小的直接的适用范围（亦即仅仅在民法典之外，如在《保险合同法》第15条、第98条、第156条第1款之情形[18]）。所以，第135条的主要意义，在于透过第136条，将［法定禁令］准用于官署的让与禁令（更确切地说：处分禁令[19]）。

三、官署的处分禁令

此类官署的禁令，特别是法院的禁令，真的是存在的，如在强制执行程序中发出的处分禁令（《民事诉讼法》第829条第1款，第857条第1款）、通过临时处分宣布的处分禁令（《民事诉讼法》第935条、第938条第1款）以及根据《强制拍卖和强制管理法》第20条及以下条款、《刑事诉讼法》第290条及以下条款实施的没收等。对于这些行为，透过第136条而适用第135条的规定。具体说来，意为： 672

（一）违反禁令的处分行为仅仅相对于被保护人才属无效（nur gegenüber dem Geschützten unwirksam）。在《民事诉讼法》第829条第1款、第857条第1款中，被保护人即为实施强制执行的债权人。对他来说，［债务人］违反禁令给出的东西仍然属于这个债务人的财产。因此，取得该物的第三人相对于其他人可以主张该物，但相对于该债权人却不得主张该物。根据第135条第1款第2句，通过强制执行或假扣押所为的、针对债务人的处分行为，与债务人通过法律行为所为的处分相同。这即是说，通过国家行为所为的处分行为也是相对无效的，虽然这里债务人并未参与违反禁令的处分行为。[20] 673

---

〔18〕 参见迈尔＝马利（Mayer＝Maly）撰：《慕尼黑版德国民法典评注》，第135条，边码23。

〔19〕 参见上文边码664。

〔20〕 有关被保护人相对于取得人主张［处分行为］无效性的权利，参见《联邦最高法院民事裁判集》第111卷，第364页；迈尔＝马利（Mayer＝Maly）文，载《法学家报》1991年，第40页。

674 (二)然而,根据第135条规定,在特定情形,取得人的善意(Redlichkeit des Erwerbers)可以消除这种无效性。在这种情况下,取得人也可以针对受禁令保护人的效力取得权利。不过,第135条第2款并没有创设额外的取得规范,而只是援引了业已存在的规范(特别是第932条及以下条款)。然而,第135条第2款对第932条及以下条款作了扩张:第932条及以下条款的文意仅仅涉及从非权利人那里取得权利,而根据第135条第2款的规定,第932条及以下条款也适用于从一个受处分禁令限制的权利人那里取得权利。

第三节 法律行为上的处分禁止

一、物权上的无效性

675 (一)根据第137条第1句,对某项可让与的权利的处分,(在通常情形[21])不得通过法律行为予以排除或者限制。这即是说,与立法者(第135条)和官署(第136条)不同,私人通常不应当具有禁止处分某项可让与的权利(如所有权)的权力。不容否认的事实是,对此类由私人作出的处分禁止,完全可能存在某种合理的需求。例如,父亲想禁止其孩子出让土地,以使该土地留作家庭财产(即使是通过遗嘱所为的处分禁止,也是一项法律行为上的处分禁止);或者,在以信托方式转让财产的情况下,信托人想排除受托人处分其财产的权利,以确保其财产返还请求权不受损害。但是,根据第137条第1句规定,这两种处分禁止都不具有物权上的效力,亦即尽管存在着由私人作出的禁令,第三人仍然可以取得权利,即使第三人知道禁令亦然。[22]

---

〔21〕 参见下文边码676。

〔22〕 这样规定的原因,参见下文边码678。

处分禁止可否以其他方式——即如通过附设条件——被赋予物权效力呢？例如，信托人将信托财产交给受托人，并附设了解除条件，条件为：受托人不违反信托约定为处分。假设这样一个条件是合法的，那么受托人所为的处分就变成了非权利人所为的处分，因为在受托人为处分之时，其处分权即因解除条件成就而丧失。这是一个[附]条件[的法律行为]学说领域的问题。[23]

(二)第 399 条第二种情形是第 137 条第 1 句的例外(Ausnahme)。据此，债权人和债务人可以通过约定排除某项债权的让与(及在该权利上设定质权，第 1274 条第 2 款)。[24] 这即是说，如果债权人和债务人约定了债权不得让与，让与债权的行为就是无效的。此外，第 405 条第二种情形对此也仅仅提供了一种非常有限的善意保护。 676

这条规定的具体问题属于债法的研究范围。不过，第 413 条中还有一个更为一般的问题。根据该条规定，在法律未作其他规定的情况下，第 399 条也应准用于其他权利的转让。这样，这里就存在着两条都要求予以一般性适用，但却内容迥异的规定。[25] 应以下列途径来解消这一冲突：第 137 条第 1 句是规则；第 413 条、第 399 条充其量仅涉及这些权利：法律在其他地方并未对它们的转让作出不同的规定，亦即它们的转让以第 398 条及以下条款规定为准。这样，对于全体物权，都不适用第 413 条、第 399 条的规定。

二、债权上的有效性

根据第 137 条第 2 句，法律行为处分禁止在物权上的无效性，不应当影响某项不为处分的义务在债权上的有效性。这就是说， 677

---

〔23〕 参见下文边码 852。

〔24〕 但他们不得约定排除对权利的扣押，《民事诉讼法》第 851 条第 2 款。

〔25〕 参见上文边码 34。

负有处分禁止义务的人虽然能够(kann)处分,但是他不应当(soll)为处分。易言之,他违反禁止而为的处分虽然是有效的,但他可能因此——在具备其他要件的情况下——而可能承担损害赔偿的义务(schadensersatzpflichtig)。这样,在第137条的两句规定中,民法典对负担行为(第2句)和处分行为(第1句)所作的区分就表现得特别明显。

例如,受托人违反信托合同的约定,将信托动产让与给他人的,这种让与行为是有效的。[26] 但是,如果此项违反义务的行为可归责于信托人,则他必须根据第280条、第282条、第276条规定承担损害赔偿义务。

三、第137条的宗旨

678 正是由于第137条的两句规定处于互相对立的状态,因此人们不断提出下列问题:该条规定的宗旨究竟是什么?[27] 在我看来,这条规定的主要目的,应在于促进法律交易的定位安全(Orientierungssicherheit des Rechtsverkehrs)。谁想要取得某项通常可以让与的权利,谁就应当可以直接信赖"不得以法律行为排除权利的可让与性"这一事实。第399条第二种情形对债权的可让与性所作出的不同规定,[在实践中]产生了很大的困难。由于债权受让人几乎无法预见其将不能取得债权,因此已有人指出,排除债权的可让与性属违反善良风俗行为。[28] [第399条第二种情形在实际适用方面所产生的困难,]说明了第137条之上述宗旨的意义。在商法中,1994年新加入商法典的第354a条部分也考虑到

〔26〕 参见上文边码675。

〔27〕 利普斯(Liebs)对这个问题进行了特别细致的研究,见《不可限制的处分权限》,载《民法实务档案》第175卷,1975年,第1页以下。

〔28〕 虽然这一看法在原则上为联邦最高法院的判例所否认(《联邦最高法院民事裁判集》第51卷,第113页;第56卷,第173页,第175页),但穆默门霍夫(Mummenhoff)对这些判例提出了批评,文载《法学家报》1979年,第425页。

了这种困难。而如果适用第 137 条第 1 句,则可完全避免这种困难。

除此之外,第 137 条还服务于其他一些宗旨(einige weitere Ziele)。首先,第 137 条可以保障强制执行的进行,这样就毋需在民法典中制定一条与《民事诉讼法》第 851 条第 2 款相同的一般性规定了。其次,第 137 条也可阻止根据《魏玛宪法》第 155 条规定被解散的、不得转让也不得分割的世袭财产(Fideikommisse)〔29〕的重新形成。这样,就不可能再将特定的物置于一般的法律交易之外,并将它们保留在家庭中。〔30〕 最后,第 137 条通过确保权利主体的处分权,也有利于保护权利主体的自由。虽然由于第 137 条第 2 句规定处分禁止具有债权上的效力可能对这种自由作出重大限制,因而对第 137 条的这一功能不宜作出过高的评价,然而在具体情况下,完全有可能根本就不存在什么损害,因此违反处分禁止约定而为处分的人,不必担心自己会赔偿损害。即使双方约定了违约金,违约金的数额也可根据第 343 条规定,由法官予以减免。法官在减免违约金数额时,特别应考虑[因处分人违反处分]禁止[而有权要求赔偿损害的]债权人之被损害的利益的重要性(第 343 条第 1 条第 2 句)。

---

〔29〕 参见冯·巴尔－施特里韦(von Bar-Striewe)文,载《现代法律史杂志》1981 年,第 184 页以下。

〔30〕 参见上文边码 675 所举的继承人例子。

第四十六章　违反善良风俗

参考文献：阿茨特（Arzt）：《一切具有公平和正直的思想者的看法》，1962年；贝岑贝格尔（Bezzenberger）：《民法中的种族歧视、平等和道德秩序》，载《民法实务档案》第196卷，1996年，第395页以下；科英（Coing）：《帝国法院对“善良风俗”概念的判例之一般法律原则》，载《新法学周报》1947/48年，第213页以下；恩德莱因（Enderlein）：《法律多元化与合同法》，1996年［有关评论，见埃克特（Eckert）文，载《法学家报》1997年，第86页］；格德特（Geddert）：《法和道德》，1984年；海·洪泽尔（H. Honsel）：《违反善良风俗行为的民事制裁》，载《法学工作报》1986年，第573页以下；科勒（Koller）：《危及债权人和损害债权人行为的违反善良风俗性》，载《法学家报》1985年，第1013页以下；拉伦茨（Larenz）：《民法典第138条的基本问题》，载《耶林民法学理论年刊》第7卷，1966年，第98页以下；莱昂哈德（Leonhard）：《违反善良风俗》，载《贝克尔（Bekker）纪念文集》，1907年，第87页以下；林达赫尔（Lindacher）：《民法典第138条的基本问题。论主观要素的重要性》，载《民法实务档案》第173卷，1973年，第124页以下；洛特玛

(Lotmar):《不道德的合同》,1896 年;迈尔 = 马利(Mayer = Maly):《违反善良风俗之意识》,1971 年;同一作者:《私法中的价值转变》,载《法学家报》1981 年,第 801 页以下;同一作者:《作为法律标准的善良风俗》,载《法学教育》1986 年,第 596 页以下;同一作者:《善良风俗的意义何在?》,载《民法实务档案》第 194 卷,1994 年,第 105 页以下;迈尔 = 科尔丁(Meyer = Cording):《善良风俗与竞争法的伦理内容》,载《法学家报》1964 年,第 273 页以下;罗伊特(Reuter):《经济伦理因素对经济法中一般条款解释的影响》,载《公司法杂志》1987 年,第 489 页以下;罗特尔(Rother):《违反善良风俗的法律行为以及性的自由化》,载《民法实务档案》第 172 卷,1972 年,第 498 页以下;罗特赫夫特(Rothoeft):《对长年不动产合同的现值监控》,载《新法学周报》1986 年,第 2211 页以下;吕勒(Rühle):《暴利禁止——能有效保护消费者不受过高价格的损害吗?》,1978 年;扎克(Sack):《违反善良风俗条款之填补漏洞功能》,载《竞争法与实务》1985 年,第 1 页以下;同一作者:《一切具有公平和正直的思想者的礼仪感作为确定善良风俗的因素》,载《新法学周报》1985 年,第 761 页以下;赫尔穆特·施密特(Helmut Schmidt):《法律行为违反善良风俗学说之历史考察》,1973 年;施里克(Schricker):《违反法律与违反善良风俗》,1970 年(《竞争法重点》系列著作);康·西米蒂斯(K. Simitis):《善良风俗与公共秩序》,1970 年;西姆斯霍伊泽尔(Simshäuser):《论情人遗嘱的违反善良风俗性》,1971 年;斯米特(Smid):《民法典第 138 条第 1 款对遗嘱自由设置的法律限制》,载《新法学周报》1990 年,第 409 页以下;托伊布纳(Teubner):《一般条款中的标准与命令》,1971 年;蒂尔曼(Thielmann):《违反善良风俗的死因处分》,1973 年[有关评论,见林达赫尔(Lindacher)文,载《民法实务档案》第 175 卷,第 257 页以下]。其他有关具体问题的参考资料参见下文。

第一节　第 138 条的功能

679 一、前面的分析[1]表明,第 134 条是一条几乎没有什么作用的规范。因为违反法律禁令的法律行为的无效性,并不能真正产生于第 134 条,而只能通过对有关法律禁令作出解释才能得出。就此而言,第 138 条与第 134 条之间存在着本质上的不同,尽管人们往往一口气同时说出第 134 条、第 138 条两条规定,因此听起来二者似乎是类似的规定。在第 138 条规定的诸种情形,并不存在一条(国内法上的[2])法律规范:通过对这条法律规范进行解释就可得出无效性的后果。毋宁说,第 138 条援引的对象是(善良)风俗,亦即某种至少就其起源而言属于非法律的秩序。

在认定是否存在违反行为时,法与道德往往是互相一致的,但绝非永远一致。例如,谋杀行为既违法,也违反道德。违章停车是违法的(《道路交通条例》第 12 条第 2 款至第 5 款),但这种行为本身并非违反道德。相反,虽然付钱性交是违反道德的,[3]但却并不违反哪条法律规范。

680 二、第 138 条并非旨在将法律秩序与道德秩序进行完全的协调。因为,第一,第 138 条所称的“善良风俗”,只是从道德秩序中

---

〔1〕 上文边码 646。
〔2〕 参见上文边码 658。
〔3〕 参见下文边码 701 以下。

裁剪下来的、在很大程度上被烙上了法律印记的那部分;[4]法绝非接受某种崇高伦理的标准。第二,第 138 条并非旨在使法律秩序广泛地服务于道德秩序的这个部分,例如,对于付钱性交这种行为本身,不存在任何法律上的制裁措施;道德上的义务(如帮助陷于困境的兄弟姐妹)不会成为法律上的义务。第 138 条只是为了阻止法律行为为实施不道德行为提供服务(§138 will lediglich verhindern, daβ Rechtsgeschäfte in den Dienst des Unsittlichen gestellt werden)。人们不得通过法律行为,使不道德的行为变成法律上可强制要求履行的行为。[5] 简言之,法律秩序拒绝给不道德的行为提供履行强制。

第二节　"善良风俗"

681 显而易见,第 138 条的主要难题在于如何查明"善良风俗"所指的内容。在一个"多元化社会"中,人们对道德价值及其位阶的共同看法越少,这一任务也就越难。

一、法律的规定

在私法中,善良风俗主要出现在三个地方,即民法典第 138 条、第 826 条和《反不正当竞争法》第 1 条。这里,违反善良风俗行为的非法性涉及不同内容。第 138 条对从事法律行为的自由作了限制,亦即限制了私法自治。第 826 条规定故意实施违反善良风俗的行为者须负损害赔偿义务,它旨在更为一般地保护他人的行为自由,亦即加害行为非以通过法律行为实施为要件。而《反不正当竞争法》第 1 条则是特别法,它只适用于"商业交易中以竞

---

〔4〕 参见下文边码 683。

〔5〕 弗卢梅(Flume)持类似观点,《德国民法总论》第 2 卷,§18,5,第 376 页;§18,8cbb,第 385 页。

争为目的的行为”。

鉴于这种不同性,“善良风俗”并非在所有的地方都必须具有相同的意义。与民法典第138条、第826条情形相比,在为了维护竞争的正当性(《反不正当竞争法》第1条)而适用“善良风俗”的情况下,应在更大程度上考虑有关参与[竞争的]各阶层的观点(虽然不能作简单的、不加批判的照搬)。因此,在适用《反不正当竞争法》第1条时,最有可能考虑适用民意调查(Meinungsumfragen)的方法。〔6〕 总体说来,与民法相比,人们更应倾向于肯定在《反不正当竞争法》第1条中存在违反善良风俗性。〔7〕 ——下文的分析主要局限于第138条中的“善良风俗”。

二、“一切公平和正义的思想者之礼仪感”

682 特别是在司法实践中最为常用的对善良风俗的表述,援引了“一切公平和正义的思想者之礼仪感”。〔8〕 民法典施行未久,帝国法院就在一则判决中使用了这一表述。〔9〕 先前,这一表述的前身已见于第826条的立法材料〔10〕中,甚至在萨维尼(Savigny)的著述中就已出现过。〔11〕

但是,这一表达至少具有两方面的缺点。第一,以“礼仪感”(Anstandsgefühl)为判断标准,几乎不能提供任何适合于第三人进行客观审核的结果。第二,[将被考察的主体]限制在“公平和正

〔6〕 如《联邦最高法院,新法学周报》1969年,第744页,第746页。本案涉及无偿分发具有编辑内容的广告报纸的行为:这种行为危及到其他报纸的生存基础吗?

〔7〕 参见《联邦最高法院民事裁判集》第124卷,第230页。

〔8〕 参见哈伯施特隆普夫(Haberstrumpf):《联邦最高法院司法判例中的“一切公平和正义的思想者之礼仪感”》。对此持批评意见的有吕特尔(Rüther),文载《新法学周报》1992年,第879页。

〔9〕 《帝国法院民事裁判集》第48卷,第114页,第124页。

〔10〕 《立法理由书》第2卷,第727页,即穆格丹(Mugdan)编:《德国民法典资料总汇》,第2卷,第406页。

〔11〕 参见托伊布纳(Teubner):《一般条款中的标准与命令》,1971年,第19页。

义的思想者"[范围内]更加强了这种不确定性。对这一限制,虽然可以作出有益的解释,即应当排除那些极端严厉的或极端懒散的看法。但是,这一表达方式也为[对善良风俗作]摧毁法制的意识形态化[解释]开启了方便之门:裁判者可以将那些异于自己看法的思想,作为不公平的和非正义的思想予以铲除。例如,帝国法院在1936年3月13日的一项判决[12]中,就将善良风俗等同于"人民的健康感受",而又将"人民的健康感受"等同于"国家社会主义的世界观"。[13]

三、其他表述

其他常见的表述,多以"社会道德"(Sozialmoral)[14]、"公共秩 683
序"(ordre public)[15]或对特定制度的保护宗旨(Schutzzweck)(如婚姻[16]),作为判断善良风俗的标准。

这些看法都表达出了一些正确的方面。无疑,社会道德也是具有重要意义的,因为"法官不可能提出那些在有关阶层中毫无反响的要求"。[17] 无疑,在评判有关行为是否违反善良风俗时,也要考虑这种行为是否与法律共同体的基础价值和基本制度相符合。

但是,上述各种表述中没有一种能够完全把握第138条的适用广度。例如,英美法系国家允许律师收取成功酬金(Erfolgshonorar für Rechtsanwälte),而我们几乎不能这样声称:在我国,律师收取成功酬金是否违反善良风俗,是一个与社会道德相关的问题。而公共秩序(ordre public)之概念则过于将第138条的适用割离于

---

〔12〕《帝国法院民事裁判集》第150卷,第1页,第2页。

〔13〕同前引书,第4页。

〔14〕参见托伊布纳,同前引书,第23页以下。

〔15〕托伊布纳,同前引书,第36页以下。

〔16〕托伊布纳,同前引书,第39页以下。

〔17〕埃塞尔-施泰因(Esser-Stein):《法律选用中的价值及价值变更》,1966年,第20页。

道德方面的考虑。[18] 因此,我们应将公共秩序这一概念保留在国际私法中。在国际私法中,公共秩序(根据《德国民法施行法》第6条)要回答的是一个不同于第138条的问题,即德国法院适用外国法律规范是否与[德国的公共秩序]相符。最后,我们大概也不能说,第138条的适用总是以对某项“制度”[19] 构成了危害为前提:大多数情况下,个别的法律行为尚不足以构成这种危害。

四、案类的构造

684 鉴于所有这些表述都不够理想,因此我们大概必须放弃对善良风俗作统一定义的尝试,而应当满足于描述同样类型的、可以认定存在违反善良风俗性的案例。[20] 此外,还可以提出一些更为一般的规则。下面先来分析这些规则。

第三节 一般规则

685 **一、违反善良风俗之判断的对象**

(一)弗卢梅(Flume)[21] 曾恳切地指出,在第138条中,要评判的并不是当事人的行为(Verhalten),而是他们从事的法律行为(Rechtsgeschäft)。联邦最高法院在一些判例中(特别是新近的判例中),也支持了这一看法。例如,在《联邦最高法院民事裁判集》第53卷,第369页,第375页上,联邦最高法院就被继承人在剥夺其妻子继承权的情况下立他的情妇为单独继承人的遗嘱行为,指出:“在民法典第138条的框架下,关键的问题并不在于对某一个人的行为进行评判,并对某种不道德的行为进行制裁,而仅仅在于

---

〔18〕 拉伦茨,同前引书,§22IIIa,第436页。

〔19〕 “制度”究为何义,参见上文边码60。

〔20〕 参见下文边码695以下。

〔21〕 同前引书,§18,2a,第367页,第375页。

判断某项法律行为是否违反了善良风俗……”。[22] 因此，联邦最高法院认为，被继承人优先列其情妇为继承人，而不立其兄弟姐妹为继承人的做法是有效的（联邦最高法院不必就剥夺妻子继承权的行为作出裁判）。联邦最高法院的另外一项判例[23]，对在外国支付贿赂金（这种行为在该外国虽为通行的做法，但是禁止的）的约定这样说道：“那些依据其客观的内容即违背了道德的和法律的基本原则的法律行为，不论从事该行为的当事人的想法为何，均属无效”。

由于是否违反善良风俗之判断涉及的对象是法律行为，因此，686
即使当事人的行为（Verhalten）是应该受到指责的，但其从事的法律行为却可能是有效的。反之，即使当事人是善意的，只要法律行为的后果表现为不可忍受，该法律行为也可能违反善良风俗。兹举帝国法院的一项判例[24]为例说明。在本案中，一位妻子提起离婚诉讼。在其（显然是有过错的）丈夫作出了下列承诺以后，妻子撤回了她的诉讼：“丈夫承担在今后不单独进行业务旅行或娱乐旅行的义务”。此项承诺（当然这一表述是极其笨拙的，因为妻子恰恰是担心丈夫会与其他女人在一起！），旨在防止丈夫实施有害婚姻的进一步行为，以维护婚姻。这即是说，双方当事人的意图在道德上是无可厚非的。尽管如此，帝国法院正确地认为，这一承诺是违反善良风俗的。[25] 帝国法院认为，对丈夫的行动自由作出这样的限制，违背了婚姻的道德本质。[26]

---

〔22〕 该引语的继续，参见下文边码688。

〔23〕《联邦最高法院民事裁判集》第94卷，第268页，第272页。

〔24〕《帝国法院民事裁判集》第158卷，第294页。

〔25〕《帝国法院民事裁判集》第158卷，第300页。

〔26〕 不过在另一方面，请参见《联邦最高法院，新法学周报》1990年，第703页（丈夫承诺，如果自己提出离婚申请，就向妻子支付一笔[一次性]补偿费，这种承诺是有效的）。

687 在林登迈尔－默林(Lindenmaier-Möhring)《联邦最高法院民事案件工具书》,《德国民法典》第138条(Cd)第5个案例中,情况与上述相似。在该案中,一个农民把他的儿子们立为继承人,但条件是他的儿子们必须与他们的妻子离婚。由于这些女人在他们的丈夫参战被俘期间对丈夫不忠,因此被继承人不希望这些女人踏进自己的家园。联邦最高法院考虑到这一值得重视的动机,认为被继承人的遗嘱是有效的。正确的看法应该是认定遗嘱无效:〔27〕不应使儿子们处于"要老婆还是要家"的两难境地;父亲应当让其儿子们自主地、并在不考虑家园的情况下,决定自己的婚姻。

688 (二)不过在另一方面,也有的法律行为是由于其当事人的意图(Absichten der Beteiligten)才具有不法内容的。拉伦茨(Larenz)〔28〕正确地强调了这一点。上文边码685援引的联邦最高法院的判例中的那句话〔29〕,接下去说道:"而仅仅在于判断某项法律行为是否违反善良风俗。对于判断某项行为是否违反善良风俗,依据事物的本质,该法律行为参与人的行为方式可能具有重要意义"。这里即可以联邦最高法院在此项判决中需要裁判的被继承人在遗嘱中立其情妇为继承人为例说明之:如果被继承人立其情妇为继承人"旨在酬谢其满足自己的性欲或旨在决定或加强这种两性关系的继续",〔30〕那么这种行为通常被认为是违反善良风俗的。相反,如果被继承人具有其他动机,即如旨在给其情妇提供生活保障,则这种行为通常就是有效的。〔31〕 在这里以及在类似的案

---

〔27〕 弗卢梅,同前引书,§18,2bcc,第370页。

〔28〕 同前引书,§22IIIa,第440页。

〔29〕《联邦最高法院民事裁判集》第53卷,第369页,第375页。

〔30〕《联邦最高法院民事裁判集》第53卷,第369页,第376页。

〔31〕《联邦最高法院,新法学周报》1983年,第674页。芬格(Finger)对此持表示赞同,文载《法学家报》1983年,第608页以下。

例中，[双方当事人的]宗旨[32]以及一方当事人的行为[33]，最终对法律行为的内容产生着直接影响。

此外，在第 138 条第 1 款中，支付金钱行为的无效性也只能通过这种方式成立——如果能够这样认为的话。[34] 支付金钱行为本身是中性的，只能通过动机才能变成有伤风化的行为。

二、知悉之要件 689

(一)根据通行的学说，[35]双方当事人不需要知道其行为被评价为违反善良风俗[的事实](Wertung ihres Geschäfts als sittenwidrig)。因为，如果认为知道这一事实是必需的要件，那么就会产生置善良风俗于不闻不问者可以有效订立合同的结果。因此，行为的有效性不能取决于当事人是否知道[其行为被评价为违反善良风俗的事实]。

(二)另一个不同于知道此种评价的问题是，当事人是否必须 690
知道那些违反善良风俗之判决所依据的事实情况(tatsächliche Umstände)。对这个问题不能作出统一的回答。如果违反善良风俗仅针对一方当事人(如在第 138 条第 2 款中，针对暴利行为受害人)，则该方当事人的知道无疑是无关紧要的。相反，第 138 条第 2 款规定另一方当事人必须“剥削”了暴利行为受害者的窘境等等。显然，只有在行为人知道的情况下，才能去剥削他人。因此，在这里，行为人必须知道[事实情况]。

在其他方面，司法判例(Rechtsprechung)大多认为，[行为人]必须知道违反善良风俗所依据的情况。然而在我看来，这一点作为一项规则来说是不正确的。既然一项法律行为由于其内容是无

---

〔32〕《联邦最高法院，新法学周报》1984 年，第 2150 页，也明确反映了这一点。

〔33〕《联邦最高法院，经济法杂志》1994 年，第 538 页，第 542 页。

〔34〕参见下文边码 712。

〔35〕参见迪尔歇尔(H. Dilcher)：《施陶丁格德国民法典评注》，第 138 条，边码 15。

法忍受的，因而必须否定其有效性，那么这项行为就不会由于当事人发生错误而变得更加无法忍受。[36] 例如，在一项卡脖子合同(Knebelungsvertrag)[37]中，即使债权人错误地认为，债务人仍然享有一定程度的自由，这项合同也是无效的。因此，只有在例外的情况下，亦即特别是在动机决定行为是否违反善良风俗的情况下，[38]知道情况才具有关键的意义。

三、违反善良风俗之判断的时间

691 在通常情况下，一项法律行为的有效性是根据其实施时的时间来评价的。例如，这项原则适用于对欠缺行为能力的判断：一项由精神病人实施的行为，并不因行为人事后取得完全行为能力而生效；反之，行为实施之后丧失行为能力的，也不再影响此项行为的效力。司法判例大多也是以类似的方式，根据实施有关行为时存在的实际关系和价值评判，来判断行为是否违反善良风俗。司法判例的这一思路应予以赞同。否则的话，对行为是否有效的判断就会变动不居，或者在开始时处于效力未定状态。这一状态不符合必要的法律安全性要求。例如，一项约定了高利率的借贷合同，就可能依据市场的利息行情，在特定时间段是有效的，在其他时间段则是无效的。

692 对于遗嘱，可能作出不同的判断。由于在继承发生之前可以对遗嘱作自由变更，因此要到继承发生之时，才会提出遗嘱是否最终有效的问题。所以，有关遗嘱是否违反善良风俗的判断，也应以

---

〔36〕 参见弗卢梅，同前引书，§18,3，第373页；《立法理由书》第1卷，第211页，即穆格丹(Mugdan)编：《德国民法典资料总汇》，第1卷，第469页。同样的还有《联邦最高法院民事裁判集》第94卷，第268页，第272页。

〔37〕 参见下文边码698。

〔38〕 参见上文边码688。

这个时间为准。[39] 因此,被继承人立其情妇为唯一继承人的行为,起初虽然是违反善良风俗的,但如果被继承人[后来]与这个女人结了婚,在他死亡的时候她成为被继承人的寡妇,那么立情妇为继承人的行为就是有效的。[40]

四、基本权利的影响

有一种我在这里不能作讨论的通行的学说[41]认为,《基本法》 693
所规定的基本权利主要涉及国家和私人之间的关系。因此,虽然(国家制定的)私法规范必须完全符合《基本法》的要求,但是《基本法》一般并不直接涉及私人之间的法律行为。这即是说,私人之间的法律行为,并非仅因偏离了《基本法》的价值制度,如歧视了妇女(《基本法》第3条第3款)或侵害了他人的所有权(《基本法》第14条第1款),而依第134条规定为无效。只有《基本法》第9条第3款是例外:这里明确规定,旨在限制或排除建立以维护和促进劳动条件或经济条件为宗旨之社团(主要是工会和雇主联合会)的约定,是无效的。此类约定的无效性是直接发生的,根本不需要援引第134条的规定。相反,第611a条规定的效力则受到较大的限制(只有损害赔偿请求权)。

至少就主要方面而言,《基本法》的价值制度,特别是其基本 694

---

〔39〕 弗卢梅,同前引书,§18,6,第378页以下。他反对《联邦最高法院民事裁判集》第20卷,第71页,第73页以下的观点。

〔40〕 现在,施默克尔(Schmoeckel)对整个问题作了全面的、详细的论述,文载《民法实务档案》第197卷,1997年,第1页。

〔41〕 最近的资料,参见约·哈格尔(J. Hager)文,载《法学家报》1994年,第373页;森德勒(Sendler)文,载《新法学周报》1994年,第709页;辛格(Singer)文,载《法学家报》1995年,第1133页;埃里克森(Erichsen)文,载《法律学习》1996年,第527页。以前的著述有:梅迪库斯(Medicus)文,载《民法实务档案》第192卷,1992年,第35页,第43页;卡纳里斯(Canaris)文,载《民法实务档案》第184卷,1984年,第201页。对此说进行批判的学者有:施瓦贝(Schwabe)文,载《民法实务档案》第185卷,第1页——卡纳里斯对施氏的看法又提出了批评,参见卡纳里斯上引文,第9页。

权利部分的规定，是通过第 138 条（über § 138）的规定对法律行为的效力产生影响的（卡纳里斯（Canaris）也是这样认为的）：这一价值制度对违反善良风俗之判断产生着影响。[42]

695 不过，并不是任何一种无视这一价值制度的疏忽行为，都直接构成违反善良风俗的行为。[43] 否则的话，就会产生上文被学术界所拒绝的结果，即基本权利在私人之间也能产生不受限制的作用。毋宁说，在第 138 条中，必须将各项基本权利放置在自由发展人格这一同样受到基本法保障（《基本法》第 2 条第 1 款）的权利的背景下，予以考察分析。人格的自由发展，恰恰也是通过法律行为实现的。为了保障此项基本权利，其他各项基本权利必须给人留下一定的回旋余地。例如，被继承人可以优先立其儿子为继承人，而不立其女儿为继承人；[44] 合同约定的竞业禁止可以对职业行使进行限制；某个人可以承担从事某项特定工作的义务（虽有《基本法》第 12 条第 2 款规定）；等等。对此，伊森泽（Isensee）尖锐地指出："就长期而言，由联邦宪法法院媒介的基本权利对一般法律的辐射，会产生辐射损害。各专门法院感受到必须提供辐射保护的需要。"[45] 此外，迪德里希森（Diederichsen）的看法[46] 也非常恳切和难忘。策尔纳（Zöllner）[47] 对此也持批评态度，还有黑塞－考夫

---

〔42〕《联邦宪法法院裁判集》第 7 卷，第 198 页，第 206 页；《联邦宪法法院，经济法杂志》1990 年，第 573 页，第 575 页；《联邦宪法法院，新法学周报》1994 年，第 36 页；《联邦最高法院，新法学周报》1990 年，第 911 页。

〔43〕迪尔歇尔撰：《施陶丁格德国民法典评注》第 138 条，边码 11，就持这种正确的看法。

〔44〕参见第 2303 条及以下条款。

〔45〕伊森泽（Isensee）文，载《法学家报》1996 年，第 1085 页，第 1090 页。

〔46〕《私法应维持自己相对于基本法的独立地位》，载《法律学习》1997 年，第 57 页。

〔47〕文载《民法实务档案》第 196 卷，1996 年，第 1 页。

曼(Hesse-Kaufmann)[48]。宪法在对私法进行审查时，继续适用适度原则[49](Verhältnismäβigkeitsprinzip)。

在联邦最高法院的一则案例[50]中，法院认为，一个离婚后的丈夫在“没有非常重大的原因”的情况下承担不与其前妻在同一城市生活的义务，是有失体统的，因而是违反善良风俗的。[51] 杜塞尔多夫州法院的一项判决[52]认为，在女性继承人属于某一邪教组织的时间里作出执行遗嘱的规定，也是违反善良风俗的。要求[女雇员]在劳动关系存续期间或在房屋租赁合同有效期间服用避孕药的做法，属违反善良风俗行为无疑。[53] 在此类安排生活的行为方面，只要它们仅仅是服务于一方当事人的经济利益，那么，行为人根据《基本法》第1条和第2条，就可有效拒绝为自己设定这方面的义务。当然，即使没有《基本法》，也仍然可以达到这一结果。现在可以援引《基本法》，只起到一种简化和缩简理由的作用。

第四节　具体案例类型

列举第138条领域形成的各类案例，是法典评注[54]的事情。

---

〔48〕 文载《法学家报》1995年，第219页。

〔49〕 有关方面的问题，参见布勒克曼(Bleckmann)文，载《法学教育》1994年，第177页。

〔50〕《联邦最高法院，新法学周报》1972年，第1414页。

〔51〕 参见《基本法》第11条。

〔52〕《杜塞尔多夫州法院，新法学周报》1987年，第3141页。

〔53〕《汉姆州劳动法院，企业》1969年，第2353页。

〔54〕 参见迪尔歇尔(Staudinger-Dilcher):《施陶丁格德国民法典评注》，第138条，边码20以下；迈尔=马利(Mayer=Maly):《慕尼黑德国民法典评注》，第138条，边码26以下；译格尔-黑费梅尔(Soergel-Hefermehl):《德国民法典评注》，第138条，边码62以下；海因里希斯(Heinrichs)撰：《帕兰特德国民法典评注》，第138条，边码24以下。此外，拉伦茨(Larenz)在其《德国民法总论》，§22IIIb，第440页以下，也对此作了比较详细的论述。

这里只能对一些在实践中特别重要的案例类型作简要说明。

一、信贷担保

696 债权人设定信贷担保，通常旨在确保自己能够实现其真正享有的东西。这一要求是无可非议的。然而，在许多情况下，信贷担保行为可能构成违反善良风俗的行为，如设定过度担保、危害[其他]债权人以及束缚债务人。此外，第138条还有其特殊的适用范围，即用于调整信贷债权人(银行或储蓄所)与商品债权人(供应商)之间的关系。

(一)所谓设定过度担保(Übersicherung)，是指债权人要求债务人为自己保留的财产，远远超过满足其债权所需要的程度。例如，向他人供应某种价值微不足道的配件(如螺丝)的商人，为担保其债权，要求对方将价值大大超过所供配件的产品(如机动车辆)的所有权移转给自己。在这种情况下，债权人的行为通常也同时构成一种对债务人(该债务人的其他信贷来源被堵塞了)和对其他债权人(他们丧失了获得担保的可能性)无所顾忌的行为。[55] 联邦最高法院的一项判例[56]认为，限制旨在阻止事后形成过度担保的解除[担保]请求权的条款，违反了《一般交易条件法》第9条。

697 (二)对其他债权人的肆无忌惮行为，一般也作为危害其他债权人(Gläubigergefährdung)行为出现。当然，在这一事实构成的适用方面存在困难，因为最常见的信贷担保形式(担保性所有权移转、担保性债权让与，以及所有权留置)都是看不见摸不着的。因此，债权人对于特定动产或债权为其债务人所享有之事实，反正是不能完全相信的。所以，在通常情况下，只有在因某些人为操纵的行为而产生了某种虚假的形象时，即如[债权人]具有欺诈其他债

〔55〕 参见《联邦最高法院，新法学周报》1990年，第716页。

〔56〕 参见《联邦最高法院，新法学周报》1994年，第864页。

权人的意图,才可能构成违反善良风俗的行为。此类案例的典型事例如:债权人在短期内向其已丧失支付能力的债务人继续提供款项,以使该债务人在第三人面前显得具有信贷能力;债务人从受到欺诈的第三人那里获得贷款后,应以此来清偿第一个债权人的贷款。在此类事例中,除有关负担行为无效外,受到欺诈的第三人也有权依据第826条规定,向参与了欺诈行为的人主张损害赔偿。

(三)在束缚债务人(Schuldnerknebelung)行为中,债务人被夺 698
走了从事任何重要行为的自由空间。此类行为之所以无效,是因为存在维护[债务人]自由的原则。第310条便是该项原则的一个特殊适用领域。束缚债务人的行为如:债权人实际上成了债务人所经营的企业的主人,尤其是债务人甚至不允许实施一些必要的合理化措施。此外,某人必须终生将其公司份额转让给一个独立的受托人的约定,也是违反善良风俗的。[57] 如一家啤酒酿造厂因向一家饭店提供了扩建贷款,而要求该饭店承担独家经销其啤酒的义务,那么这种义务最长不得超过20年。[58] 此外,要求债务人为一切可能的、微小的不适当履行行为都承担过高的违约金的约定,也可能构成违反善良风俗的束缚债务人行为(在此类情形中,无效性优先于依据第343条可能存在的减少违约金的可能性)。不过,要求债务人承担义务的行为,并非仅因此项义务超过了债务人的给付能力即为违反善良风俗。[59]

(四)第138条的一个特别重要的、同时也充满了疑虑的适用 699
范围,是债权概括让与(通常将债权概括让与给一家银行)与包含在延长的所有权保留之中的让与出售货物所得价款之债权之间所

〔57〕 参见《联邦最高法院民事裁判集》第44卷,第158页。

〔58〕 参见《联邦最高法院,新法学周报》1972年,第1459页;1979年,第865页,第2149页;1988年,第2362页(但无效性并非也涉及一项担保性的役权)。此外请参见《联邦最高法院,企业》1975年,第1215页(关于接受远程供暖厂的长期约束)。

〔59〕 参见下文边码706c。

存在的冲突。[60] 对这个问题,联邦最高法院刊登在《联邦最高法院民事裁判集》第30卷,第149页上的判例起,就实际上赋予了延长的所有权保留以优先权。如果银行将债权概括让与扩及至已经设定了延长的所有权保留的债权上,则银行的这种行为就违反了善良风俗。因为如允许银行这样做,[银行实际上]是在唆使债务人违反其与供应商订立的合同,甚至是唆使债务人侵贪[供应商提供的]货物(只有在销售货物之所得的债权归属于供应商,而不是归属于银行时,债务人才有权处分这些货物)。联邦最高法院后来作出的一些判决,对这一原则作了进一步的扩大。如在《联邦最高法院民事裁判集》第72卷,第308页的案例中,在已经设定了延长的所有权保留的债权上,如银行只是在债法上承担解除[这些债权上的担保]义务,则这种行为也并非不可能构成违反善良风俗的行为。

我一如既往地[61] 觉得,这样适用第138条规定是不无疑问的。我不知道,为什么银行应当有义务顾及供应商的利益,而不是供应商有义务顾及银行的利益。我认为,束缚债务人这一视角[62] 可能更为恰当:如[银行]设定一种范围广泛的债权概括让与,就会使债务人无法销售那些今后在延长的所有权留置安排下购进的货物。特别是,如果债务人在销售任何一件货物之前都必须请求银行解除销售所得之债权上的担保,那么,债务人就会完全受制于银行。在银行适当地考虑到了这一疑虑的情况下,其行为就不可能违反善良风俗。不过,至少在原则上,联邦最高法院大概会继续坚持其与本人所持看法不同的、单方面优待供应商的观点。

---

〔60〕 参见下文边码1009。参见鲍尔-施蒂尔纳(Baur-Stürner):《物权法》,§59VI;埃塞尔(Esser)文,载《商法杂志》第135卷,1971年,第320页;弗兰克(Franke)文,载《法学教育》1978年,第373页;梅迪库斯(Medicus):《民法》,边码525。

〔61〕 参见《民法》,边码527。

〔62〕 参见上文边码698。

二、违反职业道德规则

某些从事自由职业的成员，因必须遵循其职业道德，而受制于某些限制。此类限制（如广告禁止）可以为立法者所采纳。[63] 在这种情况下，违反此种限制，即违反了第134条规定的法律禁令。然而，在大多数情况下，此类职业道德规则并没有为法律制度所吸纳，而仅仅是一种道德秩序，因此违反职业道德规则是一种违反第138条规定的行为。在这里，道德之所以对这种行为作出否定性评价，主要是因为否则的话，不遵守职业道德规则的人就能比遵守规则的竞争者获取不正当的优势。 700

此类通过第138条规定得到[法律]认可的职业道德规则，主要适用于律师、税务顾问和医生。例如，德国司法判例（与美国不同）认为，律师收取成功酬金（Erfolgshonorar）是非法的，特别是不得约定收取胜诉所得金额的一定比例。其理由是，[律师]如对诉讼结果具有自身的经济利益，就会危害到律师作为司法之机关的地位。[64] 以前，出售律师事务所或医疗诊所的行为被认为违反善良风俗。[65] 今天，这种买卖行为是合法的，只要该行为并没有给买方设定过度的负担。[66] 如建筑代理人向税务顾问作出允诺，只要税务顾问给自己介绍顾客，就可获取佣金，则这种允诺并不直接构成违反善良风俗的行为。[67] 相反，如果一个律师向一个非律师允诺，后者给自己介绍顾客即可获取佣金，则这种允诺是违反善良

---

〔63〕 但参见《联邦宪法法院，新法学周报》1988年，第191页；第194页。

〔64〕 《帝国法院民事裁判集》第115卷，第141页，第142页。与此类似的有《联邦最高法院民事裁判集》第39卷，第142页，第148页以下；《联邦最高法院，新法学周报》1981年，第998页；1987年，第2431页，第3203页。但请参见《法学家报》1979年，第239页上的讽刺性短评。

〔65〕 《帝国法院民事裁判集》第64卷，第139页；第161卷，第153页。

〔66〕 《联邦最高法院民事裁判集》第43卷，第46页；《联邦最高法院，新法学周报》1974年，第602页；1989年，第763页。

〔67〕 《联邦最高法院民事裁判集》第78卷，第263页。

风俗的。[68]

三、违反善良风俗与性交

701 (一)通过法律行为设立性交义务的行为,是违反善良风俗的。对于性交,不应当有法律上的强制。特别是有偿从事性交行为的合同,即卖淫行为(Prostitution),是违反善良风俗的。司法判例正确地认为,在《营业条例》第33a条的范围内,以展示性行为为业的行为(所谓的“屁脯秀”[Peep-Show],现场展示性交)也是违反善良风俗的。[69] 因此,以此为内容的合同,依第138条规定也为无效。联邦宪法法院[70] 证实,这一点在宪法上是没有异议的。[71] 根据联邦最高法院的一项判例,[72] 有关刊登提供有偿性行为广告的合同,依第134条即为无效(结合《违反社会秩序法》第120条第1款第2项)。

与此相反,人们在认定纯粹的辅助行为(Hilfsgeschäfte)的违反善良风俗性方面,则越来越趋于保守。例如,支付高额酒水费用的义务,并非因其产生于“三陪”酒吧,而属无效。[73] 此外,司法判例认为,一项旨在将一幢房屋的房间出租给妓女的合伙合同,是有

---

〔68〕《柏林州高等法院,新法学周报》1989年,第2893页[有关评论,见陶皮茨(Taupitz)文,载同年《新法学周报》,第2871页]。

〔69〕《联邦行政法院,新行政法杂志》1990年,第668页。之前的判例有《联邦行政法院,新法学周报》1982年,第664页;第665页。对于后一项判决,学术界发表的看法多得令人惊讶。最近的看法见格罗尼穆斯(Gronimus)文,载《法学教育》1985年,第174页以下;狄舍尔(Discher)文,载《法学教育》1991年,第642页。

〔70〕《联邦宪法法院,营业档案》1987年,第194页。

〔71〕有关“色情电话”合同,参见《斯图加特州高等法院,新法学周报》1989年,第2899页;《埃森基层法院,新法学周报》1989年,第3126页;布雷姆(Brehm)文,载《新法学周报》1990年,第1822页。

〔72〕《联邦最高法院民事裁判集》第118卷,第182页。

〔73〕《联邦最高法院,新法学周报》1980年,第1742页。参见《巴伐利亚州最高法院,新法学周报》1985年,第873页;科尔霍塞尔(Kollhosser)文,载《法学教育》1977年,第513页。

效的。[74] 根据《联邦最高法院,新法学周报,民事判例汇编》1987年,第999页,即使经营妓院是一项违反社会秩序的行为,但是向妓院供应啤酒的合同依然并非违反善良风俗。《联邦最高法院民事裁判集》第60卷,第365页,第367页认为,应当允许[人们]对"一定的卖淫秩序"作出法律上有效的调整,即如通过妓院租赁合同或[将房间]出租给妓女[的合同]。但是,如果此类合同出于其[特有的]目的而将租金规定得特别高,并以此方式剥削妓女或者将她们束缚于卖淫行为上,则属违反善良风俗行为。

(二)另一个有别于这一性(Sexualität)的市场化的问题,是私 702
人领域中(im privaten Bereich)的性行为。在私人领域中,虽然有偿性交合同也是无效的,但是有关的合同(如关于提供扶养费的合同)以及在遗嘱中给予财产的行为,并不因当事人之间存在性关系即为无效。今天,[75] 司法判例也不再推定性关系是行为人给予对方财产的主导性原因。[76] 而由于财产给予人的真实动机往往是无法证明的,因此在今天,几乎所有的财产给予行为,无论其动机是否与性有关,都属有效。[77]

埃姆登基层法院曾作出过下列判决:将一间双人房间出租给一对已订婚男女的行为是违反善良风俗的。[78] 这项判决理所当

---

〔74〕《联邦最高法院,德国公证人杂志》1975年,第92页。

〔75〕 与以前相反,参见《联邦最高法院,法学家报》1968年,第466页。

〔76〕《联邦最高法院民事裁判集》第53卷,第369页,第375页以下;《联邦最高法院,新法学周报》1973年,第1645页。

〔77〕 参见上文边码688。

〔78〕《新法学周报》1975年,第1363页。

然地遭到了学术界的广泛拒绝。[79]

四、其他案例类别

703 （一）有时适用第 138 条，旨在使某些本身并非违法的行为方式独立于（Verhaltensweisen von Geld unabhängig）金钱［的给付与收受］。例如，在《帝国法院民事裁判集》第 58 卷，第 204 页中，［行为人］向一位父亲答应，只要该父亲不举报［行为人］与该父亲 7 岁的儿子之间的鸡奸行为，［行为人］就向该父亲提供金钱。[80] 在《帝国法院民事裁判集》第 79 卷，第 371 页中，涉及的是对一方不行使拒绝作证权提供财产利益。在《帝国法院民事裁判集》第 138 卷，第 137 页中，涉及下列约定：只要教练将允诺人的某些竞争对手排除在赛马比赛之外，允诺人就向教练提供一笔（巨额）资金。在《联邦最高法院，新法学周报》1994 年，第 187 页中，双方约定一方出价 12.5 万美元，"购得"被任命为塞拉利昂名誉领事的权利。而在《联邦最高法院，新法学周报》1997 年，第 47 页中，涉及的是通过收养有偿取得某项贵族头衔的合同。在所有此类案例中，法院都正确地认定有关行为违反了善良风俗。

704 （二）人们对"助逃合同"（Fluchthilfeverträge）是否违反善良风俗的问题作过广泛讨论。所谓"助逃合同"，是指有偿地将前德意志民主共和国的人弄出国去的合同。[81] 联邦最高法院通常认为

---

〔79〕 参见弗·彼得斯（F. Peters）和席克丹茨（Schickedanz）文，载《新法学周报》1975 年，第 1890 页；亨德尔（Händel）文，载《新法学周报》1976 年，第 521 页；林达赫尔（Lindacher）文，载《法学工作报》1976 年，第 61 页；贝尔（Beer）文，载《法学教育》1977 年，第 374 页。

〔80〕 现在也请参见《联邦最高法院，新法学周报》1991 年，第 1047 页。

〔81〕 参见利泽岗（Liesegang）文，载《法学家报》1977 年，第 87 页。

此类合同是有效的。[82] 不过,助逃者应根据第 242 条,在要求对方支付报酬将会给对方造成严重后果时,适当延迟实现其报酬请求权。

(三)最近一段时间,在与环境保护(Umweltschutz)相关的领域,也产生了违反善良风俗问题。一个由公民自发组成的组织得到了 150 万马克的款项,条件是该组织放弃对一家煤热发电厂的[建设]许可行使法律救济手段。该公民组织的每一个成员都可得到 2 万马克,三位发言人则每人可得 4 万马克。联邦最高法院否定了这一约定违反善良风俗的观点。[83] 这一看法不能令我信服。由于在分配 150 万马克的款项时,没有考虑到受领人因煤热发电厂可能遭受到的损害,而且还规定发言人可得双倍金钱,因此明显存在着滥用法律救济手段的嫌疑;因为人们不应用法律救济手段去获取损害之外的利益。而如果标榜同建设煤热发电厂作斗争的行为乃出于公益目的,那么,这种滥用法律救济手段的行为更属违反善良风俗无疑。对于“清新空气为大家”最后竟变成了“很多钱为少数人”的事实,法律制度更无理由袖手旁观。 705

(四)第 138 条的一个特殊适用领域是诱使他人违约(Verleitung zum Vertragsbruch)的行为。例如,某人诱使债务人不要履行其相对于债权人的债法义务。这种行为在若干个买主对同一块不动产感兴趣的情况下尤为常见。这里应以债法义务的相对性(Relativität der schuldrechtlichen Pflichten)这一原则为出发点:此类义务对第三人不具有法律上的约束力,因此道德秩序也不把它 706

---

〔82〕《联邦最高法院民事裁判集》第 69 卷,第 295 页;第 302 页;《联邦最高法院,新法学周报》1977 年,第 2385 页。参见文格勒(Wengler)文,载《法学家报》1978 年,第 64 页;《联邦最高法院,新法学周报》1980 年,第 1574 页。

〔83〕《联邦最高法院民事裁判集》第 79 卷,第 131 页,第 141 页以下。参见彼·施韦尔特纳(P. Schwerdtner)文,载《法律学习》1979 年,第 327 页;克诺特(Knothe)文,载《法学教育》1983 年,第 18 页。

们升华到“绝对的、相对于任何人都受保护的法律地位的层面上”〔84〕。不过,司法判例认为,如果“在第三人侵入合同双方当事人之间的关系的过程中,对相关人实施了某种特别程度的肆无忌惮行为,一扫法律交易……中的‘忠诚性’,以致第三人若援引合同的相对约束效力,将表现为一种为自己利益过度利用法律制度的、滥用性的行为”〔85〕。在判断这个问题的时候,违反善良风俗的门槛不宜设定得过低。“事情过程的整体形象”必须“明显有悖于法律同仁之间忠诚交往的基本观点”〔86〕。

可举刊登在《联邦最高法院,新法学周报》1981 年,第 2184 页上的判例为例。在本案中,一些农场主因机场建设而丧失了土地,因此他们可以购买一块补偿用地。联邦铁路以向该土地的出卖人允诺立即支付价金并放弃一切损害赔偿请求权的方式,诱使出卖人违反先前与农场主订立的土地买卖合同。在这里,不仅第二个买卖合同(将土地出售给唆使者)根据第 138 条规定是无效的,而且受损害的第一买受人也有权根据第 826 条规定,向唆使者主张损害赔偿请求权。

706a (五)此外,第 138 条第 1 款也可适用于夫妻之间订立的抛弃扶养费(Unterhaltsverzicht)合同(第 1585c 条相对于第 1614 条第 1 款),有时这种合同还附有抛弃净收益补偿权和供养补偿权的约定。这种约定之所以被认为是违反善良风俗的,不仅是考虑到它们恶化了配偶一方(可能也包括子女)的地位,而且也着眼于这种

---

〔84〕《联邦最高法院,新法学周报》1981 年,第 2184 页,第 2185 页。

〔85〕《联邦最高法院,新法学周报》1981 年,第 2184 页,第 2185 页。

〔86〕《联邦最高法院,新法学周报》1981 年,第 2184 页,第 2185 页。参见《联邦最高法院,新法学周报》1988 年,第 902 页。

行为对全体(有义务提供社会救济的)纳税人来说是肆无忌惮的。[87]

在所谓的残疾人遗嘱(Behindertentestament,即残疾人基本上由社会救济机构供养)中,情况与之相似。所谓残疾人遗嘱,是指残疾人的亲属在遗嘱中给予残疾人的财产为残疾人实际所拥有,因而并不能减少社会救济机构的给付义务。联邦最高法院的一项判决[88]认为,在所涉财产“为微不足道时”,这种遗嘱是有效的。另一项判决则走得更远些。[89]

(六)1989年以前,人们也讨论过对所谓的“借腹生子合同” 706b
(Leihmütterverträge)适用第138条第1款的问题。[90] 根据这种合同,一名妇女承担为另外一个人(大多是无子女的夫妻)怀孕、生产并将该孩子交付其收养的义务。由于此类合同以孩子作为交易行为的客体,因此在大多数情况下被认为是违反善良风俗的。[91]

---

〔87〕 参见《联邦最高法院民事裁判集》第86卷,第82页;《联邦最高法院,新法学周报》1991年,第913页;1992年,第3164页;《汉姆州高等法院,亲属法杂志》1982年,第1215页,附有博施(Bosch)的说明;《慕尼黑行政法院,亲属法杂志》1985年,第292页。也请参见《明斯特州高等行政法院,新法学周报》1989年,第2834页(为社会救济机构增加负担的财产转移行为)。但《联邦最高法院,新法学周报》1997年,第192页有所限制。

〔88〕 《联邦最高法院民事裁判集》第111卷,第36页。

〔89〕 《联邦最高法院民事裁判集》第123卷,第368页(异于《弗伦斯堡州法院,新法学周报》1993年,第1866页)。参见克兰佩(Krampe)文,载《民法实务档案》第191卷,1991年,第526页;范·德·洛(van de Loo)文,载《新法学周报》1990年,第2852页;奥特(Otte)文,载《法学家报》1990年,第1027页;赖曼(Reimann)文,载《德国公证人杂志》1992年,第245页;皮罗特(Pieroth)文,载《新法学周报》1993年,第173页;尼德(Nieder)文,载《新法学周报》1994年,第1264页;赖泽尔(Raiser)文,载《德国法月刊》1995年,第237页。

〔90〕 由于这种合同是有偿的,因此更确切些说是“母亲租赁合同”(Mietmutterverträge)。但是在实际上,这种合同更接近于承揽合同。

〔91〕 参见《汉姆州高等法院,法学家报》1986年,第441页,附有科尔霍塞尔(Kollhosser)的评论。

不过人们忽略了一个事实，即在这里，根据第 1747 条第 3 款第 1 句的宗旨，怀孕妇女就不能有效承担合同上的义务了，因为在这方面不适用私法自治原则。[92] 因此，这里只能提出这样的问题：怀孕妇女接受对方之提供服务报酬的允诺，其行为是否违反了善良风俗？对这一正确表述的问题的回答，绝非确定无疑。[93] 1989 年以后，《收养中介法》中新加入了第 13a 条，规定这种行为无效。

706c （七）最近，人们对第 138 条第 1 款是否适用于债务人承担超出自己预计给付能力（über die voraussichtliche Leistungsfähigkeit des Schuldners hinausgehen）的义务这一问题讨论热烈。斯图加特州高等法院认为，第 138 条第 1 款可适用于这种情形，而且这种行为也违反了第 310 条规定。[94] 我认为斯图加特州高等法院的论证是站不住脚的。联邦最高法院也对斯图加特州高等法院的这一看法进行了反驳。联邦最高法院认为，在合同自由的框架下，当事人也可以约定充满风险的行为，这种行为只有在特别有利的情况下才能得到履行。[95] 即使保证人是主债务人的近亲属，银行通常也不必审查保证人的信誉。[96] 一项消费者信贷合同，并不仅仅由于债务人预计不能履行其义务，或者只有在投入其全部可供扣押的收入的情况下才能履行其义务，而即为违反善良风俗。[97]

---

〔92〕 参见上文边码 645。

〔93〕 参见克斯特尔 = 瓦尔清（Coester = Waltjen）文，载《法学教育》1987 年，第 193 页；《法律学习》1987 年，第 629 页，第 633 页以下以及 1986 年，第 302 页。

〔94〕 《新法学周报》1988 年，第 833 页。

〔95〕 《联邦最高法院民事裁判集》第 107 卷，第 92 页。

〔96〕 《联邦最高法院，新法学周报》1989 年，第 830 页。

〔97〕 《联邦最高法院，新法学周报》1989 年，第 1665 页；1995 年，第 592 页；1996 年，第 1274 页。看法稍有不同者有弗伦茨（Frenz），文载《法学工作报》1994 年，第 92 页。

联邦最高法院的这项判决,受到了学者有时是非常激烈的批评,[98]但也有学者对此表示赞同。[99] 无疑,在通常情况下,债务人(即使他是"消费者",是消费者这一事实不应使主体丧失部分行为能力!)必须自己对其给付能力作出估计,特别是必须对自己愿意承担何种风险作出决定。一项合同也不可能仅仅因为事后产生了糟糕的后果,而被认为从一开始就是违反善良风俗的。即使合同事后产生了糟糕的结果,债务人仍可享有执行保护;在特定条件下,他可以依据第242条规定抵御[债权人的]请求权;此外,在新颁行的《破产条例》框架下,自然人在特定条件下可要求减免剩余债务(RestschulderlaB)。只有在债权人有意创造了某种对债务人而言是走投无路的状态时,合同才是无效的(不考虑特殊情况)。[100] 否则的话,经济上处于弱者地位的当事人的私法自治就会遭到严重削弱,因而其发财的可能性(如通过购置属于自己所有的房屋)也会受到不利影响。

联邦最高法院就保证人作出的、部分是非常严厉的判例,被联 706d
邦宪法法院(das BverfG)弱化了。[101] 在联邦宪法法院的判决中,虽然法院承认私法自治("个人在法律生活中的自决")是受《基本法》第2条第1款保障的一项制度。因此,立法者必须为自决"开启一个适当的活动空间",即赋予[权利主体]某些"在发生争执的情况下也可以实现的权利地位"。然而,"不得仅仅使强者的权利

---

〔98〕 海·洪泽尔(H. Honsel)文,载《法学家报》1989年,第495页;赖尼克-蒂特克(Reinicke-Tiedtke)文,载《经济法杂志》1989年,第613页;沃赫纳(Wochner)文,载《企业顾问》1989年,第1354页。

〔99〕 哈·彼·韦斯特曼(H. P. Westermann)文,载《法学家报》1989年,第1276页;梅迪库斯(Medicus)文,载《经济法杂志》1989年,第817页;埃克特(Eckert)文,载《有价证券信息》1990年,第85页。

〔100〕 《联邦最高法院,企业顾问》1990年,第96页。

〔101〕 《新法学周报》1994年,第36页,第38页以下。

发生效力”。因此,在那些可予以类型化的案件中,由于一方当事人处于“结构性的弱势”,合同将对他产生不寻常的负担,民法就必须对此加以矫正。现行合同法虽然符合这类要求,但是法院应在一般条款之框架下,“对合同均衡性的结构性干扰作出适当的反应”。不得将合同作为使对方受制于自己的手段。这一监控如何进行,主要是一般民法上的一个问题。但是,“如果[民事立法者]根本没有看到均衡性受到干扰之难题,或者采取一些不适当的手段试图解决该问题”,那么,也可能构成违反基本法的行为(可通过提起宪法诉愿主张)。

对于此项判决,已经发表了许多评论,大多数评论在整体上都是赞同该判决的。[102] 在联邦宪法法院作出此项判决[103]之前,联邦最高法院(der BGH)就已指出了近亲属承担保证义务时的某些无效原因。[104] 此项原则为联邦最高法院的其他判决继续贯彻下去。[105] 归根结底,这一判决原则以下列三点为认定违反善良风俗的要件:

1. 保证必须是在某种窘境中(如因亲属上的联系)发出的;
2. 保证必须对保证人要求过高;
3. 保证人不得从被担保的行为中自己取得直接的经济利益。

---

〔102〕 有关最近的评论,参见格恩胡贝尔(Gernhuber)文,载《法学家报》1995年,第1086页;米·弗兰克(M. Frank)文,载《法学教育》1996年,第389页。阿尔贝斯=弗伦策尔(Albers = Frenzel):《近亲属对主债务人贷款的共同责任》(1996年)一书中列有其他说明材料。也参见《联邦宪法法院,新法学周报》1996年,第2021页。

〔103〕 《联邦宪法法院,新法学周报》1996年,第2021页。

〔104〕 《联邦最高法院民事裁判集》第120卷,第272页,第275页以下。

〔105〕 《联邦最高法院民事裁判集》第125卷,第206页;《联邦最高法院,新法学周报》1994年,第1341页[有关评论,参见格林(Grün)文,载《新法学周报》1994年,第2935页];《新法学周报》1997年,第52页。参见德罗席克(Droschke)文,载《企业顾问》1994年,第725页;帕佩(Pape)文,载《经济法杂志》1994年,第520页。

联邦最高法院最近的一项判例[106]则走得更远。联邦最高法院认为,在有些情况下,银行应当有义务拒绝向某个已经高度负债的人发放贷款。而根据另一项判例,[107]在有些情况下,银行必须对保证人的[财产]关系进行审查。

我自己对联邦宪法法院上述判决的态度(eigene Stellungnahme)如下: 706e

贷款人必须享有决定是否只有出具保证人才向借款人提供贷款的自由。这种自由属于贷款人之为基本法所保护的私法自治的范畴,而且既无损于借款人的私法自治,也无损于保证人的私法自治。毋宁说,保证人通常必须在私法自治的框架下,自主作出其愿意承担何种风险的评价。这种风险超过了他的给付能力[的事实],本身还不能成为不承认保证义务[效力]的理由。要使负债过度者的状况符合人的尊严,必须通过执行保护以及(在必要时也)通过免除剩余债务的可能性予以达到。相反,只有在促成保证人发出保证之意思表示之时存在特殊情况时,才能使承担保证义务的行为本身无效。[108]

在联邦宪法法院认为保证无效的案件中,这种特殊情况的确是存在的。在本案中,债权人的代理人曾向女保证人说道:"这里,请您签字,我归档需要您的签名"。此外,对被担保的主债务也没有约定任何限制。在这些条件下,我认为联邦宪法法院的这一(在总体上作了审慎权衡,但在新闻媒体中往往被作了整个是引人误解的报道)判决在结果上是正确的。鉴于"我归档需要您的签名"的表述,甚至可以完全否定[女保证人]具有接受法律行

[106] 《联邦最高法院,企业顾问》1996年,第2485页。

[107] 《联邦最高法院,企业顾问》1996年,第2487页。

[108] 参见梅迪库斯(Medicus)文,载《银行法协会丛书》第3辑,1993年,第87页以下。

为上的约束的意思。即使这个女保证人有能力支付高额金钱,我也倾向于认为保证无效,因为丧失一笔(善意取得的)财产与承担过度的债务相似,都可意味着产生一种"不寻常的负担"。此外,在这里,也可设想以恶意欺诈为由撤销保证表示,或者以债权人具有缔约过错为由要求其赔偿损害。

第五节　暴利行为,第138条第2款

参考文献:布洛迪希(Blodig):《暴利者及对暴利者的立法》,1892年;比洛(Bülow):《违反善良风俗的消费者信贷》,1992年第2版;邦特(Bunte):《违反善良风俗的分期信贷合同的回复清算》,载《新法学周报》1983年,第2674页以下;同一作者:《消费者信贷领域的法律发现难题》,载《经济法杂志》1985年,第1页以下;同一作者:《消费者信贷领域的法律适用难题》,载《新法学周报》1985年,第705页以下;德勒德(Derleder):《消费者分期付款信贷中的市场比较作为审查违反善良风俗性的手段》,载《新法学周报》1982年,第2401页以下;同一作者:《连锁信贷合同》,载《法学家报》1983年,第81页以下;埃梅里希(Emmerich):《分期信贷的法律问题》,载《法学教育》1988年,第925页以下;吉格(Giger):《消费者信贷领域的法律发现问题》,载《企业》1984年,第1915页以下;哈克尔(Hackl):《善良风俗作为信贷合同的监控手段》,载《企业》1985年,第1327页以下;哈门(Hammen):《违反善良风俗之利息约定中的两倍标准》,载《银行法与银行经济杂志》1991年,第87页以下;科齐奥尔(Koziol):《对消费者信贷应适用特别私法吗?》,载《民法实务档案》第188卷,1988年,第183页以下;莱尔

歇－佩斯塔洛察(Lerche-Pestalozza):《在新的法官法下的旧合同》,载《企业》1986年,附刊14;尼斯根斯(Nüβgens):《论民法典第138条第1款与一般交易条件法之规定在所谓的消费者信贷领域的关系》,载《维尔纳(Werner)纪念文集》1984年,第591页以下;同一作者:《最高法院的判例对分期信贷合同具有溯及力吗?》,载《施廷佩尔(Stimpel)纪念文集》1985年,第15页以下;冯·奥尔斯豪森(von Olshausen):《制止过高价格的民法手段和经济法手段》,载《商法杂志》第146卷,1982年,第259页以下;同一作者:《在审查暴利行为时逐步告别总成本比较……》,载《经济法杂志》1983年,第539页以下;奥特(Ott):《论消费者信贷合同的违反善良风俗性》,载《企业顾问》1981年,第937页;赖夫纳(Reifner):《消费者分期信贷合同……的违反善良风俗性》,载《企业》1984年,第2178页以下;同一作者:《违反善良风俗之信贷的费用》,载《新法学周报》1988年,第1948页以下;里特纳(Rittner):《论分期付款信贷合同的违反善良风俗性》,载《企业》1981年,第1381页以下;罗凯特(Roquette):《民法中的暴利者,特别是租赁暴利者》,1929年;吕勒(Rühle):《暴利禁令——能够有效保护消费者免受过高价格损害吗?》,1978年;桑德屈勒(Sandkühler):《司法实践中的消费者信贷》,载《德国法官报》1989年,第121页以下;舍费尔(Schäfer):《判断分期信贷行为是否违反善良风俗的标准》,载《企业顾问》1990年,第1139页;肖尔茨(Scholz):《论适用第138条第1款时分期信贷借款人的个人弱势》,载《德国法月刊》1989年,第529页以下;施泰因梅茨(Steinmetz):《法律实践中违反善良风俗的分期信贷合同》,1986年;同一作者文,载《新法学周报》1991 年,第 881 页以下;韦尔肯(Veelken):《再审法院在判断依民法典第 138 条为违反善良风俗的法律行为时所受的约束》,载《民法实务档案》第 185 卷,1985 年,第 46 页以下;德·威特-纳克(de With-Nack):《现代债务塔》,载《法律政策杂志》1984 年,第 1 页以下。

707 违反善良风俗行为在实践中(以及在历史上)有一个特别重要的适用事例,即暴利行为。这种行为有两项要件,即给付与对待给付之间明显的不相称关系以及一项附加要素。

一、不相称关系

暴利行为出现在形态迥异的各种法律关系中。相应地,在认定给付与对待给付之间"明显的不相称关系"(第 138 条第 2 款)时所作的考虑,也因此而各不相同。只有对上文详细讨论过的保证行为,第 138 条第 2 款才不适用,因为这里不存在对待给付。

(一)信用暴利

在信用暴利,双方必须为消费借贷或者其他信贷约定了特别高的利息。然而,虽然在实践中人们希望能够给出尚不违反善良风俗的利息界限(gerade noch sittengerechte Grenze),但是一般地给出这样一个标准是不可能的。因为利息与货币的紧缺程度密切相关。几十年来,国家将货币的紧缺度用作其经济政策的工具,因而货币的紧缺程度受国家影响很大。此外,在适用第 138 条第 2 款时,也无法将合法的利息标准一劳永逸地规定为市场通行利息的一个比例数(如两倍)。因为利息中不仅包含了提供贷款的报酬以及对货币贬值的补偿,而且也包含了对债权人的风险奖励。所以,只有在既考虑到货币贬值率,也考虑到债权人承受的风险时,才能将不同标准的利息作相互比较。

斯图加特州高等法院在一项引起广泛关注的判决[109]中认为，在大众化信贷行为中，如果债权人所要求的利息超过了市场利息的两倍以上，即一定构成违反善良风俗的行为。然而，联邦最高法院的一项判决[110]理所当然地没有一般性采纳这一看法。联邦最高法院认为，《德国民法典》的制定者有意拒绝确定一种（起源于普通法“非常损失”［laesio enormis］* 并见于其他一些国家法律制度中的）固定的界限。确定这样一种固定的界限也是不恰当的，因为它置行为的特殊情况（如债权人的担保品）于不顾。[111] 无论如何，约定40％以上的利率通常是违反善良风俗的。[112] 联邦最高法院在计算利息的时候，正确地将以其他名称附加在借款人头上的信贷费用，特别是“要约费”和中介费用，也一并列入利息范围。[113] 以此种方式确定了利息后，联邦最高法院再把这个利息与德意志联邦银行在月度报告中给出的重点利息（Schwerpunktzins）作比较。这个利息超过重点利息100％的，通常就必须对此作进一步的、下文边码711所称的审查。在高利率年代，对重点利息稍加逾越，就可能违反善良风俗。[114] 反之，在低利率时期，即使超过

〔109〕《新法学周报》1979年，第2409页以下。

〔110〕《联邦最高法院民事裁判集》第80卷，第153页。

〔111〕有关斯图加特州高等法院此项判决的另一个方面的问题，参见下文边码711。

〔112〕参见《联邦最高法院民事裁判集》第80卷，第153页，第161页；《纽伦堡州高等法院，新法学周报》1979年，第555页。

〔113〕《联邦最高法院民事裁判集》第80卷，第153页，第166页。

〔114〕《联邦最高法院民事裁判集》第104卷，第102页；《联邦最高法院，经济法杂志》1990年，第499页（进一步参见《联邦最高法院，新法学周报》1992年，第899页）。

*　“非常损失”意为对合同公正性的超常破坏，该规则源于罗马法。根据此项规则，如果买卖物的价格低于其正常价值的一半，而买受人又不愿意补足价金，出卖人就可以撤销合同，并在返还价金的情况下要求买受人返还买卖物。——译者注。

重点利息的程度很高，也仍然是符合善良风俗的。[115]

（二）销售暴利

708 在买卖行为和其他销售行为中，人们对暴利行为——即如出卖人索要过高的价格——的讨论，要大大少于信贷行为（索要过高的分期付款附加费属于信贷暴利行为）。在买卖行为中，大多是出于其他原因才能构成违反善良风俗，如出卖人说服买受人购买了一件他用不着的或买不起的东西。在刊登在《联邦最高法院，新法学周报》1966 年，第 1451 页上的判例中，一个刚成年不久、总共只有 5000 马克现金的大学生，以 4.1 万马克的价金购买了一套干洗设备，而且安装这台设备还必须投入其他资金。联邦最高法院正确地认为，即使这套设备在客观上与其价值相符，买卖行为也可能违反善良风俗。法兰克福州高等法院[116]也作出了类似的判决。在该案中，有人突然与一位 81 岁的老人订立了一项价值 1.4 万马克的合同。[117] 在长期的嫁妆置办合同中，买受人起先必须省下大笔金额，并在不设担保的情况下将这些钱款交付给出卖人。法院在对这种合同进行评价时，也不以给付与对待给付之间存在某种程度的不相称关系为标准。[118]

（三）租赁暴利

709 从外表上看，租赁暴利与信用暴利相似，因为在租赁暴利行为中，不相称关系通常也表现为出租人收取特别高的、需定期支付的钱款（租金）。不过细加查究即可发现，二者之间在经济上存在重大差异：出租人的给付与贷款人的给付不同，它不受货币贬值的影响；此外，与贷款人的给付相比，出租人的给付可能丧失的风险，也

---

〔115〕《联邦最高法院，经济法杂志》1990 年，第 88 页；《新法学周报》1991 年，第 834 页。

〔116〕《法兰克福州高等法院，企业》1988 年，第 228 页。

〔117〕也请参见《联邦最高法院，新法学周报》1988 年，第 1373 页。

〔118〕《联邦最高法院，企业》1982 年，第 1265 页；第 1266 页。

大多是微不足道的。

就这两种行为在法律上的评价而言,《经济刑法》第 5 条第 1 款规定了另外一个区别。根据此款规定,故意或轻率为出租房屋索要不合理高的报酬者,构成违反社会秩序的行为。只要出租人利用房屋供应不足之情势,索要的报酬与同类房屋通行的价格相比"为实质之超过",该报酬即为不合理的高价。在司法实践中,索要超过通行价格 20% 的房租,就可认定为不合理的高价。[119] 不过根据《经济刑法》第 5 条第 3 款,如租金只是为了补偿成本,通常就不是不合理的高价。

通过这一如是理解的特别规定,可以看到,在房屋租赁合同中,其合法性的界限,要比消费借贷合同狭窄得多。由于《经济刑法》第 5 条第 1 款被理解为法律禁令,因此第 134 条规定也可适用。最后,通说认为,在这里,与违反其他价格规定[120] 的行为一样,也适用维持效力的限缩[解释](geltungserhaltende Reduktion):非法的价格约定,仅以其大大超过当地通行的同类房屋的租金为限,才是无效的;亦即,以如此限缩的价格为内容的租赁仍然是有效的。[121]

二、附加的构成要件

(一)第 138 条第 2 款除了具备给付与对待给付之间存在明显的不相称关系这一要件外,还要求[行为人]是"在剥削[对方 710

---

〔119〕 如《斯图加特州高等法院,新法学周报》1981 年,第 2365 页。《联邦宪法法院,新法学周报》1994 年,第 994 页对此未提出异议。

〔120〕 参见《联邦最高法院民事裁判集》第 51 卷,第 174 页,第 181 页。

〔121〕 如最近的判决,《联邦最高法院民事裁判集》第 89 卷,第 316 页,第 319 页以下。《联邦宪法法院,新法学周报》1994 年,第 993 页对此判决表示许可。以前的判决见《卡尔斯鲁厄州高等法院,新法学周报》1982 年,第 1161 页。参见科特(Kothe)文,载《新法学周报》1982 年,第 2803 页。但卡纳里斯(Canaris)的看法稍有不同:《法律禁令与法律行为》,1983 年,第 28 页以下。

的]窘境、无经验、欠缺判断力或重大的意志耗弱[的情况下]”得到这一过分的约定的。

在这里,首先必须在客观上存在(objektiv vorliegen)这些情形中的某一种情形。对上面列举的几个概念应作出广义的解释。例如,暂时的缺钱或者水管破裂即可产生某种“窘境”。不过未来的计划仅仅受到危害也许尚不足以产生“窘境”。而所谓“欠缺判断力”,即如某个人为了购置不必要的东西而承担大大超过其给付能力的义务。

此外,[行为人]还必须在主观上“剥削”(subjektiv Ausbeutung)了这些情形。所谓剥削,是指行为人有意利用受害人的糟糕处境。因此,“疏忽大意的暴利者”是不存在的。不过,也许对上述诸情形中的某种情形具有间接故意,即可构成剥削。但是,只有在“给付和对待给付之间存在着特别重大的不相称关系”的情况下,才可推测行为人主观上具有剥削的意图。[122]

711 (二)斯图加特州高等法院在上文边码707所称的判决中,根据所谓的“沙堆原理”(Sandhaufen-Theorem),认为在某种程度上,第138条第2款规定的附加的构成要件是没有必要的,条件是另外一项构成要件(“明显的不相称关系”)已“超额”具备,亦即这一要件在特别明显的程度上成立。[123] 然而,联邦最高法院并没有赞同这一判决。[124] 联邦最高法院的看法是正确的:法官应当适用法律规范,而不是适用什么原理。这里的问题只能这样提出:能否通过类推,将第138条第2款规定扩大适用至不存在“剥削”行为的案件?由于不存在作出这种类推的需要,亦即有关案件可以根据更为一般的第138条第1款规定来评判,因此对这个问题只能

---

〔122〕《联邦最高法院,新法学周报》1994年,第1275页。

〔123〕《新法学周报》1979年,第2409页,第2412页。

〔124〕《联邦最高法院民事裁判集》第80卷,第153页,第159页以下。

作出否定的回答。

事实上,司法判例也的确将第 138 条第 1 款适用于那些在给付与对待给付之间存在一种明显的不相称关系的情形。但是,仅仅存在这种不相称关系,是永远不足以满足第 138 条第 1 款的要件的,此外至少还必须具备一种其他的(并不是第 138 条第 2 款所称的)情况。[125] 此种情况,即如[行为人]具有一种可指责的想法(verwerfliche Gesinnung),如利用战争关系。[126]

联邦最高法院的一项判决[127]认为,在消费者信贷行为(Verbraucherkredit)中,只要客观上实施违反善良风俗行为的人"至少是轻率地不知道借款人仅仅由于其经济上的弱势地位,才同意接受那些使他陷于困难境地的贷款条件之事实",此项行为即可构成违反善良风俗的行为。人们使用这一宽泛的表述,旨在避免在第 138 条第 2 款范围内对"剥削"进行举证时可能面临的困难。在实体上,"剥削"这一要件实际上就被废除了。联邦最高法院[128]对主观要件的推定(vermutet)则更强化了这一做法:"如果一个私人消费者向银行举借分期付款贷款,而此项贷款符合了第 138 条第 1 款规定的客观要件"(亦即在给付与对待给付之间存在一种明显的不相称关系)[即可推定符合主观要件]。这样一来,法院对第 138 条第 1 款的判例就非常接近于"非常损失"(laesio enormis)[129]了。根据联邦宪法法院的判决,[130]司法判例的这种演变

---

〔125〕《帝国法院民事裁判集》第 150 卷,第 1 页;《联邦最高法院,新法学周报》1957 年,第 1274 页。

〔126〕《帝国法院民事裁判集》第 99 卷,第 161 页,第 165 页以下。

〔127〕《联邦最高法院民事裁判集》第 80 卷,第 153 页,第 160 页以下。

〔128〕如《新法学周报》1984 年,第 2292 页,第 2294 页。

〔129〕参见上文边码 707。

〔130〕《联邦宪法法院,新法学周报》1984 年,第 2345 页。

在宪法上是无可非议的。[131]

自从联邦最高法院作出了上述较为严厉的判决[132]以来，产生了一系列与此相关的难题（Folgeprobleme），引发了众多诉讼。这里我只列举下面几个问题。

1. 因合同无效，借款人已经支付的利息就丧失了法律上的原因。借款人要求返还不当得利的请求权的时效（Verjährung）如何计算？[133]《联邦最高法院民事裁判集》第98卷，第174页：根据第197条诉讼时效为4年，而不是根据第195条为30年。

2. 借款人能否将其已经罹于时效的返还请求权至少用于抵销（Aufrechnung）？[134]《联邦最高法院，新法学周报》1987年，第181页：可以。

3. 如何评价借款人为清偿第一笔（不知道是无效的）贷款而举借的第二笔贷款（连锁贷款，Kettenkredit）？[135]《联邦最高法院民事裁判集》第99卷，第333页：与第一笔贷款之间存在这种关联，并不使第二笔贷款违反善良风俗。然而，根据第242条规定，贷款人因第二笔贷款享有的权利，仅以其在知悉第一笔贷款无效的情况下本来也应享有的权利为限。[136]

4. 在借款人不仅必须接受高额利息，而且还被迫接受不公平的、依据《一般交易条件法》为无效的合同条件（Vertragsbedingu-

---

〔131〕 参见莱尔歇 - 佩斯塔洛察（Lerche-Pestalozza）：《在新的法官法下的旧合同》，载《企业》1986年，附刊14。

〔132〕 《联邦最高法院民事裁判集》第80卷，第153页。

〔133〕 参见卡纳里斯（Canaris）文，载《经济法杂志》1986年，第273页；科特（Kohte）文，载《新法学周报》1986年，第1591页。

〔134〕 参见卡纳里斯（Canaris）文，载《经济法杂志》1987年，第1页。

〔135〕 参见卡纳里斯（Canaris）文，载《有价证券信息》1986年，第1453页；德勒德（Derleder）文，载《法学家报》1987年，第679页。

〔136〕 《联邦最高法院民事裁判集》第99卷，第333页，第337页：援引了交易基础［丧失］法，此外请参见《联邦最高法院，经济法杂志》1988年，第226页。

gen)的情况下,是否可强化此项行为的违反善良风俗性?[137] 《联邦最高法院,新法学周报》1987 年,第 183 页;第 184 页;1988 年,第 696 页:原则上是的。

5. 能否阻止对已具确定力的、就无效贷款合同所产生的付款的执行裁决(Vollstreckungsbescheid)进行执行?[138] 《联邦最高法院,经济法杂志》1987 年,第 1305 页,第 1309 页:原则上能,但如果债务人由律师代理时则不能。只要债权人(根据第 812 条)享有的要求返还不当得利的债权已届清偿期,执行也是合法的:《联邦最高法院,经济法杂志》1989 年,第 286 页。

第六节 违反善良风俗行为的扣还清算

(一)对违反善良风俗行为的扣还清算来说,首先具有意义的 712
问题是:无效性(Nichtigkeit)仅仅涉及负担行为,还是也涉及旨在履行负担行为的处分行为(Verfügung),亦即是否存在瑕疵的同一性(Fehleridentität)。[139] 如果处分行为也为无效,则因未移转的权利所产生的请求权也可要求返还,例如可要求返还所有权移转无效的物的所有权(第 985 条)。相反,如果处分行为是有效的,那么通常只能要求返还不当得利,即要求返还已经转移的财产。

在暴利行为(Wucher)中,从第 138 条第 2 款的文意("或让人给予")中,可得出下列结论:暴利行为相对人的处分行为也属无

[137] 参见布鲁泽(Bruse)文,载《企业顾问》1986 年,第 478 页。

[138] 参见格伦斯基(Grunsky)文,载《经济法杂志》1987 年,第 1921 页;盖斯勒(Geiβler)文,载《新法学周报》1987 年,第 166 页;约·布劳恩(J. Braun)的论述更为一般些,文载《法学教育》1992 年,第 177 页。

[139] 参见上文边码 231 以下。

效(如设定担保的行为[140]以及签发汇票或支票的行为[141])。相反,暴利行为人的处分行为(如支付贷款的行为)在物权上则是有效的。当然,认为暴利行为相对人依然是其给付出去的物的所有权人,几乎没有什么实际意义:在大多数情况下,他支付的是金钱,因此根据第 948 条规定,他仍然会丧失所有权;而在非现金支付行为中,所有权问题则根本没有意义。

在第 138 条第 1 款情形,人们通常认为处分行为是有效的。这种行为被认为是"道德上中立的行为"。[142] 不过,司法判例间或也认为,如果违反善良风俗的行为恰恰就表现在处分行为中,则根据第 138 条第 1 款所为的处分行为也是违反善良风俗的。[143] 这一看法可能走得太远了;它也会产生巨大的不确定性。因此,只有在处分行为的无效性能够阻止第三人受到有违善良风俗的损害时,我才主张将第 138 条第 1 款扩大适用至处分行为。在担保过度、[144]违反善良风俗的财产转移行为[145]以及挥霍公共财产行为[146]中,即可设想存在此种情形。

713 (二)在处分行为是有效的,因而扣还清算必须通过不当得利返还请求权来实现的情况下,第 817 条第 2 句规定,违反善良风俗(或违反法律禁令)的行为人不享有这种请求权。有人将这种请求权排除扩及至物权上的请求权。根据这种看法,例如,违反善良

〔140〕《联邦最高法院,新法学周报》1982 年,第 2767 页。

〔141〕《联邦最高法院,新法学周报》1990 年,第 384 页。

〔142〕赖·齐默尔曼(R. Zimmermann)在结果上对此表示赞同,文载《法学工作报》1985 年,第 48 页。

〔143〕如《帝国法院民事裁判集》第 145 卷,第 152 页,第 154 页;《联邦最高法院,新法学周报》1985 年,第 3006 页,第 3007 页。有关支票上的效果,参见《联邦最高法院,新法学周报》1990 年,第 384 页。

〔144〕参见上文边码 696。

〔145〕《明斯特高等行政法院,新法学周报》1989 年,第 2834 页。

〔146〕《联邦最高法院,经济法杂志》1997 年,第 244 页。

风俗的出租人也不得根据其所有权要求归还租赁物。

第817条第2句规定的这种请求权排除,如果能够使暴利行为相对人即使因基础行为无效依然能够获得暴利行为人提供的给付,〔147〕那么自有其合理的意义。在其他方面,第817条第2句所依据的思想为:在从事行为时,自己便置身于法律秩序或道德秩序之外的人,不能期待能受到法律秩序的保护(如通过获得不当得利返还请求权)。这里还有许多问题,但它们属于债法分论的研究范围了。〔148〕

〔147〕 参见梅迪库斯(Medicus)文,载《迪茨(Dietz)纪念文集》,1973年,第61页,第69页。

〔148〕 参见拉伦茨(Larenz):《债法分论》,§69IIIb;梅迪库斯(Medicus):《民法》,边码696以下;格恩胡贝尔(Gernhuber):《民法》,§45II1bee。

第五部分

可撤销的法律行为

第四十七章　可撤销性与撤销

714 在上文边码 487 中谈到无效性的类型时，就已经提及了与无效性相对立的可撤销性。可撤销性并不使有瑕疵的法律行为自行不生效力，而是交由撤销权人来决定是否使法律行为的无效性发生。下面对可撤销性作详细探讨。

第一节　撤　销　权

一、在可撤销的法律行为中，首先存在一项撤销权。撤销权是形成权（Gestaltungsrecht），[1]权利人通过行使此项权利，能够以溯及既往的效力消灭其可撤销的意思表示（第 142 条第 1 款）。此项撤销权是可以继承的。根据通说，在其他概括性权利继受情形（umfassende Rechtsnachfolge），撤销权也可以转移。当然，在将一块已经出租的土地让与给他人（第 571 条）时，需要考虑这样一个问题：根据第 571 条第 2 款第 1 句，让与人先是作为保证人继续承担责任，因此让与人对租赁合同今后的命运

〔1〕 参见上文边码 79 以下。

仍保持有兴趣。因此，弗卢梅[2]认为，让与人和取得人只能共同享有撤销权；而拉伦茨[3]则认为，让与人和取得人中的每一个人都可享有撤销权。我觉得应赞同弗卢梅的观点，因为这种观点符合第356条对一个类似问题的规定。

然而，撤销权不得被独立地让与或扣押。也许撤销权的不可 715
扣押性会使人感到意外，因为它似乎剥夺了债权人在强制执行中对债务人财产行使权利的可能性。例如，债务人S将一件属于自己的物的所有权移转给了第三人D。这一移转所有权的行为是可撤销的。这里，既然债权人G不能将S的撤销权予以扣押，并要求S将该项权利转交给自己行使，那么G的确就不能将该物弄回到债务人的财产中去了。但如果细加探究，这一结论则并无大碍：根据第121条第1款规定，因错误而享有的撤销权（第119条、第120条），必须在发现错误后即时行使之。[4] 所以，在G能够扣押和行使此项权利之前，S可能早就耽误行使此项权利了。而在因恶意欺诈或非法胁迫（第123条）而成立的撤销权之外，S对实施侵权行为的人享有一项侵权法上的损害赔偿请求权。[5] G可以扣押此项权利，并可要求将此权利转交给自己行使。

二、在通常情形，撤销权由发出可撤销的意思表示的人享有 716
（第318条第2款、第2080条是例外，在这里，表意人本身对撤销没有兴趣）。如果此项意思表示已设立了一项义务，而另外一个人对此项义务承担（从属性的）共同责任，那么该另外一个人对于撤销意思表示也具有兴趣。例如，债务人S约定给债权人G1000马克，保证人B为此提供了担保；这样，S行使撤销权也将解除B

〔2〕 弗卢梅（Flume）：《德国民法总论》，第2卷，§31，3，第561页。

〔3〕 拉伦茨（Larenz）：《德国民法总论》，§23Vb，第479页。

〔4〕 参见下文边码774。

〔5〕 参见下文边码808；822。

的义务(第 767 条)。不过,如果 S 不行使撤销权,则民法典并没有赋予 B 一项自己的撤销权。保证人只能根据第 770 条第 1 款,享有一项(延缓的)抗辩权;当然此项抗辩权随撤销权的消灭而消灭(第 770 条第 1 款规定"只要")。在其他从属性的担保权中也存在着相同的抗辩权:第 1137 条第 1 款第 1 句(抵押权)以及第 1211 条第 1 款第 1 句(动产质权和权利质权)。

第二节 撤 销

717 撤销以需受领的意思表示为之(第 143 条)。下列具体问题值得注意。

一、内容与形式

撤销表示必须表明撤销人不想让其先前的意思表示发生效力的愿望。[6] 撤销人没有必要使用"撤销"或诸如此类的词语。在表示其由于瑕疵因而不想让法律行为发生效力的意思时,也不应当要求该表示"没有歧义"。[7] 只要像通常的意思表示那样,相对人可以理解[意思表示的内容]就行了。[8]

在通常情况下,撤销不需要具备什么形式,即使撤销是针对某项要式行为而为的,亦然。特别是第 313 条不适用于撤销,因为撤销既不是一项合同,也不产生一项法律行为上的(扣还)移转土地所有权的义务(毋宁说,在成功地行使撤销权后,根据法律,即第 812 条第 1 款,产生一项义务)。此项形式自由原则的例外有:第 1600 第 1 款(生父承认之撤销)、第 1955 条第 2 句、第 1945 条(接

〔6〕 有关说明理由的必要性,参见下文边码 723 以下。

〔7〕 但《联邦最高法院民事裁判集》第 91 卷,第 324 页,第 332 页却要求这样。对该判决持批评态度者有:卡纳里斯(Canaris),文载《新法学周报》1984 年,第 2281 页,第 2282 页;拉伦茨(Larenz),同前引书,§ 23,Va,第 477 页。

〔8〕 参见普罗布斯特(Probst)文,载《法学家报》1989 年,第 878 页。

受继承或者抛弃继承之撤销)以及第2282条第3款(法定代理人对继承合同之撤销)。

二、撤销相对人

对于撤销相对人,即撤销表示所指向的人,第143条分别作了规定。

(一)在合同(Vertrag)中,撤销相对人是合同对方当事人(第143条第2款)。这就是说,如果合同是由代理人订立的,则撤销相对人通常不是代理人,而是被代理人。根据第143条第2款后段的规定,在第123条第2款第2句情形,[9]如果合同是一个真正的有利于第三人合同,则第三人是撤销相对人,因为根据第328条第1款,第三人直接从合同中取得了给付请求权。 718

(二)在由单方需受领的意思表示(einseitige empfangsbedürftige Willenserklärung)所为之法律行为中,撤销应向行为针对的相对人为之(第143条第3款第1句)。民法典规定,有些意思表示既可以向某一个私人发出,也可以向某个官署发出。如根据第1168条第2款第1句,债权人既可以向土地登记部门,也可以向土地所有权人发出抛弃抵押权的意思表示。在这里,即使待撤销的意思表示先前是向官署发出的,但根据第143条第3款第2句规定,撤销表示也必须向私人发出。因为只有私人的权利才受到撤销行为的影响,因此私人应当优先知悉撤销的情况。 719

(三)最后,第143条第4款调整的是“其他类型的单方法律行为”。[10] 所谓其他类型的单方法律行为,是指那些基于某项根本不需要受领的意思表示的法律行为,或者是那些基于只向官署发出的意思表示的法律行为。第一类行为如悬赏广告(第657 720

---

〔9〕参见下文边码800以下。

〔10〕参见克卢克霍恩(Kluckhohn)文,载《民法实务档案》第113卷,1915年,第35页以下。

条)和动产所有权抛弃(第959条);第二类行为如土地所有权抛弃(第928条第1款)。在这里,撤销相对人是任何一个"依据法律行为直接取得某项法律上利益"的人。在相对于官署发出的意思表示情形,官署也可以是撤销相对人。人们认为,只要没有中间人参与行为,权利取得的"直接性"即告成立。例如,动产所有权抛弃,应当向那个根据第958条先占该物的人撤销之(尽管这个人取得权利时首先还必须实施先占行为)。

对于最重要的单方法律行为,即遗嘱(Testament),适用一条特殊规则。遗嘱在很大程度上不是向受益人撤销,而是向遗产法院撤销的(第2081条)。而对于被继承人来说,由于他可以撤回遗嘱,因此通常不需要行使撤销权(第2253条及以下条款)。

721 (四)第143条无法明确包括下列由意思表示所为之法律行为:在此类意思表示中,有两个不同的私人可以选择性地作为受领人(als Empfänger)。这些行为主要是指代理权授予(第168条)和同意(第182条第1款)。只要这样一种意思表示还没有产生从事另外一项行为的后果,那么,撤销就可以针对受领了此项待撤销的意思表示的人为之。如果已经实施了另外一项行为,则根据弗卢梅的观点,撤销应针对该行为的对方当事人为之。[11] 例如,在债务人S的代理人V已经与债权人G订立了合同的情况下,即使S与V之间存在内部代理权,[12]也应当向债权人G撤销之;G可向S主张第122条所生的赔偿请求权。[13]

三、撤销期间

722 对于撤销的期间,法律根据不同的撤销事由作了特别的规定

---

〔11〕 弗卢梅,同前引书,§31,5b,第563页。

〔12〕 参见下文边码927。

〔13〕 弗卢梅,同前引书,§52,5c,第870页;拉伦茨,同前引书,§31II,第608页。

(因此第142条及以下条款之一般性规定没有提及某个期间)。这方面最重要的规定是第121条[14]和第124条[15],民法典总则编以外的规定有第1600h条、第1954条、第1082条和第2283条。

四、撤销的理由

撤销人是否必须说明撤销理由?他在何种程度上必须说明撤销理由?法律对这个问题未作调整,因此不无争议。在实践中,几乎没有人会根本不说明理由而撤销其意思表示。常见的情形是所谓的“撤销理由的补给”(Nachschieben von Anfechtungsgründen)。例如,撤销起初是以恶意欺诈为依据的,后来在发现欺诈无法证明后,能否以错误(如第119条第2款)为理由撤销意思表示?此项撤销是不是一项新的撤销?它是否可能因期间已经届满而被排除了呢? 723

这些问题,涉及行使形成权时说明理由的意义这一更为一般的问题。不过,对这个问题无法给出普遍有效的答案,何况对于特别重要的事例适用一些特殊的视角。例如,就房屋出租人的终止[房屋租赁关系]表示而言,这些视角产生于第564a条第1款第2句、第556a条第1款第3句、第564b条第3款(以书面形式说明理由的义务);而对于雇主的解雇表示,这些视角则源自《企业组织法》第102条(企业委员会的听证权)。[16] 724

帝国法院曾认为,撤销不需要说明任何理由,即不仅不需要说明法律规定的事实构成,也不需要说明具体的事实。不过,这种看法在今天普遍已被抛弃。帝国法院的观点没有考虑到撤销相对人之应受保护的利益。在[撤销权人]对撤销理由不作说明的情况下,撤销相对人不知道自己应该针对什么进行抗辩,也不知道他抗

〔14〕 参见下文边码774。

〔15〕 参见下文边码805。

〔16〕 参见《联邦劳动法院,企业》1981年,第2128页。

辩的前景如何。正确的做法应该是,要求撤销理由对撤销相对人而言是可以识别的。〔17〕 这一要件的意义是,如果不能从相关情形中明确查知撤销理由(例如,撤销在发现诈骗行为后直接为之),则必须予以说明。

联邦最高法院有关撤销事由补给的判例也与上述原则相符。在通常情况下,这种补给被认为是一种新的撤销。这就是说,只有在某项以新的事由为依据的撤销仍属可能时(特别是期间还没有届满),这种补给才是合法的。〔18〕

五、条件与期限

725 撤销表示作为行使形成权的行为,是不得附有条件和期限的。〔19〕 应当让撤销相对人一劳永逸地知道,自己究竟处于什么位置。

第三节　撤销的效力

一、行为在当事人之间消灭

726 根据第 142 条第 1 款,撤销使那项基于被撤销的意思表示的法律行为溯及既往地消灭。例如,因某项债务合同所负担的义务溯及既往地消灭,这也包括期间已经发生的支付利息的义务。如果已经交换了约定的给付,那么就必须根据不当得利法的规则予以返还。由于给付的法律原因溯及既往地消灭了,因此不当得利返还请求权的依据是第 812 条第 1 款第 1 句第一种情形(销债清偿之返还)。第 812 条第 1 款第 2 句第一种情形(原因终了之返

〔17〕 如弗卢梅,同前引书,§31,2,第 560 页。拉伦茨的看法稍有不同,同前引书,§23Va,第 477 页:撤销相对人的询问权。

〔18〕《联邦最高法院,新法学周报》1966 年,第 39 页;《联邦最高法院,企业顾问》1981 年,第 1156 页。

〔19〕 参见下文边码 849。

还)是多余的。

二、对第三人的效力

只要撤销(也)针对某项处分行为所为,撤销同样使处分行为溯及既往地无效。例如,如移转所有权的行为是可撤销的,则已移转的所有权随撤销而溯及既往地扣还于让与人;取得人同样也就溯及既往地成为非权利人。在没有特殊规定的情况下,如取得人在撤销以前已作进一步处分,则相对人即第三人的法律地位可能会产生疑虑:这个第三人究竟是从权利人处还是从非权利人处(因此可能无效)取得了权利呢? 727

第 142 条第 2 款回答了这个问题。如第三人就可撤销性而言是恶意的,则他事后取得权利的行为无效,亦即第三人被视同于从非权利人处取得权利的取得人。因此,如果第三人知道其前手是通过欺骗(第 123 条)取得权利的,那么在撤销时,这一知悉与知悉[对方]不享有所有权的意义相同:[第三人]不可能根据第 892 条及以下条款、第 932 条及以下条款善意取得权利。

三、对无效法律行为的撤销

在存在某项无效性事由,因而法律行为已属无效的情况下,旨在产生无效性的撤销看似多此一举。尽管如此,特・吉普(Th. Kipp)在一篇著名的论文中主张无效的意思表示也可撤销。[20] 吉普是以诸如下列之案例来说明问题的。 728

未成年人 V 违反其法定代理人的意思,将一件动产出售给 K。K 对 V 进行恶意欺诈。然后 K 将该物转售给第三人 D。D 虽然知道欺诈情事,但就[V]未成年之事实而言是善意的。在这里,V 与 K 之间的让与行为因第 108 条而无效。由于 D 就这个无效性原因而言是善意的,因此他应当可以根据第 932 条规定从 K 那里取得

---

〔20〕 基普(Th. Kipp):《论法律中的双重效力》,载《马蒂茨(Martitz)纪念文集》,1911 年,第 211 页。

所有权。而如果认为无效的法律行为是不可撤销的,那么第142条第2款规定看来也不会对D产生什么不利后果。[21] 这样一来,D所处的地位,就优于其从一个完全行为能力人那里取得权利时的地位。这一结果的确是无稽之谈。吉普希望避免这一结果。为了使第142条第2款适用于第三人,他认为V与K之间无效的让与行为也是可以撤销的。

729 是否真的需要这样一种观点?对这个问题,今天的争议非常激烈。[22] 因为,人们也可以从另一个方面来理解从非权利人处取得权利时的善意性,亦即,只要取得人仅仅在任何一个可能的、让与人不享有权利的原因方面是非善意的,就可以否定其善意性了。依此看法,在上述案例中,由于D知道欺诈是一个可能的无效原因,因此D就是非善意的。第142条要求撤销之规定,并不与所述原则相悖,因为这一规定只是考虑了正常情况,即法律行为没有其他的瑕疵。而在本案中,有一点是明白无误的,即:只有在第一让与人有效地撤销了其意思表示的情况下,第三人取得权利的行为才能被评价为从非权利人处取得权利的行为。

730 这一善意要件的观点,甚至可以用来在吉普的双重效力说无力解决问题的情况下,否定第三人取得权利。例如,第三人只是错误地认为,K对V进行了恶意欺诈。[23] 我认为这一观点能够使法律得到开放的、有意义的解释,因此应优先采纳这一观点用于解决

---

〔21〕 参见第142条第2款的用语:"撤销发生时"。

〔22〕 有关该争议的材料,参见帕夫洛夫斯基(Pawlowski):《无效意思表示的法律行为后果》,1966年[有关本书的评论,参见厄勒斯(Oellers):《法律中的双重效力?》,载《民法实务档案》第169卷,1969年,第67页]。弗卢梅(Flume):《法律行为和法律关系》,1990年,第12页;哈塞(Hasse):《法律中的双重效力》,载《法学教育》1997年,学习卡片1。

〔23〕 参见奥勒斯,同前引文,第70页以下。

类似案件。尽管如此,没有必要指责双重效力说。[24]

无论对双重效力理论采取何种态度,联邦最高法院的一项判决[25]无疑是正确的:在诉讼中,即使为说明诉讼理由而引述的法律行为甚至可能(但很难证明)是无效的(如依第 138 条),但是人们仍然可以用撤销(如因第 123 条)来为自己辩护。

四、损害赔偿义务

撤销人或者撤销相对人可能负有损害赔偿义务。由于在这方面,各个撤销事由之间的差异很大,因此在具体分析这些撤销事由时才能探讨这个问题。[26] 731

第四节　确　　认

撤销权除因期间届满[27]消灭外,还因抛弃或(几乎无法与抛弃区分的)确认而消灭。[28] 732

第五节　界　　定

一、民法在其他一些事例(einige weitere Fallgruppen)中也还规定了"撤销",但这些地方涉及的不是意思表示的消灭。这里只是为了界定才提到这些规定。第 119 条及以下条款、第 142 条及以下条款对这些规定不适用。 733

(一) 第 1593 条及以下条款涉及的是对一个子女的婚生性的

---

[24] 参见弗卢梅:《法律行为和法律关系》,1990 年,第 12 页。

[25] 《联邦最高法院,法学家报》1955 年,第 500 页。

[26] 参见下文边码 783 以下(对错误),边码 808(对恶意欺诈),边码 822(对非法胁迫)。

[27] 参见上文边码 722。

[28] 有关确认,参见上文边码 534。

撤销(Anfechtung der Ehelichkeit)。这个子女是在婚姻关系存续期间以及婚姻关系解除以后的特定时间内出生的。这种撤销权以行使形成诉权的方式为之。形成诉权针对的客体是第 1591 条规定的婚生性推定。

734 (二)第 2340 条及以下条款规定的撤销遗产取得(Anfechtung des Erbschaftserwerbs),不同于第 2078 条及以下条款规定的真正的撤销。它并不是针对遗嘱而为的。在这里,取得人已依据法律(kraft Gesetzes)取得了遗产;由于取得人丧失了继承资格,因此撤销旨在重新消除这种遗产取得。这种撤销也适用于法定继承人对遗产的取得。

735 (三)《破产法》第 29 条及以下条款以及 1879 年 7 月 21 日颁行的《关于在破产程序之外撤销债务人法律行为的法律》(《撤销法》)〔29〕,针对的是债务人的法律行为,因为这些行为损害其债权人的利益。在这里,撤销旨在将那些可撤销地给出去的客体,取回到破产财产中来(《破产法》第 37 条),或者使具有执行名义的债权人能够对该客体进行强制执行(《撤销法》第 7 条)。在这两种情况下,撤销都以起诉或者向受领了客体的人主张抗辩为之。这种撤销,〔30〕无论在构成要件方面,还是在执行方式方面,都与第 119 条及以下条款、第 142 条及以下条款的规定无关。〔31〕

736 二、《婚姻法》第 31 条至第 34 条也为婚姻(Ehe)规定了一些撤销事由。这些事由虽然在很大程度上与第 119 条、第 123 条规定一致,但是婚姻法对程序(《婚姻法》第 29 条及以下条款、第 35 条及以下条款)和法律后果(《婚姻法》第 37 条)作了完全不同于

---

〔29〕 舍恩费尔德(Schönfelder)编:《德国法律汇编》,第 111 号。

〔30〕 罗马法和普通法中的保罗之诉(actio Pauliana)。

〔31〕 参见鲍尔-施蒂尔纳(Baur-Stürner):《强制执行法》II, § 18—20;默克特(Merkt)文,载《法学教育》1985 年,第 110 页以下。

第 142 条及以下条款的规定。因此,《婚姻法》使用的术语也不是“撤销”(Anfechtung)婚姻,而是“解除”(Aufhebung)婚姻。因此,一般的撤销规则对此不适用。

第四十八章　因错误而撤销

参考文献：亚当斯(Adams)：《合同法中的错误与公示义务》，载《民法实务档案》第186卷，1986年，第453页以下；布劳尔(Brauer)：《性质错误》，1941年；布罗克斯(Brox)：《对因错误而撤销的限制》，1960年；弗卢梅(Flume)：《性质错误与买卖》，1948年[有关评论，见克格尔(Kegel)文，载《民法实务档案》第150卷，1949年，第356页以下]；戈尔茨(Goltz)：《债法中的动机错误与行为基础》，1973年；彼·豪普特(P. Haupt)：《自继受此[罗马法]以来法律行为错误学说之演变》，1941年；海尔曼(Heiermann)：《建筑合同出价人的计算错误》，载《企业顾问》1984年，第1836页以下；亨勒(Henle)：《对法律后果的错误》，1911年；亨里希(Henrich)：《在一份未经阅读的文件上签字》，载《拉贝尔外国和国际私法杂志》第35卷，1971年，第55页以下；赫恩(Hönn)：《特定物买卖中物之瑕疵担保责任与因意思瑕疵而撤销合同之间竞合的基本情况》，载《法学家报》1989年，第293页以下；雅尔(Jahr)：《所欲的和非所欲的内容的效力——论需受领的意思表示法的基本问题》，载《法学教育》1989年，第249页以下；约翰

(John):《所谓的计算错误情况下的解释、撤销、缔约过错及交易基础》,载《法学教育》1983年,第176页以下;克吕克曼(Krückmann):《计算错误与自始的无意义、无目的和无对象》,载《民法实务档案》第128卷,1928年,第157页以下;莱纳尔(Lenel):《对重大性质发生的错误》,载《民法实务档案》第123卷,1925年,第161页以下;洛宾格(Lobinger):《因错误而撤销以及悔过权》,载《民法实务档案》第195卷,1995年,第274页以下;马尼克(Manigk):《错误与解释》,1918年;格尔德·米勒(Gerd Müller):《论特定物买卖中单方面性质错误的重要性》,载《法学家报》1988年,第381页以下;厄尔特曼(Oertmann):《订立合同时的双方错误》,载《民法实务档案》第117卷,1919年,第275页以下;拉佩(Rappe):《物之瑕疵担保责任与买卖中的错误》,载《民法实务档案》第150卷,1949年,第481页以下;罗特赫夫特(Rothoeft):《错误学说之体系作为比较法的方法问题》,1968年;安·泽克勒(A. Säckler):《对表示内容的错误》,1985年;施密特=林普勒(Schmidt = Rimpler):《性质错误与表示错误》,载《莱曼(Lehmann)纪念文集》,1956年,第213页以下;许内曼-贝克曼(Schünemann-Beckmann):《内容错误与表示错误》,载《法学教育》1991年,第65页以下;辛格(Singer):《有瑕疵的意思表示的发生效力的原因以及法律后果》,载《法学家报》1989年,第1030页以下;蒂策(Titze):《误解之学说》,1910年;同一作者:《论所谓的动机错误》,载《海曼(Heymann)纪念文集》第二卷,1940年,第72页以下;维亚克尔(Wieacker):《合同当事人的共同错误与情势如恒条款》,载《维尔布尔格(Wilburg)纪念文集》,1965年,第

229 页以下；齐特尔曼（Zitelmann）：《错误与法律行为》，1879 年。

第一节　存在的难题以及民法典的解决方案

一、私法自治与责任

737 私法自治旨在使每个人都能够按照其意志构建其法律关系。[1] 因此，如果构建法律关系的行为不是以无瑕疵的意志为基础的，则可以将此视为不成功的构建行为。特别是可以将一项基于某种瑕疵的意思表示视为无效。

但是，这样一种单方面以意志为判断标准的方案，没有考虑到下列事实：个人因私法自治而享有自由，同时个人也负有责任，作为享有这种自由的平衡。具体说来，这种责任意味着，个人因行使自由而产生的不利后果，应当归属于这个人。由是观之，即使是发生错误的人，也不可逃脱承受其意思表示的约束；人们可以将这种约束视为自由的代价。因为，发生某种错误的风险，更应由表意人来承担，而不应由意思表示的受领人——他通常与错误完全无关——来承担。

每一种法律制度都必须在这两种极端的考察方法中找到一个均衡点（Ausgleich）。这方面存在着多种可能性，而在法律政策上，没有哪一种方案具有不言而喻的优先性。[2] 作为区分的标准，可以考虑下列因素：表意人对其错误是否具有过错；错误对表示受领人来说是否具有可识别性；受领人在信任意思表示的存续性时付出了多大代价。

---

〔1〕 参见上文边码 174 以下。

〔2〕 弗卢梅（Flume）：《德国民法总论》第 2 卷，§21，1，第 417 页。

二、民法典的立场

上述几种标准中，民法典第 119 条及以下条款根本没有顾及表意人的过错。即使[表意人]具有最重大的过失，他也可以撤销（只有故意被理所当然地排除：因为这时就不存在错误了）。错误的可识别性对撤销也同样没有意义；只有在第 122 条第 2 款中，这一点才对撤销人的赔偿义务具有意义。[3] 738

民法典第 119 条及以下条款的首要区分标准是，在意思表示通往到达的过程中，错误是在哪一个阶段发生的。法律的规定是以对下列几个阶段的划分为基础的：

（一）第一步是意思形成（Willensbildung）。意思的形成，是对理由及其相反理由进行往往是十分复杂的考虑的结果。这些理由或相反理由可能涉及过去和现在，也可能涉及到未来（作为期待）。 739

例如，在考虑是否购买一幢房屋时，可能进行下列思考：我有足够的金钱支付买卖价款吗？如果我必须借用贷款，那么我在将来能赚到足够的工资，用以支付利息和本金吗？我是不是应该把这笔钱用于其他目的呢？这幢房子能够符合我的需要吗？房屋的性质与索要的价格相当吗？我在其他地方能以较低的价格买到同样的房子吗？我会在这个地方待上很长时间，以致买房子是值得的吗？此项行为在税收方面有哪些后果？房子周边环境未来将会如何发展（噪音以及其他有害气体的排放、商店、交通联系等等）？

（二）第二步应考虑，如何能将这一经过深思熟虑形成的意志加以表示。也就是说，必须找出那些将这一意志以某种能为对方所理解的方式表达出来的话语或者其他表示符号。在房屋买卖行为中，这种话语或者表示符号大多是没有什么问题的。但是，在标 740

〔3〕 参见下文 785。

示双方所希望交易的土地时可能发生错误(混淆了地块)。在其他情况下,如在订立复杂的合伙合同或者在以外语交谈时,将意志转化为表示符号出现错误的频率就要高得多。

741 (三) 第三步,思考者必须将其决定使用的表示符号表达出来。例如,他把他想说的话语说出来或者写下来。

这一过程大多也是比较简单的。这里,发生错误主要表现为说错话或者写错字。但在使用辅助人时,发生错误的危险就会增大。例如,秘书错误地解释了她的速记记录,因此她写下来的东西与[老板的]口述不一致;老板没有再看一遍文件,就在文件上签了字。或者,在雇用一名土耳其籍雇员时,雇主的译员作了不正确的翻译。

742 (四) 上述三个阶段止于意思表示的发出。[4] 在意思表示发出至意思表示到达受领人因而生效之间,往往还有一个意思表示的运送(Beförderung der Erklärung)问题。这一过程中也可能出现错误。例如,传达人传达的内容不同于他应当传达的内容,或者传达人将表示传达给了另一个人;在通过电报传送时,意思表示的内容发生了变化。

743 (五) 最后,还存在这样一种风险:意思表示在到达以后,被受领人作了错误的理解(vom Empfänger miβverstanden),特别是被受领人作出了不同于表意人本意的理解。

第二节 错误的范畴

744 可以根据错误发生在上述边码 783 以下所称阶段中的哪一个阶段,来划分一切可以想见的错误。根据此项标准,可产生下列错误范畴。

---

〔4〕 参见上文边码 263 以下。

一、动机错误

在特别容易发生错误的意志形成阶段所发生的错误，叫做动机错误。[5] 第 119 条及以下条款的重点，在于完全置此类错误于不顾，因而将绝大多数错误排除在法律规定之外。这一点，第 119 条及以下条款尽管没有明确加以规定，但是只要对法律允许撤销意思表示的情形进行反推（e contrario），就可以毫无疑问地得出这一结论。

在第 119 条及以下条款之内部，例外的、重要的动机错误，只能是第 119 条第 2 款规定的性质错误（Eigenschaftsirrtum）。不过，性质错误是不是真正的动机错误，不无疑问。[6] 动机错误的其他情形——同时在表意人和表示受领人那里出现的错误——，还见于第 779 条以及交易基础学说之中。[7] 在此之外，动机错误只有在继承法中（im Erbrecht）才是一种重要的错误（第 1949 条第 1 款、第 2078 条及以下条款、第 2281 条）。这一点也表明了上文边码 322 在分析解释时就已提及的继承法的特殊地位：在死因处分中，不存在信赖保护。因此对错误的处理也可以宽大一些。

二、内容错误（意义错误）

第 119 条第 1 款第一种情形规定了在为意志寻找某种表示符号过程中发生的错误：[8]“在发出意思表示时对其内容发生错误者……”。这里，表意人对其所选择的表示符号的意义发生了错误。这一符号的意义，不同于表意人的本意。 745

---

〔5〕 参见上文边码 739。

〔6〕 参见下文边码 767 以下。

〔7〕 参见下文边码 857 以下。

〔8〕 参见上文边码 740。

在哈瑙州法院审理的一起案件[9]中,一所女子中学的副校长为该所中学订购了"25 罗卷"(25 Gros Rollen)卫生纸。客观上,罗(Gros)的意思为 12 打。因此,副校长订购的数量应为 12 × 12 × 25 卷(= 3600 卷),每卷 1000 张(判决书中写道,这一数量可以满足学校若干年的需求)。而副校长以为,"罗"(Gros)是一种包装方式的称呼,* 亦即她只想订购 25 卷。

对于此类错误来说,特别明显的是,只有在对意思表示进行解释以后,才能认定是否存在错误。首先必须查明意思表示具有什么意义(即解释[10])。因为,只有在经过解释之后,才能够确定[意思表示的]意义是否不同于[表意人]所指的内容。例如,在上述案例中,应当加以考虑:如果以字面意思为准,订购的数量就大得异乎寻常,并且从预算法角度来看,这笔货物的价金也几乎是无法支付的。因此,出卖人本来也许能够看到,对方是不可能购买 3600 卷卫生纸的。如果解释能够得出这一结论,那么就不需要撤销了。但如果真的可以认为是订购了 3600 卷(如可能是为若干所学校订购的,或者一个副校长可能知道"罗"的意义),则可依据第 119 条第 1 款第一种情形予以撤销。

解释优先原则的一种特殊情形,是上述边码 327 论及的"错误的表示无害"。如果受领人已经正确地理解了表意人所指的内容,那么,无论意思表示具有什么其他意义,都以表意人所指的内容为准。在这种情况下,也不需要撤销。

---

〔9〕《哈瑙州法院,新法学周报》1979 年,第 721 页。有关评论,参见科恩布卢姆(Kornblum)文,载《法学教育》1980 年,第 258 页以下。

〔10〕 参见上文边码 307 之前的论述。

* 在德文中,gros(罗)与 groβ(大的)仅一字之差,而由于"罗"不是常用词,因此很容易被理解为"大的"。本案中,副校长即认为 gros 乃 groβ 之意。——译者注。

三、表示错误(弄错)

第119条第1款第二种情形将表示错误等同于内容错误:"……或者根本不想发出这一内容的意思表示者……"。这里,表意人虽然想发出"正确的"表示符号(即具有他所指称的意义的表示符号),但却在表达时发生了错误。[11] 因此,表意人[实际]表达的表示符号,不是他想表达的符号。这方面的典型案例是说错话或写错字。例如,本来想说"卖"的,却实际说成了"买";在打字机上多写了一个零,应为1000的却写成了10000。在这种情况下,也可以撤销意思表示。 746

内容错误和表示错误,并不总是能够明确予以区分的。第119条第1款对这两类错误类型的描述就说明了这一点:对意思表示的内容发生错误者,通常也不想发出这一内容的意思表示。由于第119条及以下条款对这两类错误类型一视同仁,因此也不需要对二者作出严格的界定。[将它们]与不重要的动机错误作出界定才具有重要意义。

四、传达错误

在非对话人之间为意思表示时,意思表示发出后,接着要把它运送到受领人那里去。在运送过程中,根据所选择的传达形式,还存在着其他风险,即意思表示的[实际]内容异于[表意人]所指的内容。在通过信件传达意思表示的情况下,这一风险几乎为零(除非信件根本没有到达)。在通过传达人转达口头意思表示的情况下,这一风险相对比较大。第120条将这种传达错误等同于第119条第1款规定的错误。这一规定是合理的,因为受领人收到的是一种不同于发出人想使用的表示符号。 747

法律规定传达有误的意思表示必须予以撤销,意味着传达人的表示应归责于表意人。无疑,只有在表意人使用了这个传达人

---

[11] 参见上文边码741。

的情况下,才能进行这种归责。第120条规定“为转达[意思表示]‘所使用的’人或机构”,指的就是这个意思。如果一个与此事根本无涉的人谎称自己是传达人,那么他所指称的发出人就没有必要撤销,因为传达人的表示不能视为发出人的意思表示。[12]

748 此外,通行的学说(h. M.)也还主张,应对第120条文意作出一些限制(Einschränkung des § 120)。此说认为,只有在传达人主观上[想]作正确的传达时,第120条才能适用;相反,如果传达人故意不遵循要求他传达的内容,则第120条不适用。在后者的情况下,意思表示整个就不应对委托人产生效力。[13] 马尔布格尔(Marburger)则持不同意见。[14] 他认为,传达人的委托人在使用传达人时,同时也制造了故意误传的风险,因此委托人比受领人更能控制这种风险。所以,他认为,传达风险的这一部分也应当归责于委托人。我觉得应赞同这种观点。

五、受领人错误

749 最后,还存在受领人对正确表达和正确传达的意思表示作出错误理解的风险。这种情况根本不符合第119条规定的撤销。因此,意思表示应在表意人所指的意义上发生效力,亦即表意人不需要撤销其意思表示。相反,受领人也不能撤销意思表示,因为他并没有表示什么东西。只有在受领人自己受错误理解的影响而发出了意思表示的情况下,受领人才能撤销。

假设出卖人V写信给买受人K,向K发出卖一辆旧车的要约。V在信中提到,这辆车子的替换发动机已跑了2万公里。假

---

〔12〕 但是,可以类推适用第177条规定,由发出人予以追认。参见下文边码997。

〔13〕 如弗卢梅,同前引书,§ 23,3;拉伦茨(Larenz):《德国民法总论》,§ 20IIa,第377页以下。

〔14〕 马尔布格尔(Marburger)文,载《民法实务档案》第173卷,1973年,第137页以下;克拉默(Kramer):《慕尼黑德国民法典评注》,第120条,边码3,部分赞同他的看法。

设 K 只是粗略地阅读了这封信，没有看清 2 万公里指的是替换发动机，即 K 以为这辆车子本身一共才跑了 2 万公里。这里，V 的意思表示在其可识别的意义上发生效力。也就是说，如果 K 承诺要约，包含替换发动机的里程数的汽车就是合同的内容；汽车并没有瑕疵。但是，K 可以依据第 119 条第 1 款撤销，因为他的受领表示所具有的内容，与 K 所指的内容不同。

第三节　归属不无疑问的错误

一些常见的错误类型应归属于何种法律规定的类型，不无疑 750
问。此外，上文边码 744 已提及的有关性质错误（第 119 条第 2 款）归属的争议，也有待探讨。

一、法律后果错误

假设有人出卖一件物品，而不知道他作为出卖人应根据第 459 条及以下条款承担物之瑕疵担保责任。[15] 或者有人对一封商人确认书保持沉默，因为他不知道这种沉默意为同意。[16] 这种情形，即对意思表示（或沉默）的法律后果发生错误。

法律后果错误（Rechtsfolgeirrtum）是法律错误的一种特殊情况（Sonderfall des Rechtsirrtums[17]）。法律错误即对法律状态发生的错误（相对的概念是事实错误）。法律错误（作为违法性错误）主要在刑法中具有重要性。[18] 在民法中，法律错误主要在过错方

---

〔15〕 参见上文边码 195。

〔16〕 参见上文边码 440 以下。

〔17〕 参见迈尔 = 马利（Mayer = Maly）文，载《民法实务档案》第 170 卷，1970 年，第 133 页，第 165 页以下；耶尔格 · 迈尔（Jörg Mayer）：《法律错误……》，1989 年。

〔18〕 参见刑法典第 17 条。

面具有意义。[19]

我们无法将法律错误清楚地归属到第119条及以下条款规定的范畴中去。我们既可以认为这是一种内容错误(Inhaltsirrtum),[20]理由是:由于表意人不知道法律后果,因此他对其意思表示的内容(意义)发生了错误;所以他可以根据第119条第1款第一种情形撤销。我们也可以将这种错误设想为一种纯粹的动机错误(bloBes Motivirrtum)(因此种错误,不得为撤销),理由是:对法律状态的不正确判断是发出意思表示时的动机。

751 由于存在这种模棱两可的事实,因此在处理法律后果错误时,有必要审视一下第119条的宗旨(Zweck des §119)。此条规定的目的是:由于发生错误的人并非真正想使特定的法律后果发生,因此他应当有权通过撤销来消除这种后果;如果尽管行为人不想使这种后果发生,但是这种后果依然要发生,那么就不符合私法自治的原则了。这一考虑,并不能以相同的方式适用于那些由法律(如物之瑕疵担保责任)或由法官法(如商人确认书)为某种行为规定的法律后果。这即是说,在某种程度上,这些后果的"正确性"已由客观的法律制度作了保障。

当然,在这些情况下,有关法律后果的规定大多仅仅是任意法,亦即是当事人可以通过约定予以排除的法律规定。就此而言,人们也许会认为,未排除这种法律后果的意思表示的内容,受到了法律后果错误的影响。但是,符合任意法规定的法律行为,比起一项仅仅基于当事人错误意志的法律行为来,其适当性的概率要高得多。

这一区分在逻辑上并不具有必然性。毋宁说,它依据的是一

---

〔19〕 法律错误虽然可以排除故意,但是仅在非常罕见的情形才能免责。参见梅迪库斯(Medicus):《债法总论》,边码307。

〔20〕 参见上文边码745。

种评价性的权衡，即为了维护法律稳定性的利益，应对因错误而撤销进行一定限制。[21] 因此，这一界限的划定在具体情况下也往往是不无疑虑的。拉伦茨（Larenz）主张作下列区分："只有在涉及到直接的法律后果，即意思表示依其内容意在直接引起的法律后果，而不涉及法律不问表意人具有何种意志，为某种已经订立的法律行为所规定的其他法律后果的情况下"[22]，才存在一项表示错误。拉伦茨举出的可撤销的案例是：饭店店主将他的饭店"连同从物"一起出售给他人，但他所指的"从物"仅仅包括固定建筑在饭店里的东西（而第97条及以下条款所指从物的范围则要广泛得多）。反之，如果出卖人没有将买卖合同的范围扩及至从物的事实说出来，这一事实仅仅在"在发生疑问时"产生于第314条规定，则可能对该案作出不同的评判。

弗卢梅（Flume）的表述[23]与拉伦茨相似。他说，对于这些法律后果发生的错误是不重要的：它们本身并不是法律行为上的意思表示的对象，而是依法因法律行为上的意思表示而产生的。当然，这样还是没有可靠地回避一种不无疑虑的后果，即：将许多法律后果纳入到其意思表示中去的人，就可以扩大其撤销权的范围。在我看来，这个问题还没有得到令人信服的解决。无论如何，大家一致的、正确的看法是，在上述两个案例中（对物之瑕疵担保责任发生的错误以及对商人确认书保持沉默的后果发生的错误），不可能为撤销。联邦劳动法院的判例[24]也认为，如果一名怀孕女工在签订一项解除其劳动关系的合同时，不知道她因此会丧失母亲保护权，则她不得因错误撤销其意思表示。相应地，如果雇员毫无

---

〔21〕 拉伦茨，同前引书，§20II，a，第376页。

〔22〕 拉伦茨，同前引书，§20II，a，第376页。

〔23〕 《德国民法总论》第2卷，§23，4d，第465页。

〔24〕 《联邦劳动法院，新法学周报》1983年，第2958页；《企业》1992年，第1529页。

保留地签订了一项附期限的劳动合同,而不知道他因此丧失了产生于先前存在的、不附有期限的劳动合同中的权利,则该雇员也不得撤销其意思表示。[25]

二、"签名错误"

752 与法律后果错误相似的情形是,某人在一份未经阅读的或者没有正确阅读的或者没有理解的文件上签名,而该文件产生了行为人不想发生的后果。[26] 上文边码 605 中,已经对这个领域中的一种(不常见的)情况作了分析,即签名人根本不想发出任何法律行为上的意思表示(而只是想——例如——给他人作亲笔签名)。相反在其余诸种情形,签名人对文件的内容大概都具有某种或多或少是特定的想法。

753 (一) 这里,首先再一次表明了*解释的优先性*(Primat der Auslegung)。如果意思表示的受领人知悉签名人的想法,也许甚至是受领人本身引发了签名人产生这种想法,那么就以签名人的这些想法为准。例如,恶意的出租人将一份书面合同呈示给承租人签字。在合同中,租金下面给出的不是——如起初所约定的以及承租人所期待的——500 马克,而是 600 马克。在这种情况下,尽管文件中规定的是 600 马克,但承租人只负支付 500 马克的义务。承租人不需要因错误或恶意欺诈而撤销其意思表示。

当然,如果*欺诈并非缘于意思表示受领人*,那么依靠解释往往不能解决问题。这一点适用于下列常见的事例:期刊推销人员请求[行为人]签名。该推销人员说,签名只是为了确认他曾经来访过,但实际上签名落在期刊证订单的下方。这一意思表示不是向

---

〔25〕《联邦劳动法院,企业顾问》1988 年,第 1823 页。

〔26〕 参见亨里希(Henrich)文,载《拉贝尔外国和国际私法杂志》第 35 卷,1971 年,第 55 页以下。关于使用外国语时的误解,也参见施勒希特里姆(Schlechtriem)文,载《魏特瑙尔(Weitnauer)纪念文集》,1980 年,第 129 页以下。

推销人员发出的，而是向其委托人发出的，而委托人对［意思表示］形成的情况一无所知。在这里，［行为人］必须撤销其意思表示，但该撤销依第123条以恶意欺诈为由即可为之。

（二）在一般交易条件和格式合同中，根据《一般交易条件法》进行的内容控制优先于因错误而撤销。令人意外的条款（《一般交易条件法》第3条）以及内容不合法的条款（《一般交易条件法》第9条及以下条款）被删除，毋需撤销。 754

（三）在其余情况下，首先要查明签名人对文件的内容具有何种想法（Vorstellung des Unterschreibenden）。在这里，签名人的想法跨度是很大的：如果签名人亲自口授了此份文件，那么他的想法就可能与文件的文意几乎一字不差。如果意思表示是由对方拟就的，则签名人通常就只能对此具有一种大致的想法。[27] 文件的内容与如是查明的想法不相一致的，即存在一项撤销事由。这一点也适用于签名人并未阅读文件的情形。[28] 755

上述原理说明，第119条第1款规定的两项事实构成是多么的相似。[29] 对亲自口授的文件的内容发生的错误，是一种表示错误，因为整个文件表现为由签名人所使用的表示符号，所以他"根本不想发出这一内容的意思表示"（第119条第1款第二种情形）。反之，对他人起草的文件的内容发生的错误，则是内容错误：在这里，只有签名才是表示符号，而签名的意义产生于它上面的文件。所以，对文意的错误属于第119条第1款第一种情形。

（四）弗卢梅认为，在签名人将文件的制作交给一个"属于他这方面的"人来处理的情况下，应排除撤销。[30] 这种情形类似交 756

---

〔27〕参见《法兰克福州高等法院，经济法杂志》1984年，第302页。

〔28〕《联邦最高法院，企业》1995年，第1073页。

〔29〕参见上文边码746。

〔30〕弗卢梅，同前引书，§23，2b，第454页。

付一张空白表格(Blankett)的行为。对这个问题,下文边码 910 以下在论及意定代理时再作探讨。

三、计算错误

757 在帝国法院的一项判例[31]中,破产管理人将破产债务人的商品库存以"降低的价格"6300 马克出售给他人。事后,买主撤销了[买卖合同],理由是:他以为,降低价格的基点是破产债务人的进货价格,而实际上却是破产债务人的(高得多的)销售价格。上诉法院(汉姆州高等法院)认为,买主根据第 119 条第 1 款规定进行撤销是成立的:买主想表示的意思是,他支付降低后的进货价格,而实际上他却承担了支付降低后的销售价格的义务。

帝国法院理所当然地拒绝了上诉法院的上述看法。帝国法院认为,买主意欲承担支付 6300 马克的义务,并且也实际承担了此项义务。在考察价金数额的适当性时发生的计算错误,通常只是一种不重要的动机错误。然后,帝国法院却如是说:"只有在这种计算被作为对订约具有决定性意义的谈判内容时,只有在对订约具有决定性意义的谈判过程中,对方当事人知道被要求的或作为要约被提出的价金就是一种经详细计算始成立的价格时,情况才不同。在这种情况下,订约时意思表示的内容也包括这种计算,而这种计算中的错误在发生疑问时……属于对意思表示内容的错误,表意人可依据第 119 条第 1 款撤销之"[32]。迄今为止,联邦最高法院[33]有意未对如何处理这样一种"外部的"计算错误问题作出回答。

758 学术界(Literatur)大概是众口一词地对帝国法院的这一判决

[31] 《帝国法院民事裁判集》第 64 卷,第 266 页。

[32] 《帝国法院民事裁判集》第 64 卷,第 268 页。

[33] 最近的判决参见《企业》1986 年,第 962 页。

提出了批驳。[34] 他们认为,一方当事人的单方面的计算,并非因该当事人向意思表示受领人作了通报,即可成为意思表示的内容(相同的原则也适用于任何其他的动机)。因为,如果人们不这么认为的话,那么健谈的人就会获得不当的优待。例如,建筑承揽人是否将他的计算告诉主人,这一事实本身还不能决定计算错误之风险的分担情况。毋宁说,计算错误获得任何一种重要性的前提是,另一方当事人有理由对这种错误进行分析处理。在不受另一方当事人欢迎的、纯粹出于饶舌而为的通报中,这种理由就是不存在的。相反,在另一方当事人自己要求[行为人]发出通报时(例如,公共部门在某些招标中就是这样要求的),情况就不同了。在此类情况下,应当作下列进一步区分:[35]

第一,可以考虑,通报使错误,同时也使无瑕疵时所欲求之内容显现出来。例如,要约价格可能明显基于不完整的加法运算,如在进行加法运算时忘记了将一张纸上的总额转承至下一页上去。类似的情形如,在双方所认为的股票交易价格有误时,以这一价格交易股票(如本应为 141 的,而以为是 114;这可能是由被广泛引用的"行情报(Kurszettel)上的印刷错误"造成的)。著名的"卢布案"(Rubelfall)也属于这一范畴。[36] 在此类情形,可以通过解释(Auslegung),将行为与正确的价格相联系。这样就不需要撤销了。

第二,可以设想,[行为人]应发出的通报虽然未给出在无错 759

---

〔34〕 如弗卢梅,同前引书,§23,4e;拉伦茨,同前引书,§20IIa,第 374 页以下;许布纳(Hübner):《德国民法总论》,边码 783。帕夫洛夫斯基(Pawlowski)的观点不明,边码 535。

〔35〕 维泽尔(Wieser)的看法部分不同于此,文载《新法学周报》1972 年,第 708 页以下。

〔36〕 《帝国法院民事裁判集》第 105 卷,第 406 页:在一笔可用马克偿付的卢布贷款中,将换算汇率弄错了。

误情况下所欲求之内容,但显示了意思表示的内在矛盾性(意外性,Perplexität)。例如,通报的是一项明显有误的账单,但看不出错误在什么地方。[37] 在这种情况下,意思表示是无效的,这里也不需要撤销。

760 第三,不正确的计算可能属于交易基础(Geschäftsgrundlage)。这时就适用交易基础丧失的法律后果。[38] 这里既不需要撤销,也不可能撤销。

761 第四,表示相对人可能自己以可归责的方式引发了计算错误的产生。上述《帝国法院民事裁判集》第 64 卷,第 266 页的案例,就是这样一种情况,因为由破产管理人委托的拍卖人曾经向买主说过,库存商品是"以低于进货价的价格归入[破产财团]"的。另一个例子是刊登在《帝国法院民事裁判集》第 95 卷,第 58 页上的判例。在本案中,一个城市的区[政府]委托一家建筑企业承做管道铺设工作,但是标出的道路面积有误。因此,建筑企业是以一个不足的价格[为对待给付]承担义务的。在此类情形,发生错误的行为人可以以缔约过错为由主张权利,要求免除其承担不利合同的后果。[39] 无论这种计算本身是否成为合同谈判的内容,这一请求权都能够成立:只要另一方当事人以可归责于自己的方式促成了错误计算的产生,即可。

762 总而言之,所谓的"计算错误"不能在第 119 条第 1 款中构成一种独立的错误范畴,而应当根据具体案情予以区别对待。无论如何,出卖人从一份过时的价格目录中查知[顾客]询问的价格(因此是过低的价格),[并以这一价格出售货物]的,[出卖人的错

---

〔37〕 法官必须重点查找这种错误:《联邦最高法院,新法学周报》1986 年,第 1035 页。

〔38〕 参见下文边码 877 以下。

〔39〕 参见上文边码 450。

误]仅仅是一种动机错误。[40]

四、同一性错误以及性质错误

(一)如果一项意思表示涉及的客体或者指向的人,不同于表意人想涉及的客体或指向的人,即存在同一性错误(Identitätsirrtum)。例如,某人想把一枚1马克的硬币给一个乞丐,但拿错了钱,实际给的是一枚5马克硬币;或者,某人在一家自助商店中拿错了东西,实际拿的东西与他想买的东西不同(当然,在这里,只有在他通过收银处后才有必要撤销,因为在通过收银处之前,他可以简单地将商品放回到货架上去[41]);或者,某人看错了地址,向另外一个名叫米勒的家具商订购了家具。在所有这些情况下,行为人无疑都可以根据第119条第1款撤销其意思表示,然而在实践中这种同一性错误是极为罕见的。 763

(二)在观念上,大多可以将性质错误(Eigenschaftsirrtum)与同一性错误作出清晰的区分。在性质错误中,意思表示虽然涉及[表意人]真实所指的客体,或者指向[表意人]真实所指的人,然而,该客体或人所具有的性质,与表意人所设想的性质不同。例如,某人将一块土地当作未来的建筑用地出售,但实际上这块土地现在就是建筑用地了,因此其价格应当更高;或者,某人在多个应聘收银员职位的人中选聘了一个人,但这个人有重大的犯罪前科。 764

1. 相反,在其他情形,即在性质同时旨在认同物品时,在同一性错误和性质错误之间作出区分就很难。这一点可以适用于上文边码763中举出的乞丐案。在本案中,我们可以将硬币的价值视作硬币的同一性特征(因为施舍者通常寻找的不是一枚特定的钱币,而是一枚具有特定价值的硬币)。 765

---

〔40〕《布莱梅州法院,新法学周报》1992年,第915页。有关评论,参见哈伯扎克(Habersack)文,载《法学教育》1992年,第548页。

〔41〕参见上文边码363。

当然,由于第 119 条第 2 款规定性质错误也是一项撤销事由,因此区分这两种错误类型显得并无必要。然而,在如何将这条规定加以归类方面,存在一系列有争议的问题。[42] 这一争议也使第 119 条的适用领域变得不确定。因此,人们应当将性质错误与其他类型的错误区分开来。

766 2. 在某些情形,性质也可以构成第 119 条第 1 款规定的简单的内容错误(einfacher Inhaltsirrtum)。例如,某人以为[自己]已经明确地[向卖方]说明,他只想购买一块在很深的水中也能防水的手表。但是,这个人没有如此明确地表示这一意思,以致从出卖人的角度看,通过解释不能够得知表意人的真实意思。在这种情况下,出卖人根据合同应当交付的东西,就不是具有"潜水表"这一应有性质的手表。因此,不具备这一性质的手表也并非具有瑕疵(第 459 条)。然而,买受人有权撤销其设立合同的意思表示,因为他的意思表示具有的意义,不同于他所欲求的意义(第 119 条第 1 款)。

767 3. 第 119 条第 2 款规定的性质错误[也]是重要的。这条规定在民法典第二草案中才被加进去。但是,立法者在这方面缺乏一种清晰的思路。因此,今天人们几乎众口一词,认为这是一条失败的规定。[43] 立法者缺乏清晰思路所产生后果之一,便是人们至今对第 119 条第 2 款之归属存在争议。这方面主要有以下几种观点。[44]

(1) 在学术界也许是占主导地位的学说[45]认为,性质错误是

---

〔42〕 参见下文边码 767 以下。

〔43〕 参见克拉默(Kramer):《慕尼黑德国民法典评注》,第 119 条,边码 10;88。

〔44〕 最新的详细分析,参见格尔德·米勒(Gerd Müller):《论特定物买卖中单方面性质错误的重要性》,载《法学家报》1988 年,第 381 页。

〔45〕 如拉伦茨,同前引书,§ 20IIb,第 377 页以下,附有说明材料;许布纳,同前引书,边码 786。

动机错误的一种类型(Unterart des Motivirrtums),有关性质的想法是意思表示的动机。根据此说,第119条第2款是“动机错误不具有重要性”这一原则的一个例外。

(2)其他学者[46]将性质错误理解为表示错误(Erklärungsirrtum)。此说认为,第119条第2款明确了性质也可以成为表示的内容,因此也可以成为表示错误的对象。至于表意人是否以某种方式将其所欲求的性质予以表明,则是无关紧要的。

(3)弗卢梅主张应以具体的法律行为的内容作为判断的标准。[47] 此说认为,对某种客体或者某个人的性质的想法,也可以成为意志的组成部分。对可撤销性而言,具有决定性意义的是,法律行为与具有特定的性质的客体或者人相联系。[48] “性质错误具有重要性的‘真正的’原因,不是错误,而是客体或者人在某一个性质方面与法律行为不相符合的事实”。[49]

(4)克拉默(Kramer)[50]认为,第119条第2款是一种范围更为广泛的错误范畴的残留性规定,他把这一错误范畴称之为“事实错误”(Sachverhaltsirrtum)。他所称的事实错误,是指对于意思表示所依据的现实事实所发生的错误(他认为这是一种重大的动机错误)。他认为,第119条第2款必须超越性质错误的范围,予以一般化。克拉默以此为基础,发展形成了适当分配错误风险的一些观点。这些观点类似于交易基础学说中的视角。[51]

---

〔46〕 如布劳尔(Brauer):《性质错误》,1941年;施密特 = 林普勒(Schmidt = Rimpler):《性质错误与表示错误》,载《莱曼(Lehmann)纪念文集》,1956年,第213页以下。但他们在具体问题上的看法不同。

〔47〕 弗卢梅(Flume):《性质错误与买卖》,1948年;《德国民法总论》第2卷,§24,2。赞成其主张的有帕夫洛夫斯基(Pawlowski):《德国民法总论》,边码543。

〔48〕 弗卢梅:《德国民法总论》第2卷,§24,2,第477页。

〔49〕 弗卢梅:《德国民法总论》第2卷,§24,2,第478页。

〔50〕 克拉默(Kramer)撰:《慕尼黑版德国民法典评注》,第119条,边码97以下。

〔51〕 参见下文边码862以下。

768 4. 这一主要围绕着性质错误的归属而展开的争论,不仅仅具有理论上的意义,而且也在本质上涉及该条规定的适用范围(Anwendungsbereich der Vorschrift)。这一点在克拉默的观点中表现得尤为明显:他主张将计算错误也纳入到性质错误的范围中来。弗卢梅的意见也与上述第一种和第二种意见迥然有异。根据弗卢梅的意见,关键的因素并不是被作出了错误判断的性质在"交易上的重要性",而是其在"合同上的重要性"(合同上的重要性一般比交易上的重要性要狭窄些)。

这些意见的差异,可以用拉伦茨举出的一个例子[52]来说明。有人想购买一只真正的巴洛克式烛台。但是在店堂里,除了真正的[巴洛克式]烛台外,也还陈列着模仿古样式制作的新烛台。根据拉伦茨的观点,如果买受人错误地选购了一只新的烛台,他就可以撤销:毋庸置疑,[烛台的]年代是一项交易上重要的性质。相反,根据弗卢梅的观点,买受人就不得撤销,因为他并未将[烛台的]年代作为合同的内容(而且也并未试图将年代作为合同的内容[53])。

769 5. 司法判例(Rechtsprechung)从一开始就较少重视第 119 条第 2 款的归属,而更多注重其适用范围的界定。为此,司法判例使用了一项在长期的裁判链中形成的对"性质"的定义(Definition der "Eigenschaft"):"性质是指一切因其特性和持续时间而对(买卖标的物)的使用性或价值具有影响的事实上的和法律上的关系。不过,买卖标的物与其环境之间的这些关系,只有在其渊源于标的物本身、来自于标的物并且标示或者进一步描述标的物时,才具有法律上的重要性"。[54]

---

〔52〕 拉伦茨:《德国民法总论》,§20IIb,第 381 页。

〔53〕 参见上文边码 766。

〔54〕《联邦最高法院民事裁判集》第 70 卷,第 47 页,第 48 页。

联邦最高法院的此项判例从该定义中得出结论认为，地上权的取得人，不得因为地上权几乎构成了让与人的全部财产，因而必须作为财产受让人承担第 419 条产生的责任，而撤销其意思表示。因为这种责任并不影响到地上权本身。相反，联邦最高法院却并未提及另外一种更容易理解的可能性，即认定[取得人]对让与人的某种性质（亦即没有其他财产了）发生了错误。

6. 我本人一如既往[55]地赞同弗卢梅的观点。司法判例的做 770
法，迫使人们从一个本身从未得到令人信服的论证的定义中，作出不能令人信服的演绎。克拉默的观点在没有必要理由的情况下，过分远离了法律规定；特别是在表述撤销的要件时，这种观点也远置法律规定于不顾。[56] 其他各种观点产生的结果不尽合理：即使行为人既未说出也未试图说出某项性质对他而言是重要的，行为人也可因此项性质撤销其意思表示。

当然，弗卢梅的观点也有一个不足之处。如上文边码 768 所述，这种观点实质上是用“合同上的重要性”代替了“交易上的重要性”，这一点是不符合第 119 条第 2 款的文意（Wortlaut des §119II）的。不过，我认为这是最容易承受的[不足]：交易在判断某种性质的重要性时，也总是与某项特定的行为相联系。例如，有伪造证书的犯罪前科，对于受雇为会计而言是重要的，而对于受雇为辅助工来说就是不重要的。此外，弗卢梅的观点只是要求，在重要性并非不言而喻的情况下，要在合同中对此予以澄清。

7. 第 119 条规定还有两项具体内容（zwei Einzelheiten）留待 771
分析。

首先，“物”（Sache）不是指第 90 条规定的“有体物”这一狭窄

---

〔55〕 参见《民法》，边码 140。

〔56〕 持类似看法者有拉伦茨，同前引书，第 382 页；弗卢梅文，载《法学家报》1985 年，第 470 页，第 474 页；格恩胡贝尔（Gernhuber）：《民法》，§2II1d）。

的意义。毋宁说,第 119 条第 2 款也适用于权利和聚合财产(如遗产[57])。[58]

772 其次,第 119 条第 2 款所称之人和物,通常是指意思表示所指向的那个人和那个客体。这个人,至少包括表示相对人,但有时也可以包括其他人。例如,债权人对保证人的清偿能力发生错误的,也可以撤销其向债务人发出的信贷承诺。在客体方面,如果将其严格限定在法律行为所涉及的东西上,有时会产生一些奇特的结果。例如,某人发现他购买的汽车不适合停放在他的车库里,这时,人们或许会倾向于考察这样的问题:买受人是搞错了汽车的尺寸,还是搞错了车库的尺寸?显然,这是一个不怎么现实的问题。这里应赞同弗卢梅的看法。根据这种看法,关键的问题是,合同中是否有汽车适合停放在车库中的规定;此外,在这里,第 459 条可能排除了第 119 条第 2 款的适用。[59]

第四节　撤销的其他要件

773 仅仅存在某个重要的错误,还不足以使撤销成立。撤销还需要具备其他一些要件。

一、"理智的"因果关系

根据第 119 条第 1 款,必须是可以认为,发生错误的人"如果知道实际情况并且合理地考虑有关情况后,就不会发出意思表示"。这即是说,错误不仅在主观上必须对意思表示[的发出]具有因果性,而且也构成了[发出]意思表示的一个合理原因。不合

---

〔57〕《帝国法院民事裁判集》第 149 卷,第 235 页。也就是说,在这里,对负债过度发生的错误,可以成为撤销事由。这一点在第 1943 条、第 1954 条情形尤为重要!

〔58〕参见波尔(Pohl)文,载《民法实务档案》第 177 卷,1977 年,第 52 页,第 77 页以下。

〔59〕参见下文边码 775。

理的、因而不能成为撤销事由的因果联系的一个典型事例，是迷信方面的动机。例如，某人不知道他所购买的房子或者租住的旅馆房间是13号。不过在此类情况下，一般都不存在第119条第2款所要求的重要性。在司法判例中，非理智的因果关系几乎没有发生过。

二、撤销期间（第121条）

与上述规定相比，第121条对可撤销性的限制要重要得多。 774
根据此条规定，撤销必须“以没有过错性迟延之方式（即时）”为之，亦即表意人在发现错误并且作出必要的考虑以后能够为撤销的，应立即为之。只有在例外情况下，对于撤销可能性或者撤销必要性的不知情，才能排除过错。不过，根据第121条第2款，不论［撤销人］是否知情以及是否具有过错，撤销必须在意思表示发出后30年内为之。由于撤销是一项形成权，因此这一期间是一种除斥期间。[60] 即是说，过了30年才撤销的，撤销无效。

根据第121条第1款2句，只要将撤销表示及时寄出，就遵守了这一期间。这也就是说，撤销权人不应当承担邮路延误所产生的风险。不过，第121条第1款第2句要求必须向撤销相对人寄出撤销表示。[61] 因此，在一份起诉书中表示的撤销是不够的，[62] 因为这时的撤销是向法院发出的，只是间接地到达撤销相对人那里（而且通常都是迟延到达的）。

三、竞合问题

（一）根据通说，买卖行为中的物之瑕疵担保规定（第459条 775
及以下条款）排除第119条第2款规定的撤销。[63] 这一点既适用

---

〔60〕 参见上文边码100。

〔61〕 参见上文边码718以下。

〔62〕《联邦最高法院，新法学周报》1975年，第39页。

〔63〕 如弗卢梅：《德国民法总论》第2卷，§24，3a；拉伦茨：《德国民法总论》，§20IId，第390页；克拉默，同前引评注，第119条，边码26以下。

于买受人,也适用于出卖人。这样,买受人应局限于行使第 462 条及以下条款向他提供的选择权,而出卖人则不得通过撤销买卖来逃避这些规定所产生的责任。[64] 根据一种逐渐占优势的、正确的观点,对第 119 条第 2 款的排除,在买卖物交付之前就应发生,亦即这种排除应发生在依第 459 条规定,第 462 条及以下条款适用之前。否则,即使买受人依第 460 条第 2 句有重大过失,[因而出卖人不必对物的瑕疵承担责任了],买受人仍可要求出卖人承担责任[65]。*

相反,就一切其他不属于物之瑕疵(keinen Sachmangel)范畴的重要性质而言,因错误而撤销意思表示的权利不受影响。例如,在出卖人出售的物品比合同所约定的品质更好的情况下(作为复制品出售的画被证明是真迹,或者这幅画是由另一个艺术家创作的,而这个艺术家的作品价值更高[66]),出卖人可以撤销。另外,根据第 119 条第 1 款规定进行撤销的可能性也不受影响,亦即可以因价格错误或者在订立买卖合同时写错了字而撤销。

776 (二) 很少有人认为,租赁合同(Miete,第 537 条及以下条款)和承揽合同(Werkvertrag,第 634 条及以下条款)中的物之瑕疵担

---

〔64〕 最近的判例是《联邦最高法院,新法学周报》1988 年,第 2597 页,第 2598 页。

〔65〕 如弗卢梅,同前引书,第 485 页(反对《联邦最高法院民事裁判集》第 34 卷,第 32 页);克拉默,同前引评注,第 119 条,边码 27。

〔66〕《联邦最高法院,新法学周报》1988 年,第 2597 页,第 2598 页。

* 第 459 条及以下条款适用于买卖物已交付的买卖合同。在交付之前,由于这些规定并不适用,因此这些规定与依第 119 条第 2 款因性质错误而撤销之间,表面上并不存在冲突,亦即买受人似乎可以行使撤销权。本书作者认为,即使在交付之前,也不应允许买受人撤销。如果允许买受人因性质错误而撤销,则有损于出卖人的利益。根据第 462 条第 2 句,买受人在订立合同之时有重大过失的,出卖人原则上不承担物之瑕疵担保责任。对性质发生错误系重大过失。允许买受人因性质错误而撤销合同,有悖于第 460 条第 2 句的精神。——译者注。

保责任规则可排除第119条第2款的适用。然而，并不存在对这些合同作出不同于买卖合同处理的充分理由。[67]

（三）对债务人的支付能力（这在信贷行为中无疑是一个重要性质！）发生错误时，第321条是不是一条排除第119条第2款适用的特别规定呢？[68] 这个问题不无疑虑。弗卢梅对此表示肯定。[69] 诚然，法律所依据的对自始无支付能力（适用第119条第2款）以及事后无支付能力（适用第321条）的区分是很有意义的。自始无支付能力的性质更为严重，因此更应使消灭法律行为这一更为严重的法律后果发生。不过，弗卢梅旨在扩大第321条适用范围的看法也有道理，因为贷款人往往不可能确切地知道［债务人］丧失支付能力是在什么时候发生的。林达赫尔（Lindacher）[70]则认为，在自始无支付能力情形，［债权人］可选择适用（zur Wahl stellen）第321条和第119条第2款。这一观点的合理之处在于，负有先行给付义务的［债权］人，可以不采取消灭合同的做法，而选择无风险地执行合同的做法。 777

（四）有关交易基础丧失的规则，之所以一般不会同因错误而撤销相竞合，是因为交易基础所涉及的，主要不是第119条规定的情形，而是动机层面上的错误或者整个儿没有想到的事情。最有可能发生重叠的是第119条第2款。一种流行的观点认为，在这种情况下应排除第119条适用，理由是：在双方都发生错误时，将撤销的负担交由一方当事人来承担是不公平的。然而，我认为，这一观点不能一般性地令人信服。[71] 因为可能出现这种情况：对于某一双方都忽略了的事项，一方当事人更应予以关注；这时，这个 778

〔67〕 克拉默，同前引评注，第119条，边码28以下。

〔68〕 参见弗莱施（Flesch）文，载《企业顾问》1994年，第873页。

〔69〕 弗卢梅，同前引书，§24，3b，第487页。

〔70〕 林达赫尔（Lindacher）文，载《德国法月刊》1977年，第797页以下。

〔71〕 参见《民法》，边码162。

当事人就可能有撤销的必要。例如,出卖人所出售的物品,比原先认为的价值要高得多;这时,出卖人就可能撤销买卖,并给买受人赔偿信赖损害。[72]

779 (五)法律有关错误的特殊规则,排除第119条及以下条款的适用。这一点是毫无疑问的。这些法定的特殊规则,在亲属法(Familienrecht)领域尤为常见。对于结婚,适用《婚姻法》第31条及以下条款的规定。生父承认必须根据第1600f条及以下条款予以撤销。在这里,必须根据第1600f条第1款规定,以法律确定力认定,承认者不是孩子的父亲(亦即这一承认在实体上是错误的)[73]。收养已从私法合同演变为法令制,[74]因此其出发点也发生了变化(不是私人的法律行为)。此外,第1760条也规定,不得因对被收养者的重要性质发生错误为由废除收养关系。[75] 继承法方面的(erbrechtliche)特殊规定是第2078条及以下条款(适用于遗嘱)和第2281条及以下条款(适用于继承合同,准用于已产生约束力的共同遗嘱),此外还有第1949条的例外规定(适用于遗产接受;这条规定被认为是不成功的规定,因为它不适当地产生无效性后果)。而第1954条及以下条款仅仅是有关撤销形式和期间的特殊规定;而对于撤销事由,第119条及以下条款依然具有决定性意义。

四、有风险的行为

780 在错误属于[行为人]所承担的风险的范围时,可排除因错误而撤销。这一点法律虽然没有加以规定,但已为人们所承认。例

---

〔72〕 弗卢梅也是这样认为的,前引书,§24,4,第488页。许布纳(Hübner)也许也是这样认为的,《德国民法总论》,边码808以下。

〔73〕 有关第119条第1款,参见下文边码812。

〔74〕 格恩胡贝尔-克斯特尔=瓦尔清(Gernhuber-Coester=Waltjen):《亲属法》,§68II。

〔75〕 参见格恩胡贝尔-克斯特尔=瓦尔清,同前引书,§68XII1。

如,购买未来建筑用地的买主,承担该土地不能真正成为建筑用地的风险;超声波治疗仪的买主必须预料到,这种机器不具有完全的、所期待的治疗效果[76]。

在通常情况下,主债务人的给付能力属于保证人的风险范围,因为保证人正是应该消除债权人对主债务人是否具有给付能力所持有的不确定性。所以,[保证人]不得因这一风险而撤销[其意思表示]。[77]

五、限于所欲求的内容

撤销通常是完全消灭意思表示以及基于意思表示的法律行 781
为。[78] 然而,如果附有错误的行为也还包含着一部分没有错误的内容,或者没有错误的那部分行为能以其他方式予以挽救,那么,完全消灭该行为之结果就可能有失妥当。例如,买受人 K 向出卖人 V 订购 100 条游泳裤,但订购时错将数字写成了 1000。这时,V 能否要求 K 至少应购买 100 条游泳裤呢？或者,买受人 K 的出价是 34 马克,但他错写成了 43 马克。这时,如果出卖人 V 同意 K 出价 34 马克,K 是否必须支付 34 马克购买东西呢？对此,今天的通说正确地作肯定的回答。[79] 如果发生错误的人拒绝至少在其所欲求的意义上承认其意思表示的效力,其行为即违反了诚实信用原则。[80]

六、长期法律关系不得因错误而撤销

因错误而撤销产生无效性,因此已经交换的给付必须根据不 782

---

[76] 《联邦最高法院民事裁判集》第 16 卷,第 54 页,第 57 页以下。

[77] 弗卢梅,同前引书,§24,4,第 490 页。

[78] 参见上文边码 726。

[79] 弗卢梅,同前引书,§21,6,第 421 页以下;拉伦茨,同前引书,§20IIc,第 386 页;克拉默,同前引评注,第 119 条,边码 129。

[80] 但施皮斯(Spieβ)的看法不同,文载《法学家报》1985 年,第 593 页。克兰佩-马·贝格(Krampe-M. Berg)对他的看法提出反驳,文载《法律学习》1986 年,第 206 页。

当得利法相互返还。〔81〕 这种相互返还,特别是对长期法律关系来说,可能产生巨大的困难。因此,一种流行的理论认为,在一些已经履行的长期法律关系中,[行为人]不得行使溯及既往的撤销权,而只能行使一项限于对未来产生效力的终止权。〔82〕 这是以前所谓“事实”劳动关系或“事实”公司之学说的一种表现形式。详细内容属于劳动法和公司法的研究范围。〔83〕

第五节　撤销人根据第122条承担的赔偿义务

783　一、发生错误的人撤销其意思表示的,辜负了意思表示受领人的信赖。这种信赖遭到辜负,可能产生多方面的损害:受领人可能已经为订立合同支付了费用(如旅费或作成公证证书的费用),可能为履行合同支付了费用(如包装费或运输费),而现在这些费用就是白费了。此外,受领人可能放弃了另外一项行为,而如果他没有信赖那项后来被撤销的行为的话,他本来是可以从事该另外一项行为的。此类损害叫做信赖损害(消极利益)[Vertrauensschaden(negatives Interesse)]。根据第122条第1款规定,撤销人通常必须赔偿这种损害,而且不论撤销人对错误是否具有过错。毋宁说,这一赔偿义务即是发生错误的人为摆脱其意思表示而必须支付的代价。

---

〔81〕 参见上文边码726。

〔82〕 参见布罗克斯(Brox):《对因错误而撤销的限制》,1960年,第214页以下;皮克尔(Picker):《劳动合同的撤销》,载《劳动法杂志》1981年,第1页;彼·施韦尔特纳(P. Schwerdtner)文,载《法律学习》1989年,第642页;拉伦茨,同前引书,§20IId,第388页以下;克拉默,同前引评注,第119条,边码15以下。

〔83〕 参见策尔纳-洛里茨(Zöllner-Loritz):《劳动法》,§11II1b;屈布勒(Kübler):《公司法》,§25;格恩胡贝尔(Gernhuber):《民法》,§7。

二、当然，此项赔偿义务有下列两方面的限制（zwei Einschränkungen）。 784

（一）第一，根据第 122 条第 1 款，需要赔偿的消极利益在数额上以积极利益（不履行合同的赔偿损害）为限（“……但不超过该种利益的数额”）。撤销相对人所处的地位，不应当比他在行为得到实际履行时所处的地位更好。这即是说，如果另外一项没有实施的行为比被撤销的行为更为有利，则从前一项行为中产生的可得利益是不能赔偿的。例如，谁从被撤销的行为中本来可赚取 100 马克的，谁就不得以“若没有信赖该项被撤销的行为，本应能赚 200 马克”为理由，要求得到 200 马克。

（二）第二，根据第 122 条第 2 款，如果受害人知道或者应该知道可撤销性的原因（即错误），那么损害赔偿义务根本就不发生。在意思表示受领人［明明］知道之情形，这一点是不言而喻的：既然受领人知道事实真相，他就没有发生错误，因此也不可能遭受信赖损害。受领人应知之情形则要复杂些，何况赔偿请求权的完全丧失与第 254 条规定的、在通常情况下发生的损害分担相违背。因此，我们必须对“应知”作狭义的理解：在通常情况下，任何人都没有必要关注其相对人是否发生了错误，不知道他人的错误并不是过失行为。所以，“应知”主要是指下列情形：［相对人的］错误是如此的明显，以致［受领人］至少应当提出反问。 785

在另一方面，撤销人的赔偿义务在第 122 条第 2 款的文意之外，还受到限制。帝国法院的一项判例[84]以恶意抗辩为由，完全排除了自己引致错误发生（Irrtum selbst veranlaβt）的撤销相对人的损害赔偿请求权（在本案中，本来或许也可以认为“应知”成立）。联邦最高法院的判例[85]认为，在［撤销相对人］参与引致错 786

---

〔84〕《帝国法院民事裁判集》第 81 卷，第 395 页，第 398 页以下。

〔85〕《联邦最高法院，新法学周报》1969 年，第 1380 页。

误发生但无过错的情况下,至少应准用254条规定,减少赔偿请求的数额。联邦最高法院认为,由于撤销人承担无过错责任,因此对[撤销相对人]无过错地参与引致错误发生的行为,也必须考虑相应地减少赔偿。这一原则受到了学术界广泛的赞同,[86]但也许不能一般性地适用,理由是:在通常情况下,意思表示受领人对他人的意思表示不负责任,因此不能要求他无过错地分担他人意思表示的风险。

---

〔86〕 如赫尔姆·朗格(Herm. Lange):《损害赔偿》,1990年第2版,§10VII2;拉伦茨,同前引书,§20IIc,第387页。

第四十九章　因恶意欺诈而撤销

参考文献：哈森（Haasen）：《论因恶意欺诈而撤销时的举证负担》，载《保险法》1954年，第482页以下；冯·吕布托（von Lübtow）：《论因恶意欺诈撤销意思表示》，载《巴托洛迈奇克（Bartholomeyczik）纪念文集》，1973年，第249页以下。也参见下文边码793、边码800之前所列参考资料。

在第119条、第120条中，错误是由谁产生的、错误是如何产生的，是无关紧要的问题。法律通过将可资撤销的错误局限于在法律上具有重要性的错误，特别是通过将动机错误排除在外，对撤销可能性作出了必要的限制。[1] 这一限制不适用于恶意欺诈。根据第123条规定，在这种情况下，任何一种错误，特别是动机错误（jeder Motivirrtum），都可资撤销。相应地，这种错误必须是以特定的方式产生的，亦即是由某种可归责于撤销相对人或撤销相对人知道的、恶意的欺诈行为引起的。 787

〔1〕 参见上文边码744以下。

第一节　撤销要件概述

一、欺诈

788 欺诈(Täuschung)是指有意(故意)引起某种错误。如存在说明义务,[2]则维持某种业已存在的错误即可构成欺诈。将尚不确定的事情说成是确定的事情,也足以引起错误。这一点特别适用于“海阔天空”的吹嘘行为。例如,出卖人闭着眼睛将自己尚未谋面的旧车说成“没有出过车祸”。[3] 相应的原则也适用于土地买卖行为。[4]

二、恶意

789 恶意(Arglist)是指欺诈行为旨在促使被欺诈人发出意思表示。如果行为人知道对方已经下定了从事有关行为的决心,而依然对其他相关好处进行吹嘘夸耀,则不存在恶意。

另一方面,恶意的成立不需要[行为人]具有损害的蓄意(Schädigungsabsicht),也不需要具有损害的故意(Schädigungsvorsatz)。[5] 这即是说,第 123 条[的适用范围]比刑法典第 263 条要广泛。第 123 条旨在保护自由的意思形成,而不仅仅旨在保护财产。

联邦最高法院[6]曾经说过,如果欺诈人的愿望是为了被欺诈

---

〔2〕 参见下文边码 795 以下。

〔3〕《联邦最高法院,新法学周报》1981 年,第 1441 页。

〔4〕《联邦最高法院,新法学周报,民法判例汇编》1986 年,第 700 页。

〔5〕《联邦最高法院,新法学周报》1974 年,第 1505 页,第 1506 页。

〔6〕 林登迈尔 – 默林编(Lindenmaier-Möhring):《联邦最高法院民事案件工具书》,《德国民法典》第 123 条第 9 项。

人[得到]“最好”[的结果],则可排除恶意。我不同意这种看法。[7] 每一个具有完全行为能力的人,都应能自行决定“他的最好”;在[被欺诈人的]这一自决权遭到欺诈行为损害时,至少应允许其事后根据第123条进行撤销,以恢复其自决权。

三、因果关系

最后,在第123条中,被欺诈人必须因欺诈而决定发出意思表示,亦即在欺诈行为与意思表示之间必须存在因果关系(Kausalität)。[8]在被欺诈人无论如何都已经决定从事有关行为的情况下,就不存在这种因果关系。例如,某人看中一块土地的地理优势,而想购买之。欺诈的内容涉及建筑在土地上面的房屋的瑕疵,而这个人对这些瑕疵无所谓,因为他本来就想拆除这幢房屋。不过在此类情形,应当提出另外一个问题,即欺诈虽然没有对合同的订立发生影响,但是否对合同的内容(如价金的高低)产生了影响? 790

第二节　欺诈分述

在通常情况下,某人故意作虚假陈述的,即构成欺诈。不过,这一规则的例外才会产生一些困难。可以从两个方面来设想这些例外。一是陈述虽然是虚假的,但欺诈可能并不成立;[9]二是虽然没有作出虚假陈述(特别是通过不作为),但欺诈仍有可能成立。[10] 791

---

〔7〕 弗卢梅(Flume):《德国民法总论》第2卷,§29,2,第543页;克拉默(Kramer):《慕尼黑德国民法典评注》,第123条,边码6。

〔8〕 参见下文边码804。

〔9〕 参见下文边码792以下。

〔10〕 参见下文边码795以下。

一、无欺诈性质的不真陈述

792 (一) 首先,如果法律允许[行为人]作出不真实的回答,则法律意义上的欺诈不成立。这一原则适用于1971年3月18日颁行的《联邦中央档案法》[11]规定的犯罪前科。根据该法第53条规定,一个曾被判处刑罚的人,如果其刑事处罚不必记入品行证明或者应予以销除,那么他就可以声称自己没有犯罪前科,而且不必将刑事处罚所依据的事实予以公布。该法第34条、第46条为此规定了某些期间。在这些期间届满以后,这一前科瑕疵应在与他人进行法律行为上的交往中得以勾销。也就是说,立法者在此将交易伙伴了解此类前科的利益,置于有前科者的利益之后,即视后者为以无前科之人。

793 (二) 对不合法的问题(unzulässige Frage)作不真实回答的,也不构成法律意义上的欺诈。因为,如果只允许接受不合法提问的人拒绝回答[而不允许其作不真实的回答],就不能充分保护他免受其拒绝回答问题所产生的不利后果的损害。

哪些问题是不合法的呢?劳动法(Arbeitsrecht)对这个问题讨论得较多。[12] 例如,在招聘谈判过程中,雇主能问[对方]是否属于某个工会组织或者属于某个党派吗?对前一个问题,通说认为不能问;对后一个问题,一般的看法认为也不能问。雇主能问[对方]是否属于重伤残人吗?联邦劳动法院认为能问。[13] 雇主能问

---

〔11〕 现在适用的是1984年9月21日的版本,舍恩费尔德编《德国法律汇编》第92号。

〔12〕 参见迈利克(Meilicke)文,载《企业顾问》1986年,第1288页。科尔内里克(Colneric)反对他的观点,文载《企业顾问》1986年,第1583页。也请参见莫里茨(Moritz)文,载《新劳动法和社会法杂志》1987年,第329页。

〔13〕 《联邦劳动法院,新法学周报》1987年,第398页;《企业》1996年,第580页。

[对方]是否患艾滋病吗？[14] 能问[对方]是否具有怀孕的打算吗？(肯定不能)。能问[对方]是否与异性非法同居吗？(肯定不能,充其量在特定的、教会为雇主的劳动关系中可能有例外)。其他问题(如是否有犯罪前科,是否有债务)是否合法,应视待聘的工作岗位的要求而定。[15]

雇主能否提出[对方]有没有怀孕(Schwangerschaft)的问题？人们对这个问题的讨论特别激烈。由于一个怀孕妇女[应聘后]不久就会停止工作,因此雇主对提出这样一个问题具有合法的利益。尽管如此,联邦劳动法院的一则判例暗示,这个问题可能会构成不合法的性别歧视;[16] 但是,在例外情况下,即在只有女性应聘有关工作岗位时,这个问题是合法的。联邦劳动法院的另外一则判例[17] 放弃了这一观点。联邦劳动法院认为,考虑到第611a条以及欧洲经济共同体的一项指令,就是否怀孕进行提问,在通常情况下构成性别歧视(除非提出这个问题旨在保护母亲或孩子[18])。我认为这种看法是不正确的。如果是这样,人们也就不能问及对

---

〔14〕 参见克拉克(Klak)文,载《企业顾问》1987年,第1382/4页;海尔曼(Heilmann)文,载《企业顾问》1989年,第1413页。

〔15〕 这个意义上的判例如《联邦劳动法院,新法学周报》1985年,第645页;1994年,第1363页(身体是否伤残的问题)。类似的判例有《联邦劳动法院,企业》1984年,第298页(以前挣多少工资的问题)。参见德格纳(Degener):《雇主对应聘者的提问权》,1975年;霍夫曼(Hofmann):《论雇员的公布义务》,载《劳动法》1975年,第1页以下;许梅里希(Hümmerich):《招聘时允许向雇员提哪些问题?》,载《企业顾问》1979年,第428页以下;鲁·克莱因(R. Klein):《用调查表和心理测试来查究应聘者》,载《劳动与法》1978年,第266页以下;汉·奥托(H. Otto):《人格自由与社会约束》,1978年,第14页以下。这些著述中都附有进一步的说明材料。

〔16〕 《联邦劳动法院,新法学周报》1987年,第397页。

〔17〕 《联邦劳动法院,法学家报》1993年,第844页。附有阿多迈特(Adomeit)的批判性评论。亚当斯(Adams)也对此提出了批评,文载《经济法杂志》1994年,第499页。

〔18〕 《联邦劳动法院,企业》1993年,第1978页。

方是否曾服过兵役,不能问及对方是否患有癌症,连问对方是否患有乳腺癌和前列腺癌也不行。实际上,在所有这些情形,雇主都并非旨在“因性别”(第611a条第1款第1句)歧视雇员,而是旨在招聘到一名可以全力投入工作的雇员。〔19〕此外,联邦宪法法院〔20〕也认为,妇女由于有怀孕的风险,因此在医疗保险中要交纳更高的保险费,这种做法是合法的。而联邦劳动法院的一项判例则认为,如果女雇员只负有从事夜间工作的义务,那么她甚至有义务未经询问[而主动]说明是否怀孕。

794 依《基本法》第140条规定继续发生效力的1919年《魏玛宪法》第136条第3款,包含了一项明确的、法定的提问禁令(ausdrückliches gesetzliches Frageverbot)。据此,不得对他人是否属于某个宗教团体进行提问。

二、未作虚假陈述而为欺诈

795 (一)在存在说话的义务(Pflicht zum Reden,亦即有义务对对方所发生的某项错误作出说明)的情况下,未为虚假的陈述也可能构成对他人的欺诈。在何种条件下可以肯定这一点,“法律殊难规定之”〔21〕。司法判例和学术界使用的一般性表述,往往也无济于事。如帝国法院认为,认定是否负有公布义务,应考察“诚实信用依据交易中的看法是否要求行为人说话,对方当事人根据实

---

〔19〕 有关这方面的最新争论,参见策勒(Zeller)文,载《企业顾问》1993年,第219页;布施贝克-比洛(Buschbeck-Bülow)文,载《企业顾问》1993年,第360页;沙茨施奈德(Schatzschneider)文,载《新法学周报》1993年,第1115页;佐夫卡(Sowka)文,载《新劳动法和社会法杂志》1994年,第967页;舒尔特·韦斯滕贝格(SchulteWestenberg)文,载《新法学周报》1994年,第1573页。此外还请参见《欧洲法院,法学家报》1996年,第413页[附有艾兴霍费尔(Eichenhofer)的评论];《联邦行政法院,新法学周报》1996年,第474页。

〔20〕 《联邦宪法法院,保险法》1993年,第733页。

〔21〕 《立法理由书》如是说,第1卷,第208页,即穆格丹(Mugdan)编:《德国民法典资料总汇》,第1卷,第467页。

际的业务交往是否可以期待行为人作出说明"[22]。弗卢梅的表达与此相似。他说："是否存在说话的义务，应依据适用于某种公平的业务交易的观点来决定，具体应以业务的类型为准。"[23]

（二）考察实施欺诈之当事人的整体行为（Gesamtverhalten des täuschenden Teils），往往就能获得更为具体的结果。在绝大多数情况下，都并非要求行为人直接就不利于其谈判地位的事情作出说明。毋宁说，在通常情况下，仅仅涉及到下列义务：行为人应当对表意人已发生的、依据总体情况乃显而易见的某项错误作出改正。在许多情况下，表意人之所以没有明确提出问题，往往是因为他依据实际情况，特别是根据对方当事人的行为，以为自己是知道情况的。 796

在实践中，第123条的最大意义体现在机动车交易（Handel mit Kraftfahrzeugen）领域，尤以旧机动车交易领域为主。因此，用这个领域的事例可以很好说明上述原理。例如，某人刊登广告求购一辆"未发生过车祸的旧车"。卖主发现此条广告后向买主发出出售的要约。由于买主显然是想购买一辆无车祸史的旧车，因此卖主未经询问就必须说明该汽车曾经遭受过的重大事故。当然，汽车遭遇了一次重大事故，导致汽车底盘损坏的，这一事实也应直接予以说明。[24] 在该案中，合同标的物对买主来说是否还具有可应用性，整个儿就是一个问题。有关汽车已驶里程的问题与此相似。如果五位数的汽车里程表上显示的是5万公里，而汽车实际已驶里程是15万公里，那么在通常情况下，出卖人未经对方询问，就必须纠正对方因不正确的数字所获得的印象。只有在根据具体情况，汽车已驶里程数很高已属显而易见之事实（如汽车

---

〔22〕《帝国法院民事裁判集》第111卷，第233页，第234页。

〔23〕弗卢梅，同前引书，§29I，第541页。

〔24〕《联邦最高法院民事裁判集》第29卷，第148页，第150页。

的制造年代已很久远，价格便宜）时，此项义务才不存在。出售汽车时称车子为“出厂新车”的，可能就有义务指出，这辆车子已经在仓库里存放了一段时间；特别是在有关车型已不再原封不动地生产，或者可能发生过仓储损害时，卖主更应作此说明。[25] 此外，卖主以“特价”销售新车，而实际价格甚至超过了制造人提出的“无约束的价格建议”的，也属于恶意欺诈行为。[26] 不过，明斯特州法院的一项判决[27]则有些矫枉过正了。根据此项判决，如果某种车型被视为特别耐锈，那么汽车销售商就必须以明确无误的语言向买主作出说明。

797 其他行为中的情况与上述原理相似。虽然在通常情况下，没有人有义务未经对方询问就将其弱点公之于众，但是，某人如果通过自己的整体行为给人造成了特定的印象，以致于对方当事人以为不需要再提出这方面的问题了，那么，在这种印象是不正确的情况下，行为人必须纠正这种印象。例如，去应聘某种职业的人，未经对方询问就如实相告自己欠缺为此项职业所必需之技能。[28] 将一位已经 78 岁高龄、长期因病卧床不起、没有什么现金的女性养老金领取者称为“女商人”，并且要求她为［自己获得］高额信贷承担保证责任的，均构成欺诈行为。[29] 购买一块已经建有房屋的土地的买主，一般都以为，房屋的建造已经获得了建筑许可证。因此，没有建筑许可证的，出卖人必须予以指出。相反，在通常情况下，如果买方没有问起，卖方就没有义务将用黑工建造这所房屋之

---

〔25〕《联邦最高法院，新法学周报》1980 年，第 1097 页；参见同一出处，第 2127 页。

〔26〕《法兰克福州高等法院，德国汽车法》1982 年，第 294 页。

〔27〕《明斯特州法院，德国汽车法》1990 年，第 22 页。

〔28〕参见《联邦劳动法院，新法学周报》1989 年，第 929 页。

〔29〕《联邦最高法院，新法学周报》1974 年，第 1505 页。

事如实相告,[30]也没有义务把这块土地以前曾作为工业用地使用过的事实告诉对方。[31] 如果[投保人在]保险要约中的回答是不明确的,保险人可能负有询问的义务。[32]

(三) 实践中,一个特别重要的问题是:有限责任公司的经理,在与他人订立合同时,是否必须就本公司在经济上所处的窘迫地位作出说明? 如果认为他负有此项义务,那么他故意违反此项义务的,[对方就]不仅可以依据第 123 条进行撤销,而且故意违反义务通常还可构成旨在使人承担合同义务的诈骗(Eingehungsbetrug)*,根据民法典第 823 条第 2 款、刑法典第 263 条规定,公司经理甚至必须对此承担个人责任。以此方式,可以通过法人,要求从事行为的公司经理承担责任。[33] 这种请求权,也可以作为缔约过错所产生的请求权提出。[34] 798

联邦劳动法院[35]曾经对下面的案件作过裁判。被告是一家有限责任公司的公司经理,该有限责任公司又是一家两合公司的负无限责任的股东(即总体上是一家有限责任两合公司**)。1972 年 7 月 27 日,被告以两合公司的名义,与原告签订了一项雇用合同,合同自 1972 年 8 月 1 日起生效。原告虽然开始了他的工

[30] 《联邦最高法院,新法学周报》1979 年,第 2243 页。

[31] 《联邦最高法院,新法学周报》1994 年,第 253 页。

[32] 《联邦最高法院民事裁判集》第 117 卷,第 385 页。

[33] 参见下文边码 1105 以下。

[34] 参见上文边码 456 以及《联邦最高法院,企业》1991 年,第 1756 页。

[35] 《联邦劳动法院,新法学周报》1975 年,第 708 页[有关评论,见黑克尔曼(Heckelmann)文,载《劳动法判例汇编》1976 年,第 126 页以下]。

* 诈骗行为的一种。如诈骗人致他人发生错误,使他人以高出正常价的价格订阅杂志。——译者注。

** GmbH&Co. KG。有限责任两合公司是一种两合公司,其股东由无限责任股东和有限责任股东两部分组成。其中,无限责任股东不是自然人,而是一家(负有限责任的)有限责任公司。在德国,这种公司形态是合法的。——译者注。

作，但没有获得过报酬。1972 年 9 月 4 日，两合公司告诉其雇员说，本公司因支付困难必须停止经营。现在原告要求被告个人赔偿损害。

在本案中，联邦劳动法院正确地强调指出，如果雇员在订立劳动合同之时的健康状况很差，以致他可能无法按照合同要求履行其工作，那么雇员未经询问就必须向雇主如实说明这一情况。既然如此，反过来，雇主也有义务未经询问就向雇员如实说明使人对他支付工资的能力发生严重怀疑的情况。由于在订立劳动合同的过程中，要求雇员问及雇主的支付能力实属过分，而要求雇主问及雇员的健康状况却并非过分，因此上述原则更应适用。

799 当然，在劳动合同之外的其他合同（andere Verträge）中，在认定行为人负有如实相告自身窘境的义务时，应当谨慎一些。例如，借取贷款时，借款人通常不必将对自己未来支付能力的单纯怀疑如实相告，而只需要将有根据不可能偿还贷款的可能性告诉对方。〔36〕 只有在存在或者产生某种特殊的信赖关系的情况下，才应当适用更为严厉的标准。〔37〕

第三节　欺诈之人

参考文献：伊门伽（Immenga）：《在接受贷款加入折旧公司情形民法典第 123 条第 2 款中“第三人”的概念》，《企业顾问》1984 年，第 5 页以下；舒伯特（Schubert）：《第三人在订立合同时的不诚实行为》，载《民法实务档案》第 168 卷，1968 年，第 470 页以下。

〔36〕 参见《联邦最高法院，保险法》1991 年，第 1247 页，第 1249 页。
〔37〕 《联邦最高法院，经济法杂志》1991 年，第 1489 页，第 1491 页。

一、在因恶意欺诈而撤销意思表示时,由谁实施了欺诈行为具有重要意义。这一点与因非法胁迫而撤销意思表示不同。如果欺诈行为是由第三人实施的(Täuschung von einem Dritten),那么,若是需受领的意思表示(empfangsbedürftige Erklärung),则只有在意思表示受领人知道或者应该知道欺诈行为时,[表意人]才能撤销意思表示(第123条第2款第1句)。根据第123条第2款第2句,[表意人]可向“从意思表示中直接取得某项权利的人”撤销,条件是这个人知道或者应该知道欺诈行为。这种情况可能主要涉及真正的有利于第三人合同(第328条第1款)。[38] 800

第123条第2款第2句是否也适用于第415条规定的债务承担(Schuldübernahme nach §415)? 所谓债务承担,是指承担人与原债务人订立承担债务的合同,而债权人对此表示同意。这个问题尚有争议。如果原债务人在基础行为方面对承担人进行了恶意欺诈,那么,在债权人对欺诈行为既不知道,也不应该知道的情况下,承担人能否相对于债权人为撤销呢(因为债权人获得了相对于承担人的请求权)? 联邦最高法院的一项判例对这个问题作了肯定回答。[39] 而学者们则大多主张类推适用第417条第2款规定。[40] 我赞同这种看法。对第415条规定的债务承担,不应作异于第414条之法律视为正常情形的处理;而在第414条规定的情形,在适用第123条第2款第1句时,毫无疑问应以债权人是否知道或者应该知道为准。

待撤销的意思表示不需要受领的(nicht empfangsbedürftig),第123条第2款未规定限制。这就是说,不论是谁实施了欺诈行为,这种意思表示都是可以撤销的。

---

〔38〕 参见弗卢梅,同前引书,§29,3,第546页。

〔39〕《联邦最高法院民事裁判集》第31卷,第321页。

〔40〕 弗卢梅,同前引书,第547页;克拉默,同前引评注,第123条,边码20。

801 二、反之，在主要出现的情形，亦即在需受领的意思表示中，根据第123条第2款，对“第三人”进行界定（Abgrenzung des “Dritten”）是有意义的。人们一般倾向于对“第三人”作狭义理解，以便扩大撤销可能性：并不是受领受到欺诈行为影响的意思表示的人之外的任何一个什么人都是第三人。毋宁说，“第三人”最终是根据公平性权衡来界定的。第三人不包括意思表示受领人的“信赖人”，[41]也不包括那些“依据公平性观点并考虑到利益状况”[42]，其行为应归责于意思表示受领人的人。*

根据上述原则，意思表示受领人的代理人无论如何也不是第三人（nicht Dritter）；代理人无代理权，但其行为得到意思表示受领人追认的，也不是第三人。[43] 一个接受委托进行谈判而不享有订约代理权的辅助人，同样也不是第三人。[44] 总的说来，这里所适用的法律思想，与因缔约过错[45]而对辅助人承担责任（第278条）相似。联邦最高法院的一项判例[46]也是这样看问题的：在融资租赁行为中，租赁物供应商为融资租赁合同的签订作出了准备，并在准备过程中对承租人进行了恶意欺诈；在承租人与出租人的关系上，租赁物供应商也不是第三人。有限责任公司的单独股东，就某项向该有限责任公司发出的意思表示而言，也不是第三人。[47]

---

〔41〕《联邦最高法院民事裁判集》第33卷，第302页，第310页。

〔42〕《联邦最高法院，新法学周报》1978年，第2144页，第2145页。

〔43〕《帝国法院民事裁判集》第76卷，第107页。

〔44〕《联邦最高法院，新法学周报》1978年，第2144页以下；《联邦最高法院，新法学周报》1996年，第1051页，对未被委托的[辅助人]处理不一。

〔45〕参见上文边码444以下。

〔46〕《联邦最高法院，新法学周报》1989年，第287页。

〔47〕《联邦最高法院，新法学周报》1990年，第1915页。

* 表意人是因欺诈行为而发出意思表示的人，在其撤销时即为撤销人。意思表示受领人乃受领表意人意思表示的人，通常即为欺诈行为人，就撤销而言即为撤销相对人。第三人指表意人和受领人之外的人。——译者注。

上文叙述的对因欺诈而撤销意思表示可能性的扩大，在实践中还有一个重要的适用领域，即由他人提供资金的行为（B 类行为）（fremdfinanziertes Geschäft，B-Geschäft）。此类行为在分期付款中尤为常见：买主所需要的贷款不是由卖主提供的，而是由第三人，通常是一家银行提供的。不过，买主并不直接同第三人进行谈判，而是通过卖主的中介获得贷款。银行的有关申请表格存放在卖主那里，卖主也帮助买主填写这些表格，并且也把它们转交给银行。这里的问题是，银行必须将卖主对买主的恶意诈欺归责于自己吗？具体来说，买主能够因卖主的恶意欺诈而撤销其意思表示，进而消灭银行享有的偿还贷款请求权（第 607 条）吗？联邦最高法院在多项重要判决中认为，只要存在上面叙述的那种典型的行为过程，就应对这个问题作出肯定的回答。[48] 我赞成这种观点。[49] 现在，《消费者信贷法》第 9 条也可以提供帮助。 802

不过，欺诈人必须在利益方面站在意思表示受领人（interessenmäβig auf der Seite des Erklärungsempfängers）一边。只有这样，他才不是第 123 第 2 款意义上的“第三人”。在主债务人为债权人寻找保证人之情形，就不存在这种利益方面的一致性。保证人受主债务人恶意欺诈的，不得直接向债权人撤销其意思表示，因为债务人寻找保证人是为了实现自己的利益，而不是为了维护债权人的利益。[50] 803

---

〔48〕《联邦最高法院民事裁判集》第 33 卷，第 302 页；第 47 卷，第 224 页；《联邦最高法院，新法学周报》1978 年，第 2144 页；《联邦最高法院，企业顾问》1979 年，第 597 页。

〔49〕参见弗卢梅，同前引书，§ 29，3，第 544 页以下；克拉默，同前引评注，第 123 条，边码 19。

〔50〕通说这样认为，如弗卢梅，同前引书，§ 29，3，第 545 页以下；《联邦最高法院，新法学周报》1968 年，第 986 页：推翻了以前的不同判决。

第四节　具体问题

一、因果关系

804　第 123 条规定,表意人必须因欺诈而为意思表示,亦即必须存在因果关系。因此,如表意人看穿了欺诈行为,他就不得为撤销。不过,与第 119 条第 1 款之错误不同,在第 123 条中,不需要具备"理智的"因果关系:[51]第 123 条中没有提及"合理地考虑有关情况"。之所以有这种区别,是因为第 123 条中的撤销相对人不应当受到像第 119 条及以下条款中的撤销相对人那样的保护。因此,对被欺诈人的非理智行为,撤销相对人也必须予以承受。在程序上,因果关系不得以推定证明的方式加以认定。[52]

二、期间

805　在期间[的规定]方面,也表现了撤销相对人应受到较少的保护。根据第 121 条规定,撤销必须在发现错误后即时为之。[53] 而根据第 124 条第 1 款,在通常情况下,被恶意欺诈者在发现欺诈后有一整年的时间[决定是否撤销]。在这一期间中,被欺诈人原则上(只有第 242 条可产生限制)可以以不利于撤销相对人的方式进行投机取巧,亦即可以静候此项行为是否会发生有利于自己的变化。无论如何,意思表示发出后已过 30 年的,不得再为撤销(第 124 条第 3 款以及第 121 条第 2 款)。

806　在恶意欺诈最重要的适用范围,即出卖人就买卖标的物的性质恶意欺诈(Verkäufer täuschte über Eigenschaften der Kaufsache)买受人的情况下,被欺诈人甚至还具有其他的可能性(noch weit-

---

〔51〕 参见上文边码 773。

〔52〕 《联邦最高法院,新法学周报》1996 年,第 1051 页。

〔53〕 参见上文边码 774。

ere Möglichkeiten)。买受人既可以在消灭买卖合同以及原封不动地接受买卖合同之间作出选择,他还可以根据买卖合同行使物之瑕疵担保法规定的救济手段。当然,如他选择后者,就不得撤销买卖合同了。根据第459条、第462条、第472条及以下条款的规定,买受人可以要求降低买卖物的价金。而根据第463条规定,买受人也可以不提出降低价金的要求,而要求出卖人赔偿因不履行合同所产生的损害。如选择损害赔偿,买受人就可以获得一笔金钱赔偿,因此以他现在所处的地位,就像买卖标的物具有了[当初]被吹嘘的有利品质一样;换言之,通过此项损害赔偿请求权,欺诈人在某种程度上被"当了真"。最后,买受人还具有第三种可能性,即解除买卖合同(第459条、第462条、第465条及以下条款);不过这项权利所达到的目的,在本质上与依据第123条进行撤销并无二致。

即使在撤销期间届满以后(nach Ablauf der Anfechtungsfrist), 807
对被欺诈人也并非毫无保护可言了。只要撤销相对人自己实施了恶意欺诈行为,因而因侵权行为而负有损害赔偿义务(民法典第823条第2款,结合刑法典第263条;民法典第826条[54]),根据通行的学说,[55]第853条可以准用[56]。据此,被欺诈人有权对[欺诈人]提出的履行此项因欺诈而成立的行为之要求进行抗辩。[57]

三、损害赔偿请求权

因发生错误而撤销与因受到欺诈而撤销之间的区别,明显地 808
表现在撤销人的赔偿义务方面。在恶意欺诈情形,不存在一条与

[54] 参见下文边码808。

[55] 如克拉默,同前引评注,第124条,边码6。

[56] 这条规定不能直接适用,因为并非某项要求废除债权的请求权的时效届满了,而是一项旨在消灭使债权发生的法律行为的形成权因期间届满而消灭了。

[57] 有关因缔约过错产生的损害赔偿请求权引起的合同废除问题,参见上文边码450。

第122条相同的、规定赔偿义务的规范。当然,在另一方面,也没有一条要求欺诈人履行损害赔偿义务的专门规定(第463条、第480条第2款除外)。不过这里适用一般性的规定就可以了。在通常情况下,恶意欺诈都可构成缔约过错,因此欺诈人必须承担赔偿义务。[58] 此外,恶意欺诈大多(当然并不必然)构成诈骗行为(刑法典第263条),因此根据第823条第2款,行为人也必须承担损害赔偿义务。最后,在通常情况下,第826条所产生的损害赔偿义务也是成立的。

四、竞合问题

809 (一)与因错误撤销不同,[59]在因受到欺诈而为撤销时,其他法律救济手段并不因行使撤销权而被排除(durch andere Rechtsbehelfe nicht ausgeschlossen)(只有在婚姻法和继承法中有例外[60]);特别是买卖物之瑕疵担保责任(第459条及以下条款)规则依然可以适用。由于欺诈人与发生错误者的表示相对人不同,对他不应提供法律保护,因此应当给被欺诈人保留一切选择可能性。不过被欺诈人必须想到,一旦他行使撤销权,即消灭了法律行为,因此他也排除了其他一切以有效法律行为为前提的可能性(特别是第459条及以下条款)。

810 与因错误撤销意思表示相似,[61]在已经实现的长期法律关系(Dauerrechtsverhältnisse)中,欺诈撤销会被特别终止的可能性所排除。当然,在此情况下,至少应通过设定损害赔偿请求权使法律行为具有某种溯及既往的效力,以便使欺诈人无法保留其过去通过欺诈行为所获得的孳息。例如,某人在订立一项合伙合同时,为自

---

〔58〕 参见上文边码444以下。

〔59〕 参见上文边码775以下。

〔60〕 参见上文边码779。

〔61〕 参见上文边码782。

己骗得了一份过高的盈利份额;在终止合同后,这个人必须将在过去的时间中过多支取的利润予以返还。就此而言,比起一般错误来,对恶意欺诈的防范更具有溯及既往的效力。

(二) 第 123 条、第 124 条是不是欺诈情形中有关解除合同的 811
周延性规定呢? 这个问题不无疑虑。这些疑虑是针对缔约过错(Verschul den bei Vertragsverhandlungen)所产生的损害赔偿请求权产生的。根据第 249 条第 1 句规定,此项损害赔偿请求权旨在废除合同。在通常情况下,此项请求权的诉讼时效为发生欺诈之后 30 年(第 195 条),因此会使第 124 条第 1 款规定的一年期间失去价值。何况,只要行为人在作不正确的陈述时具有过失,就足以使此项请求权发生。这样,第 123 条中的“恶意欺诈”要件就有可能被釜底抽薪。对这些问题,上文边第 450 中就已经论及了。

(三) 最后,还要提一提在实践中具有重要意义的一个专门问 812
题。在非婚生孩子的母亲(M)向孩子的父亲(V)作出了自己在受孕期间只与他发生过两性关系的保证以后,孩子的父亲作出了承认其生父身份(Vaterschaft anerkennen)的表示(第 1600b)。假设 V 后来获知,M[在受孕期间]还曾与其他男子发生过两性关系,因此对 V 进行了恶意欺诈。

这里,第 1600l 条第 1 款规定,V 有权向孩子起诉,撤销其承认。但是,根据第 1600f 条规定,法院必须对 V 不是孩子的父亲,亦即 V 的承认在实体上是错误的事实,加以认定。根据第 1600m 条第 1 句规定,在通常情况下,可以从对生父身份的承认中推定承认者具有生父身份。这一推定不利于正要撤销生父承认的 V,因此必须通过证明自己不可能是孩子生父这一事实来推翻此项推定。不过,第 1600m 条第 2 句对第 123 条(以及第 119 条第 1 款)规定的意思瑕疵作了不同规定:根据此句规定,第 16000 条第 2 款第 1 句和第 2 句准用。所以,这里应以产生于同居之事实的生父推定为准,而不是以产生于承认之事实的生父推定为准。但第

1600o 条第 2 款第 2 句又规定,对生父身份存在重大怀疑的,该推定无效。结果是,V 主张 M 对他进行了恶意欺诈,能够改善其在撤销程序中的举证地位。

五、附:因虚假广告而产生的解除权

812a 恶意欺诈往往是很难证明的。因此,现代立法者认为,通过第 123 条(以及通过产生于缔约过错、以解除合同为宗旨的损害赔偿请求权[62])不足以[保护被欺诈人的利益]。1987 年 1 月 1 日以后,新加入到《反不正当竞争法》中的第 13a 条能够解决这方面的困难。根据此条规定,(商品或者服务的)购买人,因不真实的以及足以引人误解的广告内容而订立合同的,有权解除合同(《反不正当竞争法》第 13a 条第 1 款第 1 句)。此项权利,应在知悉[情况]后即时行使之;该权利在合同订立后 6 个月消灭(《反不正当竞争法》第 13a 条第 2 款)。

《反不正当竞争法》第 13a 条主要对保护最终消费者(Schutz des Endverbrauchers)利益具有意义。不真实的广告往往并不是由出卖人(零售商)发出的,而是由第三人(制造商)发出的。在此类情形,只有认为制造商是零售商的履行辅助人(第 278 条),零售商才会因缔约过错而对制造商所作的不真实陈述承担责任。然而,在通常情况下应当否定这一点,因为零售商通常不负有制造的义务。这里可以适用《反不正当竞争法》第 13a 条第 1 款第 2 句:只要零售商知道他人广告之引人误解的不真实性,或者应该知道,或者他“通过自己采取的措施使之变成了自己的[广告]”(如通过张贴他人的广告宣传画),购买人就享有解除权。

[62] 参见上文边码 445。

迄今为止，这条新规定似乎还没有产生重要意义。[63]

[63] 参见阿尔特（Alt）文，载《新法学周报》1987 年，第 21 页；克勒（Köhler）文，载《法学家报》1989 年，第 262 页；莱曼（Lehmann）文，载《企业顾问》1986 年，第 2213 页；同一作者，文载《工业产权与著作权法》1987 年，第 199 页，第 211 页；梅迪库斯（Medicus）文，载《法学教育》1988 年，第 1 页，第 6 页；扎克（Sack）文，载《企业顾问》1987 年增刊第 2 期；舍费尔（Schaefer）文，载《经济法杂志》1987 年，第 554 页。

第五十章　因非法胁迫而撤销

参考文献：布莱泽(Blaese)：《劳动法上的施压解雇》，载《企业》1988 年，第 178 页以下；多伊布纳(Deubner)：《解雇恫吓作为发出意思表示的强迫手段》，载《法学教育》1971 年，第 71 页以下；加尔佩林(Galperin)：《雇员因解雇胁迫或举报胁迫而撤销意思表示》，载《企业》1961 年，第 238 页以下；卡拉卡特桑内斯(Karakatsanes)：《民法典第 123 条中的非法性》，1974 年；赖歇尔(Reichel)：《非法胁迫》，载《瑞士法学家报》1932/33 年，第 3 页以下。

813 除恶意欺诈[1]外，第 123 条第 1 款还规定了非法胁迫。与恶意欺诈不同，非法胁迫并不是以特定的方式导致某个错误发生。被胁迫人对真实的事实是知道的，因此也知道其意思表示的意义。至于因受胁迫而发出的意思表示，究竟是符合表意人的真实意思的(coactus tamen volui)，还是不符合其真实意思表示(nihil consensui tam contrarium est... quam vis atque metus)，对此问题，人们尽可见仁见智。不

[1] 参见上文边码 787 以下。

过这一争议对第 123 条而言是毫无意义的，因为法律认为，这个意思瑕疵（Willensfehler）必须通过撤销才能主张。

第一节　胁　　迫

814 胁迫是指预告某种危害，而胁迫人声称该危害是否实现取决于自己的意志。胁迫与警告不同。警告是指出某种无论如何都会发生的危害。例如，某人想促使对方出卖土地，并向他说明，如不卖这块土地，就难以避免破产的发生，这种行为就只是警告。纯粹向他人指出某种结果，而警告者有义务使这种结果发生，也不构成胁迫。[2] 此外，不属于胁迫的事例还如：发出意思表示时面临时间压力；[3] 心理上的窘境。[4]

第二节　非　法　性

一、手段、目的及二者之间的关系

815 第 123 条第 1 款以非法的（widerrechtlich）胁迫为前提。这是该条款容易产生疑难的方面。所谓的非法性，主要存在于刑法典第 240 条、第 253 条作为犯罪行为规定的胁迫或敲诈勒索行为中。不过，由于刑法典第 240 条第 2 款、第 253 条第 2 款对违法性的定义也是非常模糊的（"如危害的预告相对于其所追求的目的而言可视为可指责的，行为即为违法"），因此刑法的规定在这里不能

---

〔2〕《联邦最高法院民事裁判集》第 6 卷，第 348 页，第 351 页：因[对方]实施了伪造问卷表的行为，而预告将向军管当局举报。

〔3〕《联邦劳动法院，新法学周报》1983 年，第 2958 页，第 2959 页；1994 年，第 1021 页。

〔4〕[对方声称将]检举自己的一个近亲属，《联邦最高法院，新法学周报》1988 年，第 2599 页。不过，[故意]利用这一情况可能构成违反善良风俗的行为。

给民法提供什么帮助。此外,第 123 条还可能适用于那些不构成犯罪的胁迫行为。

因此,对用以威胁的手段、所追求的目的以及目的与手段之间的关系进行区分,或许能对第 123 条的非法性作出最好的具体分析。

(一) 用以胁迫的手段

816 如果用以威胁的手段是为法律所禁止的,亦即用以威胁的手段即是非法的,那么非法性的存在当无疑虑。至于威胁行为所追求的目的,则可在所不问。例如,债权人不得以拳脚相加相威胁,要求债务人立即支付其债务。通过胁迫强制[与房屋所有人]达成的、使非法占领房屋状态持续下去的约定,也可根据第 123 条予以撤销。联邦最高法院在一则引起广泛讨论的判决中甚至认为,法官席上也可以发出非法的胁迫。[5] 在本案中,一所州法院的审判庭对(支持诉讼请求的)判决进行了审议,并且已以书面方式记录了下来。然后,庭长威胁被告说,如果被告不同意由原告提出的和解,[法庭]将对被告作出[不利的]判决。被告订立了和解协议,但事后根据第 123 条第 1 款予以撤销。联邦最高法院认为,用于胁迫的[作出不利]判决之非法性在于:在重新开始言词辩论以后,不应再对判决进行审议:这样一种判决本来是不允许被宣布的。

(二) 所追求的目的

817 如果胁迫所追求的目的是法律禁止的(如要求对方答应参与某项犯罪行为),那么胁迫行为也属非法无疑。在这种情况下,人们甚至可以认为存在第 138 条规定的违反善良风俗行为,因为即

---

〔5〕《联邦最高法院,新法学周报》1966 年,第 2399 页。参见埃·施奈德(E. Schneider)和奥斯特勒(Ostler)文,载《联邦最高法院,新法学周报》1966 年,第 2399 页;阿恩特(Arndt)、文策尔(Wenzel)、库比施(Kubisch)文,分别载《新法学周报》1967 年,第 1585 页、第 1587 页、第 1605 页。

使受胁迫人想使这样一种行为有效，这种行为也是不可能发生效力的。

在所追求的目的并非直接为法律所禁止，但另一方面也不能要求［对方］实现这种目的的情况下，会产生一些疑虑。例如，某人以举报犯罪行为相威胁，要求受胁迫人支付一笔金钱。当然，如果胁迫人对获取这笔金钱不享有任何请求权（keinerlei Anspruch），亦即这笔钱实际上是一笔“沉默费”的，［受胁迫人］肯定可以撤销他的承诺（或者这一承诺甚至是无效的）。同样，如胁迫旨在为某项应无偿提供的给付获取对待给付，则这种行为也是可撤销的或者甚至是无效的。例如，证人要求将从其证词中获益的当事人作出给自己支付一笔金钱的承诺。[6]

然而，在胁迫人追求的某种给付虽为他所实际享有，但他只能从另外一个人（Leistung erstrebt, die ihm zwar wirklich zusteht, die er aber nur von einer anderen Pereon fordern kann）（可能不具有那么好的给付能力）那里获取时，法律状态如何就不无疑虑了。例如，手工业师傅的东西被他的学徒窃走。师傅威胁学徒的父母说，你们若不承担赔偿损害的义务，我就去举报［你们儿子的］犯罪行为。这里，师傅只能要求其学徒赔偿损害，而他却要求（虽然有第832条规定，但在通常情况下并不承担义务的）学徒的父母承担赔偿义务。有些人认为，师傅的这种胁迫行为也是违法的，因为该行为［故意］利用了受胁迫人与债务人之间在人身方面的依赖关系。不过，最迟在下文马上将论及的联邦最高法院的指导性判决[7]出台之后，通行的学说以目的与手段之间的关系作为判断标准了。

（三）手段与目的之间的关系

债权人以提出给付之诉对不履行债务的债务人进行威胁的， 818

---

〔6〕 参见上文边码703；《帝国法院民事裁判集》第79卷，第371页。

〔7〕 《联邦最高法院民事裁判集》第25卷，第217页。

并无违法性可言,因为起诉以及强制执行恰恰是法律制度为实现这种目的所提供的手段。而以举报犯罪相威胁就不那么毫无疑虑了。这种举报,至少就其最初的目的而言,并非在于实现私法上的请求权,而是旨在开始进入国家追究犯罪的程序。当然,在刑事诉讼附带民事诉讼程序中,也可以对刑事犯罪行为所产生的民法上的赔偿请求权提出主张(《刑事诉讼法》第 403 条及以下条款);而且刑事法院也往往判处犯罪行为人对受害人作出赔偿。因此,如果[举报人]仅仅是为了实现由所举报的犯罪行为产生的请求权,那么以举报相威胁,或许尚可被认为是一种适当的做法。相反,在其他情况下——亦即胁迫人要求对方履行一项与犯罪行为风马牛不相及的债务——,目的与手段之间关系的适当性就并不存在:手段被作了不合目的的使用,因此胁迫是违法的。

司法判例〔8〕对此作了这样的表述:虽然手段和目的就其本身而言并不违法,但是手段和目的的联系仍然可能违法。如使用此种手段以达到彼种目的[的做法],违反了一切具有公平和正义思想的人的礼仪感,即存在此种情形。在此,特别应考察,胁迫人对达成其所追求的效果是否具有某种正当的利益,以及胁迫是不是一种适当的手段。

819 在胁迫人旨在通过其债务人的亲属使自己免遭损害(Schadloshaltung von einem Angehörigen seines Schuldners)时,即可适用上述原则。联邦最高法院的一项基础性判例处理的就是这样一个案件。〔9〕 债权人 G 对其有签发空头汇票(一种有关汇票品质的欺骗行为)行为的债务人 S 威胁道,如果 S 的妻子 F 不对 S 的汇票债务提供保证,G 将举报 S 有签发空头汇票的行为。F 自己也以出

〔8〕《联邦最高法院,新法学周报》1982 年,第 2301 页,第 2302 页;1983 年,第 384 页以下。

〔9〕《联邦最高法院民事裁判集》第 25 卷,第 217 页。

资额参与了其夫 S 的业务。F 承担了保证义务,但事后即以受胁迫为由予以撤销。联邦最高法院认为,G 不享有要求 F 提供保证的请求权这一事实,尚不足以使 G 的胁迫行为具有违法性。联邦最高法院也考虑到,由于 F 参与了其夫 S 的业务,因此 F 自己从 S 的违法行为中取得了利益。既然如此,如果法律制度不能使 F 对 S 的行为承担责任的话,那么道德制度也应当使 F 对 S 的行为承担责任。因此,本案中[胁迫的]违法性并不成立。〔10〕 根据此项判决,对此类案件的裁判,归根结底,而且在很大程度上要取决于具体情况。

目的与手段之间的关系可能产生疑虑的其他案例如:房屋的买受人或定作人不在一份对他不利的验收报告上签名的,不得入住;〔11〕雇员不主动提出正常终止[劳动关系的]表示的,就以立即终止劳动关系相威胁;〔12〕出租人因可能丧失可得利益的风险,要求承租人在提前搬离时在无担保的情况下支付一笔高额款项。〔13〕

二、违法性与错误

上文所称的联邦最高法院的基础性判例〔14〕中,还包含着就胁 820
迫人发生的错误对违法性的意义所进行的评论。这些评论是很成问题的。联邦最高法院认为,如果胁迫人"在没有过错的情况下以某项事实作为出发点,而此项事实将会使他的行为显得是合法的",那么就不得撤销(亦即撤销的要件,即违法性,不成立)。"相反,如果实施胁迫行为的人正确地看清了事实,但是从中得出了错误的、法律上的结论,那么,应考虑到受胁迫人更为重要的利益,不

---

〔10〕《汉姆州高等法院,亲属法杂志》1986 年,第 269 页列举的理由与此相似。

〔11〕《联邦最高法院,新法学周报》1982 年,第 2301 页;1983 年,第 384 页。

〔12〕 根据《联邦劳动法院,企业顾问》1996 年,第 435 页,如果"一名理智的雇主不得严肃地考虑提出[相威胁的]终止",这种行为即属违法。

〔13〕《联邦最高法院,新法学周报》1995 年,第 3052 页。

〔14〕《联邦最高法院民事裁判集》第 25 卷,第 217 页。

对胁迫人提供这一保护”[15]。联邦最高法院的另一项判例证实了这一点。[16]

不过,学术界几乎众口一词,对法院的这一观点作出了正确的批判。[17] 认为错误能对违法性产生影响(而不是如正常情况一样只对过错有影响),这无异于天方夜谭。一项行为是否为法律所禁止,几乎不可能取决于行为人是否发生了错误。

弗卢梅用帝国法院的一则案例[18]清楚地说明了这一点。在本案中,出卖人V向买受人K出售了冰醋酸,但双方对所售数量发出了争执。V认为数量是1万公斤,而K则认为是1.6万公斤。容易让人接受的解决方案应该是:V先供应没有争议的1万公斤,然后再就剩余的6000公斤起诉打官司。然而,V在K承认仅售1万公斤之前,拒绝供应任何数量的冰醋酸。由于K自己已经对这批货物作了转卖,因而他完全依赖于V的供货,所以就作出了[V]所希望其发出的表示,但事后根据第123条撤销了这一意思表示。

在本案中,帝国法院否定了V的胁迫行为的违法性。帝国法院认为,如果V只出售了1万公斤——可能V这样认为是出于善意——,他就能够要求意见不一的K作出一个相应的承认,因此能够将他应当提供的1万公斤货物予以留置(第273条)。帝国法院因此推论说,K不得撤销其意思表示。我赞成弗卢梅的看法,认为这一结论明显不当。因为只有在真的仅仅出售了1万公斤货物的情况下,V才享有留置权。相反,如果买卖合同的数量是1.6

---

〔15〕《联邦最高法院民事裁判集》第25卷,第224页以下。

〔16〕《联邦最高法院,法学家报》1963年,第318页以下。

〔17〕如维·洛伦茨(W. Lorenz)文,载《法学家报》1963年,第319页以下;弗卢梅(Flume):《德国民法总论》第2卷,§28,2,第538页以下;克拉默:《慕尼黑德国民法典评注》,第123条,边码39;拉伦茨(Larenz):《德国民法总论》,§20,IV,b,第404页。

〔18〕《帝国法院民事裁判集》第108卷,第102页。

万公斤,那么 V 就不得以留置货物相胁迫,达到免除自己提供有争议的 6000 公斤货物之义务的目的。所以,胁迫是违法的,因而是可以撤销的,而不论 V 的意见如何。他们本来应该[先]对买卖合同的内容加以澄清。

第三节　撤销的具体问题

一、期间

对于因非法胁迫而撤销意思表示的期间,适用与因欺诈而撤销意思表示相同的规定。[19] 根据第 124 条,撤销必须在一年内为之。这一期间自窘境停止之时开始起算。不过,受胁迫的意思表示发出后已过 30 年的,不得再为撤销。由于非法胁迫通常同时构成侵权行为,[20] 因此在撤销期间届满以后,还可类推适用第 853 条规定,赋予[受胁迫人]一项抗辩权。这就是说,受胁迫人有权拒绝[对方提出的]履行因胁迫所产生的债权的要求。 821

二、损害赔偿请求权

在损害赔偿请求权方面,非法胁迫情形的法律状况也与恶意欺诈相似。[21] 这里不存在向受胁迫人主张损害赔偿请求权的法律依据(如与第 122 相适应的法律依据)。在意思表示受领人自己实施了胁迫行为的情况下,赋予其损害赔偿请求权将是十分谎谬的。即使胁迫行为是由第三人实施的(已足以撤销),法律也不保护意思表示受领人的信赖。虽然表意人必须承担发生错误的风险,但不必承担受胁迫的风险。 822

相反,受胁迫人可以根据第 823 条第 2 款并结合刑法典第

[19] 参见上文边码 805。
[20] 参见下文边码 822。
[21] 参见上文边码 808。

240 条、第 253 条的规定，向胁迫人主张损害赔偿请求权。胁迫由谈判对方当事人或者合同对方当事人所为的，也可以缔约过错[22]或积极违约为由主张权利。不过，所有这些请求权依据都是以过错为要件的（在刑法典第 240 条、第 253 条中，甚至以刑法上的故意为要件）。在这里（而并非在可撤销性情形[23]），胁迫人发生的错误才具有重要性。

〔22〕 参见上文边码 444 以下。
〔23〕 参见上文边码 820。

第六部分

不确定性与计划错误

第五十一章　问　　题

823 任何一项法律行为,都基于当事人对现实存在的想法,基于当事人对未来发展的期待。例如,某人在租住一套房子时,总是以某种方式将房子的使用以及租金的筹措一起纳入他的未来计划中去。反之,房屋的出租人也有其特定的期待,如期待承租人的行为符合合同的要求,或者期待约定的租金能够在未来维持购买力。不过,便是在现时,现实也有可能不同于当事人的设想(例如,租住的房子过于不隔音,以致于承租人无法像预期的那样在这里从事脑力劳动),或者事态的未来发展迥异于当事人的期待。在这种情况下,就产生了一个问题:此类差异对法律行为应当产生什么影响呢?这个问题也可以这样来表述:应当如何分配计划与现实之间发生差异的风险?

第一节　法律规定

民法典的许多地方都对这个问题作了规定。在总则编中,主要是关于因错误撤销意思表示的规定。[1] 债法中也有许多规定涉及到计划错误。例如，在通常情况下，当事人无法预料到给付障碍的发生，无法预料到买卖物具有瑕疵。因此，有关这方面的规范（第 275 条及以下条款、第 306 条及以下条款、第 320 条及以下条款、第 459 条及以下条款），归根结底是对没有实现的期待的规定（大多是债权人对如约履行给付的期待）。在民法典的其他各编以及在有些单行法中，也有许多类似的规定。

第二节　法律行为的构建可能性

如果上述规定属于任意法（即主要是债法中的规定），那么当 824
事人就可以作出不同于这些规定的约定。此外，当事人也可以以其他方式考虑到不确定的因素或者未来的发展。民法典为此提供了两种一般性的手段，即附加条件和附加期限。

一、通过附加条件（Bedingung），可以使法律行为的生效或者存续取决于某些情况的发生或者不发生（第 158 条[2]）。例如，出卖人可以使所出售的动产上的所有权移转，取决于买受人部分支付价金（所有权保留[3]）；或者，买受人可以给自己保留试用买卖标的物的权利，并根据试用结果决定是否使买卖合同发生效力（试验买卖，第 495 条及以下条款[4]）。除了这些法律规定的［条件］以外，还存在许多其他条件，［当事人］可用它们来考虑某种不确定的事实。例如，一家企业以获得特定的订单为条件，订购一批机床；或者，双方当事人以定作人取得建筑许可证为条件，订立建

［1］ 参见上文边码 737 以下。
［2］ 具体内容参见下文边码 827 以下。
［3］ 参见第 455 条。
［4］ 参见下文边码 831。

筑合同。

在这里,即在第 158 条及以下条款中,“条件”这个词的意义有异于一般的语言用法,如“一般交易条件”之用法。在一般交易条件中,条件是指任何一种交易条款,例如也指排除责任的规定或者有关清偿期届至的规定。而在第 158 条及其条款中,“条件”仅仅是指交易条款中一种十分专门的类型。

825 通过附加期限(Befristung),法律行为的效力受始期或终期的约束(第 163 条〔5〕)。当事人可以通过这种方式,顾及到未来的、他们现在就认为是确定的变化。例如,承租人只在休假期间租住度假屋,亦即租赁合同有一个始期和终期(如自 7 月 1 日至 7 月 28 日);或者,一家旅游餐厅只在预计的旅游旺季招聘工作人员。

第三节　未作调整的计划错误

826 除了上述两类情形外,还存在第三类情形。有些情况极少出现,以致于当事人不可能考虑到它们,因此也不可能对它们作出调整。例如,在和平年代突然爆发战争;或者 1914 年之后的货币大贬值;或者——虽不如前两例富有戏剧性——一家联邦甲级足球俱乐部为一名球员支付了一笔高额转会费,但是不久,该球员因卷入一宗受贿丑闻而遭“禁赛”,因此无法让他参加比赛。〔6〕在这些事例中,法律充其量只对战争爆发作了规定,条件是战争爆发导致产生了真正的给付不能。除此之外,可以说存在一种“双重的调整缺漏”,因为对这些问题既不存在法律行为上的规定,也不存在法律上的规定。这里有两方面的问题。第一,法律有关动机错误

---

〔5〕 参见下文边码 844 以下。

〔6〕 《联邦最高法院,新法学周报》1976 年,第 565 页。参见得尔纳(Dörner)文,载《法学教育》1977 年,第 225 页。

并不重要的决定本身是不是一项规定；[7]第二，如果否定这个问题，应如何填补这个漏洞。这两个问题，便是交易基础欠缺或者丧失这一众说纷纭的学说的研究对象。[8]

〔7〕 参见下文边码 744。
〔8〕 具体内容参见下文边码 857 以下。

第五十二章　条件和期限

参考文献：阿·布洛迈尔（A. Blomeyer）：《从附条件之法律行为中产生的期待》，1937 年；同一作者：《条件学说研究》，第一卷，1938 年，第二卷，1939 年；布雷希特（Brecht）：《条件与期待》，载《耶林民法学理论年刊》第 61 卷，1912 年，第 263 页以下；埃格特（Egert）：《民法体系中的法律条件》，1974 年［有关评论，见迪塞尔霍斯特（DieBelhorst）文，载《民法实务档案》第 177 卷，第 373 页以下］；艾兴霍费尔（Eichenhofer）：《期待学说与未决理论——对所有权保留的两种解释》，载《民法实务档案》第 185 卷，1985 年，第 162 页以下；福克尔（Forkel）：《私法上期待权学说的基本问题》，1962 年；甘斯（Ganns）：《民法典第 162 条的类推适用》，比勒费尔德大学博士论文，1983 年；亨克（Henke）：《法律交易中的附条件转移及法律争议》，1959 年；鲁·亨勒（R. Henle）：《假定与证实》，1922 年；厄尔特曼（Oertmann）：《法律条件》，1924 年；路·赖泽尔（L. Raiser）：《物上期待权》，1961 年；席曼（Schiemann）：《条件的未决与溯及既往》，1973 年［研究理论历史；有关评论，参见库皮施（Kupisch）文，载《民法实务档案》第 177 卷，第

85 页以下]；瓦尔斯曼(Walsmann)：《论意愿条件学说》，载《耶林民法学理论年刊》第 54 卷，1909 年，第 197 页以下。

第一节 条 件

如上文边码 824 所述，条件是当事人用以考虑未来之不确定事件的、法律行为上的手段。 827

一、种类与界定

(一)根据第 158 条，法律将条件分为延缓条件和解除条件(aufschiebende und auflösende Bedingung)。在延缓条件，法律行为在条件成就时才发生效力(第 158 条第 1 款)；在解除条件，法律行为在条件成就时就停止发生效力(第 158 条第 2 款)。延缓条件，如所有权保留(第 455 条)即是；解除条件，如根据第 2075 条之解释规则成就的条件。例如，姑妈立其侄子为继承人，条件是侄子戒烟。如果侄子戒烟，他立即可以取得遗产，但是他要是再抽烟，就会失去遗产。

(二)条件的本质特征是，法律行为发生效力所依据的那个情况具有不确定性(UngewiBheit)。这个不确定性同时也是条件有别于期限的特征。因此，一个人的死亡不可能是条件，因为人的死亡是确定无疑的；所以就一个人的死亡而言，只能构成一个期限(如居住权的期限以权利人的有生之年为准)。反之，如果约定以某个人在特定时间内死亡或者不死亡为准，即可构成一项条件。例如，在当事人对一个人能否活到 30 岁没有把握时，约定如他活到 30 岁，就[向其]支付一笔金钱。在这个例子中，对条件[是否成就]作出决定的时间是不确定的(因为受益人可能在 30 岁之前死亡；在这种情况下，不确定性即告终止)。在其他情况下，有关决定也可以固定于特定的时间(如以抽彩日为准)。 828

相应地,我们可以作出下列区分。在附条件(Bedingung)之情形,事件是否会发生是不确定的(incertus an),而作出决定的时间可以是确定的(certus quand),也可以是不确定的(incertus quando)。在附期限(Befristung)之情形,事件是否会发生是确定的(certus an),而事件发生的时间也既可以是确定的(如1995年7月31日,certus quando),也可以是不确定的(如以某人的终生为期限,incertus quando)。

829 (三)条件的不确定性,主要是就某个未来的、无人知道的事件(künftiges Ereignis)而言的。不过,也可以设想,由某项当事人主观上认为是不确定的事件,来决定法律行为是否发生效力。例如,某人向他的姐姐许诺说,如果他成为父母的单独继承人,他就给他姐姐支付扶养费;不过,这时还没有发现父母相应的遗嘱。人们称此类情况中的条件为"非真正的条件"(uneigentliche Bedingung),或者——这种称呼不够科学——"前提"或"假设"。在普通法中,这种条件叫作"以现在或过去之事件为准的条件"(conditio in prasens vel praeteritum collata)。在这种情况下,由于为条件所特有的不确定状态[1]这一特征客观上并不存在:法律后果要么已经发生了,要么根本不可能发生;因此,有关条件的规定也不能直接适用,但是可以类推适用关于条件的有关规定。[2] 由于必须通过解释才能确定条件的性质,因此有时这两者之间的界线是模糊不清的。例如,如果[通过解释]弟弟支付扶养费的承诺是以今后发现(而不是:现在存在)相应的遗嘱为条件的,那么这就是一个真正的条件。

830 (四)未来事件不确定性的原因(Grund für die UngewiBheit),通常对法律评价没有意义。这方面的原因,可能是无人能施加影

〔1〕 参见下文边码841。

〔2〕 布罗克斯(Brox)就是这样认为的,参见《德国民法总论》,边码432。

响的事实(特别是偶然事件,如自然事件或抽奖结果)。此外,被确定为条件的事实,也可能是由某个第三人决定的事件(例如,以优先立为继承人者抛弃遗产为条件,发出支付扶养费的承诺)。最后,可以把法律行为一方当事人的决定规定为条件。这就是所谓的任意条件(Potestativbedingung)或意定条件(Willkürbedingung),尤其典型的是变更终止:出租人以承租人不同意[出租人]提高租金为解除条件终止租赁关系。[3] 反之,所有权保留则不是纯粹的任意条件。虽然在通常情况下,支付价金取决于买受人的意思,但是,一方面,某个第三人(如实施扣押的债权人)也有可能支付剩余价金;另一方面,买受人虽然愿意支付,但却可能缺乏必要的金钱。

行为一方当事人保留事后对行为表示认可(有时被称为意愿条件,Wollensbedingung),也可被看作条件吗?民法典在试验买卖(第495条及以下条款)中对这个问题作了肯定回答。不过,学术界近年来的观点对此持怀疑态度。[4] 人们认为,在一方当事人认可之前,这里根本就没有法律行为成立——也没有附条件的法律行为成立——,而仅仅存在一项准备性质的意思表示。我赞成学术界的这一看法,因为法律上的重点应当放在认可行为上。因此,如果行为需要遵守规定的形式,认可行为也必须符合形式要件。 831

(五)在第158条及以下条款中,未来事件与法律行为发生效力之间的依赖性,是以法律行为的方式(rechtsgeschäftlich)实现的。与此不同的是所谓的法律条件(Rechtsbedingung):这里,这种依赖性是依法存在的。这方面的例子如法定代理人根据第108条 832

〔3〕 这种做法是否合法,参见下文边码850。

〔4〕 如弗卢梅(Flume):《德国民法总论》第2卷,§38,2d;拉伦茨(Larenz):《德国民法总论》,§25I,第494页以下。

规定对未成年人实施的行为表示追认,或者根据 1961 年 7 月 28 日的《不动产交易法》对不动产交易行为所作的追认。实施有关行为,无论如何都必须由[法定代理人]予以追认,否则行为不能发生效力;如果行为双方当事人专门提到了这种追认,那么这种提及也只具有澄清的意义。除此之外,由于法律行为发生效力的法律上的条件非常繁杂,因此几乎无法就法律条件作出统一的表述。[5]

二、对条件[是否成就]的决定

833 (一)由条件所造成的不确定性,总是要被消除的,不管这种消除是发生在积极的意义或者消极的意义上。这就是条件的成就或者不成就(Eintritt oder Ausfall)。条件成就或不成就需要什么要件,以[当事人]对条件作出的表述为准。例如,在所有权保留买卖行为中,以支付最后一笔价金为条件成就。反之,一旦已经确定最后条件不可能发生了,则为条件不成就。如在所有权保留买卖中,支付剩余价款的义务在履行之前(如因解除或者撤销)就已经消灭。

834 (二)条件的成就或者不成就,往往会对附条件行为的一方当事人产生不利后果。在这种情况下,这个当事人就有可能试图在有利于自己利益的意义上,对事物的发展施加影响。例如,某人因和解,获得了在其重新结婚之前请求扶养费的权利;这个人坚持不结婚,而长年与他人非法同居。[6] 或者,一个大学生通过遗赠得到一笔奖学金,直至他完成学业为止;这个大学生每次在毕业考试之前就重新开始学习一个新专业;再如,房屋承租人答应在找到一套合适住房的条件下搬迁出去;而这个人现在对找房子一事漠不关心,甚至对出租人向他提供的房子加以拒绝。

---

〔5〕 弗卢梅,同前引书,§38,1c,第 680 页,尚有争议。

〔6〕 《杜塞尔多夫州高等法院,新法学周报》1981 年,第 463 页。

在此类情形,可以适用第162条规定:如以违反诚实信用的方式阻碍条件成就,或者(在相反的情形)促成条件的成就(Vereitelung oder Herbeiführung des Bedingungseintritts wider Treu und Glauben),那么条件就视作已经成就或者没有成就。这也就是说,如果认定行为人的行为违反了诚实信用原则,那么在上述案例中,扶养请求权、奖学金以及租赁合同都告终结。法律通过拟制的手段,让那种被以违反诚实信用之方式阻碍其实现的、不利的法律后果发生。与缔约过错不同,在这里,不仅要赔偿消极利益,[7]而且还要赔偿履行利益,因为附有条件的订约行为,其意义显然大于缔约的单纯开始。

第162条规定的难题在于:在哪些要件(Voraussetzungen)下, 835
对条件成就施加的影响才构成违反诚实信用原则的行为?人们有时在过错的层面上寻找这个问题的答案,亦即区分行为人施加影响是出于恶意、故意、疏忽,抑或是无过错。不过这种方法是无济于事的,前面叙述的杜塞尔多夫州高等法院审理的扶养案就可说明这一点。这里,扶养债权人无疑是"故意"不结婚的。同样毋庸置疑的是,他也没有可[以为他人]诉请的结婚义务。所以,其违反诚实信用原则的行为只能是:虽然他通过实际的生活关系已经得到了供养,但仍然继续要求获得[他人]允诺的扶养费。

近年来,弗卢梅(Flume)对这个问题作了最为透彻的研究。[8]杜塞尔多夫州高等法院的上述判决也采纳了弗卢梅的观点。在他看来,第162条中的"诚实信用",与第157条、第242条中的诚实信用具有相同的意义。[9] 这也就是说,应当以行为对方当事人根据正确解释的约定可以期待的[行为人的]行为,作为判断标准。

---

〔7〕 参见上文边码454。
〔8〕 弗卢梅,同前引书,§40,1。
〔9〕 弗卢梅,同前引书,第716页以下。

我想说的与弗卢梅的这一看法还有点不同:第162条实质上仅仅是援引了解释条件时的诚实信用要求。因此,在扶养案中,关键的问题是:对“结婚”的约定是否过于狭窄了;扶养请求权实际上是否附有解除条件?这个解除条件就是债权人已从其他地方得到了供养,或者他已不再单独生活。在不断重新开始学习新专业的大学生案中,相应的问题是:奖学金是否仅供给这个大学生学习一个专业(ein Studium)之用?在最后一个案例中,虽然条件的文意可能表达不一,但是向承租人提供(bereitstellen)一套适当的房子就足以使条件成就。

如果我们以此种方式对第162条作出符合诚实信用原则的解释,那么条件的成就就无法真正被人阻碍了。与所谓的“规避法律”一样,如果对此作正确理解,正确的结论在这里也可直接产生于解释。[10] 这样,有关过错的问题(如过失是否可构成阻碍[11])就只是解释问题的一个方面而已:如承租人在寻找一套替代住房时必须付出多少力气?就此而言,弗卢梅的看法与本人有些不同。[12]

836 上述原理同时也说明,第162条不适用于任意条件。[13] 只要条件的成就或不成就真的完全由一方当事人的任意所决定,那么,即使用第162条也无法动摇这一点。

837 (三)需要征得同意的法律行为虽然是一类独立的事例,但经常与第162条结合起来作探讨。这里的问题是:如果一方当事人没有尽充分的努力使行为获得同意,因而阻碍了行为发生效力,这时会产生什么后果?由于同意是一种法律条件,法律行为的生效

〔10〕 参见上文边码660。

〔11〕 参见《帝国法院民事裁判集》第122卷,第247页。

〔12〕 弗卢梅,同前引书,§40,1e,第720页以下。

〔13〕 弗卢梅,同前引书,§40,1f,第721页。

依法乃取决于这一条件，而不取决于当事人的意思，[14]因此第162条不适用。所以，即使[一方当事人]随心所欲地阻碍同意发生，也不能直接使行为无效。例如，一项土地买卖合同，如根据《土地交易法》必须征得同意，则不能够因为一方当事人阻碍了同意，而将该合同拟制为有效。不过在此类情况下，可以适用缔约过错所产生的损害赔偿义务。[15]

在监护法院的同意方面，还应注意第1828条和第1829条第1 838
款第2句的规定。根据这些规定，法院应向监护人（即父母，第1643条第3款，或者照管人，第1908i条第1款）发出同意表示。只有在监护人将此项同意告知对方当事人时，行为才能生效。是否告知，由监护人决定。如果监护人现在已认识到，法院同意的行为对被监护人是不利的，那么他就可以（以及应当）拒绝告知。这种使行为不生效力的行为，并不构成缔约过错。

此外，根据联邦最高法院的一项判决，某项因欠缺官署的同意而效力未定的合同，不应到[官署]最终作出拒绝同意的表示之时才无效。只要官署正式作出公告，称它将一般性地拒绝作出此类同意，而拒绝的合法性是毋庸置疑的，那么公告之时，合同即为无效。[16]

三、条件成就的后果

在条件成就的法律后果方面，应区分延缓条件和解除条 839
件。[17]

（一）延缓条件（aufschiebende Bedingung）成就时，附条件的法律行为生效（第158条第1款）。例如，附条件的债务合同，现在

[14] 参见上文边码832。

[15] 参见上文边码451以下。

[16]《联邦最高法院民事裁判集》第127卷，第368页。

[17] 参见上文边码827。

便产生了履行请求权；附条件的处分，如在所有权保留买卖行为中，被留置的所有权便移转给取得人。与同意不同，这一切都不具有溯及既往的效力(ohne Rückwirkung)，即效力是从现在开始(ex-nunc)的。这一结论产生于第159条。第159条规定，如果按照附条件的法律行为的内容，条件成就时所产生的效果应溯及条件成就之前，那么[双方当事人]仅仅享有(债法上的)补偿请求权。根据此项原则，在条件成就之前即已履行的给付，其风险转移的时间可以提前。[18]

840 (二)解除条件(auflösende Bedingung)成就时，附条件的法律行为停止生效。根据第158条第2款，“回复以前的法律状态”。这一点在附解除条件的处分行为中是毫无问题的。如在所有权移转担保中，约定以偿还被担保的贷款为解除条件的，偿还贷款之时，所有权直接回归于担保人。

相反，如果依据附解除条件的负担行为已经履行了不附条件的给付(unbedingt Leistungen erbracht)，那么，以前的法律状态就不可能自动回复了。例如，已经对附解除条件的承揽合同支付了一笔预付款。在这种情况下，在条件成就之时，受领人保留这笔款项的权利虽然遂告消灭，但是，这笔款项的所有权不能自动回归于付款人，而是必须履行一项所有权回复移转的行为。也许尚为通行的学说认为，此项回复移转所有权的义务产生于第812条。不过我赞成弗卢梅的观点，[19]认为此项回复移转所有权的义务应当以附条件的法律行为本身为发生依据。例如，我们可以认为，双方当事人在约定附解除条件的所有权移转担保协议时，也约定了被

---

〔18〕 哈·彼·韦斯特曼(H. P. Westermann)：《慕尼黑德国民法典评注》，第159条，边码3。

〔19〕 弗卢梅，同前引书，§40,2,d，第729页。拉伦茨对此表示赞同，同前引书，§25,IV，第507页。

担保人有义务在条件成就之后归还担保物；这样，解除条件就“被想到了底”。

在解除条件成就时，法律行为也不发生溯及既往的效力（Rückwirkung auch hier nicht）。也就是说，在解除条件成就之前，受领人接受给付是具有法律原因的，因此是作为合法占有人占有给付的。所以，就其收取的利益而言，他既毋需根据第 818 条第 1 款，也毋需根据第 990 条、第 987 条负有［返还］义务。在附解除条件的长期债务关系中，条件成就之前已经交换的给付，不予返还。不过，这里也可以根据第 159 条，约定行为在债法上具有溯及既往的效力。

四、未决期间

在就条件的成就或者不成就作出决定之前，附条件的法律行 841
为处于效力不确定的状态（UngewiBheit）。例如，在所有权保留买卖行为（第 455 条）中，虽然在［买受人］支付最后一笔款项之前，出卖人依然是所有权人，但是只要买受人支付了这笔款项，所有权就直接移转于买受人。出卖人仅仅是享有一种“剩余所有权”（Noch-Eigentum）。这时可能发生一种危险，即仍然享有权利的人（或者还没有承担义务的人）［故意］利用其尚且享有的地位，来阻碍附条件法律行为的结果发生。第 160 条、第 161 条旨在防止出现这种情况。

与第 162 条情形不同，[20] 第 160 条、第 161 条涉及的不是阻碍条件成就的行为，而是旨在避免在条件成就时发生效力的法律行为变得毫无实际意义。例如，所有权保留买卖行为的出卖人在条件成就之前，将买卖物移转给第三人（根据第 931 条）；或者附条件的义务人任凭附条件给付的东西腐败变质。

（一）根据第 160 条，如果对方当事人在效力未定期间“以自 842

〔20〕 参见上文边码 834 以下。

己的过错破坏或者损害附条件的权利”，则权利人有权要求其赔偿损害(Schadensersatz)。对于附条件的负担行为(bedingte Verpflichtung)来说，这条规定只具有澄清的功能，因为那些旨在使给付成为可能或者维持给付的保护义务和注意义务，在从事行为之时即已发生，而并非要到条件成就之时才发生。[21] 例如，在延缓条件下允诺将某物[出售]给对方的，就必须立即以为相关行为所必需的注意对待该物。

在附条件的处分行为(bedingte Verfügungen)中，相应的义务通常产生于作为其基础的原因行为。例如在所有权保留买卖行为中，出卖人因买卖行为而负有[适当]处分买卖物的义务，以使买受人在条件成就之时能够取得无负担的所有权。不过，通说认为，也应当赋予[相对人]以附条件的处分行为本身为由主张损害赔偿的权利。[22]

843 (二)在附条件的处分行为中，第161条第1款和第2款进一步强化了对取得人的保护。仍然享有所有权的人在事后所为之处分(spätere Verfügungen)，以将会破坏或者损害“取决于条件的效果”为限，在条件成就之时不生效力(unwirksam)。这即是说，如让与人以所有权保留方式移转某物之所有权[于取得人]，则根据第161条第1款第1句规定，若将该物的所有权移转于第三人，或向第三人设定质权，那么这些行为产生效力是有条件的。同样，根据第161条第1款第2句规定，让与人的债权人扣押该物的行为，也只能有条件地发生效力。根据第161条第2款规定，相同的原则也适用于解除条件。如果一项所有权移转担保[合同]附有解除条件，条件为被担保的债权得到清偿，那么，一旦已为清偿，被担保

---

〔21〕 弗卢梅，同前引书，§40,2c，第726页以下；拉伦茨，同前引书，§25IIIb，第500页。

〔22〕 弗卢梅，同前引书，§40II2b，第726页；拉伦茨，同前引书，第501页。

人在此期间所为的处分行为即归于无效。对附条件之权利人提供此种保护，以免受第三人的损害，是期待权（Anwartschaftsrecht）学说最重要的支柱。[23]

当然，应当将这种保护与第三人利益进行协调。第161条第3款即旨在协调这两者之间的关系，它规定有关从非权利人处取得权利的规定（即主要为第932条及以下条款）应准用。这样规定的必要性是不言而喻的。一个人既然能够从一个非权利人处有效取得权利，那么，在让与人依然是权利人、后来在条件成就时才丧失其权利的情况下，至少同样也能够取得权利。有关从非权利人处取得权利之规定的准用（entsprechende Anwendung），意为：取得人善意地以为让与人的权利是不附有条件的。

第二节　附　期　限

附期限，即为一项法律行为规定始期或终期。由于期日的到 844
来是确定无疑的（certus an）[24]，因此这里不存在附条件情形所特有的对成就或不成就的不确定性。不过，期日的时间也有可能是不确定的（如一个人的死亡时间：incertus quando）。此外，在规定的期日到来之前，还有一段或长或短的时间，因此有必要保护附期限的权利人的利益。这里的情况与附条件的情况相似，因此第163条规定第158条、第160条、第161条准用[于附期限的法律行为]。据此，附延缓期限的权利人，在始期发生之前，就受到第160条、第161条的保护。

附延缓期限的债权（aufs chiebend befristete Forderung），即债 845
权尚未形成。未届清偿期的债权（noch nicht fällige Forderung），即

〔23〕　参见上文边码65。
〔24〕　参见上文边码828。

债权已经形成,但尚未到期。对这两种债权的界定不无困难。弗卢梅认为,这种区分对法律适用没有什么意义。〔25〕 然而,这两者之间的确存在实际的区别。〔26〕 根据第 271 条第 2 款,在发生疑问时,尚未到期的债权在清偿期届至前即可履行之;根据第 813 条第 2 款,为清偿此种债权而提前履行的给付,不得请求返还。相反,一项尚未形成的债权,也不可能是一项可履行的债权;只有在给付者知道[其不负有给付的义务]的情况下,第 814 条才排除其要求返还已履行的给付的权利。长期债务关系中那些尚未起算之履行时段的债权,即可认为是未来的债权,即附延缓期限的债权。例如,如承租人误(否则就适用第 814 条)将三月份的租金支付了两次,则并不意味着他根据第 271 条第 2 款、第 813 条第 2 款,同时支付了四月份的租金。毋宁说,他可以根据第 812 条第 1 款第 1 句第一种情形,将其支付的超过三月份租金的款项视为未欠之债,而要求对方予以返还。根据联邦最高法院的一项判决,定期订立的融资租赁合同的情形与此不同。〔27〕

第三节 附条件和附期限的禁止

846 有些法律行为,在实施之时不得附有条件。它们是不得附有条件的。有些法律行为也不得附有期限。这方面的原因各异。法律对附有不合法条件或不合法期限所规定的法律后果也各异。

一、法定禁止

(一)特别是对婚姻(Ehe),不得附有条件或者期限(《婚姻

〔25〕 弗卢梅,同前引书,§41,第 730 页。

〔26〕 持相同看法者有拉伦茨,同前引书,§25V,第 509 页;哈·彼·韦斯特曼(H. P. Westermann):《慕尼黑德国民法典评注》,第 163 条,边码 3。

〔27〕 《联邦最高法院民事裁判集》第 111 卷,第 84 页,第 93 页以下。

法》第 13 条第 2 款)。如果允许对婚姻附延缓条件,那么当事人的身份就处于一种与婚姻的本质不相符合的不确定性状态之中。[当事人]不得违反第 1297 条规定订立有拘束力的(verbindlich)婚约,更不得对婚姻附加延缓期限(“婚姻在三年之后开始”;如果当事人双方认为自己能够活到三年之后,那么依据当事人的意思,这一约定可能是为婚姻附加的期限)。对婚姻附解除条件的(“发生不忠时离婚”),会排除有关离婚的强制性规定。最后,对婚姻附解除期限的(“婚姻约定为下一个三年”),违反了婚姻终生性的规则(第 1353 条第 1 款第 1 句)。

因类似原因,其他亲属法上的行为也不得附有条件或者期限,诸如第 1600b 条第 1 款(生父承认),第 1750 条第 2 款第 1 句(同意收养),第 1564 条(离婚),第 1593 条(撤销婚姻)。

(二)土地所有权移转的合意(Auflassung),也不得附有条件 847
和期限(第 925 条第 2 款)。因为这一合意涉及最重要的土地权利,即所有权。而土地登记簿应当直接明了地提供有关土地所有权的情况,亦即人们不必去探究某项条件的成就或者不成就,不必去查找日历。同样的原则也适用于地上权(《地上权条例》第 1 条第 4 款,第 11 条第 1 款)和住房所有权(《住房所有权法》第 4 条第 2 款第 2 句)。

(三)其他行为由于其对很大数量的人具有意义,因此也不得 848
附有条件或者期限,亦即应避免出现效力悬而未决的状态。此类行为,如对遗产或者遗赠的接受以及抛弃(第 1947 条,第 2180 条第 2 款第 2 句);是否接受遗嘱执行人(Testamentsvollstrecker)职务的决定(第 2202 条第 2 款第 2 句);经理权(Prokura)的授予(参见商法典第 50 条第 2 款)。

(四)根据第 388 条第 2 句规定,不得对抵销(Aufrechnung)附 849
条件或者期限。抵销是一项形成权,它赋予权利人单方面对另外一个人的法律地位进行干预的权力。[28] 其相对人不应再受到附条件或附期限造成的悬而未决状态的不利影响。由于这一理由不仅适用于抵销,而且也适用于其他的、效力及于他人的形成权(如撤销、终止),因此对此类形成权也都不得附条件和期限。同意(Genehmigung)也不得附条件或期限。[29]

850 这一理由同时也表明,条件的非法性并非毫无例外。毋宁说,只要条件对表示相对人来说并不产生不可合理期待的不确定性,那么条件就是合法的。[30] 这一点尤其适用于那些实现与否取决于形成权相对人意思的条件。[31] 在这种情况下,形成权相对人可以自行消除这种不明朗状态。因此,不得附条件的规定不适用于变更终止(Änderungs kündigung)。在这里,终止的条件是,对方当事人对合同内容的某种变更表示同意(如同意提高租金。不过,1974 年 12 月 28 日的《租金调整法》[32] 第 1 条排除了房屋租赁合同中的变更终止权)。相反,联邦劳动法院认为,变更终止甚至具有优先于解除性终止(lösende Kündigung)的地位。法律对附(延缓)期限的解约作了规定,这就是解约期间(Kündigungsfrist)(如第 565 条,第 621 条及以下条款)。被解约人可通过解约期间,使自己适应新的法律状态,因此解约期间是有利于维护被解约人的利益的。与此相比,立即产生效力的不遵期解约是一种例外。

二、有悖于法律宗旨的条件或期限

851 在有些情况下,法律虽然没有明确规定附条件和期限是不合法的,但这种做法违反了法律意在达成的某项宗旨。这方面可以

---

〔28〕 参见上文边码 81。

〔29〕 哈·彼·韦斯特曼(H. P. Westermann):《慕尼黑德国民法典评注》,第 158 条,边码 28。

〔30〕 《联邦最高法院民事裁判集》第 97 卷,第 264 页。

〔31〕 如拉伦茨,同前引书,§ 25II,第 497 页。

〔32〕 舍恩费尔德(Schönfelder):《德国法律汇编》第 30 号。

举出下列两类事例。

(一)如果允许对劳动合同附加简短的期限,或者附加特定的解除条件,那么[法律规定的]对雇员的解雇保护就可能在很大程度上变为无效。因为如果对劳动合同附加了期限,那么雇主就没有必要解雇了,而只需要简单地等待终期的到来,然后不再[与该雇员]续订新的合同。此外,雇主可以通过适当的条件,将其作为企业主承担的风险转嫁给雇员。例如,雇主可以将欠缺订单或者没有完成特定的销售额,约定为[劳动合同的]解除条件。因此,此类条件和期限,根据《解雇保护法》有关规定的意义,必然是不合法的。不过在另一方面,尤其是对劳动合同附加期限,是不可能完全被排除的。[雇主]招聘雇员,应当有可能对雇佣时间进行限制,因为有关工作在时间上也是有限制的。例如,海滨饭店的雇主雇佣服务员的时间只限于夏天[的旅游]旺季;雇佣滑雪教师则仅于冬季。

联邦劳动法院作出了许多判决,来处理这两个方面之间存在的矛盾。这些判决指出,必须具有合理的理由,对劳动合同附加期限才具有合法性,而且这些理由不得以排除6个月后即可发生的解雇保护为目的。立法者也多次对这个问题作了规定。[33]

在房屋租赁合同(Wohnungsmiete)中,[出租人]也有可能通过附加条件或者期限排除[承租人享有的]终止保护。对这个问题,第556b条、第565a条已作出了明确的规定。

(二)第137条第1句规定,不得通过法律行为对处分行为作 852
出绝对的禁止。[34] 这一禁令也有可能通过附加条件遭到破坏。

---

〔33〕 如在这方面形成了一条并不十分清晰的法律规定。本书对此不作具体介绍。最新的论述参见冯·霍伊宁根－许纳－林克(von Hoyningen-Huene-Linck)文,载《企业》1977年,第41页;《联邦劳动法院,企业》1997年,第232页。

〔34〕 参见上文边码675。

例如,某人在将一件物品的所有权移转给他人时,附加一项解除条件,即:取得人违反禁令处分该物或者取得人的债权人扣押该物;被继承人以继承人对遗产不作出特定的、被继承人不情愿的处分为解除条件,立其为继承人。此类条件不可能一劳永逸地无效,因为法律本身在第 161 条、第 883 条、第 2113 条、第 2115 条中规定可保全请求权,而且这种保全具有对抗中间处分的间接效力。因此,如果条件只是为了保全请求权(如信托人要求归还信托物的请求权),那么应认为条件合法。反之,如果单纯为了阻止他人为处分,而并非为了保全请求权,那么就应认定违反了第 137 条第 1 句的宗旨,因此应认定条件不合法。[35]

三、条件和期限不合法的法律后果

853 法律行为附加不合法的条件或者期限的,可能产生三种不同的法律后果。

第一,*该法律行为可被宣告为整体无效*(das Geschäft im ganzen für nichtig)。如第 925 条第 2 款规定,对土地所有权移转之合意附条件或附期限的,合意无效。

第二,也有可能只是*删除不合法的条件或者期限*,而法律行为作为[效力]无限制的行为得以维持。汇票法中有一个法定的例子。根据《汇票法》第 12 条第 1 款第 2 句,背书时记载的条件视为未记载。也就是说,背书的效力是无条件的。在司法判例领域,这种情况主要表现为对劳动合同附加不合法的条件或期限:[36] 在这里,劳动合同也在删除不合法的条款后继续生效。[37]

第三,在没有相反的特殊规定的情况下,适用有关*部分无效*

---

〔35〕 参见此彼·齐格勒(P. Ziegler):《附条件的处分与民法典第 137 条第 1 句》,雷根斯堡大学博士论文,1980 年;蒂姆(Timm)文,载《法学家报》1989 年,第 13 页。

〔36〕 参见上文边码 851。

〔37〕 曾经发生过一起奇特的案子:被继承人立某人为继承人,条件是该人必须参与杀死被继承人。参见《巴伐利亚州最高法院,亲属法杂志》1986 年,第 606 页。

(Teilunwirksamkeit)的一般规范。[38] 在这种情况下，根据第139条规定，条件或期限无效的，剩余的法律行为通常也为无效，除非能够例外地查知当事人具有相反的意思。

第四节　附：期限和期日的计算

民法典第186条至第193条中的有些条款，对期限和期日的 854
计算作了规定。[39] 这些规则不仅适用于第163条规定的意定的期间确定，而且也适用于法定的和法院规定的期间确定（第186条）。《民事诉讼法》第221条至第223条对民事诉讼规定了一些特别条款。

一、根据第187条第1款，通常在事件发生之日届满之后［的次日］，才开始起算期限(Frist beginnt)。根据第187条第2款第1句，期间的开始以这一天的开始为起算标准的，则应将这一天算入。除非另有规定（如受领期限为“中午之前”或“8个小时”），期限均终于［当日的］零时。因此，没有必要查明某一事件是在一天中的什么时候具体发生的。

出生也发生在一天之中。根据第187条第1款规定，如果一个人是在3月12日的3时出生的，那么这个人要到明年的3月13日才能庆祝其一周岁生日。为了避免这一结果出现，第187条第2款第2句违反原则地规定，在计算年龄时，出生之日一起计入。

二、根据第188条第1款，以日确定期间的，期间末日的届 855
满，为期间的终止(Frist endigt)。“到星期四”之期间，也包括星期四在内。根据第188条第2款，以周或月确定期间的，期间的届满

〔38〕 参见上文边码497以下。

〔39〕 参见齐格尔特鲁姆(Ziegeltrum)文，载《法学教育》1986年，第705页；第784页。

应区分第 187 条的两种情形。在第 187 条第 1 款情形,期间终于与有关事件发生之周日或月日名称相同的周日或者月日。例如,在第 148 条规定的承诺期间是两周的情况下,如要约是在 3 月 5 日星期一生效的,那么该期间在 3 月 19 日星期一终止。反之,在第 187 条第 2 款情形,由于期间的起算早了一天,因此期间的终止也早一天。第 188 条第 3 款对不同月份的不同天数作了规定。例如,从 3 月 31 日开始的、以月计算的期间(第 187 条第 1 款),以 4 月 30 日为终止日,而不是以 5 月 1 日为终止日。不过,发出意思表示或履行给付的期间,并不以星期六、星期天或法定假日为终止日,而是以下一个工作日为终止日(第 193 条)。

856 三、第 189 条至第 192 条规定应如何计算期间的长度(Berechnung der Länge)。这些规定也主要是为了澄清因各个月份天数不同而可能产生的疑问。但是,民法典没有对日常生活中常用的"8 天"这一说法作规定。究竟"8 天"是不是仅指一个星期呢?商法典第 359 条第 2 款规定,在发生疑问时,"8 天"是指 8 整天;《汇票法》第 36 条第 4 款甚至对此作了强行规定。在民法中,"8 天"究竟指多少天,必须通过探究表意人的意思予以查明。对于一般交易条件,还可适用《一般交易条件法》第 5 条的疑义规则。

第五十三章　交易基础的瑕疵

参考文献：具有开创性意义的著述有：温德沙伊德（Windscheid）：《罗马法关于前提的学说》，1850年［有关评论，参见莱纳尔（Lenel）文，载《民法实务档案》第74卷，1889年，第213页以下；第79卷，1892年，第49页以下］；厄尔特曼（Oertmann）：《交易基础》，1912年；拉伦茨（Larenz）：《交易基础与合同履行》，1963年第3版；弗卢梅（Flume）：《德国民法总论》第二卷，§26。——其他著述还有：博伊庭（Beuthien）：《债务关系中的目的达成与目的干扰》，1969年；于·弗·鲍尔（J. F. Baur）：《合同上的适应规则——以长期能源供应合同为例》，1983年［有关评论，见施泰因多夫（Steindorff）文，载《商法杂志》第148卷，第271页以下］；布劳恩（Braun）：《交易基础丧失——〈联邦最高法院，法学家报〉1978年，第235页［上的判例］》，载《法学教育》1979年，第692页以下；布罗克迈尔（Brockmeyer）：《从经济分析法学角度看交易基础丧失之法律制度》，1993年；布罗克斯（Brox）：《对因错误而撤销的限制》，1960年；希奥特利斯（Chiothelis）：《债务合同中交易基础受到干扰时的法律后果确定》，1981年；菲肯切尔(Fikentscher):《作为合同风险问题的交易基础》,1971年;盖斯勒(GeiBler):《保证合同框架下的交易基础丧失》,载《新法学周报》1988年,第3184页以下;戈尔茨(Goltz):《债务合同中的动机错误与交易基础》,1973年[有关评论,见克勒(Köhler)文,载《民法实务档案》第175卷,第262页以下];格克(Görk):《德国统一与交易基础丧失》,1995年慕尼黑大学博士论文;格林(Grün):《剧变后前东德经济合同中的交易基础丧失》,载《法学家报》1994年,第763页以下;哈尔曼(Haarmann):《长期债务关系中的交易基础丧失》,1979年;黑泽迈尔(Häsemeyer):《交易基础与合同公正性》,载《魏特瑙尔(Weitnauer)纪念文集》,1980年,第67页以下;哈勒(Harle):《对等价性的干扰》,1995年;哈姆斯(Harms):《论长期能源供应合同中修正条款的适用》,载《企业》1983年,第322页以下;哈特(Hart):《在巩固合同与发展合同法之间的民法实践》,载《立法与法学评论季刊》1989年,第179页以下;乌·胡贝尔(U. Huber):《义务目的、合同内容与交易基础》,载《法学教育》1972年,第57页以下;扬森(Janssen):《……交易基础丧失与[两德]重新统一》,载《法律政策杂志》1991年,第418页以下;克格尔(Kegel):《鉴定》,载《第40届德国法学家大会辩论集》第一卷,1953年,第135页以下;克勒(Köhler):《债务关系中目的受到干扰时的给付不能与交易基础丧失》,1971年;同一作者:《交易基础丧失学说的基本问题》,载《法学工作报》1979年,第498页以下;拉尔夫·科布勒(Ralf Köbler):《情势如恒条款作为一般法律原则》,1991年;克勒尔(Koller):《交换合同中发生合同障碍时的风险归责》,1979年;克吕克曼(Krückmann):

《前提作为“潜在的”保留》,载《民法实务档案》第131卷,1929年,第1页以下;第257页以下;海·朗格(Heinr. Lange):《考虑交易基础之出发点、途径与手段》,载《吉塞克(Giesecke)纪念文集》,1958年,第21页以下;拉伦茨:《补充性合同解释以及交易基础的适用》,载《卡尔斯鲁厄论坛25年周年》,1983年,第156页以下;利特巴尔斯基(Littbarski):《交易基础学说适用范围的最新趋势》,载《法学家报》1981年,第8页以下;洛赫尔(Locher):《交易基础与行为宗旨》,载《民法实务档案》第121卷,1923年,第1页以下;勒歇尔(Lörcher):《将长期合同与业已变化了的形势相适应》,载《企业》1996年,第1296页以下;梅迪库斯(Medicus):《合同解释与交易基础》,载《弗卢梅(Flume)纪念文集》第一卷,1978年,第629页以下;克·米勒(C. Müller):《论有关交易基础丧失学说的讨论》,载《法学家报》1981年,第337页以下;内勒(Nelle):《重新谈判之义务》,1994年;尼克利施(Nicklisch):《补充性合同解释与交易基础学说——一项旨在填补缺漏的统一法律制度吗?》,载《企业顾问》1980年,第949页以下;尼佩代(Nipperdey):《信守合同与给付的不可合理期待性》,1921年;施米德尔(Schmiedel):《重新调整某项法律关系时各方都对法律状态发生错误》,载《冯·克默雷尔(von Caemmerer)纪念文集》,1978年,第231页以下;施密特=林普勒(Schmidt = Rimpler):《论交易基础问题》,载《尼佩代(Nipperdey)纪念文集》,1955年,第1页以下;施托特尔(Stötter):《试论有瑕疵的交易基础之概念的精确化》,载《民法实务档案》第166卷,1966年,第149页以下;托伊布纳(Teubner):《交易基础作为合同与社会局部系统之间的冲突》,载《商法杂志》第 146 卷,1982 年,第 625 页以下;彼·乌尔默(P. Ulmer):《对经济的干预与合同的履行》,载《民法实务档案》第 174 卷,1974 年,第 167 页以下;维亚克尔(Wieacker):《合同当事人的共同错误与情势如恒条款》,载《威尔伯格(Wilburg)纪念文集》,1965 年,第 229 页以下;维林(Wieling):《交易基础丧失学说之发展及教条》,载《法律学习》1985 年,第 505 页以下;同一作者:《革命时交易基础丧失吗?》,载《法学教育》1986 年,第 272 页以下。

第一节 问　题

一、交易基础学说的必要性

857 当事人只能对那些他们可能预料到的、未来的变化约定条件(Bedingung)。而如约定期限(Befristung),则还要求未来的变化是确定的。[1] 因此,对于那些当事人没有预料到的(可能也是无法预料到的)、未来的变化,是不适合附加条件或者期限的。这时就提出了一个问题:在未预料到的事件成就之后,有关法律行为能否原封不动地继续发生效力?在当事人从事行为之时,实际情形就不同于当事人之所认为的情形之时,也会出现类似的问题。在所有这些情况下,现实偏离了法律行为参与人的设想。这里就可能适用交易基础(事后)丧失或(自始)欠缺的理论。

尤其在发生剧烈动荡的年代里,人们坚信应当在一定程度上对交易基础的瑕疵加以考虑:第一次世界大战以后、1923 年的货

[1] 参见上文边码 828。

币崩溃、第二次世界大战以后以及最近的两德统一。[2] 正是在这些非常形势下，现实在很大程度上与当事人的预计相距甚远。不过，即使是在“正常”的年代里，也可能产生事先没有考虑到的变化。例如，夫妻双方赖以建立其未来规划的婚姻宣告破裂；[3] 一家足球俱乐部支付了高额转会费购得的球员丧失了他的参赛权；[4] 约定不遵守就须支付违约金的《明码标价条例》被联邦宪法法院宣布为无效；[5] 企业供养条例中规定的计算方式，使净供养费超过了净工资额。[6] 因此，交易基础学说已经成为法学理论中随时可供适用的一个部分。由于法律未对该学说作专门的规定，因此它的依据是第 242 条。当然，第 242 条规定也还适用于债法之外的广泛领域。

有关交易基础问题的专门的、民法典之外的规定（spezielle Regelung），散见于其他一些法律条款中，如《著作权法》第 36 条、《行政程序法》第 60 条第 1 款第 1 句以及《国际货物买卖统一法公约》第 74 条。不过从这些规定中，无法得出进一步的、具体化的结论。前德意志民主共和国《民法典》第 78 条和第 79 条的规定也非常一般。根据这两条规定，“如果在合同订立以后，对合同订立具有决定性意义的情形发生了如此变化，以至于根据社会发展以及当事人之间关系的现状，不能合理期待当事人中的一方履

---

〔2〕 如《联邦最高法院民事裁判集》第 120 卷，第 10 页；《联邦最高法院，经济法杂志》1993 年，第 955 页；《新法学周报》1994 年，第 2688 页；1996 年，第 990 页；1997 年，第 320 页。

〔3〕 参见《联邦最高法院民事裁判集》第 82 卷，第 227 页，第 84 卷，第 361 页；《联邦最高法院，新法学周报》1985 年，第 313 页，1989 年，第 1986 页。

〔4〕 《联邦最高法院，新法学周报》1976 年，第 565 页。参见韦滕布鲁赫（Wertenbruch）文，载《新法学周报》1993 年，第 179 页。

〔5〕 《科隆州高等法院，竞争法与实践》1984 年，第 433 页。

〔6〕 《联邦劳动法院，企业顾问》1986 年，第 1088 页。

行合同”,则法官有权[对合同内容]作出相应调整。

除此之外,在经济企业之间订立的长期合同中,往往都订有“经济条款”(Wirtschaftsklauseln),约定当事人负有义务,将[合同内容]与变化了的形势相适应。[7]

二、界定的必要性

858 债务合同与纯粹社会层面上的约定[8]不同,旨在产生法律上可强求的请求权。特别是在债务人在订立合同后改变了主意,因而不想自愿履行其义务的时候,这种法律强制(Rechtszwang)就有了用武之地。债务人之所以会改变主意(Sinnesänderungen),往往是因为合同订立以后情况发生了变化,或者债务人在承担合同义务之时就对形势作出了错误的判断。如果债务人在所有此类情况下都能以交易基础丧失或者欠缺为由,拒绝履行其给付,那么,合同的可信赖性就会丧失殆尽。因此,必须对那些具有作为交易基础之法律意义的情形作出狭义的理解;必须将这些情形同不具有法律意义的动机、期待以及愿望界定开来。

在这方面,经常有人指出,交易基础学说是对信守合同的破坏(Eingriff in die Vertragstreue),是对有约必守(pacta sunt servanda)原则的限制。[9] 但是,如此一般性的表述是不正确的。因为这种看法忽视了前一个问题,即合同在何种程度上也对那些在订立之时没有预见到的情况作了规定。易言之,正因为人们将合同[内容]限制在当事人实际意在调整的范围内,因此才能够特别严肃地对待合同。我认为,交易基础学说的基本问题,就在于划定这方

---

〔7〕 参见于·弗·鲍尔(J. F. Baur)文,载《施泰因多夫(Steindorff)纪念文集》,1990年,第509页;艾登米勒(Eidenmüller)文,载《经济法杂志》1995年,第1063页。

〔8〕 参见上文边码185。

〔9〕 如《联邦最高法院,新法学周报》1976年,第565页,第566页;1977年,第2262页,第2263页。

面的界限上。[10]

第二节　案例类型的构造

人们试图以构建案例类型的方式来回答上面提出的基本问题。如果能够成功地构造一些案例类型,那么对这个问题的回答就不必具有一般性了,而是可以依据典型事例予以细分。 859

一、大交易基础和小交易基础

以克格尔(Kegel)[11]为代表的学者强调将交易基础区分为大交易基础和小交易基础。弗卢梅(Flume)将大交易基础的适用范围描述为社会生存的变化:战争、货币崩溃、修订法律、自然灾害。[12] 这些因素,就是上文边码857所称的交易基础学说得以盛行的原因。

大交易基础通常涉及数量众多的合同。因此,立法者大多对其后果作出了规定。尽管如此,从这一事实中大概难以得出一项具有说服力的、用于划定[大交易基础和小交易基础]界线的理由。因为,第一,在立法者就此作出调整之前,这种形势往往要延续很长时间,有时立法者也是在司法判例的催逼下才采取立法行动的。[13] 第二,小交易基础的变化也能够频繁出现,导致立法者决定对此加以调整。例如,立法者通过第1372条及其后条款(增益平衡)、第1587条及其后条款(供养补偿)以及《家务规程》,对婚姻失败的后果进行了相当广泛的调整。所以,我认为区分大交

〔10〕 参见下文边码862以下。

〔11〕 见参考文献所列著述。

〔12〕 弗卢梅(Flume):《德国民法总论》第2卷,§26,6,第518页;7,第525页。

〔13〕 如在1923年,帝国法院有关货币升值的判例才迫使立法者对脱缰野马似的通货膨胀作出了反应。

易基础和小交易基础意义不大。[14]

二、客观交易基础和主观交易基础

860 以拉伦茨(Larenz)为代表的学者主张区分客观交易基础和主观交易基础。拉伦茨说的主观交易基础,是指“行为当事人在作出约定时据此为出发点并——假设他们具有善意的思维方式——加以遵循的想法”[15]。而客观交易基础则是指下列情形:合同依其本旨(sinngemäß),以这些情形的存在或者持续存在为前提;只有具备了这种前提,合同才能至少接近于满足当事人与执行合同相关联的期待。[16] 客观交易基础主要应指等价关系受到干扰以及目的受到破坏等情形。学术界对这一区分方法多持肯定态度,但也有持反对意见者。[17] 拉伦茨本人严格贯彻这一区分。他把主观交易基础放在民法总论中研究,即归之于动机错误,[18] 而将客观交易基础置于债法总论之中,将其作为给付障碍加以分析。[19]

我一如既往地[20]属于那些看不出这两类交易基础之间存在足够明显的区别的人。因为,一方面,在交易基础学说的适用范围内,对现在或者未来情况作出不正确判断(尽管并非一定以错误想法的方式出现,纯粹的不想亦可),大概永远是一个必要的条件。如果行为人对现在的和未来的情况作出了正确的估计,他就会对此作出与现实相适应的规定,因此[对方当事人]也可以要求他遵循这一规定。另一方面,合同双方当事人发生错误——即使是共同的错误亦然——本身,尚不足以认定交易基础受到了干扰,

---

〔14〕 格恩胡贝尔(Gernhuber)的看法相同,参见《民法》, § 35,I8。

〔15〕 拉伦茨:《债法总论》, § 21II,第 322 页。

〔16〕 拉伦茨,同前引书,第 324 页。

〔17〕 参见希奥特利斯(Chiothellis),参考文献所列著述,第 19 页以下。

〔18〕 拉伦茨:《德国民法总论》, § 20III。

〔19〕 拉伦茨:《债法总论》, § 21II。

〔20〕 参见《民法》,边码 165。

除此之外还必须具备履行的不可合理期待性这一要件。[21] 就此而言，任何有关交易基础的事例，都类似于给付障碍。而就给付障碍法而言，在给付不能的一些特殊事例中，可合理期待性（牺牲的界限）以及给付目的之视角，也起着一定的作用。

三、交易基础的丧失和欠缺

传统上将交易基础区分为交易基础的（事后）丧失以及（自 861
始）欠缺。这种区分也涉及法律后果方面的差异，因为在交易基础事后丧失时，法律后果也只能在事后发生效力。但是，这一区分对究竟什么东西是交易基础这个基本问题，没有任何意义。

第三节　交易基础的查知

什么东西属于交易基础呢？对这个问题，必须从三个方面进 862
行界定，即相对于行为内容、相对于法律上无足轻重者、相对于特殊规定。

一、与行为内容的界定

属于交易基础的东西，不可能是行为的内容。这一点在下列观点的意义上是正确的：交易基础学说［适用］的前提乃存在一个双重的规定漏洞（doppelte Regelungslücke）[22]。因为，任何一项规定，都是由第一性的法律行为作出，第二性的法律为补充。因此，只要法律行为或者法律已经包含了某项规定，那么就不存在需要由交易基础学说来填补的漏洞了。

（一）尤其在债务合同中，法律行为上的规定（rechtsgeschäftliche Regelung）主要旨在分担风险（Verteilung von

---

〔21〕 参见下文边码 865 以下。

〔22〕 参见上文边码 826。也参见希奥特利斯（Chiothellis），参考文献所列著述，第 24 页以下。

Risiken)。例如,某人答应以一个固定的价格为他人建造房子的,原则上承担了材料涨价或工资涨价的风险(当然在另一方面,价格降低或者——更现实一些——物价停止上涨到原来预计的程度的,则对承揽人有利)。反之,如约定了物价适应条款或根据实际产生的费用结算,则不承担涨价的风险。这一分担原则无限制适用于一切由当事人预见到的风险。〔23〕

但是,联邦最高法院新近对融资租赁合同(Leasing)作出的判决置上述原理于不顾。联邦最高法院〔24〕认为,如果承租人因租赁物具有瑕疵而相对于租赁物的供应商解除合同,则融资租赁合同的交易基础即为丧失。联邦最高法院忽略了一点,即融资租赁合同通常都对瑕疵风险作出了规定,亦即规定出租人不承担瑕疵风险。因此,这里在[法律行为上的]规定方面不存在(即使是简单的)漏洞。联邦最高法院违反原则地以交易基础丧失学说,作为校正当事人之间约定的根据。〔25〕

863 (二)只有在当事人没有预料到风险,因此也不可能具有对风险作出规定的意愿时,才应当考察是否存在法律上的规定(gesetzliche Regelung)。例如,第459条及以下条款规定,买卖物在风险转移之时具有重大瑕疵的风险,由出卖人承担。反之,根据第446条规定,买卖物在风险转移之后恶化的风险,由买受人承担。在租赁行为中,第552条、第570条表明,承租人应当承担因其自身方面的原因而不能行使租赁物使用权的风险。在承揽合同中,第649条规定,虽然定作人在工作物对他已无用处的情况下有权终

---

〔23〕 参见上文边码858。

〔24〕 如《联邦最高法院民事裁判集》第81卷,第298页;《联邦最高法院,新法学周报》1985年,第796页;1990年,第314页。

〔25〕 参见利布(Lieb)文,载《法学家报》1982年,第562页;《企业》1988年,第2496页;卡纳里斯(Canaris)文,载《民法实务档案》第190卷,1990年,第408页,第414页以下。

止合同，但是通常他还是必须履行全额对待给付。所有这些分配风险的规定，原则上也适用于当事人没有预见到有关障碍或者甚至作出了错误设想的情形。例如，即使出卖人和买受人坚信买卖物没有瑕疵，但是第459条及以下条款依然适用；即使保证人（第765条）显然没有预料到自己会承担保证责任，但是他依然必须为主债务人承担责任。[26] 在一方配偶为另一方配偶承担保证责任后婚姻破裂的，通常[27]也适用上述原则。[28] 债务人准备从事的融资计划失败的，也应作出同样的判决。[29] 具有典型意义的是，遗赠必须得到履行，直至遗产完全耗尽。[30]

（三）应当通过解释（Auslegung）予以查明，这些规定是否例外 864
地不适用于没有预见到的或者非常罕见的情形。[31] 对于法律行为上的规定来说，这种解释根据第133条、第157条[32]进行；而对于法律上的规定来说，这种解释即是法律解释。[33] 在解释时，当事人约定中出现漏洞的可能性，要比法律规定中出现漏洞的可能性大得多，因为当事人在计划时所作的考虑，比立法者要欠缺得多（至少要差于立法者在历史悠久的、基于几千年经验的法律中所作的考虑）。所以，交易基础问题也几乎总是仅仅产生于应由当事人约定的那些事项方面，特别是有关价金和给付客体的特殊用途等方面的约定。此外，[交易基础问题]还出现在一些非典型的、不存在专门的法律规定的合同中。例如，在联邦最高法院一项

---

〔26〕《联邦最高法院，企业顾问》1988年，第231页。

〔27〕但请参见下文边码864末。

〔28〕《联邦最高法院，新法学周报》1987年，第1629页。

〔29〕《联邦最高法院，新法学周报》1983年，第1489页。

〔30〕《联邦最高法院，新法学周报》1993年，第850页。

〔31〕参见《联邦最高法院，企业》1994年，第777页，第778页。

〔32〕参见上文边码311以下。

〔33〕参见上文边码307以下。

有关遭禁赛的足球运动员的判决[34]中,法院之所以适用了交易基础学说,是因为买卖法(第459条及以下条款)不适用。当今,欠缺适当的法律规定的情况,特别明显地体现在非婚姻生活共同体的破裂问题上。联邦最高法院的一项判例认为,在一方配偶为另一方作为主债务人的配偶承担保证义务的情况下,如果双方离婚了,那么可以将这种情况视为交易基础丧失,因为既然已离婚,配偶之间转移财产的风险也就不存在了。[35] 然而,我不明白这一事实是如何适合于交易基础[36]的定义的。如果保证真的只是为了防止转移财产,那么,充其量也只能将行使保证的行为视为权利滥用行为。[37]

二、交易基础与无足轻重者的界定

865 (一)上面所说的内容,在结果上与克勒(Köhler)的下列表述无异。他说:"固有的内容问题……是对那些当事人没有预见到的、因而没有加以规定的、任意法也没有提供适当规定的风险进行分配。"[38]但是,不能从中得出结论认为,只要是存在任何一种一方当事人没有预见到的情形,就可以直接适用交易基础瑕疵学说。毋宁说,合同可能比当事人更为聪明,因为合同对那些当事人没有预见到的情形也能够作出规定。这就是说,合同能够规定一切与当事人已经预见到的东西相适应的内容。因此,交易基础受到的干扰,必须在本质上有别于[当事人]已经预见到的东西,只有这样它才具有法律上的重要性。联邦最高法院认为,必须发生了"如此深刻的变化,以至于如恪守原来的规定,将产生一种不可承

〔34〕《联邦最高法院,新法学周报》1976年,第565页。

〔35〕《联邦最高法院民事裁判集》第128卷,第230页,第236页以下。

〔36〕参见下文边码876a。

〔37〕参见《科隆州高等法院,企业顾问》1996年,第2536页。

〔38〕克勒(Köhler)文,载《民法实务档案》第175卷,1975年,第262页,第263页。

受的、与法和正义整个儿无法吻合的结果,因此,恪守原来的合同规定对相关当事人来说是不可合理期待的”。[39]

(二)认定这一本质性(Wesentlichkeit)的标准,在双务合同中主要是等价遭到破坏(Beeinträchtigung der Äquivalenz)。[40] 这里所说的等价,并不是指客观的、以市场价格为标准查知的给付与对待给付之间的同等价值。[41] 毋宁说,主观的——亦即在合同中所欲求的——等价才具有决定性意义。因此,在双方约定以明显低于市场的价格买卖一块土地的情况下,如果现在(如因对该市场价格发生了错误)这块土地的买卖价格正好是市场价格,那么也存在着对等价的重大破坏,因为当事人之间[实际]约定的等价不符合其所希冀的等价。 866

(三)当然,我坚定地认为,为等价遭受破坏的重要性程度给出一个特定的比例(bestimmte Quote,如50%或100%)是不可能的,连给出一个具有一定可靠性的近似值也是不可能的。[42] 因为除了等价遭受破坏的程度之外(在非双务合同中不存在这种破坏),还应当注意下列其他因素(andere Umstände)。 867

1. 首先应当考虑到实际情况的可预见性(Vorhersehbarkeit)。 868
如果当时存在这种可预见性,那么求助于诚实信用原则的要求就并不迫切(例如,目前每年的货币贬值率是1%至5%)。因为既然存在这些可以预见到的情形,债务人通常就可以认为,债权人已

---

〔39〕《联邦最高法院民事裁判集》第121卷,第378页,第393页。

〔40〕如《联邦最高法院,新法学周报》1984年,第1746页,第1747页:如果双方承担的义务“陷于重大的非对称关系之中”。

〔41〕在符合其他要件的情况下,给付与对待给付之间欠缺客观的同等价值之情形可构成第138条规定的行为。参见上文边码707以下。

〔42〕持不同看法者主要有维亚克尔(Wieacker),见参考文献所列著述,第250页以下。

经将这些情形计算进去了。这样,只要从受领人角度出发进行解释,〔43〕就可以得出金钱债权人承担货币贬值风险的结论了。此外,行为客体也有可能在其他方面面临着风险;这种风险成为现实的,通常不影响行为基础。例如,一项发明才提出专利申请的,有关此项发明的买卖行为,不受[对此项发明]未授予专利权或者专利权事后消灭的影响;〔44〕在有关未来建筑用地(Bauerwartungsland)的买卖合同中,土地事后成为建筑用地[的事实](Bebaubarkeit)并不构成交易基础。〔45〕其他依其类型即具有风险性的行为,如保证〔46〕和[一次性]补偿和解〔47〕。

869 2. 另外还应当考虑到[当事人]约定的给付目的(vereinbarter Leistungszweck)。在这方面,扶养的目的(Unterhaltszweck)具有很强的说明力。如果支付金钱旨在维持债权人的生计,那么即使是比较微小的价值变化也可能是重大的。因为约定的"供养"目的,通常应被理解为"适当的供养"。所以,在约定的款项不足以维持生计的情况下,即使[债权人]用这笔金钱尚能勉强糊口(或者只有接受第三人的救济才能维持生计),交易基础就受到了破坏。反之,在货币升值时,供养的目的也可能产生不利于金钱债权人的影响。如果约定的款项的购买力以当事人不可预见的方式大大超过了为维持适当生计所需要的程度,那么交易基础也可能遭到破坏。

供养目的这一特殊地位已为司法判例所承认。联邦劳动法

---

〔43〕 参见上文边码 323。

〔44〕《联邦最高法院民事裁判集》第 83 卷,第 283 页,第 288 页。

〔45〕《联邦最高法院民事裁判集》第 101 卷,第 143 页,第 152 页。

〔46〕《联邦最高法院,新法学周报》1983 年,第 1850 页[有关评论,参见雷拜因(Rehbein)文,载《法学评论》1984 年,第 17 页];《联邦最高法院,新法学周报》1988 年,第 2599 页,第 2603 页;第 3205 页;1994 年,第 2146 页;《联邦最高法院,经济法杂志》1993 年,第 903 页。

〔47〕《联邦最高法院,保险法》1983 年,第 1034 页。

院[48]和联邦最高法院[49]的有关判例认为，尽管可以预见一定程度的货币贬值率，但是在生活费用上涨了40%的情况下，交易基础就受到了破坏。

3. 此外，当事人具有共同的想法对等价受到破坏的重要性也具有意义。既然一方当事人明知某些情形对另一方当事人的重要性，而且他在合同中自行负载起了这一重要性，那么他就更应依据诚实信用的原则，接受这些情形之重要性对自己产生的后果。在联邦最高法院判决的一起案件[50]中，即可用这种方法认定交易基础受到破坏。在本案中，出售预制件装配房屋的出卖人，知道买受人打算在某一块土地上建造该房屋；买受人期待能够获得建筑许可，然而该建筑许可却没有得到批准。当然，在合同谈判过程中纯粹地表明某项动机，本身还不能使该动机具有法律上的重要性。否则的话，饶舌多话、整天把自己的动机放在口舌上的人就会具有一种更优越的地位。[51] 870

4. 过去的司法判例往往强调生存毁灭（Existenzvernichtung）这一方面。[52] 我认为在通常情况下，这一点是不具有法律上的重要性的。虽然债务人个人的给付能力在特定的情况下（如对企业养老金来说）可能是重要的，但是合同上的风险分配却很难取决于债务人的给付能力。否则的话，具有更强的给付能力的债务人就必须承担更大的风险；既然他承担了更大的风险，那么他也就能够获得更高的对待给付。 871

5. 同样，合同是否已经履行（Vertrag schon erfüllt）以及合同是 872

〔48〕《联邦劳动法院，新法学周报》1973年，第959页。

〔49〕《联邦最高法院民事裁判集》第61卷，第31页。

〔50〕《联邦最高法院，法学家报》1966年，第409页。

〔51〕参见上文边码758有关计算错误的论述。

〔52〕如《帝国法院民事裁判集》第100卷，第134页，第137页：如果履行合同“将完全或者几乎会使债务人的业务毁于一旦，即使这种毁灭仅仅是间接的”。

如何履行的问题，也不具有法律上的重要性。[53] 我们尤其不应当一般性地认为：对于已经履行的合同，不能再提出交易基础受到破坏的问题。因为，受到现实情况损害的当事人已经履行了他的给付义务[之事实]，与他应该获得何种对待给付的问题，是毫无关联的。

三、交易基础

873 民法典对不少事例自行规定了现实与当事人想法之间发生背离时的法律后果。由于这些规定具有特殊性，因此它们优先于以第 242 条为依据的交易基础规则适用。

（一）这一点对下列规定来说是确定无疑的：第 321 条（债权人的先行给付义务以及财产状况恶化）、第 519 条（赠与人的生计需要）、第 528 条及以下条款（赠与人趋于贫困）、第 530 条及以下条款（受赠人之重大忘恩负义）、第 610 条（债权人的贷款允诺以及财产状况恶化）、第 779 条（和解中对基础发生错误）、第 1372 条及以下条款（增尽平衡[54]）、第 1587 条及以下条款（供养补偿）、第 2078 条及以下条款（被继承人的错误期待）。所有这些规定以及其他一些规定，在它们适用的范围内，排除了交易基础欠缺或者丧失问题的提出。在这里，只适用法律规定的特殊的法律后果。

874 （二）在长期债务关系中，当事人享有一项因重大事由终止合同（Kündigung aus wichtigem Grund）的权利。此项权利不得通过约定予以排除。交易基础丧失的规则，通常因此项权利而被排除。[55] 当然，在考察“重大事由”时所作的考虑，往往与考察交易基础时所作的考虑相似。但是，时间这一对长期债务关系具有特

---

〔53〕 有争议。参见《联邦劳动法院，新法学周报》1987 年，第 918 页；《卡尔斯鲁厄州高等法院，新法学周报，民法判例汇编》1990 年，第 559 页。

〔54〕 参见《联邦最高法院民事裁判集》第 65 卷，第 320 页，第 82 卷，第 227 页。

〔55〕 《联邦最高法院民事裁判集》第 24 卷，第 91 页，第 96 页；《联邦最高法院，企业》1980 年，第 1163 页，第 1164 页。

殊意义的因素可产生一些差异。因此,联邦最高法院认为,并非在交易基础丧失被否定的任何情况下,也都应否定重大事由的存在。此外,还应当考虑到,在长期债务关系中,只有在适应合同的尝试归于失败或者没有希望的情况下,才应赋予终止合同的权利。[56]

(三)此外,在当事人仅仅在表达方面具有瑕疵,因此通过解 875
释(Auslegung)即可消除瑕疵的情况下,交易基础的规则也退居其次。尤其是弗卢梅指出了此类情形。[57] 这方面的例子是帝国法院裁判的所谓“卢布案”(Rubelfall)。[58] 在本案中,一笔贷款是以俄罗斯卢布发放的,偿还时则应使用德国马克。卢布与马克的实际比价是1卢布等于1芬尼*,但是当事人误以为该比价为1卢布等于25芬尼,因此将以马克标示的款额标高了25倍。在诸如此类的案件中,由于发生了动机错误(汇率计算有误),因此从当事人所欲求之内容(以现行汇率用马克偿付贷款)中,得出了一个错误的结论(马克款额标示错误)。这种错误的结论可以通过解释得到更正。与错误的表示不影响[效力]规则所表明的原理一样,当事人只是在表达自己的意思时发生了错误。[59]

(四)此类情形与上文边码340以下所论述的补充意思之解 876
释(willensergänzende Auslegung)之间的界线,则不容易划分清晰。这种解释与交易基础瑕疵之间的界线也不明确。联邦最高法院判决的一则案例可用来说明这一难题。本案中,当事人希望使他们之间一项有关地租的约定免受货币贬值的不利影响,因此双方约定,债权人有权请求特定数量的黑麦来代替货币(所谓的“黑麦条

---

〔56〕 参见下文边码878以及克勒(Köhler)文,载《施泰因多夫纪念文集》,1990年,第611页。

〔57〕 弗卢梅:《德国民法总论》,第2卷,§26,4a,第501页以下。

〔58〕 《帝国法院民事裁判集》第105卷,第406页。

〔59〕 参见上文边码327。

* 德国辅币单位,一马克等于100芬尼。——译者注

款”)。此类条款在 1918 年以后的年代里经受了积极的考验,但在 1948 年以后,由于欧洲经济共同体制定了市场规则,也由于此种行为产生的对黑麦价格的操纵,这些条款已不能发挥正常的作用。黑麦的价格在 20 年间仅仅增长了 5%,而同期的生活费用总体上翻了一番。

如果我们认为,当事人旨在根据生活费用的上涨情况确定其给付义务的主要意思已经反映在合同中了,那么就可以将这一事例归入上文边码 875 所称的情形中去。不过,我们也可以用补充性合同解释的方法来解决这个问题。根据补充性合同解释的原理,可以认为,从合同中可以看出,当事人旨在确保[其给付义务]不受货币贬值的影响;由于当事人在本案中所选择的手段不适合于达到这个目的,因此合同中存在一个漏洞;应当根据当事人可推测的意思来填补这一漏洞。最后,我们也可以论证说,将货币贬值的风险分配给债务人的规定并没有成为合同的内容,而只构成合同的基础;这样,黑麦条款就欠缺交易基础。

帝国法院在类似的一个案件[60]中,采纳了最后一种解决方案。而联邦最高法院则用补充性合同解释来处理黑麦条款。[61]联邦最高法院认为,应当查明,“假设当事人知道了替代性地提供黑麦是一种不适当的手段,假设他们在履行给付过程中遵循了诚实信用的原则,他们将会约定什么内容”。我赞同联邦最高法院的部分观点,即必须对当事人的意思进行补充性解释,而不能简单地从合同中得出删除不适当的黑麦条款的结论。因为当事人之尚可识别的旨在免受货币贬值之害的意思,已不足以作为一种法律上的规定[发挥作用]。不过这样一来,补充性合同解释与交易基础之间的界线就变得模糊不清了。下文边码 879 还将回过头来谈

〔60〕《帝国法院民事裁判集》第 163 卷,第 324 页,第 333 页以下:美元条款。
〔61〕《联邦最高法院民事裁判集》第 81 卷,第 135 页,第 141 页。

这个问题。

四、司法判例所作的定义

最后列举出司法判例所使用的交易基础定义："交易基础是指那些不属于真正的合同内容范围的，但是在订立合同之时出现的、双方当事人共同的想法，或者一方合同当事人之为另一方当事人可知的、并未受到另一方当事人指责的、有关某些情形现在存在或者未来将发生的设想，双方当事人的法效意思即建筑在这些设想的基础之上。"[62] 876a

第四节　基础受到干扰的法律后果

一、法官的权力过大吗？

上文边码 344 就已经指出了补充性合同解释的两种危险，即法律的不稳定性和法官[对当事人]的束缚。在交易基础方面，这两种危险甚至显得更大，因为在这里，人们往往也是将第 242 条作为产生法律后果的依据的。所以，恩斯特・沃尔夫(Ernst Wolf)完全拒绝对交易基础进行考虑。[63] 不过，这一看法不能满足在长期的实践中不断出现的需要。弗卢梅认为，在合同包含有两项相互不符合的规定，而通过解释也无法确定哪一项规定应具有优先地位的情况下，每一方当事人都只能请求对自己较为不利的那项给付。[64] 不过，如果一方当事人已为先行给付，弗卢梅的这一观点就无济于事了。所以，法官的干预大概是无法避免的，但是我们应 877

---

〔62〕《联邦最高法院，新法学周报》1985 年，第 313 页，第 314 页。最近的类似表述见《联邦最高法院民事裁判集》第 120 卷，第 10 页，第 23 页；第 121 卷，第 378 页，第 391 页；《联邦最高法院，经济法杂志》1966 年，第 252 页，第 254 页。过去的判例见《帝国法院民事裁判集》第 168 卷，第 121 页，第 126 页以下。

〔63〕 恩斯特・沃尔夫(Ernst Wolf)：《德国民法总论》，第 495 页以下。

〔64〕 弗卢梅(Flume)：《德国民法总论》第 2 卷，§26,4b，第 502 页以下。

当将法官的干预限制在狭窄的范围内,并且使这种干预的内容具有尽可能大的可预见性。托伊布纳(Teubner)所持的意见在倾向上正好相反。[65] 对此,我将在其他地方进行探讨。无论如何,我认为这是不正确的。当然,一个问题的出发点总是要比结果纷繁复杂得多。

二、调整与无效

878 (一)通说认为,对于交易基础受到破坏的法律行为,应首先通过将其与现实情况相适应予以变更。只有在法律行为是无意义的或者已成为无意义的情况下,即无法将法律行为适应于现实之时,才能够废除其效力。在合同中,通常通过解除权来废除合同效力。[66]

879 (二)当然,调整(Anpassung)往往不仅仅具有唯一一种可能性。例如,在等价受到破坏时,不仅可以用变更价格的方法,而且也可以用变更一方应交付的数量的方法,来达到恢复等价状态的目的。有时,也可以对某项给付义务进行质的变更。[67] 最后,在有些情况下也可以考虑将损失予以分担。[68]

这里,人们往往要回过头来探究当事人之可假设的意思(hypothetischer Parteiwille)。在帝国法院判决的一起案例[69]中,双方以37000马克的价格买卖一堆废金属。交易时,双方当事人是以某一特定的数量为出发点的。实际上,该堆废金属的数量是当事

---

〔65〕 托伊布纳(Teubner):《德国民法典另类评注》,第242条,边码93以下;托伊布纳文,载《商法杂志》第146卷,1982年,第625页以下(第627页:应当实现"不确定性的增强")。

〔66〕 参见《联邦最高法院,新法学周报》1984年,第1746页,第1747页。

〔67〕 如《联邦劳动法院,企业》1980年,第502页:用石油取代煤作供暖材料后,煤的津贴变更为石油津贴。

〔68〕 如对1945年之前订立的储蓄购买大众汽车合同的处理。参见《联邦最高法院,新法学周报》1952年,第137页;《法学家报》1952年,第145页。

〔69〕 《帝国法院民事裁判集》第90卷,第268页。

人以为的两倍。在本案中,人们既不能简单地将价格翻倍(可能买受人无法支付这么多价金),也不能将出卖人应交付的废金属数量减半(可能出卖人想一次性出售全部存货)。毋宁说,应当根据当事人在知道实际数量时的行为来作出判决。对这一点,我在一篇文章中已作过详细论述。〔70〕 对于希奥特利斯(Chiothellis)〔71〕就此提出的反驳意见,我在这里只想说一点,即由于漏洞通常涉及当事人(Parteien)商谈的事项,〔72〕因此不能通过法律解释来填补这些漏洞。

当事人可假设的意思,也正是补充意思之合同解释的关键所在。因此,尼克利施(Niklisch)尖锐地问道,这种解释与交易基础学说究竟是不是一项统一的法律制度。〔73〕 拉伦茨是这样描述这两者之间的区别的:补充性合同解释消除合同中某项违反计划的不完整性,而交易基础学说则消除合同的不适当性。〔74〕 对这个问题,还有必要进行讨论。无论如何,补充性合同解释与交易基础学说之间的界限是很难划分得泾渭分明的。那些司法判例认为应当分担风险的案例,〔75〕最不适合于补充性合同解释。

---

〔70〕 《弗卢梅纪念文集》,第1卷,第629页以下。

〔71〕 希奥特利斯(Chiothelis),参考文献所列著述,第27页以下;第31页以下。

〔72〕 参见上文边码864。

〔73〕 利特巴尔斯基(Littbarski)和拉伦茨(Larenz)反对尼克利施的观点,而米勒(Müller)又反对利特巴尔斯基和拉伦茨的观点。分别见参考文献所列著述。

〔74〕 拉伦茨:《补充性合同解释以及交易基础的适用》,载《卡尔斯鲁厄论坛25年周年》,1983年,第160页。

〔75〕 如《联邦最高法院,新法学周报》1984年,第1746页,第1747页;《经济法杂志》1992年,第1787页,第1792页。

第七部分

代理

一般性参考文献:在现代具有基础性意义的著述有:米勒 = 弗赖恩费尔斯(Müller = Freienfels):《法律行为中的代理》,1955 年;同一作者:《代理规定的单元性和多元性》,1982 年(自比较法角度);同一作者:《"责任代理人"与代理人》,载《许布纳(Hübner)纪念文集》,1984 年,第 627 页以下。其他著述有:贝特曼(Bettermann):《论代理之行为》,1937 年,1964 年重印;伯尔纳(Börner):《公开的代理与隐藏的代理》,载《许布纳(Hübner)纪念文集》,1984 年,第 409 页以下;布赫卡(Buchka):《代理》,1852 年;路·米特艾斯(L. Mitteis):《代理学说》,1885 年,1962 年重印;汉·尤·沃尔夫(H. J. Wolff):《机关和法人》,第二卷:《代理理论》,1934 年。——具有教学法宗旨的著述有:吕德里茨(Lüderitz):《代理法的原则》,载《法学教育》1976 年,第 765 页以下;罗·霍夫曼(R. Hoffmann):《代理法基本案例》,载《法学教育》1970 年,第 179 页以下;第 234 页以下;第 286 页以下;第 451 页以下;第 570 页以下;吉森 - 海尔曼(Giesen-Heyermann):《代理》,载《法律学习》,第 357 页以下;彼·施维尔特纳(P. Schwerdtner):《代理他人为法律行为(代理权)》,载《法律学习》1979 年,第 51 页以下；第 107 页以下；第 163 页以下；托·洪泽尔（T. Honsell）：《商法上代理的特殊性》，载《法学工作报》1984 年，第 17 页以下；斯密德（Smid）：《传达与代理》，载《法学教育》1986 年，第 2 期，学习卡片，第 9 页以下。

在订立合同以及从事法律行为时，一个迄今为止尚未论及的、但在实践中具有非常重要意义的特点，是使用代理人。即承受法律后果的那个人，在发出或受领意思表示时，使用某个以特定方式确定的辅助人员。代理行为发生效力的要件有以下三项（erfordert dreierlei）： 880

第一，必须存在意思表示（Willenserklärung）[1]或者某些伴随意思表示的情形[2]；

第二，表意人必须表明（offenlegen）其意思表示的法律后果由他人承担；[3]

第三，表意人或受领人必须具有代理他人的代理权（Vertretungsmacht）。[4]

---

〔1〕 参见下文边码 882 以下。

〔2〕 参见下文边码 898 以下。

〔3〕 参见下文边码 905 以下。

〔4〕 参见下文边码 923 以下。

第五十四章　民法典第164条规定的意思表示的归属及其与其他归属规范的界定

第一节　问　　题

881 上面简单提及的代理，只是一个更为广泛的问题的组成部分。这个问题产生于现代经济的劳动分工（Arbeitsteiligkeit der modernen Wirtschaft）性质，产生于现代经济不断造就越来越大的经济实体的趋势。劳动分工意味着专业化，而专业化又迫使经济单位之间交换给付，亦即进行法律行为上的接触。经济单位达到了一定的规模以后，有必要确立一种内部的、分散权能的组织结构。举例说，在一家大型百货联合企业中，由不同的人员分别负责采购（通常还要根据商品种类作细分）和销售、招聘员工、租用营业用房、举借银行贷款等。而在所有这些人员之外，还存在百货联合企业本身（大多是一家以股份公司为法律形式的母公司）。

这家公司通常拥有最大数量的财产。因此，债权人希望能够将他们的请求权直接指向公司。但是，此类请求权大多产生于那些公司人员实施的法律行为。因此，公司的债务只能借助于归属规范产生。所谓归属规范(Zurechnungsnormen),即是指将一个人(公司人员)的行为所产生的法律后果归属于另外一个人(公司)的规定。我们的法律制度根据应归属的行为的不同性质,区分了不同的归属规范。

第二节　归属规范

一、代理

有关直接代理的规范(第 164 条至第 181 条),涉及发出(第 164 条第 1 款第 1 句)或受领(第 164 条第 3 款)意思表示(Willenserklärungen)的归属:由代理人发出或到达至代理人处的意思表示被归属于被代理人,就像被代理人自己发出或受领了该意思表示一样。例如,一名具有代理权的职员为百货股份公司实施了一项买卖行为,则由此产生的请求权并非直接针对该职员,而是针对股份公司;也只有股份公司才享有合同所生的权利。 882

第 164 条第 1 款第 1 句将这一效力称之为"直接"(unmittelbar)。"直接"意为:代理的效力是由自身(ipso iure)发生的,不需要由代理人通过一项特别的行为将行为效果转移给被代理人。也就是说,某人与代理人订立了合同的,就可以直接因该合同起诉被代理人,反之,也可以为被代理人起诉。而代理人虽然实施了法律行为,但是他不承担行为的法律后果,也就是说,法律行为恰似"绕过了代理人"。

这种代理(Stellvertretung)被称为"直接"(direkt)代理(第 164 条第 1 款第 1 句)。直接代理作为一种思维形态,直到 19 世纪才清晰地显现出来。它的对立物,是历史要悠久得多的间接代 883

理。[5] 在间接代理(indirekte Stellvertretung)中,法律后果首先是在行为人那里产生的,然后必须通过其他行为(如债权让与、债务承担或者免除)将法律后果转移给另外一个人。商法典对间接代理的一些重要适用事例作了规定,如行纪(即为他人进行的购买或出卖,商法典第 383 条及以下条款)和运输(即为他人运送货物,商法典第 407 条及以下条款)。在民法中,委托(第 662 条及以下条款)可以导致间接代理的产生,即在受托人以自己的名义与第三人发生交往之时。在所有这些情形中,间接代理人自己是第三人的当事人,然而代理人必须将其从行为中取得的东西返还给他的后台老板(如委托,第 667 条),反之,代理人也有权向其后台老板要求补偿自己的费用(如委托,第 670 条)。

例如,K 作为 H 的间接代理人向 V 购买汽车的,买卖合同在 K(而不是 H)与 V 之间成立。在通常情况下,K 也成为 V 所供汽车的直接占有人和所有权人。但是,K 必须将汽车的所有权移转给 H,而 H 也必须补偿 K 支付的价金及其他费用。

884 当然,我们不能把委托(Auftrag)直接等同于间接代理。委托往往也包含着代理权的授予。[6] 如果受托人是以他人的名义对外出现的,[7]那么直接代理的法律后果即发生,行为在委托人(=授权人)与第三人之间成立,而且委托人通常也直接取得第三人所供物品上的所有权。在这种情况下,委托法有关返还以及费用补偿的规定(第 667 条、第 670 条)的意义就小于间接代理情形,不过却绝不是完全不能适用。例如,根据第 667 条规定,委托人有权要求受托人将第三人所供物品的直接占有予以返还;反之,根据

---

〔5〕 有关间接代理,参见君·哈格尔(G. Hager)文,载《民法实务档案》第 180 卷,1980 年,第 239 页;施瓦尔克(Schwark)文,载《法学教育》1980 年,第 777 页。

〔6〕 参见下文边码 928。

〔7〕 参见下文边码 905 以下。

第 670 条规定，受托人有权要求委托人补偿其垫付的交通费或电话费。

二、传达

与代理一样，传达也是为了转达意思表示。不过民法典并未对传达作出一般性规定，只是在第 120 条中提及为错误转达的传达人。[8] 885

（一）代理与传达的共同之处（gemeinsam）在于，二者都涉及意思表示的归属（Zurechnung einer Willenserklärung）。由传达人转达或者向传达人转达的意思表示，其法律后果也不是由传达人承担，而是由使用传达人的人承担。也就是说，如某人作为传达人转达说，X 想购买东西，那么，传达人自己并不是买受人，他只能使 X 成为买受人。

（二）代理与传达之间的区别（Unterschied），在于意思表示的形成（Entstehung der Willenserklärung），或者——更确切地说——在于其形成时的对外表现。代理人表达的是自己的意思，而传达人只是以他人意思表示的转达人身份出现。虽然这一点在理论上是明确的，但是在实践中有时很难确定。因此代理与传达二者之间的界限往往就变得模糊不清。例如，尽管购物中心雇用的女售货员必须遵循公司领导制订的价格，在通常情况下她甚至不得拒绝顾客提出的订约愿望，亦即她几乎没有自行作出决策的余地；但是，受雇的女售货员的行为仍然是代理行为，因为公司领导并没有对个别的、具体的订约行为形成其意思。 886

第 165 条首先对代理与传达的界定提供了一个标准。根据此项规定，代理人至少必须具备限制行为能力。这一规定的依据，不可能是保护不具有完全行为能力人，而此种依据在其他场合却往

[8] 参见上文边码 747 以下。

往是正确的,因为代理人并不承担其行为所产生的法律行为后果。[9] 其实,第165条的意义在于,一个连限制行为能力都不具备的人,根本就不能够形成自己的、法律上应予以承认的意思。[10] 反之,对一个无行为能力人转达他人意思的疑虑就显得不那么严重。连孩子也有能力实施这样的传达行为("我妈妈叫我对你说……")。因此,第165条不适用于传达人,也不能类推适用于传达人。

887 (三) 当然,上述传达的适用范围,有时会扩及至传达人享有部分自主决策权的行为。这是为了使无行为能力人至少在一定程度上能够参与法律交易。例如,母亲给她5岁的儿子一枚1马克硬币,叫他去买"冰淇淋"吃。严格说来,儿子拿了这枚硬币,是不能作为传达人购买东西的,因为他可以在许多品种之间(或者甚至在不同的商店之间)进行选择。尽管如此,一般认为此类情形为传达。不过,要在理论上做到无懈可击,就应将此类情形归属于代理,并承认这是第165条的一个例外(通过对该条规定作"目的限缩")。第165条旨在保护被代理人免受无行为能力人作出的无意义决策的损害,而这一点在这里根本就不起作用(不论儿子选购哪种冰淇淋,也不论儿子到哪家商店去购买冰淇淋,母亲给出的1马克反正已不可复得)。

888 (四) 我将在其他地方探讨有关传达的专门问题,诸如:通过传达人发出意思表示以及意思表示的到达;[11] 传达人的转达错误;[12] 无传达权之传达人的责任[13]等。

---

〔9〕 参见上文边码882。

〔10〕 参见奥斯特海姆(Ostheim):《由无行为能力人代理诸问题》,载《民法实务档案》第169卷,1969年,第193页。

〔11〕 参见上文边码284以下。

〔12〕 参见上文边码747以下。

〔13〕 参见下文边码997。

三、履行辅助人

（一）代理与传达都涉及到意思表示的归属，而有关履行辅助人的规定（民法典第 278 条、第 431 条；商法典第 456 条）则关系到将履行特别义务——产生于某种特殊联系中的义务——时的行为归责于他人的问题。在这里，债务人的履行辅助人的行为，被作为债务人自己的行为归责于债务人，以至于债务人必须对其履行辅助人的行为承担责任，就像他在自己实施了辅助人行为时必须承担责任一样。例如，购物中心雇用的司机在将家俱运送至顾客门上途中，因驾驶不慎而使家俱受损的，根据第 278 条规定，购物中心的所有权人应对此承担责任。百货公司的内部分工不应给顾客产生不利后果。 889

由于第 254 条第 2 款第 2 句转致适用第 278 条，因此第 278 条对违反义务行为规定的归责，被扩大适用于违反负担（Verletzung der Obliegenheiten）的行为。所谓负担（Obliegenheit），是指“维护自身利益的命令”。对于负担，[对方]虽然无权请求履行，但是因可归责于自己的事由不履行负担的，会对负担职责的人产生其他不利的法律后果。在第 254 条中，这种不利的法律后果即为损害赔偿请求权的减缩。

（二）上文边码 886 探讨了代理与传达的界定问题。这种界定是必要的，因为这二者都涉及到意思表示的归属。所以，一个人只能要么是代理人，要么是传达人。而在代理人与履行辅助人之间的关系上，情况则有所不同。这二者涉及不同的因素的归属，即前者是意思表示的归属，而后者是违约行为的归属。因此，这两种性质可以相互重叠。例如，购物中心的女售货员既是代理人（在订立买卖合同时），也是履行辅助人（在履行出卖人义务时，在缔约过错之范围内，甚至在订立合同之前）。那么行为人究竟是以何种身份出现的呢？这只是一个提出问题的不同角度问题。在订立合同时，行为人是代理人；而在[主张]损害赔偿请求权情形，行 890

为人就是履行辅助人。

不过,行为人的这两种性质并不是非重叠不可的。一方面,履行辅助人往往不具有代理权。如购物中心的司机只是负责把所售货物运送到顾客家里,他没有任何自主形成意思的自由,因此他只是作为传达人,转达购物中心移转所售货物所有权的要约。另一方面,代理人(Vertreter)也有可能没有被债务人委派到履行义务的过程中去(当然,代理人至少应当承担开始缔约谈判以后产生的某些注意义务[14])。

891 (三)第278条除履行辅助人外,还规定了法定代理人。这一点与上述代理人与履行辅助人之间的区别似乎是矛盾的。这即是说,法律在这里对代理人规定的似乎不是意思表示的归属,而是违约行为的归责。然而这一矛盾只是表面上的。因为法定代理人[15]除了为法律行为上的代理外,还具备其他功能。这一点体现在最重要的法定代理人,即父母的身上。根据第1626条第1款,父母对于孩子,具有广泛的、涉及孩子人身和财产的照顾权利和照顾义务。第1629条规定的代理只是这些权利义务中的一部分而已。如果父母不是以孩子的代理人身份从事法律行为,而是以其他方式从事行为,则孩子应根据第278条规定,为其父母的行为承担责任。在这里,应适用代理法还是适用第278条,也是一个不同的提问角度的问题。父母的订约行为,根据第1629条、第164条归属于孩子;而父母不适当履行合同义务的行为,则根据第278条归属于孩子。

四、执行辅助人

892 执行辅助人(民法典第831条及以下条款,《责任法》第3条)与履行辅助人一样,也涉及到损害赔偿请求权

〔14〕 参见上文边码444。

〔15〕 有关法定代理人的论述,参见下文边码924。

(Schadensersatzansprüche)。两类责任之间的区别在于被违反的义务的性质不同。在第278条中,这种义务产生于某项特殊联系(法律明确规定:“债务人”,“履行其义务”),而第831条涉及的是“不法的”损害行为。这里所说的“不法”,也就是“违法”,指的是第823条及以下条款意义上的“侵权行为”(unerlaubte Handlungen),亦即任何人(不仅仅是具体的债务人)都禁止实施的行为。

第278条与第831条之间的另一个区别是在法律后果方面。第278条直接将辅助人的行为归责于债务人(在这一点上,《责任法》第3条与民法典第278条相同),而第831条并不是整个儿将辅助人的行为归责于雇主。在第831条中,雇主必须为自己的(被推定的)过错[(vermutetes) eigenes Verschulden]负责,为自己在选择、监督辅助人以及为其配备器具时的过错承担责任。第831条旨在明确,雇主在履行这些义务时发生错误的,即可成立侵权责任,并且推定这种侵权责任成立。

在执行辅助人与代理人之间的关系上,民法典第831条、《责 893
任法》第3条与民法典第278的情形[16]相同。代理人与执行辅助人的身份可以重叠,但并不一定重叠。比如,购物中心的女售货员既是代理人(和履行辅助人),在她从事行为时侵害了顾客人身权益(第823条第1款)的情况下,她也是执行辅助人。购物中心的所有权人要承担合同上的责任(第278条),可能也要承担侵权法上(第831条)的损害赔偿责任。相反,对于合同是否成立的问题,只有代理才有意义。

五、机关

第31条规定,董事会、董事会成员或者其他依章程任命的代 894
理人[17]实施“应负损害赔偿义务的行为”的,社团应当承担赔偿由

---

[16] 参见上文边码890。

[17] 参见第30条以及下文边码1133。

此产生的损害的责任。下文边码1138以下还将讨论这一机关责任(第86条和第89条中对此也作了规定)。这里暂时只对机关与代理之间的关系感兴趣。与第278条、第831条相同,第31条、第86条、第89条规定也涉及损害赔偿请求权,而并非意思表示。因此,社团对其机关的责任,与[债务人]对履行辅助人的责任、[雇主]对执行辅助人的责任处于相同的法律层面上。当然,机关大多也具有代表权。[18] 但是,第31条涉及的是“应负损害赔偿义务的行为”,这种行为的性质,不同于第164条规定的代理权的行使。代理权的意义,如体现在购物中心的董事会购买土地的情形;而第31条的意义,则反映在董事会决定作虚假广告的情形(《反不正当竞争法》第3条、第13条第6款第1项)。

六、占有辅助人

895 物的占有,通常因对物行使实际支配而发生(参见第854条第1款)。根据第855条规定,在特定情况下,对物行使实际支配[的结果]被归属于另外一个人。行使实际支配的、本身不是占有人的人叫“占有辅助人”,另外一个人叫作“占有主人”。法律只承认占有主人是占有人。占有辅助人也可能与代理人发生重叠。例如,购物中心的女售货员既是代理人(就意思表示而言),也是占有辅助人(就她所出售的商品以及受领的金钱而言)。行为人是以何种身份出现的,也视待归属的事实而定(是意思表示,还是占有)。此外,无代理权的占有辅助人是比较常见的(如购物中心雇用的司机[19])。占有辅助人在占有法上所处的隶属性地位,往往与传达人在意思表示方面所处的隶属性地位相当。

在动产所有权的取得(Erwerb des Eigentums an beweglichen Sachen)方面,代理人与占有辅助人经常互相补充。根据第929条

---

〔18〕 参见下文边码1137。

〔19〕 参见上文边码890。

第1句规定，动产所有权取得通常必须具备合意（所有权移转的合意）和交付两项要件。合意是通过合同，即通过法律行为达成的，因此代理无限制地适用于合意。相反，在通常情况下，直接占有的取得都是根据第854条第1款规定，以纯粹的事实行为实现的，只有在第854条第2款规定的特殊情况下，才是以法律行为为媒介实现的。由于代理无法适用于事实行为，因此第855条就变得重要了：代理人在动产所有权移转合意之时代理被代理人的，那么，如代理人作为占有辅助人获得对物的支配，则被代理人就能取得直接占有，因而取得所有权。

七、其他归属规范

除了上述一般性质的归属规范外，还有一些特殊的归属规范。896
例如，第830条将［共同侵权行为造成的］损害（Schäden）归属于其中的一个加害人；《基本法》第34条以及《民法典》第839条规定了公共部门对其工作人员及其机构所从事的加害行为的责任。由于这两条规定也都不涉及意思表示的归属，因此应将它们同代理界定开来。这一界定类似于第278条、第831条、第31条与代理的界定。

第1357条规定容易与代理发生混淆（产生于所谓的“夫妻日常家务代理权”，Schlüsselgewalt）的规定。897
根据该条规定，在从事适当满足日常生活需要的行为时，任何一方配偶都能够使另一方配偶负有权利并承担义务。这一归属规范与代理一样，也涉及意思表示的后果。不过，第1357条规定与直接代理[20]不同，在这里主要是行为人自己享有权利和承担义务。根据正确的看法，[21]另一方配偶只具有一种隶属性地位（仿佛是“次要当事人”）。此外，

〔20〕 参见上文边码882以下。

〔21〕 格恩胡贝尔－克斯特尔＝瓦尔清（Gernhuber-Coester＝Waltjen）：《亲属法》，§19IV7;8。

第 1357 条不同于代理[22]的地方还表现在，行为人不需要将第 1357 条的要件（即如已婚的事实）予以公示。[23] 行为人之所以毋需作出这种公示，是因为行为相对人在订立第 1357 条所涉及的合同时，无论如何是把行为人当作债务人的，即相对人是把他可以期待的那个人作为债务人的。至于在行为人之外，还有另一方配偶对他承担共同责任，这是法律制度提供的一个（在法律政策上不无疑问的[24]）“加演节目”。

〔22〕 参见下文边码 905 以下。

〔23〕 参见下文边码 922。

〔24〕 参见格恩胡贝尔 - 克斯特尔 = 瓦尔清（Gernhuber-Coester = Waltjen）：同前引书，§ 19IV3。

第五十五章　民法典第166条对归属范围的扩大

参考文献：霍·鲍曼（H. Baumann）：《私法上的法人对具有法律意义的事实的知悉》，载《公司法杂志》，1973年，第284页以下；博勒尔（Bohrer）：《判例评解》，载《德国公证人杂志》，1991年，第124页以下；冬勒（Donle）：《论企业中对具有法律意义的情形的知悉问题》，载《克拉卡（Klaka）纪念文集》，1987年，第6页以下；格鲁内瓦尔德（Grunewald）：《法人中的知情归属》，载《鲍世（Bausch）纪念文集》，1993年，第301页以下；克纳普曼（Knappmann）：《私人保险法中第三人行为的归责》，载《新法学周报》，1994年，第3147页以下；迈尔＝赖姆－特斯托尔夫（Meyer = Reim-Testorff）：《保险企业中的知情归属》，载《保险法》，1994年，第1137页以下；诺伊曼－迪斯贝格（Neumann-Duesberg）：《法定代理中的民法典第166条第2款以及依据特定指示从事行为》，载《法学工作报》，1950年，第332页以下；奥尔登堡（Oldenbourg）：《知情归属》，1934年；保罗斯（Paulus）：《论恶意的代理人行为之归责》，载《米夏埃利斯（Michaelis)纪念文集》,1972 年,第 215 页以下;里夏尔第(Richardi):《知悉代理》,载《民法实务档案》第 169 卷,1969 年,第 385 页以下;席尔肯(Schilken):《民法中的知情归属》,1983 年;舒尔茨(Schultz):《论知情时的代理》,载《新法学周报》,1990 年,第 477 页以下;瓦尔特曼(Waltermann):《论知情归属——以私法上和公法上的法人为例》,载《民法实务档案》第 192 卷,1992 年,第 181 页以下;同一作者:《使用辅助人员时恶意隐瞒错误》,载《新法学周报》,1993 年,第 889 页以下;威廉(Wilhelm):《依据帐户代理权之知情归属?》,载《民法实务档案》第 183 卷,1983 年,第 1 页以下。此外,请参见梅迪库斯和陶皮茨(Taupitz)发表在《卡尔斯鲁厄论坛》(保险法附刊),1994 年,第 4 页以下、第 16 页以下的文章。另有陶皮茨文,载《法学家报》,1996 年,第 734 页以下。参见下文边码 904a。

第一节　原　　则

898 第 164 条规定的代理的适用范围,即意思表示的归属,在第 166 条中被扩及至某些伴随意思表示的情形(die Willenserklärung begleitende Umstände)。就意思表示的法律后果而言,意思瑕疵、知道或者不知道(第 166 条第 1 款),都以代理人为判断标准。例如,如果代理人发生了在法律上具有重要性的错误,或者代理人被欺诈或受到胁迫,则代理人可以根据第 119 条、第 123 条撤销法律行为。反之,如果被代理人具有意思瑕疵,则充其量只能撤销其[授予]代理权[的行为]。[1] 在代理人的对方当事人发生了错

〔1〕 参见下文边码 944 以下。

误，并因此撤销其意思表示的情况下，被代理人能否根据第122条主张损害赔偿请求权，取决于代理人是否知道或者应当知道该错误。[2] 代理人从无权利人处取得某物的，善意取得的可能性（第892条及以下条款、第932条及以下条款）通常也取决于代理人是否善意。[3] 此外，第166条还对向代理人发出的意思表示的解释作了规定：解释应以代理人的理解可能性为准。[4]

按照其意义，第166条规定也适用于法人（juristische Person）。只要法人的机关人员参与了某项法律行为，那么他们的知情就归属于法人。[5]

第二节 民法典第166条的立法理由

在将第166条规定准用于法律明文规定以外的其他法律情况方面，存在许多有争议的问题。[6] 因此，有必要弄清制订这条规定的理由。 899

一、对于第166条第1款首先予以规定的意思瑕疵（Willensmängel），立法材料写道："可能出现之意思瑕疵，仅可于作出意思决定之地方找寻，亦即应于代理人处找寻"[7]。有人以此作为代表说（Repräsentationstheorie）的依据。[8] 根据此说，在由

〔2〕 参见上文边码785。

〔3〕 参见鲍尔-施蒂尔纳（Baur-Stürner）：《物权法》，§52III2。

〔4〕 参见上文边码323。

〔5〕 参见下文边码904a以下。

〔6〕 参见下文这码903以下。

〔7〕 《立法理由书》第1卷，第227页，即穆格丹（Mugdan）编：《德国民法典资料总汇》，第1卷，第478页。

〔8〕 如蒂勒（Thiele）：《慕尼黑德国民法典评注》，第166条，边码1。

代理人从事的行为中,其当事人除了行为相对人以外,只有代理人,而不包括被代理人。然而,对于许多情形来说,即使置一切理论于不顾,立法者的上述考虑大概也是不言而喻的。既然被代理人就代理人实施的行为而言不能形成自己的、具有法律意义的意思(即如法定的被代理人是不具有完全行为能力的人),或者没有形成自己的意思(因为他对具体的行为未作设想),那么,当然就只能以代理人为判断标准了。

当然,如果对有关行为的*决定源自被代理人*,并且被代理人决定了由代理人去实施此项行为,那么立法者的上述考虑就不能成立。因此,在此类情形,应准用第 166 条第 2 款规定,以被代理人作为判断意思瑕疵的标准。[9]

900 二、对于第 166 条第 1 款在后面规定的*知道和应该知道*(Kenntnis und Kennenmüssen)的归属,立法材料没有提出单独的理由,而其对意思瑕疵所作的表述[10]显然不适合于此。即使被代理人并未促成由代理人从事的行为,被代理人也可能知道或者应该知道那些对该法律行为具有重要性的情形。例如,古董商人委派其职员购买一尊圣像。相关情形表明,该圣像的所有权不可能属于其让与人。而对于这些情形,古董商人可能是知道的。尽管如此,根据第 166 条第 1 款,[古董商人]通常仍然可以善意取得[该圣像]。[11] 反之,根据第 166 条第 1 款,如果代理人是恶意的,那么无论如何不可能发生善意取得。这一结果在法律政策上是不无疑虑的,但它是现行法。

---

〔9〕 参见下文边码 902。

〔10〕 参见上文边码 899。

〔11〕 第 932 条。但若是遗失物,请注意第 935 条!

第三节　民法典第166条第2款的例外

一、对于这一不无疑虑的有关知道和应该知道之归属的规定，第166条第2款作了实质性限制。在意定代理权情形，如果代理人在从事行为时遵循了代理权授予人的指示，那么，知道或者应该知道有关对自己不利的情形的被代理人，就不得主张代理人的善意。这样，在上文边码900所举案例中，恶意的古董商人就不可能派遣他的善意的职员，去有效取得圣像了。既然被代理人自己策划了代理人从事的行为，被代理人就是该项行为的当事人，因此必须将该项行为如同其自己实施的行为那样归属于自己。而由于此项行为依然是一项由代理人从事的行为，因此代理人的恶意仍然是有害的。[12] 901

二、第166条第2款仅仅规定了知道和应该知道，而没有像第166条第1款那样规定意思瑕疵。不过，在意思瑕疵(Willensmängel)方面，也可能出现类似于第166条第2款所规定的情形。联邦最高法院的一则判例[13]就涉及这样一种情形。本案的原告是一个公益社团，被告是该社团的董事会成员。被告的记账混乱，有严重侵吞原告财产的嫌疑，因此被告遭到羁押。在这种窘境下，被告通过其律师与原告订立了一项和解协议。根据此项协议，被告在支付6万马克后还须支付12.5万马克，尽管被告一如既往地否认自己有侵吞财产行为。后来，被告根据第123条规定撤销了和解，理由是原告向自己谎称：如侵吞之嫌疑不成立， 902

〔12〕 参见《立法理由书》第1卷，第227页，即穆格丹(Mugdan)编：《德国民法典资料总汇》第1卷，第478页。

〔13〕《联邦最高法院民事裁判集》第51卷，第141页，第144页以下。

和解不具有约束力。原告就该撤销辩驳道,此项和解是由被告的律师[与自己之间]订立的,而被告的律师没有受到欺诈;而根据第 166 条第 1 款,是否有欺诈行为,只能以律师为判断对象。

联邦最高法院理所当然地没有采纳原告的这一观点。联邦最高法院指出,"如果行为相对人通过欺诈行为,对[代理权授予人]向代理人授予的指示施加了影响,并且以此方式促成了行为的成立,那么代理权授予人对[行为相对人]对于他自己从事的欺诈行为,毋须袖手旁观地听之任之。在这里,也应当适用下列法律思想:应以代理人的意思表示实际所依据的法效意思的主体为评判标准;而且,应当在有利于代理权授予人享有撤销权的意义上适用这一思想……。因为,允许行为相对人取得以及保留某种无法通过撤销途径予以消除的法律地位,作为其恶意欺诈行为的成果,是无法承受的。"〔14〕这一判例表明,第 166 条第 2 款的法律思想可准用于该款并未明文规定的意思瑕疵。我在上文边码 899 末尾就对这种准用的必要性作了分析。〔15〕

第四节 民法典第 166 条之准用

903 如上所述,不时有人建议应准用第 166 条规定。这里探讨两类特别重要的事例。

一、所有人与占有人之间的关系

代理人从无权利人处取得动产的,对于此项取得行为是否有效的问题,第 166 条可直接适用。代理人在达成所有权移转合意(第 873 条、第 925 条、第 929 条)时所发出的意思表示的法律后果,受到他知道或者应该知道让与人是否具有让与权利[的事实]

---

〔14〕《联邦最高法院民事裁判集》第 51 卷,第 147 页。

〔15〕拉伦茨持相同的观点,参见《德国民法总论》,§ 30IIc,第 609 页以下。

的影响。这就是说,代理人的不诚实会阻碍其取得。如果——如通常所为——代理人使被代理人变成占有人,那么在被代理人与所有权人之间就产生一种所有物返还状态,即所有权人有权根据第 985 条规定,要求占有人返还所有物。对于这一状态所产生的法律后果,第 990 条、第 994 条第 2 款、第 996 条根据占有人是诚实还是不诚实分别作了规定。那么,占有人的这一性质也应依第 166 条来评判吗?即代理人的不诚实也会对被代理人造成损害吗?

无疑,第 166 条并不能直接适用。因为,第一,这里并不涉及"意思表示的法律后果";第二,在通常情况下,占有是通过事实行为,而不是通过可以代理的法律行为取得的。尽管如此,联邦最高法院认为第 166 条可以准用。起初,联邦最高法院将该条规定与第 831 条的法律思想联系在一起[加以适用]。[16] 后来,联邦最高法院将第 166 条规定作单独适用。[17] 学术界对这个问题有不同看法。[18] 我个人认为第 166 条是不能适用的。[19] 因为不诚实占有人依第 990 条、第 989 条承担的责任,渊源于一种扩大化的侵权事实构成(先是恶意占有,然后是有过失地破坏返还),而对于侵权责任,只有第 31 条、第 831 条才能适用。

---

〔16〕《联邦最高法院民事裁判集》第 16 卷,第 259 页,第 264 页以下。将第 166 条规定与第 831 条的法律思想联系起来适用,旨在使被代理人对自己的——当然不是可推定的——对其代理人的不可信赖性的过错承担责任。

〔17〕《联邦最高法院民事裁判集》第 32 卷,第 53 页。将第 166 条作单独适用,旨在使被代理人对其代理人的恶意直接地,特别是无免责之可能地承担责任。

〔18〕参见梅迪库斯(Medicus):《慕尼黑德国民法典评注》,第 990 条,边码 11 以下;迪尔歇尔(Staudinger-H. Dilcher):《施陶丁格德国民法典评注》,第 166 条,边码 9;韦斯特曼 - 古尔斯基(Westermann-Gursky):《物权法》第 1 卷,§14,3(与前一版不同)。详见席尔肯(Schilken),参考文献所列著述,第 269 页以下。

〔19〕与鲍尔 - 施蒂尔纳的观点相同,同前引书,§5II1cbb。

二、逾界建筑

904 根据第 912 条第 1 款规定,逾越一土地疆界为建筑的,该土地所有人在特定要件下应容忍该逾界建筑。要件之一是,为逾界建筑之土地的所有权人既无故意,也无重大过失[所谓的"免责逾界建筑"(entschuldigter Überbau)]。但是,往往不是这个所有权人有过失,而是其建筑师或其他建筑参与人具有过失。这里应如何将这一过失归责于所有权人呢?

由于逾界建筑不是通过法律行为实施的,因而不涉及"意思表示的法律后果",因此第 166 条不能够直接适用。此外,第 912 条第 1 款规定的是过错,而不是知道或应该知道。尽管如此,联邦最高法院也在这里适用了第 166 条。〔20〕 联邦最高法院认为,由于"法律并不是用侵权行为法来调整第 912 条的事实的",因此第 831 条不适用;而要适用第 278 条,相邻人之间又欠缺某种特殊联系。〔21〕 但是,我认为,至少第一条论据是不能令人信服的:不可免责的逾界建筑完全可以构成侵权行为,而这里的问题恰恰是是否存在这样一种逾界建筑行为。就此而言,第 831 条是能适用的。〔22〕 也有人认为,纯粹的"相邻共同关系"就是一种特殊联系,足以适用第 278 条,因此认为应适用该条规定。〔23〕 对这一观点,我表示有条件的赞同,条件是:存在某种相邻人之间共同使用的设置物(如隔离篱笆,参见第 921 条),或者在疆界上有一垛山墙〔24〕。

---

〔20〕《联邦最高法院民事裁判集》第 42 卷,第 63 页,第 69 页。

〔21〕 在结论上赞同这一判例的学者是席尔肯,参考文献所列著述,第 299 页以下。

〔22〕 鲍尔-施蒂尔纳的观点相同,同前引书,§5II1cdd。当然,由于建筑师具有独立性,因此对他不适用第 831 条。

〔23〕 如韦斯特曼 – 平格尔(Westermann-Pinger):《物权法》第 2 卷,§79I3c;泽克尔(Säcker):《慕尼黑德国民法典评注》,第 912 条,边码 20。

〔24〕 如《联邦最高法院民事裁判集》第 42 卷,第 372 页所刊登的案例,参见我的《民法》,边码 799。

此外,联邦最高法院后来的一则判例[25]也对第166条的适用作了限制。在本案中,建筑包工头(Polier)擅自移动了界碑,因此导致了逾界建筑的发生。联邦最高法院认为,第166条仅仅适用于建筑师(Architekt),因为建筑师是“工程业主的代言人”,他应当对外维护工程业主的利益;在交易中,建筑师被视作“工程业主的代表”。相反,在通常情况下,建筑承揽人及其辅助人则欠缺这些特征。——然而,第166条也绝不是仅仅适用于那些在较大范围内代表被代理人的人(而建筑承揽人或包工头也能够在较小范围内代理工程业主,如在受领供应给建筑工地的材料之时)。就此而言,联邦最高法院提出的论据整个儿是反对适用第166条的。

第五节　知情归责的其他问题

一、记忆知识与档案知识

法律对知情归责的基本问题未作规定。这个基本问题是:究竟什么是知识(或知道)?某人在过去知道某种东西[之事实],并不能直接说明他在后来的时间中,仍然实际知道或者在法律意义上(规范性地)知道这种东西。 904a

(一)如果知识仅仅是通过人类的记忆(menschliches Gedächtnis)作为媒介的,那么它可能因遗忘而灭失。但是否遗忘,通常不能直接予以证明。因此,人们往往仅仅以考察概率标准,即某一事实之可资识别的意义越大,人们就越有理由认为,这一事实仍没有在记忆中消失。这一原理,特别在(对第476条特别重要)对土地污染的认识方面,具有重要意义:与对某种已经被认识为毒物的东西的接触相比,对某种被认为是没有危险性的物质的接触,

〔25〕《新法学周报》1977年,第375页。

更容易被遗忘掉。[26]

904b　（二）通过人工的储存器具（künstliche Speicher，档案、电子数据载体）媒介的知识，在实践中的意义要重要得多。这里的基本问题是：某人对作为知识存储在其资料中的一切知识都无所不知吗？对这个问题应作出否定的回答，因为不能合理期待这个人不断核查所有存储器具，[实践中]也没有这样的做法。这就是说，将知识作范围这么广泛的归属只能是一种纯粹的拟制。正确的做法应该是，以是否存在提取有关数据的某种动因为考察标准。只有在存在此种动因的情况下，大脑以外存储的数据才可视为已知。[27]

二、法人的知情归责

904c　联邦最高法院的一项判例（Fall von BGHZ109，327）[28]典型地说明了法人的知情归责问题的意义。在本案中，买受人 K 在 1982 年向出卖人某镇 V 购买了一块不动产，不动产上面建有一个屠宰场，双方约定排除实物瑕疵担保。但是建筑物是由劣质材料修建的。因此，早在 1965 年，县主管部门就向该镇（当时由镇长 A 代表）发出过警告，称将采取建筑警察法上的措施，禁止使用该建筑物。后来对这一措施发生了长时间的争执。在此期间，A 已经离任。K 与 V 之间的买卖行为是由新任镇长 B 达成的，而 B 对这一与县主管部门之间的争执一无所知。在 K 提出物之瑕疵担保请求权时，V 主张他们已约定排除担保请求权。但是，K 认为，根据第 476 条规定，这一排除是无效的，因为出卖人 V 必须将其前任

---

〔26〕 参见《联邦最高法院民事裁判集》第 117 卷，第 363 页，第 368 页；第 132 卷，第 30 页，第 38 页以下（相对于《联邦最高法院，新法学周报》1994 年，第 253 页，第 254 页）。

〔27〕 《联邦最高法院民事裁判集》第 123 卷，第 224 页；第 132 卷，第 30 页，第 39 页：就是这样正确地认为的。也请参见《联邦最高法院，经济法杂志》1994 年，第 1851 页。

〔28〕 《联邦最高法院民事裁判集》第 109 卷，第 327 页。

镇长A的知情归责于自己。联邦最高法院支持了K的立场，认为K享有物之瑕疵担保请求权（而且根据第477条、第195条规定，这些请求权的诉讼时效是30年）。

这一观点的不足之处是，第166条第1款并非以一切具有代理权或者曾经具有代理权的人的知道为标准，而只是以那些参与法律行为的代理人的知道为标准的。在本案中，参与法律行为的只有善意的B，而恶意的A则并没有参与法律行为。在本案中，没有理由不将这一法定要件适用于法人。因此，没有参与买卖行为的A的记忆知识，不应归属于作为出卖人的某镇。或许与县主管部门之间的书信往来仍然保留在该镇的档案中。由于要对买卖该块不动产作准备，因此存在查阅档案的动因。[29] 所以，应当将该镇的档案知识归责于该镇。因此在结果上，我认为联邦最高法院的判决是正确的，[30] 但A曾经是该镇的机关（第89条第1款）[这一事实]是无关紧要的。[31]

---

〔29〕 参见上文边码904b。

〔30〕 持同样观点的有弗卢梅（Flume），文载《法学家报》1990年，第550页。

〔31〕 现在，《联邦最高法院民事裁判集》第132条，第30页也这样认为。持类似意见的有：《联邦最高法院，新法学周报》1996年，第1205页（“档案知识”的特殊地位）；《联邦最高法院，新法学周报》1995年，第2159页反对在知情人死亡后，将没有归入档案的知识予以归属[有关评论，参见舒尔茨（Schultz）文，《新法学周报》1996年，第1392页]。

第五十六章 代理的公示

参考文献：恩·柯恩(E. Cohn)：《效力及于行为人本身的法律行为》，1931 年；爱因泽勒(Einsele)：《公示原则的内容、限制和意义》，载《法学家报》，1990 年，第 1005 页以下；拉伦茨(Larenz)：《“冒用”他人姓名的负担行为》，载《海·勒曼(H. Lehmann)纪念文集》，1956 年，第 234 页以下；恩·勒茨古斯(E. Letzgus)：《冒用假名之行为》，载《民法实务档案》第 137 卷，1933 年，第 327 页以下；利普(Lieb)：《冒用他人姓名之行为——联邦最高法院民事裁判集第 45 卷，第 193 页[之案例]》，载《法学教育》1967 年，第 106 页以下；米勒(Müller)：《效力及于行为人本身的法律行为》，载《法学家报》，1982 年，第 777 页以下；诺伊迈尔(Neumayer)：《冒用他人姓名订立合同》，载《恩格尔(Engel)纪念文集》，1989 年，第 221 页以下；卡·施密特(K. Schmidt)：《公示的代理权——“公示原则”作为一般法律行为学说的一个部分》，载《法学教育》，1987 年，第 425 页以下。

905 在直接代理中，由代理人发出的或者向代理人发出的意思表示的法律后果，不是由代理人自己承担,而是由被代理人承担。[1] 这一事实,通常只有在行为相对人能够识别代理人为代理人,并且知道他真正的对方当事人是谁时,才能要求代理人的行为相对人予以接受。因此,直接代理通常必须加以公示。第 164 条第 1 款第 1 句规定意思表示必须“以被代理人的名义”发出,以此来表达这一公示要件。这说明,直接代理一般都是公示的代理。

第一节　界　　定

首先,必须将第 164 条规定中所要求的“以他人名义”从事行为,与一些类似的现象界定开来。在这些现象中,行为人并不表明他想为他人从事行为。毋宁说,行为人造成的印象是,他自己就是这个他人。例如,行为人冒用他人的姓名签名。在这种情况下,应区分不同的法律后果。 906

一、以虚假的姓名从事行为

有时候,根据当事人的意思,姓名的标示不具有(私法上的)意义。例如,在即时付款的租住旅馆客房行为中,不论具体的客人姓甚名谁,合同都应当订立生效。如果客人给出的姓名是一个假名,那么他并不是想使这个姓名的载体享有权利和承担义务,而只是想使自己处于匿名状态。因此,客人给出的姓名往往是虚构的姓名,或者是十分普遍的、欠缺认同力的姓氏(“米勒”)。 907

在这样一种以虚假的姓名从事的行为中,法律后果由行为人单独承担。这一点并非产生于第 179 条,[2] 而是产生于当事人的意思。真正的姓名载体(如果有这么个人的话)也不能够如同在

[1] 参见上文边码 882。
[2] 参见下文边码 985 以下。

第 177 条之情形一样,通过追认,将该行为归属于自己。[3]

二、冒用他人姓名从事行为

908 与以虚假的姓名从事行为不同的是,给出的姓名旨在指向某个特定的人,并且恰恰要使这个人接受私法上的约束。这种情形称为冒用他人姓名从事行为。与代理相反,行为人在这里并不表明:自己同与行为相关的那个姓名载体并不是同一个人。这即是说,以他人姓名从事行为的代理人说道:我为 A 从事行为;而冒用他人姓名从事行为的行为人则说道:我就是 A。

学术界对于冒用他人姓名从事行为之*法律归属*(rechtliche Einordnung)争议颇多。[4] 其中对如何界定冒用他人姓名从事行为与以虚假的姓名从事行为[5]的问题,亦即在什么情况下法律行为应当以姓名载体为当事人成立的问题,争议尤为激烈。不过,如果这个问题的确有其重要性的话(是否具有重要性,视相关情形而定),则在*法律后果*(Rechtsfolgen)方面,大家的意见大致上是相同的:代理法至少应类推适用。[6]

据此,如果姓名载体同意他人冒用自己姓名从事行为,那么他就直接承担他人从事的行为所产生的法律后果。姓名载体的这一同意,没有必要涵盖由行为人选择的从事行为的方式。如果姓名载体授予了[被授权人]代理权,但是被授权人却冒用授权人的姓名,例如他用授权人的姓名签名,[7]那么,姓名载体也因此享有权

---

〔3〕 参见下文边码 997。

〔4〕 参见拉伦茨(Larenz):《德国民法总论》,§30IIb,第 605 页,脚注 74 中的列举的材料。

〔5〕 参见上文边码 907。

〔6〕 持此观点者如:《联邦最高法院民事裁判集》第 45 卷,第 193 页;弗卢梅(Flume):《德国民法总论》第 2 卷,§44IV;利普(Lieb)文,载《法学教育》1967 年,第 106 页;许布纳:《德国民法总论》,边码 1223。现在拉伦茨也基本上赞同此说,《德国民法总论》,§30IIb,第 605 页以下。

〔7〕 如同《联邦最高法院民事裁判集》第 45 卷,第 193 页所载登的案例。

利、承担义务。相反,如果没有姓名载体的同意,则准用第177条及以下条款的规定,即姓名载体可以通过追认,将冒用他姓名从事的行为归属于自己。[8]

三、在他人的主管范围内从事行为

第185条规定的无权利人的处分,与前述情形也有异。[9] 在 909
这里,行为人以自己的、正确的姓名出现,但行使的却是某项自己并不享有的主管权。例如,A处分了属于B的物,而通常只有B才有权处分该物。从中产生了第185条予以规范的问题,即:享有主管权的人(即B),如何才能使由不享有主管权的人(即A)以其自己的姓名从事的处分行为变得有效?[10]

第二节　空白证书的填写

参考文献:格·米勒(G. Müller):《论对滥用空白证书以及由此产生的法律后果类推适用民法典第172条规定的界限》,载《民法实务档案》第181卷,1981年,第515页以下[第516页脚注1中列举了许多其他著述。对该文的评论,见赖尼克－梯德克(Reinicke-Tiedtke):《民法中空白证书给与人因违反约定填写空白证书行为的责任》,载《法学家报》,1984年,第550页以下];武尔姆(Wurm):《空白表示与权利表见责任》,载《法学工作报》,1986年,第577页以下。

[8] 参见下文边码997。
[9] 参见下文边码1030以下。
[10] 参见下文边码1030以下。

一、生活现实

910 所谓“空白证书”(Blankett),是指虽然已有签发人的签名,但故意(即不仅仅是因疏忽!)为不完整填写的证书。也就是说,证书中包含了一些“空白的地方”。〔11〕 证书的填写,应当由签发人以外的其他人来完成。在签发证书时证书内容的某些部分尚处于不确定状态时,于证书制作时进行这种分工自有其意义。

汇票法(Wechselrecht)中就有这方面的例子。在收款人被确定之前,付款人就已经承兑了汇票(空白承兑,Blankoakzept〔12〕)。或者,某人欲以一张新汇票替代一笔已届清偿期的汇票债务(所谓的延期汇票,Prolongationswechsel)。这种行为意味着延长信贷。因此,新汇票到期日之前的利息,必须加到旧汇票上记载的金额中去(根据《汇票法》第1条第2项,记载的金额必须是确定的)。在这种情况下,出票人往往就在延长汇票中不记载金额。此项金额,应当由银行计算出来并填写在汇票上。

911 在实践中非常普遍的空白背书(Blankoindossament)具有一种特殊地位。空白背书通常只能由背书人在汇票背面签名构成(《汇票法》第13条第2款)。这种空白背书例外地不需要予以补全,而是在补全之前就能够产生完全背书的一切功能。〔13〕 不过,背书时可以记载某个人的姓名(《汇票法》第14条第2款第1项)。这样,权利人就能够使自己免受不法侵吞之损害,因为现在只有被记载姓名的人才享有汇票权利。〔14〕

912 此外,空白证书也出现在有价证券法以外的其他领域,如债务证书、代理权证书、抵押书状上的让与表示、机动车辆担保证书

---

〔11〕 Blankett 源自意大利语 bianco,等于德语中的 weiss(白)。

〔12〕 参见胡克-卡纳里斯(Hueck-Canaris):《有价证券法》,1986年第12版,§7I1。

〔13〕 同上,§8VI。

〔14〕 同上,§8VI2。

(这是一种保险单[15])。这里都涉及一个问题,即签发人以外的另一个人有权补全签发人出具的、不完整的证书。根据联邦最高法院的一项判例,[16]授权他人发出一项非商人的保证表示,必须具备书面形式(Schriftform)。[17]

二、违反约定的填补

913 授予空白证书,总是以某项有关填补该空白证书的约定为基础。如果空白证书的持有人遵循这一约定,即如[银行]将[出票人]实际所负的金额填入延期汇票,那么就不可能出现什么问题。出票人承担的责任,与他自己填补该证书时所负的责任一样。空白背书是被公开填补的还是隐藏填补的,即填补行为非为出票人所为之事实能否为他人所识别,并无区别。

而在违反约定填补空白证书时,就可能产生困难。例如,[银行]在延期汇票中记载的金额,高于出票人实际所负的金额。《汇票法》第10条、《支票法》第13条规定了空白票据的出票人对善意取得违反约定补全之票据的持有人所承担的责任。[18] 法律在这些特殊情形之外,没有制定一条一般性的规定。但学术界一般认为,空白证书的签发人应受补全的证书文意的约束。[19] 以前,人们认为[空白证书的签发人]可以根据第119条行使撤销权,因为空白证书的签发人不想发出这一内容的意思表示。[20] 这样来,对取得人的信赖保护就可以适用第122条,而[将签发人需赔偿的损害]局限于消极利益。今天,人们正确地否认了这种撤销可

---

〔15〕 参见《联邦最高法院民事裁判集》第40卷,第297页。

〔16〕 《联邦最高法院民事裁判集》第132卷,第119页。

〔17〕 参见比洛(Bülow)文,载《经济法杂志》1996年,第1694页。

〔18〕 参见克勒(Köhler)文,载《法学工作报》1977年,第13页。

〔19〕 如弗卢梅(Flume):《德国民法总论》第2卷,§232c,第455页以下;拉伦茨(Larenz):《德国民法总论》,§33III,第644页以下。

〔20〕 《帝国法院民事裁判集》第108卷,第183页,第185页。

能性。[21] 人们正确地通过类推适用第 172 条第 2 款(Analogiezu §172II)规定来论证空白证书签发人的责任。[22] 而这一论证方法是与以前的观点大异其趣的。今天的人们认为,空白证书类似于代理权证书。而在代理权证书中,授权人同样不得以他——即授权人——不想发出被授权人的意思表示为由,而撤销被授权人的意思表示。只有在空白证书的持有人在填写时发生了错误的情况下,才能准用第 166 条第 1 款的规定,进行撤销。

既然可以类推适用第 172 条第 2 款,也就可以准用第 173 条。
914 在另一方当事人知道有滥用空白证书的行为,或者这种滥用行为是显而易见时,[23]空白证书就[对签发人]不产生义务。[24] 这里,空白证书的签发人不需要撤销。[25]

第三节　公示的具体问题

一、种类

根据第 164 条第 1 款第 1 句,代理可以以明示的方式
915 (ausdrücklich)予以公示。例如,代理人说道,他是在为另外一个人从事行为;或者,代理人签名时使用"代理"(i. V. :inVertretung)或"代"(ppa:per procura)等字样。不过,一项意思表示应以他人的名义发生效力之事实,也可以根据情况断定。这种现象是非常

---

〔21〕 弗卢梅,同前引书;拉伦茨,同前引书,第 645 页;许布纳(Hübner):《德国民法总论》,边码 1292。

〔22〕 如《联邦最高法院民事裁判集》第 40 卷,第 65 页,第 68 页;第 40 卷,第 297 页,第 304 页以下;第 113 卷,第 48 页,第 53 页。格·米勒对此有所保留,文载《民法实务档案》第 181 卷,第 515 页。

〔23〕 参见下文边码 941。

〔24〕 《联邦最高法院,新法学周报》1984 年,第 798 页。

〔25〕 弗卢梅,同前引书,第 455 页。

普遍的。例如，商店的女售货员即使没有明言，但是她显然是想使店主享有权利和承担义务；某人在公司信笺上发出意思表示的，即使他仅仅签署自己的姓名，通常也是在为公司从事行为；在签名之外加盖人合公司的图章的，通常也是为公司从事行为。[26] 一位教师自己报名并且将他全班同学报名参加一次集体游览活动的，该教师也是以学生的名义从事行为。[27] 而将他人的银行账号记载在支票上，尚不足以使代理公示。[28]

在通常情况下，公示不仅使代理之事实公开，而且也使被代理人公开。不过公开被代理人（Person des Vertretenen）并不是必要 916
要件，[代理人]可以保留事后指明行为当事人的权利。[29] 当然，如果代理人事后无法指明行为当事人，则他必须根据第 179 条自行承担责任。

二、同企业的主人发生的行为

在同企业主进行交易（与企业相关的行为，unternehmensbezogene Geschäfte）时，人们对公示的适用显得特别开明。在这里， 917
与业主进行法律交易的意思，甚至于要比对业主其人明显有误的想法更为重要。[30] 这不是一项证据规则，而是一项解释规则。[31] 例如，即使行为当事人将其对方当事人——一家从事贸易

---

〔26〕《联邦最高法院民事裁判集》第 64 卷，第 11 页。

〔27〕《法兰克福州高等法院，新法学周报》1986 年，第 1941 页。

〔28〕《联邦最高法院民事裁判集》第 65 卷，第 218 页；《联邦最高法院，企业》1981 年，第 2069 页。

〔29〕《联邦最高法院，新法学周报》1989 年，第 164 页，第 166 页。

〔30〕如《帝国法院民事裁判集》，第 30 卷，第 77 页；第 67 卷，第 148 页；《联邦最高法院民事裁判集》第 62 卷，第 216 页，第 219 页；《联邦最高法院，企业》1981 年，第 2018 页；《企业》1984 年，第 431 页；1990 年，第 653 页；《杜塞尔多夫州高等法院，新法学周报，民法判例汇编》1995 年，第 867 页；弗卢梅：《德国民法总论》第 2 卷，§44I，第 764 页。

〔31〕《联邦最高法院，企业》1992 年，第 727 页，第 728 页。

业务的无限公司——误认为是独资商人,该无限公司也应承担义务。[32] 一家经营安装业务的有限责任公司,即使其事务执行人只签了自己的姓名,而没有附上能表示代理事实的字样,该公司也是有关安装合同的当事人。[33] 在通常情况下,不需要指出企业所有人的变更。[34] 不过,如果对有关行为是否与企业相关发生怀疑,则应适用第164条第2款。[35]

在最后一类情形,除被代理人承担义务外,行为人也有可能根
918 据权利表见规则承担个人责任。[36] 联邦最高法院的表述如下:"如果行为人以公司名义而不附加有关[公司]字样从事行为,给人造成了他自己就是该公司所有人的印象,那么,他当然必须接受这一事实,就像该表见符合现实一样。如果他——显然是作为代理人从事行为的——给合同当事人造成了一种印象,即公司所有人——不论这个人是谁——向该合同当事人承担无限责任,那么他也必须承担责任。如果合同当事人的这一期待被辜负了,那么,出于维护正当交易利益的目的,应当由代理人承担因谎称公司所有人负无限责任而产生的责任——这一责任的依据类似于第179条所表达的法律思想。"[37] 然而,在口头谈判中略去"有限责任"之字样的,尚不足以使这样一种自我责任成立;只有在口头谈判之后的书面交往中依然略去"有限责任"字样的,才能使这种责任成立。[38] 而在另一方面,这种自我责任不仅应适用于事务执行人,

---

〔32〕《帝国法院民事裁判集》第30卷,第77页。

〔33〕《联邦最高法院民事裁判集》第62卷,第216页。

〔34〕《联邦最高法院,新法学周报》1983年,第1844页。

〔35〕参见下文边码919;《联邦最高法院,新法学周报,民法判例汇编》1995年,第991页。

〔36〕《联邦最高法院民事裁判集》第62卷,第216页,第222页以下;《联邦最高法院,企业顾问》1990年,第653页,第655页。

〔37〕《联邦最高法院,企业》1981年,第2018页,第2019页。

〔38〕《联邦最高法院,新法学周报》1990年,第2678页,第2679页。

而且也适用于公司的其他代理人,只要该代理人因略去“有限责任”字样而给他人造成了由某个自然人承担责任的表见。[39]

三、第 164 条第 2 款的意义

第 164 条第 1 款规定的代理要件之一,是[行为人]以被代理人名义从事行为。如果这一点既没有以明示方式为之,也不能从情形中推断,即不可能产生代理的效果。这时就存在一项行为人 919
的自我行为,行为人自己享有权利、承担义务。而真正应成为行为当事人的人,也不得通过第 177 条规定,将该行为归属于自己。

第 164 条第 2 款在此基础上更前进了一步。如果没有该款规定,代理人就可以根据第 119 条第 1 款,以自己不想表示任何东西,因而对其意思表示的意义发生了错误为由,撤销那项因欠缺公示性而应由其自己承担后果的法律行为。第 164 条第 2 款(很难读懂)旨在阻止代理人行使这种撤销权:行为人不想以自己名义从事行为[之事实],是无关紧要的(对第 119 条而言亦然)。因此,行为人承担履行由其从事的法律行为的义务,而不仅仅是透过第 119 条、第 122 条承担赔偿信赖利益的义务。

四、效力归属于行为人自身的行为

(一) 在日常生活中,许多债法上的现金交易行为一般都不公开代理事实。例如顾客说道,“我不是为自己买信纸,而是为我的女友购买”,对这一说明,购物中心的女售货员是毫无兴趣的。在 920
商店的付款处,一般也没有任何能够录制此类说明的设备。其实,在投诉时,谁能出示商品和付款单,谁就被当作合同当事人。可以说,购物中心是在与“相关的人订立合同”。这是没有问题的。

(二) 效力归属于行为人自身的行为在动产物权法(Mobiliar-

---

〔39〕《联邦最高法院,新法学周报》1991 年,第 2627 页[附有卡纳里斯(Canaris)的评论]。

sachenrecht）中则有一些问题。[40] 因为动产物权法制度使得委托人能够从让与人处直接取得所有权，尽管受托人完全是以自己的
921 名义与让与人发生交易关系。如此一来，标的物只是在“法律瞬间”（juristische Sekunde）才属于受托人而且被理解成为第三人质权的情形就会受到阻却。（如第 559 条规定的出租人质权）。物权合意应直接在让与人和委托人之间发生。此外，委托人也应立即取得占有，因为受托人是委托人的占有辅助人（第 855 条）或占有媒介人（第 868 条，通过预设的占有改定）。不过，这一制度在实践中的意义甚微。[41]

（三）第 1357 条规定，“为适当满足家庭生活需要而从事行为”的，不需要公示代理，一方配偶也可以使另一方配偶享有权利和承担义务。然而，根据正确的看法，第 1357 条涉及的不是代理（从事
922 行为的配偶自己也是合同当事人！），而是亲属法上的一项独特的制度。[42]

---

〔40〕 参见鲍尔－施蒂尔纳（Baur-Stürner）：《物权法》，§ 51 VII3；哈・韦斯特曼－哈・彼・韦斯特曼（H. Westermann-H. P. Westermann）：《物权法》，§ 43 IV3；维林（Wieling）：《物权法》第 1 卷，1990 年，§ 9 VII5。

〔41〕 参见梅迪库斯（Medicus）：《民法》，边码 90。

〔42〕 格恩胡贝尔－克斯特尔＝瓦尔清（Gernhuber-Coester＝Waltjen）：《亲属法》，§ 19 IV4，第 196 页；参见上文边码 897。

第五十七章 代 理 权

参考文献:全面的著述有:弗罗茨(Frotz):《代理法中的交易保护》,1972 年;博伊庭－米勒(Beuthien-Müller):《混合代理与非真正的共同商事代理》,载《企业》,1995 年,第 461 页以下;沃·布洛迈尔(W. Blomeyer):《对民法典第 181 条的目的性校正》,载《民法实务档案》第 172 卷,1972 年,第 1 页以下;科英(Coing):《抛弃遗产时父母的法定代理权》,载《新法学周报》,1985 年,第 6 页以下;菲肯切尔(Fikentscher):《表见代理权与代理人概念》,载《民法实务档案》第 154 卷,1955 年,第 1 页以下;罗·费舍尔(R. Fischer):《代理权的滥用,也考虑到商事公司》,载《席林(Schilling)纪念文集》,1973 年,第 3 页以下;同一作者:《论民法典第 181 条在公司法领域的适用》,载《豪斯(Haus)纪念文集》,1978 年,第 61 页以下;弗莱克(Fleck):《从民法角度看代理权的滥用或有限责任公司之在征得所有股东同意后从事行为的股东的背信行为》,载《公司法杂志》,1990 年,第 31 页以下;格尔莱因(Gehrlein):《虽然不知被代理人是谁,仍然是有效的代理》,载《保险法》,1995 年,第 268 页以下;格罗宁(Gröning):《论中介人对要约人发出的口头意思表示的受领代理权》,载《保险法》,1990 年,第 710 页以下;霍普特(Hopt):《授权人死亡对代理权以及基础法律关系的影响》,载《商法杂志》第 133 卷,1970 年,第 305 页以下;乌·许布纳(U. Hübner):《利益冲突与代理权对民法典第 181 条的功能性细分化》,1977 年;孔斯特赖希(Kunstreich):《共同代理》,1992 年;勒内尔(Lenel):《代理与代理权》,载《耶林民法学理论年刊》第 36 卷,1895 年,第 1 页以下;梅尔茨(Merz):《法人法、商人代理法与普通代理法中的代理权及其限制》,载《哈·韦斯特曼(H. Westermann)纪念文集》,1974 年,第 399 页以下(研究瑞士法);帕夫洛夫斯基(Pawlowski):《教育权人的表见代理权》,载《德国法月刊》,1989 年,第 775 页以下;同一作者:《意定代理》,载《法学家报》,1996 年,第 125 页以下;京·罗特(G. Roth):《有限责任公司事务执行人滥用代理权》,载《公司法杂志》,1985 年,第 265 页以下;卡·施密特(K. Schmidt):《越权说:死或生?》,载《民法实务档案》第 184 卷,1984 年,第 529 页以下;克·施赖伯(K. Schreiber):《代理法中的权利表见》,载《法律学习》,1997 年,第 104 页以下;舒尔茨(Schultz):《生前赠与中死后代理权的撤回与滥用》,载《新法学周报》,1995 年,第 3345 页以下;施迪塞尔(Stüsser):《根据民法和商法撤销代理权》,1986 年[有关评论,参见弗·彼得斯(F. Peters)文,载《商法杂志》第 150 卷,第 733 页];蒂姆(Timm):《康采恩中的多重代理》,载《民法实务档案》第 193 卷,1993 年,第 423 页以下;特拉普(Trapp):《旨在履行生前给予行为的死后才生效的代理权以及死亡前已生效死亡后亦应继续生效的代理权》,载《继承法杂志》,1995 年,第 314 页以下;冯·图尔(von Tuhr):

《不可撤回的代理权》，载《拉邦德(Laband)纪念文集》，1908年，第43页以下；哈·彼·韦斯特曼(H. P. Westermann)：《代理权的滥用》，载《法学工作报》，1981年，第521页以下；维林(Wieling)：《容忍代理权与表见代理权》，载《法学工作报》，1991年，第222页；曼·沃尔夫(M. Wolf)：《对未成年人的财产保护与商法上的责任原则》，载《民法实务档案》第187卷，1987年，第319页以下。

第一节　代理权的依据

923 一、依据直接代理，由代理人从事的行为的法律后果，直接由被代理人承担。[1] 这一点，只有在被代理人同意代理人从事的行为对自己产生效力的情况下，才能与被代理人的私法自治之自决权(Selbstbestimmung)相一致。[2] 被代理人的同意(Zustimmung)可以事先为之，这就是第166条第2款第1句规定的"通过法律行为所授予的代理权(意定代理权)"。但这种同意也可以事后为之，即作为追认。这是第177条规定的情形。[3]

924 二、除了这种以法律行为为基础的("意定的")代理权外，还存在着一种法定(gesetzliche)代理权。法定代理权可以直接产生于法律，如父母对其子女的代理权(第1629条)。这种代理权既没有过时，也并非违宪。[4] 法定代理权也可能要由官署的指定才能成立，如监护人(第1789条及以下条款、第1793条)、照管人(第1896条及以下条款、第1902条)和保佐人(第1915条第1

〔1〕 参见上文边码883以下。

〔2〕 参见上文边码172以下。

〔3〕 参见下文边码975以下。

〔4〕 卡·施密特(K. Schmidt)文，载《新法学周报》1989年，第1712页。他反对拉姆(Ramm)的看法，文载《新法学周报》1989年，第1708页。

款)的法定代理权。

925 三、与监护人、照管人和保佐人的法定代理权相似的是所谓“依职当事人”(Parteien kraft Amtes)的法定代理权。所谓依职当事人,是指某些管理他人财产的管理人。其中,破产管理人(《破产法》第78条)和遗产管理人(第1981条)必须由法院指定。而遗嘱执行人则由被继承人任命(第2197条),不过遗嘱执行人必须首先对他的职务表示接受(第2202条)。担任这些职务后,当事人都享有处分他人财产的权限,并且能够使财产主体享有权利、承担义务。例如,破产管理人有权为破产财团和破产债务人(《破产法》第6条)享有权利、承担义务;遗产管理人和遗嘱执行人有权为遗产的继承人享有权利、承担义务(第1984条、第2205条及以下条款)。这些是典型的代理效果。虽然依职当事人不仅应当维护被代理人的利益,而且还应当维护其他人的利益,如破产管理人还必须考虑到破产债权人和其他当事人的利益,遗产管理人必须顾及遗产债权人的利益,〔5〕遗嘱执行人必须考虑受遗赠人的利益;〔6〕但是,根据正确的观点,〔7〕这一事实与代理之间不存在本质上的区别。因此,代理的规定也适用于依职当事人。此类代理属于法定代理(gesetzliche Stellvertretung),因为代理的效果是依法律规定产生的,即使[当事人]在具体情况下不希望这些效果发生,它们仍然会发生的。

926 四、所谓机关代表(Organschaft),也仅仅是法定代理的一种特殊情况。享有机关代表权的如社团的董事会(第26条第2款)、股份公司的董事会(《股份法》第78条第1款)、合作社的董事会(《合作社法》第24条第1款)、有限责任公司的事务执行人

〔5〕 参见第1985条第2款。

〔6〕 参见第2219条。

〔7〕 如拉伦茨(Larenz):《德国民法总论》,§30Ia,第586页以下。

(《有限责任公司法》第35条第1款)以及无限公司和两合公司中负无限责任的股东(商法典第125条第1款、第161条第2款、第170条)。相应的原则现在也适用于合伙公司(《合伙公司法》第7条第3款)。法律在这些地方规定的都是“代表”(Vertretung)。认为法律在这些地方指的并不是代理(Stellvertretung)的规定,是缺乏令人信服的理由的。毋宁说,机关代表的特点在于,它除了代理(亦即意思表示的归属)以外,也包括那些应承担损害赔偿义务之行为的归属。[8] 在这里,代理权[发生]的理由是:法律的规定以及被任命为机关(或者作为负无限责任的股东加入人合公司)[的事实]。

第二节　意定代理权

第167条至第176条对意定代理权作了比较详尽的规定。尽管如此,这方面仍然存在许多有争议的问题。 927

一、授予

(一) 民法典为代理权的授予规定了三种行为方式(drei Verhaltensweisen)。

1. 代理权可作为所谓的内部代理权(Innenvollmacht)授予,亦即由被代理人通过向被授权人发出(需到达的)意思表示而授予之(第167条第1款第一种情形)。

2. 也可以授予外部代理权(AuBenvollmacht),即由被代理人通过向代理人行为的当事人即第三人发出(需到达的)意思表示而授予之(第167条第1款第二情形)。

3. 现实中还有一种——而且是比较常见的——向外部告知的内部代理权(nach auBen mitgeteilte Innenvollmacht)。授权人授

[8] 第31条,参见上文边码894。

予了内部代理权后，将这一授权事实公之于外部。严格说来，这一公开行为并不是内部代理权以外的外部代理权，因为公开并不是意思表示。授权人并不是对外部说道："我（在这里）授予代理权"，而是说道："我已经授予了代理权"。[9] 法律在第 171 条、第 172 条中对此类代理权作了规定。

928 （二）在所有情形，授权都可以通过明示的意思表示（ausdrückliche Erklärung）（如颁发代理权证书）做出，也可以通过可推断之行为（oder auch konkludent）做出。通过可推断之行为授予代理权，甚至是一种非常普遍的现象。在某人受雇于从事某项通常与代理权联系在一起的行为，而且没有特别排除其代理权时，即存在此种授权。例如，某人被聘为售货员（Verkäuferin）、秘书（Sekretärin）、长途司机（Fernfahrer）（长途司机一般被授权从事那些在驾驶途中通常必须解决的行为，如加油、小规模的维修）。[10] 根据联邦最高法院的一项判例，[11] 授予邮政代理权（Postvollmacht）的行为，不能直接被认为同时也授予了私法上的代理权。

929 （三）根据第 167 条第 2 款，即使以代理权从事的行为需要符合形式要求，授予代理权之意思表示通常（例外如遗产的抛弃，第 1945 条第 3 款）也不需要具备任何形式（formlos）。这就是说，形式规定仅仅适用于代理人从事的行为。然而，如果严格适用第 167 条第 2 款，将会与许多形式规定的保护宗旨产生矛盾。[12] 例如，第 313 条旨在防止当事人操之过急。如果不动产所有权人能够以口头方式授予他人出卖其不动产的代理权，而该项授权在结

[9] 但请参见下文边码 947。

[10] 有关建筑承包人的代理权，参见《联邦最高法院民事裁判集》第 67 卷，第 334 页。有关建筑师的代理权，参见《联邦最高法院，新法学周报》1978 年，第 995 页；《斯图加特州高等法院，德国法月刊》1982 年，第 1016 页。

[11] 《联邦最高法院民事裁判集》第 94 卷，第 140 页。

[12] 参见上文边码 612 以下。

果上几乎是无法撤销的,那么这一防止操之过急的宗旨在很大程度上就无法实现了。

因此,第 167 条第 2 款受到了司法判例的重大限制(wesentlich eingeschränkt)。这些司法判例在核心方面大概已经变成了习惯法。如果授予代理权的行为在很大程度上对授权人已经具有约束力,即如代理人行为已经在很大程度上超前进行,那么,具有警告功能的形式规定也应适用于授予代理权行为。肯定这一原则的事例有如:代理权是不可撤回的;[13]不行使代理权会损害授权人的利益;[14]被授权人受取得权利之利害关系人* 指示的约束;[15]代理权构成提前的取得义务;[16]被授权人得违反第 181 条规定与自己订立合同,而且授权人希望自己接受法律上的约束。[17] 有关保证,参见上文边码 912。

二、容忍代理权

在无法确定是否存在具体代理权授予行为的情况下,往往实际从事着代理行为。例如,妻子知道,她丈夫在为她的煤炭店接受订货,并通过接受货物的行为同意了她丈夫的[代理]行为;或者,妻子知道,她丈夫接受了货物,但对此未置可否。长期的司法判例认为,在此类情形,被代理人不得主张不存在代理权。人们称此类情形为容忍代理权(Duldungsvollmacht)。 930

人们不能将这种代理权简单地理解为通过可推断之行为授予的外部代理权。[18] 因为,容忍行为的表示内涵,不可能是"[正

[13] 《帝国法院民事裁判集》第 110 卷,第 319 页,第 320 页。

[14] 《帝国法院民事裁判集》第 108 卷,第 125 页,第 127 页。

[15] 《帝国法院民事裁判集》第 76 卷,第 182 页,第 184 页。

[16] 《柏林州高等法院,州高等法院民事裁判集》1985 年,第 184 页。

[17] 《联邦最高法院,新法学周报》1952 年,第 1210 页。

[18] 参见上文边码 927,2。

* 取得权利之利害关系人即为买受人。——译者注。

在]授予代理权”,而是“已经授予了代理权,因此代理权是存在的”。这一点,与将内部代理权对外作公开的情形是相同的。[19]因此,对容忍代理权的处理,应同于对实际上并不存在的内部代理权作实质上不正确告知的处理。结果是可以认定代理效果发生。[20]

931 **三、代理权的范围**

(一) 法律对一些典型的代理权的内容作了强制性的规定,主要是诉讼代理权(《民事诉讼法》第 80 条至第 84 条)和经理权(商法典第 48 条至第 53 条)。法律规定代理权的范围,旨在确保法律交易的稳定性和简便性,使第三人知道代理权的范围,第三人没有必要事先对代理权的范围进行调查。

932 (二) 不过在通常情况下,授权人有权自由决定其授予被授权人的代理权的内容。例如,授权人可以将代理权限制在从事某类行为方面(如收取租金);反之,他也可以授予一项包罗万象的代理权(概括代理权),而根据自己的意愿将某些行为排除在外(如出让不动产,或者标的物价值在 1 万马克以上的行为)。

933 (三) 授权人也可以将代理权授予若干个人,使这些人只能共同享有代理的权利。这种代理权叫作“共同代理权”(Gesamtvertretung)(授予共同代理权主要是一项预防措施)。民法典规定的共同代理权,主要有父母对子女的法定代理权(第 1629 条第 1 款第 2 句)、多个照管人(第 1908i 条第 1 款)或多个监护人(第 1797 条第 1 款第 1 句)的法定代理权。而在由多人组成的社团董事会中,第 28 条第 1 款、第 32 条第 1 款第 3 句规定了多数票通过原则。[21]

934 在一切只能由数个人共同享有代理权之情形,只要向这些代

---

〔19〕 参见上文边码 927,3。

〔20〕 参见下文边码 947 以下。

〔21〕 参见下文边码 1130。

理人中的一个人发出意思表示,就足以使被代理人受领该意思表示(Empfang einer Willenserklärung)。对此,民法典第 28 条第 2 款、第 1629 条第 1 款第 2 句、商法典第 125 条第 2 款第 3 句、《股份法》第 78 条第 2 款第 2 句、《有限责任公司法》第 35 条第 2 款第 3 句以及《合作社法》第 25 条第 1 款第 3 句,虽然作了具体规定,不过,这一原则还是一项一般性规则,即由多数人参与代理,不应当增加第三人送达意思表示的困难。在第 166 条情形,〔22〕共同代理也不应当给第三人产生不利影响。因此,只要若干个代理人中的一人是恶意的,〔23〕或者知悉商人确认书,〔24〕就可以了。反之,只要从事共同行为的若干个代理人中有一人发生了意思瑕疵,同样也可以[适用第 166 条规定]。〔25〕 而在只有一个共同代理人知情的情况下,不能就据此认为被代理人方面存在容忍代理权,因为被代理人不可能有效地容忍各个共同代理人。〔26〕

(四) 代理权也可以附有条件或期限(bedingt oder befristet)。 935
诚然,授予代理权意味着通过单方面意思表示变更权利状态。因此,人们也可以认为代理权像形成权一样,是不得附有条件或者期限的。〔27〕 但是代理权的情形有所不同,因为,只要被授权人不能够证明其享有代理权,那么第三人就没有必要同这么一个处于不确定状态的被授权人订立合同,并且可以拒绝接受其从事的单方面的法律行为。〔28〕 根据法律的宗旨,在此类情形,这种证明也必

---

〔22〕 参见上文边码 898。

〔23〕 如迪尔歇尔(Staudinger-H. Dilcher):《施陶丁格德国民法典评注》,第 166 条,边码 23。

〔24〕《联邦最高法院,新法学周报》1988 年,第 1199 页,第 1200 页。

〔25〕 迪尔歇尔,同上引评注,边码 15。

〔26〕《联邦最高法院,新法学周报》1988 年,第 1200 页。

〔27〕 参见上文边码 849。

〔28〕 第 174 条,参见下文边码 980。

须包括下列内容：虽然代理权附有条件或期限，但代理权在该具体情况下是有效的。

936 （五）不过，有一点授权人是无法做到的，即通过授予代理权放弃自己在代理权所涉领域自行发出或受领意思表示的能力。根据通行的、正确的学说，[29]这样一种“排斥性的”（亦即排除授权人自己的主管权）代理权（verdrängende Vollmacht）是不合法的。因为，排斥性代理权实际上意味着被代理人自己使自己丧失行为能力，并使自己像一个无行为能力人那样依赖于他的代理人。根据第137条的宗旨，[30]不能通过法律行为做到这一点。

也许被代理人可以（准用第137条第2句）在债法上承担在代理权所涉领域不自行从事法律行为的义务（但以此不构成根据第138条为无效的、违反善良风俗的束缚行为为限[31]）。[被代理人]有过失地违反这种义务的，可产生损害赔偿义务。在[破产]重整程序中，如果给主债权人授予了代理权，以对债务人的财产关系进行整顿，这时[债务人]承担不自行从事法律行为的义务就具有重要意义：主债权人的整顿行为不应当受到债务人自行从事的、与主债权人的整顿行为相矛盾的行为的干扰。

四、代理权的消灭

937 第168条规定了代理权消灭的两种原因，即授予代理权所依据的基础法律关系中的规定和撤回。

（一）基础关系

1. 代理权通常都基于授权人与被授权人之间的某项法律关系，这种法律关系大多是债务关系。因此项法律关系，被授权人可

---

〔29〕 如弗卢梅（Flume）：《德国民法总论》第2卷，§53，6；帕夫洛夫斯基（Pawlowski）：《德国民法总论》，边码765。但格恩胡贝尔（Gernhuber）对此有所限制，文载《法学家报》1995年，第381页。

〔30〕 参见上文边码678。

〔31〕 参见上文边码698。

享有行使代理权的权利,或承担行使代理权的义务。在上文边码936提及的重整事例中,行使代理权的权利占据主导地位,因为债权人在进行重整时也追求着自身的利益。而在雇佣女售货员的事例中,承担行使代理权的义务则占据主导地位。此外,基础关系通常也规定应在何种意义上行使代理权,尤其是应维护授权人的利益。

第168条第1句还规定,基础关系决定着代理权的消灭。例如,重整合同终止时,从事重整工作的债权人的代理权也随之消灭;受雇的女售货员的代理权随劳动关系的终止而消灭;等等。

2. 这种代理权消灭的方式可能产生两个方面的问题。第一, 938
第三人如准备与被授权人订立合同,可能不知道因[授权人与被授权人之间的]内部关系终结而使代理权终止。因此,第三人的信赖应当受到保护。第170条至第173条对此作了规定。[32]

第二,由于被授权人同样也可能不一定知道其代理权因内部 939
关系而终止,因此也有必要保护被授权人的利益。否则,被授权人就有作为无权代理人,而根据第179条自行承担责任的风险。[33]例如,在财产管理委托合同(第675条)以委托人在世时间为限,而管理人不知道委托人已经死亡的情况下,管理人仍然可能善意地继续从事财产管理行为。[34]

法律以某种高度艺术化的方法,给被授权人提供了必要的保护。根据第674条规定,为维护受托人利益,委托视作继续存在,直到委托人知道或者应该知道[委托]终结事由为止。第729条对合伙人的事务执行权作了与此类似的规定。既然基础关系继续存在,那么代理权也就继续存在。

---

〔32〕 参见下文边码941。

〔33〕 参见下文边码984以下。

〔34〕 有关一般性的论述,参见霍普特(Hopt),参考文献所列著述。

第674条、第729条旨在保护被授权人的规定，对与被授权人订立合同的第三人也是有利的，因为第三人能够享受代理所产生的效果。但是，如果第三人（与被授权人不同）知道或者应该知道代理权消灭的原因，那么优待第三人就不妥当了。因此，第169条规定，对于此类第三人，代理权并不能继续发生效力。善意的被授权人并不会因此遭受什么不利影响。由于第三人知道或者应该知道代理权的瑕疵，因此根据第179条第3款第1句，他对无代理权从事行为的代理人不享有任何请求权。

（二）撤回

940 第168条规定，代理权的另一个消灭原因是撤回。

1. 根据第168条第3句，“第167条第1款规定应准用”于代理权的撤回。据此，代理权的撤回通过授权人发出需受领的意思表示（empfangsbedürftige Willenserklärung）为之。该意思表示可以向被授权人发出，也可以向代理行为的当事人第三人发出。这也就是说，可以区分内部撤回和外部撤回（Innen-und AuBenwiderruf）。不过，第168条并非旨在对代理权的授予与代理权的撤回作对称性规定。毋宁说，内部代理权也可以通过在外部关系上的撤回予以终结，反之亦然。这一点，在以向被授权人发出撤回表示的方式，终止相对于第三人授予的或者向第三人公开的代理权时，易产生问题。对于此种方式的撤回，第三人可能一无所知，因此他可以信赖代理权继续存在。

941 第170条至第173条对这个问题作了规定。在将外部代理权消灭之事实告知第三人之前，该代理权相对于该第三人依然有效（第170条）。相应地，如内部代理权已向外部作了通知，则在通知被撤回之前，该内部代理权继续有效（第171条第2款，第172条第2款）。不过，如第三人知道或者应该知道代理权消灭之事实，则该第三人不受代理权继续有效［规定］的保护（第173条）。总而言之，善意第三人受到法律保护，条件是他掌握着授权人有关代理权存在的说法（而不仅仅是被授权人有关代理权存在的说法，亦即仅有内部代理权还不够）。

第170条、第171条第2款、第172条第2款旨在保护第三人利益。那么，在这些规定中，代理权是继续存在，还是虽已消灭，但第三人可依据权利表见规则使代理效果发生呢？对这个问题，学术界有不同看法。不过，由于第170条至第173条的规定非常详尽，因此这一争议几乎不会产生什么［不同］结果。

2. 根据第168条第2句，基础关系可以规定，代理权的期限 942
与基础关系相同，亦即在基础关系存续期间，代理权是不可撤回的（Vollmacht unwiderruflich）。特别是在被授权人对委任其从事的代理人行为享有请求权（例如，土地买受人被［出卖人］授权，将所买卖的土地的所有权移转给自己*），或者代理权也有利于维护被授权人利益（如上文边码936所列的重整案）的情况下，可以认定存在这样一种不可撤回的代理权。在这种情况下，授权人只有通过消除这一请求权（如通过撤销买卖合同）或者以其他方式终止基础关系，才能摆脱代理权的约束。授权人也可以出于重大事由为特别终止（Kündigung aus wichtigem Grund）——基础关系中未予以规定的终止。例如，如果债权人通过从事不当行为减损了其管理的财产，并因此危及重整的效果时，债务人有权终止重整合同。

除此之外，是否还需要一项出于仅与代理权相关之重大事由[35]的特别撤回制度？我对此表示怀疑。因为，在拉伦茨所称的“被授权人严重辜负了［授权人］对他的信赖，特别是被授权人滥

---

〔35〕 拉伦茨似乎就是这样认为的。同前引书，§31IIIb，第625页。

* 买卖双方订立土地买卖合同后，出卖人负有将土地所有权移转给买受人的义务。移转土地所有权是一项意思表示，一般情况下由出卖人自己向买受人发出。不过，出卖人也可以授权给买受人，由买受人代理出卖人［向买受人自己］发出此项意思表示。——译者注。

用其代理权"[36]情形,授权人总是可以终止基础关系的。根据第168条第1句,一旦基础关系终止,代理权也直接归于消灭。无论如何,代理权应超越因重大事由被终止的基础关系而继续存在之约定是不合法的。没有原因关系作为基础的代理权,则永远是可以自由撤回的。[37]

(三) 其他终止事由

943 1. 代理权消灭的其他原因,民法典中虽然未作规定,但实质上已经获得承认。第一,在代理权仅为从事特定的行为所授予,而这些行为已经实施完毕或者无法实施的情况下,均构成代理权消灭的原因。第二,被授权人抛弃代理权的,代理权消灭。第三,被授权人死亡或者丧失行为能力的,代理权一般也归于消灭。因为授予代理权,典型地体现了某种个人之间的信任关系,这种信任关系不能够直接转移给(并非由授权人,而是由被授权人选择的)继承人或照管人。不过,如果代理权主要是为了维护被授权人的利益,则情况就不同了。在这种情况下,被授权人通常也可以将对自己有利的代理权予以继承,或者由自己的照管人来行使这种代理权。

944 2. 由于代理权授予行为由意思表示所为,因此一般的无效原因和可撤销原因也应当适用。这一原则对外部代理权(Außenvollmacht)来说是不成问题的,因为影响行为有效的瑕疵产生于授权人与第三人之间的关系中。因此,撤销也必须向第三人为之(第143条第3款第1句),第三人也同样享有第122条规定的赔偿请求权。[38]

在纯粹的内部代理权中,如果在被授权人行使代理权之前发现了意思瑕疵,那么也不会产生特别的问题。撤销应根据第143

〔36〕 参见《联邦最高法院,新法学周报》1988年,第2603页上刊登的案例。

〔37〕 《联邦最高法院,新法学周报》1988年,第2603条。但也参见下文边码949。

〔38〕 有关对外作告知的内部代理权,参见下文边码947。

条第 3 款第 1 句规定,向被授权人为之。由于在这里代理权还没有产生什么后果,因此撤销之溯及既往的效力(第 142 条第 1 款)是没有意义的。

然而,对已经行使的内部代理权的撤销,则会产生问题。在这里,似乎[授权人]能够通过向被授权人发出意思表示,溯及既往地消灭代理权。如果这一点成立,代理人与他人订立的行为就会溯及既往地丧失其代理效力,第三人就会丧失其相对于授权人的请求权,而被授权人也会溯及既往地成为无代理权的代理人。这也就是说,在这里,代理权的撤销主要涉及另一项法律行为,即由被授权人从事的行为。 945

鉴于这一矛盾,有人建议,应当完全排除对"已经实施的"代理权的撤销可能性。[39] 不过我认为"折衷方案"更可取些,因为它不至于完全忽视授权人的利益。这一方案是:虽然存在撤销的可能性,但是在撤销的构成方面,应当考虑到撤销在实体上消灭代理人行为[的事实]。因此,撤销必须以向作为行为当事人的一个或若干个第三人发出意思表示为之。这个或这些行为当事人仅对撤销人享有第 122 条所产生的请求权。[40]

五、对内部代理权的错误通知

(一) 在将内部代理权向外作告知时,可能出现告知错误:实际上并没有授予有效的代理权。在这里,第三人与被代理人相比,显然更应受到保护,因为他作为通知的受领人信任了通知的内容,并且与自称是被授权人的人进行了谈判。第三人信任了被代理人 946

---

〔39〕 如奥伊仁(Eujen)和弗兰克(Frank)文,载《法学家报》1973 年,第 232 页。持类似看法的学者有:布罗克斯(Brox):《德国民法总论》,边码 528。许布纳(Hübner)则对此持反对意见,《德国民法总论》,边码 1248。

〔40〕 如弗卢梅,同前引书,§52,5c。拉伦茨在结论上也这样认为,同前引书,§31II,第 621 页以下。施拉姆的看法有些不同,施拉姆(Schramm):《慕尼黑德国民法典评注》,第 167 条,边码 85:代理人也根据第 179 条承担责任。

所说的话。第171条第1款、第172条第1款对此作了规定。据此,代理的权利产生于通知;内部代理权的欠缺在所不问。因此,[对内部代理权的]错误通知具有外部代理权[授予]的效力。

令人惊奇的是,第173条并没有援引(in § 173 nicht genannt)第171条第1款和第172条第1款。因此,似乎即使第三人知道或者应该知道[对内部代理权的]错误通知,该错误通知也可产生有利于第三人的效力。不过,这一法律规定上的前后不一,今天已得到了公认的校正(berichtigt):〔41〕第173条准用于第171条第1款、第172条第1款。

947 (二)还剩下一个撤销通知(Anfechtung der Mitteilung)的问题:通知人在通知时发生了在法律上具有重要性的错误(即不仅仅是一个动机错误)的,能否[通过撤销]解除第171条第1款、第172条第1款规定的法律后果(因而只需要赔偿第122条规定的消极利益)呢?乍一看来,由于通知不是意思表示,而是知悉表示,〔42〕因此通知人似乎是不能撤销的。

假如因此得出该通知不可撤销的结论,那么,作为行为当事人的第三人在向外部作告知的内部代理权情形所处的地位,就优于其在(可撤销的)外部代理权情形所处的地位了。这一差别待遇是没有理由的。因此,应赞同弗卢梅(Flume)的意见,〔43〕在这里也把对内部代理权的通知与外部代理权一视同仁,亦即通知与外部代理权一样,也同样可以被撤销(或者无效)。这一结论也符合立法者的意思:因通知,应径自“产生与通知具有自身存在的代理权

〔41〕 如施拉姆,同前引评注,第173条,边码9。

〔42〕 参见上文边码927,3。

〔43〕 同前引书,§49,2c。拉伦茨的看法在结论上也与弗卢梅的观点无异,同前引书,§33Ia,第637页。

授予之意义时一样的权利状态”。[44]

对于上文边码 930 所称的容忍代理权(Duldungsvollmacht),应适用相同的原则,即在外部代理权可以是无效的或者是可以被撤销的情况下,容忍代理权也可以是无效的或者是可以被撤销的。因为,纯粹的容忍,同样不可能比“外部代理权”之意思表示更值得信赖。 948

六、代理权的“无因性”

上文对基础行为和代理权所作的区分,最初由主要作为国家法学者著称的拉邦德(Laband)提出(1866 年)。如第 168 条第 1 句所示,民法典的规定也是以这一区分为基础的。因此说,相对于基础行为而言,代理权是无因的。 949

的确,在外部代理权以及对外部作告知的内部代理权中,代理权相对于基础关系的独立性是显而易见的。第 170 条至第 172 条规定的代理权与基础关系无关(只有在第 173 条,基础关系才例外地具有意义)。相反,对于纯粹的内部代理权,第 168 条第 1 句规定,代理权的终止以基础关系的终止为准。这一联系是对无因原则的严重违反;无因原则如适用于负担行为与处分行为之间的关系上。[45] 不过除此之外,法律一般都是遵循这一无因原则的,认为代理权独立于基础关系。即使内部关系没有成立,代理权也可以成立。[46] 这方面的典型事例是:向未成年人授予一项与代理权相关联的委托。根据第 165 条规定,未成年人接受代理权是没有问题的;而根据第 107 条规定,未成年人作为受托人将承担法律上的不利后果,因此未成年人不能承担委托义务。通行的学说认

---

〔44〕《立法理由书》第 1 卷,第 237 页,即穆格丹(Mugdan)编:《德国民法典资料总汇》第 1 卷,第 484 页。

〔45〕参见上文边码 224。

〔46〕如弗卢梅,同前引书,§50,2;拉伦茨,同前引书,§31Ⅰa,第 614 页以下;许布纳,同前引书,边码 1238。

为,在这里,虽然委托无效,但授权仍然是有效的。

然而我觉得这一结论不无疑虑(Konsequenz zweifelhaft)。第168条第1句本身就在有效的基础关系与代理权之间建立了某种联系,规定代理权随基础关系[期限]的届至而终止。因此,我认为,下面的结论应更加符合这一规定:如果基础关系未发生效力,代理权也不成立。因为一项欠缺基础关系的代理权,将产生第168条第1句旨在避免的、当事人也不希望发生的被授权人不受拘束的结果。所以,我认为,在上述未成年人案例中,委托无效的,代理权也应为无效。

当然也可以考虑将无因管理(第677条及以下条款)作为基础关系。不过,并非任何对无效合同履行给付的行为都可构成无因管理。此外,根据第682条规定,对未成年之无因管理人的拘束也并不是非常奏效的。这即是说,即使没有充分的内部拘束,仍然可产生被授权人缺乏[内部]拘束的危险。

七、复代理权

950 法定代理人可以再委任被授权人。在意定代理的内容有相应规定的情况下,意定代理人也可以再委任被授权人。通过授予这种复代理权,就形成了所谓的多层次代理(mehrstufige Vertretung)。在多层次代理中,主代理人通常并不丧失自己的代理权。[47] 但是,正确的观点认为,虽然代理人的任命是多层次的,但复代理人依然是代理被代理人的,而不是代理主代理人。因此,复代理权可以由被代理人和主代理人撤回。同样,根据第168条第1句规定,复代理权既随被代理人与主代理人之间基础关系的终止而消灭,也随主代理人与复代理人之间基础关系的终止而消灭。

951 相反,特别是联邦最高法院倾向于认为有两类复代理权(zwei

〔47〕 除非存在例外,即主代理人的代理权仅限于任命其他代理人,并因该任命而终止,参见上文边码943。

Arten der Untervollmacht)。[48] 在第一类复代理权中，复代理人是被代理人的代理人；在第二类复代理权中，复代理人是主代理人的代理人。在第二类复代理权中，“复代理人发出的法律行为上的意思表示的效果……依据两种代理权关系，仿佛穿过了主代理人，然后归属于本人承担”。[49] 联邦最高法院之所以做出这种区分，是为了区别对待复代理人依据第 179 条承担的责任。[50] 就结果而言，这一做法是值得赞赏的。但联邦最高法院对第二类复代理权的法律效果所持的“穿过说”(Durchgangstheorie)，应予以拒绝，因为主代理人与这些效果无关，他也并非作为通道站(Durchgangsstation)与这些效果有什么关系。[51]

第三节　法定代理权

上文边码 927 以下所论及的、有关意定代理权的许多问题，在 952
法定代理权中并不出现，或者以全然不同的方式出现的。在法定代理权情况下，通常法律本身便对代理权要件的范围作了规定。这里也不存在与撤回相适应的终止代理权方式。法律只对取消法定代理人的地位规定了各种不同的程序，如限制或者剥夺父母的照顾权(第 1666 条及以下条款)、剥夺监护人的代理权(第 1796 条)、剥夺照管人的代理权(第 1908i 条第 1 款)、解任破产管理人(《破产法》第 84 条第 1 款第 2 句)或撤回对社团董事的任命(第 27 条第 2 款)。

---

〔48〕《联邦最高法院民事裁判集》第 32 卷，第 250 页；第 68 卷，第 391 页；《企业》1963 年，第 1193 页。

〔49〕《联邦最高法院民事裁判集》第 68 卷，第 391 页，第 394 页。

〔50〕参见下文边码 996。

〔51〕持相同看法的学者有：弗卢梅，同前引书，§49，5；拉伦茨，同前引书，§31Ib，第 617 页以下；施拉姆，同前引评注，第 167 条，边码 73。

在法定代理权情形,也不存在某项与外部代理权相适应的制度。不过在许多情况下,通常对代理关系作对外宣告(Verlautbarung der Vertretungsverhältnisse)。如果这种宣告是不正确的或者变得不正确,那么也会产生类似于第171条至第173条有关意定代理权方面的问题,即对善意第三人信赖的保护问题。法律规定这种保护的前提是:通过特定的公共证书或者登记簿册公布了代理关系。这方面的例子如:遗嘱执行人证明(第2368条第3款、第2366条及以下条款)、社团登记簿册(第68条)和商事登记簿册(商法典第15条)等。有关具体问题,这里不作详述。这里也不对补充商法典第15条的商事习惯法作分析。[52]

第四节　代理权的限制

953 无论是法定代理权,还是意定代理权,都赋予代理人某种为被代理人设定负担的权力(Macht)。因此,这里存在代理人为了自己的利益而滥用这种权力的危险,亦即代理人牺牲被代理人的利益,为自己的利益从事经营活动。对于这种危险,被代理人往往只有很有限的监控可能性,而且被代理人要采取监控措施也为时已晚。因此,法律对那些滥用危险特别大的情形,规定了代理权的限制。其中,法律在第181条中规定了一般性的限制,[53]此外还对具体的代理情形规定了特殊的限制。[54] 除此之外,对于明显滥用代理权的行为,习惯法上也承认可予以限制。[55]

---

〔52〕 参见卡·施密特(K. Schmidt):《商法》,§10VIII,第13页以下;梅迪库斯(Medicus):《民法》,§5III;米·赖尼克(M. Reinicke)文,载《法学家报》1985年,第272页。

〔53〕 参见下文边码954以下。

〔54〕 参见下文边码964。

〔55〕 参见下文边码965以下。

一、自己代理(第 181 条)

(一) 规则

根据第 181 条规定,代理人通常“不得以被代理人的名义,与自己(以自己的名义)从事法律行为,也不得以被代理人的名义,[同时]作为第三人的代理人从事法律行为”。此类行为叫作“自我行为”(Insichgeschäfte),因为除了代理人外,并不存在其他人作为表意人或意思表示受领人。毋宁说,尽管该行为对外必须具有可识别性,但法律行为是在代理人的大脑中进行的:行为双方当事人只是在理念上,即在代理人的大脑中相互接触。第 181 条区分了两类情形(zwei Untergruppen)。 954

1. 自我缔约(Selbstkontrahieren)。在自我缔约情形,代理人以被代理人的名义,与自己并以自己的名义,订立法律行为。这也就是说,行为的一方当事人是被代理人,他由代理人代理;行为的另一方当事人是代理人,他为自己从事着行为。自我订约的例子如:有限责任公司的事务执行人,以有限责任公司的名义,向自己发出提高报酬的要约,然后该事务执行人以自己的名义,接受该要约并对此表示感谢;父母以其孩子的名义,将属于孩子的不动产出售给父母自己;一名合伙人从其他合伙人那里获得了代理权,他以其他合伙人的投票权选举自己为事务执行人:本案中,在此项选举之外,还存在一项雇佣合同,而在此项雇佣合同中,双方当事人都是被授权人。[56] 955

2. 多方代理(Mehrvertretung)。在多方代理中,代理人代理着若干个人,并且在这若干个人之间从事法律行为。这也就是说,行为的一方当事人是被代理人,他由代理人代理;行为的另一方当事人是另外一个被代理人,他由同一个代理人代理。多方代理的例子如:某人是一家有限责任公司的事务执行人,同时又是一个未成 956

---

〔56〕《联邦最高法院民事裁判集》第 112 卷,第 339 页。

年人的监护人,这个人以该未成年人的名义,将属于该未成年人所有的一块不动产,出卖给同时由他代理的有限责任公司;父母将其中一个未成年子女的财产,转移给另一个未成年子女。

(二)法律规定的例外

957 第181条在禁止自我代理的同时,规定了两项例外。

1. 首先,代理人被允许从事自我订约行为。在意定代理权情形,这样一种许可可以规定在代理权之中(如"兹授予XY先生代理权,民法典第181条之限制不予适用……"),也可以单独作出说明。在某些种类的法定代理权中,也可以设想被代理人许可代理人从事自我订约行为,即代理权的内容可以由章程决定,或者任命代理人的人以其他方式授予了许可。例如,社团的成员大会可以授予社团董事会从事自我订约行为的许可;被继承人可以许可遗嘱执行人从事自我订约行为。但是,监护法院不得许可父母或监护人从事自我订约行为。[57] 父母和监护人从事自我订约行为的,还必须额外任命一名保佐人。[58]

958 2. 第二,第181条规定,如从事自我订约行为"纯粹为履行债务",则这种行为合法。例如,父母可以给予其子女为抚养义务所涵盖的财产。此外,父母根据第1648条规定对其子女享有费用补偿请求权的,可以从子女财产中拿出为履行该义务所必需的款项,转移给自己。相应的原则也适用于有限责任公司的事务执行人要求获得报酬的权利。在这些情况下,第181条所担忧的利益冲突并不存在,因为[如果代理人不履行债务,]被代理人自己或另外一个代理人也必然会履行债务的。

---

〔57〕 施拉姆(Schramm):《慕尼黑德国民法典评注》,第181条,边码45以下。

〔58〕 参见第1909条第1款第1句,第1630条第1款,第1794条。有关有限责任公司的问题,参见阿尔特梅彭(Altmeppen)文,载《新法学周报》1995年,第1182页。

(三) 对第181条的目的性校正

1. 第181条之所以规定对自我订约行为排除适用代理权,是基于下列抽象的担忧:自我订约行为会损害被代理人的利益,或者——在双方代理中——会损害若干个被代理人中的某一个被代理人的利益。不过,第181条并未将这种危险的实现规定为构成要件。因此,即使某项自己代理行为对被代理人的利益来说是毫无疑虑的,或者甚至是有利的,这项行为仍然符合第181条规定的文意(Wortlaut)。虽然在欠缺代理权时,被代理人可以事后对那些以他的名义从事的行为表示追认,因此使这些行为有效(第177条[59]),但是第181条至少对从事法律行为增加了不必要的困难。因此,我们可以提出这样一个问题:对于没有疑虑的行为,第181条是否可以有例外?第181条本身就规定,禁令不适用于履行债务的行为。[60] 959

另一方面,第181条的禁止代理是以某种形式上的结构为要件的,即代理人与自己订立合同。但是,滥用(Mißbrauch)代理权的行为也可能出现在其他结构的行为之中,即如代理人凭借其代理权,与自己的亲属从事法律行为(如有限责任公司的事务执行人将有限责任公司的不动产出售给自己的妻子)。面对此类行为,理应提出对第181条作目的性扩张的问题。[61] 960

2. 判断第181条是否可以不适用于[在利益冲突方面]没有疑虑的行为,不能以具体情况下是否不存在[利益冲突方面的]疑虑或不存在利益冲突为标准。[62] 因为,在评判对未成年人的利益无疑虑的行为时,第107条为了维护法律的稳定性,也没有采纳具 961

[59] 参见下文边码975以下。

[60] 参见下文边码961。

[61] 参见下文边码962。

[62] 通行的学说,如《联邦最高法院民事裁判集》第56卷,第97页,第102页。持不同意见者有:布罗克斯(Brox):《德国民法总论》,边码544。

体的评判方法，而是抽象地以“法律上的利益”为评价标准。[63] 然而，1971 年以后，联邦最高法院却允许第 181 条可以不适用于某些案例类型（fallgruppenweise），条件是“在一个整体的、界限确定的法律领域中……，根据在该法律领域典型存在的法律状态和利益态势，第 181 条的宗旨无论如何都不可能出现”（亦即利益冲突的危险不可能存在）。[64] 学术界在很大程度上对联邦最高法院的这种做法表示赞同。[65] 这是正确的。

不过，迄今为止，法院只承认两种不存在利益冲突的典型案例类型（zwei Fallgruppen）。一类是有限责任公司的事务执行人和单独股东为有限责任公司同自己从事的行为。[66] 然而，现在这一案例类型成了修订有限责任公司法的牺牲品。现在，《有限责任公司法》第 35 条第 4 款明确规定，第 181 条可以适用。现在只剩下第二类案例类型了。第 181 条不适用于那些仅仅给被代理人产生法律上利益的行为，如赠与。[67]

962 3. 第 181 条是否可扩大适用于那些并不符合该条文意、而又存在利益冲突危险的情形呢？这个问题不无疑问。学术界人士大多认为，只有在代理人通过某种计策排除第 181 条的本质性特征——即当事人的同一性——的情况下，才能将第 181 条扩大到这些情形。代理人使用某种计谋排除当事人同一性的行为，即如他任命一个复代理人，[68] 或者（在自我订约行为中）为自己任命一

[63] 参见上文边码 560 以下。

[64] 《联邦最高法院民事裁判集》第 56 卷，第 97 页，第 102 页以下。

[65] 如拉伦茨，同前引书，§30IIa，第 597 页，附有其他说明材料。但帕夫洛夫斯基（Pawlowski）的看法有异，《德国民法总论》，边码 794 以下。

[66] 《联邦最高法院民事裁判集》第 56 卷，第 97 页。

[67] 《联邦最高法院民事裁判集》第 59 卷，第 236 页；第 94 卷，第 332 页。

[68] 参见哈尔德（Harder）文，载《民法实务档案》第 170 卷，1970 年，第 295 页以下。

个代理人,并与该代理人订立合同。图示如下:

自我订约:被代理人————代理人 A

|
| 订立合同
|

代理人 A————代理人 B(代理 A)

双方代理:　被代理人 A————代理人

|
| 订立合同
|

被代理人 B————代理人—————复代理人

学术界几乎众口一词地主张,不得将第 181 条扩大适用于其 963
他存在利益冲突、但当事人并非同一的情形。[69] 应当赞同这一主张。利益冲突本身作为标准过于不确定了,它不能给法官发展法律确定界限。此外,也应顾及到作为合同当事人的第三人的利益,即不得使第三人径自丧失作为合同当事人的被代理人。因此,要置第三人的利益于不顾,还需要具备另外一个并不包含在第 181 条之中的标准。司法判例发展了这样一种标准,这就是明显有滥用代理权的行为。[70]

二、法律对代理人权限的特殊限制

对于上文边码 963 所述的被代理人免受代理权滥用行为损害 964
的保护需求,法律就不同的情形作了不同的规定。民法典中的重要规定如下:父母、监护人(同样的原则也适用保佐人,第 1915 条)、照管人和遗嘱执行人作为代理人,通常不得从事赠与行为(第 1641 条,第 1804 条,第 1908i 条第 2 款第 1 句,第 2205 条第 3

〔69〕 参见拉伦茨,同前引书。
〔70〕 参见下文边码 965 以下。

句);如果从事赠与行为,它们依第 134 条为无效。父母和监护人对于与自己的配偶和亲属从事的行为不享有代理权,对于那些关系到其自身利益的行为也不享有代理权(第 1629 条第 2 款第 1 句,第 1795 条)。遗嘱执行人的代理权受到第 2206 条至第 2208 条规定的限制。最后,法律规定监护法院必须对一系列特别危险的行为表示同意,这也是为了维护被代理人的利益,如第 1819 条及以下条款之于监护人,第 1908i 条第 1 款之于照管人,第 1643 条及以下条款之于父母(在较小的范围内)。

三、代理权的滥用

965 除了第 181 条以及上文边码 964 所称的特殊规则之外,依然存在滥用代理权的危险。例如,经理人将公司的款项划至他女友的账户上;体育俱乐部的董事为俱乐部从事毫无盈利希望的期货交易行为;监护人以被监护人的名义,不与他的妻子订立合同(这种行为违反第 1795 条第 1 款第 1 项规定),而与他的情妇订立合同。

966 如果代理人与作为合同当事人的第三人故意为损害被代理人的利益而互相串通(如监护人和他的情妇意欲侵夺被监护人财产),那么此类行为即构成违反善良风俗的恶意串通行为(sittenwidrige Kollusion),依第 138 条规定而无效。此类行为根本就不应当受到法律保护,不仅如此,参与实施此类行为的人还必须承担刑事责任(刑法典第 266 条)。[71] 根据联邦最高法院的判例,不仅有关恶意串通的协议依第 138 条无效,协议之后从事的行为也无效。[72]

967 在其他情形,行为则并非如此恶劣,因为并不是双方都具有损害[被代理人利益的]意图。因此法律制度毋需完全否认此类行

---

〔71〕 参见上文边码 680。

〔72〕 《联邦最高法院,新法学周报》1989 年,第 26 页。

为的效力。毋宁说，只要不使不利于被代理人的效果发生，或者是否发生效果由被代理人的追认来决定，就可以了。这里，法律技术方面的手段是代理权的否认。但是，否认代理权（Verneinung der Vertretungsmacht）同时意味着使作为合同当事人的第三人失去其真正欲求的缔约人，而让第三人充其量只能根据第179条向代理人主张请求权。[73] 因此，如上所述，[74] 只有在第三人不应当受到法律保护时，否认代理权才具有合理的依据。

有人认为，第三人必须积极地知道（positiv erkannt）了代理权的滥用，[才能认为第三人不应受法律保护]。另一些人则认为，只要第三人应当知道（Kennenmüssen）代理权的滥用即可[认为第三人不应受法律保护]。第一种观点的不足在于，积极的知道几乎是无法证明的。而第二种观点则会给法律交易增加过重的负担，因为它给第三人设定了调查内部关系或者甚至探究被代理人真实利益的义务。所以，一种折衷的意见现在占据了主导地位。根据此说，代理权滥用的明显性（Evidenz des Mißbrauchs）是必要条件和充分条件。这即是说，代理权的滥用对第三人而言（毋需作进一步探究）必须是显而易见的，第三人根据其知悉的一切情形，只要不是孰视无睹，就不可能不知这种滥用。[75] 联邦最高法院的一项判例[76]的表述与此非常相似："如果代理人以显属有疑的方式行使其代理权，以致合同相对人非产生合理的疑虑不可，即怀疑代理人对被代理人有有违诚信的行为"，那么，被代理人应当

〔73〕 参见下文边码984以下。

〔74〕 上文边码963。

〔75〕 如是表述者如拉伦茨，同前引书，§30IIa，第600页（赞成弗卢梅，同前引书，§45II3）。

〔76〕《联邦最高法院，有价证券信息》1966年，第491页。参见《联邦最高法院民事裁判集》第50卷，第112页，第114页；《联邦最高法院民事裁判集》第113卷，第315页，第320页同。

受到保护,以免受滥用代理权行为的损害。联邦最高法院的另一项判例[77]说道,"如果行为相对人知道,或者除非他孰视无睹就不可能不知道,事务执行人是在滥用其代理权,以损害公司的利益",那么代理权相对于该行为相对人就不应产生效力。[78]

968 与前述恶意串通情形不同,这里不必要求代理人自己具有滥用代理权的意识(如社团的董事知道自己不得从事期货交易行为)。虽然联邦最高法院的一项判例[79]认为,在依法不得予以限制的代理权(如经理权)中,代理人必须具有这种滥用代理权的意识,但是,即使在这样一种代理权中,对第三人的保护也只应取决于第三人自己能够知道什么,而不应取决于代理人的意思倾向。[80] 诚然,既然连代理人都没有意识到自己在从事滥用代理权的行为,那么也就很难认定该滥用行为具有明显性。[81]

---

〔77〕《联邦最高法院,企业》1984 年,第 661 页。

〔78〕类似的表述见《联邦最高法院,新法学周报》1988 年,第 2241 页。

〔79〕《联邦最高法院民事裁判集》第 50 卷,第 112 页,第 114 页。这一点不适用于通过法律行为确定的内容,《联邦最高法院,新法学周报》1988 年,第 3012 页。

〔80〕弗卢梅(同前引书)和拉伦茨(同前引书,第 599 页以下,脚注 50)也是这样认为的。

〔81〕参见格斯勒(Geßler):《论机关代表权的滥用》,载《冯·克默雷尔(von Caemmerer)纪念文集》,1978 年,第 531 页。有关这一论题,也参见约翰(John)文,载《米尔(Mühl)纪念文集》,1981 年,第 349 页。

第五十八章　代理权与违反义务

参考文献：巴德尔(Bader)：《容忍代理权与表见代理权》，1978 年；比纳特(Bienert)：《“表见代理权”与“容忍代理权”》，1975 年；卡纳里斯(Canaris)：《德国私法中的信赖责任》，1971 年；第 48 页以下，第 191 页以下；冯·克劳斯哈尔(von Craushaar)：《法律行为学说对表见代理权问题的意义》，载《民法实务档案》第 174 卷，1974 年，第 2 页以下；克雷策柳斯(Crezelius)：《论表见代理权的法律效果(论联邦最高法院民事裁判集)第 86 卷，第 273 页的[案例]》，载《经济法杂志》，1984 年，第 791 页以下；戈特哈德(Gotthardt)：《德国法和法国法中表见代理权中的信赖保护》，1970 年；利普(Lieb)：《强加的信赖保护？对放弃法律表见保护特别是表见代理权可能性的思考》，载《许布纳(Hübner)纪念文集》，1984 年，第 575 页以下；弗·彼得斯(F. Peters)：《论表见代理权的生效基础》，载《民法实务档案》第 179 卷，1979 年，第 214 页以下。

第一节 被代理人对自己的违反义务行为的责任（表见代理权问题）

969 一、在容忍代理权中，被代理人知道另外一个人为他的利益并作为他的代理人出现，而被代理人对此听之任之。[1] 对于这种有意的容忍行为，可以类推适用第171条第1款、第172条第1款有关代理权错误公示的规定，使代理权的法律后果发生。[2]

而在其他一些并非不常见的情形，被代理人并不知道另外一个人为他的利益出现，但是如果被代理人尽了足够的注意，则本来是能够知道并阻止这一事实发生的。现在，法院将视屏图文端子所有人的亲属对视屏图文端子的滥用视为这种情形。[3] 类似的案例还如：某人因不慎，使他人有可能对外造成其具有有效代理权的印象。如在联邦最高法院裁判的一则案例[4]中，妻子让人给她的丈夫出具了一份代理权证书，但立即又收回了代理权证书。妻子在保管该代理权证书时有诸多疏忽，以至于丈夫又悄然获得了这份证书。丈夫就使用这份代理权证书，以他妻子的名义，将一块属于其妻子所有的不动产出售给了第三人，该第三人要求妻子履行[买卖合同]。

970 二、此类情形，人们大多称之为表见代理权（Anscheinsvollmacht），并认定存在代理权。据此，在上述案例中，妻子必须将不

---

〔1〕 参见上文边码930。

〔2〕 参见上文边码946。

〔3〕《奥尔登堡州高等法院，新法学周报》1993年，第1400页；《科隆州高等法院，保险法》1993年，第840页。

〔4〕《联邦最高法院民事裁判集》第65卷，第13页（详见《新法学周报》1975年，第2101页）。

动产的所有权移转给第三人。近来,越来越多的学者对这种将“表见代理权”与容忍代理权相提并论的做法提出了异议。[5] 人们指出,与[被代理人对行使代理权的]有意容忍不同,[被代理人]在表见代理权中纯粹的疏忽大意,并不符合第 171 条第 1 款、第 172 条第 1 款规定的[对代理权的]有意识的公示。在涉及诸如《联邦最高法院民事裁判集》第 65 卷,第 13 页所刊登的案例时,两者之间的差别就显得特别明显:第 171 条第 1 款要求被代理人将代理权证书“交付给了”代理人。[6] “代理人”悄悄地自行获取代理权证书的,其意义显然与上述法律规定的要件不同。[7] 然而,联邦最高法院大多赋予表见代理权以代理效果。[8]

971 根据正确的观点,表见代理权至少不是下列意义上的一般法律制度:纯粹因疏忽大意的行为即可产生代理权的效果(mit Vollmachtswirkungen)。这也就是说,在通常情况下,行为相对人对被称为是被代理人的人不享有履行请求权。但行为相对人可以缔约过错为由请求损害赔偿。不过,这种损害赔偿请求权仅以消极利益为限,即只能要求赔偿因信赖[行为人]享有代理权而遭受的损害。[9] 如在联邦最高法院裁判的上述案例[10]中,有意购买土地的那个人只能请求赔偿无谓的垫款,以及因地价上涨而必须为购买同样价值的土地所多付出的价格。

---

〔5〕 如弗卢梅(Flume):《德国民法总论》第 2 卷,§49,4;拉伦茨(Larenz):《德国民法总论》,§33Ia,第 640 页;卡纳里斯(Canaris),参考文献所列著作。持不同意见者有帕夫洛夫斯基(Pawlowski):《德国民法总论》,边码 728 以下。许布纳持折衷意见,《德国民法总论》,边码 1289。

〔6〕 《联邦最高法院民事裁判集》第 102 卷,第 60 页,第 64 页以下。

〔7〕 《联邦最高法院民事裁判集》第 65 卷,第 13 页也是这样认为的。

〔8〕 如《联邦最高法院民事裁判集》第 86 卷,第 273 页;第 97 卷,第 224 页,第 230 页;《联邦最高法院,新法学周报》1991 年,第 1225 页。

〔9〕 参见上文边码 454。

〔10〕 《联邦最高法院民事裁判集》第 65 卷,第 13 页。

弗·彼得斯(F. Peters)认为,可以通过下列途径,使[行为相对人]在部分案件中获得积极利益:如果有人有过错地造成了授予有效代理权的法律表见,那么在特定条件下,他负有根据第826条规定,对代理人从事的行为表示追认的义务(后果是第177条,第184条第1款〔11〕)。的确,因拒绝追认所产生的损害等于积极利益。但是,彼得斯所选取的思路是不无疑虑的:〔12〕在无代理权情况下被代理的被代理人,并不受法律行为上的约束。因此,该被代理人有权自由决定是否追认,因而拒绝追认也不可能是侵权行为。

972 三、诚然,商法规定的信赖保护要更进一步。在商法中,以可归责于自己的方式引起的表见,可产生履行请求权。这一原则如适用于商法典第362条以及对商人确认书的沉默。〔13〕有时,甚至不论个人有无过错,只要存在某种典型的可归责性,就可使这种责任成立。〔14〕借鉴商法中的这些特殊规定,也可以认为,商法中的表见代理权可产生履行请求权,亦即赋予表见代理权以代理效果。〔15〕

第二节　被代理人对代理人的责任

973 在上述表见代理权中,涉及的是被代理人自己的过错。然而,即使被代理人自己没有过错,被代理人也有可能根据第278条,为代理人的过错承担责任。例如:〔16〕一名受雇于其他单位的人去应

〔11〕 参见下文边码975以下。

〔12〕 拉伦茨对此也持批评态度,同前引书,§33Ia,第640页。

〔13〕 参见卡·施密特(K. Schmidt):《商法》,§19II,III。

〔14〕 如商法典第56条中商店或公开的商品仓库中职员的代理。

〔15〕 该观点的代表人物是卡纳里斯(Canaris):《德国私法中的信赖责任》,第192页以下。我在《民法》中曾对此表示赞同,边码101。

〔16〕 《联邦劳动法院,企业》1974年,第2060页。

聘某个州一所高等专科学校的教师，这个应聘者与该学校为此事宜进行了谈判。由于谈判进展顺利，因此高等专科学校的专业主任对应聘者说，你可以终止现行的劳动关系了，以便及时就任新的岗位。应聘者随即终止了劳动关系。但是，由于该州认为，应聘者没有提供为从事新职业所必需的有关艺术能力的证明，因此不能雇佣这个应聘者。

假设专业主任自己有权雇佣这个应聘者，那么我们就可以将其终止劳动关系的建议解释为聘用，或者至少可解释为具有约束力的聘用允诺。然而，专业主任并没有聘用的（也没有建议终止劳动关系的）代理权。因此，应聘者既不能要求州聘用自己，也不能要求州因不履行合同而赔偿损害。联邦劳动法院以缔约过错和第 278 条为由，判决该州向应聘者赔偿其因信赖［专业主任发出的］操之过急的建议而遭受的损害。

974 当然，无效代理情况下的被代理人不可能总是（nicht allemal）对以其代理人面目出现的人的过错承担责任，也不可能总是对这个人的过错承担信赖责任。否则的话，每一个人都有可能在自己未有作为的情况下卷入到这种责任中去。第 278 条中规定了必要的限制。只有“债务人为履行其债务而使用的”人，才是履行辅助人。因此，只有允诺者被［被代理人］委派到谈判中去时，［被代理人］才应对允诺者在谈判过程中发出的错误允诺承担责任。这即是说，被代理人对自行、擅自介入他人谈判事务的人，不必根据第 278 条规定承担责任。此外，还应考虑到另一方的与有过错。在欠缺代理权的事实是可以识别的情况下，如果另一方信赖了某项不被代理权所涵盖的允诺，该另一方就具有与有过错，其损害赔偿请求权应相应减少（第 254 条）。联邦最高法院的一项判例似乎也认为，只要［另一方］应知［某项允诺不为代理权所涵盖］，就可完全排除表见代理权发生效力。[17]

诚然,谈判当事人必须对谈判辅助人的过错承担责任[的事实],会削弱代理制度的效力,因为谈判当事人在有些情况下也必须对那些他着意未授予代理权或者仅授予有限制代理权的人承担责任。[18] 这一原则也被承认适用于公共部门。[19] 当然,这种责任与产生于有效代理的法律行为上的义务不同,它是以过错为要件的,而且,[被代理人]也不负有履行的义务,而仅负损害赔偿义务,这种义务还可根据第 254 条规定予以减轻。

974a 在私保险法(Privatversicherungsrecht)中,保险人对其保险代理人所作的陈述的责任,是一种与过错无关的特殊情况。只要保险代理人向投保人说明有关保险保护的具体情况,那么,除非投保人自己有重大过错,否则保险人必须对保险代理人所作的说明负责。[20] 我们可以将这种情形称为被习惯法所承认的保险代理人的解释权(Erläuterungsmacht)。只有在投保人自己有重大过错时,保险人才仅仅承担(因缔约过错和第 278 条[21])赔偿消极利益的义务(这种义务通常根据第 254 条予以减轻)。反之,也可以通过第 166 条规定,把(没有代理权的)保险代理人的知情归责于保险人。[22]

---

〔17〕《联邦最高法院,新法学周报》1991 年,第 1225 页,第 1226 页。

〔18〕有关共同代理,参见《联邦最高法院民事裁判集》第 98 卷,第 148 页;《联邦最高法院,企业》1988 年,第 386 页。

〔19〕《联邦最高法院民事裁判集》第 6 卷,第 330 页,第 333 页以下;第 92 卷,第 164 页,第 175 页以下。

〔20〕如《帝国法院民事裁判集》第 73 卷,第 302 页;第 86 卷,第 128 页;《联邦最高法院,保险法》1986 年,第 329 页。

〔21〕参见《联邦最高法院民事裁判集》第 40 卷,第 23 页:欧洲条款。

〔22〕如《联邦最高法院民事裁判集》第 102 卷,第 194 页;第 107 卷,第 322 页(因《保险合同法》第 43 条第 1 项)。参见贝克曼(Beckmann)文,载《新法学周报》1996 年,第 1378 页。

第五十九章　无权代理人的地位

参考文献：比勒尔（Bühler）：《无代理权之行为人承担责任的原则和若干问题》，载《德国法月刊》，1987 年，第 985 页以下；希尔格（Hilger）：《论无权代理人的责任》，载《新法学周报》，1986 年，第 2237 页以下；尧尔尼希（Jauernig）：《对无权代理人从事的法律行为的追认有时间上的限制吗？》，载《尼德兰德尔（Niederländer）纪念文集》，1991 年，第 285 页以下；吉普（Kipp）：《论无权代理学说》，载《帝国法院纪念文集》，第二卷，1929 年，第 273 页以下；克·米勒（K. Müller）：《法定的无权代理》，载《民法实务档案》第 168 卷，1968 年，第 113 页以下；埃·彼得斯（E. Peters）：《代理权的超越与被代理人对缔约过错的责任》，载《莱因哈特（Reinhardt）纪念文集》，1972 年，第 127 页以下；普罗尔斯（Prölss）：《无权代理》，载《法学教育》，1985 年，第 577 页以下；同一作者：《无权代理中的责任》，载《法学教育》，1986 年，第 109 页以下；赖尼克－蒂德克（Reinicke-Tiedtke）：《法律行为撤回时无权代理人的责任》，载《企业》，1988 年，第 1203 页以下；韦尔泽（Welser）：《无代理权的代理》，1970 年。

第一节 被代理人的追认权

975 如果有人在从事法律行为时是以他人的名义出现的,[1]那么这个人就是利用了该他人的名义,因为作为行为当事人的第三人可能根本不愿意与代理人订立合同。而在代理权欠缺的情况下,[2]法律行为起初是不能够针对代理人以其名义从事行为的那个人产生效力的。不过,要是立即由代理人本身来承受该法律行为的后果,又显得有点操之过急。毋宁说,在通常情况下,首先应当由在从事行为时其姓名被使用的人来决定是否承认该行为。民法典分别对合同(第177条,第178条)和单方法律行为(第180条)作了规定。

一、合同

976 (一)根据第177条第1款,无代理权时订立的合同(Verträge)是否为被代理人的利益和不利益产生效力,取决于被代理人的追认(Genehmigung)。这即是说,对于被代理人来说,合同的效力起初是未定的。[3]

对于追认,适用第182条、第184条规定。[4] 对于追认的形式自由(第182条第2款),应当做出较代理权形式自由(第167条第2款)更加严格的限制。[5] 在通常情况下,无需形式地做出追认会违反有关形式规定的保护宗旨,因为追认与授予代理权不同,它直接对被代理人产生约束力:代理人从事的行为已经发生,而且也不可能再为撤回。因此,对不动产买卖合同表示追认的行

---

〔1〕 参见上文边码905以下。
〔2〕 参见上文边码923以下。
〔3〕 参见上文边码490。
〔4〕 参见下文边码1015以下;1023以下。
〔5〕 参见上文边码929。

为通常必须具备第313条规定的形式。[6]

追认可以明示的方式或通过可推断的行为(ausdrücklich oder konkludent)为之。例如,被代理人对一份有关代理人行为的商人确认书保持沉默的,即可构成追认。[7] 对于通过可推断之行为授予的追认,司法判例提出了下列要求:“追认人意识到合同处于效力未定状态,或者期待着这样一种可能性”。[8] 不过,正如施拉姆(Schramm)[9]所指出的那样,司法判例的这一表述是不确切的。要使追认发生至少是暂时的效力,在追认人方面,除了具备行为意思外,仅仅需要其具备表示意识,即发出某种具有法律意义的东西的意识。[10] 反之,只有在使表意人对于其意思表示的意义获得正确的设想时,才能要求[表意人](与确认之情形相同[11])知悉追认的必要性。不过,这一正确的设想并不是追认发生效力的前提。毋宁说,在其表示应解释为追认的情况下,[追认人]在这方面发生的错误,必须依据第119条第1款规定(内容错误[12]),以撤销方式主张之。 977

例如,A是V的职员。A以V的名义与D订立了合同。这些合同中的一部分是为代理权所涵盖的,一部分则私下里超越了代理权。D向V发出询问,问及A的行为是否没有问题。V说没有问题,但他指的只是那些他知道的、为代理权所涵盖的行为。D对

---

[6] 参见弗卢梅(Flume):《德国民法总论》,第2卷,§54,6b。但持不同意见的有:施拉姆(Schramm):《慕尼黑德国民法典评注》,第177条,边码34;《联邦最高法院,法学家报》1995年,第97页[附有迪尔歇尔(H. Dilcher)的评论]。

[7] 《联邦最高法院,新法学周报》1990年,第386页。

[8] 《联邦最高法院,企业》1976年,第1573页,第1574页,参见《联邦最高法院民事裁判集》第47卷,第341页,第351页以下。

[9] 施拉姆,同前引评注,第177条,边码24。

[10] 参见上文边码605以下。

[11] 参见上文边码531。

[12] 参见上文边码745。

A 的自作主张行为一无所知，以为 A 的一切行为都没有问题。在这种情况下，根据有关解释的学说，[13] [V 的] 意思表示的意义以 D 所理解的内容为准。由于 V 知道他的意思表示具有法律上的意义，因此他也具备表示意识，结果是 V 必须根据第 119 条第 1 款撤销其意思表示。

978 （二）在被代理人做出追认表示之前，对于作为合同当事人的第三人（der dritte Vertragspartner）来说，合同是否对被代理人产生效力处于不确定状态（in UngewiBheit）。这里，第 177 条第 2 款给第三人提供了帮助（如同第 108 条第 2 款给那个与未成年人订立了合同的人提供帮助一样[14]）：第三人可以催告被代理人发出追认的表示。第三人发出催告后，被代理人只能相对于第三人作出[是否追认的]表示。根据第 182 条第 1 款规定已经在先前向代理人发出的表示为无效（第 177 条第 2 款第 1 句）。第三人的催告必须在两周内发出。两周期限届满后，视作拒绝追认（第 177 条第 2 款第 2 句）。对于因此所造成的延误损害，代理人在必要时应根据缔约过错原则承担赔偿责任。[15]

979 （三）不过，即使是这两周时间的等待，也可能仍然给第三人产生重大的负担。如果第三人知道代理权的瑕疵而依然与代理人订立合同，那么第三人是咎由自取。而如果第三人并不知道代理有瑕疵，则第 178 条还可给第三人提供进一步的帮助（如同第 109 条给未成年人的合同当事人提供帮助一样[16]）：第三人有权撤回其意思表示，而且也可以相对于代理人撤回之。这样，第三人可以立即使任何一种不确定状态归于终结。

---

〔13〕 参见上文边码 323。

〔14〕 参见上文边码 572。

〔15〕 《汉姆州高等法院，新法学周报》1994 年，第 666 页。

〔16〕 参见上文边码 573。

二、单方法律行为

(一) 适才作为不利于第三人的论据而提出的指责，即第三人与[代理权]不无疑虑的代理人从事了行为，仅仅适用于双方法律行为，即合同。[17] 对于无代理权之代理人从事的单方法律行为，第三人是毫无抵御能力的，如[代理人]代理出租人向承租人终止租赁关系。因此，第 180 条第 1 句规定(与第 111 条第 1 句相适应[18])，在无代理权情况下代理他人实施的单方法律行为是不合法的，亦即这种行为并非效力未定，而是无效的。因此，对于这种行为，被代理人无法追认之，而只能重新为之。 980

第 180 条第 1 句是对具有类似理论基础的第 174 条规定的补充。[19] 这条规定是必要的，因为第三人大多并不知道作为代理人出现在他面前的人是否具有代理权。因此，单方法律行为所指向的第三人，有权要求[代理人]出示代理权证书(传真件还不够[20])。这一原则，如适用于上述自称是出租人的代理人向承租人终止租赁合同的行为[承租人有权要求该代理人出示代理权证书]。代理人不出示代理权证书的，第三人可因此即时拒绝有关行为。这样，该行为(例子中的终止租赁合同)即为无效(第 174 条第 1 句)，除非授权人将授予代理权的事实告知了第三人(第 174 条第 2 句)。依第 180 条第 1 句，在欠缺代理权的情况下，即使第三人没有要求[行为人]出示代理权证书，或者第三人因[行为人]未出示代理权证书而即时拒绝了该行为，该行为也为无效。不过第 180 条第 2 句规定了一项例外。[21]

在对要约作承诺时，也有可能出现类似于单方法律行为的情 981

〔17〕 参见上文边码 203。
〔18〕 参见上文边码 570。
〔19〕 参见德高(Deggau)文，载《法学家报》1982 年，第 796 页。
〔20〕《汉姆州高等法院，新法学周报》1991 年，第 1185 页。
〔21〕 参见下文边码 982。

形。假设买受人K向出卖人V发出了一项购买要约,而A以V的名义,在规定的期限内承诺了该要约。如果K无法确定A是否享有代理权,那么K就不知道买卖行为是否成立。因此,可类推适用第174条规定,K有权要求A出示代理权证书,并在A不出示代理权证书的情况下拒绝A的承诺。[22] 在欠缺代理权的情况下,这里也应类推适用第180条第1句的规定。只有这样,才能充分顾及要约人的“确定性利益”。

982 (二)根据第180条第2句规定,如果作为代理人出现的人声称自己享有代理权,而第三人对此并未提出异议,或者甚至第三人是同意与无权代理人从事行为的,那么,第180条第1句规定的无效后果不应发生(nicht eintreten)。因为在这些情况下,由第三人承受由被代理人之追认权所产生的不确定后果,并无不当。

983 (三)第180条第3句涉及所谓的“消极代理”(passive Stellvertretung),即向无权代理人发出意思表示。[23] 对此应适用相同的原则。这就是说,在通常情况下,这样一种意思表示依第180条第1句是无效的,亦即是无法予以追认的。不过,在例外情况下,这种意思表示依第180条第2句仅仅是效力未定,因此可以追认,条件是无权代理人对[表意人]相对于他从事法律行为表示同意。

例如,出租人的终止表示是向承租人的律师(该律师不具有受领终止表示的授权)发出的。在通常情况下,这种意思表示是无效的(然而律师可以作为出租人的传达人将意思表示转达给承租人:只有承租人收到了该意思表示,它才到达)。但是,如果律师同意受领终止表示,那么,承租人可以根据第180条、第177条第1款予以追认。(承租人也有可能很乐意解除长期租赁合同!)

---

〔22〕 弗卢梅,同前引书,§49,2b。

〔23〕 参见第164条第3款。

第二节　代理人的责任

上述内容[24]仅仅涉及法律行为对被代理人的效力。在因欠缺代理权并且被代理人不为追认,因而法律行为不发生效力的情况下,就出现了另外一个问题,即如何能够通过其他方式顾及作为行为当事人的第三人之被辜负的期待。可以考虑让第三人向那个辜负了自己期待的始作俑者,即无权代理人主张请求权。第179条对这些请求权作了规定。法律根据代理人是否善意、是否应当受到保护以及第三人是否需要保护,分别作出了不同规定。 984

一、知道代理权瑕疵的代理人的责任(第179条第1款)

(一)第179条第1款规定的是知道其代理权瑕疵的代理人的责任,这种责任最为严厉。第179条第1款虽然没有明文规定"知道"这一要件,但我们可以从第179条第2款中反推出这一要件。不过,我们绝对不能将符合第179条第1款要件的代理人径自设想为是骗子。代理人也有可能想帮助被代理人,并且有理由认为被代理人一定会追认的。但即使代理人是善意的,只要他以他人的名义出现,他也至少是通过可推断的行为声称自己具有代理权。因此,他必须承认自己具有代理权。这种责任类似于某种担保责任。[25] 根据第三人的选择,代理人负有履行合同或者赔偿损害的义务。 985

(二)只有在代理人个人具有履行合同的能力时,[第三人的]履行请求权(der Erfüllungsanspruch)才有意义。一般说来,在金钱债务中,代理人是具有履约能力的(如第三人把代理人当成买受人,并向他主张权利),不过在种类之债中,代理人通常也具 986

〔24〕 上文边码975以下。

〔25〕 参见弗卢梅,同前引书,§47,3a。

有履约能力。

如果第三人选择履行,那么他也必须向代理人承担责任。第三人的这种责任等同于代理有效时他相对于被代理人承担的责任。据此,代理人有权要求获得对待给付(Gegenleistung,例如交付买卖物),在买卖物具有瑕疵时也可以向第三人主张第459条及以下条款规定的权利。不过,通说[26]认为,第三人选择履行,并不意味着代理人有权诉请[第三人]履行。毋宁说,代理人必须等待,直到第三人实际向他提出履行的请求。只有在这时候,代理人才能——通常以第320条抗辩权为媒介——主张其要求获得对待给付的权利。这一点同时表明,第三人也可以选择不履行合同。这时的情况就类似于解除合同。

987 *如果被代理人本来就无法履行合同*(如因破产),应如何处理呢?[27] 难道代理人依然应负有完全履行合同的义务吗?要是这样,第三人就可从代理权的欠缺中获得利益。通说对这个问题的回答是否定的。[28] 通说认为,第三人只能向代理人要求获得被代理人也能够履行的东西。然而这样一来,第三人就承担了——不同于代理有效时——双重风险,即代理人丧失支付能力的风险和被代理人丧失支付能力的风险。因此,我觉得通说的正确性是不无疑虑的。[29]

988 (三)第179条第1款规定供第三人选择的“*损害赔偿*”(Schadensersatz),是指因不履行而发生的损害,亦即积极利益的

---

〔26〕 如弗卢梅(Flume),同前引书,§47,3b。

〔27〕 《帝国法院民事裁判集》第154卷,第58页,第64页没有对这个问题作出回答。

〔28〕 如《汉姆州高等法院,德国法月刊》1993年,第515页;弗卢梅,同前引书;施拉姆(Schramm):《慕尼黑德国民法典评注》,第179条,边码30。

〔29〕 参见希尔格(Hilger)文,载《新法学周报》1986年,第2237页。

赔偿。在合同中,通常应根据差额说来计算这种损害,[30]即第三人可以保留其已允诺的给付,而仅仅要求获得用金钱表示的价值差额补偿。[31]

二、善意代理人的责任(第179条第2款)

代理人对其代理权的瑕疵并不积极知道的,根据第179条第 989
2款规定,仅承担赔偿信赖损害(Vertrauensschaden)的责任。此外,这种消极利益——与第122条第1款相同[32]——还受到积极利益的限制。根据此项原则,如果合同履行给第三人产生的金额,低于其为没有成立的合同所付出的费用,那么第三人就不得请求赔偿[合同履行时所产生金额的]费用。

三、诉讼时效

第179条产生的请求权的时效问题,清楚地反映在下列案 990
例[33]中:B是一幢在建房屋的主人,A是他的建筑师。由于A在设计时犯了一个错误,因此必须将已经安装完毕的暖气片加以更换,安装其他规格的暖气片。A委托K公司从事此项安装工作。K先是向B请求支付报酬。但法院最终驳回了这一诉讼请求,理由是B并没有授权A请人实施更换工作。因此,K就——在安装完毕6年之后——起诉A。A以时效已届满予以拒绝(第196条第1款第1项,第201条,第222条)。

帝国法院在一个类似的案例[34]中,认为时效已届满的抗辩不成立。帝国法院认为,第196条规定的短期时效仅仅适用于该条规定所称的日常行为,而不适用于较为复杂的无权代理(第179

[30] 施拉姆,同前引评注,第179条,边码32。
[31] 参见梅迪库斯(Medicus):《债法总论》,边码495。
[32] 参见上文边码784。
[33] 《联邦最高法院民事裁判集》第73卷,第266页。
[34] 《帝国法院民事裁判集》第145卷,第40页。

条)。与此相反,联邦最高法院的上述判决[35]却将这一短期时效扩大适用至第179条的请求权。第179条产生的请求权,也仅使债权人获得一项[替代]原先约定的东西的"替代利益",因此这些请求权的诉讼时效,也与对原先约定的东西的请求权相同。不过,第179条的请求权在被代理人拒绝追认合同之时才发生(第177条[36]),亦即在被代理人拒绝追认之时,时效才根据第198条第1句开始起算。由于在上述联邦最高法院裁判的案例中,B的拒绝追认发生在很久以前,因此联邦最高法院驳回了K的诉讼请求。

991 联邦最高法院这一判决的一个特殊问题是:K或其律师照理是可以信赖帝国法院的判决的,但是他们对似乎业已为最高法院澄清的法律状态的信赖却被辜负了。联邦最高法院认为,法院"不得以相对人信赖了现在已被认识到是不正确的司法判例为由,拒绝承认有理的一方当事人的权利"。[37] 联邦最高法院在另外一则判决[38]中就已提出了相同的观点。本案中也同样涉及到诉讼时效的问题。[39] 当然,法院的这些考虑,几乎不会顾及信赖遭到辜负的那方当事人的理解[能力],何况在司法判例变更之时,该当事人也几乎不可能向律师主张赔偿请求权(因为律师通常是没有过错的)。

四、请求权的排除

992 (一)根据第179条第3款第1句,第三人知道或应该知道代理权瑕疵的,代理人不承担责任,亦即代理人连信赖损害也不需要赔偿。不过在解释"应知"之时,应当考虑到一点,即责任应当主

---

〔35〕《联邦最高法院民事裁判集》第73卷,第266页,第269页以下。

〔36〕参见上文边码976。

〔37〕《联邦最高法院民事裁判集》第73卷,第266页,第272页。

〔38〕《联邦最高法院,新法学周报》1977年,第375页,第376页。

〔39〕违背长期判例,认定对建筑师报酬请求权适用短期时效:《联邦最高法院民事裁判集》第59卷,第163页。

要由声称自己享有代理权的代理人来承担。因此,第三人没有进行特别调查的职责。这里,“应知”的意义类似于代理权滥用情形,应仅指明显的瑕疵。[40] 例如,某人同地方政府的负责人订立合同的,这个人通常就可以认为对方具有代理权,而没有必要去查究[真实的]法律状态。[41] 根据法兰克福州高等法院的一则判例[42],即使行为相对人知道作为被代理人的建筑业主共同体(Bauherrengemeinschaft)尚待设立,通常也并不排除行为相对人享有请求权。

(二) 根据第 179 条第 3 款第 2 句,代理人是限制行为能力人的,则只有在其行为征得了法定代理人同意的情况下,才承担责任。该句规定以及第 165 条规定同时表明,无行为能力人作为无权代理人从事行为的,根本就不承担责任。诚然,第 179 条规定的责任是一种法定责任,即不论代理人是否具有法律行为上的意思,这种责任都要发生。然而,由于承担这种责任是与从事法律行为联系在一起的,所以法律通常不愿意使不具有完全行为能力的人承担这种责任。范·芬罗伊(van Venrooy)认为第 179 条第 3 款第 2 句规定是毫无意义的,[43] 因为该句规定的要件永远无法满足(不无疑虑)。 993

(三) 第 179 条的责任还有另外一项例外。此项例外虽然在法律中未见规定,但为许多学者所承认。“如果代理权的欠缺处于代理人任何认识能力或判断能力之外”[44],则不发生第 179 条 994

[40] 参见上文边码 967。

[41] 《帝国法院民事裁判集》第 104 卷,第 191 页,第 194 页以下。

[42] 《法兰克福州高等法院,德国法月刊》1984 年,第 490 页。《联邦最高法院民事裁判集》第 105 卷,第 283 页,第 286 页以下的看法相同。

[43] 范·芬罗伊(van Venrooy)文,载《民法实务档案》第 181 卷,1981 年,第 220 页。

[44] 弗卢梅,同前引书,§47,3c;拉伦茨,同前引书,§32II,第 617 页。

规定的责任。不过,我认为这种表述过于宽泛了。即使授权人不具有完全行为能力,而这一事实又不能为外人所识别,因而其授予的代理权是无效的,代理人还是要比第三人多担些干系。与前述学术观点相反,联邦最高法院的一项判决[45]则正确地认为,法定代理人不需要承担规定其代理权的法律因违反宪法而无效[46]的风险。在这里,第三人(以及代理人自己)信赖的是法律,而并不是代理人的声称。

995 另外一个有疑问的问题是:代理人能否通过向第三人说明其代理权产生的事实,来逃避第179条的责任?[47] 我认为,在通常情况下,应对这个问题作否定回答。因为仅仅从代理人列举有关事实的行为中,还不能充分明确地表明代理人欲排除法律要求其承担的、对其代理权的担保责任。[48]

五、复代理人的责任

996 复代理人[49]不具有自己的复代理权的,必须根据第179条承担责任。这一点是没有争议的。反之,主代理人不具有代理权时,复代理人应否承担责任的问题,则不无疑虑。这也是联邦最高法院提出两种类型的复代理权理论的关键所在。[50] 联邦最高法院认为,如果复代理人是主代理人的代理人(而不是被代理人的代理人),那么,在主代理人不具有代理权的情况下,复代理人不承担第179条规定的责任。

---

〔45〕《联邦最高法院民事裁判集》第39卷,第45页,第52页。

〔46〕即修订以前的第1629条第1款。根据此款规定,孩子可由父亲单独代理。

〔47〕《联邦最高法院民事裁判集》第39卷,第45页,第51页未回答这个问题,附有说明材料。

〔48〕拉伦茨持类似看法,同前引书,§32II,第617页。

〔49〕参见上文边码950。

〔50〕《联邦最高法院民事裁判集》第32卷,第250页;第68卷,第391页;参见上文边码951。

如上文边码950所述，复代理人代理的永远是被代理人。正确的做法应当是，以复代理人对外出现的方式，来决定发生何种由联邦最高法院所区分的法律后果。如果复代理人是直接以被代理人的名义出现的，那么复代理人也必须根据第179条规定，对主代理人的代理权承担责任。反之，如果复代理人仅仅是以主代理人的名义出现的，那么复代理人不对主代理人的代理权承担责任。在这后一种情况下，仅仅由主代理人向第三人承担责任。[51]

第三节　第177条至第180条规定的准用

第177条至第180条规定主要准用于两类情形。一类是无传达权的传达人；[52]另一类是行为人在未有效获得从事作用于他人的行为之授权时，冒用他人名义从事行为。[53] 在这两类情形中，利益形势在很大程度上类似于无代理权时从事的行为。一方面，行为不能够直接归属于其姓名被使用的那个人，因为此人并未授予行为人实施该项行为。另一方面，由于行为人援用的是姓名载体，因此应当由姓名载体来作出决定：这样就适用第177条、第178条规定。如果姓名载体拒绝追认，第三人就必须通过使行为人依第179条承担责任而得到补偿。[54] 最后，第180条也可适用：它规定在单方法律行为中，为了维护相关第三人的利益，应排 997

〔51〕 弗卢梅和拉伦茨的看法与我的意见相似。弗卢梅，同前引书，§49,5；拉伦茨，同前引书，§32II，第631页。

〔52〕 参见上文边码747。

〔53〕 参见上文边码908。

〔54〕 有关无传达权的传达人，《奥尔登堡州高等法院，新法学周报》1978年，第951页就是这样认为的。

除效力未定状态。[55]

除此之外，如果作为代理人出现的行为人虽然具有代理权，但是没有明确指称被代理人的姓名，导致法律行为无法执行，那么至少应准用第179条第1款规定。[56] 联邦最高法院将这一原理适用于下列案例：被[股份公司]股东授权行使表决权的人，在股东大会上作出了有损公司利益的表决，而这个人拒绝指称股东的姓名。[57]

---

〔55〕 参见上文边码980。

〔56〕 弗卢梅，同前引书，§44II1a。

〔57〕 《联邦最高法院民事裁判集》第129卷，第136页，第149页以下（Girmes公司案）。

第八部分

法律行为与主管权

参考文献:冯·布卢默(von Blume):《依权利参与之同意与依监督权之同意》,载《耶林民法学理论年刊》第 48 卷,1904 年,第 417 页以下;多里斯(Doris):《实施处分行为、负担行为和取得行为时的法律行为上的授权》,1974 年;拉佩(Raape):《同意与处分》,载《民法实务档案》第 121 卷,1923 年,第 257 页以下[有关评论,见伊塞(Isay):《代理权与处分》,载《民法实务档案》第 122 卷,1924 年,第 195 页以下;拉佩(Raape):《处分代理权》,载《民法实务档案》第 123 卷,1925 年,第 194 页以下];蒂勒(Thiele):《法律行为学说中的同意》,1966 年。

第六十章 同意的作用和适用范围

第一节 法律行为中的主管权

法律行为是私法自治的工具。所谓私法自治,是指“个人根据其意思自主构建法律关系的原则”〔1〕。可见,在通常情况下,每一个通过法律行为调整其法律关系的人,都对实施此项法律行为享有主管权。具体说来,法律行为可以分为负担行为、享有权利和处分行为。 998

一、负担行为

在负担行为中,自决原则(Selbstbestimmung)非常简单地表现为:通常只有从事行为的那个人,才因此项行为而承担义务。因此,虽然每一个人都对负担行为享有主管权,但他仅仅享有使自己承担义务的主管权。根据第164条规定,只要为他人从事行为的意思未能明确表达出来,这种使自己承担义务的情形即可发生。〔2〕 即使[行为人]表达出了这一为他人从 999

〔1〕 弗卢梅(Flume):《德国民法总论》,第2卷,§1,1,第2页。参见上文边码174;176。

〔2〕 参见上文边码905;919。

事行为的意思,[行为人]也有可能根据第179条规定使自己承担义务,条件是为他人承担义务的行为因代理权具有瑕疵而归于失败。[3]

在存在代理权(Vertretungsmacht)的情况下,虽然由行为人以外的另外一个人——被代理人——承担义务,但是,只要代理权是意定代理权(Vollmacht),那么自决的原则依然是被遵循的。在意定代理权情形,被代理人通过其授予代理权的行为,在法律行为上参与了负担行为。只有在法定代理权(gesetzliche Vertretung)中,负担行为无法归因于被代理人之法律行为上的意思。产生这一现象的原因,通常在于被代理人因欠缺行为能力或出于类似事由,无法形成这样一种意思。因此,法律必须对此进行干预。

二、享有权利

1000 这里所说的享有权利(Berechtigung),是相对于承担义务而言的,亦即是指取得某项请求权。对于享有权利的行为,主管权的确定可以放得宽泛些,因为这里只涉及到取得利益的问题。因此,在有些情形,一个人即使并没有参与法律行为,或者根本没有授予代理权,他也可以从该行为中获得利益。这些行为,如真正的有利于第三人的合同(第328条第1款)、悬赏广告(第657条)和遗赠(第2147条及以下条款)等。不过,即使在此类情形,取得人仍然可以事后抛弃那些业已归属于他的权利(第333条、第2180条,也可类推适用于悬赏广告),因此至少就此点而言,取得人对法律行为的参与并未完全丧失。

三、处分行为

1001 如同一个人只能使自己承担义务一样,在通常情况下,他也只能处分自己的权利。我们既可以从权利主体——即从处分人的角度——来观察处分行为,也可以从权利客体——即从被处分的物

〔3〕 参见上文边码984以下。

或权利的角度——来观察之。如用后一种方式来观察处分行为，则在通常情况下，只有唯一的一个人才享有主管权（Zuständigkeit），这个人就是权利人（Berechtigter）（也有可能是其代理人）。权利人以外的任何其他人，就该项物或该项权利而言，都是非权利人。他们所为的处分行为，通常至少是不能直接发生效力的。[4] 如果非权利人所为之处分例外地发生了效力，第 816 条第 1 款第 1 句也规定处分所得应归于权利人所有。我们可将这种情况称之为：因［非权利人所为之］处分而灭失的权利，在第 816 条第 1 款第 1 句所产生的不当得利请求权中"继续发生着效力"。

对处分的主管权，通常产生于物的所有权，或者——更为概括地说——，产生于待处分之权利的所有人资格（Innehabung des Rechts）。根据此项原理，只有物的所有权人才能有效地让与该物，只有债权的所有人才能让与或免除此项债权。不过，在例外情况下，对处分的主管权也有可能与权利的所有人资格相分离。[5]

第二节　同意的适用范围

根据民法典的规定，不享有主管权的人从事的法律行为并非 1002
全部无效。毋宁说，主管权人有机会使这种法律行为自始发生效力或嗣后发生效力。主管权人利用这种机会的法律行为是同意（Zustimmung）。第 182 条至第 185 条对同意的具体问题作了一般性的规定。[6] 这里先对同意具有可能性和必要性的要件进行分析。这些要件主要产生于专门的、散见于整部民法典之中的规定。

---

〔4〕 参见下文边码 1003 以下。

〔5〕 参见下文边码 1035。

〔6〕 参见下文边码 1013 以下。

具体说来,有以下几种情况(folgende Fallgruppen)。[7]

一、行为人不享有主管权

1003 第一种情况产生于前面已经探讨过的内容,即行为人不享有主管权。为了弥补这一瑕疵,使法律行为发生效力,主管权人必须表示同意。

(一) 前文已经分析过第 177 条之情形。某人以他人的名义(in fremdem Namen)订立了一项——无论是何种类型的——合同,该合同的后果应当由该他人承担,然而行为人不具有代理权。因此,行为人不享有为他人从事行为的主管权。在这种情况下,他人可以通过事后的同意(追认[8])承认此项行为,亦即承认该行为对自己的利益或不利益发生效力。

1004 (二) 第 185 条规定的是非权利人以自己的名义(im eigenen Namen)所为的处分。这即是说,第 185 条与第 177 条之间存在两个方面的区别。第一,第 185 条只涉及(单方的或双方的 = 合同上的)处分,而第 177 条的要件是存在一项(负担性质的或处分性质的)合同(当然,第 180 条第 2 句、第 3 句对此作了扩大)。就此而言,第 177 条和第 185 条之间的关系,类似于两个相互重叠的圆圈。第二,第 177 条要求以他人名义从事行为,而第 185 条则要求以自己名义从事行为。就此而言,这两条规定是相互排斥的。

1005 (三) 第 185 条规定可以扩大适用(Erweiterungen)于许多不同的情况:

1. 债权人可以授权第三人以免除债务之效力受领[债务人]所负的给付。这就是所谓的受领授权(Empfangsermächtigung),其原则在结果上是没有疑问的。同样,债权人也可以事后赋予某项

---

〔7〕 也参见拉伦茨(Larenz):《德国民法总论》, §24,第 484 页以下;施拉姆(Schramm):《慕尼黑德国民法典评注》,第 182 条之前,边码 4 以下。

〔8〕 参见下文边码 1013。

向非债权人所为的给付以履行效力。这一原理产生于第 362 条第 2 款对第 185 条的援引。不无疑虑的一个问题(但这个问题没有什么实际意义)是:受领给付是否本身就是对债权的处分?[9]

2. 第 185 条是否也可类推适用于负担行为?这个问题很有疑问。这个问题涉及所谓的“负担授权”(Verpflichtungsermächtigung)是否合法的问题。一个人能否授权另一个人,使该另一个人以自己名义从事的负担行为对授权人产生义务?[10] 1006

如果要严格类推适用第 185 条,这里的行为人本身就不会承担义务了。但这样做显然是行不通的,因为我们不能径自将这个以自己名义承担义务的人,从债权人那里夺走,使债权人丧失这么一个债务人。因此,这里只能提出另一个问题,即授权人应否在行为人之外(neben dem Handelnden)也受负担行为的约束?我一如既往地[11]认为,在通常情况下,并不存在如此操作的需要。因为,如果真的要在行为人以外,由另外一个人共同承担义务,完全可以通过行为人同时以另外一个人的名义即作为其代理人出现(第 164 条,第 427 条)的方式,来达到这个目的。只有这样,债权人才能知悉其全体债务人的姓名,也只有这种结果才是合理的。

拉伦茨[12]为说明[授权人]共同承担义务的必要性而列举的案例[13],情况比较特殊:在本案中,不动产所有权人 E 授权第三人 D 出租 E 房屋中的房间。D 这样做了。后来,E 根据第 985 条,以自己对房屋享有所有权为由,要求承租人返还房屋。E 的请求无

---

〔9〕 如果受领给付本身就是对债权的处分,那么第 362 条第 2 款只是说出了没有该款规定时也应适用的东西,因为第 185 条是直接适用的。

〔10〕 参见拉伦茨(Larenz):《债法总论》,§ 17IV,第 233 页以下(附有说明材料);弗卢梅,同前引书,§ 57,1d,第 905 页以下。

〔11〕 参见《民法》,边码 29。

〔12〕 拉伦茨(Larenz):《债法总论》,§ 17IV,第 233 页以下。

〔13〕 《帝国法院民事裁判集》第 80 卷,第 395 页。

疑不会有积极的结果。不过,本案中涉及的也不仅仅是 E 共同承担义务的问题。其他问题如:E 认可的交付实物(Sachüberlassung)的行为,是否也相对于 E 产生第 986 条意义上的占有权?而这种交付实物的行为,实际上应视作处分。[14]

1007 3. 我认为,将第 185 条准用于取得[所谓的取得授权(Erwerbsermächtigung)[15]],并没有应予承认的需要。因为对于债权的取得,第 328 条已经作出了充分的规定。[16] 我们可以考虑将第 328 条规定适用于物权取得的某些情形或者全部情形(所谓的"有利于第三人的物权合同"[17])。第 185 条规定并没有适用的余地。

1008 4. 最后还有所谓的收取授权(Einziehungsermächtigung)需要研究。这是指债权人授权第三人以自己的名义向债务人主张债权。在收取授权中,第三人不仅可受领给付,并且这种受领具有清偿效力(如上文边码 1005 所述的受领授权),而且第三人还有权催告和起诉债务人履行债务,亦即第三人相对于债务人能够以债权人的身份出现。

通行的学说[18]认为这种收取授权是合法的。只不过间或有人认为,只有在第三人对收取[债权]具有(广义理解的)"自己的利益"时,第三人才应享有就债权进行诉讼的权利(任意的以自己

---

〔14〕 弗卢梅,同前引书,§57,1d,第 907 页以下。

〔15〕 弗卢梅也表示拒绝,同前引书,第 908 页。

〔16〕 参见上文边码 1000。

〔17〕 参见鲍尔-施蒂尔纳(Baur-Stürner):《物权法》,§5II2;韦斯特曼－哈·彼·韦斯特曼(Westermann-H. P. Westermann):《物权法》第 1 卷,§3II4;拉伦茨:《债法总论》,§17IV,第 232 页。

〔18〕 如拉伦茨:《债法总论》,§34Vc,第 597 页以下(附有许多说明材料)。

名义为他人进行诉讼)。[19] 然而,收取授权会产生债权人地位重叠(Verdoppelung der Gläubigerstellung)的不利后果。这就是说,债务人不仅仅——如同在受领授权情形那样——取得了一种额外的清偿债务的可能性。债权人地位的重叠,会使债务人承受重于债权让与法(第 398 条及以下条款)所产生的负担。在债权让与法中,如果应当由另外一个人以其自己名义主张债权,那么原债权人必须放弃——如通过托收让与——他的债权人地位。

因此,我一如既往地[20]认为,在通常情况下,收取授权是不合 1009
法的。当然,在延长的所有权保留这一特殊情况(这也是收取授权最重要的适用事例)下,收取授权的适用是没有疑虑的。延长的所有权保留的结构如下:物的让与人在所有权保留安排下授权物的取得人(大多是经销商)在正常的业务进程中(即以适当的报酬)转销该物(第 185 条第 1 款)。通过这种安排,取得人能够获得必要的款项,以便向让与人支付剩余的价金。作为对所有权保留受到这一削弱的补偿,取得人将转销基于的基础行为(通常是买卖行为)所产生的报酬请求权,让与给物之让与人(第 398 条)。最后,物之让与人,即报酬请求权的未来债权人,允许取得人以自己的名义收取这些债权(收取授权)。这就是说,取得人可以以这样的方式出现在他的购买人面前,仿佛债权的让与根本没有发生过一样。从债务人角度来看,之所以不会对这种安排产生疑虑,是因为债务人对债权的事先让与一无所知。这即是说,与任何一项没有告知债务人的债权让与行为(“隐名的”债权让与)一样,债务人认为让与人仍然是他的债权人,因此,债务人也可以向这个债权

〔19〕 参见《帝国法院民事裁判集》第 166 卷,第 218 页,第 238 页;《联邦最高法院民事裁判集》第 4 卷,第 153 页,第 164 页;帕夫洛夫斯基(Pawlowski)文,载《法学教育》1990 年,第 378 页。

〔20〕 参见《民法》,边码 30。

人为给付。所以,债权人地位的重叠不会给债务人增加负担。当然,一旦将债权事先让与的事实告知(公示于)债务人,收取授权也随之消灭。这样操作在经济上也是有意义的。因为在通常情况下,只有在物之让与人因不信任取得人而欲自行收取其对于购买人的债权时,才会[将事先让与债权之事实]公示[于购买人]。

二、第三人共同享有主管权

1010 同意的第二个适用范围是:以自己名义从事行为的人不享有单独主管权。由于第三人同样也受到行为人从事的行为的影响,因此法律赋予该第三人共同主管权。这方面最简单的一个例子是第 415 条:债务人与第三人约定,由第三人以免除债务的效力承担债务。显然,债权人也受到此项约定的影响,因为在约定有效的情况下,债权人就失去了原来的债务人。因此,法律规定,只有债权人表示同意时,债务承担行为才具有当事人欲求的对外效力(第 415 条第 1 款,第 2 款)。如果没有债权人的同意,此项行为仅仅在当事人之间产生内部效力(履行承担,第 415 条第 3 款)。第三人显然受到行为影响的其他类似事例,还有第 876 条、第 877 条(取消某项不动产权利,在该项权利上存在第三人的权利:第三人必须同意)以及第 1423 条及以下条款(夫妻共同财产制中配偶一方对共同财产所为之行为)。

1011 在有些情况下,即使第三人对行为客体不享有自己的权利,但法律规定第三人也享有共同主管权,如第 1365 条及以下条款、第 1369 条即是。根据这些规定,在夫妻法定财产制中,行为客体属于一方配偶所有,而这些客体构成处分人全部财产的,或者这些客体乃服务于家庭生活的,那么,一方配偶处分这些客体时也必须征得另一方配偶的同意。这些规定是 1957 年增补到法律中去的。据此,在法定财产制中,每一方配偶对另一方配偶就其财产所为之负担行为和处分行为,都享有一定程度的共同主管权。法律制定这些规定的理由,显然在于配偶之间因净益补偿而产生的经济上的联系,使一方配偶对另一方配偶的财产也享有某种利益。

三、监督的主管权

在第三类事例中,同意之要件旨在确保对一个人从事的法律行为进行监督,而并不一定非涉及同意权人自己的利益不可。在民法典中,这方面最显著的例子是监护法院(Vormundschaftsgericht)根据第1819条及以下条款、第1643条及以下条款、第1908a条及以下条款所为之同意。这种同意纯粹是为了保护被监护人免受不利行为或危险行为的损害。与此相类似的是,作为未成年人的法定代理人,监护人(Vormund)必须根据第107条及以下条款的规定,对未成年人从事的法律行为表示同意(第1793条)。虽然监护人根据第1793条规定,对照顾被监护人的财产也享有自己的权利,但是在今天(不同于以前),此项权利不再是为了维护监护人自己的利益。相应的原则也适用于照管人(Betreuer)。 1012

父母(Eltern)作为未成年人的法定代理人,其情形稍微不同于上述诸种事例。父母根据第107条及以下条款所为之同意,虽然也同样是为了保护未成年人的利益,但是,父母在行使此项同意权的同时,也是在实现其自己的、《基本法》第6条第2款第1句赋予的教育权。当然,教育权的性质有些不同于监护人的照管权。就此而言,子女从事法律行为时,其父母同样也在法律上受到了影响,而且这种影响的程度,要大于监护人因此受到的影响。如果以这个角度来观察问题,那么父母的同意权可以归属到上文边码1010所论述的共同主管权范畴。

第六十一章　同意的具体问题

参考文献:参见边码 998 之前所列著述。

第一节　术　　语

1013 一、对他人从事的法律行为表示同意,在时间上,可以发生在该行为之前,也可以发生在该行为之后。根据第 183 条规定,事先的同意叫“允许”(Einwilligung)。而根据第 184 条第 1 款规定,事后的同意则叫作“追认”(Genehmigung)。不过,法律没有严格贯彻这一区分。例如,第 1643 条及以下条款、第 1819 条及以下条款、第 1904 条规定的仅仅是监护法院的“追认”,但其所指的行为却也包括“允许”。例如,在第 1644 条、第 1645 条规定中,通常在将客体交付给孩子之前,或者在取得行为开始之前,就需征求监护法院的意见。

1014 二、“同意”,在技术意义上,是指对他人的法律行为表示认可。民法典也并不总是在这个意义上使用这一概念的。例如,在第 32 条第 2

款、第709条第1款中,“同意”是指参与作出某项决议。[1] 第182条及以下条款之规定对此并不适用。

三、第182条及以下条款没有使用“授权”(Ermächtigung)这一概念。不过,“授权”一词在其他场合散见于民法典的一些条款中。[2] 此外,这个词语在交易领域中经常被人使用,即如上文边码1003以下所论述的四种授权形式。“授权”一词并没有统一的意义。[3] 它往往是指允许,但有时也指其他意义。对于借记程序框架下的划拨委托(Abbuchungsauftrag)或收款授权(Einzugsermächtigung)的意义,还存在争议,但这里不予细述。[4] 这种程序大约在20年前开始盛行,旨在支付定期发生的金钱债务,如电费、报刊订阅费等。在这种程序中,债务人不必向其银行发出汇款委托,相反,是由被授权的债权人从债务人的账户中自行支取款项。

第二节 共同规定

下面先解释几项以同样方式适用于两种同意形式——允许和 1015

---

〔1〕 参见施拉姆(Schramm):《慕尼黑德国民法典评注》,第182条之前,边码16a。

〔2〕 如第37条第2款第1句、第112条、第113条、第370条、第385条、第783条。

〔3〕 参见弗卢梅(Flume):《德国民法总论》,第2卷,§57,1,第901页以下。

〔4〕 有关借记程序(Lastschriftverfahren),参见卡纳里斯(Canaris):《银行合同法》,第1卷,1988年第3版,边码528以下;哈丁(Hadding):《对借记程序的民法学评价》,载《贝尔曼(Bärmann)纪念文集》,1975年,第375页以下;同一作者:《司法判例中的借记程序》,载《有价证券信息》1978年,第1366页以下;乔舍(Zschoche):《论借记程序的学理归属》,1981年;林策(Rinze):《借记程序》,载《法学教育》1991年,第202页以下。有关判例如:《联邦最高法院民事裁判集》第79卷,第381页;《联邦最高法院,企业》1978年,第1826页;《新法学周报》1985年,第847页。

追认——的规则。

一、同意本身是一项法律行为。因此,有关法律行为的有效性要件[5]也适用于同意。在存在撤销事由时,也可以撤销同意。[6] 同意也可以由代理人为之。[7] 特别是同意人通常必须具有完全行为能力,除非同意行为例外地给限制行为能力人产生纯粹法律上的利益。对这个问题,往往应根据同意所指向的那项行为来判断,如[未成年人]对由无代理权的代理人向未成年人赠与东西的行为表示同意。

1016 二、同意以单方的、需受领的意思表示为之。根据第 182 条第 1 款规定,在有多人参与了需征得同意的行为的情况下,同意人可以选择同意表示的相对人。不过,法律在这方面有不少特殊规定,规定同意只能向某个特定的人发出。[8]

同意也可以通过可推断的行为(schlüssiges Verhalten)发出。在以这种方式表示的同意中,有时会出现类似于确认(第 141 条、第 144 条[9])的问题,即同意人是否必须知道法律行为必须征得同意的事实?[10] 对于这个问题,应当作出类似于确认的回答。[11] 同意必须表明,同意应使某项行为具有针对同意人的效力;如果没有此项同意的话,此项行为的这种效力就不存在,或者不确定。只有在[同意之意思]表示具有这一内容时,有关同意之意思的瑕疵

---

〔5〕 参见上文边码 480 以下。

〔6〕 参见上文边码 714 以下。

〔7〕 参见上文边码 880 以下。

〔8〕 如第 108 条第 2 款第 1 句、第 177 条第 2 款第 1 句、第 1828 条、第 1643 条第 3 款。

〔9〕 确认之所以不属于同意,是因为确认并不是针对他人的行为,而是针对确认人自己的行为。参见上文边码 529。

〔10〕 参见迪尔歇尔(Staudinger-H. Dilcher):《施陶丁格德国民法典评注》,第 182 条,边码 15 以下。

〔11〕 参见上文边码 531。

才必须通过撤销予以主张。否则的话，客观上就不存在同意。在这里，特别强烈的表示意识也不是必要条件。

三、根据第182条第2款规定，即使法律规定同意所涉及的法律行为需遵守形式(Form)，同意也不必具备某种形式。这条规定与第167条第2款所规定的代理权的形式自由[12]相比，可以更为明显地危害形式[要求所追求的]宗旨。因此，对第182条第2款规定，至少应作出与第167条第2款同样狭窄的解释。这即是说，如果适用该款规定会危害形式宗旨，那么就不应适用此款规定。[13] 这一原则尤其适用于使某项业已存在的、需要遵循形式要件的法律行为直接发生效力的追认行为。不过，联邦最高法院主要出于法律稳定性方面的考虑，[认为同意]以形式自由为足。[14] 1017

四、第182条第3款规定，第111条第2句和第3句规定适用于对单方的、需受领的法律行为(如终止表示)的同意。根据第111条第2句和第3句，从事此种法律行为的行为人如不以书面形式提交允许书，行为相对人通常有权拒绝该行为。法律旨在保护行为相对人的确定性利益，因为否则的话，他对意思表示就毫无抗拒的可能。由于第182条并未将第111条第1句规定为适用，因此未获得必要允许的单方法律行为并非直接无效(有争议)：第182条第3款明确表达了立法者之(站得住脚的)立场，即行为相对人的利益已受到其拒绝权的充分保护。但是，弗卢梅(Flume)正确地认为，行为人必须至少曾提及过存在某种同意。[15] 例如，某人在未曾提及过某种同意的情况下终止另一个人的消费借贷 1018

---

〔12〕 参见上文边码929。

〔13〕 参见弗卢梅，同前引书，§54，6b，第890页以下；拉伦茨(Larenz)：《德国民法总论》，§24，第486页。施拉姆持不同看法，同前引评注，第182条，边码13以下。

〔14〕 《联邦最高法院民事裁判集》第125卷，第218页；但《联邦最高法院民事裁判集》第132卷，第119页对此有所限制。

〔15〕 弗卢梅，同前引书，§54，6c，第892页。

[合同]的,[合同]相对人没有必要严肃对待这一终止表示。即使相对人并未以明示的方式予以拒绝,它也是无效的。

第三节　允　　许

1019 一、允许,在其指向的法律行为实施之前就已发出。因此,法律行为实施之时,它就能立即产生效力。例如,所有权人 E 允许让与人 V 出让其所有物的(如在延长的所有权保留情形[16]),取得人就从让与人处取得所有权,就如同他从所有权人处取得所有权一样。一旦[行为人]已经行使了允许,允许就不得再行撤回了。

反之,根据第 183 条第 1 句规定,在实施法律行为之前,通常可以撤回[允许](Widerruf),"除非允许所基于的法律关系中另有相反的规定"。在延长的所有权保留行为中,这种基础关系就是第一个出卖人与第一个买受人*之间的买卖合同。根据该合同的意义,一方面,第一买受人应当有权处分买卖物;但另一方面,第一出卖人也应当获得担保。因此,[第一出卖人]不得自由撤回其让与授权。不过,如果存在不信任被授权的买受人的理由,即如该买受人不履行他的支付义务,那么第一出卖人就可以撤回其授权。[17]

1020 如果允许是不可撤回地(unwiderruflich)授予的,就产生一个类似不可撤回的代理权的问题。[18] 不过与代理权相比,在认定是否可因重大事由撤回允许时,应当更加谨慎些。[19] 在有些情况

---

〔16〕 参见上文边码 1009。

〔17〕 《联邦最高法院,新法学周报》1969 年,第 1171 页。

〔18〕 参见上文边码 942。

〔19〕 参见《联邦最高法院民事裁判集》第 78 卷,第 392 页,第 397 页以下。

* 第一出卖人即供货商(商品所有权人),第一买受人即经销商(又称为让与人)。——译者注。

下,法律也将允许规定为不可撤回。[20] 此类情形,旨在使被授权人获得一种不可剥夺的法律地位。[21]

1021 二、根据第 183 条第 2 句,撤回不必向允许之意思表示的相对人为之。因此,与代理权相似,相对于作为行为当事人的第三人[亦即"对外"(nach auBen)]授予的允许,也可以相对于被授权人[亦即"对内"(nach innen)]撤回之。在这种情况下,为了保护善意的、相信允许继续生效的第三人的利益,应当准用第 170 条至第 173 条的规定。[22]

1022 三、除了撤回外,允许也可以通过其他方式消灭,如解除条件的成就、期限的成就或允许所基于的法律关系的终结(如同代理权依第 168 条第 1 句消灭)。特别是对处分行为的允许,也随允许人丧失处分权,即允许人本身不能再为有效处分,而消灭。[23] 例如,所有权人 E 授权 D 让与属于其自己——即 E——所有的物;在这种情况下,一旦 E 自己将该物让与给另外一个人,那么 D 因授权而获得的权力即告消灭。

第四节　追　　认

1023 追认在需征得同意的法律行为业已成立之后才发出。追认使该法律行为有效,因此追认是立即发生效力(wirkt sofort)的。相应地,拒绝追认则导致法律行为彻底无效。[24] 法律规定追认时涉及的问题,并不是撤回(追认是不可撤回的),而是其溯及既往的效力。第 184 条将这种溯及实施待追认的法律行为之时的效力规

〔20〕 如第 876 条第 3 句,第 880 条第 2 款第 3 句,第 1245 条第 1 款第 3 句。

〔21〕 参见弗卢梅,同前引书,§55,第 897 页以下。

〔22〕 施拉姆,同前引评注,第 183 条,边码 10。

〔23〕 参见蒂勒(Thiele):《慕尼黑德国民法典评注》,第 183 条,边码 5 以下。

〔24〕 卡·施密特(K. Schmidt)文,载《民法实务档案》第 189 卷,1989 年,第 1 页。

定为一种常规。

一、尽管追认具有溯及既往的效力,但在为追认行为时,待追认的法律行为必须是一项依然成立的行为。这也就是说,此项行为的当事人不得追认已经取消或以其他方式废除了该行为。人们之所以强调这一点,是因为在作出追认之前,实际存在的效力未定状态对行为当事人来说是一种负担。例如,不知道自己取得的权利是否有效的人,几乎不可能心平气和地为进一步的处分。因此,有些法律规定赋予一项撤回权(Widerrufsrecht),行使该撤回权可以结束这种不确定状态,如第 109 条、第 178 条、第 1366 条第 2 款、第 1427 条第 2 款、第 1453 条第 2 款、第 1830 条、第 1908i 条第 1 款。从这些法律规定中,我们应当能够推论出一项一般的、也能够适用于其他追认情形的法律思想,〔25〕即一方当事人的意思表示(而并非法律行为之整体)需要追认的,另一方当事人在追认作出之前有权撤回,条件是他不知道追认要件所基于的原因,或者他信任了对方有关已事先获得允许的陈述。

1024 二、追认的作出太迟的,也不能发生效力。第 184 条本身并没有为追认规定期限。不过,根据一些专门规定,意思表示待追认的当事人之相对人有权设定追认的期限:如第 108 条第 2 款、〔26〕第 177 条第 2 款、〔27〕第 1366 条第 3 款、第 1427 条第 1 款、第 1453 条第 1 款、第 1829 条第 2 款、第 1908i 条第 1 款。这里,也应当能够推论出一项一般的、能够扩大适用至其他追认情形的法律思想。〔28〕

1025 三、符合上述要件的,根据第 184 条第 1 款,追认的效力应往

〔25〕 施拉姆,同前引评注,第 184 条,边码 5。有争议。

〔26〕 参见上文边码 572。

〔27〕 参见上文边码 978。

〔28〕 施拉姆,同前引评注,第 184 条,边码 9。有争议。

前溯及(zurückwirken)至实施法律行为之时。根据此项原则,“从现在开始,即发生那些与被追认的行为自始有效时一样的法律后果”[29]。例如,在无代理权时订立的合同,经追认后,视作被代理人自始就享有合同权利、承担合同义务;非权利人所为之处分,视作处分人自始享有处分权。

不过,溯及既往的效力也并非无例外发生。法律可以排除这 1026
种效力,需要征得同意的法律行为的当事人也可以通过约定排除这种效力。而根据通说,追认人单方面排除这种效力的做法则是不合法的。[30]

此外,效力溯及既往也具有实体方面的限制。在有些情况下,人们不得不正视法律行为在追认之前无效这一事实。例如,债务人迟延或债权人迟延就不溯及既往。溯及既往的效力也影响不到诉讼时效期间的开始:时效期间自追认之时才起算,因为在追认之前,当事人不能根据起初是无效的行为主张权利。[31]

四、第 184 条第 2 款对溯及既往的效力作了专门的限制:追 1027
认人[在追认之前所为之]中间处分(Zwischenverfügungen)以及针对追认人所采取的执行措施[仍然]有效。这说明,非权利人之需要征得同意的处分,其效力弱于权利人之附条件的处分;根据第 161 条规定,权利人之附条件的处分可保障取得人免受此类中间处分的损害。[32]

例如:债权人 G 对债务人 S 享有一项债权。设 D 先是将该项债权让与给 Z,然后 G 在该项债权上向 P 设定质权,最后 G 对 D 的让与行为表示追认。根据第 184 条第 1 款规定,可以认为设定

---

〔29〕 拉伦茨,同前引书,§24,第 487 页。

〔30〕 施拉姆,同前引评注,第 184 条,边码 27a。

〔31〕 通说,参见施拉姆,同前引评注,第 184 条,边码 12a。

〔32〕 参见上文边码 843。

质权行为是无效的,因为G溯及既往地丧失了他的债权人地位,因而G是作为非权利人在债权上设定了质权。但是,第184条第2款消除了这一结果。根据此款规定,设定质权仍然是有效的。因此,Z只能取得一项附有P质权的债权。反之,假设G自己在附有延缓条件的情况下将债权让与给Z,那么Z就可根据第161条第1款规定,取得无负担的债权了。

1028 五、如果在为需要追认的处分之时,享有权利的人事后将其权利完全转移给他人,那么,适用第184条第2款将会产生完全排除追认权的结果。在这种情况下,只有此项权利的取得人才享有追认权。当然,追认只能溯及至其自身取得权利之时。

例如,在上文边码1027所举案例中,假设G不是将债权向P出质,而是将债权转移给P。这样,只有P才有权对D让与债权给Z的行为表示追认(或者拒绝追认,因而使此项债权让与行为彻底无效)。但是,P的追认的效力不溯及至他取得权利之前的时间。

1029 如果[债权人享有的]权利是以转移以外的其他方式丧失的,则法律状态不无疑问。在这种情况下,先前享有权利的人依然有权对第三人在权利丧失之前所为之处分表示追认吗?联邦最高法院在下列案件[33]中对这个问题作出了肯定的回答:D盗窃了E的皮革。这些皮革到了零售商H的手中,H将皮革出售给不同的顾客(无效,第935条第1款)。这些顾客通过加工(第950条)取得了所有权。尽管如此,E仍应有权对H的让与行为表示追认。因此,E可以根据第816条第1款第1句规定,要求H返还其获得的销售所得,亦即E并非仅对D或难以找到的加工人享有请求权。联邦最高法院如是判决的理由是,那个丧失所有权的人特别应受到法律保护。[34] 然而这一理由是不无疑虑的,因为这样一来,就

〔33〕《联邦最高法院民事裁判集》第56卷,第131页。
〔34〕《联邦最高法院民事裁判集》第56卷,第134页。

给不再享有权利的人赋予了追认权。我们可以用一种更为谨慎的论证思路来避免这种结果：重要的是，丧失的所有权至少在第946条及以下条款、第951条规定的价值补偿请求权中继续发生着效力，因此，第185条第2款应予类推适用。据此，追认的权利可能消灭，如第三人因时效取得而使E丧失其所有权。在联邦最高法院判决的另外一则案例中，法院否认了因强制拍卖而丧失所有权的人享有追认权。[35] 这一判决是正确的。

第五节　第185条对处分的规定

第185条规定的是非权利人为处分时的允许、追认及其他两 1030
种事后生效的情形。[36]

一、就允许(Einwilligung)而言，第185条第1款只是明确规定，经事先允许的，非权利人可以为有效的处分，亦即处分授权(*Verfügungs* ermächtigung)是成立的。[37] 而就追认(Genehmigung)而言，第185条第2款第1句第一种情形的意思是，非权利人所为的处分并非自始无效，而是效力未定，其效力是可以补正的。对于允许与追认，适用第182条至第184条的规定。因此，上文边码1015以下论述的内容也适用于非权利人所为之处分，以致于此类处分在上文就可以用来作例子了。

二、根据第185条第2款第1句规定，除了追认外，非权利人 1031
所为之处分还可在另外两种情形中(in zwei weiteren Fälle)发生效力。当然，这里的效力不溯及既往。

(一)首先，“处分人取得标的物的”，亦即非权利人自己变成

---

〔35〕《联邦最高法院民事裁判集》第107卷，第340页。

〔36〕有关处分的概念，参见上文边码208。

〔37〕异于负担行为中的法律状态，参见上文边码1006。

权利人时,处分有效(如处分人成了权利人的继承人)。在这种情况下,处分人就不必再(如同在第108条第3款情形)对处分有效与否作出决定了。毋宁说,他直接受自己的处分的约束。第108条第3款规定之所以与此有异,是因为在第108条第3款中,起初曾经欠缺完全行为能力,因此应当对法律行为予以三思。

有人赞成哈根(Hagen)〔38〕的观点,认为应将[处分行为]依第185条第2款第1句第二种情形变为有效的规定,限制在(以处分来履行的)负担行为依然存在之情形。他们认为,先是让处分行为发生效力,然后又将此项取得行为当作无法律原因,因而让取得人承担返还不当得利的义务,是走了一段毫无意义的弯路。然而,对第185条第2款第1句第二种情形进行这样的限制,在法律规定的文意中并不能找到依据。我同意施拉姆〔39〕的意见,认为,该款规定的文意符合无因原则〔40〕,对该原则作零星式的校正很难说是妥当的。〔41〕

1032 (二)根据第185条第2款第1句第三种情形,处分人"被权利人所继承并且权利人对遗产债务负无限责任的",处分亦为有效。〔42〕法律规定"无限的(=不可限制的,第1993条及以下条款)继承人责任"说明,这是一种"由责任产生的补正(Heilung kraft Haftung),而不是因[权利]取得产生的补正"〔43〕。因此,只要权利人对遗产债务负无限责任,即使他是共同继承人,亦可。所以,与第185条第2款第1句第二种情形相比,在此种情形,我们

〔38〕 哈根(Hagen)文,载《民法实务档案》第167卷,1967年,第481页,第499页以下。

〔39〕 同前引评注,第185条,边码58。

〔40〕 参见上文边码224。

〔41〕 拉伦茨现在也是这么认为的,同前引书,§24,第490页。

〔42〕 参见哈贝萨克(Habersack)文,载《法学家报》1991年,第70页。

〔43〕 弗卢梅,同前引书,§58,第916页。

或许更应以对于处分是否继续存在一项有效的法律原因[之事实],来决定是否使处分变为有效。[44]

(三)对标的物作出了多项处分(mehrere Verfügungen)的,如适用第185条第2款第1句第二种情形和第三种情形,则因处分变为有效不溯及既往,所有处分行为就会在同一时间变为有效。因此,只要这些处分相互矛盾,它们就根本不可能发生效力。第185条第2款第2句规定时间在先的处分具有优先性,因此避免了这种现象的出现。 1033

三、第185条第2款与第184条第2款不同,它没有对通过强制执行(Zwangsvollstreckung)方式所为的处分作任何规定。对不属于债务人的标的物进行的扣押是否也可有效,如果债务人事后取得了该标的物,或者权利人对扣押表示同意?这个问题很有争议。[45] 也许是通行的学说认为,第185条可类推适用于实物扣押(因而扣押有效),但不可适用于债权扣押。[46] 正确的看法应该是,此两种情形下的扣押都为有效。[47] 1034

四、第185条的两款规定涉及的都是非权利人的处分。法律设想的是正常情况,即权利人同时享有处分权,亦即自己能够有效为处分。不过在例外情况下,权利人与处分权二者可能发生分离。例如,在破产和遗嘱执行情形,权利人(即物之所有权人、债权人等等)是破产债务人或继承人,但是享有处分权的是破产管理人 1035

---

〔44〕 施拉姆,同前引评注,第185条,边码63;拉伦茨,同前引书;弗卢梅持不同看法,同前引书,第919页,脚注6。

〔45〕 参见《联邦最高法院民事裁判集》第56卷,第338页,第350页以下;弗卢梅,同前引书,第916页以下;迪尔歇尔,同前引评注,第185条,边码20以下;施拉姆,同前引评注,第185条,边码15以下。

〔46〕 如《联邦最高法院民事裁判集》第56卷,第338页,第350页以下。

〔47〕 施拉姆也是这样认为的,同前引评注,边码16。卡·施密特(K. Schmidt)对此作了详尽论证,文载《民事诉讼杂志》,第87卷,1974年,第316页。

或遗嘱执行人。在此类情形,可以类推适用第 185 条规定,通过处分权人的同意,使无处分权的权利人所为之无效处分变成有效。同样,如果权利人(重新)取得处分权,那么,可类推适用第 185 条第 2 款第 1 句第二种情形,处分有效。[48]

〔48〕 如《帝国法院民事裁判集》第 149 卷,第 19 页,第 22 页:取消破产(施拉姆,同前引评注,第 185 条,边码 28)。

第四编

权利主体

第六十二章　概　　述

在分析过法律行为之后，现在来研究人。人作为权利主体，通过法律行为，相互之间发生着联系。

第一节　民法典中的人法

与许多外国民法典相比，《德国民法典》有关权利主体的规定[在法典中]所占的篇幅要小得多。许多外国民法典往往包含篇幅广泛的“人法”，如《法国民法典》(第 7 条至第 514 条)、《奥地利民法典》(第 15 条至第 284 条)和《意大利民法典》(第 1 条至第 455 条)。这些民法典都是以详尽的、包含了亲属法的人法规定开始的。在《瑞士民法典》中，人法虽然仅体现在第 11 条至第 89 条之二中，但紧接着就规定了亲属法(第 90 条至第 456 条)。 1036

与这些外国民法典相比，我们的民法典总则中对人法的规定则显得非常单薄。亲属法被贬入至第四编。[1] 在第 1 条至第 89 条规定中，有 25 个条款(即第 55 条至第 79 条)只涉及

〔1〕 参见上文边码 16。

社团登记簿问题,剩余的条款大多数也都是规范法人的。法律对自然人的规范过于简单,因此没有涉及一些重要的人格权。[2] 而在有关法人的规定中,法律未对特别重要的、商法上的法人(如股份公司、有限责任公司、合作社)作规定。

因此,民法典的人法部分仅仅是一件未完成的作品。人们几乎不能从这些规定中推断出一般性的结论。毋宁说,要研究这些规定,还必须考察我国法律制度中其他具有人法内容的领域,特别是《基本法》的基本权利部分、著作权法和商法。

第二节　民法典第 1 条至第 89 条的体系

1037 一、民法典的规定始于自然人(natürliche Personen)(人类),而且是始于一旦出生即可取得的性质,即权利能力(第 1 条)。接着,第 2 条规定的是成年。这一安排乍一看来显得不怎么符合逻辑,因为成年的主要意义体现在法律行为学说(第 104 条及以下条款)中。不过,第 8 条就说明,在例外情况下,行为能力对其他关系也可能具有重要性(有关住所的规定[3])。第 2 条所处的位置可以通过这种方式予以说明。接下来的第 7 条至第 12 条规定的是住所和姓名权,即因出生即可取得的法律上的其他属性。[4]

在对权利能力、成年、住所和姓名的取得作了规定之后,人们可以期待法律对这些性质的丧失(Verlust)作出规定。但是,法律并没有对死亡这一最为普遍的丧失事由加以规定,因为法律认为这一点是不言而喻的。当然,第 13 条至第 20 条还是对失踪后的死亡宣告作了规定。这些规定已为 1939 年 7 月 4 日的《失踪法》

---

〔2〕 参见下文边码 1072。

〔3〕 参见下文边码 1060。

〔4〕 参见下文边码 1056 以下。

所取代。与民法典第 13 条至第 20 条不同,《失踪法》追随一种新的立法趋势,同时规定了程序法领域的问题(《失踪法》第 13 条及以下条款)。因此,从实体上看,《失踪法》已不属于民法典的体系。一直到今天,《失踪法》成功地抵制了将它的规定重新纳入民法典中去的企图。

二、有关人法的其他规范,即第 21 条至第 89 条(不包括第 54 1038
条),调整的是法人(juristische Personen)。其中第 21 条至第 54 条规范的是法人的一般问题,第 55 条至第 79 条规范的是非营利性登记社团的特殊问题。[5] 接下来的第 80 条至第 88 条对另一类私法上的法人,即具有权利能力的财团,作了规定。当然,这种规定大多只是对社团法的援引(第 86 条、第 88 条)。最后,第 89 条甚至超越了私法的范围,因为它将第 31 条、第 42 条第 2 款扩大适用至公法上的社团、财团和机构。当然,第 89 条本身并没有对这些公法上的社团、财团和机构进行规定。这一任务由公法承担,而且大多是由各个州的公法承担。

---

〔5〕 第 21 条,参见下文边码 1110 以下。

第六十三章　人的权利能力

参考文献：博施(Bosch)：《死亡宣告——死亡时间认定——误报死亡》，载《米卡特(Mikat)纪念文集》，1989年，第793页以下；艾希勒尔(Eichler)：《人法》，1983年；同一作者：《人法的体系》，1989年；法布里秋斯(Fabricius)：《权利能力的相对性》，1963年；盖伦(Geilen)：《法律界限内的人的生命》，载《亲属法杂志》，1968年，第121页以下；哈滕豪尔(Hattenhauer)：《"人"——论一个概念的历史》，载《法学教育》，1982年，第405页以下；胡塞尔(Husserl)：《权利主体和权利人》，载《民法实务档案》第127卷，1927年，第129页以下；约翰(John)：《组织起来的法律人》，1977年[有关评论，参见许费尔(Hüffer)文，载《商法杂志》第142卷，第186页以下]；梅迪库斯(Medicus)：《民法与正在形成之生命》，1985年；彼·施维尔特纳(P. Schwerdtner)：《……生命的开始与终结》，载《法律学习》，1987年，第440页以下；哈·韦斯特曼(H. Westermann)：《人与人格作为民法中的价值》，1957年；恩斯特·沃尔夫-瑙约克斯(Ernst Wolf-Naujoks)：《自然人权利能力的开始与终结》，1955年。——也请参见下文边码1049，1052。

第一节　权利能力的概念和界定

一、定义

第1条把权利能力设定为前提,因此没有对这个概念下定义。 1039
一般说来,权利能力是指“成为权利和义务载体的能力”。这是从消极方面来理解权利能力的。民法典第1条规定自然人一旦出生就取得权利能力,亦即那些自己无法从事行为的人也具有权利能力。这两个方面是互相一致的。

法布里秋斯(Fabricius)认为应从积极的方面来理解权利能力 1040
概念,即应从行为能力(Handlungsfähigkeit)中派生出权利能力。[1] 他认为,权利能力应当是指从事法律上有效的行为的能力。由于出生未久的孩子显然不能自行实施法律行为,因此法布里秋斯认为,[孩子]可通过传达人、代理人以及机关从事行为。对此,拉伦茨(Larenz)正确地评价道,用传达、代理和机关方面的问题来增加权利能力定义的负担,很难说是一种妥当的做法。此外,那些恰恰不具有权利能力的团体,也可以通过他人来从事行为(如无权利能力的社团[2])。在我看来,法布里秋斯以此方式达到的权利能力的相对化,有害而无益。因此,应当坚持对权利能力的传统定义。[3]

---

〔1〕 参考文献所列著述;吉特(Gitter)在实质上也赞同其看法,《慕尼黑德国民法典评注》,第1条,边码5以下。

〔2〕 参见下文边码1141以下。

〔3〕 但帕夫洛斯基对此提出了批评,《德国民法总论》,边码137以下,162以下。

二、权利能力与行为能力

1041 由此可见,正确理解的权利能力应当严格同行为能力* 相区分。例如,一个人虽然完全没有行为能力(Handlungsfähigkeit),或者至少是欠缺行为能力(Geschäfstsfähigkeit),但是仍然是具有权利能力的。这样一个人虽然能够享有权利和承担义务,但是他不能够通过自己的行为(或者至少是不能够通过自己实施的法律行为上的行为)取得这些权利和义务。不过,他可以通过他的法定代理人取得权利和义务。例如,一个出生未久的孩子就可以继承他人的财产了。

诚然,欠缺行为能力不仅使人无法通过自己的行为取得权利(Rechtserwerb),而且也使人无法通过自己的行为行使权利(Rechtsausübung)。例如,出生未久的孩子不能够亲自主张其继承而来的所有权或其继承而来的债权。在权利行使方面,这个孩子也依赖于他的法定代理权。人们或许会提出这样的问题:既然权利主体自己根本无法行使权利,那么赋予其权利又有什么意义呢? 对此,拉伦茨〔4〕正确地说道,确定某人具有权利主体资格,意味着将通过行使[权利]所获得的利益归属于权利主体。事实上,有些人即使具有完全的行为能力,他们也是由其他人来行使其权利的。重要的是,这种行使[权利的行为]是为谁的利益而为的。因此,将权利赋予不具有行为能力的孩子,而并非将它们赋予孩子的父母,自有其合理的意义。

在义务方面,此类疑虑很少发生。虽然无行为能力人必须通过其他人来履行自己的义务,但是,一旦确定了义务人,同时也就

---

〔4〕 拉伦茨(Larenz):《德国民法总论》,§5I,第90页以下。

* 此处行为能力(Handlungsfähigkeit)并不是《德国民法典》使用的术语。一般认为,行为能力是指权利主体从事有法律意义的行为的能力,包括《德国民法典》中使用的行为能力(Geschäftsfähigkeit)和侵权能力(Deliktsfähigkeit)。——译者注。

确定了对不履行义务承担责任的财产。就这一点而言,孩子负有义务还是其父母负有义务,是一个具有实质性区别的问题。

三、权利能力与当事人能力

权利能力在民事诉讼上的对应物是当事人能力(Parteifähigkeit)。所谓当事人能力,是指合法地成为民事诉讼的原告或被告的能力。《民事诉讼法》第 50 条第 1 款规定,在通常情况下,享有权利能力者即具有当事人能力。不过,根据《民事诉讼法》第 50 条第 2 款,无权利能力的社团也可以被诉。[5] 此外,根据商法典第 124 条第 1 款、第 161 条第 2 款,无限公司和两合公司也具有完全的当事人能力,虽然通说认为它们不具有权利能力。根据《合伙公司法》第 7 条第 2 款,同样的原则也适用于合伙公司(Partnerschaftsgesellschaft)。 1042

第二节　权利能力的开始及特殊问题

一、出生之完成

第 1 条规定,人的权利能力始于出生之完成,即始于孩子完全脱离母体之时。这样,民法所选择的出生时间就稍晚于刑法所选择的出生时间。刑法将“出生之时”(刑法典第 217 条)的杀害[婴儿]行为作为杀人行为予以处罚,而不仅仅依据刑法典第 218 条及以下条款惩罚[堕胎行为]。民法规定的权利能力的开始时间稍晚于刑法,对于继承具有意义:如果母亲在生产之时和孩子[一起]死亡,那么,即使孩子的死亡时间后于母亲,孩子也不能再继承其母亲[的财产]了。 1043

民法典原则上赋予任何一个自然人(jedem Menschen)以权利能力。今天,这一决定至少为《基本法》第 1 条第 1 款、第 2 条第 1

〔5〕 参见下文边码 1141。

款所预先给定。因为,人的尊严包含着人只能是权利主体而不能是权利客体的内涵。如果人是客体的话,那么他只是奴隶。自由地发展人格的权利也只能为具有权利能力的人所享有。这一层关系对我们的法律制度来说是如此重要,以至于我们根据《德国民法施行法》第6条,不可能对外国法中的不同规定予以承认。如果有人根据其本国法是奴隶,那么在我们国家,他就直接被认为不接受其他国家法律的管辖。

1044 人们可以进一步提出下列问题:承认每一个自然人都享有权利能力,是否渊源于同样也凌驾于《基本法》之上的某种自然法(Naturrecht)?[6] 这是一个法律渊源学说或法哲学上的问题。无论如何,我们不能从权利能力产生于自然法的观点中,推导出这样的结论:权利能力必须始于出生完成之前(如自受孕之时起),亦即民法典第1条是违反自然法的。[7] 因为即使是某种自然法(不论人们对该自然法是如何具体设想的),也很难说明,一个尚未出生的人为何就必须能够成为权利义务的载体。毋宁说,民法典在一定程度上考虑到对胎儿的保护[8](下文边码1045以下将加以论述),这是一种合理的解决方案。与民法相比,刑法典第218条及以下条款才真正涉及保护胎儿的法律问题。

二、胎儿

1045 从罗马法的各处思想中,很早就形成了一项规则,即只要对胎儿有利,就应当将胎儿视作已经出生(nasciturus pro iam nato habe-

---

〔6〕 参见拉伦茨,同前引书,§5I,第89页以下。

〔7〕 但是,恩斯特·沃尔夫(Ernst Wolf)反对通行的学说,持这样的看法;文载恩斯特·沃尔夫见-瑙约克斯(Ernst Wolf-Naujoks),参考文献所列著述,第83页以下。另见恩斯特·沃尔夫:《德国民法总论》,第183页以下,第188页。

〔8〕 拉伦茨,同前引书,§5II,第92页;帕夫洛夫斯基:《德国民法总论》,边码149,脚注101。

tur quotiens de commode eius quaeritur[9])。德国民法典虽然并未将此作为一般规则予以规定,但是却规定了多项具体的适用领域。其中最重要的两项规定如下(此外还有第331条第2款):

(一)第844条第2款规定,抚养债务人因需负赔偿义务之侵权行为而致死亡的,受抚养人有权请求损害赔偿。根据该款第2句,在损害行为发生之时虽未出生,但已经孕育(schon gezeugt)的胎儿,也享有此种损害赔偿请求权。例如,父亲在意外事故中罹难的,除了其遗孀[对加害人]享有扶养请求权外,后来出生的孩子也享有抚养请求权。 1046

(二)根据第1923条第2款规定,在继承开始之时已经孕育(erzeugt),但尚未出生的胎儿,视为在继承开始之前出生。该款规定涉及的情形为:父亲死亡之时,母亲正处于怀孕状态。如果没有第1923条第2款规定,则在不存在已经出生的孩子的情况下,遗产由死者的遗孀以及死者的父母按相同份额继承(第1931条、第1925条;第1371条对此可能作出的变更不予考虑)。而第1923条则为后来出生并且成活的胎儿保留了四分之三的遗产份额;遗孀只能获得遗产的四分之一,父母则一无所获(第1924条第1款、第1931条、第1930条;财产分离制下的情形有异,第1931条第4款)。 1047

(三)在胎儿根据上述规定享有未来的(更确切地说:附出生并且成活之延缓条件的)权利的情况下,通常由胎儿的父母行使这些权利(第1912条第2款)。不过,如果父母不能够行使对其孩子的亲权(这种情况在第1923条第2款情形恰恰是很常见的,因为父母一方自己可能是继承人),则可以设置一名保佐人(Pfleger)(第1912条第1款)。 1048

---

[9] 参见卡泽尔(Kaser):《罗马私法》,第1卷,1971年第2版,§64II1,脚注21。

三、"出生前之损害"

1049 尤其在推测分析镇静药物"Contergan"是不是导致新生儿畸形的原因时,人们就下列问题展开过讨论:[10] 由于损害原因发生在出生之前,因此就可以排除有病出生的婴儿的损害赔偿请求权吗? 在有些情况下,在损害行为发生之时,受害人甚至还没有被孕育,如《联邦最高法院民事裁判集》第 8 卷,第 243 页所刊载的案例:1946 年 9 月 9 日,因被告医院的过错,一名妇女被注射了受梅毒污染的血液。1947 年 10 月 13 日,该妇女产下一患有先天性梅毒的女婴。该女婴遂提起诉讼。

有人认为,在这些案件中,由于[受害人]欠缺权利能力,或者缺乏一条类似于第 844 条第 2 款第 2 句的规定,因此受害人不能享有损害赔偿请求权。但这一看法是不正确的。因为无论如何,损害行为与损害的发生之间存在时间上的距离("有时间距离的侵权行为"),在其他情况下也都是无关紧要的。例如,在对房屋的静力进行计算时发生了错误的人,也必须对房屋建成多年后的坍塌承担责任。受害人在损害行为发生之时是否已经出生或者孕育,从侵权法方面来说是毫无意义的。即使胎儿受到损害是立即发生的,而损害的后果则是在出生之后才显示出来的,[11] 由已具有权利能力的受害人主张损害赔偿请求权也不存在任何障碍。对第 844 条第 2 款第 2 句不能够作反推解释。该句规定只涉及因丧

---

〔10〕 如海尔德里希(Heldrich):《对未出生者的侵权保护》,载《法学家报》1965 年,第 593 页以下;劳夫斯(Laufs):《依民法典第 823 条对后代损害的责任》,载《新法学周报》1965 年,第 1055 页;梅迪库斯(Medicus),参考文献所列著述,第 5 页以下;赖因斯坦(Rheinstein):《违法孕育人类生命——一项侵权责任的新事由?》,载《冯·希佩尔(von Hippel)纪念文集》,1967 年,第 373 页以下;泽尔普(Selb):《对出生之前的人的损害——一个权利能力问题吗?》,载《民法实务档案》第 166 卷,1966 年,第 76 页以下;施托尔(Stoll):《论对出生之前的健康损害的侵权责任》,载《尼佩尔代(Nipperdey)纪念文集》,第 1 卷,1965 年,第 373 页以下。

〔11〕 参见《联邦最高法院民事裁判集》第 58 卷,第 48 页,第 50 页。

失抚养债务人而产生的财产损害,而不涉及第 823 条第 1 款规定的对健康的损害。除此之外,出生时有病的婴儿从未[完全]健康这一事实也是无足轻重的:这里,未受损害的状态是由自然界事先给定的,因此没有必要实际存在过。〔12〕

我觉得,真正的问题是如何确定为避免有病婴儿出生而必须 1050
遵循的义务的范围。这里,是 Contergan 案还是梅毒案倒是无关紧要的,因为无论是对于尚未出生的生命,还是对于已经生存的人,原则上都适用相同的义务。反之,处理诸如下列之案件,则应当非常谨慎:一对男女明知或因过失而不知自己易患遗传性疾病,但尽管如此仍然冒险怀孕生子。在这种情况下,如果他们生产的孩子患有遗传性疾病,通常必须排除[孩子]对父母的损害赔偿请求权。不过,其中的原因,也并非在于孩子在损害行为发生之时欠缺权利能力。毋宁说,在此类情况下,如果父母未曾孕育,孩子根本不可能获得生命:这一点通常才是问题的关键。在法律上,无法作出这样的认定:与父母未孕育孩子相比,孩子的生命具有疾病("wrongful life")便是一种损害。〔13〕

在上述梅毒案中,以及怀孕妇女在意外事故中致胎儿受损的案件中,联邦最高法院判决[胎儿]享有损害赔偿请求权。〔14〕

---

〔12〕 参见《联邦最高法院民事裁判集》第 8 卷,第 243 页,第 247 页;第 58 卷,第 48 页,第 49 页。

〔13〕 《联邦最高法院民事裁判集》第 86 卷,第 240 页,第 254 页。参见之前的《联邦最高法院民事裁判集》第 8 卷,第 243 页,第 249 页。多伊奇(Deutsch)对此持批评态度,文载《法学家报》1983 年,第 451 页以下。

〔14〕 《联邦最高法院民事裁判集》第 8 卷,第 243 页(该判决抛弃了以前的不同判决,即《联邦最高法院,法学家报》1951 年,第 758 页);《联邦最高法院民事裁判集》第 58 卷,第 48 页;《联邦最高法院,保险法》1985 年,第 499 页。

第三节　权利能力的终结

一、死亡

1051　权利能力(仅仅)终于死亡。虽然民法典并未明确规定这一点,但是该原则产生于基本法对权利能力的援引[15]以及民法典第1922条第1款规定。第1922条第1款之所以规定一个人一旦死亡,他的财产就应移转于另外一个人(继承人),是因为死亡使第一个财产载体的权利能力终结。与财产权不同,某些非财产权则可在特定情况下超越死亡,发生效力。[16]

1052　对于死亡应以哪一个时间为准的问题,民法典未作详细讨论。随着医学的进步,这方面产生了一些难题:脑活动停止以后[脑死亡(Gehirntod)],有时候也还可以通过人工方法维持较长时间的呼吸和血液循环。这时人是否已经死亡了呢?这个问题,尤其对器官移植具有重要意义。[17] 由于器官超过一定时间就不能用于移植了,因此这里必须争分夺秒。相反,对于权利能力问题(以及与此相关联的继承的发生问题),通常可以等待一段时间,而不会产生什么损害。这也是一种值得推荐的做法,以避免出现某个意料之外的"死而复生者"被视为已为他人继承因而已丧失了自己财产的现象。因此,从行为能力以及继承发生的角度来看,对于死

---

〔15〕 参见上文边码1043。

〔16〕 参见《联邦最高法院民事裁判集》第50卷,第133页:"梅菲斯托案";第107卷,第384页:"埃米尔·诺尔德案"。参见沙克(Schack)文,载《法学家报》1989年,第609页。一般性论述见克尔(Kehl):《死者的权利》,1991年。

〔17〕 参见赖波尔德(Leipold):《慕尼黑德国民法典评注》,第1922条,脚注1所列参考文献。有关这个问题,参见赫夫林(Hoefling)文,载《法学家报》1995年,第26页;里克森(Rixen)文,载《经济法杂志》1994年,第461页;豪依恩(Heun)文,载《法学家报》1996年,第213页;贝克曼(Beckmann)文,载《法律政策杂志》1996年,第219页;布罗克－瓦格纳(Brocker-Wagner)文,载《法律政策杂志》1996年,第226页。

亡,应当在几种可能考虑的时间中选择最后的那个时间。[18] 这样就不可能出现死而复生的现象,因为从法律上看,前面的“死亡”仅仅是一种假死而已。

二、失踪后宣告死亡

(一)其他性质的困难出现在失踪时的*死亡认定*(Feststellung des Todes)(认定死亡的,同时也认定权利能力的终结)方面。所谓失踪,是指一个人所居何地在较长时间内不明朗,而且对于这个人没有任何消息;根据情况,对他是否尚在人世必须产生怀疑。[19] 在这种情况下,《失踪法》第 3 条及以下条款规定在一定的期间届满后,可以宣告死亡。这里的期间有 10 年至 3 个月长短不等(《失踪法》第 3 条第 1 款、第 6 条)。期间的长短以导致失踪发生的危险事件程度而定。因此,在所谓的空难失踪中,期间最短(《失踪法》第 6 条);在飞机失事时,不立即为人知晓的生存机会最小。 1053

(二)下面只对失踪法中的两个具体问题作介绍: 1054

1. 根据《失踪法》第 9 条,死亡宣告仅仅产生一种*推定*(Vermutung),即推定失踪人在失踪判决所标明的时间为死亡。不过,这一推定随时可以被推翻,特别是为被宣告死亡者的重新出现所推翻。宣告死亡被推翻的,权利能力并未终结过,继承也并未发生过。因此,被宣告死亡者可以从假想的继承人处取回其财产(第 2031 条)。反之,从假想的继承人那里取得财产或者接受给付的第三人,依继承证书法受到保护(第 2370 条)。

2.《失踪法》第 11 条规定的是“*同时死亡推定*”(Kommorientenvermutung)[20]。在多人死亡或者被宣告死亡,而无法证明其死 1055

---

〔18〕 赖波尔德的观点与此相同,同前引评注,第 1922 条,边码 12。

〔19〕 《失踪法》第 1 条。有关该法,参见上文边码 1037。

〔20〕 Kommorienten 一词来源于拉丁文。拉丁文“cum”即德语“zusammen”;拉丁文“morire”即德语“sterben”。

亡时间先后的情况下,推定同时死亡。这一原则在继承法中具有重要意义。例如,丈夫和妻子在一次空难中死亡时,在不能推翻《失踪法》第 11 条规定的推定时,任何一方配偶都不能继承另一方配偶的财产。如果这对夫妻没有孩子,那么丈夫的财产就留在丈夫所属家族,妻子的财产则留在妻子所属家族。

第六十四章　人的其他法律属性

第一节　概　　述

上文第六十三章论述的权利能力，仅仅是自然人的重要法律属性之一。除此之外，自然人还具有其他法律属性。民法典总则对其中的住所（第 7 条至第 11 条[1]）以及姓名权的一个方面（第 12 条[2]）作了规定。而具有重要意义的国籍，则完全属于公法的调整范围，其法律渊源（仍然）是 1913 年 7 月 22 日的《帝国国籍法》。[3] 1056

在上述权利中，姓名权也可被视为特殊人格权。此外，还存在其他由专门法规定的、在广义上属于著作权范畴的人格权。[4] 最后，司法判例自 1950 年以来，从这些具体的规定中发展形成了一般人格权。一般人格权也是自然人的

〔1〕 参见下文边码 1057 以下。
〔2〕 参见下文边码 1063 以下。
〔3〕 刊载在萨托里乌斯（Sartorius）编：《德国宪法与行政法法律汇编》，第 15 号。
〔4〕 参见下文边码 1073。

一个法律属性。[5]

第二节　住　　所

1057　一项法律关系应归属于某一地点时,许多法律规定即以当事人的住所为准。如第269条第1款、第270条第1款对给付地点作了规定;第132条第2款第2句、《民事诉讼法》第13条和第15条、《非讼事件法》第36条和第37条对法院管辖权作了规定;《德国民法施行法》第26条第1款第3项对应予适用的国家的法律制度作了规定。地点方面的其他联结点,有居留地、惯常居留地、住所地或营业所所在地。[6] 民法典第7条至第11条对住所作了具体规定。

1058　一、所谓住所,一般是指一个人生活关系之中心所处的地方或者其空间上之重点所处的地方。[7] 不过,根据第7条第2款规定,一个人可以具有多个住所(民法典也没有区分第一住所和第二住所)。就此而言,使用“中心”或“重点”之比喻并不妥当。

1059　二、在回答如何设定和取消住所之问题时,答案则要确定得多。这里应当区分两种类型的住所,即任意住所(第7条、第8条)和法定住所(第9条、第11条)。根据法律规定,任意住所是规则,法律的规定则仅仅适用于例外情形,即适用于那些不具有自由意思的人们。

(一)第7条第1款规定,长久居住于某地的,即任意(willkürlich)设定其住所于此地。长期在一膳宿公寓中租住一间房子的,或者在亲戚家有一处睡觉的地方的,即可视为长久居住于

〔5〕 参见下文边码1076以下。
〔6〕 参见吉特尔(Gitter):《慕尼黑德国民法典评注》,第7条,边码6以下。
〔7〕 参见吉特尔,同前引评注,第7条,边码7。

该地;自己有住房并不是设定住所的必要条件。但在另一方面,虽在某地有住房,但并非长久居留于此地而居所不定者,其住所不在该地。临时居留于一地的(如为休假或供上大学之用),通常并不因此设定其他住所。当然,如果大学生放弃以前的住所,将其全部生活用品搬至其学习所在地,那么在这里就形成了他的(唯一的)住所。

第7条第3款规定,以放弃住所的意思取消其住所者,住所即被取消。由于外出度假者或大学生不具有这一放弃意思,因此在通常情况下,他们保留着原来的住所。同样的原则也适用于应征入伍的服兵役者(参见第9条第2款)以及囚犯。

住所的设定与取消并不是法律行为,因为其法律后果的发生 1060
与主体是否欲使后果发生的意思无关。但是,由于选择住所具有重要意义,因此第8条第1款还是要求具备完全行为能力(Geschäftsfähigkeit)或者法定代理人的同意。根据第8条第2款,只有已婚的或者曾经结过婚的未成年人可以单独决定其住所。

(二)法律规定,职业军人和服限期兵役的士兵以其驻地为住 1061
所(第9条);未成年儿童以其父母或享有照顾权的人的住所为其住所(第11条)。不过,军人在其法定住所之外,还可以设定一个任意住所。[8] 根据通说,在未成年儿童之享有照顾权的双亲放弃其共同的住所时,该儿童也具有双重住所。[9]

对于妻子(Ehefrau)(或用中性的词语来表达:操持家务的一 1062
方配偶)的住所,法律未作规定。由于配偶双方承担维持婚姻生活共同体的义务,因此他们通常需要有一个共同的住所,但是这一点并不是强制性规定。任何一方配偶都不享有优先决定住所的权

〔8〕 吉特尔,同前引评注,第9条,边码1。

〔9〕 《联邦最高法院民事裁判集》第48卷,第228页;《联邦最高法院,新法学周报》1984年,第971页;《亲属法杂志》1993年,第48页。

利。如果配偶双方无法就其共同住所达到一致,法院也无权就此作出决定。这样,配偶双方除了离婚以外就别无选择了。

第三节　姓　　名

参考文献:阿德勒(Adler):《德国法与奥地利法中的姓名》,1921 年;于·鲍尔(J. Baur):《论德国私法和国际私法对姓名的保护,特别考虑到"商业名称"》,载《民法实务档案》第 167 卷,1967 年,第 535 页以下;冯·贝恩斯托夫(von Bernstorff):《最新司法判例中的姓氏权》,载《新法学周报》,1961 年,第 633 页以下;布斯曼(Bussmann):《姓名、商号、商标》,1939 年;法布里秋斯(Fabricius):《能对第 12 条作扩张解释吗?》,载《法学评论》,1972 年,第 15 页以下;费克尔(Ficker):《公民的姓名权》,1950 年;赫费尔梅尔(Hefermehl):《对商业标志的姓名权保护》,载《阿·胡克(A. Hueck)纪念文集》,1959 年,第 519 条以下;克利佩尔(Klippel):《姓名的民法保护》,1985 年;林登迈尔(Lindenmaier):《商业交易中的姓名保护和商号保护》,载《企业顾问》,1953 年,第 629 页以下;努斯鲍姆(NuBbaum):《个人保护其姓名免遭滥用》,1933 年;施米德尔(Schmieder):《姓名、商号、头衔、商标:称呼权纲要》,载《法学教育》,1995 年,第 119 页以下;西贝尔特(Siebert):《姓名权与商号权、商标权和竞争权的关系》,载《企业顾问》,1959 年,第 641 页以下。

1063 **一、姓名权概述**

(一)姓名是法律交易中用于区别人的最重要的手段。一个科学家或艺术家能够以他的姓名著称于世。反之,一个债务人如能成功地变更他的姓名（以及住所），往往就能摆脱其债权人的追讨。姓名的这种意义也适用于公法上的义务（税、兵役）。因此，自然人是否有权任意变更其姓名，是一个属于公法（öffentliches recht）范畴的问题。[10]

有关取得和变更姓名的私法规定（privatrechtliche Vorschriften），也不在民法典的总则编中。因为姓氏（Familienname）通常因出生而取得，因婚姻或收养而变更。因此姓氏是在亲属法中加以规定的。[11] 儿童的名字（Vorname）由父母选择决定。[12] 名字必须能表明性别（例外："玛利亚"可以作为男性的第二个名字）。不过，法院在对不寻常的或新的名字表示许可时是非常慷慨的。[13] 例如，"菲利普·普穆克尔"（Philipp Pumuckl）、[14]"巴斯蒂安·萨曼都"（Bastian Samandu）[15]等名字*都是合法的。在出生登记簿中登记名字的行为仅具有宣示性效力。[16] 1919年以后，贵族称号（Adelsprädikate）只是姓名的组成部分（《魏玛宪法》第109条第 1064

〔10〕 1938年1月5日《关于变更姓氏和名字的法律》，刊载在萨托里乌斯（Sartorius）编：《德国宪法与行政法法律汇编》，第265号。参见彼·施维尔特纳（P. Schwerdtner）文，载《新法学周报》1993年，第302页。

〔11〕 参见第1355条、第1616条及以下条款；第1720条、第1737条、第1740f条、第1740g条、第1757条、第1765条。

〔12〕 参见格恩胡贝尔－克斯特尔＝瓦尔清（Gernhuber-Coester＝Waltjen）：《亲属法》，§54I6—8。

〔13〕 参见多尔纳（Dörner）文，载《户籍登记》1980年，第170页。

〔14〕 《茨威布吕肯州高等法院，新法学周报》1984年，第1360页。

〔15〕 《巴伐利亚州高等法院，新法学周报》1984年，第1362页［附有格恩胡贝尔（Gernhuber）的评论］。依孩子母亲的意思，"萨曼都"旨在表达"胎儿九个月间在母体中深奥莫测的增长、生育过程中令人陶醉的时刻以及两个人之间的爱情中能够产生出一个新人的奇迹"。

〔16〕 参见《户籍登记法》第22条。

* 普穆克尔是德国一个著名卡通人物的名字。巴斯蒂安是一个较常用的德国男性名字，但萨曼都听起来不像是德国人的名字，而更像是印度人的名字。所以，初审法院对这个名字能否登记表示怀疑。——译者注。

3款第2句),其称呼依性别不同而各异(如“伯爵”[Graf],“女伯爵”[Gräfin]等等)。[17]

1065 (二)民法典第12条只规定(in § 12 geregelt)了对(根据其他规定取得的)姓名的保护,保护的方式是[姓名权人]要求排除妨碍或停止侵害。但第12条并不是保护姓名权方面的唯一规定。毋宁说,在加害人具有过错的情况下,姓名权人还可以主张第823条第1款规定的损害赔偿请求权,因为姓名权是第823条第1款意义上的“其他权利”。[18] 除此之外,无论[加害人]是否具有过错,姓名权人都可以根据第812条第1款第1句第二种情形(侵害性不当得利),请求[加害人]返还因使用其姓名而获得的利益。[19] 这一点,如适用于[汽车玩具制造商]将“Carrera”这一名称标志使用在汽车玩具上作为广告的行为。[20]

1066 (三)第12条处于“自然人”一节之下,因此只能直接适用于自然人(Mensch)(依据亲属法取得)的姓名。不过,这条规定被准用于(entsprechend angewendet)其他许多类型的姓名,如艺名或其他在交易中使用的假名、法人的姓名[21]以及无权利能力的社团的姓名、[22]商人的商号、公法上的机构(如乡镇[23])、(天主教)教会[24]以及其他企业称号,如旅馆的名称等。即使是纯粹的数字组

〔17〕《帝国法院民事裁判集》第113卷,第107页。

〔18〕彼·施维尔特纳(P. Schwerdtner):《慕尼黑德国民法典评注》,第12条,边码157以下。

〔19〕彼·施维尔特纳,同前引评注,第12条,边码154。

〔20〕《联邦最高法院民事裁判集》第81卷,第75页。

〔21〕有关具有权利能力的社团的姓名,参见第57条、第65条。

〔22〕《帝国法院民事裁判集》第78卷,第101页,第102页。

〔23〕《联邦行政法院,新法学周报》1974年,第1207页;《曼海姆地方法院,新法学周报》1996年,第2736页。

〔24〕《联邦最高法院民事裁判集》第124卷,第173页。参见《联邦宪法法院,新法学周报》1994年,第2346页。

合，也能够受到第12条的保护，条件是这种数字组合已被公认为一个人的名称。[25]

诚然，对于商业上的姓名或名称（gewerbliche Namensbezeichnungen）的保护，许多专门法律还作了规定，如商法典第37条保护商号、《商标法》第14条第5款至第7款保护商标。这些法律规定的法律后果，部分已超出了民法典第12条的范围。对此，这里不作赘述。

二、侵害姓名权行为

第12条规定了两种侵害姓名权行为，即否认他人有权使用其 1067
姓名以及冒用他人姓名。

（一）在第一种（并不是很重要的）侵害姓名权的行为中，某人使用其姓名的权利受到他人的否认（Namensbestreitung）。这种行为，也可以通过故意使用另外一个姓名［称呼他人］的方式为之。例如，姓名权人在变更自己的姓名后（如因结婚），有权要求他人用新的姓名称呼自己。联邦行政法院裁判的一则案例[26]也属于这种侵害姓名权的行为：一个乡镇为了避免自己的名称与同名的地方相混淆，在其名称后面加上了一个附注。现在，该乡镇有权要求联邦铁路在标示火车站名时使用新的名称。

反之，法院认为，用汉莎航空公司徽记的形式及颜色制作戏谑性的招贴画，并使用"纵欲汉莎"的名称，并不构成侵害姓名权的行为[27]。* 法院的这一判决也许是正确的，因为他人没有如是"称

---

〔25〕 如4711；红十字：《联邦最高法院民事裁判集》第126卷，第287页。

〔26〕 《联邦行政法院，新法学周报》1974年，第1207页。

〔27〕 《法兰克福州高等法院，新法学周报》1982年，第648页；《威斯巴登地方法院，新法学周报》1982年，第649页。

* "汉莎航空公司"，德文作Lufthansa，其徽记为一只展翅飞翔的鹤。在招贴画上，画有两只鹤，而且作交配状。戏谑性的称呼"纵欲汉莎"，德文词为Lusthansa，与Lufthansa仅一字之差。——译者注

呼”汉莎航空公司(而是开汉莎的玩笑)。联邦最高法院的一则判决[28]也认为,将香烟品牌作讽刺性的变更,用于做反广告的行为(“谋杀杯大赛,一等奖:胃病……”*),并不构成侵害姓名权行为。[29] 另外,招贴画将“巴伐利亚汽车制造厂”的缩写 BMW 解释为“再操一次”,也不构成侵害姓名权的行为。**

1068 (二)在(重要得多的)冒用他人姓名行为(NamensanmaBung)中,第三人擅自使用姓名权人的姓名,以此损害其利益。首先,第三人冒用他人姓名旨在让别人误认自己:第三人使用的是某个他无权使用的姓名。[30] 不过,即使使用自己的姓名可能引起混淆,姓名权人也有权使用。只有商号法和竞争法中的情况有些不同。[31]

1069 第二,通说[32]认为,擅自用他人的姓名来称呼商品或机构,以此使这个姓名与这些商品或机构发生联系,也属于冒用他人姓名的行为。例如,联邦最高法院认为,一家啤酒酿造厂家在灯箱中打出“多特蒙德以 H. 牌啤酒欢迎[您]”的广告语,这种行为可能构

---

〔28〕《联邦最高法院民事裁判集》第 91 卷,第 117 页,第 120 页。

〔29〕参见胡普曼(Hubmann)文,载《法学家报》1984 年,第 942 页;门希(Moench)文,载《新法学周报》1984 年,第 2920 页;舒尔茨·措尔·维舍(Schulze zur Wiesche)文,载《工业产权与著作权保护》1984 年,第 687 页。

〔30〕如《杜塞尔多夫州高等法院,新法学周报》1987 年,第 1413 页:“海诺案”。

〔31〕参见《联邦最高法院,新法学周报》1983 年,第 1184 页:乌韦·泽勒尔(Uwe Seeler)以外的其他人使用“乌韦”的名字。(乌韦·泽勒尔是德国著名足球运动员——译者注)

〔32〕参见彼·施维尔特纳,同前引评注,第 12 条,边码 104 以下。

* 原文为“groBes Mordoro-Poker, 1. Preis: Magengeschwür”。此处的“Mordoro”系影射”万宝路“(Marlboro)。这是一个由“Mord”和“oro”组成的复合词,词根“Mord”意为”谋杀”。——译者注

** “巴伐利亚汽车制造厂”的德语原文为 Bayerische Motorenwerke,简称 BMW,中国通译“宝马”。BMW 亦可作“Bums Mal Wieder”(再操一次)的缩写解。——译者注

成侵害多特蒙德市名称权的行为(如果在交易中将“多特蒙德”混同于“多特蒙德市”,即可构成侵害行为)。[33] 当然,对他人的援引必须表明,[行为人]“所宣传的服务或者产品应以任何一种方式归属于被援引的人,或者是在被援引的人的姓名下出现的”[34]。在一起有关为假牙粘合剂做广告的案件中,联邦最高法院认为不符合这一要求。在本案中,假牙粘合剂制造商在做广告时使用了一名女歌唱家遭遇的不幸事件:她在登场歌唱时,假牙突然脱落。该广告的第一句话是:“以前,尽管我没有我伟大的同事卡塔琳娜·瓦伦特*著名……”。

第三,加害人用他人的姓名称呼某个实际存在的第三人的,也 1070
可构成侵害姓名权的行为。由于存在混淆同一性的危险,姓名载体有权对这种行为进行抗拒。[35] 不过,通说[36]认为,使用某个小说形象的姓名或者舞台形象的姓名,尚不足以构成侵害行为,因为在这里不存在混淆同一性的危险。在姓名载体被不正确地或者以其他不法方式描述的情况下,他只有以其人格权遭受侵害为由,进行抗拒。[37]

三、第 12 条所生的请求权

第 12 条与其他禁止侵害绝对权或类似地位的法律规定(如 1071
第 862 条、第 1004 条)一样,赋予[受害人]两项请求权。第一,权利人有权要求排除妨碍(Beseitigung)。例如,在联邦最高法院裁判的上述啤酒案[38]中,啤酒酿造厂必须将“多特蒙德”的字样从灯

〔33〕《联邦最高法院,新法学周报》1963 年,第 2267 页。
〔34〕《联邦最高法院民事裁判集》第 30 卷,第 7 页,第 10 页。
〔35〕彼·施维尔特纳,同前引评注,第 12 条,边码 109。
〔36〕彼·施维尔特纳,同前引评注,第 12 条,边码 110。
〔37〕参见下文边码 1081。
〔38〕《联邦最高法院,新法学周报》1963 年,第 2267 页。
* CatarinaValente,德国某著名女歌唱家。——译者注

箱广告中除去;在联邦行政法院裁判的上述火车站标名案[39]中,联邦铁路必须将火车站标示牌上及列车行车时刻表中不正确的地名标示除去(并使用正确的地名)。第二,权利人也可以要求[加害人]今后停止侵害(Unterlassung)。第12条第2句规定,只有在"有继续侵害之虞"时(即存在再犯之危险时),权利人才享有此项权利。然而,大家一致认为,法律在这里以及在其他地方的表述(如在第1004条第1款第2句中)不够精确。权利人要求停止侵害的,必须能够禁止初次的侵害行为,只要这种行为即将发生。因此,最好[不要使用"再犯危险",而应]使用"侵犯危险"(Begehungsgefahr)。

第四节 人 格 权

一、特别人格权

参考文献:赫勒(Helle):《私法中的特殊人格权》,1991年[有关评论,见诺伊曼=迪斯贝格(Neumann=Duesberg)文,载《保险法》,1991年,第957页以下];维泽(Wiese):《劳工斗争中雇员肖像权的保护》,载《胡普曼(Hubmann)纪念文集》,1985年,第481页以下。

1072 上面论述的姓名权旨在保护姓名载体的个性,因此旨在保护其人格的一部分。所以,我们可以将姓名权理解为一种特别的人格权。[40]

1073 (一)另一项特别人格权是著作权(Urheberrecht)。著作权涉

[39] 《联邦行政法院,新法学周报》1974年,第1207页。

[40] 《帝国法院民事裁判集》第69卷,第401页,第403页就已持此种看法。

及“作者与其作品之间的智力关系和人格关系”(《著作权法》第11条)。例如,作者享有决定[作品是否以及以何种方式]发表的权利(《著作权法》第12条)以及[在作品上]署名的权利(《著作权法》第13条)。作者还有权禁止对其作品进行歪曲(《著作权法》第14条)。在可供营业上使用的发明中,发明人有权获得专利(《专利法》第6条),并通过这种方式将发明与他自己联系起来。这些权利,我们称为著作人身权。

(二)肖像权(Recht am eigenen Bild)也可以被理解为特别人 1074
格权。[41] 肖像是指自然人的照片或图像。这些照片或图像,可以作为著作权人的艺术品,受到《著作权法》的保护。除此之外,照片或图像上的人也受到法律保护。根据《艺术品著作权法》第22条规定,肖像权人通常有权决定是否允许其肖像传播或者公开展示。在肖像权人死亡以后的10年内,只有征得其近亲属的同意,才能传播或公开展示死者的肖像。

当然,肖像权有一系列例外(Ausnahmen)。对于当代的风云人物,或者仅仅作为陪衬或作为集会参加者出现的人,不适用上述限制(《艺术品著作权法》第23条第1款第1项至第3项)。此外,”更高的艺术利益”(《艺术品著作权法》第23条第1款第4项)以及“司法以及公共安全方面的宗旨”(《艺术品著作权法》第24条)也具有优先[于肖像权人允许权的]地位。否则的话,连犯罪分子也有权禁止传播对他的通缉令了!

但是,对于《艺术品著作权法》第23条第1款的例外,法律又规定了例外(Gegenausnahme)。在存在这种例外的例外时,肖像权人的禁止传播权必须得到尊重:传播或展示肖像不得损害肖像权人或其遗属的合法利益。在这方面,司法机关作出了难以计数的判例,涉及的问题有如:一个著名的足球运动员(《艺术品著作权

〔41〕 彼·施维尔特纳,同前引评注,第12条,边码162以下,附有其他说明材料。

法》第23条第1款第1项适用于他)能否禁止他人对他的肖像作商业使用?是否可以使用在供搜集用的图片上?[42] 是否可以用于电视广告?[43] 是否可以用于足球挂历?[44] 另一个广为讨论的问题是:警察(Polizei)能否阻止[人们]对在游行示威活动或类似活动中执行公务的警员进行拍录?[45] 根据《联邦最高法院,保险法》,1985年,第391页,同意将[自己的]裸体照片刊印在一本生物学书中,并不意味着也同意将该裸体照片(Nacktphotos)在电视中播出。这方面的一个极端事例是,《明星》周刊的记者非法进入已经死亡的乌韦·巴舍尔*的旅馆房间。[46]

1075 (三)近年来强调有加(可能有点过分强调了)的数据保护(Datenschutz),[47]也有发展成特别人格权的趋势。这一权利的依

---

〔42〕《联邦最高法院民事裁判集》第49卷,第288页:可以。

〔43〕《联邦最高法院,新法学周报》1979年,第2205页:可以。

〔44〕《联邦最高法院,新法学周报》1979年,第2203页:不可以。

〔45〕参见《不莱梅州高等法院,新法学周报》1977年,第158页;《策勒州高等法院,新法学周报》1979年,第57页;弗兰克(Franke)文,载《新法学周报》1981年,第2033页。

〔46〕参见瑞士联邦法院作出的值得关注的判决,载《新法学周报》1994年,第504页。

〔47〕参见阿恩特(Arndt)文,载《法学教育》1988年,第681;霍伊斯纳(Heussner)文,载《企业顾问》1990年,第1281页;比勒斯巴赫(Buellesbach)文,载《新法学周报》1991年,第2593页;加尔瓦斯(Gallwas)文:载《新法学周报》1992年,第2785页;库尼希(Kunig)文,载《法律学习》1993年,第595页。一般性的著述有:沃尔格穆特(Wohlgemuth):《数据保护法》,1993年第2版。埃曼(Ehmann)对此提出了正确的批评,文载《民法实务档案》第188卷,1988年,第230页。

* Uwe Barschel,前联邦德国石勒苏益格-荷尔施坦因州总理,属当时联邦政府的执政党——基督教民主联盟。1987年9月,石勒苏益格-荷尔施坦因州议会选举前夕,媒体报道巴舍尔涉嫌有诋毁竞争对手及其他不正当行为。不久,巴舍尔被发现死在瑞士日内瓦一家饭店的浴缸内。——译者注。

据是1977年1月27日的《联邦数据保护法》[48]。该法旨在保护个人数据免遭滥用性的存储、转达、变更和消除(《联邦数据保护法》第1条)。数据保护法已经成了一个独立的法律领域;这里无法对具体问题作分析。一个不无疑虑的问题是:在《联邦数据保护法》规定的请求权之外,能否再从一般性的请求权依据(如民法典第823条第1款)中推导出其他请求权?对这个问题,联邦最高法院持谨慎的保留态度。[49] 无论如何,只有在《联邦数据保护法》曾经准备作出某项规定的情况下,才能排除一般性的请求权。因此,特别是在依据《联邦数据保护法》第1条第3款享有特权的新闻、广播电视和电影(Presse, Rundfunk und Film)等领域,一般人格权不受限制。此外,这一特权的范围过于宽泛。[之所以这样规定,]或许只能从议会对"新闻媒体"的畏惧中得到解释:新闻当然必须具有搜集信息(以及数据)的能力。不过,为什么相关人不应享有《联邦数据保护法》第4条所称的信息权和更正权(也许第3项是例外),在实体上是难以理解的。

二、一般人格权

参考文献:几乎是浩如烟海,我只举出下列著述:布兰特纳(Brandner):《一般人格权通过司法判例的发展》,载《法学家报》,1983年,第689页以下;冯·克默勒(von Caemmerer):《德国法对人格的私法保护》,载《冯·希佩尔(von Hippel)纪念文集》,1967年,第27页以下;科英(Coing):《民法上人格保护的发展》,载《法学家报》, 1076

[48] BDSG,刊载在萨托里乌斯(Sartorius)编:《德国宪法与行政法法律汇编》,第245号;1990年12月20日通过新版本,1991年6月1日起施行。

[49] 《联邦最高法院民事裁判集》第80卷,第311页;第91卷,第233页;参见克利佩尔(Klippel)文,载《企业顾问》1983年,第407页以下。

1958 年,第 588 页以下;德根哈特(Degenhart):《一般人格权,〈基本法〉第 2 条第 1 款以及第 1 条第 1 款》,载《法学教育》,1992 年,第 361 页以下;多伊奇(Deutsch):《病人的一般人格权》,载《民法实务档案》第 192 卷,1992 年,第 161 页以下;埃曼(Ehmann):《一般人格权的结构》,载《法学教育》,1993 年,第 193 页以下;福尔克尔(Forkel):《论个体性人格权的把握和界定》,载《胡普曼(Hubmann)纪念文集》,1985 年,第 93 页以下;同一作者:《一般人格权与"经济性"人格权》,载《诺伊迈尔(Neumayer)纪念文集》,1986 年,第 229 页以下;盖斯(Geis):《人格权的核心领域》,载《法学家报》,1991 年,第 112 页以下;约·哈格尔(J. Hager):《相对于新闻媒体的人格保护》,载《法律学习》,1995 年,第 566 页以下;同一作者:《民法对名誉的保护》,载《民法实务档案》第 196 卷,1996 年,第 168 页以下;赫勒(Helle):《私法对人格、名誉以及经济信誉的保护》,1969 年第 2 版;胡普曼(Hubmann):《人格权法》,1967 年第 2 版;雅拉斯(Jarass):《基本法中的一般人格权》,载《新法学周报》,1989 年,第 857 页以下;卡姆拉(Kamlah):《隐私权》,1969 年;克利佩尔(Klippel):《对社团人格的民法保护》,载《法学家报》,1988 年,第 625 页以下,屈布勒(Kübler):《公众能作为法庭吗?》,载《法学家报》,1984 年,第 541 页以下;京·屈欣霍夫(G. Küchenhoff):《基于人的尊严的人格保护》,载《盖格尔(Geiger)纪念文集》,1974 年,第 45 页以下;鲁·赖因哈特(R. Reinhardt):《现行法中的人格保护》,1931 年;施勒希特里姆(Schlechtriem):《一般人格权的内容及其体系地位》,载《德国法官杂志》,1975 年,第 65 页以下;彼·施维尔特纳(P. Schwerdtner):《德国民法制度中的人格权》,1977 年;西贝尔特(Siebert):《论人格权的一般问题》,载《新法学周报》,1958 年,第 1369 页以下;西蒙(Simon):《一般人格权及其在商业上的表现形态》,1981 年[有关评论,参见克利佩尔(Klippel)文,载《民法实务档案》第 194 卷,第 514 页以下];施泰因多夫(Steindorff):《民法中的人格权保护》,1983 年;特斯克(Teske):《个人数据处理与人格保护》,载《经济法杂志》,1987 年,第 960 页以下;拉·韦伯(R. Weber):《名誉保护与新闻自由之冲突》,载《法勒尔(Faller)纪念文集》,1984 年,第 443 页以下;维泽(Wiese):《雇员相对于雇主的人格保护》,载《劳动法杂志》,1971 年,第 273 页以下;齐佩利乌斯(Zippelius):《言论自由与人格权保护》,载《胡普曼(Hubmann)纪念文集》1985 年,第 511 页以下。

(一)发展

1. 民法典有意识地既未将一般人格权,也未将名誉纳入第 823 条第 1 款保护的法益范围。因此在以前,个人的名誉只能由第 826 条以及第 823 条第 2 款结合刑法典第 185 条及以下条款提供保护。此外,第 824 条可以用来保护商业信誉。帝国法院虽然在某些方面将这种保护以及特别人格权保护[50]作了扩大,但却没有将这种保护予以一般化。[51] 1077

1954 年,出于一个相对而言属微不足道的契机,联邦最高法院承认了一般人格权。法院列举的理由也是非常简短的。在本案中,被告是一家出版社。这家出版社在其出版的周刊上刊登了一

〔50〕 参见上文边码 1072 以下。

〔51〕 参见《联邦最高法院民事裁判集》第 13 卷,第 334 页,第 337 页以下的引注材料。

篇批判性的文章，叙述前任帝国银行行长和经济部长雅尔玛·沙赫特博士(Dr. Hjalmar Schacht)最近正在从事的行为。沙赫特博士的律师以沙赫特博士的名义提起诉讼，要求[对这篇文章作]更正。然而，被告断章取义，仅发表了这封信件的片断，而且把这些片断放在"读者来信"栏目下发表。前审法院(汉堡州高等法院)驳回了要求撤回的诉讼，理由是：虽然发表的方式可以引人产生原告写了一封读者来信的不正确印象，但这样做既未损害原告的信用，也未损害原告的名誉。

联邦最高法院仅仅用一句话[52]援引了《基本法》中的有关规定(第1条"人的尊严"；第2条"发展人格")，将一般人格权称为"由宪法保障的基本权利"。联邦最高法院认为，在本案中，这一权利受到了损害，因为将原告表达的内容加以变更后予以发表，可以给人产生"一种不正确的人格形象"[53]。

1078 2. 这一判例得以迅速蔓延，而且在法律后果方面得到了实质性的扩大。"骑士案"[54]是将法律后果作实质性扩大的第一个案例。在本案中，被告是一家制造壮阳药的企业。它在为其名为"Okasa"的壮阳药做广告时，擅自使用了原告的照片，照片上的原告是骑士装束。在本案中，撤回[的救济方法]是无济于事的，它只会产生更大范围的不利影响。因此，只有考虑赋予原告要求赔偿金钱的权利。在联邦最高法院[在此以前]裁判的另一个擅自将他人照片使用于广告的案件[55]中，法院认定原告遭受了财产损害，这种损害便是[原告]因允许使用其照片而本应获得的费用。不过，在该案中，受害人是一名演员(保尔·达尔克)。联邦最高

[52] 《联邦最高法院民事裁判集》第13卷，第334页，第338页。
[53] 《联邦最高法院民事裁判集》第13卷，第334页，第339页。
[54] 《联邦最高法院民事裁判集》第26卷，第349页。
[55] 《联邦最高法院民事裁判集》第20卷，第345页。

法院认为,只要向这名演员支付了报酬,他是愿意做广告的。然而在“骑士案”中,原告是一个富有的啤酒酿造商人,被告支付再高的费用,他也不会愿意为壮阳药“Okasa”做广告的。因此,在“骑士案”中,联邦最高法院违反第253条规定,认为对于非财产损害也可判决金钱赔偿。联邦最高法院起初以类推适用第847条第1款第1句(剥夺自由)作为判决的理由。后来,联邦最高法院认为,在人格权受到侵害的情况下,《基本法》之异于民法典有关规定的评价排除了第253条的适用。〔56〕联邦最高法院的这一法律发展,也得到了联邦宪法法院的认可。〔57〕对这一判决的疑虑,主要产生于损害赔偿法领域,对此这里不作详述。〔58〕

(二)一般人格权的内容

一般人格权的[主要]问题在于它的不确定性。因为对一个 1079
人的保护,往往是以牺牲另一个人的权利或利益为代价的。因此,联邦最高法院早就指出,在对一般人格权作界定时,必须“在特别的程度上进行利益权衡(Güterabwägung)”。〔59〕联邦最高法院的另一项判例则表达得更为清楚:“一个人的一般人格权与另一个人的一般人格权具有同等的地位,一个人自由发展其人格恰恰旨在谋求超越其自身范围的发展。考虑到这一事实可能产生的冲突,在发生争议时,必须进行界定,而在界定时,利益权衡原则必须具有决定性意义。”〔60〕因此,菲肯彻(Fikentscher)将一般人格权

〔56〕《联邦最高法院民事裁判集》第35卷,第363页:“人参案”。

〔57〕《联邦宪法法院裁判集》第34卷,第269页:“索拉雅案”。

〔58〕参见埃勒斯(Ehlers):《一般人格权受到侵权损害时对非物质损害的金钱赔偿》,1977年[有关该书的评论,参见萨克(Sack)文,载《工业产权与著作权保护》1981年,第850页]。

〔59〕《联邦最高法院民事裁判集》第13卷,第334页,第338页。

〔60〕《联邦最高法院民事裁判集》第24卷,第72页,第80页。

(同营业权)称为“框架权利”。[61] 有关这方面的具体问题,通常在探讨第823条第1款时进行论述。[62]

对于此种利益权衡,几乎无法作出概括性的表述。无论如何,人格权内容的多样性可以通过案例类型予以说明。下面列举的应该是这些案例类型(Fallgruppen)中的重点。

1080 1. 在有些情况下,[一般人格权制度]扩大了民法典对名誉的有限保护(Ehrenschutz)。[63] 不过,法院理所当然地拒绝了禁止在天气预报中使用“老娘儿们夏天”*的要求。[64] 当然,在言论斗争中(特别是在政治性的言论斗争中),名誉保护受到限制。这种限制不无疑虑。[65]

1081 2. 在有些情况下,[一般人格权制度]用来避免使人——如通过错误地引用其言论——在公众中产生一种错误的(但不一定是有损名誉的)形象。[66] 这种对个人形象的歪曲,也可以通过将某人同某种与其风马牛不相及的商品或机构发生联系的方式为之。[67] 如果从这一角度来观察问题(或者以损害企业营业为由),

---

〔61〕 参见上文边码71。

〔62〕 参见拉伦茨－卡纳里斯(Larenz-Canaris):《债法分论》,第二册,1994年第13版,§80;梅迪库斯(Medicus):《债法分论》,边码815—821。

〔63〕 如《联邦最高法院民事裁判集》第39卷,第124页:“电视女播音员案”。

〔64〕 《达姆施塔特地方法院,新法学周报》1990年,第1997页[有关评论,见瓦克(Wacke)文,载《亲属法杂志》1990年,第513页]。

〔65〕 如《联邦最高法院,新法学周报》1994年,第124页;《联邦宪法法院,新法学周报》1995年,第3303页。

〔66〕 《联邦最高法院民事裁判集》第13卷,第334页:“读者来信案”;《联邦宪法法院,新法学周报》1980年,第2070页;第2072页;《联邦最高法院,新法学周报》1982年,第635页。参见罗莱克(Roellecke)文,载《法学家报》1980年,第701页以下。

〔67〕 如《联邦最高法院民事裁判集》第26卷,第349页:“骑士案”;《联邦最高法院民事裁判集》第30卷,第7页,第10页:“卡塔琳娜·瓦伦特案”。

* 原文为Altweibersommer,意为晴和的秋日。——译者注

法院对于“宝马汽车案”〔68〕也可以作出不同[于原判]的判决。〔69〕

一般人格权也应包含知悉自己[真实]出身的权利。〔70〕

3. 在有些情况下,[一般人格权制度]旨在保护个人的隐私领域(Intimsphäre)不受他人不法侵入。由于侵入他人隐私领域的技术手段日益完善,因此保护个人隐私具有特别的紧迫性。〔71〕对隐私的保护超出了《艺术品著作权法》[对个人肖像]的保护〔72〕范围。只要偷偷拍摄他人的照片就可构成侵害行为。〔73〕雇主在雇员招聘失败后,保留含有雇员隐私领域内容的问卷,也可构成侵害行为。〔74〕一个被宣告为禁治产的人在与他人订立租赁合同时,未经询问,没有必要公开自己的身份。〔75〕私下里进行的谈话,不得被他人窃听。〔76〕用安装在鸟屋子里的摄像机不间断窥视邻居的行为,也是非法的。〔77〕未经相关人同意,对其做艾滋病测试的行为,同样也是非法的。〔78〕反之,新闻自由也可以禁止行为人将以 1082

---

〔68〕《联邦最高法院民事裁判集》第 98 卷,第 94 页。参见上文边码 1067。

〔69〕对该判决持批评态度的如东茨(Dunz),文载《经济法杂志》1986 年,第 1174 页;胡普曼(Hubmann),文载《法学家报》1986 年,第 1110 页。

〔70〕《联邦宪法法院,新法学周报》1989 年,第 891 页。参见恩德斯(Enders)文,载《联邦宪法法院,新法学周报》1989 年,第 881 页;施达尔克(Starck)文,载《法学家报》1989 年,第 338 页;吉森(Giesen)文,载《法学家报》,第 364 页。

〔71〕如《联邦最高法院民事裁判集》第 73 卷,第 120 页:“明星周刊案”;《联邦最高法院民事裁判集》第 131 卷,第 332 页:“摩纳哥的卡罗琳案”。

〔72〕参见上文边码 1074。

〔73〕如《联邦最高法院民事裁判集》第 24 卷,第 200 页:“晚回家者案”;《联邦最高法院民事裁判集》第 131 卷,第 332 页中的“狗仔队”(Pararazzi)。

〔74〕《联邦劳动法院,新法学周报》1984 年,第 2910 页。也请参见《联邦劳动法院,新法学周报》1986 年,第 341 页。

〔75〕《联邦宪法法院,新法学周报》1991 年,第 2411 页。但是,谁又会提出这种问题呢?

〔76〕《联邦最高法院,新法学周报》1991 年,第 1180 页。

〔77〕这是一起真实事件:参见《科隆州高等法院,新法学周报》1989 年,第 720 页。

〔78〕《科隆地方法院,新法学周报》1995 年,第 1621 页。

非法方式获得的信息予以公开。[79] 联邦最高法院[80]认为,根据《一般交易条件法》第 9 条,银行在信贷要约表格中使用的所谓“一般信贷担保保护共同体条款”是不合法的。根据此项条款,银行有权将借款人的数据发送给“一般信贷担保保护共同体”储存。在最一般的意义上,联邦宪法法院在“人口普查案”[81]中承认的“个人信息自决权”也属于这里所探讨的范畴。[82] 对于信息自决权,埃曼(Ehmann)提出了合理的批判。[83] 无论如何,柏林中区基层法院的一则判决不免有点夸大其辞:公开一名足球运动员的金钱收入,可能侵害其一般人格权。[84]

1083 4. 最近以来,越来越多的人将一般人格权用作抵抗不请自送的广告(unverlangte Werbezusendungen)的法律手段。[85]

---

〔79〕《联邦宪法法院,新法学周报》1984 年,第 1741 页。该判决否定了联邦最高法院的下列判决:《联邦最高法院民事裁判集》第 80 卷,第 25 页:“瓦尔拉夫案”。

〔80〕《联邦最高法院民事裁判集》第 95 卷,第 362 页。

〔81〕《新法学周报》1984 年,第 419 页。

〔82〕也请参见雷拜恩(Rehbein)、施泰因多夫(Steindorff)、莱尔歇(Lerche)、策尔纳(Zöllner)和亨德里克斯(Hendriks)有关《银行秘密、人格权保护以及一般信贷担保保护共同体的信贷咨询》的文章,载《商法杂志》第 149 卷,1985 年,第 139 页以下。

〔83〕埃曼(Ehmann)文,载《民法实务档案》第 188 卷,1988 年,第 230 页。有关最新出现的基因分析问题,也参见陶皮茨(Taupitz)文,载《法学家报》1992 年,第 1089 页。

〔84〕《新法学周报》1995 年,第 2639 页。

〔85〕参见《联邦最高法院民事裁判集》第 106 卷,第 229 页[对该判决的评论,见彼·施维尔特纳(P. Schwerdtner)文,载《法学评论》1989 年,第 245 页];《联邦最高法院,新法学周报》1992 年,第 1958 页;《慕尼黑州高等法院,新法学周报》1984 年,第 2422 页;《斯图加特州高等法院,经济法杂志》1987 年,第 1487 页;《联邦宪法法院,新法学周报》1991 年,第 2339 页;《联邦行政法院,新法学周报》1989 年,第 2409 页;《不莱梅州高等法院,新法学周报》1990 年,第 2140 页;《汉堡州高等法院,新法学周报》1991 年,第 2914 页;《卡尔斯鲁厄州高等法院,经济法杂志》1991 年,第 1027 页;《新法学周报》1991 年,第 2913 页;《斯图加特州高等法院,新法学周报》1911 年,第 2912 页;阿尔特(Alt)文,载《新法学周报》1986 年,第 1597 页;弗罗恩德(Freund)文,载《企业顾问》1986 年,第 409 页;凯泽尔(Kaiser)文,载《新法学周报》1991 年,第 2780 页。

5. 上述案例类型并未穷尽所有可以想象的情形。例如，联邦最高法院的一项判决[86]指出，犹太人遭受纳粹迫害的命运得以为世人承认，是信奉犹太教人们的一般人格权的体现；否认屠杀犹太人历史，便是侵害了犹太人的一般人格权。此外，因性别而拒绝向应聘者提供工作岗位，也被认为侵害了应聘者的一般人格权；这样，[受害人]就可以借助第 823 条第 1 款规定，要求获得超出第 611a 条第 2 款所规定的消极利益以外的[其他赔偿]。[87] 汉姆州高等法院作出的一项判决[88]则无疑有点走得太远了。在本案中，一名妇女与其情夫之间有通奸关系。由于情夫欺骗她说，他正在与自己的妻子离婚，因此该妇女保持着与其情夫之间的关系。法院判决该妇女获得一笔金钱赔偿。法院认为，她的决定自由在此是一项被侵害的人格权。然而，这个妇女是能够自由作出决定的。至于作出无错误决定的权利，则既不属于第 823 条第 1 款的范畴，更不能使第 253 条的例外适用具有合理的理由。

---

〔86〕《联邦最高法院民事裁判集》第 75 卷，第 160 页。

〔87〕《联邦劳动法院，新法学周报》1990 年，第 67 页：通常情况下是一个月的劳动报酬。

〔88〕《汉堡州高等法院，新法学周报》1983 年，第 1436 页。对此判决，帕夫洛夫斯基作出了拒绝性评论，文载《新法学周报》1983 年，第 2809 页。萨布吕肯地方法院也表示拒绝接受，《新法学周报》1987 年，第 2241 页。

第六十五章　法　　人

参考文献：详尽的、现代的综述见：维德曼(Wiedemann)：《公司法》，第一卷，§4I，第188页以下；屈布勒(Kübler)：《公司法》，§10以下；卡·施密特(K. Schmidt)：《公司法》，1991年第2版[有关评论，参见里特纳(Rittner)文，载《经济法杂志》，1987年，第1624页以下]。我特别举出下列著述：弗卢梅(Flume)：《德国民法总论》，第一卷，第二册：法人，1983年[有关评论，参见约翰(John)文，载《民法实务档案》第85卷，第209页以下]；同一作者：《共同共有合伙与法人》，载《卢·赖泽尔(L. Raiser)纪念文集》，1974年，第27页以下；同一作者：《形成中的法人》，载《格斯勒(GeBler)纪念文集》，1971年，第3页以下；同一作者：《设立中公司解秘》，载《新法学周报》，1981年，第1753页以下；同一作者：《法人与人合组织》，载《克格尔(Kegel)纪念文集》，1987年，第147页以下；约翰(John)：《组织起来的法人》，1977年[有关评论，参见许费尔(Hüffer)文，载《商法杂志》，第142卷，第186页以下]；路特尔(Lutter)：《企业集团中的民法上责任》，载《公司法杂志》，1982年，第244页以下[同期杂志第276

页以下刊登有多·施密特(D. Schmidt)有关法国法的文章];穆门霍夫(Mummenhoff):《设立制度与权利能力》,1979年;托·赖泽尔(T. Raiser):《新变更法光影下的共同共有与法人》,载《民法实务档案》第194卷,1994年,第493页以下;里特纳(Rittner):《形成中的法人》,1973年[有关评论,见彼·乌尔默(P. Ulmer)文,载《商法杂志》,第140卷,1976年,第61页以下];罗特尔(Rotter):《论法人在德意志联邦共和国和德意志民主共和国的作用》,1968年;卡·施密特(K. Schmidt):《社团法的体系问题》,载《商法杂志》第147卷,1983年,第43页以下;同一作者:《越权说:死或生?》,载《民法实务档案》第184卷,1984年,第529页以下;同一作者:《私法中的组织体说一百周年[纪念]》,1987年;乌·赛贝尔特(U. Seibert):《有权利能力的人合公司》,载《法学家报》,1996年,第785页以下;泽里克(Serick):《法人的法律形式与现实》,1980年第2版;维阿克尔(Wieacker):《论私法上法人之理论》,载《胡贝尔(Huber)纪念文集》,1973年,第339页以下;维德曼(Wiedemann):《法人与作为特殊财产的共同共有》,载《有价证券信息》,1975年增刊4;扬·威廉(J. Wilhelm):《法人的法律形式与责任》,1981年;维斯特(Wüst):《有限责任经营问题》,载《法学家报》,1992年,第710页以下。

至少从《基本法》中可以得出一切自然人都享有权利能力的结论。本来没有必要承认其他主体为权利主体了。然而,将某些组织当作自然人来对待,被证明是有意义的。这些组织便是法人(即通过法律制度形成的人)。 1084

第一节　法人的作用

1085 无论是法律制度赋予这些组织以人的属性，还是当事人谋求这一承认，主要是出于下列两方面的原因：

一、便利参与法律交易

即使是无权利能力的人合组织，也可以给自己设定一个姓名，并用这个姓名参与法律交易（这一现象对无权利能力的社团来说非常普遍）。然而，由于缺乏一个权利载体，参与法律交易所产生的法律后果，最终必须归属于用这个姓名从事行为或者以其他方式出现的自然人（Mensch）。在通常情况下，只有在相对人知道当事人是谁时，或者在相对人以其他方式觉得万无一失时，才会与这样一种组织打交道。这也就是说，[相对人]必须搞清楚当事人是谁。例如，商事登记簿可提供有关无限公司或两合公司股东的情况（商法典第 106 条及以下条款；第 143 条；第 159 条第 2 款；第 162 条）。但是，在欠缺这种明确的登记簿记载事项的情况下（如在民法合伙中），仅使用[人合组织的]总的名称，便无法从事某些重要的法律行为。毋宁说，有关当事人必须分别提供[自己的]具体情况，如《民事诉讼法》第 253 条第 2 款第 1 项之于起诉，《不动产登记条例》第 47 条之于不动产登记。

1086 某个人合组织的人数越多，成员变更得越频繁，这种分别指称就越为麻烦。例如，一个由几百人组成的中等规模的社团就很难提起诉讼，也很难在不动产登记簿册中登记。一个大规模的社团更是完全无法实施这些行为。因此，在这里，必须使人合组织独立于它的成员。承认这些组织为法人，恰恰是为了达到这个目的。法人作为新的权利主体，具有当事人能力，亦即可以合法地以自己的名义提起诉讼；法人也可以被登记入不动产登记簿。无论是新成员的加入，还是成员因退出或死亡而丧失其成员资格，都不影响法人独立的权利主体地位。

二、责任限制

如同法人可以享有权利一样,法人也可以承受义务。这即是 1087
说,[人合组织的]责任并非一定要由行为人或者组织的全体成员承担,而是可以集中于法人,由法人来承担。例如,为股份公司订立合同的董事会成员,既不是为自己也不是为股东本人设定义务,而是为股份公司设定义务,亦即为属于股份公司的财产设定义务。反之,公司也不能以公司的财产,为股东个人的义务或者董事会成员的义务承担责任。

正是这种通过使财产独立化而产生的限制责任效果,构成了设立法人的本质动机。即使是那些人数较少的组织,其成立法人时所谋求的动机也主要是限制责任。甚至单个的人往往也谋求这种责任限制,其主要目的是使自己的私人财产与商业上的债务相脱离。要达到这一目的,法律上有一种无可指责的手段,即成立一个有限责任公司。[1]

第二节　权利能力的取得

如上文所述,对法人的承认也会给法律交易产生危险。特别 1088
是在债权人只能以仅仅配备了不充分资产的法人为其债务人时,债权人的利益就要受到损害。因此,法律并非直接赋予法人以权利能力。毋宁说,我们的法律为此主要规定了两种制度。

一、特许制

在特许制下,法人的权利能力由国家,而且是根据尽其本分的 1089
裁量授予。这即是说,只有在非常例外的情况下,即只有在国家拒

---

〔1〕 参见上文边码602。将私人财产移转给妻子的行为,则在法律上并非无可指责,而且还存在其他风险。

绝授予可能构成滥用裁量权时,[申请人]才享有要求授予[法人权利能力]的请求权。这一制度盛行于上世纪中叶之前,如曾适用于股份公司(直到1870年修订《普通德意志商法典》为止)。后来,随着经济领域自由主义的崛起,特许制的适用仅限于某些特殊情况,如营利性社团和外国社团(第22条、第23条)以及依州法设立的财团(第80条)。

二、规范制

1090 根据今天普遍适用的规范制,只要一个组织具备了法律所规定的特定要件,即如制定有章程、成员数量符合最低要求、有一定的财产保障,那么该组织就具有权利能力。法律之所以规定这些要件,主要旨在避免滥用法人制度的现象发生。有时规定某项国家行为也是要件之一(如在社团登记簿或商事登记簿上登记)。不过,与特许制不同,国家是否实施此项行为并非取决于某个机关的裁量。毋宁说,在具备法定要件的情况下,国家必须从事此项行为。

第三节　法人的种类

1091 可以在不同层面上对法人进行分类。

一、私法与公法

(一)根据法人是属于私法还是属于公法进行分类,可以从各种不同的角度进行。

1. 可以强调设立行为(Gründungsakt)。[2] 设立公法法人,依据公权行为或者法律;设立私法法人,依据法律行为(大多是设立合同或者捐助行为)。

1092 2. 另一项标准是任务(Aufgabe)。公法法人旨在执行国家的

〔2〕 通说就是这样认为的。

任务。国家可以为实现此项任务而专门设立法人,也可以事后将此项任务纳入它的组织中去(如有些大学是由私人设立的)。

3. 最后还可以根据法人以何种身份出现(Auftreten)进行区 1093
分。即法人是否以公法所特有的强制手段,来对付其成员或非成员。

(二)在这三个评价层面上,不一定非产生相同的结果不可。 1094
民法典中唯一用来规范公法法人的规定(第 89 条)正是表明了这一点。第 89 条援引适用第 31 条之机关责任。只有在公法法人以私法形式出现时,才适用第 31 条规定的机关责任;否则,公法法人仍然根据民法典第 839 条、《基本法》第 34 条规定承担普通责任。

二、人合组织与目的财产

我下文的分析限于私法上的法人。可以根据不同的当事人, 1095
对私法法人进行分类。在通常情况下,法人是由其他的人(自然人或者法人),也就是成员,组成的。这种形式的相对形态是独立的、无成员的特别财产,即民法典中的财团。财团只有一个管理机关,有时还有受益人。

三、法人团体与人合公司(合伙)[*]

(一)具有成员的人合组织可以分为两类。一类是具有法人 1096
性质的团体,另一类是人合公司(合伙)。这种划分类似于将商事公司分为资合公司和合伙公司,但二者不完全吻合。具有法人性质的团体(Körperschaft)的概念比资合公司(Kapitalgesellschaften)更为广泛,因为前者还包含社团在内。此外,具有法人性质的团体所强调的方面不同于资合公司,例如有“具有法人性质团体之结

* 原文为 Körperschaften und Personengesellschaften。前者意为具有法人性质的团体,主要包括各类资合公司;后者既可指人合公司(无限公司和两合公司),也可指合伙。——译者注。

构的人合公司”之说。[3]

“具有法人性质的团体”是指某种特定的组织形态,其特征是组织本身相对于成员而言具有高度的独立性。[4] 这种独立性通常表现在下列四个方面:不存在与成员相关的解散事由,诸如某个成员死亡、破产或宣告终止;成员可以更换;对于决议,适用多数票通过原则,而不适用全票通过原则;由机关负责对外代表,机关成员也可以由法人成员以外的人充任(所谓“他营机构原则”,Fremdorganschaft)。

1097 (二)上述几项要素不必非同时具备不可。其中的一些要素可以强一些,另一些可以弱一些。鉴于这方面的不同表现程度,我们可以构造出下列诸种类型(Typenreihe),它们也包括无权利能力的组织:

1. 股份公司(AG)具有最强烈的法人团体组织特征。上文边码 1096 所列举的法人团体独立性的要素在股份公司中完全实现了。在股票可以在交易所上市交易的情况下,成员的更换甚至特别容易。

2. 而有限责任公司(GmbH)则已具备了一些人合的要素。与股份公司的股票相比,有限责任公司股份的流通性较弱(《有限责任公司法》第 15 条)。此外,类推适用民法典第 737 条、商法典第 140 条规定,甚至可以因重大事由将某个股东开除出公司。[5]

3. 在民法上的社团(BGB-Verein)中,人合的因素体现得更为强烈。在这里,成员资格既不得转移,也不能继承(第 38 条;但章程可以另作规定,第 40 条)。此外,社团要维持自己的权利能力,

---

〔3〕 尼奇克(Nitschke)1970 年出版的书名如是说。

〔4〕 参见屈布勒(Kübler):《公司法》,§ 3II。

〔5〕 如《联邦最高法院民事裁判集》第 9 卷,第 157 页;第 80 卷,第 346 页,第 351 页。

其成员数就必须达到最低的要求(第 73 条)。许多社团,特别是未登记的社团,则根本就不具有权利能力。[6]

4. 两合公司(KG)已被列入人合公司的范畴。两合公司不具有权利能力,而仅仅根据商法典第 161 条第 2 款、第 124 条享有一种有限制的法律上的独立性。无限责任公司之与人相关的解散事由(商法典第 131 条第 4 项至第 6 项),除了唯一的一项例外以外(商法典第 177 条),都适用于两合公司。两合公司的代表由负无限责任的股东担任(参见商法典第 170 条)。公司成员的更换,只有通过修订公司合同才能实现。诚然,与法律规定的标准蓝图相比,两合公司的组织结构往往具有更强烈的法人团体特征。[7] 通过将两合公司与有限责任公司进行组合(所谓的有限责任两合公司:GmbH&Co. KG),也可以实现他营机构原则:两合公司由有限责任公司(所聘用的)事务执行人来代表。

5. 与两合公司相比,无限责任公司(OHG)的人合性质更为突出,因为在无限公司中不存在两合公司之负有限责任股东的资合性倾向。无限公司股东的数量通常是很小的。因此,无限公司的公司合同通常不像两合公司那样,把公司构造成具有明显的资合性质。现在,依据《合伙公司法》设立的合伙公司(Partnergesellschaft)与无限公司很接近。

6. 民法上的合伙(BGB-Gesellschaft)具有最为强烈的人合性质,它不具备商法典第 124 条规定的有限制的法律上的独立性。在代理方面,根据第 709 条第 1 款、第 714 条规定,在发生疑问时,适用全体合伙人共同代理的原则。这样,就给合伙的对外行为增加了重大的困难。

(三)从这一简要介绍中,可以看出两个问题。第一,第 54 条 1098

〔6〕 参见下文边码 1141 以下。

〔7〕 "资合性两合公司",大多作为公众公司出现。

第1句规定是不无疑问的,因为它规定将法人性质至为明显的无权利能力社团等同于人合性质最为强烈的民法合伙。第二,第31条适用于具有法人性质之组织结构的社团。该条规定是否可扩大适用于人合性质较为显著的组织体呢?这个问题也不无疑虑。

第四节　法人的权利能力及其他性质

一、限制权利能力

1099 (一)即使上文边码1097所称各类组织体[8]具有权利能力,这种权利能力也不完全等同于自然人的权利能力。有些法律规范是以自然人为要件的,如亲属法中的规定以及继承法中规定"继承发生"(=死亡)的条款。这些领域将法人排除在适用范围之外。不过,如果因此就提出法人仅仅具有"限制(相对)权利能力"的观点,则实在有点得不偿失。因为一个自然人同样也不能作为保险人出现(《私人保险企业与建筑储蓄所监督法》第7条第1款)。尽管如此,没有人说自然人享有限制权利能力。最适宜提及限制权利能力这个术语的地方,是在取得权利能力道路上的中间阶段,如胎儿[9]以及法人的设立阶段[10]。最近,立法者对"有权利能力的人合公司(合伙)"作了定义(第1059a条第2款[11])。立法者所指的权利能力,仅仅是商法典第124条第1款规定的能力。

1100 (二)《基本法》第19条第3款规定,法人在基本权利(Grundrechte)方面享有特殊的待遇。[12] "以这些基本权利依其性质也适

〔8〕 即股份公司、有限责任公司和登记社团。还包括股份两合公司、合作社、相互保险社团以及某些矿业法上的工会。

〔9〕 参见上文边码1045以下。

〔10〕 详见弗卢梅(Flume):《德国民法总论》第1卷,第2册,§5。

〔11〕 也请参见第1061条、第1092条第3款、第1098条第2款。

〔12〕 参见梅尔滕斯(Mertens)文,载《法学教育》1989年,第857页。

用于法人为限”,这些基本权利同样适用于国内法人。[13] 从这个角度观察,有三类基本权利:

1. 绝对不适用于法人的基本权利,如《基本法》第 1 条第 1 款、第 2 条第 2 款第 1 句、第 3 条第 2 款、第 4 条第 3 款、第 6 条等;

2. 肯定适用于法人的基本权利,如《基本法》第 5 条第 1 款和第 3 款、第 8 条至第 11 条、第 14 条第 1 款、第 17 条、第 19 条第 4 款;

3. 依案件情形决定是否适用的基本权利。

联邦宪法法院裁判的下列案件,[14]可以用来说明法人是否享有基本权利(Grundrechtsfähigkeit)的问题。一家有限责任公司因[其所在城市]建造地下铁路而提起所有权征用补偿诉讼,并要求享有诉讼救助权[15]。民事法院驳回了原告的这一申请,理由是该诉讼不“涉及公共利益”[16]。[原告]提出宪法上的诉求,其主要理由是:仅仅因为一个人是资合公司,就拒绝向他提供法律保护,[这样做]违反了《基本法》第 103 条第 1 款、第 3 条第 1 款规定。 1101

联邦宪法法院认为,诉讼救助权是国家生存照顾提供的一项服务,它产生于[宪法规定的]社会福利国家之要求。而社会福利国家之要求,旨在平衡自然人之间存在的社会不公平现象,因此不适用于法人。[17] 所以,这里并没有违反《基本法》第 3 条第 1 款规定。不过,由于这里涉及到所有权征用补偿,而《基本法》第 14 条第 1 款也适用于法人,因此该款规定或许可以适用。所有权保障

---

〔13〕 有关国外法人,参见维德曼(Wiedemann):《公司法》,第 1 卷,§ 15 I4,第 833 页以下。

〔14〕 《联邦宪法法院裁判集》第 35 卷,第 348 页。

〔15〕 Armenrecht,今天称“诉讼费用救助权”,《民事诉讼法》第 114 条及以下条款。

〔16〕 现在是《民事诉讼法》第 116 条第 1 款第 2 项。

〔17〕 《联邦宪法法院裁判集》第 35 卷,第 348 页,第 355 页以下。

包含着一项要求获得有效法律保护的请求权。[18] 而此项请求权,则可能包括享有诉讼救助权,以使请求法院裁判成为可能之内容。如果一个法人的多数[票]掌握在公共部门的手中,那么可以考虑特事特办。[19]

二、其他性质

1102 (一)法人没有真正的国籍(Staatsangehörigkeit)。不过,要解决某个法人受何国法律管辖的问题,就必须找出一个联结点。有关这方面的法律规定尚付之阙如。[20] 通行的学说认为,具有决定性意义的联结点不是法人的设立国,而是法人实际设置其主营业所的国家。[21]

1103 (二)法人的管理所在地,相当于自然人的住所(Wohnsitz)。法人具有一个受法律保护的名称(Namen)(如法人是商事公司,这个姓名就是商号)。[22] 在其他方面,虽然法人不享有与自然人同样广泛的一般人格权,但是法人的人格也受到法律保护(Persönlichkeitsschutz)。[23]

第五节　法人的理论

1104 在19世纪,人们曾对法人的理论归属进行过激烈的争论,[24]

---

〔18〕 参见《基本法》第14条第3款第4句。

〔19〕 如《联邦宪法法院,新法学周报》1990年,第1783页。

〔20〕 除《社团法》第14条、第15条以外。

〔21〕 《联邦最高法院民事裁判集》第53卷,第181页。

〔22〕 参见上文边码1066。

〔23〕 参见《联邦最高法院民事裁判集》第98卷,第94页,第97页以下;勒斯曼(Lessmann)文,载《民法实务档案》第170卷,1970年,第266页;克利佩尔(Klippel)文,载《法学家报》1988年,第625页;维德曼(Wiedemann):《公司法》,第1卷,§4II2b,第210页以下。

〔24〕 参见弗卢梅(Flume):《德国民法总论》第1卷,第2册,§1。

主要有两种学说。人们大多认为,一种学说[冯·萨维尼(von Savigny)]、[温德沙伊德(Windscheid)]将法人仅仅视为某自然人的拟制[拟制说(Fiktionstheorie)〔25〕]。而另一种学说[以奥托·冯·吉尔克(Otto von Gierke)为代表]则认为,法人是现实存在[实在的团体人格说(Theorie der realen Verbandspersönlichkeit)]。不过,这两种学说中的任何一种,即使仅仅是作为短语,也都不适合于把握那些已被承认为法人之法律性质的东西。

因此,今天的人们大多认为,这一争论是无益之争。〔26〕人们更倾向采纳中性的表述(neutrale Formulierungen):法人就其宗旨而言被视为归属载体。维德曼(Wiedermann)称此为"特别财产说"(Theorie des Sondervermögens)。〔27〕易言之,适用于自然人的规范,应以某种"有限度的类推"方式转适用于法人。〔28〕相反,不应赞成恩斯特·沃尔夫(Ernst Wolf)提出的否定法人的主张。〔29〕沃尔夫对立法者具备的可能性估计过低,并且对现实需要重视过少。

第六节　法人人格的否认

在何种条件下,可以置法人之法律上的独立性于不顾,而将法人视同于法人成员?这个问题在实践中具有特别重要的意义,因 1105

---

〔25〕 但弗卢梅对此持批判态度,同前引书,§1I2—4。

〔26〕 参见维德曼,同前引书,§4I1,第191页以下;弗卢梅,同前引书,§1V。但也请参见弗卢梅:《法人与人合组织》,载《克格尔(Kegel)纪念文集》,1987年,第147页(评价冯·萨维尼的学说)。

〔27〕 维德曼,同前引书,第195页以下。

〔28〕 拉伦茨(Larenz):《德国民法总论》,§9I,第133页以下。

〔29〕《德国民法总论》,第650页以下。

此人们对它也作过广泛的探讨。[30] 我在这里只能对这个问题作简要说明,因为它对社团和财团来说几乎没有什么意义。它的意义主要在有限责任公司领域。[31] 在大多数情况下,否认法人人格的问题出现在所谓的穿越责任(Durchgriffshaftung)中,即:如法人的债权人在法人那里无法获得清偿,能否要求法人背后的人承担责任?[32] 不过,否认法人人格也可能出现在其他情况下。例如,在从非权利人处取得公司之情形,是否必须将公司成员的恶意归属于公司呢?此外,在损害赔偿法中,成员与法人之间在法律上的分离也可能成为一个问题。例如,享有损害赔偿权的单独股东有权要求赔偿在公司中发生的损害吗?[33]

1106 就实体问题而言,主要存在三种看法。第一种看法认为,只有具备了第826条规定的要件,亦即只有在[法人]背后的人具有损害的故意时,才能适用严格责任。第二种看法认为,对于某些客观的案件类型,[34] 即使不存在这种故意,也应适用严格责任。第三种看法的代表人物是威廉。[35] 他认为应当选择法人人格否认以外的其他途径来解决这个问题。他指出,法人应当对其股东享有要求配备足额资本金的请求权,即应从相反方向来提高法人的地

---

〔30〕 本书第6版第410页脚注1列举了大批引注材料。此后的著述如:阿尔特梅彭(Altmeppen)文,载《企业》1994年,第1912页以下;齐根海因(Ziegenhain)文,载《经济法杂志》1994年,第1003页以下;克里格尔(Krieger)与霍默尔霍夫(Hommelhoff)文,载《公司法杂志》1994年,第375页以下;第395页以下;米夏尔斯基-蔡特勒(Michalski-Zeidler)文,载《新法学周报》1996年,第224页以下。

〔31〕 参见卡·施密特(K. Schmidt)文,载《经济法杂志》1994年,第837页。

〔32〕 特别是要求身无分文的有限责任公司的单独股东承担责任。

〔33〕 参见《联邦最高法院民事裁判集》第61卷,第380页;《联邦最高法院,新法学周报,民法判例汇编》1991年,第551页;威廉(Wilhelm),参考文献所列著述,第380页以下。

〔34〕 特别是资本不足。参见维德曼,同前引书,§4III,第217页以下(附有许多其他说明材料)。

〔35〕 Wilhelm,参考文献所列著述。

位。联邦最高法院在一则判例[36]中明显超出了第 826 条规定的界限,而在另一项基础性判决[37]中则要谨慎些。[38]

〔36〕《联邦最高法院民事裁判集》第 54 卷,第 222 页。

〔37〕《联邦最高法院民事裁判集》第 68 卷,第 312 页。

〔38〕也请参见《联邦最高法院,新法学周报》1985 年,第 740 页:因“财产混合”而承担的责任[有关该判决的评论,参见鲍施克(Bauschke)文,载《企业顾问》1985 年,第 77 页]。也请参见《联邦最高法院民事裁判集》第 95 卷,第 330 页;第 115 卷,第 187 页(参见上文脚注 30)。

第六十六章　有权利能力的社团

参考文献：贝克尔（Baecker）：《德国体育协会中社团自治的限制》，1985年；巴勒施泰特（Ballerstedt）：《有权利能力社团中的成员资格与财产》，载《克努尔（Knur）纪念文集》，1972年，第1页以下；巴尔纳（Barner）：《减轻负担作为社团法的制度》，1990年；博伊庭（Beuthien）：《社团法中的多数原则以及对少数人的保护》，载《企业顾问》，1987年，第6页；博伊庭－盖奇（Beuthien－Gätsch）：《社团自治与第三人的章程权利》，载《商法杂志》第156卷，1992年，第459页以下；比尔克（Birk）：《社团与协会的强制加入》，载《法学家报》，1972年，第343页以下；伯特歇尔（Böttcher）：《有权利能力社团的终结》，载《司法者》，1988年，第169页；布尔霍夫（Burhoff）：《社团法》，1989年；弗卢梅（Flume）：《社团自治以及成员在社团事务与章程自治方面对社团自治的执行》，载《科英（Coing）纪念文集》，1982年，第二卷，第97页以下；同一作者：《社团自治以及教会或宗教结社自由》，载《法学家报》，1992年，第238页以下；弗里德里希（Friedrich）：《社团与合伙》，1980年第2版；同一作者：《社团法在高等法院最新司法判例中的发展》,载《德国税法》,1996年,第750页以下;格鲁内瓦尔德(Grunewald):《社团的加入与强制缔约》,载《民法实务档案》第182卷,1982年,第181页以下;同一作者:《社团条例》,载《商法杂志》第152卷,1988年,第242页以下;同一作者:《民法社团董事会的咨询与责任》,载《经济法杂志》,1989年,第962页以下;赫尔伯特(Herbert):《公益性社团的经济性经营》,1988年;许费尔(Hüffer):《社团与合伙》,1977年;科尼希(König):《社团中的社团》,1992年;斯·科勒尔(St. Kohler):《社团条例对成员资格的调整》,1992年;科尔霍塞尔(Kollhosser):《有权利能力社团对其权利能力的抛弃》,载《经济法杂志》,1984年,第1434页以下;洛贝克(Lobeck):《社团条例》,载《德国法月刊》,1972年,第381页以下;卢克斯(Lukes):《登记社团中的章程内容及其与其他社团规则之界定》,载《新法学周报》1972年,第121页以下;梅尔克勒－赛波尔德(Märkle－Seibold):《民法与税法中的社团》,1991年第7版;米勒＝埃尔茨巴赫(Müller＝Erzbach):《成员资格权》,1949年;厄尔特克(Oertker):《理想社团向营利社团的转变》,载《新法学周报》,1991年,第385页以下;奥特(Ott):《社团章程》,1992年;赖歇尔特－达内克尔(Reichert-Dannecker):《社团法与协会法手册》,1993年第5版;罗伊特(Reuter):《民法典第25条规定的社团章程》,载《商法杂志》第148卷,1984年,第523页以下;同一作者:《联邦最高法院民事裁判集第100卷纪念:社团法与合作社法》,载《商法杂志》第151卷,1987年,第355页以下;里布勒(Rieble):《社团的合并》,载《法学家报》,1991年,第658页以下;鲁默尔(Rummel):《社团自治与法律监督之冲突中的社团私法》,载《施特拉塞尔(Strasser)纪念文集》,1983年,第813页以下;泽克尔(Säcker):《大型社团的代表诸问题》,1986年;佐特尔－施魏尔(Sauter-Schweyer):《登记社团》,1990年第14版;卡·施密特(K. Schmidt):《社团法中的协会宗旨与权利能力》,1984年[有关评论,见穆门霍夫(Mummenhoff)文,载《合作社法杂志》第37卷,第71页以下;罗伊特(Reuter)文,载《商法杂志》第151卷,第237页];肖肯霍夫(Schockenhoff):《社团自治之原则》,载《民法实务档案》第193卷,1993年,第36页以下;施多贝尔(Stöber):《社团法》,1988年第5版;费韦格(Vieweg):《德国协会与国际协会的规范制定与规范适用》,1990年;福尔默(Vollmer):《欧洲社团》,载《商法杂志》第157卷,1993年,第373页以下。也请参见上文第六十五章参考文献中所列穆门霍夫和卡施密特的著述。

1107 民法典对法人中有权利能力社团这种类型作了相对详细的规定(第21条至第53条;第55条至第79条)。公司法著作中也将有权利能力社团作为具有法人性质的商事公司的基本形式加以论述。[1] 在公司法中,尤其可以划出有权利能力社团与资合公司之间的联系线索。因此,下面我对有权利能力社团仅作简要介绍,主要论述那些与民法总则相关的问题。

---

〔1〕 如屈布勒(Kübler):《公司法》, §10;赖因哈特－舒尔茨(Reinhardt-Schultz):《公司法》, §28—32。

第一节　权利能力的取得

一、外国社团

在权利能力方面，民法典对本国社团和外国社团作了区分。根据第23条规定，外国社团只能依据特许制取得权利能力。[2]这条规定最初是为德国的殖民社团制定的。现在，该规定适用于那些实际住所在国外而在国外不具有权利能力的社团。 1108

二、本国社团

在本国社团中，根据其是否以经营营利性事业为目的，可以作进一步区分。 1109

（一）如果社团以经营营利性事业为目的［所谓营利性社团（Wirtschaftsverein）］，则其权利能力同样只能依特许制取得。实践对营利性社团持非常保守的态度。[3] 这样做是正确的，因为谁想要从事营利性活动，就应当采用商法上的法律形式。而如采用商法上的法律形式，则要么［由股东］承担个人责任——如在人合公司情形——（商法典第128条、第161条第2款；但另一方面是商法典第171条）；要么公司法——如在资合公司情形——对某个特定的最低资本规定了筹措原则，部分也规定了维持原则。因此，只有在商法道路上的大门乃无法合理期待的例外情况下，[4] 才能根据第22条授予［营利性社团］权利能力，将社团法的大门向经济活动敞开。

（二）根据第21条规定，只有对非以营利性事业为宗旨的所 1110

---

〔2〕 参见上文边码1089。

〔3〕 参见《联邦最高法院民事裁判集》第22卷，第240页，第244页；《联邦行政法院，新法学周报》1979年，第2261页。

〔4〕《联邦行政法院，新法学周报》1979年，第2261页。

谓“非营利性社团”,才适用规范制。[5] 在这里,虽然权利能力产生于一项国家行为,亦即依《非讼事件法》第159条及以下条款在社团登记簿中进行登记。然而,如果具备了第56条至第58条所规定的、比较容易满足的要件,而从公共社团法看来又不存在什么障碍(第61条第2款、第63条),那么就必须[允许社团]进行登记。

1111 因此,“营利性事业”之标准(Kriterium des “wirtschaftlichen Geschäftsbetriebs”)具有决定性意义。而在这一标准的界定方面,却存在着巨大的困难。[6] 根据通说,社团本身是否追求利润之事实是无关紧要的。只要社团促进其成员的营利性宗旨,即可认定社团从事营利性事业。例如,联邦最高法院的一项判决认为,以受领电话预订出租车服务为业并通过无线电设备对其成员进行调度的“出租车司机服务中心”(Taxifahrerzentrale),属于营利性社团。[7] 杜塞尔多夫州高等法院认为,一个“依经济性商品之方式营销思想性商品,并在营销过程中把传播思想性商品的活动与以

---

〔5〕 参见上文边码1090。

〔6〕 参见海默里希(Hemmerich):《非营利性社团从事经营活动的可能性以及界限》,1982年[有关评论,参见穆门霍夫(Mummenhoff)文,载《民法实务档案》第184卷,第497页以下];克瑙特(Knauth):《登记社团中主要宗旨的查明》,载《法学家报》1978年,第339页以下;勒曼(Lehmann):《非营利性社团从事经济活动在竞争法方面和民法方面的界限》,载《竞争法与实践》1986年,第63页以下;赖因哈特(Reinhardt):《以“营利性事业”为宗旨的组织与非以“营利性事业”为宗旨的组织之间的界定》,载《保里克(Paulick)纪念文集》,1973年,第3页以下;萨克(Sack):《“完全商人之非营利性社团”》,载《公司法杂志》1974年,第179页以下;卡·施密特(K. Schmidt):《从事营利性活动的民法社团》,载《民法实务档案》第182卷,1982年,第1页以下;同一作者:《民法典规定的社团宗旨》,载《企业顾问》1987年,第556页以下;同一作者:《有登记能力和无登记能力的社团》,载《德国司法》1988年,第45页以下。有关专门问题,也请参见迪茨(Dütz):《社团法中的倾向监督》,载《赫尔舍尔(Herschel)纪念文集》,1982年,第55页以下;艾勒斯(Eyles):《跨企业活动向有权利能力社团的转移》,载《新法学周报》1996年,第1994页以下。

〔7〕 《联邦最高法院民事裁判集》第45卷,第395页。

商业组织之方式追求金融效果不可分割地联系在一起的"[8]邪教组织,同样也属于营利性社团。[9]

不过,在另一方面,非以营利性事业为宗旨的社团,在追求其非营利性宗旨的过程中经营某项营利性副业(wirtschaftlicher Nebenbetrieb)的,则并无不利影响。例如,体育俱乐部经营一家食堂,并出租其体育场馆中的广告位置;戏剧协会出售节目单,并在节目单上刊登广告。这就是所谓的副业特权(Nebenzweckprivileg)。对这一特权的影响,人们还充满着疑虑,但就其出发点而言,这一特权兴许是必不可少的。杜塞尔多夫地方法院判决的一则纠纷[10]是这方面一起富有启发意义的临界案例:德国汽车俱乐部(ADAC)的一家公司经营法律保护保险业。[11] 1112

对副业特权作广义的解释,尤其是在参加联邦足球甲级联赛(Fußball-Bundesliga)的社团中产生了荒诞无稽的结果。[12] 天价般的转会费以及教练员、运动员的高额薪金表明,许多社团的年营业额高达数百万马克。如比赛成绩不佳,或者经营不善,其债务也

---

〔8〕《新法学周报》1983年,第2574页。

〔9〕参见卡·施密特(K. Schmidt)文,载《新法学周报》1988年,第2574页;科普(Kopp)文,载《新法学周报》1989年,第2497页;冯·坎彭豪森(von Campenhausen)文,载《新法学周报》1990年,第887页;古贝尔(Guber)文,载《新行政法杂志》1990年,第40页。

〔10〕《杜塞尔多夫地方法院,保险法》1979年,第236页。

〔11〕根据《联邦最高法院民事裁判集》第85卷,第84页,这样做是无害的。有关这方面的问题,参见海默里希(Hemmerich)文,载《企业顾问》1983年,第26页以下;同一作者文,载《企业顾问》1983年,第382页;罗伊特尔(Reuter)文,载《经济法杂志》1984年,第1052页以下;卡·施密特(K. Schmidt)文,载《新法学周报》1983年,第543页以下;舒尔茨(Schultz)文,载《法学家报》1984年,第90页以下。也请参见屈布勒(Kübler)文,载《商法杂志》第147卷,1983年,第454页以下(探讨竞争方面的问题)。

〔12〕参见赫克尔曼(Heckelmann)文,载《民法实务档案》第179卷,1979年,第1页(附有丰富的事实材料);富尔格拉夫(Füllgraf)文,载《企业》1981年,第2267页;卡·施密特(K. Schmidt)文,载《民法实务档案》第182卷,1982年,第1页,第26页。

可高达数百万马克。为了对这些债务提供担保或予以清偿,便将社团所属的不动产予以抵押或出让,而这些不动产以前是用那些“小”成员交纳的会费购置的。这就是说,在这里,营利性的副业摧毁了追求非营利性宗旨的基础:体育旨在为从事体育运动者服务,而不是为掏钱观看比赛的人服务的。

因此,从法律政策出发,应当对副业特权的适用进行限制。[13] 此外,立法者也应当对非营利性社团的最高营业额和债务情况作出规定。然而,这些要求在政治上几乎是无法实现的。不仅如此,1989 年 12 月 18 日的《社团促进法》(VereinsförderungsG)[14] 规定有些社团可享受税法上的优惠待遇(公益性)。[立法者]所作的有些选择实在是荒唐透顶。[15] 反之,如果一个非营利性社团将经营性活动集中交由一个商法上的法人(特别是有限责任公司)从事,则依据法律现状,这种做法是没有疑虑的(在法律政策上也许也是没有疑虑的)。

三、设立中社团

1113 通常,在通过授予方式或者在社团登记簿中进行登记而取得权利能力之前,存在着所谓的设立中社团(Vorverein)。这是一种无权利能力的社团。设立中社团与事后取得权利能力的社团之间存在同一性。因此,为设立中社团形成的权利和义务,都直接移转于社团。[16] 权利义务移转之后,为设立中社团从事行为的行为人

---

〔13〕 对于现有的社团,可依据第 43 条第 2 款实现这种限制。有关社团登记簿事项的注销,参见卡·施密特(K. Schmidt)文,载《新法学周报》1993 年,第 1225 页。

〔14〕 《联邦法律公报》第 1 卷,第 2212 页。

〔15〕 参见绍宛(Sauer)文,载《新法学周报》1990 年,第 1028 页;梅尔克勒 - 阿尔伯(Märkele - Alber)文,载《企业顾问》1990 年增刊 2(第 3 期);蒂尔 - 埃弗斯贝格(Thiel-Eversberg)文,载《企业》1990 年,第 290 页。

〔16〕 参见弗卢梅(Flume):《德国民法总论》第 1 卷,第 2 册,§ 5 III4。

因第54条第2句承担的个人责任是否随之消灭,[17]不无疑问。准用联邦最高法院对《有限责任公司法》第11条第2款有关设立中有限责任公司之类似问题的阐述,[18]在通常情况下,大概应认定这种个人责任随之消灭。既然行为人已经为(未来)有权利能力社团[的利益]出现在法律交易中,而该社团是[根据法律规定]承担责任的,那么对方当事人就得到了他原来可期待的东西。

第二节　成员资格

一、取得

可以通过两种途径成为一个具有权利能力社团的成员:要么 1114
参与社团的设立,要么后来加入社团。对于加入社团的条件,章程应当作出规定(第58条第1项)。章程在这方面可以作出形形色色的规定。有时,只要发出简单的入团表示(作为单方面的、需受领的意思表示)即可加入社团;有时,则可要求申请者提出入团申请。在后一种情况下,社团(社团的董事会、接受新会员委员会或成员大会)通常可以任意决定是否接受申请者的申请。在加入社团具有重要意义的情况下,也可能适用强制接纳(Aufnahmezwang)原则。例如,对于职业代表协会即适用此项原则;或在加入某个社团是获得公共津贴之前提的情况下(如某些青少年联合会或体育协会),亦然。

如果拒绝某人加入某个社团构成了故意的、违反善良风俗的侵权行为,那么,被拒绝者可以根据第826条、第249条第1句规定要求加入社团。根据联邦最高法院的一项判决,[19]这项请求权

---

〔17〕 参见下文边码1156。
〔18〕 《联邦最高法院民事裁判集》第80卷,第182页。
〔19〕 《联邦最高法院,新法学周报》1969年,第316页。

也适用于非营利性社团，因为第 826 条不仅仅保护财产。不过，要求强制加入某一社团的要件之一，是该社团原则上具有垄断地位（Monopolstellung）。在通常情况下，申请者也应当符合该社团章程所规定的诸项入团条件。不过，如果社团宗旨通过某项“较温和的”章程内容亦可以达成，而申请者非作出不寻常的牺牲无法满足社团所要求的入团条件，则章程所规定的入团限制应例外无效。〔20〕 在个别情况下，即使有关社团不具有垄断地位，但是却“在经济领域或社会领域具有一种突出的权力地位”，以致于对取得成员资格存在重大利益的，申请者甚至也可主张强制接纳。〔21〕 联邦最高法院的一则判例〔22〕认为，在此类情况下，法院也应当根据第 242 条规定，对章程内容进行审查监督。〔23〕 反之，根据联邦最高法院的另一项判例，对于政党，通常不适用强制接纳原则。〔24〕

企业也可以根据《反限制竞争法》第 27 条，依据卡特尔当局作出的命令，要求强行加入经济联合组织或职业联合组织。

二、可能的成员

1115 民法典未对成员的法律资格作出规定。因此，除非章程另有规定，法人、特别是社团，也可以成为社团的成员。这种社团之社团（屋顶社团）叫做“联合会”〔25〕，如德国阿尔卑斯山协会、德国工

---

〔20〕 《联邦最高法院民事裁判集》第 63 卷，第 282 页：自行车俱乐部欲加入德国体育协会，以使该俱乐部能够参加到“有组织的体育交往”中去。

〔21〕 如《联邦最高法院民事裁判集》第 93 卷，第 151 页：冶金工业工会。对该判决的评论，参见罗伊特（Reuter）文，载《法学家报》1985 年，第 536 页。另有《海德堡地方法院，新法学周报》1991 年，第 927 页：城市青年组织。

〔22〕 《联邦最高法院民事裁判集》第 105 卷，第 306 页。

〔23〕 参见默舍尔（Möschel）：《垄断协会与章程监审》，1978 年；邦特（Bunte）文，载《公司法杂志》1991 年，第 316 页。

〔24〕 《联邦最高法院民事裁判集》第 101 卷，第 200 页。

〔25〕 Verbände。当然，有时一般的社团也使用这个概念。

会联合会[26]等。具体说来,我们还可以区分两种类型的联合会,即社团联合会(Vereinsverband)与社团总会(Gesamtverein)。前者由许多小型社团合并而成,即自下而上组合而成;后者则是由一个大型社团通过设立分支性社团形成下属网络。

大型社团通过分设若干个无权利能力的区域小组或者州属小组,往往可以取得类似于上述的效果。这些下属组织往往自己制定有章程,并且通过自己的机关从事行为。根据联邦最高法院的一项判例,[27]可以将此类下属组织视为独立的、无权利能力的社团,因此它们可以依据《民事诉讼法》第50条第2款应诉。[28]

有些联合会的章程中制定有所谓的"成员中介条款"(Mitgliedschaftsvermittlungsklauseln)。这些条款旨在使各个别社团的成员取得联合会的成员资格,并通过这种方式使这些成员隶属于联合会的章程。[29]

三、成员资格的内容

(一)根据章程规定,成员资格往往是参加社团活动以及共同 1116
使用社团财产(如体育俱乐部的财产[30])的前提条件。在法律上,取得成员资格后,就可以以在成员大会上行使投票表决权的方式,参与社团内部的意思形成(interne Willensbildungen)。[31]然而,如果作出决议时涉及到成员与社团之间的某项法律行为或者法律纠纷,则根据第34条规定,该成员不享有投票表决权。第34条所体

---

〔26〕 作为无权利能力的社团,参见下文边码1143。德国工会联合会的成员是本身不具有权利能力的各个工会。

〔27〕 《联邦最高法院民事裁判集》第90卷,第331页。

〔28〕 参见下文边码1141。

〔29〕 参见博伊庭(Beuthien)文,载《公司法杂志》1989年,第255页。

〔30〕 有关对成员资格的保护,参见下文边码1140a。

〔31〕 第32条。参见下文边码1125。

现的法律思想，与第 181 条相似。[32]

1117 根据第 35 条规定，可以约定某个成员享有特殊权利，没有该成员的意思，成员大会不得以决议形式损害该成员的这些特殊权利。不过，在实践中，每个成员维护其成员资格的个别权利要比此类特殊权利[33]具有更为重要的意义。例如，多数成员不得通过决议排除或限制某个成员或者某组成员的投票表决权。[34] 一个成员作为社团的债权人享有的请求权，如要求偿还多付款项的权利，也不受多数票决议的影响。

1118 （二）依第 38 条，成员资格既不得转让，也不得继承；也不得委任他人来行使成员资格权利。由此可见，社团的法人性质并不像股份公司那样明显。在股份公司中，成员资格表现为股票，通常可以自由转移。[35] 不过，根据第 40 条规定，第 38 条并不是强行性规范，亦即章程可以规定成员资格可以转让、可以继承。当然，这一点通常只对那些章程中无入团限制的社团才有意义。[36]

四、成员资格的终结

1119 （一）成员资格除因社团解散及成员死亡（以成员资格不可继承者为限）而终结外，主要的终结事由是退社（Austritt）。由于成员也因成员资格负担义务（通常主要是支付会费），因此不得为退出社团设置过大的困难。所以，第 39 条第 2 款强制性地将章程规定的预告终止期限限制在两年之内。根据民法典规定，退出社团的成员不享有从社团财产中获得补偿的请求权。[37]

---

〔32〕 参见上文边码 954 以下。

〔33〕 此类特殊权利的意义甚微。参见罗伊特（Reuter）：《慕尼黑德国民法典评注》，第 35 条，边码 1 以下。

〔34〕 有关社团开除其成员的问题，参见下文边码 1120。

〔35〕 参见上文边码 1097。

〔36〕 参见上文边码 1114。

〔37〕 这一点不同于民法合伙，第 783 条第 1 款第 2 句。

(二)退社是自愿的,而将成员开除出社团则是强制性的。[38] 1120
一般说来,开除出社团是最严厉的一种纪律处罚措施。许多重要社团都在其章程中保留有以这种方式处罚其成员的权力。[39] 其他形式的"社团处罚措施"(Vereinsstrafen)(如因"损害社团"的行为,或因"损害当事人"的行为),还有警告、罚款或罢免社团职务。对于此类处罚措施的法律归属及其是否具有司法上的可审查性,目前还存在激烈的争论。[40]

---

〔38〕 参见洛·费舍尔(L. Fischer):《开除出社团》,1985 年;格鲁内瓦尔德(Grunewald):《开除出合伙和社团》,1988 年;哈定 - 范·卢克(Hadding-van Look)文,载《公司法杂志》1988 年,第 270 页;文德林 = 施罗德(Wendeling = Schröder)文,载《公司法杂志》1990 年,第 107 页;舒尔茨(Schulze)文,载《新法学周报》1991 年,第 3264 页;格尔林(Gehrlin)文,载《经济法杂志》1994 年,第 852 页;万克(Wank)文,载《法学评论》1994 年,第 356 页。

〔39〕 阿尔伯茨(Alberts)在其刊登在《法学教育》1972 年,第 590 页的文章中,复述了德国足球协会的有关[开除出社的]规定。请参阅。

〔40〕 参见阿道夫森 - 哈斯(Adolphsen - Haas):《普通法院受理体育联合会的制裁纠纷》,载《新法学周报》1996 年,第 2351 页以下;贝克尔(Baecker):《论社团处罚措施的可审查性》,载《新法学周报》1984 年,第 906 页以下;博伊庭(Beuthien):《法院对社团处罚措施和违约金的监控》,载《企业顾问》1968 年,增刊 12;弗卢梅(Flume):《社团处罚措施》,载《伯蒂歇尔(Bötticher)纪念文集》,1969 年,第 101 页以下;哈定(Hadding):《社团法具有公司法上基础还是具有法律行为上的基础?》,载《费舍尔(Fischer)纪念文集》,1979 年,第 165 页以下;拉伦茨(Larenz):《论"社团处罚措施"的合法性》,载《狄茨(Dietz)纪念文集》,1973 年,第 45 页以下;赖波尔德(Leipold):《法院对社团法上纪律处分措施的监督》,载《公司法杂志》1985 年,第 113 页以下;迈尔 = 科尔丁(Meyer = Cording):《社团处罚措施》,1957 年;波普(Popp):《被开除的工会成员(评《联邦最高法院民事裁判集》第 71 卷,第 126 页[上的判决])》,载《法学教育》1980 年,第 798 页以下;罗伊特(Reuter):《社团处罚权的界限》,载《公司法杂志》1980 年,第 101 页以下;同一作者:《开除出社团》,载《新法学周报》1987 年,第 2401 页以下;费韦格(Vieweg):《法院对社团处罚措施及社团决策的审查》,载《法学家报》1984 年,第 167 页以下;同一作者:《兴奋剂与社团法》,载《新法学周报》1991 年,第 1511 页以下;魏特瑙(Weitnauer):《社团处罚措施、违约金与企业处罚》,载《赖因哈特(Reinhardt)纪念文集》,1972 年,第 179 页以下;哈·彼·韦斯特曼(H. P. Westermann):《社团处罚权与一般法》,1972 年;维德曼(Wiedemann):《法院对私的社团权力的监控》,载《法学家报》1968 年,第 219 页以下。

1121 1. 在社团处罚措施的法律归属方面，以弗卢梅[41]为代表的学者认为，单独的社团处罚措施是不合法的。弗卢梅认为，开除出社团只能视作终止[成员资格]关系；罚款只能视作违约金(第 339 条及以下条款、第 315 条)；而名誉处罚则完全是不合法的。社团为了维护其内部的秩序，只能够作出无损有关成员名誉的罚款，而且这种罚款对该成员而言并不构成重大的财产损害。此类微不足道的罚款既不能诉请，也不能予以司法审查。

而通行的学说则认为，社团处罚措施与违约金不是一回事，应当予以分别对待。[42] 通说提出的理由是习惯法上的承认以及实体上的必要性：社团作为一个社会群体，必须有能力对成员之违反群体要求的行为作出反应。[43] 不过，通说也认为，章程通常应当对社团处罚措施作出规定。

1122 有鉴于通说提出的这一要求，通说与弗卢梅观点之间的实质差异就不像乍一看上去那么大了。因为，社团自称的处罚权(或社会群体所作出的合法反应)可以归因于成员对章程的同意，[44]因此是与私法自由原则相吻合的。而且，章程所规定的处罚措施可以以第 134 条、第 138 条(因而是以私法自治的界限)作为衡量标准。例如，联邦最高法院认为，一个工会成员因在企业委员会选举中充当了某张不为工会所支持的名单上的候选人，而将其开除出工会的，这种行为即违反了第 134 条的禁令。联邦最高法院认为，在[与该名单]相竞争的名单除了争取选票以外，并没有敌对性倾向的

---

〔41〕 上文边码 1120 脚注所列著述。

〔42〕 如《联邦最高法院民事裁判集》第 21 卷，第 370 页，第 373 页；《联邦最高法院，新法学周报》1994 年，第 43 页；拉伦茨(Larenz)：《德国民法总论》，§10 Ⅳ，第 173 页。

〔43〕 拉伦茨，同前引书，第 173 页。

〔44〕 依《一般交易条件法》第 23 条第 1 款，《一般交易条件法》不适用。参见《联邦最高法院民事裁判集》第 128 卷，第 93 页。

情况下，开除出工会这种处罚措施违反了《企业组织法》第 20 条第 2 款规定的影响禁令。〔45〕 反之，如果一个工会成员积极参加某个反工会的政党，则开除这个工会成员是合法的行为。〔46〕 社团章程规定的某项处罚措施不合理地侮辱社团成员的，即构成违反第 138 条禁令的行为。联邦最高法院的一则判例〔47〕涉及社团对非成员的处罚权问题。根据此项判例，非成员必须通过法律行为接受社团规则的管辖[社团处罚措施才适用于非成员]。这种接受管辖，即如非成员参加社团举办的某项活动(本案中为赛马)。

只有因重大事由开除出社团[之事项]，才可以例外地不在章程中作出特别规定。对这一原则，大家的看法也许是一致的。〔48〕 因为这种开除只体现了一条一般性的规则：出于重大事由，可以解除长期法律关系。例如，歌咏俱乐部必须有可能把那个五音不全、扫大家歌兴的成员开除出去；政党必须有可能将其公开支持另一个政党的党员开除出党。当然，在此类情形，社团必须具体说明对开除起决定性作用的重大事由，因此法院可以对社团的开除决定进行审查。〔49〕

第 343 条规定的法院减免违约金的权利是否也适用于社团处 1123

---

〔45〕《联邦最高法院民事裁判集》第 71 卷，第 126 页；《联邦最高法院，新法学周报》1981 年，第 2178 页；《联邦最高法院，经济法杂志》1987 年，第 1536 页，第 1540 页。对此提出批评意见的学者如屈布勒(Kübler)：《公司法》，§ 33Ⅳ4c；策尔纳(Zöllner)为“公共交通运输工会”撰写并由该工会发表的专家鉴定书。

〔46〕 如《联邦最高法院，新法学周报》1991 年，第 485 页。但《联邦最高法院，新法学周报》1994 年，第 43 页，对此则有所限制。

〔47〕 参见厄勒斯(Oellers)文，载《经济法杂志》1995 年，第 701 页。案情很有趣！

〔48〕 参见《联邦最高法院民事裁判集》第 9 卷，第 157 页，第 162 页。主要是类推适用第 723 条第 1 款第 2 句、第 737 条。

〔49〕《联邦最高法院，新法学周报》1990 年，第 40 页。

罚措施呢？司法判例审查社团处罚措施有无“明显的不公平现象”，[50]故就此而言，社团处罚措施是在向这一权利靠近。不过我觉得，第343条的保护宗旨也完全适用于社团处罚措施。因此，即使不赞成把社团处罚措施完全视为违约金，也至少应当类推适用第343条规定。

1124 2. 在对社团处罚措施进行司法审查（gerichtliche Überprüfung）时，帝国法院起初采取了非常保守的态度，其理由是社团享有自治权（Vereinsautonomie）。后来，这一保守态度只是有所缓和而已。例如，联邦最高法院的一项判决[51]说道，对于［社团］处罚措施，只应考查“处罚决议在章程中是否有依据、是否遵循了规定的程序、章程中的规定是否违反了法律或善良风俗、处罚是否显失公平”。

但是，这一持续了数十年的保守策略已不能令人信服。因为只有在《民事诉讼法》第1025条及以下条款规定的狭窄的要件下，才能够通过有效约定仲裁法院［管辖的方式］，排除国家的司法管辖。根据《民事诉讼法》第1027条规定，约定仲裁管辖必须订立一项书面的特别协议，亦即仅仅有章程还是不够的。法院也不能以成员已接受章程的管辖为由，拒绝对社团的事实认定进行审查：这种接受无疑并不包括对那些该成员并未实施之行为进行处罚。虽然社团依据其自治权，可以在法律和章程规定的范围内，确定其宗旨并决定达成该宗旨应采取的手段。但是，成员的行为是否与如是决定的东西相符合，是一个必须与这个问题相分开的另外一个问题。联邦最高法院的一项判例[52]也承认，不能剥夺司

〔50〕 如《联邦最高法院民事裁判集》第47卷，第381页，第385页；第75卷，第158页，第159页。

〔51〕 《联邦最高法院民事裁判集》第29卷，第352页，第354页。

〔52〕 《联邦最高法院民事裁判集》第87卷，第337页。

法机关对事实认定的审查权。联邦最高法院的另一项判例[53]认为，在社团具有垄断性的、突出的权力地位的情况下(本案中是化学工业工会)，也应对裁量的行使作更为严厉的审查：开除[出社团](与拒绝他人加入一样[54])必须“具有实质上合理的理由”。而根据《联邦最高法院民事裁判集》第90卷，第92页刊登的案例，董事会在任何情况下都不得开除它的成员。

第三节　社团的意思形成与意思表达

1125 根据第26条第2款，董事会对外代表社团。不过，在重大问题上，在对外从事行为之前，还必须先在内部形成社团的意思。

一、内部的意思形成

(一)根据第32条第1款第1句，社团内部的意思形成通常由成员大会负责，除非章程对管辖权另有规定。在大型社团中，可以设想并且也非常普遍的做法是，不设全体成员大会，而是设立一个代表大会。[55] 在多层次的联合会[56]中，上级联合会的章程也可以限制下级社团的自治权。[57] 社团日常管理方面的事务，一般都由董事会负责处理。根据第28条第1款，对于由多人组成的董事会内部的意思形成，适用与成员大会[内部意思形成]相同的原则。

根据第32条第1款第3句，成员大会通常以决议(BeschluB)的形式作出决定。决议由出席大会成员的过半数通过。弃权

〔53〕《联邦最高法院民事裁判集》第102卷，第265页，第276页以下。类似的判例有《联邦最高法院，新法学周报》1994年，第43页。

〔54〕参见上文边码1141。

〔55〕参见泽克尔(Säcker)：《大型社团的代表问题》，1986年。

〔56〕参见上文边码1115。

〔57〕《联邦宪法法院，法学家报》1992年，第248页。弗卢梅对此提出了批评，文载《法学家报》1992年，第238页。

(Stimmenthaltungen)的意义不无疑虑。依据法律条款的文意,弃权票的效果应与反对票相同。那么,究竟应把弃权票当作反对票,还是应将它们算作赞成票呢?正确的做法也许是把弃权票算入赞成票的范围,因为投弃权票的成员恰恰是不想拒绝[决议]。[58]

1126 第32条第1款第2句(可以在章程中予以排除,第40条)规定,为使决议有效,应在召集通知即邀请书中,标明议事事项。这一规定,主要旨在保护未出席大会的成员免受那些他们无法预见的决议的损害。常见的、一般性的决议预告(议事日程中最后一点"其他")不能够满足这一保护宗旨(亦即只可议,不可决)。但或许可以根据第32条第2款规定,以全体成员的书面同意代替决议。与此项原则相适应,人们有理由认为,未出席大会的成员的书面同意,可以对正常预告的瑕疵予以补正。

1127 (二)第32条第1款第3句规定的简单多数不足以对章程进行变更。根据第33条第1款第1句(可以在章程中予以排除,第40条),变更章程的决议必须由出席大会的成员的四分之三多数[59]才能作出。第41条规定,解散社团的决议也必须由四分之三以上多数表决作出。根据第33条第1款第2句(可以在章程中予以排除,第40条)规定,社团宗旨的变更决议,需要更强的多数才能作出,即必须有全体成员的同意。即使是未出席大会的成员,也必须以书面形式表示同意。这也就是说,如有人投弃权票,即无法达到全票通过。章程中作出不同于这些原则的规定的,宜对这些规定作狭义解释。[60]

---

〔58〕 罗伊特,同前引评注,第32条,边码32;屈布勒,同前引书,§10III2c,第114页;《联邦最高法院民事裁判集》第83卷,第35页。

〔59〕 对多数票的意义,应作出同上文边码1125的理解。

〔60〕 《联邦最高法院民事裁判集》第96卷,第245页[对该判例的评论,参见豪伊塞尔–范·卢克(Haeuser-van Look)文,载《经济法杂志》1986年,第749页];罗伊特(Reuter)文,载《公司法杂志》1987年,第475页。

(三)成员大会召集的频率,通常由章程规定。[61] 第36条援引了章程规定,并规定在社团利益要求的情况下,应召集成员大会。由于对于是否为社团利益所必需这一问题往往存有疑问,因此第37条第1款赋予少数成员一项独立的权利:这些成员——如章程无相反规定,则为成员的十分之一——可以通过书面形式,要求为特定的目的召集成员大会。如果董事会不采纳这一要求,基层法院就可以授权这些持不同意见的成员自行召集成员大会(第37条第2款)。 1128

(四)表决瑕疵的效力如何?疑问很大。[62] 此类瑕疵,首先,可能产生于无效投票。由于投票是一项法律行为,因此它可因欠缺完全行为能力而无效,或因错误而被撤销。其次,导致投票的程序也可能具有瑕疵,如没有邀请全体成员与会、没有遵守章程规定的邀请期间或非成员参加了投票表决等。在资合公司法中,对此类瑕疵必须予以特别主张,而且必须在相对短暂的期限内主张。[63] 社团法中则没有相应的规定。 1129

无疑,《股份法》第241条及以下条款不适用于社团,甚至连准用也不行。[64] 而另一方面,在社团中,决议的无效性——这种无效性可能在较长时间内未被发觉——也可能产生非常糟糕的后果。因此,司法判例使用因果考量或证据考虑来解决这一问题。所谓因果考量,是指:如果个别成员不同的表决行为不可能影响到表决结果,那么他们投票表决的无效性就可忽略不计。如果决议未受形式瑕疵影响之事实是“毋庸置疑”的,那么,即使该瑕疵是成员大会召集过程中或投票表决过程中的形式瑕疵,也不影响决议的有

---

〔61〕 参见第58条第4项。

〔62〕 最新的著述,参见诺阿克(Noack):《合伙与社团中的瑕疵决议》,1989年。

〔63〕 参见《股份法》第241条及以下条款。

〔64〕 《联邦最高法院民事裁判集》第59卷,第369页,第372页;弗卢梅(Flume):《德国民法总论》,第1卷,第2册,§7Ⅷ3。

效性。联邦最高法院的两项判例就是这样判决的。[65] 当然，社团应承担欠缺因果关系的举证责任。联邦最高法院认为，如果成员无异议地接受了有关投票表决的书面记录，那么就应推定[投票表决过程]遵守了程序规定。[66] 弗卢梅认为，如果某项决议因违反旨在保护个别成员利益的规定而无效，那么，只有在受保护的个别成员先前主张这种无效性的情况下，其他人才能主张之。[67]

二、对外代表

1130 (一)根据第26条第2款第1句，董事会(Vorstand)对外代表社团。民法典对由多人组成的董事会[之代表权]的规定并不明了。[68] 通说认为，在章程无其他规定的情况下，适用有关决议的第28条第1款、第32条规定。因此，通说得出的结论是，[对于代表]适用多数票原则，但实际上也得出了[代表社团时]必须作出正式的决议的结论。不过，人们一般并不采纳最后这个结论。毋宁说，全体董事会成员自发的、共同的行为，就足以构成代表社团的行为。[69] 弗卢梅甚至认为，不论“是否作出了某项决议，也不论作出了哪项决议”，只要“由实际存在的董事会成员中的多数人”从事了代表行为，就足以构成代表社团的行为。[70] 根据第28条第2款(强行法[71])，在受领意思表示时，[董事会成员]享有单独代表权。

1131 (二)根据第26条第2款第2句，章程(Satzung)可以以对抗

---

〔65〕《联邦最高法院民事裁判集》第59卷，第369页，第375页：未邀请享有表决权的成员；《联邦最高法院民事裁判集》第49卷，第209页：非成员参加了投票。

〔66〕《联邦最高法院民事裁判集》第49卷，第209页，第212页。

〔67〕弗卢梅，同前引书，§7Ⅶ4，第256页。

〔68〕《股份法》第78条第2款的规定就很清楚。

〔69〕罗伊特，同前引评注，第26条，边码15。

〔70〕弗卢梅，同前引书，§10Ⅱ2a，第361页。

〔71〕参见第40条。

第三人的效力，对（积极）代理权的范围进行限制。不过，根据第70条、第68条规定，如果这种限制既没有在社团登记簿（Vereinsregister）中进行登记，第三人也无法通过其他方式予以知悉（所谓“消极公示性”），那么善意第三人应受到保护。

在内部关系中，虽然董事会也应遵守成员大会作出的简单的、与章程无关的决议；否则，董事会可能在第27条第3款、第665条的范围内承担损害赔偿义务，但是，此类决议通常不具有对抗第三人的效力。例如，一家歌咏俱乐部的成员大会决定在A饭店举办下一场歌唱会时，俱乐部的董事会仍然可以以对抗俱乐部的效力，在A饭店的竞争对手B饭店那里承租场地。只有在B知道俱乐部的上述决议，或者这一决议对他来说是显而易见的情况下，董事会的代表权才能因滥用而不生效力。[72]

（三）根据第27条第1款（可以在章程中予以排除，第40 1132
条），董事会的选任以成员大会的决议（选举）为之。不需要加权多数。第27条第2款规定，任命机关的撤回任命（Widerruf der Bestellung）权是不得排除的。根据民法典规定，任命的撤回也仅需简单多数即可。不过章程往往规定必须有加权多数才能撤回任命。第29条规定，社团欠缺必要的董事会成员时（如因一名董事会成员死亡），可由基层法院临时任命一名紧急董事。

根据第30条规定，除董事会之外，还可任命“处理某些事务 1133
的特别代表人”作为额外的社团机关。第30条规定这样做的前提是章程中制定有相应规定。但是通说认为，只要章程中特别提到了这个代表人的业务范围，这一条件即已具备。

〔72〕 参见上文边码965以下。

第四节　社团的责任

参考文献:它们主要探讨这里不准备作研究的问题,即第31条能否在社团之外适用的问题,尤其是第31条能否适用于非法人性组织的问题。下列著述也涉及社团:冯·巴尔(von Bar):《论法人、法人之机关以及法人之执行辅助人侵权责任的结构》,载《北川善太郎(Zentaro Kitagawa)纪念文集》,1992年,第279页以下;冯·克默雷尔(von Caemmerer):《客观的责任、归责能力与“机关责任”》,载《弗卢梅(Flume)纪念文集》第一卷,1978年,第359页以下;科英(Coing):《法人的代表制度及其依民法典第31条的责任》,载《罗·费舍尔(R. Fischer)纪念文集》,1979年,第65页以下;格茨(Götz):《社团相对于其成员的责任》,载《法学教育》,1995年,第105页以下;兰德韦尔(Landwehr):《法人对组织瑕疵的责任》,载《民法实务档案》第164卷,1964年,第482页以下;马蒂内克(Martinek):《代表人责任》,1979年;梅迪库斯(Medicus):《论机关人员自身的侵权责任》,载《维·洛伦茨(W. Lorenz)纪念文集》,1991年,第155页以下;尼奇克(Nitschke):《第31条所包含的法律思想可适用于一切企业载体》,载《新法学周报》,1969年,第1737页以下;施泰因多夫(Steindorff):《代表人和辅助人的失职以及工业领域的质量规制》,载《民法实务档案》第170卷,1970年,第93页以下。

一、代表权与责任

1134 (一)董事会(第30条)在法律行为上(rechtsgeschäftlich)以社

团的名义订立债务合同的，依第 164 条，董事会使社团承担义务。社团[直接]负有履行合同的义务，而毋需具备另外的归责规范(即如第 31 条)。相应地，有关处分行为也依第 164 条对社团产生效力。

(二)董事会在履行义务过程中有过错的，依第 278 条，该过错归属于社团。社团委派其他人履行其债务的，[对这些人的过错]也适用第 278 条规定。正确的看法[73]认为，在这两种情况下，都不需要适用第 31 条规定。第 31 条的文意也不适合于此类情形，因为行为人本人对债权人不负有任何义务，因而也并不对债权人承担损害赔偿义务。尽管如此，通说仍然将第 31 条适用于侵害债权的行为。不过[在我看来，]这或许只是机关说与代表说之争[74]的一种发展结果而已。正确的看法认为，即使在超越代表权的情况下，第 31 条也不可将第 179 条产生的责任扩及至社团。[75] 1135

(三)相反，在社团因非法律行为上的行为，特别是因侵权行为，而承担责任的情况下，第 31 条才真正有了用武之地。在这里，虽然行为人通常必须承担个人责任(如根据第 823 条及以下条款的规定)，然而，受害人并不因此即对社团享有请求权，因此受害人并不能对社团财产下手。这两方面的依据都是由第 31 条提供的。 1136

当然，民法典在这方面的规定有点前后不一致。第 31 条除规定董事会以及董事会成员外，还规定了第 30 条的“其他依章程任命的代表人”[76]。因此，第 31 条仿佛是以代表权为前提的，虽然该条款涉及的恰恰(不同于第 30 条)是非法律行为上的行为。司法判例对此作了纠正，认为第 31 条也包括那些既不属于董事会也 1137

---

〔73〕 如弗卢梅，同前引书，§ 11III5；科英(Staudinger-Coing)：《施陶丁格德国民法典评注》，第 31 条，边码 3，5。

〔74〕 科英，同前引评注，第 31 条，边码 3。

〔75〕 弗卢梅，同前引书，§ 11III3，第 388 页。

〔76〕 参见上文边码 1133。

不具有代表权、但担任领导职务的人员。例如,联邦最高法院的一项判例[77]就一家咨询公司的分公司负责人是否属于"其他依章程任命的代表人"认为,只要"通过一般的企业规程和实践,将法人之重要的、本质的职能交付给该代理人独立地、自负责任地去履行,亦即该代理人以此种方式代表着法人",即可。而在另一个案件中,联邦最高法院(通过第 89 条)判决一家市属医院必须根据第 31 条对该医院的主治医生(该医生并不为该医院从事法律行为)承担责任。[78] 联邦最高法院的另一项判例则将这一原则扩大适用至医院某个专科的领导人。[79] 人们也将这种现象称为"责任代理人"(Haftungsvertreter)[80]。

二、第 31 条的规定

1138 (一)从上文的分析中,几乎就可以看出第 31 条责任的全部要件(Voraussetzungen)了:即某个属于第 31 条范围的人,必须因[实施]某项需负损害赔偿义务的行为,给第三人(这个第三人也可能是社团成员)造成了损害。这即是说,行为人必须符合某一责任规范的全部事实构成。此外,[社团]机关必须是在执行社团事务的过程中给他人造成了损害。也就是说,[行为人]是作为社团机关从事行为的,而不是在私人领域从事行为的。

1139 (二)第 31 条的法律后果(Rechtsfolge)是,社团对于损害承担责任。这一责任并不排除行为人的个人责任。根据第 840 条规定,社团与行为人作为连带债务人承担责任。

三、对组织瑕疵的责任

1140 第 31 条的要件是,行为人是董事会成员,或者他的行为在第

---

〔77〕《联邦最高法院民事裁判集》第 49 卷,第 19 页,第 21 页。

〔78〕《联邦最高法院,新法学周报》1972 年,第 334 页。

〔79〕《联邦最高法院民事裁判集》第 95 卷,第 63 页,第 70 页。

〔80〕不过这不是第 164 条意义上的代理!

30 条之情况下能以任何一种方式归因于章程。[81] 这即是说，第 31 条不适用于某个不具备这种特殊资格或地位的人为社团从事行为的情形。在这种情况下，似乎只能适用第 831 条的规定，而这样就存在免责的可能性。因此，社团似乎就可以通过不派遣董事或其他依章程任命的代表人从事行为，而派遣地位较低的人员从事行为的方式，[人为地]促使对自己更为有利的第 831 条规定的责任发生。对于这一不受欢迎的结果，司法判例很早就采取了抗拒措施，[82] 其做法是：法院审查法人的组织是否适当。对于那些董事会不能够自己履行的重要任务，必须根据第 30 条，依据章程任命一名代表人。怠于此项任命的，则可认定社团具有组织瑕疵，社团即应依第 31 条承担责任。[83]

这一判例与另外一类判例在某些方面有所交叉。后者认为，只要[社团]实际将重要的职能转移给[他人]行使，该他人即可构成第 30 条所称的特别代理人，第 31 条规定即可适用。[84] 只要坚持这一原则，那么社团就直接对行为人承担责任了。这样，社团就不需要通过组织过错[制度]来承担责任了。[85]

四、相对于成员的责任 1140a

社团也可能相对于社团成员承担责任。诚然，由于诸社团机关的活动只具有荣誉职位的性质，因此社团可以对其义务范围作出限制。[86] 不过在通常情况下，社团承担的责任“类似于在积极

---

〔81〕 参见上文边码 1133。

〔82〕 参见瓦恩埃耶尔（Warneyer）：《帝国法院的判例》，1914 年，第 35 号；《帝国法院民事裁判集》第 86 卷，第 136 页，第 137 页。

〔83〕 参见科英，同前引评注，第 31 条，边码 35。

〔84〕 参见上文边码 1137。

〔85〕 诚如科英所言，这是一个相当复杂的思想。参见参考文献所列著述。

〔86〕 《斯图加特州高等法院，新法学周报》1996 年，第 1352 页：当登山游览的导游。

违约情况下承担的责任”[87]，亦即因社团与成员之间的特殊联系而承担责任。在该责任之外，行为人个人是否也须因损害作为“其他权利”的成员资格权，而依第823条第1款承担责任呢？我觉得这种个人责任是很有疑问的。不仅如此，还必须澄清成员资格权因何种行为能受到损害的问题。[88]

---

〔87〕《联邦最高法院民事裁判集》第110卷，第323页，第327页［对该判决的评论，参见格茨（Götz）文，载《法学教育》1995年，第106页］。

〔88〕如妨碍他人使用社团设备（如网球场），能损害其成员资格权吗？有关这方面的详细情况，参见哈贝萨克（Habersack）：《成员资格——权利与“其他”权利》，1996年。

第六十七章　附:无权利能力的社团

参考文献:参见上文第六十六章所列举的一般社团法方面的著述。专门的著述有:德内克(Deneke):《论无权利能力社团的责任》,载《法学评论》,1951 年,第 742 页以下;同一作者:《论工会的责任》,载《企业顾问》,1959 年,第 637 页以下;芬(Fenn):《对相互对立的工会提供民事诉讼上的法律保护——联邦最高法院民事裁判集》,第 42 卷,第 210 页,载《法学教育》,1965 年,第 175 页以下;弗卢梅(Flume):《无权利能力的社团》,载《商法杂志》第 148 卷,1984 年,第 503 页以下;哈布沙伊德(Habscheid):《处在法人与合伙之间的无权利能力社团》,载《民法实务档案》第 155 卷,1956 年,第 375 页以上;康岑(Konzen):《无权利能力社团的土地登记簿能力》,载《法学教育》,1989 年,第 20 页以下;毛勒尔(Maurer):《政党的法律地位》,载《法学教育》,1991 年,第 881 页以下;赖夫(Reiff):《无权利能力的企业团体的责任结构》,1996 年;卡·施密特(K. Schmidt):《无权利能力社团的当事人能力与土地登记簿能力——或者:阻止非登记社团之飞黄腾达》,载《新法学周报》,1984 年,第 2249 页以下;舒尔茨·冯·拉扫尔克斯(Schultze von Lasaulx):《商事交易中的无权利能力社团》,载《阿·舒尔茨(A. Schultze)纪念文集》,1934 年,第 1 页以下;托·舒尔茨(T. Schulz):《无权利能力社团的诉讼能力》,1992 年;汉·舒曼(H. Schumann):《论无权利能力社团的责任》,1956 年;施托尔腾贝格(Stoltenberg):《无权利能力社团的权利能力》,载《德国法学月刊》,1989 年,第 494 页以下;瓦普勒(Wapler):《无权利能力社团作为民事诉讼中的原告》,载《新法学周报》,1961 年,第 439 页以下;魏玛(Weimar):《无权利能力社团的法律问题》,载《德国法月刊》,1975 年,第 288 页以下。

第一节　私法上的规定及存在的问题

无权利能力社团不具有权利能力,因此在有关权利主体的章节中只能作附带性介绍。对此作简短介绍又是有意义的,因为无权利能力社团与有权利能力社团已非常接近。

一、民法典的规定

1141 民法典在规定无权利能力社团时是极其吝啬的。根据第 54 条第 1 句,有关合伙的规定(第 705 条至第 740 条)适用于无权利能力社团。第 54 条第 2 句规定,为无权利能力社团实施法律行为的行为人,应承担个人责任。而根据《民事诉讼法》第 50 条第 2 款,无权利能力社团可以被诉,亦即它具有消极的当事人能力。

这些规定不利于无权利能力社团。这一点在第 54 条第 1 句中表现得特别明显。该句规定援引适用第 705 条及以下条款,旨在将无权利能力社团置于并不适合于这种社团的法律规定的管辖之下。因为任何一个社团——也包括无权利能力的社团——,都需要具备一个法人性质的组织,以使社团独立于它的成员。[1] 而民法合伙则并不具备这种法人性质的组织。在民法合伙中,如有疑问,全体合伙人都必须对任何一项法律行为表示同意[该行为始可实施](第 709 条第 1 款);在对外关系方面,如有疑问,只能由全体合伙人行使共同代理权(第 714 条);任何一个合伙人(第 723 条)或者合伙人的扣押债权人(第 725 条)都随时可以宣布终止合伙;合伙因某个合伙人的死亡(第 728 条)或破产(第 728 条)而解散;退伙的合伙人有权要求[合伙]向他支付清算所得(第 738 条第 1 款第 2 句)。

另外两条规定虽然并非不合适,但却也是不利于无权利能力社团的。第 54 条第 2 句规定行为人须承担个人责任,使为无权利能力社团从事行为的人面临着风险,这样就必然会打击人们从事这种行为的积极性。而《民事诉讼法》第 50 条第 2 款规定无权利能力社团具有消极的当事人能力,一方面便于[原告]向无权利能力社团主张请求权,另一方面却未给无权利能力社团主张其请求权提供任何便利。

二、如是规定的理由

民法典对无权利能力社团作出如此不妥当的、不利的规定,并 1142
非出于立法者的疏忽。毋宁说,这是一种蓄意的做法,其目的在于促使社团取得权利能力。[2] 这一政策,与立法者在 19 世纪末叶对追求政治、宗教或社会宗旨的社团所持的不信任态度有关。在立法者看来,这些社团是"有害于公共利益的组织"[3]。因此,行政机构应有权对追求此类宗旨的社团的登记提出异议(旧版民法

---

〔1〕 参见上文边码 1098。

〔2〕 《立法记录》,参见穆格丹(Mugdan)编:《德国民法典立法材料汇编》,1899 年/1900 年,第 1 卷,第 640 页。

〔3〕 《立法理由书》第 1 卷,第 89 页以下,即穆格丹(Mugdan)编:《德国民法典立法材料汇编》,1899 年/1900 年,第 1 卷,第 401 页。

典第61条第2款);应基层法院请求,每一个社团都必须提交一份成员目录清单(旧版民法典第72条)。法律对登记社团规定的这些监控措施,不得通过放弃登记的做法予以规避。

三、规定的失败

1143 这一规定并没有达到其预期的目标。特别是追求政治宗旨的社团(政党)以及追求社会政策宗旨的社团(雇主联合会,工会),都宁愿舍弃权利能力,而不愿接受当局的监督控制。它们采用无权利能力社团的法律形式,也足以丰衣足食。这主要得益于依第54条第1句应予适用的合伙法在很大程度上是任意法。因此,社团章程可以取代合伙法的规定,为社团设置一个法人性质的规范基础。除此之外,还有一些富于想像力的辅助手段来弥补缺乏权利能力之不足。〔4〕

总的说来,以此种方式产生的组织发挥了良好的功能,比如它使工会得以合法崛起。1919年,当旧版民法典第61条第2款规定(当局有监控的权力)被废止时,也没有发生无权利能力社团一哄而起夺取权利能力的现象。恰恰相反,各政党、雇主联合会以及工会,依然不屑于在社团登记簿中登记,不屑于取得权利能力。显然,无权利能力所产生的不利后果是可以承受的。除此之外,立法者和司法判例也进一步迎合了无权利能力社团的愿望。因此,今天的实际法律状态,已远远不同于民法典想实现的法律状态。这一点也适用于公社团法;在《社团法》第2条第1款中,社团概念与权利能力无关。

---

〔4〕 参见下文边码1150以下。

第二节　现实的法律状态

一、当事人能力

当事人能力，即作为诉讼当事人出现在法院的能力。这方面的变化最为明显。 1144

（一）起初，立法者（Gesetzgeber）对这个问题作了规定。1967年7月24日的《政党法》[5]赋予政党及其最高一级的区域组织以无限制的（也包括积极的）当事人能力。[6] 根据《劳动诉讼法》第10条，工会、雇主联合会及其协会，在劳动法院领域具有完全的当事人能力。

（二）联邦最高法院（BGH）则提供了其他方面的帮助。

起初，公共服务、交通和运输工会（ÖTV）对敌对的警察工会（GdP）提起诉讼，要求后者停止进行不正当的招徕会员行为。[7] 如果适用《民事诉讼法》第50条第2款，那么，由于原告缺乏积极的当事人能力，因此原告起诉是不合法的，必须予以驳回。在此类情况，有些无权利能力的大型社团找到了一条出路，即将欲诉请实现的请求权让与给受托人，由该受托人作为原告出庭。不过，这条出路是否可行，并非没有疑虑，因为在通常情况下，要求除去妨碍之请求权（也包括第12条、第1004条规定的请求权），是不能单独予以让与的。因此，联邦最高法院在此类案件中不适用《民事诉讼法》第50条的规定。[8] 联邦最高法院认为，只要工会意欲诉请民事法院排除某种妨碍其活动的行为，那么工会也具有积极的 1145

〔5〕 刊登在萨托里乌斯（Sartorius）：《德国宪法与行政法律汇编》，第58号。

〔6〕 但有关不动产登记簿能力的问题，参见莫尔洛克－舒尔特＝特鲁克斯（Morlok－Schulte＝Trux）文，载《新法学周报》1992年，第2058页。

〔7〕 《联邦最高法院民事裁判集》第42卷，第210页（1964年10月6日）。

〔8〕 《联邦最高法院民事裁判集》第42卷，第210页，第216页以下。

当事人能力。联邦最高法院举出的理由是,《基本法》第 9 条第 3 款对工会(另外还有雇主联合会)作了特别强调。

1146 不久以后,公共服务、交通和运输工会再次提起诉讼,但这一次的请求权是金钱请求权,因此毫无疑问是可以让与的。作为上诉法院的科隆州高等法院认为,这一诉讼是不合法的。上诉法院认为,由于公共服务、交通和运输工会能够直接通过将权利让与给受托人的途径,克服[自己不享有积极的当事人能力的]困难,因此这里并不存在"法律上的紧急状态",法官不能对《民事诉讼法》第 50 条进行校正。联邦最高法院并没有采纳上诉法院的这一理由,而是承认工会就可让与的请求权而言也具有积极的当事人能力。[9] 联邦最高法院认为,立法者本身在许多方面对工会作了承认,因此"在实体上弱化"了《民事诉讼法》第 50 条。所以,承认工会完全具有积极的当事人能力,并不是一种仅仅在例外情况下才合法的"违反法律"(contra legem)的法律发展,而是因整体法律制度发生变化而产生的一种结果。因此,不需要存在某种法律上的紧急状态。

1147 [联邦最高法院的]这种论证并不能令人信服。因为,将《民事诉讼法》第 50 条规定与人们对工会之已经变化了的看法相适应,首先无疑是立法者的事情(在这方面也不存在任何政治上的障碍)。在其他情形,立法者也的确扩大了当事人能力的范围。[10] 联邦最高法院[的上述判决]并没有对法官在何种条件下才能自行承担法律适应的任务这一问题提出任何论据。此外,该判决末尾[11]的说明也可能引人误解:"仅应承认拥有很大数量成员的无权利能力社团具有完全当事人能力,还是也应承认其他无权利能

〔9〕《联邦最高法院民事裁判集》第 50 卷,第 325 页。

〔10〕参见上文边码 1144。

〔11〕《联邦最高法院民事裁判集》第 50 卷,第 335 页。

力社团具有完全当事人能力，可以在所不问。”由于联邦最高法院的论据仅仅适合于工会（以及雇主联合会），因此，人们从联邦最高法院的上述判决中，充其量只能得出“不适用《不动产登记簿条例》第47条规定，工会（以及雇主联合会）具有‘不动产登记簿能力’”[12]的结论。[13]《联邦最高法院民事裁判集》第109卷，第15页也正确地强调，无权利能力社团（在本案中：移民共同体）一般不具有积极的当事人能力。[14]

二、权利能力

（一）权利能力是指充当财产载体的能力。现在还不承认无 1148
权利能力社团具有权利能力。如果承认，则不免自相矛盾。因此，在权利能力方面，必须坚持第54条第1句的参引规定，适用合伙法。“无权利能力社团”的财产不属于该社团所有，因为作为权利载体的社团并不存在；财产属于社团成员共同共有（第718条及以下条款）。依第719条第1款，成员不得处分其在社团财产中的财产份额；这一点是符合社团之法人性质的组织的。反之，在不动产、当事人能力以及债务责任等方面，则可能产生一些难题。

（二）在不动产方面，《不动产登记簿条例》第47条规定，每一 1149
个共同权利人都必须进行登记。而由于在民法合伙中不存在按数量确定的份额，因此必须记载“对共同体有决定性意义的法律关系”。该第二个要件是很容易满足的。然而对于较大规模的社团或者成员更迭频繁的社团而言，第一个要件就很难满足了。此类社团有下列两种克服这一困难的途径：

第一，社团设立一家有权利能力的资合公司（rechtsfähige 1150

---

〔12〕参见下文边码1149。

〔13〕参见弗卢梅文，载《商法杂志》第148卷，1984年，第503页，第509页以下；卡·施密特（K. Schmidt）文，载《新法学周报》1984年，第2249页。

〔14〕舒尔茨（Schulz）对这一看法表示怀疑，文载《新法学周报》1990年，第1983页。

Kapitalgesellschaft)(大多是有限责任公司)。然后,将不动产(通常也还包括其他价值昂贵的财产)作为出资投入到该公司中去。这样,有限责任公司作为单独所有人登记在不动产登记簿中,而社团的成员则毋需登记在任何簿册之中。社团的财产,便是[社团]对有限责任公司所持的股份。

1151 第二,无权利能力社团将不动产(有时还包括其他财产)转让给一个可靠的自然人作为受托人(Treuhänder,如"司库")。在这种情况下,只有受托人才是所有权人,因此也只有受托人被登记在不动产登记簿中。不过,在信托财产方面,受托人必须根据信托合同(在本质上受委托法管辖)的规定,遵循社团的指示。社团的财产,便是[社团]对受托人的请求权。

1152 在这两种方案中,第一种方案更佳,因为在第二种方案中,[社团]可能会与受托人的债权人发生麻烦,而且在受托人死亡时也会出现困难。因此,各个工会都设有一个"财产载体股份公司"。如设在法兰克福的"公益经济参股股份公司"。不过,因"新家园"* 计划的失败,这一公司的参股财产大幅度减少。

1153 (三)除非违反《民事诉讼法》第 50 条规定,承认无权利能力社团具有积极的当事人能力,[15] 否则,成员数量较大的无权利能力社团实际上是无法自行提起诉讼的。不过在这方面,上文边码 1150 以下论述的两种方案(设立有限责任公司、委任受托人)(die GmbH-oder die Treuhandlösung)同样可以解决问题。这样,作为原告出庭的,就只有有限责任公司或受托人。只有在不可让与的权

---

〔15〕 参见上文边码 1144 以下。

* "新家园"(Neue Heimat),成立于 1926 年。前联邦德国的一家建筑企业集团,属德国工会联合会所有。20 世纪 80 年代初,因集团董事会行为不当致企业发生经济危机。"新家园"事件前后,德国国内对工会及其经营的公益经济实体曾展开过激烈争论。——译者注

利方面可能会出现困难。[16] 在这种情况下，或许收取授权制度[17]能够帮助解决问题。

(四)一个人的财产，同时标明了为这个人的债务承担责任的客体。严格说来，不存在“无权利能力社团”的债务，而只存在社团董事会或其他人发生的债务。关键的问题是，对这些债务，仅由受共同共有约束的社团财产承担责任，还是也应由每个成员个人承担责任。如债务是通过法律行为发生的，这个问题取决于董事会所享有的代表权的范围。民法典第714条对这个问题仅仅作了任意性规定。那些得到良好咨询的无权利能力社团利用这一事实为自己谋取利益。这些社团在章程中规定：董事会仅有权从事有关社团财产的行为。这样，对法律行为上的行为[18]而言，无权利能力社团[承担的义务和责任]类似于有权利能力的社团。这一方案也被适用于章程未对代表权作明确限制的情形。[19] 1154

不过，以此种方式实现的责任限制，只适用于无权利能力的非营利性社团(Idealverein)。对于无权利能力的营利性社团(Wirtschaftsverein)，通说[20]正确地认为，社团成员应承担无限的个人责任。在这一点上，立法者的历史意思并未为新的价值判断所取代。相反，引导经济活动采用商法规定的法律形式的动机，与其说是过时了，还不如说现在更显迫切。 1155

[16] 参见上文边码1145。

[17] 参见上文边码1008。

[18] 对于其他行为，参见下文边码1157。

[19] 《帝国法院民事裁判集》第63卷，第62页中已显示出这一思路，这在《帝国法院民事裁判集》第143卷，第212页中表现得更为明显。参见科英(Staudinger-Coing)：《施陶丁格德国民法典评注》，第54条，边码51以下。有关论据，也参见拉伦茨(Larenz)：《德国民法总论》，§10 Ⅵ3，第185页以下。

[20] 如科英，同前引评注，第54条，边码54(附有说明材料)。通常也包括弗卢梅(Flume)，文载《商法杂志》第148卷，第503页，第519页。

1156 除此之外，对于一切无权利能力的社团（仅政党除外[21]）来说，都应注意第 54 条第 2 句之明文规定：以法律行为方式为社团从事行为的人，也应承担个人责任；多数行为人作为连带债务人承担责任。章程不得以任何方式排除这一责任。因此，[行为人]只有可能与各个合同当事人约定排除这种责任。

三、非法律行为上的责任

1157 今天，对于民法合伙的合伙人如何对另一个合伙人的侵权行为承担责任这一问题，争论十分激烈。一种流行甚广的观点认为，对此应准用第 31 条规定。而对于第 31 条规定应准用于无权利能力社团的看法，学术界几乎没有分歧。[22] 大家一致认为，这样一种社团（亦即财产受共同共有关系约束的社团成员），对于其董事会成员或其"责任代理人"[23]因实施需负赔偿义务的行为而给第三人造成的损害，须承担责任。比如，工会组织非法罢工的，必须依第 31 条为罢工领导人承担责任，依第 831 条为罢工纠察员承担责任。[24] 在这里，行为人的个人责任并不能被排除，这一点与有权利能力社团的情形无异。[25]

四、其他问题

1158 在其他问题上，章程一般也排除合伙法的适用，或者合伙法视作被排除适用。[26] 这样，在结果上，对无权利能力的非营利性社团，主要适用社团法，即第 24 条至第 53 条中的大多数规定。只有

---

〔21〕 参见《政党法》第 37 条。

〔22〕 如弗卢梅（Flume）：《德国民法总论》，第 1 卷，第 2 册，§11，Ⅲ4；屈布勒（Kübler）：《公司法》，§11 Ⅲ4；拉伦茨，同前引书，§10 Ⅵ4，第 187 页；科柯英，同前引评注，第 54 条，边码 71。

〔23〕 参见上文边码 1137。

〔24〕 《联邦劳动法院，新法学周报》1989 年，第 57 页。

〔25〕 参见上文边码 1139。

〔26〕 参见拉伦茨，同前引书，§10 Ⅵ，第 180 页以下。弗卢梅异于前者之观点，主要在于思路，而非在于结论；文载《商法杂志》第 148 卷，第 503 页，第 507 页以下。

有关权利能力丧失(第 42 条至第 44 条)和登记(第 55 条至第 79 条)的规定,依其性质不适用。

例如,无权利能力的社团(确切地说应该是:财产受共同共有关系约束的诸成员)也由董事会代表(vertreten)(第 26 条及以下条款)。内部意思也原则上通过成员大会形成(第 32 条及以下条款)。成员资格通常是不可转让的;成员退出社团的权利由强行法保障(第 38 条及以下条款[27])。

只有对无权利能力的营利性社团(nichtrechtsfähiger 1159
Wirtschaftsverein),才在很大程度上适用合伙法(这里通常是无限公司法)。[28] 因此,人们不能简单地以无权利能力的非营利性社团具有法人性质的组织结构为由,来说明排除合伙法适用[于这种社团]的原因:[29]营利性社团不是也同样具有这种组织结构吗?毋宁说,关键的因素是,只有在无权利能力的非营利性社团之情形,才既不存在重要的债权人利益,也不存在其他具有现实意义的原因,要求必须适用合伙法。因此,正确的观点认为,第 39 条第 2 款不适用于无权利能力的营利性社团。[30] 由于在无权利能力的营利性社团,退社的成员有权根据第 54 条第 1 句、第 738 条第 1 款第 2 句规定,请求清算所得,而登记社团不必向退社的成员支付补偿金,因此,在成员资格方面,可以要求前者的成员比后者的成员接受更长时间的约束。

---

〔27〕 弗卢梅认为应有所限制,文载《商法杂志》第 148 卷,第 503 页,第 522 页。

〔28〕 参见科英,同前引评注,第 54 条,边码 49。

〔29〕 拉伦茨的看法是正确的,同前引书,第 186 页。

〔30〕 弗卢梅文,载《商法杂志》第 148 卷,第 503 页,第 520 页;弗卢梅文,载《法学家报》1985 年,第 470 页,第 473 页。也请参见《联邦最高法院,新法学周报》1979 年,第 2304 页。

第六十八章　有权利能力的财团

参考文献：安德里克(Andrick)：《财团法与国家监督……》，1988年；汉·于·贝克尔(H. J. Becker)：《施泰德尔条款*（民法典第84条）》，载《许布纳(Hübner)纪念文集》，1984年，第21页以下；贝尔克尔(Berkel)等：《财团手册》，1989年第3版；贝恩特(Berndt)：《财团与企业》，1986年第4版；埃伯斯巴赫(Ebersbach)：《德国财团法手册》，1972年；埃尔普(Erb)：《募集财产与财团》，1971年；弗莱米希(Flämig)：《通过财团式组织继受企业》，载《企业》，1978年增刊22；赫内尔克斯(Hennerkes)、布林茨(Brinz)、索尔格(Sorg)：《财团作为家庭企业的法律形态》，载《企业》，1986年，第2217页；第2269页；赫内克斯(Hennerkes)、席费尔(Schiffer)、福克斯(Fuchs)：《财团当局实践中对与企业相关联的家庭财团的不同对待》，载《企业顾问》，1995年，第209页以下；戈尔德勒(Goerdeler)：《企业性质财团诸问题》，载《孔策(Kuntze)纪念文集》，1969年，第209页以下；

* 得名于施泰德尔(Städel)。施氏系德国银行家，他曾立一个尚不存在的（即有待设立的）法人为其继承人或受遗赠人。——译者注

同一作者:《论企业载体财团诸问题》,载《新法学周报》,1992年,第1487页以下;科尔(Kohl):《我们需要一个财团康采恩法吗?》,载《新法学周报》,1992年,第1922页以下;克龙克(Kronke):《论企业载体财团的问题》,1988年;莱斯纳(Leisner):《司法判例中的财团》,3卷本,1980年至1985年;利尔曼(Liermann):《财团法手册》,第一卷(963年:历史);迈尔·措·赫尔斯特(Meyer zu Hörste):《家庭财团作为财产永久化的技术》,哥廷根大学1976年博士论文;罗伊特(Reuter):《企业延续的私法障碍》,1973年;沙伊英(Scheying):《财团企业作为一种企业关系新观念的基础》,载《企业》,1983年,第1412页以下;辛德勒(Schindler):《家庭财团》,1974年;卡·施密特(K. Schmidt):《财团实践欲何处去?》,载《企业》,1987年,第261页以下;赛法尔特(Seifart):《财团中的财产管理》,载《企业顾问》,1987年,第1889页以下;同一作者(编):《财团法手册》,1987年;索尔格(Sorg):《家庭财团》,1984年;同一作者:《家庭财团现在还有生存的希望吗?》,载《企业顾问》,1983年,第1620页以下;施特里克罗德(Strickrodt):《财团法》,1977年;同一作者:《重新调整财团法吗?》,载《法学评论》,1962年,第285页以下;图尔纳(Turner):《财团:一种着眼于未来之财产拘束的可能性》,载《企业》,1995年,第413页以下。也请参见刊登在《继承法杂志》,1995年,第206页以下的文章;魏玛-盖茨豪斯-德尔普(Weimar-Geitzhaus-Delp):《财团两合公司作为企业形式》,载《企业顾问》,1986年,第1199页以下;齐默尔曼(Zimmermann):《北莱茵-威斯特法伦州的家庭财团》,载《法律政策杂志》,1976年,第300页以下(内附有趣的数字)。

第一节　财团的作用

1160　一、“财团”* 一词很容易使人联想到虔诚的慈善行为。但是财团与社团法[1]不同，从事营利性活动(wirtschaftliche Betätigung)并不是拒绝赋予其权利能力的理由。比如，有权利能力的财团往往从事营利性的商业行为，[2]而虔诚的慈善行为则大多采用其他活动形式。

这些形式，如非独立的(无权利能力的)财团(unselbständige Stiftung)即是。在这里，捐赠人将一笔财产移转给某个人——往往是某个机构——，规定将该笔财产用于其确定的目的。这种捐赠行为可以发生在生前，因而构成第 525 条及以下条款规定的附负担的赠与行为；它也可以是一种死因赠与(设立继承人或为遗赠)，因而构成第 2192 条及以下条款规定的负担。当然，在这两种情况下，强行要求履行负担，并不是一件很容易的事。无论如何，受领财产的人是赠予财产的信托所有人。第 80 条及以下条款至少不能直接适用。不过各州的法律对此另有规定。

1161　也应当将(无权利能力的)募集财产(Sammelvermögen)与财团区分开来。所谓募集财产，是指由公共机关为某种暂时性的宗旨(如灾难救助)筹集的资金。至于谁有权使用这些资金，则要视具体情况而定。这种募集财产的性质，可以是向收集人所为之赠予，可以是将财产作信托移转，也可以是在民法合伙之框架内形成

---

[1] 第 22 条，参见上文边码 1109。

[2] 参见下文边码 1170 以下。

* 德文原文为 Stiftung。这个词在日常用语中意为“基金会”。

捐赠人的共同共有所有权[3][4]。民法典仅在第1914条中规定了[为募集财产]设置保佐人的可能性。

二、财团依第80条及以下条款所具备的法律功能(die rechtliche Funktion der Stiftung),应置于下列背景下加以认识。一个人可以通过遗嘱决定谁应当获得他的财产。他也可以为受益人设定负担,即如将某个他信任的人指定为遗嘱执行人(第2197条及以下条款),并委托该遗嘱执行人管理遗产。不过,这些措施以及其他类似措施在时间上以30年为限,或者以一个自然人的有生之年为限。[5] 超过这个期限后,“死者对生者的统治”就应一劳永逸地结束,生者应根据其自己的意思行事。 1162

而财团则提供了使一个人的意思(同时往往还有捐赠者的姓名)永垂不朽的可能性。在财团中,确定捐赠行为的宗旨,可不受时间方面的限制(第85条)。只有在实现捐赠宗旨已成为不可能,或者实现捐赠宗旨有损于公共利益的情况下(第87条第1款),才能对[财团宗旨]作出变更。即使在作这种变更时,也应当尽可能考虑捐赠人本来的意图(第87条第2款)。当然,在现实生活中,许多财团出于其他方面的原因而昙花一现:人们往往将财团的财产“稳操胜券地”投资于养老金证券,而用这些证券的收益来促进捐赠宗旨;然而,这些证券却因通货膨胀而贬值。

三、以前,设立财团往往是为了实现某个次要目的,这就是避免缴纳遗产税。既然将财产移转给了“不朽的”财团,这些财产就不会再被代代继承,因而也不会再缴纳遗产税了。不过,现在立法者已经填补了这一漏洞。根据《遗产税法》第1条第1款第4项和 1163

---

〔3〕 最后一种可能性尤见于在较小范围内所为的集资行为,如在企业内部为购买庆典礼物而集资。

〔4〕 参见劳克斯(Laux):《募集财产》,载《法学家报》1953年,第214页以下。

〔5〕 参见第2109条、第2162条及以下条款、第2210条。

第9条第1款第4项,那些主要服务于某个家庭或某些家庭利益的财团(以及社团),其财产每30年须缴纳一次遗产税。诚然,根据《遗产税法》第15条第2款第3句,对这一税种适用比较优惠的税率。举例说,财团财产为1000万马克的,税率为15%。这样,从1000万马克的财团财产中,每年须拿出5万马克来缴付遗产税。

1164 四、总而言之,可以把有权利能力的财团称为法律上独立的、服务于某个特定目的的财产。在法律实践中,我们国家目前大约拥有300个大型财团,另外还有许多小型财团。

第二节 捐赠行为

1165 财团可以在生前或者以死因处分设立。无论在何种情形,都必须征得(依州法确定的)财团当局的批准,财团才能取得权利能力(第80条)。捐助行为的内容,包括目的的确定、财团的组织以及财产的允诺。[6]

1166 一、生前的捐赠行为(Stiftungsgeschäft unter Lebenden)是一项通过毋需受领的意思表示所为的单方法律行为(又有谁能是捐赠人的相对人呢?)。第81条第1款规定生前捐赠行为应采用书面形式。第81条第2款规定捐赠人撤回捐赠行为的可能性。根据第82条第1句,财团的设立一经获得许可,捐赠人就有义务提供允诺的财产。[7] 根据第82条第2句,以合同即可让与的权利(如债权,第398条),毋须其他履行行为,[在许可之时直接]移转于

---

〔6〕 至少在通常情况下需允诺提供财产。参见拉伦茨(Larenz):《德国民法总论》,§11,第193页,脚注7;弗卢梅(Flume):《德国民法总论》,第1卷,第2册,§4V3,第140页。

〔7〕 这是一种通过单方法律行为承担义务的行为。

财团。不过捐赠人可以排除这种法定取得权利的方式。

二、以死因处分为捐赠行为（Stiftungsgeschäft von Todes wegen）的（第 83 条），通过订立遗嘱或继承合同为之。在捐赠人——如经常发生的那样——立财团为其继承人的情况下，可能会与第 1923 条第 1 款发生冲突，因为财团形成于颁发许可证之时，亦即在继承发生的时候，财团还没有“生活”，因此不能成为继承人。不过第 84 条解决了这个难题。根据该条规定，就捐赠人的捐赠行为而言，财团视为在捐赠人死亡之前已经设立，因而它是具有继承能力的。 1167

第三节　运作中的财团

一、管理

第 86 条通过参引适用社团法，表明财团由董事会代表（第 26 条）。当然，由于财团没有成员，因此财团的董事会也不可能由成员大会任命。正因如此，第 86 条没有援引第 27 条第 1 款和第 2 款规定。此外，民法典中也没有关于财团董事任命方面的规定（第 29 条只适用于过渡时期）。因此，在实施捐赠行为时必须对这个问题作出规定，除非可以适用各州的法律规定。〔8〕财团与社团一样，也根据第 31 条规定对董事会负责。 1168

二、受益人

在许多财团中，财团财产的收益应由特定的人获得。这些人叫做受益人。受益人可以是被继承人的亲属［尤其是在家族财团（Familienstiftung）中］。但财团也可以追求一般性的慈善目的，如资助捐赠人家乡的穷人或向大学生提供奖学金。在此类情形，财 1169

---

〔8〕 否则，财团不能获得许可：罗伊特（Reuter）：《慕尼黑德国民法典评注》，第 86 条，边码 2。

团的活动就可能具有公益性质,因此可以获得广泛的税收优惠。

捐赠行为中详细列出受益人的,可类推适用第 328 条规定,受益人对财团享有一项可以诉请的请求权。[9] 捐赠人甚至可以实现其下列意思:受益人有权抗拒对捐赠目的作不利于受益人的变更。[10]

三、财团与企业

1170 (一)许多财团的宗旨,往往并不是或者并不主要是赚取可用于分配的利润。毋宁说,有时设立财团是为了保障某个企业主的毕生事业,企业主将企业移转给一个财团,以防止企业主的继承人从事有损企业的行为。[11] 这样,只有财团的董事会(大多由专家组成)才能对企业施加影响,而继承人则既不能侵夺企业的财产,也无法以出售股份的形式使企业财产落入他人之手。

除这些旨在对企业施加影响的财团外(如卡尔·蔡斯财团),财团也可以纯粹依附于某个企业:企业只管赚取利润,而用这些利润来达成财团真正的目的。这种财团,如战后设立的几个旨在促进科研的财团(如大众汽车基金会,蒂森基金会)。

1171 (二)除了上述分类外,还可根据企业与财团之间的法律联系进行分类,主要有两种类型。

一类是(比较少见的)企业载体财团(Unternehmensträgerstiftungen)。在这种财团中,有权利能力的财团本身就是企业的载体。这即是说,企业的不动产和机器设备都直接属于财团所有;财团是债权的权利人、债务的义务人。第三人不可能对企业参股。这种情况,可能会在筹措自有资本方面产生一些困难。

1172 另一类是(比较常见的)参股载体财团(Beteiligungstr-

---

〔9〕 拉伦茨,同前引书,§11,第 193 页。

〔10〕《联邦最高法院民事裁判集》第 99 卷,第 344 页。

〔11〕 企业的品质并不总能维持若干代。

ägerstiftung)。在这种财团中,企业的真正载体是一家商事公司,大多是两合公司或有限责任公司。公司的董事会领导着企业。财团只是对这个载体公司的资本进行参股。财团能否能企业施加影响,取决于财团对企业的参股程度。[12] 在这种财团中,可以通过其他的、财团之外的股东的参股,筹措额外的自有资本。

〔12〕 除非自始就排除了施加影响的可能性,如财团只持有无表决权的股票。

第五编

权利客体

1173 民法典第 90 条至第 103 条对权利客体及几个相关问题的规定是简短的,主要限于有形的权利客体(= 物),而对无形的权利客体(= 权利)却未加以规定。[1] 此外,这些规定也不很清晰,因为它们主要确定了一些概念,而这些概念的法律意义却产生于其他规定(尤其是第 946 条及以下条款)。从内容方面来看,第 90 条至第 98 条是有关物的规定,第 99 条至第 103 条是有关(也是无形的)收益以及与收益相关的几个问题的规定。

〔1〕 参见上文边码 22。

第六十九章　物

参考文献:布雷歇尔(Brecher):《企业作为权利客体》,1953 年;福尔克尔(Forkel):《对人类身体之部分的处分》,载《法学家报》,1974 年,第 593 页以下;戈尔根斯(Görgens):《人类身体上的人工部分》,载《法学评论》,1980 年,第 140 页以下;海德(Häde):《公共物法》,载《法学教育》,1993 年,第 113 页以下;胡普曼(Hubmann):《企业上的权利》,载《商法杂志》第 117 卷,1955 年,第 41 页以下;哈尔姆斯(Harms):《物、成分、从物——强制执行中的中央供暖装置》,载《法律学习》,1982 年,第 404 页以下;胡塞尔(Husserl):《权利客体》,1933 年;雅科比(Jacobi):《作为法律概念的企业》,1926 年;基尔斯滕(Kirsten):《考虑到技术规范下的民法典第 93 条之成分概念》,1933 年;科尼希(König):《论计算机程序是否具备民法典第 90 条意义上的物的性质》,载《新法学周报》,1989 年,第 2604 页以下;马利(Maly):《论计算机程序是否具备民法典第 90 条意义上的物的性质》,载《企业顾问》,1991 年,第 432 页以下;科尔特(Kort):《软件是物吗?》,载《企业》,1994 年,第 1505 页以下;迈努施(Mainusch):《宗教团体与世界观团体的公共物》,1995 年;米夏埃利斯(Michaelis):《成分之要件和效果》,载《尼佩尔代(Nipperdey)纪念文集》,1965 年,第一卷,第 553 页以下;米勒-亨斯滕贝格(Müller = Hengstenberg):《计算机软件不是物》,载《新法学周报》,1994 年,第 3128 页以下;厄尔特曼(Oertmann):《论聚合物的法律问题》,载《民法实务档案》第 136 卷,1932 年,第 88 页以下;帕皮尔(Papier):《公共物》,载《法律学习》,1979 年,第 93 页以下;派纳(Peine):《公共物法》,载《法学家报》,1996 年,第 350 页以下;第 398 页以下;托·赖泽尔(Th. Raiser):《作为组织的企业》,1969 年[有关评论,参见布雷歇尔(Brecher)文,载《民法实务档案》第 171 卷,第 378 页以下];赖曼(Reimann):《死后取出器官作为一个民法上的难题》,载《屈兴霍夫(Küchenhoff)纪念文集》,1972 年,第 341 页以下;伦克(Renk):《教会财产与公共使用》,载《新行政法杂志》,1990 年,第 38 页以下[有关评论,参见米勒 = 福尔贝尔(Müller = Vollbehr)文,载《新行政法杂志》,1991 年,第 142 页以下];萨姆森(Samson):《尸体器官的移植》,载《新法学周报》,1974 年,第 2030 页以下;肖勒尔(Schoeller):《捐赠者生前捐赠器官之立法建议》,1994 年;许内曼(Schünemann):《对人类身体的权利》,1985 年;西本哈尔(Siebenhaar):《民法典第 95 条第 1 款第 1 句规定的暂时性建筑物》,载《民法实务档案》第 160 卷,1961 年,第 156 页以下;西伯特(Siebert):《企业的从物与不动产的从物》,载《吉塞克(Giesecke)纪念文集》,1958 年,第 59 页以下;斯皮里达吉斯(Spyridakis):《论物之成分问题》,1966 年;施特雷茨(Strätz):《死者法律地位之民法方面,特别考虑到器官移植》,1971 年;陶皮茨(Taupitz):《人类身体中的宝藏属于谁所有?》,载《民法实务档案》第 191 卷,1991 年,第 201 页以下;同一作者:《约翰·摩尔的细胞在美国法院》,载《保险法》,1991 年,第 369 页以下;瓦尔茨(Walz):《对非物的物权?》,载《立法与法学评论季刊》,1986 年,第 131 页以下;维阿克尔(Wieacker):《物之概念、物之一体性以及物之归属》,载《民法实务档案》第 148 卷,1943 年,第 57 页以下;维林(Wieling):《物之附合情形所有权的灭失、休眠与苏醒》,载《法学家报》,1985 年,第 511 页以下;齐利乌斯(Zilius):《论新决算法(商法典第 3 编)中的企业概念》,载《企业》,1986 年,第 1110 页以下。

第一节 物的概念

一、根据第 90 条规定,物“仅指有形物(körperliche Gegenstände)”,亦即——粗略地说——一切可以把握的东西。与物相对应是无形的权利,如请求权。标准软件(即计算机程序)是否属于物(动产)的范畴?这个问题尚有争议。[2] 1174

物的概念的这一定义之所以重要,是因为民法典中有许多关于物的规定,而这些规定不适用于权利。例如,所有权只能存在于物上(第 903 条;而请求权的权利人则叫作“债权人”!);只有物,才能根据第 985 条要求返还之;只有物(动产),才能根据第 929 条及以下条款,可从非权利人(第 932 条及以下条款)处善意取得

〔2〕 参见《联邦最高法院,新法学周报》1993 年,第 2436 页;科尼希(König)文,载《新法学周报》1993 年,第 3121 页;容克尔(Junker)文,载《新法学周报》1993 年,第 824 页;雷德克(Redeker)文,载《新法学周报》1992 年,第 1739 页;科尔特(Kort)、科尼希(König)和马利(Maly)在参考文献中所列的著述。

其所有权(而权利的转让通常根据第398条及以下条款、第413条进行)。

1175 当然,有些物是不能进入法律交易领域的,如自然状态下的空气和水(它们是无法支配的)。所谓公共物(öffentliche Sachen),因贡献行为而脱离私法的管辖,在其目的约束的范围内,对它们适用特殊规则。从世俗法的视角出发,教会财产(res sacrae)也属于公共物的范畴。不过,公共部门的财政资产则不是公共物,因为这些财产并非直接服务于国家目的,而只是间接地通过其收益或出售的价值服务于国家目的。[3]

1176 二、有关物的规定不适用于活着的人的身体。人的身体也包括那些固定于人体的人工器官,如牙填、心脏起搏器等,但不包括可自由取出的全副假牙。身体是"自然人"这一权利主体的物质载体,因此它不能成为他人权利的客体,亦即不能成为权利客体。[4]

1177 尸体是不是物?很成问题。[5] 无论如何,有关物的一般规则不适用于尸体,除非尸体已经变成"非人格化"了的木乃伊或骨骼。因此,死者家属对尸体不享有所有权,而只具有一项不同于所有权的死者照管权利(及义务)。以这一法律地位涉及死者安葬为限,1934年5月15日的《火葬法》[6]对此作了部分规定。

1178 以前,人们将人体组成部分[的法律地位]视同于尸体。然而,随着输血和器官移植行为越来越重要,现在已无法将这一法律上的禁令继续贯彻下去了。毋宁说,现在必须承认献出的血以及取出的、可用于移植的器官为物。这些东西可以成为所有权的客

〔3〕 有关具体问题,参见许布纳(Hübner):《德国民法总论》,边码308以下。

〔4〕 参见迪尔歇尔(Staudinger – H. Dilcher):《施陶丁格德国民法典评注》,第90条,边码14,18。

〔5〕 参见迪尔歇尔,同前引评注,第90条,边码19以下(附有详细的说明材料);许布纳,同前引书,边码288以下。

〔6〕 《帝国法律公报》第1卷,第380页。

体，而且首先是提供这些东西的活人的所有物。对于这些东西的所有权移转，只能适用有关动产所有权移转的规则（第929条及以下条款）。当然，一旦这些东西被转植到他人的身体中去，它们就重新丧失了物的性质。[7]

1991年1月1日之前，民法典中的动物（Tiere）是物。人们往往以民法典不适当忽略了动物的特殊性为由，对这一规定加以攻击。立法者对此作出的反应是制定了第90a条：虽然动物不应再是物，但在缺乏特殊规定的情况下应将它们当作物来对待（否则的话，就不可能对动物享有所有权了！）。[8] 至于所有权人不得“任意”处分（第903条）动物，《动物保护法》早已作了规定（现在，动物保护法将动物评价为“同等生灵”）。所以，第90a条实际上只是一种概念美容术。施特定（Steding）[9]［对这条规定］的积极评价不能令我信服，霍·保利（H. Pauly）[10]对施特定的赞同也不能令我信服。因为，允许人们在租赁房屋中饲养动物，涉及承租人的法律地位，而与动物的法律地位无关。动物是否愿意被饲养在房屋中？饲养在房屋中对动物是否有利？这些问题都是不足挂齿的。民法典第251条第2款第2句、[11]《民事诉讼法》第765a 1178a

---

〔7〕 参见迪尔歇尔，同前引评注，第90条，边码15；许布纳，同前引书，边码287（附有参考文献）；尼克斯多夫（Nixdorf）文，载《保险法》1995年，第740页。有关制定器官移植法的讨论，参见勒姆克（Lemke）：《医药法》，1991年，第281页。有关人体器官买卖是否违反善良风俗的问题，参见约·迈尔（J. Maier）：《人体器官买卖违反善良风俗吗？》，1991年。

〔8〕 参见米厄（Mühe）文，载《新法学周报》1990年，第2238页；洛尔茨（Lorz）文，载《德国法月刊》1990年，第1057页；布劳恩（Braun）文，载《法学教育》1992年，第758页；屈佩尔（Küper）文，载《法学家报》1993年，第435页。

〔9〕 施特定（Steding）文，载《法学教育》1996年，第962页。

〔10〕 霍·保利（H. Pauly），文载《法学教育》1997年，第287页。

〔11〕 动物医疗费的赔偿。但其结果与以前的通说无异。

条和第811c条[12]对动物作了更为具体的规定。有人认为应将动物当作权利主权来对待。这种看法是荒谬的。[13]

第二节 可替代物与可消耗物

1179 在散见于整部民法典的许多规定中,有些规则仅仅适用于可替代物或可消耗物。因此,第91条、第92条对这些概念下了定义,即把它们放在“括弧的前面”[14]。反之,民法典总则编却没有对动产和不动产这组重要得多的概念下定义。

1180 一、依第91条,可替代(vertretbar)物是指在交易中依惯例按数量、容量或重量确定的动产,如某一等级的土豆或取暖油、某些规格或某种材料的螺丝、某一区域或某一年份出产的葡萄酒、[15]某种型号的新汽车(而不是旧汽车)等。在这些物中,依惯例,物不是个别确定的,而是依数量、容量或重量确定的。因此,这些物可以成为消费借贷(第607条第1款)的标的物。在消费借贷中,债权人接受偿还的东西是否他原来给出的东西,在所不问。正因为如此,对有关可替代物的承揽供应合同,应根据买卖法处理(第651条第1款第2句)。在此类合同中,发生疑问时,物的制造人不仅可将制造物供应给定作人,而且也可以供应给其他人。因此,定作人并不是非常急需承揽法上规定的修补权(第633条)。

1181 可代替物与不可替代物的分类,类似于种类之债与特定之债(Gattungs-und Stückschuld)的分类。在通常情况下,对于可替代物

---

〔12〕 应在扣押过程中保护动物。明茨贝格(Münzberg)对此提出了批评,文载《法律政策杂志》1990年,第215页。

〔13〕 参见《汉堡行政法院,新行政法杂志》1988年,第1058页:申请传唤海狗参加一起有关北海污染的行政诉讼。试问:传唤哪些海狗?如何送达?

〔14〕 参见上文边码18。

〔15〕 《联邦最高法院,新法学周报》1985年,第2403页。

设立种类之债,对于不可替代物则设立特定之债。不过当事人可以另行作出约定。例如,当事人可以约定在可替代物(如刚出厂的新汽车)上设立特定之债,因为债权人已用这辆新车作试行驾驶,并确认该车没有任何瑕疵。债务人为履行给付义务而已完成其必要行为的,任何一项种类之债都转变为特定之债(具体化,第243条第2款)。反之,对于不可替代物,也可以设立种类之债,即如一个艺术爱好者要求一个商人[代为]购买"一幅毕加索的画"。第91条对可替代物和不可替代物的区分,是以交易惯例为标准的,亦即以当事人可推测的意思为准。而对特定之债和种类之债的区分,则以当事人真实的、具体的意思为准。

二、依第92条,可消耗(verbrauchbar)物是指通常的使用目的 1182
即在于消耗或让与的动产。根据第92条第2款,有关物所处的具体状态决定着该物是否属于可消耗物。例如,只要连衣裙挂在针织品商店待售,这件连衣裙就是可消耗物。而一旦买受人将这件连衣裙挂在自己家的衣柜中,它就丧失了这一性质。〔16〕

区分可消耗物与不可消耗物,主要对可消耗物上的使用权有意义。由于可消耗物通常的用途就在于消耗,因此使用权人有权作为所有权人消耗该物的实体。不过,使用权人必须赔偿可消耗物的价值。〔17〕

第三节　物的整体性

一、第93条及以下条款的功能

在经济上作为一个整体出现的东西,往往是由若干件单个物 1183

〔16〕 因使用而[逐渐消耗]用旧物的,尚不足以构成第92条规定的要件。就此可言,用"消费者"来称呼最终买受人是引人误解的。

〔17〕 如第1067条、第1075条第2款、第1086条第2句。也参见第706条第2款。

组合而成的。例如,图书馆由许许多多书籍组成;建筑物由砖、慕尼埃*铁(Moniereisen)、椽、瓦、窗等等组成;机动车由底盘、发动机、轮辋、轮胎等等组成。将此类聚合物加以摧毁会产生损害。如残缺不全的联邦最高法院民事裁判集汇编就会失去其价值;只有摧毁房屋,才能将慕尼埃铁取下;卸下汽车上的发动机,汽车就无法行驶。有鉴于此,任何一个国家的法律制度都必须对下列两个问题进行调整:

1184 (一)第一个问题涉及维持业已形成的物之整体状态。在何种情况下,应通过强行法的规定,不让人们摧毁物的整体性?第93条至96条对这个问题给出了答案。[18] 或者,至少应通过任意法规定("发生疑问时")来维持这种整体性吗?第97条、第98条规定处理这个问题。[19]

1185 (二)第二个问题涉及一个法律技术上的难题:如何才能确保物维持其整体状态?在物的某些部分属于其他人所有的情况下,该物就永远存在着四分五裂的危险。因为在这种情况下,一件物的所有权人有权要求剩余物的所有权人返还该物(所有权返还请求权,第985条)。举例说,供应商在所有权保留条件下向房屋所有人供应慕尼埃铁,而房屋所有人未支付贷款的,供应商实现其请求权就必然会摧毁房屋。即使房屋所有人支付剩余货款,也无法避免摧毁房屋的后果发生:由于房屋所有人延迟支付货款,买卖合同可能已经根据第455条、第326条规定因解除而终结,因此取得所有权的条件再也无法成就了。[20]

1186 罗马法为解决这个问题提出了两种不同的方案。一是保持所

---

〔18〕 参见下文边码1187以下。

〔19〕 参见下文边码1196以下。

〔20〕 参见上文边码833。

* 即钢筋混凝土。慕尼埃(Monier)为法国建筑工程师,钢筋混凝土构件的主要发明者之一,同时也是钢筋混凝土构造原理及理论的奠基人。——译者注

有权状态不变,但在附合状态持续期间,所有物返还请求权延缓行使。二是将合成物的各个部分视作唯一一个权利客体,在这个权利客体上只能存在一个统一的所有权;这样,因所有权状态具有整体性,因此不得行使返还所有物的请求权。在这两种方案中,德国民法典采纳在后一种方案。第93条至第96条对重要成分(wesentlicher Bestandteil)作了规定。法律排除了重要成分自己获得法律命运的可能性,因此也排除了主张返还[重要成分作为所有物]的可能性。在这个意义上,第93条规定:重要成分不能成为特别权利的客体。

二、重要成分

(一)依第93条,所谓重要成分,是指"如不毁损其物的一部分或另一部分,或变更其性质,就不能与物相互分离"的组成部分。物的重要成分只能与物共享法律上的命运。法律对重要成分的这一表述与一般的语言用法迥异。我们一般所称的重要成分,并不涉及该成分对整体物发挥作用所具有的重要性。例如,我们说发动机和轮子是汽车的重要组成部分,因为如果汽车没有发动机和轮子就不能行驶。我们一般所说的非重要成分是指"次要的东西",如汽车收音机或保护性覆盖面料,它们对汽车的驾驶性能毫无影响。 1187

而第93条则是以[物的]各个部分的功能(Funktionieren der Einzelteile)为标准的。这样,重要成分这一概念[要比其在日常用语中的意义]狭窄得多。就汽车而言,这里应当提出的问题是:轮子或发动机是不是汽车底盘的重要成分?一般不是。因为轮子和发动机大多只是用螺丝与汽车底盘固定在一起,亦即不毁损这部分或那部分东西,也可以拆除它们之间的联系。这里也并没有变更物的性质,因为汽车底盘在拆除后还是汽车底盘,轮子也还是轮子。反之,只有在拆除行为会毁损某一部分时,才存在重要成分。如慕尼埃铁就是重要成分,因为如将慕尼埃铁取出,水泥板就会粉身碎骨。所谓变更性质,如在被拆除的诸件东西中,至少有一样东西虽然形态上没有被毁损,但是在经济上丧失了可使用性。例如,这台发动机是为某辆特定的赛车或特定的船舶特制的,不能安装使用于其他汽车或船舶。把这台发动机从其适用的汽车或船舶上拆下来后,它就不是一台汽车发动机或船舶发动机了。

1188 (二)人们可以批评说,第 93 条规定过于强调分离了。然而我认为,除了下文边码 1189 马上要探讨的一个方面需要作出校正以外,这种批评意见并不能令人信服。因为第 93 条是一条强行法规定,即使当事人具有相反的意思,它也必须适用。就此而言,下列做法应该是站得住脚的:汽车制造人擅自将发动机或轮子安装在汽车底盘上时,发动机供应人或轮子供应人的所有权留置并不灭失;因为未支付发动机或轮子价金的制造人,在取得所有权方面不应受到法律保护,制造人的债权人也不应受到法律保护。只有那个善意取得由不同所有权人的东西组成的汽车,并且支付了价金的人,才应受到法律保护。这一保护,通常由第 932 条及以下条款予以促成。只有在特殊情况下,即安装在汽车上的某些部分是盗窃物(第 935 条第 1 款)时,取得人才不享受这种保护。

1189 (三)当然,第 93 条规定的两项要件——毁损或变更性质——,是不考虑分离的费用(Kosten der Trennung)的。这即是说,根据该条规定的文意,尽管拆除螺丝的费用比螺丝本身的价值还要大,[螺丝供应人]也仍然有权要求[汽车制造人]返还那些铆住汽车的、处于所有权保留买卖之下的螺丝。所以,这里应当虑及第 948 条第 2 款的评价。根据此款规定,混合物或融合物的分离所需费用过于巨大的,即认定为不能分离。这一原理也适用于第 946 条、第 947 条规定的附合。因此,如果分离所需费用过于昂贵,则附合的各件东西构成重要成分。

三、适用于不动产成分的特殊规则

1190 (一)第 94 条第 1 款第 1 句规定,对于建筑物和土地出产物而言，只要它们与土地之间存在着固定的联系，即可构成土地的重要成分。这一点也适用于所谓的预制装配式房屋（Fertighäuser），[21]但不适用于铁轨。第94条第1款第2句还特别列举了种子和植物。[22]

（二）第94条第2款对土地与成分之间的“法律上的命运共同体”作了明显的扩大。根据此款规定，为建造建筑物而置入［建筑物］的诸物，不问毁损、变更性质和分离费用，直接成为土地的重要成分。这些东西，如门、窗和百叶窗，虽然这些东西都可以重新拆除。根据第94条第2款，属于重要成分范畴的东西还如暖气片和瓦片。前者只要将螺丝拧掉即可拆下，后者只是放置在屋面上而已。

对于“建造”（Herstellung）这一要件，一般的解释都很宽泛。首先，通说认为，只要将一切使建筑物“成为（了）它应该成为的样子或实际成为的样子”[23]的物附合于建筑物，即为建造。这些物可大大超过真正的建筑物范围，如也可包括大型停车场的加油站、旅馆的厨房、大饭店的应急发电机组[24]等。当然，依据联邦最高法院的一项判例，[25]只有在依交易惯例，这些设备的标的物“赋予该建筑物某种烙印，或者它们是为该建筑物特制的，因而与该建筑物构成一个整体”时，才适用上述原则。据此，钟及打钟装置被认为不是教堂不动产的重要成分。内置式厨房同样也被认为不是

---

〔21〕参见迪尔歇尔，同前引评注，第94条，边码9。

〔22〕有关［能源］供应管线，参见下文边码1193。

〔23〕《帝国法院民事裁判集》第150卷，第22页，第26页。

〔24〕《联邦最高法院，新法学周报》1987年，第3178页。

〔25〕《联邦最高法院，新法学周报》1984年，第2277页，第2278页［有关评论，参见格尔哈特（Gerhardt）文，载《法学评论》1985年，第103页］；迪尔歇尔（H. Dilcher）文，载《法学教育》1986年，第185页。

[住宅的]重要成分。[26]

其次,“修缮”也被理解为“建造”。例如,房屋起初是用焦炭取暖的,后来在修缮时安装了燃油取暖设备。[27]

在结果上,第94条规定有利于不动产所有权人的债权人(§94 begünstigt die Gläubiger des Grundstückseigentümers),特别是在不动产上设定抵押权或土地债务的债权人,而不利于建筑房屋的手工业者以及提供建筑材料的供应商。这些供应商实际上不可能留置[其所供材料的]所有权。第648条规定的[建筑承揽人享有的]保全抵押权(此项权利在登记之时才产生,而且与先前登记的权利相比位序在后)并不是一项有效的补偿措施;新制定的第648a条也不能提供可靠的帮助。

1191 (三)不过在另一方面,第95条又大大限制了不动产成分的范围。根据该条规定,下列物不属于不动产成分:

1. 仅为临时目的而附着于土地的物(第95条第1款第1句,所谓[“暂时性建筑”(Zeitbauten)];

2. 在行使他人不动产上的权利过程中(第95条第1款第2句)附着于土地的物;

3. 为临时目的附着于建筑物的物(第95条第2款)。

由于在上述情况下,这些物并不具有不动产成分(不仅仅是重要成分!)的性质,因此人们称这些物为“虚假成分”(Scheinbestandteile)。其中,第1种情形和第3种情形以附着人看不见的意思为标准;在第2种情形,人们虽然可以看到(登记在不动产登记簿中的)权利,但不能同时直接看出这一权利的所有人(而不是不动产所有权人)实施了这种附着行为的事实。因此,在第95条规定的诸种情形中,往往会产生某种虚假的表象。即使是不动产登

---

〔26〕 参见耶格尔(Jaeger)文,载《新法学周报》1995年,第432页。

〔27〕 《联邦最高法院民事裁判集》第53卷,第324页。

记簿产生的公共信赖,也不保护人们免受这种表象的损害。举例说,如土地承租人于收益租赁合同有效期内,在其租赁的土地上建造了一间马厩,则该马厩作为独立的动产,属于承租人所有。现在如出租人将该租赁土地让与给第三人,则第三人不能依第892条取得马厩的所有权,而只能依第926条第2款、第932条的规定取得之。但要满足第926条第2款、第932条的要件,第三人必须在承租人具有相关意思的情况下取得了对马厩的占有(否则就适用于935条第1款!);而在一般情况下,这一点是不可能存在的。

第95条具有重大的现实意义。该条规定的第1种情形和第3种情形(Alternativen1 und 3),既适用于使用租赁的承租人和收益租赁的承租人在其享有占有权期间所修建的建筑物或附合物,而且也适用于以前[战争期间]“西线”的防空掩体设施。[28] “防空掩体案”同时表明,在第95条情形,即使某物与土地的附着关系极其坚固,该物也并不一定是土地的重要成分。当然在其他情况下,这样一种坚固的附着关系可能说明附着人不具有对[该物]仅仅作临时使用的意思。在附着的时间仅仅受到附着物(如开水机)可预测的寿命限制的情况下,也不应认定[附着人]具有这种临时使用的意思。 1192

第2种情形(Alternative 2)主要包括基于役权(大多是依第1018条及以下条款设定的地役权)设置的[能源]供应管线、输油管道、煤气输送管道以及高压电线杆等。这些东西属于[能源]设备的经营者所有。在不存在这种役权的情况下,法律关系就变得复杂了。如果依据第93条、第94条规定,将这些管线视作铺设或架设它们的土地的重要成分,那么,它们就得支离破碎地属于一大批所有人所有。由于第93条、第94条具有强行法性质,因此,如果不付出很高的费用就无法从土地上移走这些管线,那么我们几 1193

〔28〕《联邦最高法院,新法学周报》1956年,第1273页。

乎无法避免上述那种糟糕的结果出现。第95条第1种情形和第3种情形几乎是不可能存在的，因为管线的使用大多是终其寿命的。[29]

1194 (四)第96条规定的是与土地所有权结合的权利，这些权利仅仅是土地的成分，而不是土地的重要成分。赋予这些权利成分性质，对于根据第1120条及以下条款、第1192条第1款规定对抵押权或土地债务承担共同责任，具有意义。第96条所指的权利主要是土地役权(如道路权)，但也包括先买权和物上负担，条件是它们具有主体物权性(subjektiv-dinglich)；[30] 此外还包括地租权。[31]

1195 **四、一般成分**

民法典第93条及以下条款虽然界定了重要成分的范围(第93条至第95条)，并规定了重要成分的法律后果。然而，对于一般成分(非重要成分)，法律仅在第96条中规定了一种适用情形。除此之外，总则编中没有有关法律后果方面的规定。我们只能对第93条规定进行反推，得出非重要成分可以成为特别权利客体的结论。[32] 当然，在通常情况下，根据当事人的意思，一般成分往往应作为纯粹的从物，与其所附合的物一起承担法律命运。比如，出售汽车或者移转汽车所有权时，也直接包括汽车的发动机、轮辋和轮胎。当事人另有他意的，必须明确表达出来。第1120条及以下条款、第1192条第1款规定，一般成分对土地质权承担共同责任。

动产(bewegliche Sache)之一般成分在分离之前能否予以单

---

〔29〕 参见《联邦最高法院民事裁判集》第37卷，第353页，第356页以下；迪尔歇尔，同前引评注，第94条，边码8。

〔30〕 这个概念的意思是：由各自的土地所有权人享有，而并非仅仅为某个特定的人享有；第1094条第2款，第1105条第2款。

〔31〕 《地上权条例》第9条第1款。

〔32〕 迪尔歇尔，同前引评注，第93条，边码33。

独扣押(selbständig gepfändet)？这个问题尚有争议。[33] 我倾向认为可以单独扣押,因为我们应当让合成物占有人的债权人有可能对那些属于债务人所有的成分进行扣押。相反,对不动产一般成分的动产执行无疑是不合法的,因为《民事诉讼法》第 865 条第 2 款第 1 句甚至禁止对不动产从物进行执行。

第四节 从 物

一、从物概念的功能

与诸成分之间的法律联系相比,主物与从物之间的法律联系 1196
更为松散。不过,主物与从物之间也存在某种经济上的联系(wirtschaftlicher Zusammenhang)。例如,根据第 98 条,牲畜是农户的从物,机器是工厂的从物;牲畜和机器的遗失,会对农户和工厂的活动产生重大的不利影响。因此,在[当事人]从事法律行为时,[法律]推测其具有维持这种联系的意思。如依第 314 条规定,就某件物承担义务的,在发生疑问时,该义务也涉及该物之从物;依第 926 条第 1 款,[不动产让与人与取得人之间就不动产所有权移转之]合意,在发生疑问时,同样也涉及[不动产]从物。《民事诉讼法》第 865 条强行规定,必须考虑到主物与从物之间的联系。该条规定将承担共同责任的不动产从物保留给对不动产的执行。从该条规定中受益的主要是抵押权人以及土地债务的债权人,他们可从不动产以及承担共同责任的从物(第 1120 条及以下条款、第 1192 条)[拍卖]所得中优先受偿(《强制执行法》第 10 条第 1 款第 4 项)。

二、从物的界定

第 97 条第 1 款第 1 句对从物作了概括性定义(Definition):不 1197

---

〔33〕 参见迪尔歇尔,同前引评注,第 93 条,边码 35。

是主物的成分,但服务于主物的目的并与主物有相应的空间关系的动产。第 98 条列举了一些重要的例子。第 1 项规定,机器和工具器械是营业企业和工业企业的从物;第 2 项规定,器具、牲畜以及为经营必需的(而非用于出售的)出产品为"农场"的从物。相应地,我们也应将工厂的经营工具视作该工厂用地的从物。〔34〕根据联邦最高法院的一项判决,〔35〕只有企业经营的重点恰恰是在不动产上面进行时,[该企业]才是该不动产的从物。联邦最高法院就是用这一思想,否认了一家现代化运输企业的全部机动车辆是[该企业经营所在之土地的]从物。联邦最高法院认为,在本案中,与在公路上进行的经营活动相比,不动产处于次要地位(不无疑问)。主物与从物属于不同的人所有之事实,则并无意义。

第 97 条第 2 款规定,暂时使用的物,不产生从物的性质。同样,暂时与主物分离,也不会使从物的性质消灭。例如,饭店承租人在旅馆大客车维修期间用自己的私家汽车运送旅馆客人的,该私家汽车并不成为旅馆用地的从物。反之,即使旅馆的大客车在大修期间处于他人的工厂内,它也依然是旅馆用地的从物(因《民事诉讼法》第 865 条第 2 款第 1 句规定而具有重要性)。

第五节　财产与部分财产

1198 一、民法典中有许多规定是以一个人的财产为调整对象的,即如第 310 条及以下条款、第 419 条、第 1085 条、第 1363 条第 2 款、第 1364 条、第 1365 条、第 1373 条及以下条款、第 1922 条第 1 款;

---

〔34〕 但帝国法院认为原材料库存不是工厂用地的从物,参见《帝国法院民事裁判集》第 86 卷,第 326 页,第 329 页。

〔35〕 《联邦最高法院民事裁判集》第 85 卷,第 234 页[有关评论,参见雷拜恩(Rehbein)文,载《法学评论》1983 年,第 280 页]。

此外，其他法律中也有此类规定，如《民事诉讼法》第803条、《破产法》第1条。然而，法律中没有关于财产的概括性规定，即既无定义，也缺乏关于法律后果的一般性规定。此二者也都是不必要的，因为财产概念不会在本质上产生什么困难。一个人的财产包括这个人的物以及有金钱价值的权利。而就具体问题而言，并非一切旨在调整财产的法律规定都是一般无异的，因此对财产无法作出某种概括性的定义。对财产规定概括性的法律后果也是无意义的，特别是并不存在维护财产整体性的理由。这一点有异于物和从物[之间的关系]。一项财产包含的各件东西，不一定非得构成某种经济上的整体不可。这些东西的特征，仅仅在于它们都属于同一个人所有。

二、在个别情况下，一个人也可以拥有若干份具有不同法律性 1199
质的财产。例如，继承人拥有遗产，还拥有其自己的财产；破产债务人既拥有破产财团，也拥有不属于破产范围的财产。在这种情况下，必须将两类财产予以分开。[36] 应加以规范的问题即如：新取得的标的物属于哪一类财产的范围？哪一类财产应用于偿还特定的债务？不过，这方面没有概括性的规则，因而也不存在概括性的规定。

三、一个人将其财产的一部分贡献于某个企业的经营的，该部 1200
分财产即构成一个经济上的整体。因此，从法律政策上看，希望能够维持这些财产标的物的整体性。但根据现行法，只能通过有关成分与从物的规定（尤以第98条第1项为主[37]）来实现这一愿望。由于各类企业形态数以万计，因此无法对企业进行抽象的定

〔36〕 最佳的分开方法是，委托第三人来管理此两类财产中的一类财产，如遗产管理人、破产管理人。

〔37〕 参见上文边码1197。

义，所以也就难以对企业作出包罗万象的规范。[38]

反之，在通常情况下，法律完全可以对哪些标的物属于某个具体企业所有作出规定。因此，一个企业可以被买卖（如一家蔬菜商店、一家玻璃店、一家罐头工厂等）。但是，企业并不是一个可以承受一体性处分行为的权利客体。所以，对企业的转移，准用第1085条有关在某项财产上设定用益权的规定。据此，必须分别根据有关处分规则，对各个标的物进行处分。亦即依第873条、第925条、第926条第1款处分不动产（包括属于让与人所有的从物），依第929条及以下条款处分其他动产，依第398条及以下条款处分债权，等等。只有在被让与企业中既存的劳动关系所产生的权利和义务方面，现在第613a条才将这些权利义务的转移规定为依法律发生的［整体］合同转移。

当然，人们也可以以间接方式使一个企业获得法律上的独立性。这种方式就是将该企业投资于一个法人（如有限责任公司）。这样，通过对法人的股份作出处分，就可以将企业作为一个整体予以转让或在企业上设定负担。

〔38〕 拉伦茨，同前引书，§16 III，第298页。

第七十章　收益、费用和负担

参考文献：阿福尔特(Affolter)：《孳息权》，1911年；鲁·穆林(R. Möhring)：《现行法上的孳息取得，特别是在收益权人变更之时》，1954年科隆大学博士论文；施诺尔·冯·卡罗尔斯费尔德(Schnorr von Carolsfeld)：《出产物取得之社会性构建》，载《民法实务档案》第145卷，1939年，第27页以下。

第一节　收　　益

一、根据多条重要的法律规定，债务人不仅应返还标的物或其所获得的东西，而且还应返还收益。这一原则如适用于第987条、第988条、第990条、第991条第1款规定的所有权人与占有人之间的关系。此外，它还准用于其他情形，如解除(第347条第2句)和买卖合同的解除(第467条第1句)。类似的规定还有适用于遗产占有人的第2020条、第2023条第2款、第2024条。第818条第1款也是一条有关返还收益的重要规定。其他一些规定则与此相反，规定一个人有权使用(如第535条规定承租人有权使用租赁物)或有权享受孳息(如第 1201

581 条第 1 款第 1 句规定收益承租人有权收取孳息)。第 446 条第 1 款第 2 句则对买卖物的收益应从什么时候开始属于买受人所有的问题作了规定。第 99 条、第 100 条对上述规定以及类似规定中使用的概念作了具体确定。

1202 二、"收益"(Nutzungen)是上位概念。根据第 100 条规定,收益除包括孳息[1]外,还包括"依物或权利的使用方法所产生的利益",即"使用利益"(Gebrauchsvorteile)。标的物的使用利益,如依第 535 条由承租人享有的利益:承租人有权使用租赁物,有权使用租赁物致其产生通常的损耗(第 548 条);但承租人不得出让、消耗租赁物,也不得在租赁物上设定负担。所谓权利的使用利益,是指在不耗尽权利的情况下能够从权利[的行使]中产生的利益,如行使股份上的表决权。

1203 三、收益除包括使用利益外,还包括孳息(Früchte)。第 99 条在两个不同层面上对孳息作了区分:一是依据其来源(源于物还是权利),二是依据其获取方法(直接还是间接)。从中产生出下列四个范畴,其相互之间的界定当然是很难理解的。

1204 (一)直接实物孳息(unmittelbare Sachfrüchte)。依第 99 条第 1 款,直接实物孳息包括两类东西。第一类是物的出产物(Erzeugnisse),即由该物的器官出产的东西,如奶牛的牛奶和小牛犊(但不包括奶牛的肉)、果园的果实、林地的木材等。这里,[2]孳息的概念也还包括所谓的"过度孳息"(ÜbermaBfrüchte),即"依通常经营方法不能认为是物的收益"[3]的东西,如林地之过度的、超过树木生长值的木材产量。至于有关主体是否有权收取或保留此类过度孳息,则是另外一个与孳息概念无关的问题。

---

〔1〕 参见下文边码 1203 以下。

〔2〕 不同于第 99 条第 2 款情形,参见下文边码 1206。

〔3〕 第 993 条第 1 款。

第二类直接实物孳息是“其他依物的使用方法获取的收获物(sonstige Ausbeute)”。这些“其他收获物”(sonstige Beute),主要是指土地的无机成分,如砾石、沙、泥;采石场的石头;矿泉水等。[4]

(二)依第99条第3款,间接实物孳息(mittelbare Sachfrüchte)是指物“因法律关系所产生的”收入,即如使用租赁和收益租赁的租金。这即是说,在此类有关物的使用的有偿合同中,收益发生了分裂。收益租赁的承租人取得使用利益以及直接实物孳息(对他而言,这是直接权利孳息[5]);而收益租赁的出租人则取得作为间接实物孳息的租金。 1205

(三)依第99条第2款,直接权利孳息(unmittelbare Rechtsfrüchte)是指权利(所有权除外)依其使用方法所产生的收入。这里不可能产生过度孳息。[6] 权利不一定非得是实物上面的物权不可。权利也可以是某项债法上的权利,如收益租赁承租人的权利:承租人取得的直接权利孳息,在所有权人眼中则是直接实物孳息。直接权利孳息如股票红利。但出售认购权之所得款项不属于直接权利孳息。债权的利息属于何种范畴?不无疑问。既可以将利息视作资本的间接实物孳息,也可以视之为债权的直接权利孳息。后一种看法或许更妥当些。 1206

(四)与间接实物孳息相对应,还存在间接权利孳息(mittelbare Rechtsfrüchte)(第99条第3款)。这是指某项权利(所有权除外)因法律关系而产生的收入,如因转让专利权而取得的许可收入。 1207

---

〔4〕 煤炭、矿石、石油以及天然气的获取则受(与不动产所有权相分离的)矿业权管辖。

〔5〕 参见下文边码1206。

〔6〕 参见上文边码1204。

1208 四、企业的收入(Erträge eines Unternehmens)属于何种孳息?这个问题尚有争议。[7] 由于企业不是一个统一的权利客体,而是各种不同实物或权利的集合体,因此企业收入大概根本无法归入到第99条、第100条规定的图示中去。企业的收入应如何予以返还呢?这个问题,只能在各个有关返还义务的请求权依据的框架内,[分别]予以处理。

第二节 分配问题

1209 在有数人先后享有收益权,或前面的人有权保留其所获收益的情况下,可能会出现一些过渡性问题(Übergangsprobleme)。第101条至第103条对此作了概括性的调整(因此这种规定是不完整的)。这里所涉及的问题如下:

收益租赁合同在夏天到期的,承租人对春天播种的作物,是否仍有权在秋天收获?第101条第1项规定无权收获。承租人能否至少要求赔偿种子费呢?第102条规定不能请求(因为承租人不必返还成熟的果实),但也许可依据第596a条提出请求。恶意占有他人标的物的人,必须根据第990条第1款、第987条第1款返还其收取的孳息;恶意占有人能否至少要求赔偿其取得孳息所支出的费用呢?第102条规定有权,但有一些限制。第998条将农地占有人的赔偿请求权扩大至为取得尚未分离的孳息所支出的费用。设用益权人在1995年4月30日之前缴纳了1995年度的土地税[8]后死亡(第1061条),因而用益权于1995年4月30日消灭。这时,用益权人的继承人能否要求所有权人返还1995年后8

---

〔7〕 参见拉伦茨:《德国民法总论》,§16V3,第303页;迪尔歇尔:《施陶丁格德国民法典评注》,第99条,边码11;第100条,边码7。

〔8〕 参见第1047条。

个月的税费呢？根据第103条规定，对于定期负担，并非以清偿期为准，而是以“义务存续期间的比例”为准。因此，用益权人的继承人有权要求返还上述期间的税费。

附录

法律条文对照表

(数字指的是本书中的边码。黑体字表示法律条文的主要出处)

《一般交易条件法》

第1条及以下条款	30,41,**398**以下,467
第1条	403以下
第2条	332,**408**以下,415,419以下,429
第3条	**415**以下,419,421,754
第4条	421以下
第5条	425,**426**以下,856
第6条	420,429,433,435,500,**513**以下,523
第7条	661
第8条	429b
第9条及以下条款	**429a**以下,754
第9条	367,417,425,**429a**,**b**,**d**,513,555,696
第10条第1项	370
第10条第5项	346
第11条第7项	429c,d,444,500,514
第11条第15b项	407
第11条第16项	636
第13条—第22条	401

术语索引

（数字指正文中的边码。主要出处用黑体表示）

梅迪库斯简历

迪特尔·梅迪库斯(Dieter Medicus),生于1929年5月9日。曾在符尔茨堡大学与明斯特大学(威斯特法伦)学习法律,1956年在明斯特大学获得博士学位。1959年在杜塞尔多夫通过第二次国家法学考试。先后任明斯特大学和汉堡大学助教。1961年在汉堡大学取得教授资格。1962年任基尔大学正教授,1966年任图宾根大学正教授,1969年任雷根斯堡大学正教授。1978年起担任慕尼黑大学正教授,1994年秋退休。1980年起任巴伐利亚科学院院士。除了法律史方面的著述外,民法领域的主要著作有:《民法》(1968年第1版,1996年第17版)、《债法总论》(1983年第1版,1995年第7版)、《民法基础知识》(1994年第1版,1995年第2版);参加撰写三部《德国民法典评注》。1974年起任《民法实务档案》杂志编委会成员。

译 者 简 介

邵建东,男,1962年生,江苏常熟人。1978年考入南京大学外文系德语专业,先后获文学学士和文学硕士学位。1986年和1995年两次赴德国哥廷根大学进修法学,分别获哥廷根大学法学硕士学位和法学博士学位。曾在德国马尔堡大学担任客座教师,讲授中国法律。现任南京大学法学院暨中德经济法研究所教授。主要从事竞争法学、民法学和中德法比较的教学和研究。

当代德国法学名著计划书目

法哲学·法律理论·法律史

1. 恩吉施:法律思维导论

   K. Engisch: Einführung in das juristische Denken

2. 哈腾豪尔:德国法的思想史基础

   H. Hattenhauer: Die geistsgeschichtlichen Grundlagen des deutschen Rechts

3. 雅科布斯:规范·人格体·社会——法哲学前思

   G. Jakobs: Norm, Person, Gesellschaft-Vorüberlegungen zu einer Rechtsphilosophie

4. 耶林:为权利而斗争

   R. v. Jhering:Der Kampf ums Recht

5. 考夫曼:后现代法哲学——告别演讲

   A. Kaufmann: Rechtsphilosophie in der Nach-Neuzeit

6. 考夫曼/哈斯默尔:当代法哲学和法律理论导论

   A. Kaufmann/W. Hassemer: Einführung in Rechtsphilosophie und Rechtstheorie der Gegenwart

7. 耶林/贝伦茨:法学是一门科学吗?

   R. v. Jhering/ O. Behrends: Ist die Jurisprudenz eine Wissenschaft? -Jherings Wiener Antrittsvorlesung vom 16. Oktober 1868. Aus dem Nachlaßherausgegeben und mit einer Einführung, Erläuterungen sowie einer wissenschaftsgeschichtlichen Einordnung versehen von Okko Behrends

8. 拉德布鲁赫:社会主义文化论

   G. Radbruch: Kulturlehre des Sozialismus

9. 萨维尼:历史法学派的基本思想

F. C. v. Savigny:Grundgedanken der historischen Rechtsschule

10. 齐佩利乌斯:法学方法论

R. Zippelius: Juristische Methodenlehre

11. 韦森贝格/韦森纳:晚近德国私法史

G. Wessenberg/ G. Wesener:Neuere deutsche Privatrechtsgeschichte

12. 菲韦格:论题学与法学——论法学的基础研究

T. Viehweg: Topik und Jurisprudenz-Ein Beitrag zur rechtswissenschaftlichen Grundlagenforschung

13. 拉德布鲁赫:法学导论

G. Radbruch:Einführung in die Rechtswissenschaft

民商法·经济法

14. 鲍尔/施蒂尔纳:德国物权法(上、下册)

F. Baur/R. Stürner: Sachenrecht

15. 卡纳里斯:德国商法

C. W. Canaris: Handelsrecht

16. 弗卢梅:法律行为论

W. Flume: Allgemeiner Teil des Bürgerlichen Rechts, zweiter Band, Das Rechtsgeschäft

17. 卡泽尔/克努特尔:罗马私法

M. Kaser/R. Knütel:Römisches Privatrecht

18. 克茨:欧洲合同法(上卷)

H. Kötz:Europäisches Vertragsrecht

19. 克茨/瓦格纳:侵权法

H. Kötz/ G. Wagner: Deliktsrecht

20. 拉伦茨:德国民法通论

K. Larenz: Allgemeiner Teil des Deutschen Bürgerlichen Rechts

21. 梅迪库斯:德国民法总论

D. Medicus: Allgemeiner Teil des BGB

22. 梅迪库斯:德国债法总论

D. Medicus: Schuldrecht I (Allgemeiner Teil)

23. 梅迪库斯:德国债法分论

D. Medicus: Schuldrecht II (Besonderer Teil)

24. 施密德:公司法

K. Schmidt: Gesellschaftsrecht

25. 施瓦布:德国民法导论

D. Schwab: Einführung in das Zivilrecht

26. 齐默尔曼::债法——民法传统的罗马法基础

R. Zimmermann: The Law of Obligations-Roman Foundation of the Civilian Tradition

27. 梅迪库斯:请求权基础

D. Medicus: Grundwissen zum Bürgerlichen Recht-Ein Basisbuch zu den Anspruchsgrundlagen

28. 施瓦布:德国家庭法

D. Schwab: Familienrecht

29. 齐默尔曼:德国新债法——历史和比较的视角

R. Zimmermann: The New German Law of Obligations-Historical and Comparative Perspectives

30. 里特纳:欧洲与德国经济法

F. Rittner: Europäisches und deutsches Wirtschaftsrecht

31. 施瓦布/齐默尔:垄断法与经济

U. Schwalbe/ D. Zimmer: Kartellrecht und Ökonomie: Moderne ökonomische Ansätze in der europäischen und deutschen Zusammenschlusskontrolle

刑法·行政法·国家法·宪法

32. 齐佩利乌斯:德国国家学

R. Zippelius: Allgemeine Staatslehre

33. 毛雷尔:行政法学总论

H. Maurer: Allgemeines Verwaltungsrecht

34. 韦塞尔斯:德国刑法总则

J. Wessels: Strafrecht, Allgemeiner Teil

35. 施莱希/科里奥特:德国联邦宪法法院:地位、程序与裁判

K. Schlaich/S. Korioth: Das Bundesverfassungsgericht Stellung, Verfahren, Entscheidung

背景系列

36. 雅科布斯:十九世纪德国民法科学与立法

H. H. Jakobs: Wissenschaft und Gesetzgebung im bürgerlichen Recht nach der Rechtsquellenlehre des 19. Jahrhunderts

37. 克斯勒:马克斯·韦伯的生平、著述及影响

D. Käsler: Einführung in das Studium Max Webers

38. 考夫曼:古斯塔夫·拉德布鲁赫传——法律思想家、哲学家和社会民主主义者

A. Kaufmann: Gustav Radbruch-Rechtsdenker, Philosoph, Sozialdemokrat

39. 克莱因海尔/施罗德:九百年来德意志与欧洲法学家

G. Kleinheyer/ J. Schröder: Deutsche und Europäische Juristen aus neun Jahrhunderten

40. 克尼佩尔:法律与历史——论《德国民法典》的形成与变迁

R. Knieper: Gesetz und Geschichte: Ein Beitrag zu Bestand und Veränderung des Bürgerlichen Gesetzbuches

41. 格林德曼/里森胡贝尔:二十世纪的德国民法学家

S. Grundmann/ K. Riesenhuber: Deutschsprachige Zivilrechtslehrer des 20. Jahrhunderts in Berichten ihrer Schüler 1-Eine Ideengeschichte in Einzeldarstellungen

图书在版编目(CIP)数据

德国民法总论 / (德)梅迪库斯著;邵建东译.—北京:法律出版社,2013.3(2025.5重印)

ISBN 978-7-5118-4596-2

Ⅰ.①德… Ⅱ.①梅…②邵… Ⅲ.①民法—研究—德国 Ⅳ.①D951.63

中国版本图书馆CIP数据核字(2013)第028364号

德国民法总论
DEGUO MINFA ZONGLUN

(德)梅迪库斯 著
邵建东 译

责任编辑 韩满春
装帧设计 李 瞻

出版发行 法律出版社
编辑统筹 学术·对外出版分社
责任校对 编校部
责任印制 胡晓雅 宋万春
经 销 新华书店

开本 850毫米×1168毫米 1/32
印张 32.125 **字数** 780千
版本 2013年3月第1版
印次 2025年5月第8次印刷
印刷 涿州市星河印刷有限公司

地址:北京市丰台区莲花池西里7号(100073)

网址:www.lawpress.com.cn

投稿邮箱:info@lawpress.com.cn

举报盗版邮箱:jbwq@lawpress.com.cn

销售电话:010-83938349

客服电话:010-83938350

咨询电话:010-63939796

书号:ISBN 978-7-5118-4596-2 **定价**:128.00元

凡购买本社图书,如有印装错误,我社负责退换。电话:010-83938349